KB116003

아틀라스의 발

현대의 지성 168
아틀라스의 발
—— 포스트식민 상황에서 부르디외 읽기

제1판 제1쇄 2018년 8월 10일
제1판 제4쇄 2023년 10월 12일

지은이 이상길
펴낸이 이광호
편집 김현주 최대연
펴낸곳 ㈜문학과지성사
등록번호 제1993-000098호
주소 04034 서울 마포구 잔다리로7길 18(서교동 377-20)
전화 02)338-7224
팩스 02)323-4180(편집) 02)338-7221(영업)
전자우편 moonji@moonji.com
홈페이지 www.moonji.com

© 이상길, 2018. Printed in Seoul, Korea

ISBN 978-89-320-3119-4 93330

이 도서의 국립중앙도서관 출판예정도서목록(CIP)은 서지정보유통지원시스템 홈페이지(http://seoji.nl.go.kr)와
국가자료공동목록시스템(http://www.nl.go.kr/kolisnet)에서 이용하실 수 있습니다.(CIP제어번호: CIP2018023356)

현대의 지성 168

PIERRE BOURDIEU

아틀라스의 발

문학과지성사 **포스트식민 상황에서 부르디외 읽기** 이상길 지음

차례

들어가며: 9   대상이자 방법으로서 부르디외

1부
지식인의
초상

1장 '피에르'는 어떻게 '부르디외'가 되었나?

33   사회학자의 삶을 둘러싼 말들의 풍경

39   '피에르'가 '부르디외'가 되기까지

시골 출신의 철학자 지망생 | 지중해 양안의 독학 인류학자 | 혁신적
사회학자로서의 성공 | '공인받은 이단자'로의 등극 | "프랑스의 사상
가, 전 지구화에 대한 비판자"

81   지배에 대한 과학적 비판의 기획

90   부르디외 이후의 부르디외

2장 부르디외의 지적 하비투스

95   '창조 기술'을 들여다보기

98   다섯 가지 원리

자기의 사회학적 객관화 | 연구 실천의 경계들에 대한 위반 | 철학과
사회과학의 융합 | 이분법적 사유 범주의 지양 | 집단적 작업으로서의
연구 실천

124   학문적 유산: 수표, 현금 그리고 빚

3장 부르디외의 사회학적 참여와 미디어 실천

128 사회학자-언론인 부르디외

131 사회학적 참여의 논리

이단, 과학, 민주주의 | 대안적 모델로서 '집합적 지식인' | '보편적인
것의 조합주의'를 위하여

152 미디어 실천의 전략과 성과

사회과학 총서와 전문지를 통한 개입 | 국제적 서평지의 실험 | 사회
운동과 출판운동의 결합

169 근대적 지식인론의 한계

보편적인 것의 딜레마 | 과학, 연대, 계몽이라는 이상

183 지식인의 영도零度

2부
이론적
지평

4장 장이론의 재구성

191 부르디외 미완의 기획

194 사회를 어떻게 볼 것인가

자본의 유형들 | 사회공간의 구조화

206 사회적 소우주로서의 장

장의 구성 요소들 | 장의 역동성 | 분리와 접합의 논리

224 문화 생산과 지배

장 개념의 형성 | 상징 생산과 상징권력 | 매개에 의한 굴절

244 세계의 폭력성

5장 장이론의 비판적 활용

249 장이론을 작동시키기

251 활용상의 쟁점들

장의 경계, 장들의 관계 | 생산자의 장 | 소비, 전유, 수용 | 위치, 담
론, 권력 | 자율성의 의미

289 방법론의 문제: 실용주의와 성찰성

6장 비도덕적 사회와 도덕적 인간

295 이기적 개인들의 투쟁공간

299 '우애'라는 비좁은 해방구

306 공리주의에 반대하며

　　　이해 개념의 확장 | 신체의 무의식적 논리 | 무사무욕한 행위의 사회
　　　적 기원

325 경제학적 유비와 철학적 존재론

340 다시 이론적 질문으로

7장 언어, 상징폭력, 과학

343 언어와 권력

347 언어 중심주의 비판

353 언어 교환의 경제

　　　하비투스, 언어자본, 언어 시장 | 이상적인 커뮤니케이션의 불/가능성

367 언어에 관해 과학적으로 말한다는 것

　　　과학 담론과 대상 구성 | 상징폭력으로서의 커뮤니케이션?

385 새로운 언어사회학의 전망

**3부
수용의
단층**

**8장 이론 읽기의 탈식민화 전략으로서 부르디외의 읽기
이론**

393 이론 읽기의 이론

395 과학에 대한 신념과 그 근원

405 이론주의를 넘어서

　　　실용적 관계 맺기 | 지적 생산양식의 이해 | 이론문화의 확장

424 이론 수용의 정치와 규범적 읽기 전략의 옹호

433 외국 이론 읽기/쓰기의 또 다른 가능성을 향하여

9장 부르디외의 번역과 수용, 혹은 '이론은 어떻게 여행하는가?'

439 옮겨지는 텍스트, 유목하는 이론

443 부르디외 번역의 사회학적 성찰

사회문화적 실천으로서의 번역 | 부르디외 사상의 초국가적 유통

452 원서에서 국역본으로: 부르디외 저작의 여정

번역서 만들기 | 수입 중개자들의 부상 | '불란서제 담론'의 형성 | 번역자의 위상과 역할 | 번역자의 제시 전략

482 번역과 수용상의 굴절

이해의 준거틀로서 '마르크스주의'와 '참여 지식인' | 오역 가능성이라는 제도적 효과 | 아직 번역되지 않은 책들이 말해주는 것

501 학술 번역과 지식 수용의 교차로에서

10장 포스트식민 상황에서 비판적 문화연구를 가르치기

506 지식과 태도로서의 문화연구

514 부르디외를 가르치고 배우기

수업의 틀과 목표 | 교육의 성과와 평가

526 이론의 하얀 얼굴

저자 또는 과학자 | '대가'의 적절한 활용

537 외국 이론을 통한 우리 현실과의 대화

참고문헌   545

출전   596

감사의 말   597

찾아보기   601

일러두기

1. 부르디외의 주요 저작들은 상당수가 우리말로 번역되어 있지만, 이 책에서는 대부분 프랑스어 판본에서 직접 인용했다. 독자의 편의를 위해 참고문헌에 우리말 번역본 서지사항을 추가했다.

2. 부르디외의 저작을 우리말 번역본에서 인용한 경우에는 괄호 안에 프랑스어 판본과 번역본의 출간 연도를 나란히 적어 표시했다(예: Bourdieu 1979/1995). 또한 프랑스어 재수록판이나 증보판에서 인용하였으나 글이 처음 발표된 시기를 밝힐 필요가 있는 경우에는 이를 대괄호 안에 병기했다(예: Bourdieu 2000〔1972〕).

3. 부르디외의 저작 이외에도 우리말 번역서를 인용하는 경우, 원본과 대조해 번역문에 약간의 수정을 가하기도 했다.

들어가며: 대상이자 방법으로서 부르디외

　피에르 부르디외Pierre Bourdieu가 타계한 지도 이미 상당한 시간이 지났지만, 국제적인 수준에서 그의 지적인 권위와 영향력은 점점 더 커져가고 있다. 2008년 통계에 의하면, 과학정보기구ISI의 학술웹Web of Science으로부터 수집된 자료에서 부르디외는 푸코Michel Foucault, 하버마스Jürgen Habermas, 기든스Anthony Giddens, 고프먼Erving Goffman을 훨씬 뛰어넘어 세계적으로 가장 많이 인용되는 사회학자로 꼽혔다(Kauppi & Swartz 2015: 568). 프랑스에서는 이미 사회학 교과서에 주요 학자로 실리는 부르디외는 1970~2012년에 미국 사회학계에서 뒤르켐Émile Durkheim 다음으로 널리 인용된 프랑스 학자이다. 그는 또 2003~12년 사이에는 매년 100여 편 가까운 사회학 논문에 인용되어, 폴 디마지오Paul DiMaggio나 제임스 콜먼James Coleman, 마크 그라노베터Mark Granovetter 같은 저명한 학자들을 월등히 앞지르며 미국 사회학 학술지에서 가장 빈번히 인용된 학자로 나타났다(Ollion & Abbott 2016:

342, 351).[1]

간과하지 말아야 할 점은 그의 지적인 위세가 비단 사회학계에 머무르지 않고 인문사회과학의 거의 모든 분야에 걸쳐 있다는 사실이다. 아직까지 본격적인 분석은 이루어져 있지 않지만, 이는 몇 가지 사실만으로도 쉽게 확인 가능하다. 2000년에 발간된 네 권 분량의 부르디외 관련 주요 논문 선집은 사회학, 철학, 미학, 인류학, 교육학, 문화연구 등에서 나온 성과물 81편을 담고 있다(Robbins ed. 2000). 부르디외 사후에 그의 사유를 특집호로 꾸민 국제 학술지의 소속 분과만 훑어보더라도 사회학은 물론 철학, 기호학, 문학, 역사학, 법학, 인류학, 정치학, 국제관계학, 교육학, 심지어 그와 전혀 무관해 보이는 회계학까지 망라한다. 부르디외를 이용하거나 인용하는 논문은 물론, 그에 관한 단행본 역시 매년 다양한 학문 분과에서 쏟아지고 있는 형편이다. 2015년에 나온 편저서인 『부르디외와 사회과학*Bourdieu et les sciences sociales*』은 이 사회학자가 철학, 법학, 인류학, 경제학, 문학연구, 역사학, 커뮤니케이션학 등에 미친 영향을 분석한다(Leclercq, Lizé & Stevens eds. 2015). 이쯤 되면 부르디외가 국제적인 수준에서 지식 생산에 얼마나 광범위한 권력을 행사하고 있는지 짐작하기 어렵지 않을 것이다.

---

1) 부르디외가 세계 사회학계에서 차지하는 위상을 드러내는 지표들은 이 밖에도 일일이 열거하기 힘들 정도로 많다. 예컨대 1997년 국제사회학회International Sociological Association가 회원들을 대상으로 실시한 설문조사에서 『구별짓기』는 20세기의 가장 중요한 사회과학서 6위로 선정됐다. 부르디외의 또 다른 저서들인 『실천감각』은 40위, 『재생산』은 48위, 『실천이론 개요』는 81위였다. 50위 안에 든 프랑스 학자는 부르디외 말고는 뒤르켐과 푸코(『감시와 처벌』 16위)뿐이었다('http://www.isa-sociology.org/en/about-isa/history-fi-isa/books-of-the-xx-century' 참조). 1996년 학술지 『현대 사회학*Contemporary Sociology*』은 『실천이론 개요』를 지난 25년간 나온 가장 영향력 있는 저서 열 권 가운데 하나로 뽑았다. 부르디외는 이미 1980년대 후반부터 사회과학인용지수Social Science Citation Index에서 푸코 다음으로 학술 논문에 많이 인용되는 프랑스 지식인으로 꼽힌 바 있다.

그런데 이러한 외국의 현황과는 대조적으로, 부르디외에 대한 국내의 연구 상황은 놀랄 만큼 정체되어 있다. 인용 지수나 논문 편수에 대한 체계적인 분석이 없는 상태에서 외국과의 단선적인 비교는 곤란하겠지만, 두 가지 양적 지표만으로도 그 격차는 충분히 가늠할 만하다. 우선 국내 저자의 관련 '연구서'는 아무리 넉넉잡아도 채 다섯 권을 넘지 못한다. 부르디외의 사유를 '이론적으로' 접근한 학술 논문 또한 기껏해야 40편 미만으로 추정된다. 그나마 이 가운데 많은 수는 부르디외 사회학의 특정한 면모를 단순히 소개하는 수준에 그치고 있다 해도 과언이 아니다.[2] 우리 학계에서 부르디외 사회학이 논의되기 시작한 지도 줄잡아 20년 이상이 지났고 부르디외의 주요 저작이 대부분 우리말로 옮겨져 있다는 사실을 감안한다면, 이러한 연구의 지체 상황은 의미심장하다. 여기에는 물론 사회 이론 연구자층이 두텁지 못한 학계의 현실에서부터, 부르디외의 사유와 문체가 지나치게 난해한 데다 국역본들의 질이 별로 좋지 못하다는 문제에 이르기까지 여러 요인이 복합적으로 작용했을 것이다. 하지만 국내 부르디외 연구의 정체 현상에 대한 지식사회학적 해명은 이 글의 주제가 아니다. 우리 학계의 부르디외 수용에

---

2) 2017년 말을 기준으로 국내 저자가 펴낸 부르디외 관련 단행본은 모두 여덟 권이다. 이 가운데 연구서로 꼽을 만한 책으로는 『문화와 권력: 부르디외 사회학의 이해』(현택수 외 1998), 『문화와 아비투스: 부르디외와 유럽정치사상』(홍성민 2000), 『문화와 계급: 부르디외와 한국 사회』(양은경 외 2002), 『예술을 유혹하는 사회학』(김동일 2010), 『취향의 정치학: 피에르 부르디외의 『구별짓기』 읽기와 쓰기』(홍성민 2012)가, 그리고 개론서 내지 교양서에 속하는 책으로는 『피에르 부르디외와 한국사회: 이론과 현실의 비교정치학』(홍성민 2004), 『부르디외 & 기든스: 세계화의 두 얼굴』(하상복 2006), 『피에르 부르디외』(김동일 2016)가 있다. 연구서 가운데 『취향의 정치학』을 제외한 나머지 책들은 모두 기존에 나온 학술 논문들을 재수록한 일종의 논문집이라는 점 또한 감안해야 한다. 한편 부르디외 관련 이론적 학술 논문의 수는 국내 최대의 논문 데이터베이스인 디비피아DBpia에서 '부르디외'를 핵심어로 검색·추산했다.

관한 상세한 사회학적 분석은 흥미롭고 긴요하지만, 장차 수행되어야 할 과제로 남겨두고자 한다. 내가 이 서문에서 주장하고 싶은 점은 부르디외에 관한 국내의 이론적 연구 작업의 정체를 우리 학계 내 '이론문화culture théorique의 빈곤'을 가리키는 하나의 징후로 읽을 필요가 있다는 것이다.

'한국적' 사회과학을 구성하기 위해서든 아니면 세계 학계에 진출해서 외국 학자들과 '보편적' 사회과학을 향한 경쟁에 동참하기 위해서든, 그 과정에서 우리가 외국 학계의 중요한 연구들과 비판적 대화를 지속해나가야 한다는 사실만은 누구도 부인하기 어려울 것이다. 학술 정치에서 어떤 전략을 선택하든지 간에, 그것을 잘 실행하기 위해서라도 외국의 학문적 성과에 대한 면밀한 검토와 평가는 기본적이고 필수적인 전제라는 말이다. 그런데 현재 세계 학계에서 가장 높이 인정받는 학자 가운데 한 명인 부르디외에 관한 국내 학자의 이론적 연구가 매우 드문 현실은, 우리가 외국의 이론을 어떤 식으로 소비하고 있는지를 반성하도록 만든다. 물론 사회과학 영역에서라면 어떤 이론이나 이론가에 대한 이론적인 탐구를 수행하는 길만이 전부이거나 최선일 수는 없다. 오히려 관점에 따라서는, 그 이론의 '현실 적합성'을 경험적으로 검증하는 작업이 훨씬 더 중요하다고 볼 수도 있다. 만일 그렇다면 최근 10여 년간 교육사회학과 문화사회학 분야를 중심으로 '재생산론'이나 '문화자본론' 등을 이용한 경험연구가 증가하고 있는 추세를 들어, 우리 학계의 '부르디외 연구'는 나름대로 잘 나아가고 있는 셈이라고 자위할 수 있을까?(김영화 2012; 이상수·이명진 2016 참조)

사회 이론을 순전히 논리적이고 추상적인 수준에서만 다루어선 안된다는 주장에는 일리가 있다. 그것은 결국 더 나은 조사연구라는 '실용적인' 존재 이유를 가지며, 이러한 목적이 잊히는 순간 자칫하면 학자들 간 지적 게임을 위한 스콜라적 인공물로 전락해버릴 위험성이 크기 때문이다. 하지만 우리가 이론과 경험적 실재는 결코 별개가 아니며 상호 구성적으로 존재한다는 동시대 과학철학의 교훈을 진지하게 받아들인다면, 이론에 대한 이론적 고찰은 적절한 경험적 조사 분석을 통해 이론의 현실 적합성을 제대로 확보하기 위해서라도 불가결한 조건이라고 말해야 한다. 부르디외도 강조하듯 조사연구의 핵심은 그 대상의 구성construction이며, 이 구성 작업은 바로 이론에 의해 인도된다 (Bourdieu, Chamboredon & Passeron 1968). 따라서 이론의 수정과 갱신은 새로운 경험연구를 위한 지적 기반을 마련하는 일이기도 하다. 그런데 이 과정은 의미 있는 경험적 조사 분석 못지않게 이론에 대한 비판적 추론과 논리적 정교화의 노력에 힘입어야만 진전을 이룰 수 있다. 이론은 경험적 검증의 공간 너머에서 작동하는 관념과 주장 들까지를 포함하는 체계이기 때문이다.

결국 어떤 외국 이론을 생산적으로 전유하기 위해서는 그것의 타당성을 경험적으로 확인하는 연구와 더불어, 이론을 구성하는 개념과 명제 들에 대한 이론적 탐구와 비판을 병행해야 할 필요가 있다. 이상적인 경우에 두 작업은 서로를 밀고 끌어주는 역할을 한다. 부르디외처럼 한 학자가 경험적인 검증과 이론적인 비판을 함께 진행할 수도 있지만, 꼭 그렇지 않더라도 전공별 학자 집단이 일정한 학술적 노동 분업을 통해 두 축을 상호 보완적으로 발전시킬 수 있어야 한다. 만일 두 축이 심각한 양적·질적 불균형 상태에 놓인다면, 외국 이론의 생산적 전유는 요원한 과제로 남을 가능성이 크다. 경험적 조사 분석은 이론의 수정이나 혁신을 촉진하지 못한 채 검증을 위한 소재 중심의 복제 연구에 머무르고, 이론적 탐구는 고도의 추상성과 과도한 형식주의에 치우치며 스콜라적 논쟁만 양산할 위험성이 있는 것이다.

이러한 관점에서 국내의 부르디외 관련 연구는 전체 성과물의 양적인 빈약성과 이론적 논의의 더딘 축적, 그리고 단조로운 활용 방식으로 특징지어진다. 당연한 말이지만 우리가 외국의 모든 학자, 모든 이론을 두고 깊이 있는 연구를 수행할 수도 그럴 필요도 없다. 하지만 부르디외 같이 중요한 학자가 더욱이 국내에 소개된 지 20년을 넘은 지금 이 시점에서도 이론적 연구가 답보 상태에 놓여 있다는 것은 분명히 문제적이라 하지 않을 수 없다. 이는 점증하는 경험적 조사연구들이 이론적 함의를 심화시키면서 새로운 대상을 구축해나갈 수 있는 가능성을 제한할 뿐만 아니라, 사회학 이외의 다른 영역에서 그의 사유가 풍부하게 활용될 수 있는 잠재력의 실현에도 제약을 가한다. 부르디외에 대한 이론적 연구의 정체는 무엇보다도 외국 이론(가)들이 소개된 지 오래됐다는 순전히 시간적 경과만을 근거로 '충분히' 수용했다는, 그러니 이제 다른 이론가로 유행이 넘어간들 당연한 일이라는 우리의 고착된 인식이 집단적인 착시 내지 자기기만에 지나지 않을지도 모른다는 점을 일깨운다. 그에 관해 누구나 쉽게 말하게 되었고 그의 주저들이 대부분 번역되었다고 해서, 우리가 그 이론가를 잘 알고 생산적으로 이용하고 있다는 의미는 아니다. 그에 대한 국내 저자들의 이론적 저서와 논문 들(이러한 연구 작업은 결국 이론가에 대한 우리 논의의 수준과 번역의 질에 대한 직간접적인 평가를 동반할 터인데)이 꾸준히 나오지 않는다면, 그를 여러 분야에서 적절히 활용하고 새로운 학술 담론을 생산하는 데 자유롭게 동원하기란 쉽지 않을 것이다.

부르디외가 간혹 언급한 적은 있지만 한 번도 체계적으로 정의하거나 개념화한 바 없는 '이론문화'라는 용어는 이러한 맥락에서 주목을 요한다. 한 사회의 학문 장champ académique이 분화되고 다른 사회의 학문 장들과의 교류와 상호작용이 본격화되면, 그 안에는 논문, 저서, 번역서, 교육 프로그램, 학위 등 다양한 형식의 학술적 문화자본capital culturel의 축적이 일어난다. 이러한 문화자본은 장 내의 연구자들이 교육과 학습 과정을 통해 습득해야 하는 이론적 전통이자 교양으로서, 일종의 진입 비용을 구성한다. 부르디외의 개념들을 빌려 말하자면, 이론문화는 연구자 개인의 학문적 하비투스habitus(즉 지각과 이해, 평가를 위한 정신적 범주)를 형성하고 지적 자원과 생산수단(예컨대 철학적 정전들)을 제공하며, 나아가 그가 구상하고 선택할 수 있는 입장들을 구조적으로 조건 짓는 가능성의 공간espace des possibles을 산출하는 계기인 셈이다. 이렇게 정의된 이론문화가 한 사회의 학문 장의 고유한 성장과 궤적에 결정적인 영향을 끼칠 수 있다는 데 이의를 달 사람은 별로 없을 것이다. 하나의 학문 장은 언제나 다른 국가들의 학문 장과의 끊임없는 교류를 통해 형성되어왔지만, 또한 오늘날의 전 지구화 추세 속에서도 그것의 일국적 특수성까지 가릴 수는 없다. 그렇다면 문제는 우리 학계의 이론문화가 역사 속에서 어떤 특성들을 발전시켜왔으며, 그것이 어떤 식으로 학문적 성과에 긍정적인 혹은 부정적인 결과를 초래하고 있는지 따져보는 일이다. 이러한 맥락에서 우리는 근대 학문의 역사가 출발한 이래 국내 학자들이 쉼 없이 수입하고 소개해온 외국 이론가들을 우리의 이론문화 속에 제대로 통합해왔는지 자문해볼 수 있을 것이다. 우리는 과연 그들의 지적·학문적 위상을 적절히 평가하고, 중요한 학자들에 대해 체계적인 연구와 교육을 실행하며, 비판적으로 활용 가능한 자원이자 전통으로서 축적시켜왔을까?

부르디외 연구의 부재는 그와 같은 이상에 한참 못 미치는 현실의 단면을 단적으로 드러낸다. 더욱이 그러한 실상은 결코 부르디외에 한정되지 않는다. 푸코나 들뢰즈Gilles Deleuze 정도는 예외일지 몰라도, 1990년대부터 유행하기 시작했던 프랑스 이론가들 대부분(데리다Jacques Derrida, 라캉Jacques Lacan, 료타르Jean-François Lyotard, 르페브르Henri Lefebvre, 보드리야르Jean Baudrillard 등등)이 부르디외와 크게 다르지 않은 상황에 놓여 있다고 여겨진다. 하기야 뒤르켐이나 베버Max Weber, 짐멜Georg Simmel과 같은 고전 이론가들의 저작 번역조차 온전히 이루어져 있지 않은 현실에서 동시대 이론가들에 대한 연구의 빈곤을 지적하는 일 자체가 어떤 이들에게는 호사스러운 불평처럼 비칠지도 모르겠다. 그런데 그간 우리 학계가 '명성'이나 '개론' 수준 이상으로 다루지 않은 수많은 외국 이론가들 중에, 내가 하필 여기서 부르디외의 사례를 부각시키는 이유는 단지 이 책이 그에 관한 연구서이기 때문만은 아니다. 나는 부르디외라는 저자가 크게 세 가지 이유에서 동시대의 다른 이론가들에 비해 각별한 중요성을 가지며, 따라서 우리 이론문화 속에 심도 있게 편입시킬 필요성이 있다고 본다.

첫번째 이유는 부르디외의 사유가 넓게는 우리 시대 서구 인간과학이 다다른 중요한 성취를, 좁게는 프랑스 철학과 사회과학 전통의 결코 흔치 않은 비판적 종합을 제시하기 때문이다. 자신의 강점이 무엇보다도 '상이한 이론들의 종합'에 있다는 그의 말을 구태여 빌리지 않더라도, 그의 사회학이 프랑스와 서구의 대표적인 철학자, 사회학자, 역사학자, 인류학자 등의 논의를 종횡무진 연결하면서 응축하거나 갱신하고 있음은 분명하다.[3] 비유컨대 부르디외의 사유는 때로 이질적이거나 대립적이기까지 한 수많은 이론들이 약한 유대를 맺는 일종의 결절점을 구성한다. 이는 그의 사유를 깊이 있게 전유하기 쉽지 않도록 만드는 요인인 동시에, 그것이 여러 사상 조류와 학문 영역에 폭넓은 확장성을 가질 수 있게 만드는 요인이기도 하다. 이는 또 우리가 부르디외라는 저자를 통해서 사회학과 그 하위 분야들은 물론, 프랑스 과학철학, 현상학, 구조주의, 마르크스주의, 역사학의 아날학파, 경제학의 조절학파, 역사인류학, 사회언어학, 과학기술학STS 등의 영역에 새롭고도 비판적인 방식으로 접속할 수 있다는 의미이기도 하다. 이러한 차원에서 부르디외의 사유가 지니는 잠재력과 생산성에 대해서는 이미 서구에서 나오고 있는 숱한 작업들이 실증하고 있는 만큼 더 긴 설명이 필요치 않을 것이다.

내가 부르디외에 대한 더 많은 이론적 연구의 필요성을 강조하는 두번째 이유는 그의 사회학이 우리 사회에서 현재성을 띠는 다양한 논점들을 정교한 방식으로 제시했음에도 불구하고, 그것들이 대개는 피상적인 수준에서만 받아들여지고 있다고 보기 때문이다. 한 가지 예를 들어보자. 부르디외는 자신의 학문과 실천을 통해서 독자적인 지식인론을 발전시킨 바 있다. 그것은 진리나 공공선, 미와 같은 보편적 가치에 특수한 이해관심이 걸려 있는 지식인들에게 자신의 전문적 능력에 바

---

3) 프랑스 학문 전통에 한해서 보자면, 부르디외의 사유에는 그의 윗세대였던 바슐라르, 캉길렘, 아롱, 사르트르, 메를로-퐁티, 베르그손, 레비-스트로스, 피아제, 라캉 등은 물론, 직접적인 동료이자 경쟁자였던 푸코, 알튀세르, 데리다, 들뢰즈, 루이 마랭, 자크 부브레스, 알랭 투렌, 레몽 부동 등과의 지적 교류와 협력, 또는 대립과 논쟁의 흔적이 뚜렷하게 남아 있다. 부르디외는 또한 아랫세대의 뛰어난 학자들에게 커다란 영향력을 행사했다. 그 사정거리는 비단 부르디외 학파에 속하는 연구자들(예컨대 도시인류학의 로익 바캉, 문학사회학의 파스칼 카사노바, 지식사회학의 지젤 사피로와 요한 하일브론, 경제사회학의 프레데릭 르바롱 등)을 훌쩍 뛰어넘어, 그를 비판하고 거리를 두면서 새로운 방향의 논의를 개척한 연구자들(이를테면 과학사회학의 브뤼노 라투르와 미셸 칼롱, 정치사회학의 뤽 볼탕스키, 문화사회학의 베르나르 라이르와 나탈리 에니크 등)까지 이른다.

탕을 두고서 함께 힘을 모아 그러한 가치를 수호하고 또 견인할 것을 요청한다. 그의 지식인론은 '지식인들에게 특수한 것'이 곧 '보편적인 것'이라고 주장하며, '학자적 전문성' 위에 '비판적 참여'를 정초해야 한다고 역설한다는 점에서 기존의 다른 지식인론과 뚜렷한 차별성을 띤다. 물론 그의 이러한 논지에는 나름대로 이론적 난점과 그에 따른 현실적 긴장 역시 존재한다. 예컨대 우리는 지식인에게 특수한 보편적 이해관심과 문화 생산 장의 자율성을 강조하는 부르디외의 입장이 과연 충분한 논리적·경험적 근거를 갖는지, 그 규범성은 사회학적으로 어떻게 정당화될 수 있는지 질문할 수 있다. 하지만 우리 학계나 사회는 지식인의 존재 양식에 대한 부르디외의 입론에 학문적으로 진지한 반응을 보인 적이 거의 없다 해도 지나친 말이 아니다.

사실 부르디외는 수입과 동시에 '공공 지식인'의 대명사로 명성을 떨쳤으나, 그가 실천적으로 구현하고자 한 지식인관은 비판적인 숙의의 대상으로 변변히 다루어지지 않았다. 그 결과 그는 우리 사회에서 프랑스 '참여 지식인'의 계보를 잇는 또 다른 '거장'으로 떠받들어졌고, 대개 지식인의 정치적 발언과 개입을 독려하기 위한 목적으로 그 이름을 호출당해왔을 따름이다. 이에 대한 반작용인지, 최근에는 '학문 장의 자율성'을 강조하면서 지식인의 정치적 참여를 평가절하하려는 목적으로 그의 논의를 원용하려는 조짐 또한 나타나고 있다. 그러나 이 양극단의 '부르디외 사용법'은 그의 지식인론이 우리 지식사회에 줄 수 있고 또 주었어야 하는 이론적·실천적 시사점들이 사장되고 있음을 알려주는 안타까운 신호가 아닐 수 없다. 그의 논의가 지식인의 '현실 참여'를 무조건적으로 지지하기 위해 이용되는 것이 부적절한 만큼이나, '상아탑 속에서의 안주'를 암묵적으로 변호하기 위해 이용되는 것 역시 타당하지 않기 때문이다.

그의 지식인론에 대한 '참여 편향적인' 해석이나 '상아탑 편향적인' 해석은 양쪽 다 그 주창자들이 지식사회 내에서 자신의 이해관심을 방어하기 위해 기존의 이항 대립적 고정관념들(공공 지식인 대 전문가, 참여 지식인 대 순수 지식인 등)을 강화하는 방향으로 부르디외를 사용하는 일이라 해도 크게 틀리지 않을 것이다. 그것은 모두 부르디외의 지식인론이 지니는 독창성을 제대로 포착하지 못할뿐더러, 그의 사유가 전하는 핵심 메시지라 할 '사회학적 성찰성'을 실천적으로 발휘하지 않는다는 특징을 은밀히 공유한다. 이러한 수용 맥락에서라면 부르디외가 제시한 지식인론이 아무리 참신하고 그 문제의식에서 우리 현실에 적실성이 있다 해도, 우리 학계나 사회에서 대안적인 지식인 상을 창안하고 실현하려는 노력으로 이어지기는 어려울 수밖에 없다. 지식인론과 비슷한 이유에서 계급 재생산이나 문화적 구별짓기, 경제적 소외와 사회적 고통, 국가의 특성과 역할 등에 대한 부르디외의 논점들 역시 앞으로 더 많은 검토와 활발한 토론이 요구된다.

이 책에서 내가 부르디외라는 저자의 중요성을 강조하는 세번째 이유는 그가 우리 이론문화의 확장과 발전을 위한 '연구 대상'인 동시에 '연구 방법'으로서 이중적 성격을 가지기 때문이다. 우리 사회의 다른 여러 근대식 문물과 제도가 그렇듯이, 근대 학문 또한 식민지 시기를 거치며 이식되고 수입된 외래의 산물이다. 이 한국 특유의 역사는 다양한 차원에서 우리 학문과 이론문화의 특수성을 낳았다. 그 특수성이 순전히 부정적인 양상들의 총체로서만 규정될 수는 없을 터이다. 하지만 서구의 이론과 학문적 유행에 대한 무분별한 추종, 현실과 괴리된 학술 담론의 만연과 같은 우리 학계의 특수한 면모들이 그 부정적인 효과 탓에

1990년대 초부터 본격적인 반성의 대상으로 떠오른 것은 사실이다. 이는 포스트식민주의postcolonialism[4] 담론의 국내 유입과 맞물리면서, 우리 학문의 '종속성' 내지 '식민성'에 대한 강한 집단적 자의식과 논쟁을 부추기기도 했다(김영민 1996; 김정근 엮음 2000; 조혜정 1992).

서구에 대한 학문적 의존 구조의 성격(예컨대 '식민성'인가, '주변성'인가?)과 원인, 그리고 극복을 위한 구체적인 실천 전략에 있어서는 연구자들 간에 아직까지 뚜렷한 합의가 이루어진 바가 없다(김경만 2015; 김덕영 2016: 15~56; 김종영 2015; 김현경 2006; 이성용 2015; 정수복 2015b; 정태석 2016 참조). 그럼에도 우리가 토론을 위해 동의할 수 있는 최소한의 지점들마저 없지는 않다. 두 가지 정도가 두드러져 보인다. 하나는 여러 객관적 지표상(해외 유학생 수, 학위의 국적별 가치 평가, 학술서 번역의 상호성, 지적 인정과 평가 기준, 연구자 및 교수 집단의 재생산 체계 등) 국내 학계와 서구 학계 사이에 학문적 교류의 불균형과 비대칭성, 한마디로 일종의 '서구(특히 미국) 중심성'이 엄연히 존재한다는 것이다. 또 다른 하나는 제도적 불평등 구조가 지식 생산의 정신적인 수준에서도 서구 편향성을 강화하는 경향이 있다는 것이다.[5]

---

4) 이 책에서 나는 'postcolonialism'을 '포스트식민주의'로, 'postcolonial'을 '포스트식민(적)'으로, 그리고 'decolonization'을 '탈식민화'로 각각 번역했다. '~이후'와 '~을 넘어서'의 의미를 동시에 가지는 접두어 'post'는 '탈' '후기' '포스트' 등의 다양한 용어로 옮겨지고 있으며, 그것들은 나름대로 장단점을 가진다. 따라서 특정 번역어의 이용은 최선이라기보다는 차악을 선택하는 일에 가깝다. 이러한 관점에서 나는 학계의 지배적인 용례를 가급적 존중하고자 했다. 다만 여기서 '포스트식민(적)'이 식민 지배로부터 공식적으로 벗어난 이후로도 여전히 잔존하며 우리를 구성하는 식민주의 유산의 작동을 가리키는 용어라면, '탈식민화'는 그러한 포스트식민 조건에 적극적으로 저항하고 그것을 극복하려는 운동을 가리키는 용어로 구별된다는 점에 유의할 필요가 있다.

5) 물론 문제를 성급히 과장하거나 단순화하지는 말아야 할 것이다. 우리 학계의 제도적 재생산 구조가 강한 서구 의존성을 띤다고 해서 그것이 곧장 학문 자체의 서구 중심성으로 이어진다

그런데 이와 같은 학계와 학문의 서구 의존적 권력구조는 언제나 학문 장 내 행위자들의 다양한 동기와 전략을 매개로 불안정한 재생산과 변환 과정에 놓일 수밖에 없다. 달리 말해 그 구조는 일방적으로 강요되고 부과되는 것이 아니라, 구조 안의 행위자들에 의해 끊임없이 (재)구축되며 따라서 변화 가능하다는 것이다. 이는 우리가 엄밀한 인식과 계몽된 실천을 통해, 우리 학문의 식민화 내지 주변화를 시사하는 부정적 현상들을 일정하게 통제하고 구조의 실질적인 개선을 도모할 수 있다는 의미이기도 하다. 이를 위해 필수적인 선결 과제들 가운데 하나는 바로 이론문화에 대한 분석과 성찰이라 할 수 있다. 지적 교류에서 중심-주변국 간 비대칭성은 학계 내 이론적 전통과 교육 프로그램의 형성, 연구자 성향 체계의 계발, 학문적 생산물을 조건 짓는 입장공간 espace de prises de position의 구성과 같은 이론문화 전반에 특수한 효과를 발생시키며, 이는 역으로 제도적 비대칭성을 계속 재생산하는 데 기여하기 때문이다. 부르디외의 이른바 '성찰적 사회학sociologie réflexive'은 바로 이러한 문제에 대해 체계적인 탐구를 가능하게 하는 지적 수단을 제공한다.[6] '사회학의 사회학'을 사회학 발전의 필요조건으로 보는 그의

든지, 또 그러한 편향이 나타난다고 해서 그것이 순전히 부정적인 영향만을 끼친다고 섣불리 가정할 수는 없다. 이는 학자의 사회적 위치와 담론 생산 사이에 개입 가능한 여러 복잡한 매개 요인과 그에 따른 미결정성을 간과하는 일이자, '지적 보편성'의 역사적 성취 가능성을 너무 쉽게 포기해버리는 일이다. 이러한 관점에서 우리 학계의 지식 생산과 연구자 충원 양식에 대한 역사적·경험적 연구가 더욱 활성화될 필요가 있다.

6) 부르디외는 자신의 사유 체계에 대해 '성찰적 사회학' 대신 '성찰적 인간학anthropologie réflexive'이라는 용어를 쓰기도 했다. 대표적인 예로 1992년 미국에서 『성찰적 사회학으로의 초대An Invitation to Reflexive Sociology』라는 제목을 달고 나온 부르디외와 로익 바캉 Loïc Wacquant의 공저는 프랑스에서는 『대답: 성찰적 인간학을 위하여Réponses: Pour une anthropologie réflexive』라는 제목으로 출간되었으며 독일에서도 『성찰적 인간학Reflexive Anthropologie』이라는 제목으로 번역되었다(2014년 프랑스어 개정신판을 내면서 바캉은 그

관점을 비롯해, 학계와 출판계의 구조 및 작동 논리에 대한 분석, 그리고 교육과정에서의 상징폭력violence symbolique이라든지 지식의 국제적 유통과 수용 등에 대한 논의는 이론문화의 다층적인 진단과 개선 방향의 모색에 큰 도움을 줄 수 있다.

더욱이 우리가 잊지 말아야 할 것은 부르디외의 사유 전체가 어떤 면에서는 '지식인과 그의 활동에 대한 급진적 비판'이자, '(지식인에 속하는) 사회학자로서의 근본적인 자기반성'이라는 사실이다. 그는 '순수'와 '보편'의 외양을 띠는 학문적 지식조차 그 생산자인 지식인 집단과 결코 떼어놓고 이해되어선 안 되며, 사회 속에서 특수한 위치를 가지는 이 집단은 그에 따른 온갖 편협하고 지저분한 이해관심에 좌우되는 생생하게 살아 숨 쉬는 존재라는 점을 역설했다. 이러한 시각에서 부르디외는 평범한 사람들의 일상적인 '실천'과 그에 대한 지식인의 '이론' 사이의 괴리를 최소화하는, 달리 말해 실제 현실에 좀더 밀착한 사회 연구가 어떻게 가능한지를 끊임없이 자문하고 또 고민했다. 지식인의 스콜라적 관점과 자계급 중심주의에 대한 치열한 비판, '이론을 위한 이론'의 분명한 거부와 경험연구에 대한 완고한 집착, 성찰성과 참여객관화, 실천적 지식 양식에 대한 강조 등은 모두 그러한 과정에서 그가 내놓은 구체적이면서도 잠정적인 대답들이다.

제목을 영어 판본에 맞추어 『성찰적 사회학으로의 초대』로 통일했다). '인류학ethnologie'과 '사회학sociologie'을 포괄하는 이 '인간학'이라는 표현은 부르디외의 지적 기획을 좀더 분명히 드러낸다는 장점을 지닌다. 그가 그러한 용어를 통해 (뒤르켐이 그랬듯) 인류학과 사회학이 별개의 학문이 아니라고 주장하며, 나아가 "인간과학의 통일성unité des sciences de l'homme"을 확인하기 때문이다(Bourdieu 2003b: 57). 부르디외의 성찰적 사회학은 다양한 분과 학문의 제도된 경계를 넘어서는 '총체적인 인간학'을 겨냥하는 셈이다. 그런데 이 인간학이 사회학과 어느 정도 등치될 수 있는 이유는, 부르디외가 보기에 인간이 무엇보다도 사회적 존재이며 그 존재의 비밀이 사회적인 것에 깃들어 있기 때문일 것이다.

그 답들이 얼마나 타당하고 또 유효한지에 대한 평가는 장차 우리 연구자들이 집단적으로 수행해가야 할 중요한 과제일 것이다. 다만 여기서 내가 지적하고 싶은 것은 그의 '질문들'이 학문의 식민성에 대한 우리 학계의 오랜 고민과도 일맥상통한다는 점이다. 그 문제의식의 핵심이 무엇보다도 '지식의 보편성과 가치중립성에 대한 무비판적 가정 위에서 이루어지는 서구 이론의 무분별한 수용'과 '한국의 구체적이며 역사적인 현실을 제대로 포착하지 못한 채 겉도는 사회 연구'에 있기에 그렇다. 그런데 부르디외는 이러한 문제들의 해결을 위한 첫걸음이 바로 지식인과 그 활동에 대한 사회학적 객관화에 있다고 보았으며, 자신의 사회학이 그러한 작업을 위한 개념적·이론적 도구들을 제공하는 연장통으로 쓰이기를 바랐다. 나아가 그는 지식 생산 실천의 이해관심과 맥락 구속성에 대한 사회학적 객관화 작업을 매개로, 우리가 더 객관적인 지식을 구축해나갈 수 있다고 주장했다. 즉 부르디외에게 지식의 특수성(역사성, 지역성, 관점주의)에 대한 '메타meta' 관점의 확보는, 객관적이고 보편적인 어떤 진리도 없으며 모든 지식의 가치는 비교 불가능하다는 식의 상대주의나 허무주의로 귀결하지 않는다. 그가 보기에 사회학적 성찰성의 실천은 지식 구성에 그 한계에 대한 인식(칸트적 의미의 '비판')을 통합함으로써, 오히려 지식의 객관성과 보편성을 강화시켜줄 수 있는 일종의 '인식론적 보증'으로서 기능하기 때문이다.

부르디외가 말하는 성찰적 사회학은 크게 두 가지 의미를 띤다. 첫째, 사회학자가 한층 객관적인 지식을 생산하기 위해서는 자신의 위치와 관점에 대한 사회학적 성찰이 필수 불가결하다는 것이다. 둘째, 이렇게 획득된 과학적 지식은 공론장에 되돌려지면서 구성원들의 성찰성을 증진시키고 해방을 가져오는 데 이바지할 수 있다는 것이다. 사회학은 지배 체제를 탈신비화하고 각종 구조적 제약에 대한 행위자들의 인식을 확장시킴으로써 그 변혁 가능성을 제고한다. 그것은 "사람들의 자유, 행복과 자기완성에 대한 정당한 열망을 무수히 침해하는 진정한 사회경제적 결정 요인들까지 거슬러 올라가" 그것들을 통제하고 극복할 수 있는 지적 힘을 제공하는 것이다. "이 지식으로 무장한 사회 세계는 스스로 수행했던 것을 해체할 수 있다"(Bourdieu et al. 1993: 943~44). 사회학 장은 이처럼 사회가 스스로에 대해 성찰성을 발휘하는 거대한 심급으로 작동하는 셈이다.

부르디외 사유의 이러한 특징들을 고려해볼 때, 그에 대한 연구는 외국과 비교해 심각한 담론 부족 상태에 있는 저자 한 명을 우리 이론문화 안에 본격적으로 편입시키는 차원을 넘어선다. 지식의 역사성과 맥락 구속성에 대한 부르디외의 예민한 인식, 그리고 경험 세계에 최대한 정합적인 사회 연구에 대한 모색이 우리 학문의 서구 중심성을 지양하려는 국내 학계의 문제 제기와도 통하는 면이 있다면, 그가 제시한 '성찰적 사회학'이라는 답안 역시 진지한 검토와 논의의 대상이 될 자격이 있다. 이러한 시각에서 부르디외에 대한 이론적 연구는, 역설적이지만 우리 학계가 탈식민적 지식 생산을 위한 한 가지 유력한 방법을 비판적으로 전유하는 과정으로서 의의를 지닐 수 있는 것이다.

이 책은 이상과 같은 기본적인 문제의식 위에서, 내가 지난 20년간 부르디외에 관해 써온 글들 가운데 일부를 수정해 일정한 형식에 맞추어 묶고 새로 쓴 글 몇 편을 더해 보완한 것이다. 이 책을 통해 나는 부르디외가 우리 이론문화 속에 생산적인 자원으로 자리 잡을 수 있도록 그의 생애와 사유 전체를 비판적으로 논의하는 동시에, 학문의 탈식민화라는 우리 학계의 장기적인 과제를 위해 부르디외 사회학을 활용할 수 있는 가능성을 타진해보고자 한다. 부르디외가 이론을 다루는 방식을 '부르디외의 이론'이라는 대상 자체에 적용해보려는 노력은 이러한 의도에서 나온 것이다.[7] 사실 어떤 저자와 맞서기 위해 그 저자의 힘을 이용하는 '학문적 이이제이以夷制夷'의 방책은 부르디외가 자기 독자들에게 즐겨 권했던 전법이기도 하다. 구체적으로 나는 부르디외 이론의 주요 특징들을 그의 개인적 하비투스 및 사회적 위치와의 밀접한 연관 속에서 제시하고, 이론의 근본적인 문제의식과 한계점을 논의하며, 부르디외 이론의 국내 수용 문제를 그의 개념들에 의지해 재귀적으로 검토하려 한다. 이러한 접근이 '우리 학문의 탈식민화를 위한 외국 이론 연구'라는 역설적인 과업의 수행에 새로운 의미와 정당성을 더해줄 수 있으리라 믿는다.

이 책은 크게 3부로 구성된다. 부르디외의 삶과 학문 세계 전반을 재조명하는 1부 '지식인의 초상'은 세 개의 장을 담고 있다. 1장은 사회학자 부르디외의 지적 기획이 그가 거쳤던 사회적 궤적과 어떻게 상호작용하며 진화해갔는지를 뒤쫓는다. 2장은 부르디외의 생애를 통해 드러나는 지적 하비투스를 재구성함으로써, 그를 사회학의 대가로 만든 연

---

7) 부르디외가 이론을 상대하는 중심 원칙들을 그의 저작에서 뽑아내면 대략 다음과 같다. 첫째, 이론을 철저히 그 발생 연원(즉 이론 생산자의 하비투스와 이론 생산 맥락으로서 학문장)과 관련지어 파악한다(『하이데거의 정치적 존재론〔나는 철학자다〕』 『호모 아카데미쿠스』). 둘째, 이론의 문제 지평과 논리 구조, 그리고 그 난점들을 비판적으로 검토한다(『과학의 과학과 성찰성』). 셋째, 경험연구를 바탕으로 이론을 구성하고, 그 적용 사례들을 늘려간다든지 동일한 사례를 오랜 시간에 걸쳐 되풀이해 비교·분석함으로써 이론의 타당성을 제고한다(『실천감각』 『독신자들의 무도회』). 넷째, 이론이 언제나 그 사회적 수용 맥락에 따라 다양하고 상이한 의미와 용도를 가질 수 있다는 점을 이해한다(「사상의 국제적 유통을 둘러싼 사회적 조건들」 「세계 사회학 장의 가능성」). 네번째 원칙과 관련해서는 부르디외가 문제의 초안만 잡는 수준에 머물렀지만, 최근 여러 연구자들이 그의 이론에 바탕을 두고 '이론 수용의 사회학'을 발전시키고 있다.

구 노동의 원리들은 과연 무엇이었는지를 살핀다. 3장은 공공 지식인 부르디외가 학문 장 안팎에서 벌인 미디어 실천에 대한 분석을 중심으로, 그의 정치적 참여와 정당화 논리 그리고 그것에 내재하는 난점들을 다룬다. 1부에서 나는 부르디외의 사회학적 전기를 개괄적으로 재구성하면서, 그가 연구자로서의 삶을 통해 드러낸 지적 하비투스와 공공 지식인으로서 구상하고 실행한 사회학적 참여의 원리가 탈식민적 지식 생산을 위해서도 유용한 지침을 제공한다는 점을 부각시킬 것이다.

　2부 '이론적 지평'은 부르디외의 인간관, 사회관, 언어관을 비판적으로 해부한다. 부르디외는 자신의 이론 체계를 통해 사회를 구성하는 세 가지 기본 요소—사회화된 행위자로서 '인간 존재,' 이들을 만들어내고 또 이들이 함께 어울려 살며 만들어가는 실천 공간으로서 '사회구조,' 그리고 그 안에서 특히 상징을 매개로 일어나는 '상호작용'—에 대한 인식을 혁신하고자 했다. 하비투스, 장, 상징폭력은 그러한 시도를 표상하는 주요 개념들이다. 2부에서 나는 이것들이 다른 개념들과 더불어 부르디외의 사유를 어떻게 구조화하고 있는지, 그 사유가 어떤 철학적·사회학적 배경과 문제의식을 함축하고 있는지, 그리고 그 한계와 난점 들은 무엇인지 집중적으로 논의하고자 한다. 우선 4장은 부르디외의 장이론théorie des champs을 총체적으로 재구성한다. 초점은 '상징적 지배'를 문제 설정의 중심에 놓고 뒤르켐, 베버, 마르크스Karl Marx를 종합하는 장이론의 논리 구축 방식에 맞추어진다. 5장은 장이론을 경험연구에 투입하고자 할 때 우리가 직면하는 이론적·실제적 문제들을 검토함으로써, 분석틀로서 장이론이 가지는 난점들과 그 보완 방향을 모색한다. 6장은 장이론이 내포하는 투쟁 중심적 사회관과 공리주의적 인간관의 면모를 살펴보고, 그것을 넘어서고자 한 부르디외의 시도가 어떤 딜레마에 봉착하는지를 다룬다. 7장은 언어를 대상으로 삼아 장이론의 구체적인 작동 방식을 제시하고, 하비투스나 상징폭력 같은 부르디외의 주요 개념과 사회학주의가 빚어내는 인식론적 곤경을 분석한다. 2부에서 나는 부르디외의 이론을 전반적으로 검토하면서, 그것이 드러내는 여러 결함과 균열을 지적하고 그 너머로 나아갈 수 있는 사유의 가능성을 탐색해보고자 한다.

3부 '수용의 단층'은 부르디외 사회학을 '서구 이론'으로 대상화하면서, 포스트식민 상황에 있는 우리 입장에서 그것을 어떻게 수용하고 있으며, 이 과정에 어떤 문제점들이 있는지 검토한다. 이는 크게 '읽기' '번역' '교육'이라는 외국 이론 수용의 핵심적인 세 계기를 중심으로 이루어진다. 먼저 8장은 부르디외 자신이 암묵적으로 전제하는 읽기 이론을 재구성한 후, 그것이 우리의 지식 수입 환경에서 외국 이론 일반(부르디외 이론 그 자체를 포함하는)에 대한 읽기의 방법으로서도 전략적인 가치를 지닌다고 주장한다. 9장은 부르디외 이론에 기반을 둔 번역 및 수용 사회학의 분석틀을 활용해 부르디외 저작의 국내 번역이 드러내는 '굴절réfraction' 양상을 살펴보고, 우리 학계의 학술 번역과 지식 수용의 문제를 비판적으로 논한다. 끝으로 10장은 포스트식민 조건 아래 부르디외 이론의 '지식'과 '태도'를 동시에 가르치고 배워야 하는 과제의 어려움을 제기하면서, '서구 대가'의 이론을 매개로 우리 현실과 더 깊이 대화할 수 있는 가능성의 조건을 질문한다. 3부에서 나는 이처럼 부르디외를 사례로 우리 학계 내 외국 이론 수용의 다양한 계기를 점검하면서, 학문에 대한 사회학적 자기 성찰을 중시하는 부르디외 사회학이 우리 학문의 탈식민화 전략의 실천에 소중한 지적 무기를 제공한다고 주장할 것이다.

부르디외가 콜레주드프랑스의 마지막 강의에서 썼던 비유를 빌리자면, 성찰성이란 "세계를 자신의 어깨에 짊어진 아틀라스의 두 발이 어디를 딛고 있는지" 질문하는 일이다(Fournier 2002: 579). 우리가 성찰성을 그토록 중시한 부르디외의 이론에 충실한 방식으로 그것에 관해 말하려면, 그 이론을 논의하는 우리의 두 발이 과연 어디를 어떻게 딛고 있는지 끈질기게 되묻지 않을 수 없다. 이 책 전체를 통해 나는 사회학자 부르디외와 그의 이론, 그리고 그를 둘러싼 우리의 수용을 최대한 성찰적인 관점에서 조명해보고자 했다. 하지만 이러한 내 의도가 그에 걸맞은 충분한 성과로 이어졌는지에 대해서는 자신하기 어렵다. 어쩌면 그저 본격적인 논의의 시작점 정도를 마련한 데 지나지 않을 것이다. 추리소설로 치자면 탐정의 초동수사 단계, 그러니까 이런저런 질문을 던져가며 더듬더듬 어떤 대상의 실체를 찾아가는 탐문 조사 단계라고나 할까? 이 책은 까다롭고 복잡한 만큼이나 매력적인 서구의 어떤 사유체계에 대한 탐문인 동시에, 우리 이론문화의 확장과 반성을 통한 학문의 탈식민화라는 어떤 전략에 대한 탐문이기도 하다.

이러한 탐문이 사태의 명확한 규명과 난제의 멋진 해결까지 이어지려면 훨씬 더 많은 시간과 노력이 필요할 것이다. 그럼에도 내가 그 과제를 낙관적으로 전망한다면, 연구 노동은 본질적으로 공동의 분업이자 협업일 수밖에 없으며 그러한 특징이 한계라기보다 희망이라고 보기 때문이다. 부르디외는 기회가 있을 때마다 학문 생산의 주체는 개별 학자가 아닌 학문 장 전체라고 강조했다. 또 그보다 훨씬 전에 바슐라르Gaston Bachelard는 '과학자 개인' 아닌 '과학 공동체cité scientifique,' '코기토cogito(나는 생각한다)' 아닌 '코기타무스cogitamus(우리는 생각한다)'야말로 과학 정신의 진정한 주체라고 일깨운 바 있다(Bachelard 1949: 57;

1971: 140~48; 1972: 54). 나 역시 그러한 주장에 전적으로 동의한다. 게다가 '우리는 생각한다, 고로 존재한다'라면, '생각함으로써 존재하게 된 우리'는 이전의 우리와 더 이상 동일하지 않은, 이성의 역사적 전진 과정을 계기로 '더 나아진 우리'일 것이다. 이 책이 부르디외의 사유를 우리 이론문화 속에 의미 있는 생산적 자원으로 통합시키고, 우리 학계에 탈식민적 성찰성의 회로를 새롭게 작동시키는 스위치 역할을 할 수 있길 기대한다.

이 탁월한 인간은 결코 독창적인 인간이 아니다. 그 개성은 그저 평범함에 지나지 않는다. 불규칙한 데가 거의 없다. 지적인 것에 대한 맹신도 없으며 무의미한 두려움도 없다. 그는 분석을 두려워하지 않는다. 분석을 진행하면서—혹은 분석이 그를 인도한다고 해야 할 것이다—그는 멀리 떨어진 결과에 도달한다. 그는 그다지 힘들이지 않고 현실에 돌아온다. 그는 모방하고 혁신한다. 오래된 것을 오래되었다는 이유로 거절하지도 않으며 새로운 것을 새롭다는 이유로 거절하지도 않는다. 그는 자신 안에 있는 영원히 현재적인 어떤 것에 질문을 던진다.

— 폴 발레리, 『레오나르도 다빈치 방법 입문』*

젊은이가 글을 쓰기로 선택한 것은 그가 괴로워하는 억압과 그를 부끄럽게 만드는 출신 계급과의 연대성에서 벗어나기 위해서였다. 몇 마디의 말을 적기 시작하자, 그는 자기의 성장 환경과 계급에서, 아니 모든 환경과 계급에서 벗어나고, 역사적 상황을 반성적·비판적으로 인식한다는 단 한 가지 사실로 말미암아, 그 상황을 돌파할 수 있다고 믿었다. 저마다의 편견 때문에 특정한 시대에 갇힌 귀족과 부르주아지의 갈등을 넘어서서, 그는 펜을 들자마자, 자기가 시간과 장소를 초월한 의식체라고, 요컨대 '보편적 인간'이라고 생각했다. 그리고 그에게 해방을 가져다주는 문학은 추상적 기능이며 인간성의 '선험적인' 힘이었다. 그것은 매 순간 인간이 역사로부터 자신을 해방시키는 움직임, 한마디로 자유의 행사였다.

— 장 폴 사르트르, 『문학이란 무엇인가』**

1부

지식인의 초상

* 폴 발레리, 『레오나르도 다빈치 방법 입문』, 김동의 옮김, 서울: 이모션북스, 2016, p. 95.
** 장 폴 사르트르, 『문학이란 무엇인가』, 정명환 옮김, 서울: 민음사, 1998, p. 144.

1장 '피에르'는 어떻게 '부르디외'가 되었나?

사회학자의 삶을 둘러싼 말들의 풍경

부르디외의 사유가 우리 사회에 소개된 지도 벌써 20여 년이 지났다. 그동안 스무 권이 넘는 그의 저작이 우리말로 옮겨졌고, 적지 않은 입문서와 해설서가 나왔으며, 그의 이론을 이용한 경험연구도 활발히 이루어지고 있다. 그의 생애와 저작 전반을 개관하는 국내 저자의 글도 이미 몇 편 나와 있다(정수복 2015a: 2부 2장; 홍성민 2000: 1장; 2012: 1장).[1] 그럼에도 내가 이 장에서 그의 지적 기획과 사회적 궤적을 나름대로 다

---

1) 부르디외의 저작과 생애를 연결지어 논하는 외국 문헌은 적지 않다. 프랑스는 물론 영미권에서도 부르디외의 작업을 전기적 이력과의 관계 속에서 검토하는 연구들이 꾸준히 나오고 있다(Encrevé & Lagrave eds. 2003; Grenfell 2011; Fabiani 2016; Lane 2000; Mauger ed. 2005; Pinto 1999; Swartz 1997 참조). 특히 영국 사회학자 데릭 로빈스Derek Robbins는 지성사적 관점에서 부르디외의 생애와 저작을 시기별로 구분해 세밀하게 탐구하는 논문들을 지속적으로 발표하고 있다.

시 써보려는 데는 몇 가지 이유가 있다. 가장 일차적인 이유는 이제까지 국내에서 쓰인 글들이 나름의 미덕에도 불구하고 한계와 문제점 또한 적지 않다고 보았기 때문이다. 그것들은 부르디외 자신이 쓴『자기분석에 대한 초고*Esquisse d'une auto-analyse*』를 단순히 정리하는 수준에 머물거나, 전기적 사실에 대한 부정확한 정보라든지 저작들에 대한 부분적이고 부적절한 평가가 두드러진다.[2] 이 글은 일단 그러한 단점을 최대한 극복하려는 의도를 담고 있다.

그렇지만 이 장의 목적이 그처럼 소극적인 차원에 그치는 것은 아니다. 부르디외의 사회학적 전기를 새롭게 쓰면서 나는 그의 사유와 인간, 지적 기획과 사회적 궤적이 맺고 있는 복잡한 관계를 좀더 입체적으로 드러내 보이고자 한다. 부르디외는 어떤 문화 산물이든 사회 발생적인 관점에서만 온전히 이해할 수 있으며, 모든 학문적 실천은 과학적인 동시에 정치적인 이중 전략을 드러낸다고 주장했다. 부르디외 자신의 지적 생산물 또한 그러한 원리들로부터 예외일 수는 없을 것이다. 그는 40여 년 학자 경력 동안 약 40권의 저서와 300여 편에 달하는 논문, 그리고 적지 않은 강의, 강연, 대담, 인터뷰 등의 구술 출판물을 남겼다. 그의 저작은 방대할 뿐만 아니라 난해하기도 하다. 그것들을 제대로 이해하기 위해서는 그 내적 논리 구조를 따지는 일 못지않게, 사회적 형성 과정에 비추어 검토하는 작업이 필수적이다. 원칙적으로 따지자면, 그두 가지는 사실 서로 떼놓고 논의될 수 없다. 부르디외 저작의 주제와 내용, 형식은 그것이 어떠한 지적 문제틀 안에 놓여 있었는지, 어떠한

---

2) 그가 유대인이라든지, 유럽사회학연구소를 설립했다든지, 혹은 에른스트 카시러의 책을 번역했다든지 하는 잘못된 정보들이 대표적이다.

인적 관계망과 제도적 맥락, 그리고 사회정치적 환경 속에서 발전했는지를 고려함으로써만 그 의미를 더욱 적절하고 풍부하게 파악할 수 있다는 말이다.

사회 발생적 서술은 당연히 논리 구조의 해석 이상으로 엄청난 가능성을 열어놓는다. 그 스펙트럼은 특정 텍스트를 생산 맥락에 간단히 연결짓는 수준에서, 지적 전통과 지식 생산 장의 역학 내에 위치 지으면서 역사적으로 세밀하게 탐구하는 수준까지 매우 넓은 폭으로 펼쳐질 수 있다. 그 한쪽 극에는 아마도 20세기 후반의 프랑스 지성사를 사회학적으로 재구성하는 거대한 과제가 기다리고 있을 것이다. 하지만 이 장에서 내가 시도하고자 하는 사회 발생적 서술은 다분히 기초적인 수준에 머문다. 그것은 부르디외 저작에 대한 균형 잡힌 이해와 지적 기획의 평가에 필요한 최소한의 텍스트 정보 및 맥락 정보를 제시하는 데 초점을 맞춘다.

이를 위해 나는 크게 세 종류의 자료를 이용할 것이다. 첫번째 자료는 부르디외 스스로 자기 생애와 저작을 회고적으로 정리한 글들이다. 부르디외는 생전에 프랑스 안팎에서 나온 여러 텍스트와 구술 출판물을 통해 자신의 작업을 되돌아본 바 있고(가장 대표적인 예는 『성찰적 사회학으로의 초대』이다), 타계 직전에는 『자기분석에 대한 초고』를 직접 준비한 바 있다. 나는 이러한 자료들로부터 전기적 사실을 자유롭게 가져왔으며, 사실에 대한 특수한 해석이나 직접 인용의 경우에만 별도로 출처를 표시했다(Bourdieu 1986c; 1987b; 1997c; 2001b: 184~220; 2004a; Bourdieu & Wacquant 2014/2015).[3]

---

3) 내가 중요하게 참조한 자료 가운데 부르디외가 철학자 악셀 호네트Axel Honneth 등과 가진

두번째 자료는 부르디외의 지적 전기를 재구성한 2차 문헌들이다. 그 중에는 짧은 논문도 있고 두툼한 책도 있으며, 부르디외 사회학의 충실한 계승자들이 쓴 것도 있고 일정한 거리를 둔 연구자들이 쓴 것도 있다 (Bourdieu & Wacquant 2014/2015: 432~63; Grémion 2005; Lescourret 2008; Pinto 1999; Wacquant 2013a). 2차 문헌들은 부르디외의 지적 삶을 조망하고 주요 국면들을 구분하는 데 쓸모 있는 참조점을 제공한다. 그 가운데 2008년 프랑스에서 나온 최초의 부르디외 전기 『피에르 부르디외: 행복의 경제를 향하여 *Pierre Bourdieu: Vers une économie du bonheur*』는 사회학자의 생애 전체를 상세히 서술한 유일한 문헌으로서 나름대로 가치를 지닌다(Lescourret 2008). 그러나 레스쿠레 Marie-Anne Lescourret가 쓴 이 책은 불성실한 자료 조사로 인해 심층성이 떨어지고 몇몇 사실관계에서 오류가 있다는 비판을 받기도 했다.[4] 이러한 논평을 감안해 이 글에서는 그 책을 전기적 사실들의 교차 점검과 재확인을 위해 제한적으로만 활용했다.

이 장에서 쓰인 세번째 유형의 자료는 부르디외의 동료 연구자나 주변 지인 들이 남긴 '증언' 성격의 텍스트이다. 이 부류의 문헌에 관해서는 약간의 부연 설명이 필요하다. 일단 그것은 상이한 위상의 글들을 포괄한다. 예를 들어 자닌 베르데스-르루 Jeannine Verdès-Leroux나 나탈리

대담은 원래 「상징질서를 위한 투쟁」이라는 제목 아래 독일어로 발표된 뒤 영어와 프랑스어로 옮겨졌다. 프랑스어 번역은 『말한 것들』에 「철학에서의 현지조사」라는 제목으로 실려 있는데, 원문을 축약한 것이다. 따라서 이 글에서는 영역본을 인용한다(Bourdieu 1986c). 한편 『자기분석에 대한 초고』는 강연문 「철학자 지망생」(『파스칼적 명상』에 재수록)과 『과학의 과학과 성찰성』의 부록으로 실린 콜레주드프랑스의 마지막 강의 등을 바탕으로 부르디외 사망 직전인 2001년 10~12월에 쓰였다.

4) 푸코의 전기 작가인 디디에 에리봉 Didier Eribon의 비판이 대표적이다(http://didiereribon. blogspot.kr/2008/03/la-biographie-de-bourdieu-et-la-mienne.html).

에니크Nathalie Heinich 같은 사회학자들은 제각기 부르디외에 관한 단행본 연구서를 출간한 바 있다(Heinich 2007; Verdès-Leroux 1998). 그런데 이들의 책은 부르디외 사회학에 대한 비판적 분석이 개인적 경험의 회고, 인신공격성 비난 등과 뒤섞여 있다는 점에서 팸플릿 장르에 들어갈 만하다.[5] 물론 순전히 부르디외와의 개인적 관계에만 집중한 에세이 스타일의 글도 있다. 그것들 역시 지적 협력과 불화의 과정에 대한 자기 고백부터 애증이 역력히 묻어나는 비평, 그리고 사후의 찬사와 추도문에 이르기까지 사뭇 다양하고 이질적이다(Encrevé & Lagrave eds. 2003; Bouveresse & Roche eds. 2004; Lamont 2010; Mauger ed. 2005). 이 글들은 제3자가 접근하기 어려운 내밀한 정보를 제공한다는 장점이 있지만, 때로는 너무 주관적이고 일방적인 시각 때문에 읽는 이를 곤혹스럽게 만드는 면도 없지 않다. 특히 그 가운데 상당수가 부르디외와 한때 공조 관계에 있다가 결별한 연구자들에 의해 쓰였기 때문에 자유롭게 활용하기에는 부담스럽다.

이 텍스트들을 어떻게 이용할 것인가? 아니, 과연 이용해도 무방할 것인가? 해당 텍스트들이 제공하는 소중한 정보와 비판적 평가가 갖는 의의를 감안한다면, 그 활용 가능성 자체를 지레 배제할 필요는 없을 것이다. 우리가 그러한 평문의 저자들이 부르디외와 (대개는 협력에서 출발해 불화와 단절로 끝난) 복잡한 관계를 맺고 있었고, 그로 인한 모종의 편향성이 있을 수 있다는 점을 감안하기만 한다면 말이다.[6] 하나 더

---

5) '팸플릿pamphlet'은 저자가 어떤 개인이나 사유, 이념 체계의 기만을 폭로하기 위해 격렬히 공격하는 시의적인 글로서, 지적 기만으로부터 사람들을 시급히 해방시켜야 한다는 목적의식 아래 집필이 이루어진다(Avril 1978).

6) 이 범주의 대표적인 인물들로 베르데스-르루, 에니크를 비롯해 장-클로드 파스롱, 뤽 볼탕스키, 클로드 그리뇽, 장-루이 파비아니, 미셸 라몽 등을 들 수 있다.

유의해야 할 것은 그러한 텍스트들의 생산 맥락이다. 즉 그것들은 1990년대 후반부터 본격적으로 나오기 시작했는데, 여기엔 세 가지 정도의 이유가 있다고 보인다.

우선 부르디외의 학문 체계가 더 이상 어떤 진화를 기대하기 어려운 완성 단계에 들어간 동시에, 그의 정치 참여가 활발해지기 시작했다는 것이다. 이 두 요인은 동료 연구자들 사이에서 부르디외 사회학에 대한 이론적 결산과 평가를 활발히 이끌어내는 한편, 학자의 정치 개입 문제에 대한 우려 섞인 논란을 불러일으켰다. 게다가 현실 정치에서의 대립과 투쟁, 또 그에 가세한 미디어들의 태도도 고려하지 않을 수 없다. 1995년 자크 시라크Jaques Chirac 대통령의 우파 정권이 출범하고, 그에 따라 사회경제 정책의 신자유주의적 재편에도 속도가 붙기 시작했다. 이때부터 부르디외는 강력한 비판의 목소리를 냈고, 그 결과 우파 진영이 추구하는 '정체된 프랑스의 개혁'을 앞장서 반대하는 '대중추수적 선동가'이자 '무책임한 극좌파 사회학자'로 낙인찍혔다. 1996년 부르디외가 프랑스 저널리즘을 비판하는 『텔레비전에 대하여Sur la télévision』를 발간하면서 그를 둘러싼 미디어의 소란은 더욱 심해졌다. 이후 수년 동안 그는 주류 미디어들의 주된 공격 대상으로 떠올랐으며, 그 와중에 부르디외에 대한 격정적인 비난과 인신공격 또한 적지 않게 쏟아졌다. 2002년 그의 때 이른 타계는 프랑스 신문들에 실린 부고 기사에 대한 담론분석이 알려주듯, 긍정적인 방향에서건 부정적인 방향에서건 '부르디외 신화 만들기'의 정점을 찍었다(Onfray 2002; Watine 2002 참조).

물론 그렇다고 내가 이 장에서 이용하는 증언 유형의 텍스트들이 전부 강한 정치성과 편파성을 띠고 있다는 의미는 아니다. 모두 전문 사회학자인 저자들은 나름대로 자기 발화의 객관성과 타당성, 설득력을 확보하려는 의식적인 노력을 게을리하지 않는다. 그럼에도 이 시기에 나온 몇몇 텍스트에서는 공론장의 어떤 분위기가 부르디외에 대한 비판적 회고를 간혹 사적인 감정의 통제가 어려울 만큼 몰아붙인 흔적이 느껴진다. 따라서 증언 유형의 자료를 이용하려면 저자가 부르디외와 맺었던 개인적 관계, 그리고 담론의 제도적 생산 맥락을 적절히 고려해야만 한다. 그러한 전제 위에서 부르디외의 과거 동료와 지인 들의 다양한 발언은 그의 성향 체계와 학문 세계가 지니는 특성들을 객관화하고 심층적으로 이해하는 데 유용할 수 있을 것이다.

'피에르'가 '부르디외'가 되기까지

부르디외는 노년까지 왕성하게 생산적으로 활동하던 학자로서는 사뭇 아쉬운 나이인 72세를 일기로 2002년 타계했다. 1950년대 말부터 시작된 그의 저작 출판이 사망 직전까지 계속되었음을 감안할 때, 지식인으로서 그의 삶은 40여 년에 이르는 셈이다. 부르디외의 지적 도정은 대체로 10년 단위의 몇 가지 국면으로 구분 가능하다. 1950년대에서 1960년대 초까지는 부르디외가 고등사범학교에서 철학을 배우고 알제리와 베아른Béarn에서 인류학적 현지조사를 수행한 지적인 수련기라 할 수 있다. 1960년대는 그가 유럽사회학연구소Centre européen de sociologie, CES를 주도하면서 체계적인 경험조사와 공동 연구로 많은 성과를 내놓은 시기이다. 알제리에 관한 연구서들, 문화사회학 분야의 『중간 예술 Un Art moyen』과 『예술 사랑L'Amour de l'art』, 교육사회학 분야의 『상속자들Les Héritiers』과 『재생산La Reproduction』 등이 이 시기의 주요 저서들이다. 1970년대는 부르디외가 교육문화사회학연구소Centre de sociologie de l'éducation et de la culture, CSEC를 기반으로 학술지 『사회과학연구논집 Actes de la recherche en sciences sociales』(이하 『악트Actes』로 표기)을 창간하고 실천이론과 장이론의 체계를 정립해나간 시기이다. 이 시기의 대표작은 『구별짓기La Distinction』와 『실천감각Le Sens pratique』이라 할 수 있다. 20여 년에 걸쳐 쌓아올린 학문적 업적을 바탕으로 콜레주드프랑스 교수가 됨으로써 제도적 위계의 정상에 오른 부르디외는 1980년대에 『호모 아카데미쿠스Homo academicus』와 『국가 귀족La Noblesse d'État』을 통해 지식인 사회학과 정치사회학의 새로운 모델을 제시한다. 1990년대는 부르디외가 현실 정치에 다양한 방식으로 개입하면서 참여 지식인으로서 명성을 공고히 구축한 시기이다. 그는 『세계의 비참La Misère du monde』 『경제의 사회적 구조Les Structures sociales de l'économie』 등 프랑스의 신자유주의화에 대한 비판적 연구서들을 펴내는 한편, 『예술의 규칙Les Règles de l'art』 『파스칼적 명상Méditations pascaliennes』처럼 자신의 사회 이론과 사회학적 인간론을 정리하는 저작들을 내놓는다. 2000년 콜레주드프랑스를 퇴임한 그는 『과학의 과학과 성찰성Science de la science et réflexivité』을 발간하고 『자기분석에 대한 초고』의 원고 집필을 끝으로 생전의 저술 작업을 매듭짓는다.

시골 출신의 철학자 지망생

부르디외는 1930년 8월 1일 피레네 산맥 근처 프랑스 남서부 지방인 베아른의 당갱Denguin에서 태어났다. 베아른은 당시에도 표준 프랑스어가 아닌 고유의 사투리가 가장 널리 쓰일 만큼 변방이었고, 당갱은 전체 인구가 채 500명을 넘지 않는 외딴 시골이었다. 소작농의 아들이었던 그의 아버지는 우체부를 거쳐 우체국장이 되었는데, 부르디외의 회고에 따르면 시골에서는 이례적으로 강한 좌파 성향을 지닌 노조원이기도 했다. 비판적이고 자유분방한 기질을 가진 아버지와 달리, 농촌의 대가문 출신이었던 어머니는 관습과 예의범절을 중시하는 전통적인 가정주부였다. 부르디외는 뛰어난 학업성적 덕분에 국가 장학금을 받으면서 1941~47년에 인근의 포Pau에서 중고등학교를 마쳤다. 진학을 위해 파리로 올라온 그는 1948년부터 명문 루이르그랑 고교의 그랑제콜 준비반에서 대입 예비 과정을 마치고, 1951년 프랑스 최고의 엘리트 학교 중 하나인 고등사범학교에 입학하게 된다.

『자기분석에 대한 초고』에서 부르디외는 자신이 "온갖 종류의 모순과 긴장이 깃든 **분열된 하비투스**"(이하 인용문에서 강조는 원저자)를 가졌다고 고백한 바 있다(Bourdieu 2004a: 127). 그 하비투스의 시발점에 출신과 성향 면에서 모두 대조적인 부모라는 가족적 배경이 자리하고 있었다면, 이후에는 지방민에서 도시민으로, '촌놈'에서 엘리트로, 프티부르주아에서 부르주아로의 사회적 이동 과정을 통해 그가 경험한 지역적·계급적 이중성이 원인으로 작용했을 법하다. 그런데 분열된 하비투스 형성의 가장 강력한 촉매제는 바로 어린 시절의 기숙사 경험이었다. 부르디외는 포와 파리의 중고등학교 과정에서 10년 가까이 기숙사 생활을 했는데, 그때 입은 마음의 상처가 무척 깊었던 것 같다. 그는 단도직입적으로 "기숙사 경험은 확실히 내 성향의 형성에서 결정적인 역할을 했다"고 회고한다. 기숙사 생활을 통해 그는 거칠고 폭력적인 '기숙사 세계'와 이상적이고 매혹적인 가치가 지배하는 '교실 세계' 사이의 간극을 발견했고, 이는 "사회관계에 대한 현실주의적이고 투쟁적인 시각"을 갖는 계기가 되었다(Bourdieu 2004a: 117). 이처럼 분열된 하비투스는 그가 마치 양서류처럼 두 세계에 걸쳐 있으면서 어느 쪽에도 완전히 속하지 못하는 주변인, 영원한 외부자로서의 감각을 갖고 살아가도록 이끌었다. 그것은 특히 부르디외의 내면에 지성주의와 반지성주의의 팽팽한 긴장을 만들어낸 주요인으로 보인다. 그는 고등교육과 고급문화를 동경하고 추구하는 동시에, 그것들의 자의성과 폭력성에 대한 반감역시 강하게 품고 있었다. 이는 구체적으로는 학교 제도에 대한 순종적이면서도 저항적인 태도로 나타났다. 자신이 원래 속해 있던 문화로부터 뿌리 뽑히고 박탈당한 이들이 겪는 고통에 대한 감수성 역시 예민해졌다. 이는 후에 사회학적 연구 대상들을 선정하는 그 나름의 기준이나연구자의 성찰적 태도를 강조하는 입장에 직간접적인 영향을 미친 것으로 여겨진다.[7]

국립 교원양성기관인 고등사범학교에서 부르디외는 철학을 전공했다. 그의 유명한 동기생들로는 자크 데리다, 장-클로드 파스롱Jean-Claude Passeron, 에마뉘엘 르루아 라뒤리Emmanuel Le Roy Ladurie, 폴 벤느Paul Veyne 등이 있었으며, 이들은 알튀세르Louis Althusser, 푸코 등의 강의를 들었다. 고등사범학교에는 삼삼오오 어울려 다니는 소집단들이 있었고, 이들 사이에는 친밀감 못지않게 미묘한 질투심과 경쟁의식 또한

---

7) '기숙사 생활의 끔찍한 효과'에 대한 부르디외의 언급에는 사실 하나의 작은 아이러니가 숨어 있다. 사회학에서 하비투스는 에밀 뒤르켐이 『프랑스 교육의 진화L'Évolution pédagogique en France』(1938)에서 기독교 교육을 논하면서 제일 처음 사용한 용어이기 때문이다. 뒤르켐은 기독교가 영혼의 어떤 태도, 즉 "도덕적 존재의 하비투스" 안에 있으며, 교육의 목표는 아이들에게서 이러한 태도를 촉발하는 데 있다고 보았다. 나아가 그는 기숙사 생활이 수도사적 사유를 학생들에게 자연스럽게 확산시킴으로써 기독교 교육의 이상을 실현할 수 있는 자연적 수단이라고 강조했다(Durkheim 1999: 37, 139). 부르디외는 자신이 실제로 경험한 기숙사가 어린 학생들에게 어떤 장소였는지를 냉정히 회고하면서, 뒤르켐에게 '비틀린 오마주'를 보내는 것처럼 보인다.

적지 않았다. 역사학자 벤느에 따르면, 부르디외는 재능 있는 학생들이 모인 "비정치적인 모범생 소집단"에 끼어 있었다(Veyne 1996: 13). 그와 가까운 친구들로는 뤼시앵 비앙코Lucien Bianco, 장 볼락Jean Bollack, 루이 마랭Louis Marin 등이 있었다. 다른 동료들의 눈에 어떻게 비쳤을지 모르지만, 부르디외는 이 시절의 자신에게 가장 두드러진 성향이 반골 기질이었다고 술회한다. 그에 의하면 그 기질은 학생들 사이에서 지배적이었던 선택지를 거부하는 일종의 '역설적 귀족주의'로 나타났고, 여러 영역에서 그의 방향성을 결정지었다. 예를 들어 부르디외는 학교 제도가 부과하는 프로그램에 저항하고 공붓벌레 같은 동료들의 모범생주의를 배격하는 의미에서, 몇 년 동안 많은 시간을 화성악과 대위법을 배우는 데 썼다. 그는 오케스트라 지휘자가 되고 싶어 했으나, 결국 너무 늦었다는 사실을 깨닫고 꿈을 포기해야만 했다. 부르디외는 일반적인 프랑스 예비 지식인들과 달리 스포츠를 즐겼으며, 그 무렵 부르주아지의 자제들 사이에서 유행했던 테니스 대신 럭비를 선호했다. 그는 또 당시 고등사범학교 내의 공산당 가입 열풍에 휩쓸리지 않고 오히려 스탈린주의에 반발해 데리다, 마랭 등과 더불어 자유수호위원회Comité pour la défense des libertés를 결성했다(Bourdieu 1986c: 35).

반골 기질은 무엇보다도 학업 방향에 뚜렷한 흔적을 남겼다. 1950년대 프랑스 철학계는 사르트르Jean Paul Sartre가 대표하는 실존주의적 현상학이 지배하고 있었고, 철학에 대한 대학의 접근 방식은 매우 보수적이고 권위주의적이었다. 부르디외는 다른 학생들의 '순진한' 정통주의에 맞서 당시 저평가된 철학자들에 더 많은 열성을 기울였다. 그는 흄David Hume과 라이프니츠Gottfried Leibniz를 공부했고, 하이데거Martin Heidegger뿐만 아니라 그 이상으로 후설Edmund Husserl과 카시러Ernst Cassirer에 주목했으며, 마르크스의 초기 사상에 관심을 가졌다. 무엇보다 그는 논리학, 과학철학, 과학사 등에 노력을 쏟았고 수학 또한 공부했다.[8] 알렉상드르 쿠아레Alexandre Koyré, 장 카바이예스Jean Cavaillès, 에릭 베일Éric Weil, 쥘 뷔유맹Jules Vuillemin, 마르샬 게루Martial Gueroult, 그리고 특히 가스통 바슐라르와 조르주 캉길렘Georges Canguilhem이 그가 중시한 철학자들이었다. 이들은 과학적 엄격성과 정치적 참여 윤리의 양면에서 모두 부르디외의 취향을 충족시켰다.[9] 물론 그렇다고 해서 그가 현상학

---

8) 푸코는 캉길렘의『정상적인 것과 병리적인 것』을 소개하는 유명한 텍스트에서 20세기 프랑스 철학계를 가로지르는 "분할선"의 존재를 지적한다. 그것은 전후에 사르트르, 메를로-퐁티가 대표하는 "경험, 의미, 주체의 철학"과 바슐라르, 쿠아레, 캉길렘 등이 대표하는 "지식, 합리성, 개념의 철학"이라는 양분된 흐름으로 나타났다. 푸코는 자신과 부르디외를 후자의 전통에 포함시키는데, 이는 이후 부르디외의 사유에 대한 정통적인 해석의 일부를 이루어왔다(Foucault 1985; Pinto 1999: 1장). 부르디외 스스로 그러한 계보를 여러 차례 환기시키기도 했다(Bourdieu 1982b; 2001b 참조). 그럼에도 그는 어느 한쪽에 속한다기보다 차라리 두 전통의 종합자라고 말하는 편이 더 정확할 것이다. 부르디외가 과학사적 인식론을 중시하고 우선시했다는 사실이 현상학적 전통으로부터 받은 영향을 간과하게 만드는 착시 효과로 이어질 우려가 있기 때문이다. 사실 부르디외는 자신의 연구에 하이데거의『존재와 시간』, 후설의『순수현상학과 현상학적 철학의 이념들 2』가 중요했으며, 특히 후설의『경험과 판단』을 직접 번역해가면서 거의 1년간 열심히 공부했다고 회고한다. 이 텍스트에 나오는 습관성 Habitualität 개념은 훗날 하비투스 개념의 철학적 바탕을 마련한 것으로 보인다. 게다가 메를로-퐁티는 물론 (비록 부르디외가 공언한 적은 없지만)『존재와 무』『변증법적 이성비판』을 비롯한 사르트르의 저서들 역시 부르디외의 사유에 지대한 영향을 끼친 것으로 여겨진다(Moulin & Veyne 1996; Robbins 2012 참조). 이러한 시각에서 바슐라르와 카시러에 대한 부르디외의 언급은 흥미롭다. 그는 두 철학자가 수학이나 물리학 같은 학문적 상징형식이 일상 경험의 실천적 형식과 어떤 관계를 맺고 있는가 하는 중요한 문제를, 제각기 다른 관점에서 이긴 하지만 공통적으로 제기했다고 지적한다. 나아가 그는 이렇게 말한다. "순전히 지적이지만은 않은 이유로, 나는 세계와 관계 맺는 실천적 방식에 대해 엄밀한 현상학이 기여할 수 있는, 그리고 당시 철학 장에서 현상학의 절대적인 맞수였던 과학사·과학철학 이 둘 사이를 화해시키는 무언가를 하고자 했다"(Bourdieu 1997c: 24~25). 부르디외의 질문과 해법 들에 과학철학적 전통과 현상학적 전통의 유산이 복잡하게 얽혀 있음을 짐작하게 하는 대목이다.

9) 부르디외가 높이 평가한 학자들은 주로 이민자, 유대인 같은 소수민족이나 지방 출신이었고, 현실 정치와 무관한 추상적 지식을 탐구하면서도 나치즘에 맞선 저항 활동에 직접 참여한 사람들이 많았다. 그 점에서 이들은 말로는 늘 정치를 논하면서도 실제로는 전체주의에 적극적

공부를 등한시했던 것은 아니다. 다만 그는 '실존주의적 분위기'와는 분명한 거리를 두었으며, 인간과학과 생물학을 중시한 메를로-퐁티Maurice Merleau-Ponty를 사르트르보다 더 중요한 저자로 받아들였다. 메를로-퐁티는 부르디외에게 신체의 철학적 중요성을 일깨운 것 이외에도, 당시 프랑스에서 거의 알려지지 않았던 저자인 베버에게 관심을 갖도록 인도함으로써 부르디외 사회학의 형성에 핵심적인 역할을 한다.[10] 1954년 부르디외는 철학자 앙리 구이에Henri Gouhier의 지도 아래 고등교육 학위를 받는다. 졸업논문은 라이프니츠가 쓴 「데카르트의 (철학의) 원리의 일반 부분에 대한 비평Animadversiones in partem generalem Principiorum Cartesianorum」(1692)의 번역과 해제였다. 이성의 전문가이자 철저한 합리주의자이자 (후에 하비투스 개념에 영향을 준 것으로 평가받는) 모나드론의 주창자인 라이프니츠가 그의 '철학적 첫사랑'이었던 셈이다.

22세의 나이에 철학 교사 자격시험에 합격한 부르디외는 공부를 계속할 작정이었고, '감정생활의 현상학'에 관한 작업을 구상했다. 그것은 인간이 세계와 맺는 실천적 관계에 대한 현상학(특히 후기 후설)의 통찰을 인식론적 과학사의 성과에 접목시키려는 기획이었다. 프랑스 중부지방의 작은 마을 알리에Allié의 물랭 고등학교에서 1년간 철학을 가르친

으로 대항한 경력이 없는 파리 부르주아지 출신의 실존주의 철학자들과 대조적이라고 부르디외는 지적한다(Bourdieu 1995b).

10) 프랑스에서 베버의 저작은 1920년대에 모리스 알박스Maurice Halbwachs, 그리고 1930년대에 아롱Raymond Aron이 발견하고 소개한 이래 큰 관심을 끌지 못한 채 묻혀 있었다. 1950년대 이후로도 오랫동안 지식사회에서 마르크스주의와 급진주의 사상이 인기를 끌면서, 베버는 제대로 읽히지 않았고 '관념론적'이라든지 '부르주아적'이라는 꼬리표에서 자유롭지 못했다(Hirschhorn 1988 참조). 부르디외는 고등사범학교 시절 메를로-퐁티의 『변증법의 모험Les Aventures de la dialectique』(1955)에 소개된 베버를 읽고 이 독일 사회학자에게 지적인 매력을 느꼈다고 회고한다(Fritsch 2005: 87).

부르디외는 1955년 군 복무를 위해 당시 독립전쟁 중이던 알제리로 간다.[11] 이 과정에서 그는 제대 후 툴루즈 의대에 진학해 캉길렘의 지도 아래 국가 박사 학위논문을 쓰려던 애초의 계획을 포기하고, 인류학으로의 지적 전향을 감행한다. 그와 같은 선택에는 알제리에서 그가 보고 겪은 식민지의 참상과 전쟁 경험의 충격이 결정적인 역할을 했다. 이 무렵 프랑스 지식사회에 레비-스트로스Claude Levi-Strauss의 부상과 함께 불어닥친 구조주의 열풍은 인류학에 새로운 지적 권위를 부여했고, 이는 철학에서 사회과학으로의 전공 변경을 일종의 '감행해볼 만한 학문적 투기'로 만들어주었다.[12]

지중해 양안의 독학 인류학자

알제리전쟁이 발발하면서 프랑스의 청년들은 전쟁터로 끌려 나갔다. 부르디외는 그랑제콜 출신들이 주로 가는 장교 교육대를 거부하고 일

---

11) 알제리는 1830년에 프랑스의 식민지가 되었다. 프랑스는 알제리를 합병하고 프랑스인들이 정착하도록 했다. 알제리의 프랑스인과 알제리인 들로 이루어진 지배 엘리트는 프랑스어와 프랑스 문화를 이식하고자 했다. 독립 이전의 알제리는 프랑스의 3개 도를 이루고 있었으며, 행정은 프랑스 내무부에서 관장했다. 프랑스령 알제리에는 1백만 명 이상의 유럽인과 9백만 명의 알제리 원주민이 거주했다. 2차 대전이 끝날 무렵까지도 알제리의 토착민 인구 집단은 거의 모든 사회지표 면에서 식민주의자들에 비해 열악했다. 토착민의 평균 총수입은 식민주의자보다 20분의 1 이하로 낮았으며, 이슬람 가정의 아이들은 취학률이 15퍼센트에 지나지 않았다. 역사적으로 알제리인은 프랑스의 식민 통치 기간 동안 여러 차례 반란을 도모했고, 1954년 11월 이른바 알제리 독립전쟁이 발발했다. 전쟁은 몇 년 동안 프랑스의 여론을 갈라놓았고, 결국 프랑스 제4공화국의 붕괴를 초래했다. 1962년 프랑스가 알제리의 독립을 인정하면서 전쟁은 끝났다. 사르트르가 1956년에 쓴 논문 「식민주의는 하나의 체계이다」는 당시 알제리 상황을 간략하면서도 생생하게 서술하고 있다(Bourdieu 2002b: 12; Sartre 1964/1983: 33~52 참조).
12) 구조주의를 기초한 레비-스트로스의 저서 『친족의 기본구조』는 1949년에 나왔다. 1955년에 나온 같은 저자의 『슬픈 열대』는 공전의 인기를 누리며 인문학계에서 구조주의 열풍의 시발점을 마련했다(Dosse 1992: 1부 참조).

반 군사훈련을 받았다. 애초에 그는 특권적인 대접을 받은 대다수 고등 사범학교 학생들처럼 프랑스 후방 부대의 심리전 부서에 배속되었으나, 곧 일종의 징계 차원에서 알제리 현지의 군부대에 발령을 받기에 이른 다. 그가 공산당에 가입하거나 특정한 정치단체에 관여하지는 않았지 만, 알제리에 대한 진보적 정책을 지지한 주간지 『렉스프레스L'Express』 를 구독하고 고위 장교들과 격렬한 논쟁을 벌이는 등 반정부적인 입장 을 공공연히 드러냈기 때문이었다. 1955년 말 알제리에 도착한 부르디 외는 그곳에서 4년을 보냈다. 그 가운데 2년간 그는 주로 사무 처리를 담당하는 행정병으로 근무하면서 알제리 사회에 대한 공부를 병행했 고, 군 복무를 마친 뒤 2년 동안은 알제 문과대학의 철학 조교로 체류 하면서 현장연구를 계속했다. 그는 수도 알제를 비롯한 여러 도시와 카 빌리Kabylie 지방 등에서 다양한 자료를 수집하고 현지조사와 인터뷰를 실시했다. 프랑스 제5공화국의 사회학자들 가운데 부르디외는 "알제리 사회와 전쟁을 직접 경험한 유일한 사회학자"였다(Grémion 2005: 40).

알제리에 있는 동안 그는 첫번째 책 『알제리 사회학Sociologie de l'Algérie』(1958)을 출판한다. 이 문고본은 알제리 사회에 대한 객관적 정 보와 지식을 비판적으로 종합하여 제공함으로써 프랑스 여론을 계몽 하는 데 목적이 있었다. 부르디외가 겨냥했던 것은 무엇보다도 알제리 에 대한 프랑스인의 무지였다. 그가 보기에 그러한 무지는 알제리 독립 을 지지하는 편이나 반대하는 편이나 별반 다를 바 없었다. 『알제리 사 회학』에서 그는 식민화가 그 이전에 건재했던 알제리인의 고유한 규범 과 생활양식을 해체하고 불안정과 불균형을 초래했으며, 식민 체제 자 체를 문제 삼지 않는 한 그러한 상황의 개선은 불가능하다는 점을 역설 한다. 이 책을 통해 그는 좌파 신문을 읽으며 맞장구치고 성명서에 이름을 올리는 식이 아니라, 알제리 사회의 격변을 학술적으로 진지하게 연구하는 식으로 자기 나름의 정치적 개입을 시도했다. 사실 그는 이 책을 쓸 때까지만 하더라도 사회학자가 되겠다는 확고한 의지를 갖고 있지는 않았던 것으로 보인다. 훗날 그는 제국주의 프랑스의 지식인으로서 자신이 알제리 인민에 대해 가지고 있던 죄의식에서 벗어나고자 『알제리 사회학』만 쓰고 철학으로 돌아가려 했으나, 결국 사회학자로 전향하는 편을 택하게 되었다고 회고한다.[13]

이후 그는 알제리에서의 연구를 몇 차례에 걸쳐 책으로 출간한다. 1960년대 초에 나온 『알제리의 노동과 노동자들Travail et travailleurs en Algérie』(1963)과 『뿌리 뽑힘: 알제리에서 전통 농업의 위기Le Déracinement: La crise de l'agriculture traditionnell en Algérie』(1964), 그리고 1970년대에 나온 『실천이론 개요Esquisse d'une théorie de la pratique』(1972)와 『알제리 60〔자본주의의 아비투스〕Algérie 60』(1977)이 그것이다. 『알제리의 노동과 노동자들』은 크게 두 부분으로 이루어져 있다. 1부는 프랑스 국립통계및경제연구소INSEE의 알제리 지부에 속해 있던 젊은 통계학자들인 알랭 다르벨Alain Darbel, 장-폴 리베Jean-Paul Rivet, 클로드 세벨Claude Seibel이 같이 쓴 것으로, 알제리 거주민을 원주민과 유럽인으로 구분해 인구, 경제활동, 교육 관련 각종 통계자료를 제시한다. 2부는 '사회학적 연구'라는 제목 아래 부르디외가 저술한 것으로, "전통주의에서 행동의 합리화로" 스스로 변모해야 하는 새로운 경제 상황에 부적응

---

13) 부르디외는 자신이 알제리에 대한 구체적인 경험연구를 지식 대중화를 내세운 '크세주Que sais-je' 문고본의 한 권으로 출간한 일에 대해, 고등사범학교 졸업생들의 일반적인 출판 관행(거창한 철학적 주제에 관한 책을 권위 있는 출판사에서 내고자 했던)과 차별화하며 의미를 부여했다. 그는 또 『알제리 사회학』의 영역본 표지 디자인으로 아직 독립을 쟁취하지 못한 상태였던 알제리의 국기를 썼는데, 이는 당시에는 큰 용기가 필요한 결정이었다.

한 알제리인들이 고통받는 상황을 기술하고 그 원인 해명에 초점을 맞춘다. 『알제리 60』은 『알제리의 노동과 노동자들』의 일종의 요약본이다.[14]

부르디외의 알제리 현장연구들은 몇 가지 특징을 지닌다. 그가 공부할 당시 사회학은 학문적 위계의 아래쪽에 있었으며, 서구 사회를 연구하는 사회학, 이른바 '미개'사회를 연구하는 민족학ethnologie, 비서구 언어와 문화권을 연구하는 동양학으로 삼분되어 있었다. 알제리 연구는 말하자면 민족학과 동양학의 양쪽에 걸쳐 있는 작업이었지만, 부르디외는 그러한 학문의 구분과 위계를 거부하고 지양하고자 했다(Bourdieu 2008: 350). 그는 동양학 전문가들처럼 아랍어를 배우는 한편, 민족학과 사회학을 통합한 관점에서 알제리 사회에 접근했다. 이처럼 그는 전공의 분류 체계나 상징적 서열을 맹목적으로 따르기보다, 철저히 자신의 문제의식 중심으로 연구를 진행하는 데 중점을 두었다. 이는 방법론에서도 잘 드러난다. 그는 통계조사와 민족지를 체계적으로 결합시켰고, 사진 촬영을 통한 자료 수집에도 적극적이었다. 하지만 이 모든 것은 "민족학 독학자"로서 이루어졌다(Bourdieu 1986c: 39). 원래 민족학을 체계적으로 수학한 적이 없었던 그는 친족 계보도 그리기, 지도 작성, 외국어 발음 표기 등을 스스로 배워가며 현지조사를 했다.

부르디외는 알제리에서의 일련의 작업이 '감정생활의 현상학' 혹은

---

14) 1980년에 출간된 『실천감각』 역시 『실천이론 개요』의 개정증보판이라는 점에서 알제리 연구의 계열로 자리 매길 수 있다. 부르디외 사후에는 그가 쓴 알제리 관련 논문들이 『알제리 초고Esquisses algériennes』(2008)라는 제목 아래 편집·출판되었으며, 알제리에서 찍은 사진들을 관련 저작들의 발췌문과 함께 편집한 『알제리의 이미지Images d'Algérie』(2003) 또한 출간되었다. 부르디외의 알제리 현장연구는 1970년까지 이루어진 것으로 보인다. 부르디외에 따르면 『알제리의 노동과 노동자들』『뿌리 뽑힘』은 1958~61년 사이의 집중적인 현지조사에, 그리고 『실천이론 개요』는 1960~70년 사이의 자료 수집에 각각 바탕을 두고 있다(Bourdieu 1977c: 7, 1장 각주 54).

'감정 경험의 시간적 구조'에 대해 오래전부터 가졌던 관심의 연장선상에 있는 경험적 탐구였다고 특징짓는다(Bourdieu 1986c: 38). 그는 식민화와 유럽 문명의 침투, 그리고 경제적 근대화와 전쟁으로 인한 알제리인의 소외와 부적응, 문화 변용의 문제에 초점을 맞췄다. 이러한 작업을 통해 부르디외는 전前 자본주의 경제에서 자본주의 경제로의 이행을 적절히 이해하려면, 전 자본주의 경제의 고유한 논리(시간이나 이해타산에 대한 관계, 명예와 상징자본, 비상업적 교환 등의 문제)와 경제적 태도, 가정경제의 논리를 고려해야 한다는 사실을 강조한다(Bourdieu 2008: 352). 그의 알제리 연구는 경제사회학인 동시에 문화인류학이며, 교육을 중요한 변수로 고려했다. 또 그것은 당시 좌파 지식인들에게 널리 퍼져 있었던 제3세계 혁명에 대한 낭만적인 기대에 반反하는 정치성을 띠고 있었다. 그는 혁명이 일어나기 위해 필요한 사회학적 조건들을 합리적으로 파악하고 해소시키지 않는 한, 그러한 기대는 막연한 의지주의 내지 유토피아주의에 그치고 말 뿐이며, 심지어 정치적으로 해로운 결과를 낳을 수도 있다고 보았다. 이러한 시각에서 부르디외는 제3세계 혁명을 주창한 파농Frantz Fanon을 신랄하게 비판하기도 했다(Le Sueur 2001: 7장 참조).

부르디외가 알제리 체류를 계기로 지적 협력의 네트워크와 공동 연구의 관행을 구축했다는 점 또한 주목해야 한다. 그는 다르벨, 리베, 세벨 같은 통계학자들과 친분을 맺고 알제리 사회에 대한 연구를 공동으로 수행했는데, 이들은 부르디외가 프랑스로 돌아간 이후에도 설문조사나 통계분석에 실질적인 조언을 제공하게 된다. 부르디외는 또 알제 문과대학에서 그가 가르친 알제리 학생들로부터 현지조사를 위한 도움을 받기도 했는데, 그들 가운데 압델말렉 사야드Abdelmalek Sayad, 알랭 아카르도Alain Accardo 등은 후에 프랑스에서 사회학자로 활동하며 부르디외의 충실한 동료이자 협력자 역할을 한다.

1960년 부르디외는 프랑스로 귀국한다. 알제 대학에서 알았던 철학교수 클레망스 랑누Clémence Ramnoux가 부르디외에게 자신의 고등사범학교 동기였던 레몽 아롱Raymond Aron을 박사 학위논문 지도교수로 추천해주었고, 아롱 또한 지도를 흔쾌히 수락했기 때문이었다. 부르디외는 4월부터 소르본에서 아롱의 조교 생활을 하면서, 콜레주드프랑스에서 레비-스트로스의 세미나를 들었다. 그가 파리로 되돌아왔을 때는 레비-스트로스가 주도하던 구조주의의 유행이 점점 더 거세지고 있었다. 알제리에서 영미권 인류학에 흥미를 가졌던 부르디외는 구조주의에도 커다란 관심을 기울인다.[15] 그는 또 자기 고향인 베아른에서 노총각 농민의 증가와 결혼 시장의 변화에 관한 새로운 현지조사를 수행했다. 그는 알제리와 베아른 사이에 많은 유사성이 있다고 느꼈고, 프랑스 사회를 인류학적 시선으로 분석함으로써 일종의 '뒤집어진 『슬픈 열대』'를 쓰고자 했다. 그 결과는 「독신 상태와 농민 조건」(1962)이라는 100쪽 분량의 논문에 담겼는데, 이 글에서 그는 훗날 자기 사회학의 토템이 될 하비투스 개념을 처음 사용한다(Bourdieu 2002a: 1부). 아롱의 후원으로 부르디외는 1961년 릴 문과대학에서 사회학 교수직을 맡아

---

15) 부르디외는 자신을 엄밀한 의미의 구조주의자로 간주하지 않았지만, 구조주의적(즉 관계 중심적) 사고의 방법을 연구에 활용하는 데는 열성을 보였다. 1966년 그는 사르트르가 창간한 『현대Les Temps modernes』지의 '구조주의의 문제들' 특집에 「지식 장과 창조적 기획」을 게재했고, 1970년에는 레비-스트로스의 회갑 기념 헌정 논문집에 1963년에 써두었던 「카빌리 가옥 또는 뒤집어진 세계」라는 논문을 기고했다(Bourdieu 1966; 1980a: 441~61). 그는 나중에 『실천감각』의 부록으로 실은 이 글에 대해 자신이 "행복한 구조주의자로서 했던 마지막 작업"이었다고 회고한 바 있다(Bourdieu 1980a: 22).

1964년까지 재직한다.[16] 그곳에서 마르크스, 베버, 뒤르켐, 슈츠Alfred Schütz, 소쉬르Ferdinand de Saussure와 영국 인류학, 미국 사회학 등을 체계적으로 읽은 그는 카빌리 지방어인 베르베르어를 공부하고 방학 때마다 틈틈이 알제리에서 체류하면서 현지조사를 계속한다(Wacquant 2002: 552).

한편 부르디외는 1962년 아롱이 이끌던 유럽사회학연구소에 들어가 곧 총무직을 맡았다. 이 연구소는 1960년 아롱이 파리 인간과학연구원Maison des sciences de l'homme을 지원하던 포드재단의 후원을 받아 설립한 기관이었다.[17] 아롱의 표현을 빌리자면, 부르디외는 그곳에서 "1968

---

16) 부르디외는 릴 문과대학에서 가르칠 때 베버를 강의했고, 『프로테스탄티즘의 윤리와 자본주의 정신』 및 『경제와 사회』 가운데 일부 텍스트를 직접 번역해 학생들에게 강의 자료로 배포하기도 했다. 베버의 두 저작은 각각 1964년과 1971년에야 비로소 프랑스어로 번역·출간되었다. 부르디외가 베버의 저작을 접한 시기는 오랫동안 아롱의 조교를 하면서라고 알려져왔다. 하지만 부르디외 자신의 회고에 의하면, 그는 메를로-퐁티를 매개로 베버에 관심을 갖게 되었고, 이후 알제리에 있는 동안 현장연구에서 부딪힌 '전 자본주의적 심성'이라든지 '근대 자본주의의 형성' 같은 문제들을 이해하기 위해 독일어를 독학해가면서 베버의 저작을 본격적으로 읽기 시작했다. 아롱의 베버와 부르디외의 베버가 서로 달랐다는 지적 또한 기억해둘 만하다. 아롱이 베버를 자유주의적 정치사상가이자 뒤르켐에 맞서는 방법론적 개인주의자로서 높이 평가했다면, 부르디외는 무엇보다도 지배사회학의 주창자로서 베버에 관심을 기울였던 것이다. 어쨌거나 부르디외는 1960년대 초반 릴과 파리를 오가며 베버의 종교사회학에 관한 강의를 했고, 그 과정에서 장 개념을 창안하기에 이른다(Fritsch 2005; Schultheis 2005: 360; 또한 Hirschhorn 1988 참조).

17) 1962년 『프랑스사회학보Revue française de sociologie』에 실린 유럽사회학연구소의 활동 소개문에는 창립 연도가 1960년으로 나와 있다. 이 글에서는 연구, 조정, 교육의 세 임무를 표방하면서, 프랑스와 유럽 각국의 독창적인 연구들을 진작하고 연구자들 간 소통을 촉진하며 상이한 국가들 간 비교연구를 장려함으로써 유럽 사회학의 전문가들을 양성하는 데 기여한다는 목적을 내세운다. 소개문은 이와 관련해 열 가지 주제 영역을 제시하는데, (1) 산업사회에서 권력의 문제, (2) 지식인, (3) 정치제도 비교, (4) 사회구조, (5) 갈등, (6) 교육, (7) 유럽식 제도의 다른 문명권으로의 이전, (8) 이미지, (9) 국제조직, (10) 유럽 내 이주와 소수자 문제 등이었다(Aron & Bourdieu 1962). 이러한 주제 영역들은 주로 아롱의 관심사를 반영한 것으로 보이지만, 부르디외와도 무관하지는 않은 것으로 여겨진다. 한편 아롱은 당시 프랑스에 잘 알려져 있지 않았던 독일 사회학의 전문가였으며, 유럽사회학연구소

년 사태가 촉발한 결별 때까지 총무이자 주도자, 사실상 실질적인 소장" 역할을 했다(Aron 1983: 349). 1964년 그는 아롱, 레비-스트로스, 그리고 역사학자 페르낭 브로델Fernand Braudel의 후원 아래 고등연구원 Ecole pratique des hautes études, EPHE의 교수로 뽑혀 릴에서 파리로 올라온다. 그는 또 경연과 시험을 거부하는 시대적 분위기 속에서 아롱과의 불화까지 겹치자, 마침내 박사 학위논문을 쓰지 않기로 결심한다.[18]

유럽사회학연구소는 부르디외의 이력에서 중요한 의미를 지닌다. 그가 그곳에서 자신의 지적 기획을 뒷받침해줄 든든한 인적·재정적 기반을 발견할 수 있었기 때문이다. 연구소는 젊고 비판적인 사회학 연구자들의 집결지 노릇을 했다. 부르디외의 고등사범학교 동기생이었던 파스롱을 비롯해, 뤽 볼탕스키Luc Boltanski, 로베르 카스텔Robert Castel, 장-클로드 샹보르동Jean-Claude Chambordon, 클로드 그리뇽Claude Grignon, 모니크 드 생-마르탱Monique de Saint-Martin 등등 훗날 프랑스 사회학의 중추 세력으로 성장할 연구자들이 그곳에서 함께 공부하고 일했다. 그는 이들을 교육하고 이들과 함께 연구하면서 자신의 지적 기획을 정련

를 매개로 프랑스 변방주의를 벗어난 범유럽적 연구 공동체를 구축하고자 했다. 아롱의 성향이 부르디외에게 끼친 영향은 그의 지적 개방성과 국제적 감각에서 흔적을 찾을 수 있다. 한편 부르디외는 산업사회에서 이미지의 역할에 관한 아롱의 세미나를 들은 이후 사진에 대한 사회학적 연구를 착안하기도 했다(Santoro 2011: 9). 『중간 예술』의 원본은 "레몽 아롱에게 바친다"는 헌사를 담고 있다.

18) 박사 논문과 관련해 부르디외가 지도교수 아롱과 어떤 갈등을 겪었는지 알려주는 의미심장한 일화가 있다. 그는 아롱에게 당시 진행 중이던 몇몇 작업을 묶어서 사회학 박사 논문을 만들겠다는 제안을 했다. 부르디외의 구상은 『알제리의 노동과 노동자들』, 『뿌리 뽑힘』 등 알제리 사회와 경제의 변화에 대한 자신의 경험적 분석들을 종합하는 논문이었다. 그런데 부르디외에 따르면, 아롱은 매우 점잖고 친절하게 그러한 계획이 부르디외에게 어울리지 않는다고 부정적인 반응을 보였다. 부르디외라면 그의 능력에 걸맞게 좀더 거창한 이론적 논문을 써야 한다는 의미였다. 부르디외는 이러한 아롱의 반대가 자신에게 나쁜 의도 없이 가해진 "최악의 상징폭력"이었다고 회고한다(Bourdieu 1997c: 26).

해나갔다. 또한 부르디외는 연구소를 통해 당시 성장세를 누렸던 사회과학 분야에 대한 적지 않은 국가 지원금을 받았다. 그는 자기가 관심 있는 주제라면 이런저런 기관과 기업에서 제안하는 연구비 역시 주저 없이 수주했다(Ducourant & Éloire 2014: 193~94). 그러한 재정적 기반 위에서 부르디외는 다양한 사회경제적 조사연구를 주도하고 또 경험할 수 있었다. 구체적으로 그는 1960년대 중반까지 다섯 건의 대형 연구 프로젝트를 진행했다. 은행의 고객층 관리 방식, 대학 학업성적의 불평등을 조건 짓는 사회경제적 요인들, 사진의 사회적 활용, 미술관 관람이라는 문화적 실천의 결정 요인들, 그리고 전후 급속한 경제성장의 사회적 효과 등이 그것들이다(Lebaron 2004: 119~22). 이러한 경험적 연구는 책이나 보고서의 출간으로 이어졌으며, 나아가 부르디외가 장차 구축할 사회 이론의 실증적 자양분이 되었다.[19]

부르디외가 주도한 시기에 연구소는 "경험적인 조사연구들에 기반을 둔 과학적 사회학"을 지향했다. 그것은 "레몽 아롱이 대표한 사회학, 즉 학설과 사상의 분석에 바쳐진 교수·언론인의 사회학과의 단절"로 특징지어졌다(Grignon 2002: 193).[20] 연구소에서 작업 체계는 협력적이고 상

---

19) 순서대로 적자면, 『은행과 그 고객La Banque et sa clientèle』(볼탕스키, 샹보르동과 공저한 보고서, 1963), 『학생들과 그들의 학업Les Étudiants et leurs études』, 『중간 예술』(1965), 『예술 사랑』(1966), 『이익의 분배Le Partage des bénéfices』(1966) 등이 그 연구 프로젝트들의 결과물이다. 『학생들과 그들의 학업』은 『상속자들』의 원안이 되었으며, 『중간 예술』은 후에 『구별짓기』의 출발점이자 일부가 된다. 또 다른 보고서인 『교육 관계와 커뮤니케이션Rapport pédagogique et communication』(파스롱, 생-마르탱과 공저, 1965)은 『재생산』의 초고를 제공했다. 『이익의 분배』는 경제학자와 사회학자 들이 함께 모여 전후 프랑스 사회의 사회경제적 변화를 진단한 콜로키엄의 결과물이었다.

20) 부르디외 시절의 유럽사회학연구소CSE는 1945년에 창립된 사회학연구소Centre d'études sociologiques, CES와 대척점에 있었다(Donzelot 2008; Grignon 1996 참조). 사회학연구소는 소르본 교수였던 조르주 귀르비치Georges Gurvitch가 초대 소장을 맡았고, 이후 조

호 보완적이었던 것으로 보인다. 예컨대 부르디외와 파스롱이 문과 대학생들에 대한 조사를 바탕으로 『상속자들』을 펴낸 이후, 뤽 볼탕스키와 로베르 카스텔 등은 이과 대학생, 파스롱과 모니크 드 생-마르탱은 의과 대학생, 클로드 그리뇽은 기술 교육을 맡는 등 다양한 교육 분야에 대한 연구원들의 분담 연구가 뒤따르는 식이었다. 또 특정한 과제의 공동 수행 과정에서는 연구원 각자의 전문 지식과 능력(문헌조사, 통계 분석, 심층 인터뷰)에 따라 연구 노동의 체계적인 분업이 이루어지곤 했다(Ducourant & Éloire 2014: 192). 알제리에 관한 두 권의 저서를 제외하면, 1960년대 부르디외의 저작 활동은 교육사회학과 문화사회학이라는 두 축을 중심으로 다른 연구자들과의 협업 속에서 이루어졌다.

1964년 부르디외는 『상속자들』을 출간한다. 『상속자들』은 1960년 이래 그와 함께 작업한 장-클로드 파스롱과의 첫번째 공저이자, 2차 대전 이후 프랑스 공교육 정책이 변화하고 (수적으로 급증한) 대학생들의 문화와 생활양식 역시 변모하던 때 나온 저작이었다. 이 책은 대학생들의 학업 성취도의 격차를 낳는 주요인이 경제적 불평등보다는 출신 환경으로부터 자연스럽게 상속받은 교양, 지식, 태도와 같은 문화자본이

르주 프리드만Georges Friedmann, 장 스토첼Jean Stoetzel 등이 이끌었는데, 미국식 실증주의와 계량적 방법론을 바탕으로 각종 행정적·실용적 조사연구를 수행했다. 유럽사회학연구소는 사회학연구소에 비해 규모는 작았으나 비판적 급진주의의 입장에 섰다. 그리뇽은 유럽사회학연구소의 몇 가지 특징을 다음과 같이 정리한다. 첫째, 1962~66년에 실제로 수행한 프로젝트만 30건 이상이었을 만큼 경험적인 조사연구에 큰 비중을 두었다. 둘째, 사회문제에 대한 실용적인 정책 연구와도 분명한 거리를 두었다. 급진적 비판의 사회학, 혹은 그 무엇도 피해갈 수 없는 최상위의 객관적인 비판이 연구소의 목표였다. 셋째, 조사연구에 중점을 두면서도 이론화 작업의 중요성 또한 강조했다. 이는 사회학이 과학이 되기 위한 필수조건으로 여겨졌다. 이처럼 조사연구를 통해 아롱식의 '안락의자 사회학'과 단절하는 동시에, 이론화를 통해 사회적 수요에 직접 부응하는 행정적인 연구와도 단절하는 데 유럽사회학연구소의 지향점이 있었다(Grignon 2002: 193~94).

라는 주장을 내놓았다. 『상속자들』은 이후 아롱에게서 "[1968년] 5월
의 학생들에게 베갯머리 책이 되었다"는 평을 받았을 만큼 공중의 커
다란 호응을 얻었고, 프랑스 지식사회에도 전방위적인 영향을 미쳤다
(Aron 1983: 478). 이 책에 자극을 받아 당시 대학 제도와 사회적 불평
등에 대한 우파적 시각(부동Raymond Boudon)과 마르크스주의적 시각(보
들로Christian Baudelot와 에스타블레Roger Establet)의 교육사회학 연구들이
잇따라 나오면서 논쟁을 일으켰는가 하면, (급진) 좌파 세력은 자신들
의 정치적 주장을 뒷받침하기 위한 경험적 논거로 이 책을 활용했다. 이
책은 향후 프랑스 사회의 교육개혁에도 큰 영향을 미쳤다(Chapoulie et
al. eds. 2005: 1부; Lemert ed. 1981: 3부; Masson 2005 참조).

1965년에 나온 『중간 예술』은 유럽사회학연구소의 볼탕스키, 카스
텔, 샹보르동 등 연구원들과 공동으로 저술한 책이다.[21] 코닥-파테사
의 재정 지원으로 이루어진 이 저작은 다양한 사회집단과 계급 들이 얼
마나 상이한 방식으로 사진(찍기)에 가치를 부여하며 또 그에 따라 사
진기를 활용하고 사진을 해독하는지 보여줌으로써, 당시 만연해 있
던 '평준화된 비계급적 대중문화'라는 신화를 경험적으로 반박했다.
1966년 부르디외가 다르벨, (아롱의 딸인) 도미니크 슈나페르Dominique
Schnapper와 공저한 『예술 사랑』은 『중간 예술』과 비슷한 맥락에 놓인
다. 이 책은 유럽 여러 나라(프랑스, 스페인, 네덜란드, 이탈리아, 폴란드
등)의 미술관(박물관 포함) 관람객에 대한 연구를 바탕으로 '문화 확산
의 법칙'을 제시하고 '문화자본의 부익부 빈익빈' 경향을 주장함으로써,

---

21) 원래 파스롱 역시 이 프로젝트에 참여했으나, 그의 원고는 실리지 못했다. 파스롱의 원고는
『중간 예술』 발간 40주년을 기념한 논문집에 그 일부가 수록되었다(Passeron 2008).

'문화의 민주화'라는 통념이 지닌 허상을 비판했다.

이 작업들의 기본적인 문제의식은 『예술 사랑』과 같은 해 나온 공저서 『이익의 분배』에 분명하게 나타난다. 콜로키엄이 열린 도시 아라스Arras에서 이름을 딴 집단 다라스Darras를 저자명으로 내세운 이 책은 부르디외가 국립경제및통계연구소의 알랭 다르벨과 공동으로 조직한 프로젝트의 결과물이었다. 여기에 다수의 경제학자와 사회학자가 참여해 학제적인 협업을 시도했는데, 부르디외는 전체 서문과 결론을 작성했을 뿐만 아니라, 「차이와 구별짓기」 「문화적 유산의 상속」 「맬서스주의의 종말」(다르벨과의 공저) 등 세 편의 논문을 실었다. 『이익의 분배』는 경제성장이 한창이던 프랑스 사회의 변화 양상을 포괄적으로 탐구하면서 그로 인한 사회적 불평등의 심화에 분석의 초점을 맞추었다.

1968년 부르디외는 『사회학자의 직능Le Métier de sociologue』을 출간한다. 파스롱, 샹보르동과의 이 공저서는 바슐라르 과학철학의 틀 안에서 '과학으로서의 사회학'을 인식론적으로 정당화하고, 그러한 사회학에 요구되는 방법론적 원칙들을 제시한 저작이다. 제목이 시사하듯, 이 책은 직업 사회학자를 지망하는 학생들을 교육하고 훈련하기 위한 일종의 교과서로 쓰였다.[22] 그것은 '미국식'이 아닌 또 다른 방식의 경험연구

---

22) 『사회학자의 직능』은 애초에 모두 세 권으로 기획되었다. 1권이 인식론적 예비 사항들을 다룬다면, 2권은 사회학적 대상 구성의 문제를, 3권은 연구의 기술적인 도구들을 다룰 예정이었다. 하지만 이 기획은 1권 이후 지속되지 못했는데, 부르디외는 그 주된 이유가 교과서 형식으로 독창적인 저작을 쓰기에는 너무 까다로운 주제였기 때문이라고 회고한 바 있다 (Bourdieu 1991d: 254). 과학으로서의 사회학에 대한 부르디외의 입장은 초기의 완고한 이론주의적 과학주의로부터 후기의 좀더 유연하고 실천적인 과학주의로 변해가지만, 『사회학자의 직능』에서 정리한 관점이 계속 기본 틀을 구성하고 있는 것으로 보인다(이상길 2014c 참조). 반면 공저자 가운데 한 명인 파스롱은 후에 『사회학자의 직능』이 사회학이 자연과학이나 다를 바 없다는 주장을 합리화하기 위해 사회학을 성급하게 '모델/법칙의 과학'에 정렬시켰으며, 사회 세계가 자연 세계와 마찬가지 방식으로 설명 가능하다는 일종의 자연주의

에 이론적 기초를 놓으려는 목표를 지향했다.[23] 『상속자들』이라든지 이 시기의 다른 여러 논문에서도 그랬지만, 『사회학자의 직능』에서는 특히 뒤르켐, 베버, 마르크스를 종합하려는 시도가 두드러진다. 그러한 노력은 사회 이론의 차원에서는 때로 대립적이기까지 한 세 저자가 사회학적 인식 이론의 차원에서는 기본 원칙들을 공유하고 있다는 데 착안해서 이루어졌다(Bourdieu 1968b 참조).

한편 부르디외는 1966년부터 미뉘Minuit 출판사 인문사회과학 총서의 기획을 맡았다. 1941년 독일 치하의 파리에서 비밀리에 설립된 미뉘는 프랑스 거장 작가들의 책을 펴냈으며, 해방 이후에도 전위적이고 혁신적인 성격의 문학작품들을 출간한 권위 있는 출판사였다. 부르디외는 사장인 제롬 랭동Jérôme Lindon의 후원 아래 '공통감각Le Sens commun'('상식'이라는 뜻도 있다)이라는 이름의 총서를 약 30년간 이끈다. 프랑스와 외국의 고전적인 저자들(에밀 뒤르켐, 마르셀 모스, 에른스트 카시러, 미하일 바흐친, 조지프 슘페터 등)은 물론, 동시대 영미권

─────────────

적 노선을 '사회학의 사회학'만으로 보증할 수 있다는 불충분한 결론으로 나아갔다고 반성적 평가를 내놓는다(Passeron 1992: 7~15; 또한 Veyne 2008/2009: 126~29 참조).

23) 1962~63년 소르본에 방문교수로 왔던 컬럼비아 대학의 실증주의자 폴 라자스펠드Paul Lazarsfeld는 사회학 방법론을 강의했고, 이는 당시 신생 학문인 사회학의 과학적 정체성을 탐색하고 있던 많은 연구자와 학생 들의 관심을 끌었다. 이와 관련해 부르디외는 라자스펠드의 강의에 "나만 빼고 모든 프랑스 사회학자들이 참석했다"고 회고하면서, "익혀야 할 필요가 있고 이미 내가 익혔던 몇몇 흥미로운 기법을 통해서, 그는 또한 무언가 다른 것, 즉 내가 받아들이기를 원치 않았던 암묵적 실증주의 인식론을 부과하고 있었기" 때문에 자신은 일부러 거리를 두었다고 말한다(Bourdieu 1991d: 247). 강의 이후 라자스펠드는 레몽 부동과 공동 편저로 사회학 방법론 교과서들(『사회 연구의 언어Le Vocabulaire des sciences sociales』[1965], 『인과성의 경험적 분석L'Analyse empirique de la causalité』[1966], 『사회과정의 분석L'Analyse des processus sociaux』[1970])을 연이어 내놓는다. 부르디외는 라자스펠드와 그를 매개로 한 미국식 실증주의의 지적 헤게모니에 대한 반격이 "『사회학자의 직능』의 실제 목적"이었다고 밝힌다.

이나 독일어권의 주요 저자들(어빙 고프먼, 리처드 호가트, 바실 번스타인, 잭 구디, 그레고리 베이트슨, 윌리엄 라보프, 테오도어 아도르노, 헤르베르트 마르쿠제 등), 그리고 부르디외 자신과 동료 연구자들의 저작이 이 총서의 목록을 구성했다. 1967년 부르디외는 자기 저서들 외에 번역서 한 권을 이 총서에서 출간한 바 있다. 에르빈 파노프스키Erwin Panofsky의 논문들을 편역한『고딕건축과 스콜라철학Architecture gothique et pensée scolastique』이 그것이다. 이 책에 부친 장문의 후기에서 그는 파노프스키의 용법을 참조해 하비투스 개념을 더욱 정교하게 재구성한다(Bourdieu 1967). 어쨌거나 1960년대에 자신의 연구소와 기획 총서를 마련함으로써, 부르디외는 프랑스 학계에서 제도적 위상을 강화할 발판을 성공적으로 마련한 것으로 보인다(Heilbron 2015: 171~175 참조).

혁신적 사회학자로서의 성공

1968년 5월 낭테르 대학 사회학과에서 발발한 학생 소요가 전국적인 수준의 혁명으로 발전하기까지 사회학은 그 중심에 놓여 있었다. 부르디외는 특이하게도 사회학자들 가운데 이 사건에 대한 지지 혹은 반대의 견해를 공개적으로 표명하지 않은 유일한 인물이었다(Grémion 2008: 32~33).『상속자들』이 68혁명의 기폭제 구실을 한 책으로 받아들여졌고, 수많은 사회학자들이 68혁명에 대한 저마다의 해석을 내놓았다는 점을 고려하면 이는 이상한 일이었다.[24] 하지만 68혁명은 부르

---

24) 68혁명 국면에서 부르디외의 개입은 유럽사회학연구소의 연구자들과 공동 명의로 작성한 일련의 유인물을 통해 이루어졌다. 대표적인 것은「교육과 연구의 삼부회 조직을 위한 호소」라는 제목의 전단이었다. 이 밖에도 연구소 구성원들은 교육 내용의 변화를 통한 계급 상속 효과의 통제, 능력 평가 범주로서 학위에 대한 비판, 전통적인 시험 형식의 개혁 또는 폐지, 새로운 교습 기법들의 도입, 고등교육에서 권력 배분 구조의 혁신 등에 관한 문서들을 함께

디외의 궤적에 뚜렷한 흔적을 남겼다. 아롱이 우파 신문인 『르 피가로*Le Figaro*』에 "프랑스 대학 수호 및 혁신 위원회" 구성을 주장하면서 그 모임 장소로 유럽사회학연구소의 주소를 적었다는 사소하지만 상징적인 사건 때문에 부르디외와 아롱이 심하게 싸우고 마침내 갈라섰기 때문이다(Aron 1983: 474; Bourdieu 2002b: 52). 사실 그 이전부터 아롱과 젊은 세대 연구자들 사이의 정치적 입장 차이가 오랫동안 누적되어왔으며, 이에 따른 불화가 이 극적인 결별의 근본 배경이 된 것으로 보인다(Grignon 2002: 204~205).[25]

1968년 파스롱 및 일단의 연구자와 함께 유럽사회학연구소를 나온 부르디외는 이후 교육문화사회학연구소를 창설해 20년간 운영한다. 새로운 연구소는 이전 연구소 활동의 연장선상에서 독자적인 프로그램과 세 가지 원칙을 견지했다. 첫째, 문화, 권력, 사회적 불평등 사이의 관계를 드러내는 것이다. 즉 연구 실천의 밑자리에는 무엇보다도 기존 체제에 대한 비판의 의지가 깔려 있었다. 둘째, 이론적 엄밀성과 체계적 관찰을 지속적으로 결합시키는 것이다. 이는 미국식 사회학의 경험주의적 편향은 물론 프랑스 사회학의 문학적·이론주의적 일탈 또한 거부하려

생산하면서 '집단적 요구'의 방식으로 개입했다(Bourdieu 2002b: 51~54, 63~72).

25) 아롱은 『알제리 사회학』의 영어 번역본에 쓴 추천사에서 부르디외를 "사회학자이자 철학자"이며 "내 친구"라고 쓴 바 있었다(Aron 1962: v). 하지만 그는 20년 뒤에 펴낸 회고록에서 부르디외에 대해, 그 세대의 거물이 될 것이라는 자신의 기대를 배반하고 "지배적이고 자신감에 가득 찬 파벌의 수장이자, 자기에게 그림자를 드리울 만한 이에게는 가차 없게 대한 대학 정치의 전문가"로 변했다는 회한 어린 논평을 남긴다(Aron 1983: 350). 이 말은 그 후 부르디외의 적대자들에 의해 두고두고 인용된다. 아롱은 부르디외가 벼락출세한 사람의 부정적인 면모들을 가지고 있다고 보았으며, 그의 야심을 비아냥거리는 의미에서 '부르디외적인'이라는 수식어로 '부르디외지앵bourdieusien'이 아닌 '부르디뱅bourdivin'을 쓰기도 했다. 이는 '신'을 뜻하는 프랑스어 '디외dieu'의 형용사형이 '디뱅divin'이라는 데 착안한 말이었으며, 부르디외가 개인적으로 매우 싫어한 말이기도 했다(Passeron 2003: 68~69).

는 의도와 맞물려 있었다. 셋째, '사회적인 것'의 이중적 객관성, 즉 한 편으로는 사회공간 내 위치와 물질적 자원의 객관적인 분포, 다른 한 편으로는 행위자들의 주관적 실재 구성에 쓰이는 '체화된 분류 도식'의 객관성을 최대한 인식하는 것이다(Wacquant 2002: 552).[26] 부르디외는 교육문화사회학연구소를 거점으로 연구 노동에 박차를 가한다. 68혁명 이후 한껏 들뜬 프랑스 지식사회의 급진주의적 분위기 속에서, 그는 학 문적 투자를 중시하면서 연구에 열성을 쏟는 소수파에 속했다(Verdès-Leroux 1998: 56~57).[27] 그 결과 그는 지적 혁신성과 성숙성을 조화시 키며 자기만의 고유한 사회학 체계를 구축하는 데 성공한다.

1970년 부르디외는 파스롱과 공저로 『재생산』을 펴낸다. 『재생산』은 두 저자가 1960년대에 함께 수행한 교육사회학 연구들의 결과를 요약 하고 이론적으로 급진화한 저작이다. 그것은 '상징폭력의 일반 이론'을

---

26) 교육문화사회학연구소는 이후 부르디외가 콜레주드프랑스 교수로 부임하고 이 기관 안에 설치한 자기 연구소를 유럽사회학연구소로 명명하면서 그곳에 다시 통합된다. 한편 부르 디외 사후인 2010년 유럽사회학연구소는 다시 소르본정치연구소Centre des recherches politiques de la Sorbonne, CRPS와 합병해 유럽사회학및정치학연구소Centre européen de sociologie et de science politique, CESSP가 되었다. 이와 관련해서는 홈페이지 http:// cse.ehess.fr와 http://cessp.cnrs.fr를 참조할 수 있다.

27) 이 시기 교육문화사회학연구소에서 부르디외가 이끈 교육에 대한 볼탕스키의 증언은 의미 심장하다. "나는 특히 온갖 '젠체하는' 행동들에 대한 거부를 기억한다. 가장 이해하기 어렵 고 실제로도 제대로 안 읽었을 위대한 저자들을 불러내오는 이론적 과시, 언제나 옆 사람보 다 급진성 면에서 훨씬 더 멀리 가고자 하는 정치적 허세(그 당시는 윌므Ulm 가의 알튀세 르주의 그리고/또는 마오주의자 청년이 주도하던 시절이었다), 멋들어진 공식, 조급한 일 반론, 전 세계를 논하는 돌출적 거대담론 같은 것들 말이다. 그것들은 가장 고되게 살아가 는 타인들의 일상은 물론 우리의 일상을 이루고 있는, 대수롭지 않지만 끈질긴 제약들을 보 지 못했다. 반지성주의 때문이 아니라 이 모든 이유들 때문에 우리에게 '지식인'이라는 호칭 은 다소 경멸적으로 여겨졌다. 우리는 '지식인'이 아니라 사회학자 또는 사회학도였다." 볼탕 스키는 당시 연구원들에게 사회학이 "정치를 하는 다른 방식"이었으며, 부르디외의 교육은 "금욕적 수련"이었다고 회고한다(Boltanski 2008: 174).

구축하면서, 교육 행위는 그 자체로 철저히 상징폭력이며 이를 통해 교육제도는 사회질서의 유지에 봉사한다는 '숨겨진 진실'을 폭로한다. 이 책은 68혁명 이후 프랑스 공교육과 교육학 분야에서 격렬한 논쟁을 촉발했다(Bourdieu 2002a: 73~77 참조). 또한 1977년에는 이 책의 영어 번역본이 출판되면서, 부르디외를 영미권에 (알튀세르주의 계열의) 교육사회학자로 인식시키는 데 결정적으로 기여했다. 특히 제목이 빚어낸 강렬한 인상은 부르디외 사회학에 '재생산'과 '결정론'의 이미지를 덧씌우는 데 큰 역할을 했다. 이 책은 부르디외와 파스롱의 근 10년에 걸친 공동 작업의 결산과 같은 의미를 띠었는데, 아이러니하게도 출간 직후부터 두 사람 사이는 멀어지기 시작한다. 부르디외와 파스롱의 결별은 교육문화사회학연구소가 부르디외의 '개인 연구소'처럼 변하는 계기로 작용한다(Grignon 2002: 205).

1972년 부르디외는 알제리 카빌리 지방에서의 민족지 연구 세 편을 묶고 이론적 종합을 덧붙인 『실천이론 개요』를 출간한다. 이 책에서 그는 사회적 행위자의 실천이 무의식적인 규칙이나 기계적인 법칙에 대한 단순한 복종의 산물이 아니라, 생성적인 하비투스와 의식적·무의식적 전략의 결과라는 점을 역설한다. 이러한 실천이론의 한편에서, 그리고 그것과의 유기적인 연계 속에서 부르디외는 이른바 '장이론'을 발전시킨다. 1960년대의 예술사회학 연구와 베버의 종교사회학에 대한 독해로부터 나온 장 개념은 1970년대에 패션, 문학, 과학 등 다양한 문화 생산 장에 관한 연구 논문들로 결실을 맺는다. 이러한 성과에 힘입어 부르디외의 연구는 점점 더 종교, 예술, 사법, 행정, 정치, 경제 등 각종 장의 발생과 구조, 특수성과 일반성을 규명하는 형식을 띠게 된다. 이후 그는 자신의 사회학에 영향을 받은 동료와 제자 들의 연구까지 (때로는 무

리하게) 장이론의 틀 아래 모두 통합시키려는 강력한 의지를 드러낸다
(Ducourant & Éloire 2014: 200 참조).

1972년 부르디외는 프린스턴 고등과학연구원의 초빙 연구자로 미국
에 1년간 체류할 기회를 가진다. 거기에 '상징재화의 경제'라는 연구 주
제를 가지고 간 부르디외는 앨버트 허시먼Albert Hirschman과 클리퍼드
기어츠Clifford Geertz를 만났다. 그는 미국 사회학, 특히 전통 사회의 '근
대화' 이론에 관심을 기울이는 한편, 미국 대학과 학계에 대한 조사를
수행했다(Bourdieu 2013b: 9). 부르디외는 동시대 프랑스 사회학의 패
러다임을 정초한 사회학자들(레몽 부동, 알랭 투렌Alain Touraine, 미셸 크
로지에Michel Crozier) 가운데 유일하게 미국 유학 경험이 없는 인물이며,
특히 1950~60년대 미국 사회학을 지배한 파슨스Talcott Parsons의 구조
기능주의 이론과 라자스펠드의 실증주의적 방법론에 대해 사뭇 적대적
이었다.[28] 그럼에도 부르디외만큼이나 미국을 포함한 외국 이론의 수용

---

28) 사실 부르디외와 라자스펠드와의 관계는 조금 더 미묘한 구석이 있다. 부르디외는 라자스
   펠드에 대해 비판적 시선과 거리를 유지했지만, 흥미롭게도 두 사회학자 간에는 여러 면에
   서 유사성이 드러난다. 한 분과 학문의 테두리 안에 스스로를 가두지 않았다는 점, 통합적
   인 시각에서 사회과학 방법론에 관심을 기울였다는 점, 그리고 연구소를 적극 활용하며 자
   기 학문의 기반을 다졌다는 점 등이 그렇다. 라자스펠드는 사회학과 심리학 분야에서 많은
   업적을 쌓았을 뿐만 아니라, 응용수학 박사 학위를 받은 방법론 전문가이기도 했고, 커뮤니
   케이션학의 창시자들 가운데 한 명으로 꼽힌다. 커뮤니케이션 학자 에버렛 로저스Everett
   Rogers는 그를 "다학문적 연구자"라기보다는 "특정한 학문 영역에 넣기 어려운 사람"이
   며, "사회적 맥락 속에서 개인적 행동의 탐구"라는 일관성 위에서 분과 학문의 꼬리표를 계
   속 바꿔갔다고 평한다(Rogers 1994: 248). 그는 방법론 면에서도 여러 기법을 이용한 다
   각 측정을 중시했으며, '라디오 조사'와 관련된 아도르노와의 유명한 공동 프로젝트가 알려
   주듯 양적·행정적 연구와 질적·비판적 연구의 통합 가능성을 적극적으로 모색했다. 또 라
   자스펠드는 1920년대 이래 여러 연구소를 운영했으며, 그 과정에서 탁월한 기업가적 면모
   와 능력을 발휘했다. 특히 그가 1940년대 중반 창설한 컬럼비아 대학의 응용사회연구소The
   Bureau of Applied Social Research는 사회과학연구소의 원형을 제공했으며, 아직까지도
   그 일반적인 조직 형태에 영향을 미치고 있다고 평가받는다(Pollak 1979; Rogers 1994).

과 소화, 국제적인 협력과 공동 작업에 적극적이었던 프랑스 사회학자는 없었다 해도 과언이 아니다(Wacquant 1993: 244). 그는 허시먼을 비롯해 어빙 고프먼, 아롱 시쿠렐Aaron Cicourel 등과 각별한 친분을 유지했다.

1975년 부르디외는 교육문화사회학연구소의 동료들과 함께 『악트』를 창간한다. 그것은 1970년대 파리에서 새로 발간된 유일한 사회학 전문지였는데, 부르디외는 미국 체류 기간 중에 미국 제도권 학계의 학문적 스타일에 대한 반격의 의미로 이 잡지를 구상했다(Bourdieu & Wacquant 2014/2015: 21). 새로운 학술지 창간의 직접적인 이유 가운데 하나는 연구소에 속한 '삐딱한' 젊은 연구자들의 논문이 『프랑스사회학보』 같은 당시 대학 사회의 전통적인 학술지들의 심사를 통과하기 어려웠기 때문이었다. 부르디외와 동료들은 기성 학계의 교수-학자들이 대문자 과학의 이름 아래 행사하는 억압적 규범으로부터 벗어나기 위해 그들만의 학술지를 갖고자 했다(Boltanski 2008: 15~16). 이 학술지는 '예시하기와 입증하기'를 기치로 내걸고, 논문 텍스트를 분석 대상이 된 각종 자료(신문·잡지 기사, 사진, 인용문, 인터뷰 등)와 함께 나란히 싣는 방식으로 독특한 디자인을 선보였다. 이는 기존 학술지들의 형식주의를 타파하고 새로운 실험적 형식을 통해 '연구 결과의 효과적 제시'와 '독자들에 대한 계몽'을 한꺼번에 성취하려는 시도였다. 『악트』는 창간되자마자 많은 연구자와 학생 들의 주목을 끌며 학술지로서는 이례적인 판매 부수를 올렸다. 이 잡지를 매개로 부르디외는 연구소의 공동 작업을 활성화하고, 국내외에서 세대를 가리지 않고 선택적 친화성이 있는 저자들의 글을 모은다. 그는 중요한 외국 저자들의 논문을 번역·소개함으로써 프랑스 사회학의 '변방성'을 극복하려 애쓰는 한편, 사회과학 분야의 혁신적 연구들에 넉넉한 지면을 제공했다. 그는 무엇보다도 엄밀한 과학적 태도를 근간으로 사회정치적 논쟁에 기여하는 학술지를 만들고자 했다. 『악트』의 성공은 부르디외 학파의 성립을 가속화했고, 수장으로서 부르디외의 중심적인 지위를 강화시켰다. 동시에 그것은 학술지의 주도권을 둘러싼 연구소 구성원들의 암투와 갈등, 그리고 인간적 불화를 낳기도 했다(이상길 2016a 참조).

1970년대 말 부르디외는 두 편의 대작을 내놓으며 학문적 절정기에 올라선다. 『구별짓기』(1979)와 『실천감각』(1980)이 그 책들이다. 부르디외의 이름을 프랑스 사회학계뿐만 아니라 지식사회 전체에 널리 각인시킨 『구별짓기』는 부르디외가 1963~75년 중에 수행했던 프랑스인의 계급별 문화 취향과 생활양식에 대한 조사연구들을 이론적·경험적으로 집대성한 저작이다. 이 책에서 부르디외는 분화된 계급 분파들에 조응하는 차별적 취향과 생활양식 들이 존재하며, 그로부터 발생하는 문화적 지배 효과가 불평등한 정치경제적 권력관계의 재생산에 이바지한다고 주장한다. 『구별짓기』는 발간 직후 『르 몽드 Le Monde』에 두 쪽에 걸친 서평이 실렸으며, 『렉스프레스』의 베스트셀러 목록에 이름을 올렸다. 『악트』와 유사하게 이 책에는 통계자료, 사진, 도표, 그림, 인터뷰 인용문, 잡지 스크랩 등이 가득한데, 이는 "새로운 언어, 새로운 표현 형식을 창조하려는, 과학적인 동시에 예술적인 의도"와도 무관하지 않은 것이었다(Bourdieu 1996b: 7). 『구별짓기』는 학계의 호평과 찬사를 받은 만큼이나 다양한 차원의 논쟁을 불러일으켰고, 특히 칸트 철학과 순수 미학에 대한 노골적인 공격으로 받아들여졌다.[29] 이 책에 부친 후

---

29) 『구별짓기』에 대한 상찬은 충분히 알려져 있는 만큼, 여기서는 몇몇 유명한 동료들의 부정

기 「'순수' 비평에 대한 '통속적' 비판을 위하여」에서 부르디외는 칸트의 『판단력 비판』에 대한 데리다의 '순수한' 독해를 반박하면서, 철학 장에서 생산되는 철학 담론이 철학자가 처한 사회적 위치와 조건 때문에 어떤 내재적 한계를 띠게 되는지 분석한다. 여러모로 『구별짓기』는 부르디외의 저작 가운데 가장 유명한 책이 되었으며, 이후 사회학 외에도 미학, 정치학, 역사학, 문화연구, 심지어 경영학이나 소비자학 등 다양한 분과 학문에 영향을 미치면서 문화 취향과 소비에 대한 국제적 비교 연구들을 자극했다(이상길 2016c 참조).

『실천감각』은 1972년의 저작 『실천이론 개요』를 개작한 책이다. 사실 부르디외가 1977년 『실천이론 개요』의 영역본을 펴낼 때 이미 한 차례

적인 반응을 지적해두자. 지성사가 도스François Dosse의 전언에 따르면, 볼탕스키는 『구별짓기』에서 부르디외식 분석 체계의 완성을 보았다. 여기엔 비판적 의미가 담겨 있는데, 즉 볼탕스키는 그것이 더 이상 진화할 수 없을 정도의 포화 상태에 이르러 이제 관례화되고 통속화되는 일만 남았다고 판단했다는 것이다(Dosse 1995: 56). 그리하여 『구별짓기』의 발간은 부르디외와 이미 일정한 거리를 두고 있던 볼탕스키가 지적 단절을 감행하는 기점이 되었다. 파스롱은 『구별짓기』가 경험연구에서 나온 미묘하고 복잡한 세부 사항들에 대한 적절한 해석을 성급하게 포기한 채 철학적 이론화로 향해 갔다고 본다. 그는 이렇게 말한다. "『구별짓기』에서부터 부르디외는 사회학적 조사연구의 한계를 벗어나 철학으로 가기를 원했던 듯싶다. 개념적인 정수 속에서 한계로의 이행이 주는 아찔한 도취감을 더 잘 느끼기 위해서 말이다. 그는 끈질긴 작업을 통해 역사과학의 해석적 담론이라는 다채로운 빛깔의 옷감을 이루는 까다로운 뉘앙스들을 단일한 색조로 돌려놓았고, 이는 언제나 더욱 보편적인 이론 안에 놓이는 언어의 통일성에 유리하게 작용했다"(Passeron 1999: 57~58). 그리뇽은 『구별짓기』의 이중적 성격에 방점을 찍는다. 그는 그 책이 유럽사회학연구소의 집단적인 성취였지만 개인 저서가 되었고, 과학을 자처했지만 실상은 비과학적인 저작이었다고 평가한다. 그의 말을 빌리자면 "〔연구소의〕 집단적인 도구 상자로부터 하나의 '이론-저작'이 나왔다. 이것은 과학적 이론의 지위를 내세웠지만, 문학이나 철학의 전통적인 모델 위에서 고안되고 수행되었다. 스스로의 잠정적인 성격을 아는 과학적 이론과는 달리, 그것은 계속되도록 운명 지어져 있었다"(Grignon 1996: 83). 고대사가 피에르 비달-나케Pierre Vidal-Naquet는 가장 덜 매력적인 부르디외의 저작으로 『구별짓기』를 꼽으면서, 그 이유로 자신에게는 그 책이 "문화사회학에서 문화비평으로 미끄러진 것으로 보인다"는 이유를 들었다(Vidal-Naquet 2003: 95~96).

수정·보완한 적이 있었던 만큼, 『실천감각』은 두번째 개정본이라고도 할 수 있다.[30] 이 책은 인류학적 현지조사들(카빌리와 베아른)을 기반으로 부르디외의 이론적 야심을 가장 전면적이면서도 구체적으로 드러낸다. 여기서 부르디외는 사르트르가 대표하는 주관주의와 레비-스트로스가 대표하는 객관주의를 지양하는 실천론의 입장을 정립한다. 『실천감각』에서 그는 과학으로서의 인류학(혹은 사회학)이 학문적 실천과 그 도구, 특히 연구자가 연구 대상과 맺는 관계를 다시 연구 대상으로 삼을 수 있어야 가능하다고 주장하는 한편, 하비투스, 전략, 상징자본, 상징폭력 등으로 이루어진 자신의 고유한 행위 이론을 가장 완성된 형태로 제시한다. 그것은 구조-개인, 객관주의-주관주의, 거시-미시라는 허구적이고 스콜라적인 이분법이 제기하는 문제들에 변증법적 해결책을 제안한다. 한편 『실천감각』과 같은 해에 나온 『사회학의 문제들Questions de sociologie』은 20여 편의 짧막한 발제문, 강연문, 대담 등을 모은 책으로 부르디외 사회학의 기본 개념과 이론 구조를 알기 쉽게 예시한다.

'공인받은 이단자'로의 등극

부르디외는 1981년 6월 프랑스 학계의 최고 권위로 꼽히는 콜레주드프랑스에 입성한다. 그는 후에 콜레주드프랑스를 "학술 기관에 대한 온갖 세속적 권력들로부터 떨어져 자리 잡고 있는 이단들의 공인 장소"로,

---

30) 참고로 2000년에 부르디외는 그동안 절판되어 있었던 『실천이론 개요』를 재출간했다. 이는 『실천감각』이 그 책을 쓸모없게 만드는 것은 아니며, 『실천이론 개요』가 부르디외의 실천적 지식 양식을 정초한 텍스트이자 그의 사회학적 사유의 기원으로서 가지는 의의가 각별하다는 것을 뜻한다. 지적해둘 점은 2000년 판본이 1972년 판본과 동일하지는 않다는 사실이다. 재간본은 원본에는 없던 부록 「경제적 실천과 시간적 성향」을 별다른 설명 없이 덧붙여 싣고 있다.

그리고 그곳 교수들을 "공인받은 이단자들"로 명명한 바 있다(Bourdieu 1984a: 140; 2004a: 107).[31] 그는 마르셀 모스Marcel Mauss와 아롱 이래 세번째로 콜레주드프랑스의 사회학 전공을 맡았다.[32] 그가 콜레주드프랑스로 간 때는 프랑수아 미테랑François Mitterrand의 사회당이 집권한 시기와 맞물린다. 그해 12월 부르디외는 푸코와 더불어 폴란드 자유노조 솔리다르노시치의 지원에 나섰으며, 상당한 정치적 반향을 일으킨 이 투쟁 때문에 사회당 정부와 잠시 불편한 관계에 놓였다.[33] 하지만 그

---

31) 콜레주드프랑스는 프랑수아 1세가 1530년 3월 파리에 설립한 왕립교수단에 기원을 두고 있다. 왕립교수단은 중세 이래 스콜라 학풍이 지배하고 있던 파리 대학에 맞서, 대학 교육과정에서 배제되어 있던 고전어와 자연과학을 가르치고 휴머니즘 사상을 널리 보급하는 데 설립 목적이 있었다. 이 기구는 국가로부터 영향을 받지 않도록 행정상의 독립성을 보장받았으며, 설립된 이후 규모도 점차 확대하여 라틴어, 철학, 의학과 같은 새로운 교과목을 계속 증설해나갔다. 창립 때의 정신이 지금도 그대로 유지되고 있어서, 콜레주드프랑스의 강의는 무료로 일반에게 공개되며 수료증이나 학위 수여도 하지 않는다. 당대 최고의 학자들로 구성되는 교수진은 자기가 현재 연구 중인 주제에 관해 완전히 자유롭게 강의할 수 있는 권한을 보장받는다. 부르디외에 따르면 이 기관의 교수들은 외국에서 누리는 광범위한 명성에도 불구하고, 프랑스의 교육 장 안에서 주변적인 위치에 놓일 수밖에 없다. 정식 학위 수여 기관이 아니기 때문이다(Bourdieu 1997c: 27). 따라서 대학을 비롯한 다양한 고등교육기관 교수진의 제도적인 재생산은 콜레주드프랑스가 아닌, 소르본을 위시한 파리 대학들이(68혁명 이후 교육개혁의 여파로 원래 이름 대신 중립적인 숫자를 부여받았고, 현재 파리 1대학부터 13대학까지 있다)을 중심으로 이루어지게 된다. 이처럼 콜레주드프랑스는 (그 기원에서부터 현재의 제도적 기능에 있어서도) 파리 대학들과 대척점에 위치한다. 콜레주드프랑스 교수였던 푸코, 바르트Roland Barthes, 부르디외는 해외에서의 인정과 영향력에도 불구하고, 파리 대학의 교수가 아니었기 때문에 프랑스 학계 내의 제도적 권력은 제한적이었다. 이들이 스스로를 종종 주변인처럼 묘사했던 이유도 이러한 사실과 무관하지 않다.

32) 부르디외의 동료였다가 나중에 맹렬한 비판자로 변신한 사회학자 베르데스-르루는 부르디외가 콜레주드프랑스에 선임되기 위해 얼마나 마키아벨리적인 캠페인을 벌였는지를 지적한다(Verdès-Leroux 1998: 7장). 이 과정의 실상은 상세히 알려져 있지 않다. 어쨌든 알랭 투렌과 경쟁했던 부르디외는 추천자 앙드레 미켈André Miquel을 비롯해 푸코, 벤느, 비달-나케, 장-피에르 베르낭Jean-Pierre Vernant, 피에르 불레즈Pierre Boulez 등의 지원을 받으며 2차 투표까지 간 뒤 어렵게 최종 선발될 수 있었다. 레비-스트로스는 자신에 대한 지나친 공격이 담겨 있다고 여긴 『구별짓기』와 『실천감각』을 모두 탐탁지 않게 보았으며, 부르디외의 선출에 반대표를 행사했다(Eribon 2011: 612).

것이 사회당이 집권하면서 엘리제궁과 콜레주드프랑스 사이에 형성된 긴밀한 유대를 근본적으로 약화시키진 못했다. 부르디외는 미테랑의 요청 아래 고등교육 개혁과 관련된 보고서를 집필하는 등, 정치적 좌파 세력의 공식 사회학자 같은 역할을 맡았다.[34]

　1982년 부르디외는 콜레주드프랑스 취임 강연문인 『강의에 대한 강의Leçon sur la leçon』를 출간했다. 제목부터 저자의 메타적인 성향을 명확히 드러내는 이 텍스트에서 그는 '과학으로서의 사회학'이라는 기획을 재확인하면서, 그것이 '탈신비화'와 '계몽'의 편에 선다는 점을 확인한다. 또한 그는 '객관화하는 주체의 객관화'와 '사회학의 사회학,' 한마디로 '성찰성'이야말로 사회학이 과학성을 획득하기 위한 선행 요건이라고 주장한다. 그가 같은 해 내놓은 『말하기의 의미[상징폭력과 문화재생산]Ce que parler veut dire』는 언어와 분류 활동의 정치적 의미를 탐구한다. 그것은 특히 (구조)언어학의 언어 중심주의를 강력하게 비판하면서, 언어가 의사소통의 수단인 만큼이나 권력 행사의 도구라는 점을 강조한다. 이 책은 또 공인 효과와 임명(제도화) 의례를 분석함으로써, 『강의에 대한 강의』의 연장선상에서 콜레주드프랑스에 선임된 부르디외 자

---

33) 1981년 12월 폴란드 공산당 정권은 자유노조 솔리다르노시치('연대')를 강력히 탄압하고 나섰다. 프랑스의 사회당 정부가 이 조치에 대해 내정 문제일 뿐이라며 불간섭 원칙을 천명하자, 부르디외는 푸코 등 몇몇 지식인과 함께 신랄한 항의 성명을 발표했다. 이 성명은 예기치 않게 큰 호응을 불러일으켰고, 5만 명의 프랑스 시민이 시위를 벌이는 사태로까지 발전함으로써 출범한 지 얼마 되지 않았던 사회당 정부에 정치적 위기를 가져왔다(Eribon 2011: 3부 7장).

34) 1985년 부르디외는 미테랑 대통령의 요구로 이루어진 콜레주드프랑스의 공동 연구 결과물로 「미래의 교육을 위한 제안Propositions pour l'enseignement de l'avenir」이라는 보고서를 제출했으며, 1988년 말 교육부에 설치된 '교과과정성찰위원회Commission de réflexion sur les contenus de l'enseignement'를 주재하기도 했다(Bourdieu 2002b: 159~61, 185~88).

신의 입지를 성찰한다. 『말하기의 의미』는 후에 계급과 집단 형성의 문제를 다룬 논문들을 더해 『언어와 상징권력Langage et pouvoir symbolique』(2001)이라는 증보판으로 재간된다.

1984년 부르디외는 '사회학적 자기분석'을 표방한 『호모 아카데미쿠스』를 발간한다. 이 책은 1960년대까지 거슬러 올라가는 자료들에 기초해 프랑스 대학 세계의 권력 분할 구조를 다룬다. 그것은 중등교육 및 그 재생산을 통제하는 전통적인 분과 학문들(법학, 철학)과 세속적 권력이 약한 연구 중심의 새로운 분과 학문들(인류학, 언어학, 사회학) 간의 대립적 평형 상태로 특징지어진다. 이 책에 따르면 68혁명은 이러한 구조를 위기에 몰아넣으며, 제도 내에서 교수들의 위치가 지적·정치적 입장을 어떻게 규정하는지를 적나라하게 드러낸 '진실의 순간'이었다. 『호모 아카데미쿠스』는 또한 문화 저널리즘의 지배력이 커지면서 대학 장champ universitaire의 자율성이 약화되는 상황을 다룬다. 이후 부르디외는 저널리즘 장의 과도한 영향력을 비판하고 학문 장의 자율성을 옹호하는 입장을 시간이 갈수록 더욱 뚜렷하게 천명한다.

1987년 출간된 『말한 것들Choses dites』은 『사회학의 문제들』과 마찬가지로 다양한 구술 텍스트로 이루어진 책이다. 이 책에서 그는 특히 자기 사회학의 철학적 전제들을 밝힌다. 이듬해 부르디외는 1975년 독일 막스플랑크연구소Max Planck Institut für Sozialforschung에 체류 중 『악트』에 발표한 논문을 손질해 『하이데거의 정치적 존재론[나는 철학자다] L'ontologie politique de Martin Heidegger』을 펴낸다. 그것은 하이데거의 해석과 평가를 둘러싼 기존의 그릇된 대립적 논의 구도('존재의 목자' 대 '나치에 부역한 대학 총장')를 기각하고, 하이데거 철학이 전간기戰間期 독일 철학 장에서 그의 위치와 하비투스로부터 비롯한 지적 전략과 승화의 산물이라는 사실을 논증한다. 이 책은 특히 철학 담론을 그 생산 장 champ de production의 작동 논리와 체계적으로 연결시켜 분석했다는 점에서 방법론적 독창성을 드러낸다.

1989년 내놓은『국가 귀족』에서 부르디외는 프랑스 고등교육 체계의 최상위 부문을 이루는 그랑제콜 장의 구조와 기능 작용을 분석하면서, 그것이 행정 관료와 대기업 경영자, 지식인 집단 들을 포괄하는 지배계급의 재생산에 어떻게 연결되어 있는지 탐구한다. 그러면서 그는 다수의 권력 형식이 공존하고 경쟁하는 선진사회에서 지배의 노동 분업이 어떻게 이루어지는지를 논의한다. 이 책에서 부르디외는 교육제도와 지식인 문제를 다시 다루면서, 본격적인 국가사회학·정치사회학으로 한 단계 더 나아간다. 그는 국가가 '물리적 폭력의 정당한 독점체'라는 베버와 엘리아스Norbert Elias의 정의에 '상징폭력의 정당한 독점체'라는 정의를 추가한다. 이는 국가가 우리를 장악하고 지배하는 근본적인 메커니즘은 정치 선전과 이데올로기의 주입이라든지 억압기구에 의한 겁박과 통제가 아닌, 일상적인 학교교육을 매개로 한 정신구조 자체의 틀짓기라는 사실을 부각시킨다. 부르디외의 국가론은 1989~92년에 이루어진 콜레주드프랑스 강의의 발간을 통해 한층 선명한 모습을 드러내기에 이른다(Bourdieu 2012).

1980년대는 미국 학계에서 나중에 '프랑스 이론'의 이름 아래 한데 묶이는 푸코, 데리다, 들뢰즈, 보드리야르 같은 저자들의 사유가 큰 인기를 끌기 시작했던 시기이기도 하다(Angermuller 2015; Cusset 2003/2012 참조). 부르디외 역시 프랑스 바깥에서 국제적인 명성을 누리며 활동 반경을 더욱 확장해나갔다. 특히 1984년『구별짓기』영역본의 출간과 시기적으로 맞물린 미국 문화사회학의 성장은 이러한 학문적 영향력 증대의 촉매제 노릇을 했다. 그에 따라 부르디외의 외국행 역시 잦아지며, 이는 그의 지적 진화에도 일정한 영향을 끼친 것으로 보인다 (Santoro 2011; Sapiro 2012 참조). 부르디외 스스로 자기 작업의 '프랑스적 특수성'에 대해 더 예민한 인식을 가지고 국제적 비교연구의 필요성을 강조한다든지, 외국 독자들을 대상으로 한 '일반 이론적 텍스트'를 더 많이 생산하게 되는 경향은 그 증거라 할 수 있다.[35]

"프랑스의 사상가, 전 지구화에 대한 비판자"[36]

1990년대 초 부르디외는 지적 작업에서 중요한 변화의 계기를 맞는다. 우선 1960년대 이래 수행했던 경험조사의 자원을 소진한 그는 1980년대 말에서 1990년대 초 사이에 국가기관의 지원 아래 두 건의 대규모 조사연구에 착수한다. 하나는 국립예탁원이 후원한 중하층계급 심층 인터뷰 연구였고, 다른 하나는 국립가족수당금고의 후원을 받은 주택시장 연구였다. 이 연구들은 나중에 각각 『세계의 비참』과 『경제의 사회적 구조』로 발전한다. 한편 미뉘 출판사와의 오랜 협력 관계를 청산한 부르디외는 1992년부터 쇠이유Seuil 출판사에서 책을 발간하기 시작한다. 쇠이유에서 그는 곧 '리베르Liber'라는 새로운 총서의 기획을 맡는다(Champagne et al. 2004: 59~80 참조).

부르디외가 1992년 출간한 『예술의 규칙』은 문화 생산 장에 관한 이전의 논문들을 체계적으로 정리하고 재구성한 장이론의 결정판이었

---

35) 특히 『구별짓기』 번역 이후 미국에서 그가 가진 '학문적 정복 여행'에 관해서는 바캉의 언급을 참조할 수 있다(Bourdieu & Wacquant 2014/2015: 22~26).

36) 이 제목은 『뉴욕 타임스』의 부르디외 부고기사에서 따온 것이다. "Pierre Bourdieu, 71, French Thinker and Globalization Critic" *New York Times*, 25/1/2002.

다.[37] 그는 이 책에서 19세기 프랑스 문학계가 어떻게 국가 주도의 아카데미와 관료제로부터 자율성을 쟁취하면서 문학 장으로 형성되었는지를 기술한다. 권력에 상대적인 독립성을 확보한 공간으로서 문학(예술) 장은 '아노미의 제도화' 상태로 특징지어진다. 무엇을 창작해야 하는지, 무엇이 탁월한 취향이며 정전인지에 대한 규정은 더 이상 권위 있는 국가기구에 의해서가 아니라 작가, 비평가, 출판사, 중개인 등 장 내부 행위자들 간의 투쟁에 의해 이루어진다. 부르디외는 플로베르Gustave Flaubert의 미학적 기획이 이러한 장의 역사적 구성에 얼마나 빚지고 있는지, 동시에 이 작가가 자신을 생산한 장의 생산에 '창조자'로서 어떻게 기여했는지를 논의한다. 나아가 부르디외는 『예술의 규칙』을 통해 예술 작품의 물질적 생산뿐만 아니라 그 가치에 대한 상징적 생산까지 대상으로 포괄하는 '작품의 과학'을 정립하겠다는 야심을 내비친다. 한편 그는 이 책에 부친 후기 「보편적인 것의 조합주의를 위하여」에서 '보편적인 것'에 고유한 이해관심을 가진 문화 생산자들이 권력과 자본의 횡포에 맞서 국제적으로 연대해야 한다는 집합적 지식인intellectuel collectif론을 펼친다.

같은 해 부르디외는 로익 바캉과의 공저 『성찰적 사회학으로의 초대』를 미국에서 출판한다. 부르디외의 강의록과 바캉과의 대담이 주축을 이루는 이 책은 부르디외 사회학의 전모를 개관하는 데 가장 유용한 문헌이라는 평가를 받았다. 여기서 부르디외는 그동안 자신에게 제기된

---

37) 이 책의 초판은 "부르디외의 플로베르Flaubert de Bourdieu"라는 문구가 적힌 선명한 띠지를 두르고 있었다. 이 띠지는 다분히 '사르트르의 플로베르'를 겨냥한 것이 아닐 수 없다. 사르트르가 저작 『집안의 천치L'Idiot de la famille』에서 정신분석학을 통해 이 대작가를 해부하고자 했다면, 부르디외는 그에 맞서 플로베르에 대한 사회학적 접근을 제시했던 셈이다 (지영래 2009 참조).

비판들에 적극적으로 대응하는 한편, '성찰적 인간학'의 이론적 토대를 명료하게 밝힌다. 『성찰적 사회학으로의 초대』는 영미권에서 이전까지 주로 교육사회학자나 문화사회학자로 알려져 있던 부르디외를 '사회 이론가'로 각인시키는 계기를 마련했으며, 나아가 부르디외 저작 가운데 가장 많은 외국어로 번역됨으로써 외국 독자들에게 부르디외 사회학을 알리는 데 결정적인 역할을 했다. 프랑스에서는 1992년에 『대담: 성찰적 인간학을 위하여』라는 제목으로 축약본이 나왔다가, 2014년에 영어판을 완역하고 일부 내용을 보강한 개정신판이 다시 나왔다.

1993년 부르디외는 『세계의 비참』을 출간한다. 그는 3년간 스물두 명의 동료 연구자들과 더불어 각계각층의 프랑스인(농부, 경찰, 이민자, 강사, 사회사업가 등)을 심층 인터뷰하고, 그들의 목소리를 950쪽에 달하는 두꺼운 책 안에 촘촘한 활자로 빼곡히 담아놓았다. 그에 따르면 이 책은 "프랑스 '사회주의' 14년의 결산"을 의도한 것이었으며, 동시대 프랑스인들이 겪고 있는 사회적 비참의 형성 조건을 이해하기 위한 것이었다(Bourdieu 1997c: 25). 순식간에 10만 부 이상이 팔려나갈 정도로 공중의 호응은 열광적이었고, 프랑스 학계는 무엇보다도 부르디외의 '변신'에 놀랐다. 시민들과 가진 50여 건의 심층 인터뷰 내용을 날것 그대로 싣고 있는 이 책이 '사회학적 객관주의'를 포기하고 순전히 피면접자들의 '체험'과 '주관성'을 전달하는 데만 초점을 맞추고 있는 것으로 보였기 때문이다. 하지만 부르디외는 각각의 인터뷰마다 피면접자의 상황을 객관화하는 사회학자의 담론을 앞에 배치하고 뒤이어 인터뷰 내용을 있는 그대로 제시함으로써, 피면접자의 주관적 관점과 경험을 더 광범위한 객관적 맥락 안에 자리 매긴다. 그 자신이 몇 번의 인터뷰를 직접 실행한 부르디외는 조사연구 전체를 총지휘했을 뿐만 아니라, 책의 기획 의도를 이론적으로 뒷받침하는 논문 「관점들의 공간」과 「이해하기」를 책의 맨 앞과 뒤에 게재했다. 그는 '조건의 비참'만이 아닌 '위치의 비참,' '집단적 비참'만이 아닌 '개인적 비참'을 문제 삼으면서 국가와 대의민주주의 제도의 책임 방기를 질타한다. 이 책에서 부르디외는 평범한 프랑스인들이 사회 속에서 겪는 고통의 대변인 노릇을 자처함으로써 '또 다른 방식의 정치'를 실천하고자 했다.[38] 그는 또 사회적인 것과 신체적인 것을 긴밀히 연계시키면서, 사회과학이 폭력, 빈곤, 억압과 같은 인간적 참상에 어떻게 접근할 수 있는지 보여주었다(Kleinman 1996).

1993년 부르디외는 주로 자연과학자들에게만 주어졌던 프랑스 최고의 과학상인 국립과학연구원CNRS의 금메달을 수상함으로써 제도적인 공인의 정점에 올랐다(Bourdieu 1993e/2013; Wacquant 2013a). 이는 『세계의 비참』이 거둔 대중적 성공과 더불어 부르디외가 자신이 축적한 상징자본을 무기 삼아 활발한 공적 개입에 나서는 중요한 계기로 작용했다. 오랫동안 연구와 글쓰기를 정치적 실천 방식으로 여겨왔던 그가 이때부터는 사회운동에 직접 참여하고 발언하는 횟수를 점점 더 늘

---

38) 철학자 악셀 호네트는 『세계의 비참』이 오늘날 특정한 사회운동의 '문화적 인정투쟁'과 '정체성 정치'만을 중심적인 갈등으로 인식하는 서구 사회에서 외면당해온 사회적 고통과 빈곤을 정치적 공론장의 중요한 도덕적 의제로 부각시켰다고 높이 평가한다. 부르디외는 이른바 '신사회운동들'처럼 이미 잘 조직화되어 있기에 지각 가능한 요구와 문제들을 넘어, 정형화될 수 없는 불만과 기대, 혹은 제도 정치의 수면 아래에서 벌어지는 일상적 인정투쟁을 진지하게 다루어야 한다는 점을 보여주었다는 것이다(Fraser & Honneth 2003/2014: 183~86). 하지만 이러한 지적이 부르디외가 정체성 정치에 무관심했다거나 적대적이었다는 의미로 해석되어서는 안 된다. 1998년에 펴낸 『남성 지배』에서 부르디외는 "동성애 문제"에 관한 후기를 붙이는데, 이는 당시 결혼 외의 시민 결합을 위한 시민연대협약Pacte civil de solidarité, PACS을 둘러싼 논란과 함께 학문적 토론의 의제로 떠오른 성소수자의 정체성 정치에 대한 적극적 지지를 담고 있었다(Bourdieu 1998a: 129~34).

려간다. 1994년에 부르디외는 두 권의 책을 내놓았다.『실천이성*Raisons pratiques*』은 주로 국내외 대학에서의 강연문들을 모아놓은 책으로, 그의 사회학 이론에 대한 명료한 해설서였다. 특히 책의 말미에 실린「무사무욕한 행위는 가능한가?」와「도덕의 역설적 토대」에서 그는 사적 이해관계를 탈피한 공적 행동과 '역사적 보편'의 성취 가능성을 주장하며, 자신의 정치적 개입을 정당화하는 논변을 펼친다.『자유 교환*Libre-échange*』은 부르디외와 미술 작가 한스 하케Hans Haacke의 대담집이다. 이 책에서 두 지식인은 신자유주의와 금융자본주의의 확산에 따른 동시대 예술의 위기 상황을 진단하고, 문화 생산자들의 자율성과 조합주의를 적극적으로 옹호한다(이상길 2011 참조).

1995년 가을 총파업 이후 정치 참여를 가시화하면서 부르디외는 비판적 연구자들을 규합해 출판사 '리베르——행동의 이유*Liber—Raisons d'Agir*'를 차리고, 같은 이름의 문고본 총서를 발간한다. 신자유주의적 지구화의 폐해를 고발하고, 이에 맞서는 국제적 연대를 진작하기 위해서였다. 그는『텔레비전에 대하여』(1996),『맞불*Contre-feux*』(1998)『맞불 2*Contre-feux 2*』(2001)와 같은 팸플릿을 '리베르——행동의 이유' 총서로 펴낸다. 특히 프랑스 텔레비전이 어떻게 '보이지 않는 검열'을 작동시키는지, 또한 시청률의 논리가 어떻게 문화 생산의 각 부문에 침투해 자율성을 위협하는지 분석한『텔레비전에 대하여』는 프랑스 안팎에서 베스트셀러가 되었고, 부르디외를 세계적으로 유명한 공공 사회학자의 반열에 올려놓는다. 또한 프랑스의 사회보장제도 개혁과 노동자 총파업, 유럽연합의 출범 등 중요한 정치적 사건들에 개입하는 시사 논평들의 모음집인『맞불』연작은 '체제 비판적인 좌파 사상가'로서 부르디외의 이미지를 대중에게 각인시키는 데 큰 역할을 했다.

시민 윤리에 따른 정치 참여의 와중에서도 부르디외는 학술적인 작업을 게을리하지 않았다. 그가 1997년에 내놓은『파스칼적 명상』은 성찰적 인간학이라는 궁극적인 기획을 철학적 전통 속에 위치시키고 논의하는 저작이다. 후설의『데카르트적 성찰*Méditations cartésiennes*』을 연상시키는 제목부터가 철학적인 성격을 강하게 드러내는 이 책에서, 부르디외는 자기 사유에 영감과 참조점을 제공한 가장 중요한 원천으로 놀랍게도 파스칼Blaise Pascal을 소환한다. 자신이 파스칼, 스피노자Baruch de Spinoza, 라이프니츠로 이어지는 비非데카르트적 합리주의의 노선에서 있다는 점을 명확히 하면서, 그는 상징권력pouvoir symbolique의 사회학이 전제하는 철학적 인간론 내지 사회적 존재론을 상세히 전개한다. 그에 따르면 인간은 사회 세계에 의해, 사회 세계 안에 사로잡혀 있는 고통받는 존재이며, 자기 자신과 세계의 결정 요인들에 대한 지식을 통해서만 자유로워질 수 있다. 이 책에서 부르디외는 자기 사회학과 파스칼의 철학이 공명하는 주요 주제들(다양한 권력과 층위 들의 통약 불가능성, 제도와 위계의 관습성과 자의성, 믿음과 상징적인 것의 중요성 등)을 성찰하는 한편, 지식인들이 쉽게 벗어나지 못하는 '스콜라적 관점'을 급진적으로 비판한다. 게다가『파스칼적 명상』이 "진정한 철학은 철학을 조롱한다"는 파스칼의 경구를 전면에 내세우고 있다는 점은 이 책이 '사회학을 통한 철학의 완성'이라는 역설적인 기획 안에 있음을 암시한다.

이듬해 출간된『남성 지배』는 부르디외가 1990년『악트』에 실었던 논문을 보완·개작한 것이다. 그는 1960년대 카빌리 지방에서의 민족지와 버지니아 울프Virginia Woolf의 소설들, 그리고 동시대 프랑스의 상황에 기초해 상징폭력의 가장 원초적인 형식으로서 젠더 관계를 재조명한다. 이미 알제리 현지조사 때부터 젠더 문제에 학문적 관심을 기울였던 부르디외로서는 비교적 뒤늦은 개입이라 할 수 있으나, 이 책은 사르트르, 보부아르Simone de Beauvoir, 푸코, 모니크 비티그Monique Wittig 등의 계보를 잇는 젠더 정치와 섹슈얼리티 이론에 대한 중요한 기여로 평가받았다. 하지만 책에서 프랑스 페미니즘과 젠더 연구의 논의를 참조하지 않은 데 대한 비판과 반발이 일어나기도 했다.[39]

2000년 부르디외는 정치 및 사회운동에 관한 몇몇 텍스트를 엮은 『정치 장에 대한 논고Propos sur le champ politique』를 발간한다. 여기서 그는 특히 사회학자로서의 작업과 정치적 입장 사이의 관계를 해명한다. 같은 해 출간한 『경제의 사회적 구조』는 장이론에 기초한 경제사회학의 가능성을 모색한 저서라 할 수 있다. 프랑스의 개인주택 시장 형성에 대한 구체적인 경험연구를 기반으로, 부르디외는 주류 경제학의 가정과 달리 경제적 실천은 그 자체로 사회 세계에 '배태되어' 있으며, 따라서 장과 하비투스 개념을 통해서만 온전한 분석이 가능하다고 주장한다. 나아가 그는 고전 경제학 담론의 추상성과 보편주의를 비판하는 한편, 신자유주의 경제를 특정한 역사적 국면에서 나온 사회적 구성물로서 철저히 상대화한다. 이듬해 봄에는 연구자로서 부르디외의 일상과 사회운동 개입의 현장을 담은 다큐멘터리영화 「사회학은 격투기다La sociologie est un sport de combat」가 파리에서 개봉한다. 피에르 카를Pierre Carles 감독이 찍은 이 영화는 그 제목부터 내용에 이르기까지 1990년대에 본격화한 부르디외의 정치적 참여를 중심에 놓고 그의 사회학적 기

---

39) 『남성 지배』에는 부르디외의 콜레주드프랑스 동료이자 젠더 전문가인 인류학자 프랑수아즈 에리티에Françoise Héritier를 비롯해, 당대의 저명한 페미니즘 연구자들인 뤼스 이리가레Luce Irigaray, 엘렌 식수Hélène Cixous, 쥘리아 크리스테바Julia Kristeva 등에 대한 인용과 참조가 빠져 있다. 이 체계적인 누락에 대해 나탈리 에니크는 "지성계에서 지배는 인용 혹은 비인용의 수행에 의해 가장 잘 이루어진다"고 비아냥거린 바 있다(Heinich 2007: 95).

획을 전체적으로 재정의하는 효과를 발휘했다.

부르디외가 생전에 출간한 마지막 저작 세 권은 모두 자전적인 요소를 강하게 드러내고 있다는 공통점을 지닌다. 우선 2001년에 나온『과학의 과학과 성찰성』은 2000~2001년도 콜레주드프랑스 강의록이다. 부르디외는 과학의 사회적 구성론과 행위자-네트워크 이론ANT 등을 반박하면서 '과학적 이성의 역사성'을 자기식으로 재론한 이 강의를 끝으로 교수직에서 은퇴한다. 이 책의 마지막 장에서 그는 "객관화하는 주체의 객관화"라는 문제에 초점을 맞추며, 퇴임 강연이었던「자기분석에 대한 초고」를 30여 쪽에 걸쳐 싣고 있다. 2002년 발간된『독신자들의 무도회Le bal des célibataires』는 부르디외 스스로 붙인 멋진 별명에 따르면, 일종의 '인류학적 성장소설'이다. 이 책은 그가 고향 마을 베아른에서 수행한 결혼 시장의 변화에 대한 현지조사를 분석한 세 편의 논문(각각 1962년, 1977년, 1989년 출판)으로 이루어져 있으며, "참여객관화"에 관한 노트를 부록으로 담고 있다. 그것은 그가 이미『실천감각』을 통해 보여준 "동일한 대상으로 집요하게 되돌아가기"를 다시 한 번 구현한다(Bourdieu 1980a: 7). 부르디외에게 이러한 재귀성은 연구 대상에 대한 연구자의 주관적·객관적 관계를 더욱 완전하게 객관화할 수 있는 기회로서 커다란 중요성을 갖는다. 그는 사회과학에서 지식의 진보는 무엇보다도 인식 조건에 대한 인식을 요구한다고 보기 때문이다.

부르디외의 마지막 저작『자기분석에 대한 초고』는 2002년 독일에서 먼저 출판되었고, 프랑스에서는 부르디외 타계 2년 뒤인 2004년에 출간되었다. 원래 주어캄프Suhrkamp 출판사의 청탁으로 쓰인 이 책은 콜레주드프랑스 퇴임 강연을 소책자로 발전시킨 것이다.『자기분석에 대한 초고』는 내용상 크게 두 부분으로 구분할 수 있다. 전반부에서 부르디외가 1950~60년대 프랑스 지식 장champ intellectuel을 분석하면서 자신의 지적 기획이 어떻게 진화해갔는지를 맥락화한다면, 후반부에서는 그러한 기획을 추동한 자신의 고유한 하비투스가 어떤 가정환경과 교육 속에서 형성되었는지를 논의한다. 그럼에도 이 책은 부르디외에 관해 '보여주는 것'만큼이나 '보여주지 않는 것'(예컨대 프랑스 사회학 장 안에서 다른 거물 사회학자들과 펼친 주도권 투쟁, 출판계와 언론계에서 그가 구사한 전략, 파스롱과 볼탕스키를 비롯한 지적 협력자-경쟁자들과의 복잡한 관계, 콜레주드프랑스 교수로 선임된 과정 등) 또한 많은 텍스트이며, 그것이 반드시 학문적인 이유 혹은 집필 여건과 관련된 개인적인 사정 때문만은 아니라는 점에 유의할 필요가 있다. 물론 『자기분석에 대한 초고』는 부르디외가 와병 중에 집필한 저서이자 일종의 미완성본으로 알려져 있다. 하지만 설령 그것이 완성되었다 하더라도 그가 누락시킨 부분들이 포함되었을지는 미지수이다. 어쩌면 '말해지지 않은 것들'은 부르디외가 애써 발휘한 사회학적 성찰성의 '인간적인, 너무나 인간적인' 한계를 암시하고 있을지도 모른다.[40] 그가 그 논리를 과학적으로

---

40) 이는 반드시 『자기분석에 대한 초고』만을 두고 하는 이야기는 아니다. 이 책 말고도 부르디외의 사회학적 전기를 구성하기 위해 여기서 인용한 그의 여러 글이나 인터뷰 역시 가급적 냉정하게 거리를 두고 이해해야 할 필요가 있다. 그 역시 한 명의 '인간'으로서 이런저런 사태에 대해 주관적이고 감정적으로 과장되거나 왜곡된 판단을 할 수 있으며, 실제로도 그랬던 점들이 없지 않았던 것 같기 때문이다. 두 가지 예를 들어보자. 부르디외는 고등사범학교에서 동급생들과의 계급적 차이 때문에 문화적 차별화에 대한 예민한 문제의식을 가지게 되었다고 여러 번 회고한 바 있다. 그는 심지어 "(식당 밥값을 낼 수 없어서) 먹기 위해 어쩔 수 없이 고등사범학교에 진학했다"고까지 말하기도 했다(Bourdieu & Schultheis 2001: 196). 그런데 1950년대의 고등사범학교는 상층계급 출신 학생의 수가 지금보다 훨씬 적었으며, 실상 부르디외는 전체 학생들 가운데 경제적으로 중간보다 약간 아래에 위치했던 것으로 알려져 있다(Mauger 2015: 56). 물론 시골 출신이라는 특수성은 있었지만, 그가 유난히 가난한 축은 아니었다는 말이다. 또 부르디외는 철학에서 인류학으로 전과한 자신의 결정이 당시의 학문적 위계상 상당한 상징적 불이익을 감수하려는 용기가 필요했던 실존적 결단이었다고

규명함으로써 좀더 자유로워질 수 있다고 믿었던 사회적 게임으로부터 마침내 풀려난 때는 2002년 1월 23일이었다. 세속의 온갖 시선과 평가, 구속으로부터의 이 완전한 자유는 생애 막바지를 괴롭힌 암이 가져온 끔찍한 고통으로부터의 영원한 해방이기도 했다.[41]

지배에 대한 과학적 비판의 기획

부르디외가 일생에 걸쳐 실천한 연구 노동은 한편으로는 '지배 체제에 대한 비판'으로, 다른 한편으로는 '사회학의 과학적 정립'으로 특징지어진다. 그는 과학적으로 엄밀한 비판을 지향했으며, 비판과 사회과학을 철저하게 결합시킴으로써 학문 제도 안팎의 철학자, 마르크스주의

진술하곤 했다. 하지만 그 세대 연구자들의 그러한 전공 변경은 철학에서의 경쟁이 치열해지고 인간과학이 새롭게 부상하고 있던 당시 학계에서 드문 일도, 그리 손해 보는 일도 아니었다고 평가된다(Fabiani 2016: 67~73). 여기서 문제는 그가 어떤 사실들을 부풀려(?) 말했다는 데 있지 않다. 객관적인 사회구조와 조건들이 결국 주관적으로 경험될 수밖에 없다는 사실을 인정한다면, 우리는 부르디외의 증언과 실제 상황 사이의 미묘한 불일치로부터 '동급생들과의 계급적·문화적 격차'라든지 '철학자 이력의 포기'가 사회학자에게 심리적으로 유달리 막중하게 다가갔던 이유가 무엇이었을지 곱씹어보아야 한다. 또 그러한 강렬한 심리적 경험이 그의 학문적 문제의식에 어떤 영향을 끼쳤는지 되새겨보아야 한다.

41) 2005년 제네바에 '피에르 부르디외 재단Fondation Pierre Bourdieu-For a European Research Space in Social Sciences'이 설립되었다(http://www.fondation-bourdieu.org/). 재단은 비판적 사회과학 연구의 전통을 지속시키고 관련 연구자들의 국제적 네트워크를 매개하려는 목적을 표방한다. 재단의 이사장직은 부르디외의 저작권인 아들 제롬 부르디외Jérome Bourdieu가 맡고 있다. 부르디외는 1962년 마리-클레르 브리자르Marie-Claire Brizard와 결혼해 제롬, 에마뉘엘Emmanuel, 로랑Laurent이라는 세 아들을 뒀다. 제롬은 경제학자, 에마뉘엘은 철학자이자 극작가, 로랑은 언어학자이며, 이들은 모두 고등사범학교 출신이기도 하다. 예술사가이기도 한 부인 마리-클레르 부르디외는 「농민과 사진」이라는 논문을 부르디외와 공저한 바 있으며, 『마네: 상징혁명』에 실린 미완의 원고를 공동으로 저술했다(Bourdieu & Bourdieu 1965; Bourdieu 2013a).

자, 사회학적 에세이스트 같은 다양한 경쟁자들로부터 스스로를 차별화했다. 이러한 기획의 밑바탕에는 사회학자 개인의 성향과 교육 배경뿐만 아니라, 다분히 프랑스적이고 세대적인 특수성 역시 자리하고 있다. 우선 사회체 내에 스며들어 있는 온갖 세력 관계에 대한 저항은 68세대 전반의 지배적인 에토스와도 무관하지 않다. '권력 비판'은 이 세대 지식인들의 공통된 중심 주제이자 관심사였다. 또한 사회학을 과학화하려는 노력은 당시 프랑스 사회학의 지적 취약성과 학문적 위계 내에서 낮은 지위라는 사회적 맥락, 그리고 과학사적 인식론과 구조주의의 영향에서 비롯한 '과학'에 대한 세대적 강박이 적지 않게 작용한 결과로 보인다.

부르디외는 자신의 사회학을 구태여 비판사회학이라고 일컫지 않았다. 바슐라르를 좇아 "숨겨진 것의 과학만이 있다"는 말을 즐겨 했던 그는 과학적 사회학이 결국 지배의 숨겨진 메커니즘을 폭로함으로써 기존의 불평등한 권력 체제에 비판적인 기능을 가질 수밖에 없다고 보았기 때문이다(Bachelard 1949: 38). 그런데 그의 사회학이 발견했다고 주장한 사회적 지배구조, 그리고 스스로 '과학성' 속에 함축하고 있다고 자처한 '비판적 기능'은 특히 1990년대 이후 부르디외의 정치 참여가 가시화되면서 논의의 전면에 부각되기에 이르렀고, 동시에 그 결함과 문제점 들에 대한 진지한 토론과 탐구를 자극했다. 우선 부르디외는 계급 간 미세한 문화적 구별짓기를 통해 이루어지는 지배 메커니즘을 규명하고, 중립적인 외양 아래 이루어지는 공화주의적 교육이 어떻게 계급질서를 재생산하는지 폭로하며, 기존의 사회구조가 피지배자들의 신체 속에 육화됨으로써 유지된다고 주장함으로써 지배에 대한 사회학적 비판의 외연을 확장했다는 평가를 받았다. 하지만 그는 사회 세계를 지배계급과 피지배계급의 대립이라는 단순한 이분법 아래 파악하고, 피지배자들(민중계급, 여성, 성소수자 등)의 저항 능력을 과소 평가하며, '좋은 권력'과 '나쁜 권력,' 민주주의와 전체주의를 구별할 수 있는 이론적 개념들(공론장, 시민사회, 정치적 대표성 등)을 갖추지 못함으로써 정치적 공간을 사상하고 있다는 비판 역시 받았다. 근본적으로 이는 지배를 일종의 초월적 층위로 간주하고 사회를 일면적인 관점에서 지배 체계로만 보는 전후 유럽 좌파 지식인들의 '근대성 비판' 전통 위에 놓여 있다는 것이다(Touraine 1992/1995; 1994 참조).

　한편 부르디외가 수행한 비판은 그 구체적인 형식으로서 사회학을 특권화하면서, '경험적'이고 '객관적'이며 '성찰적'이고자 했다는 특징을 지닌다. 그런데 부르디외에게 과학을 규정하는 대표적인 속성인 객관성은 무엇보다도 발화자 스스로의 위치를 연구 대상으로 포괄하고 상대화하는 성찰성에 의해 뒷받침되는 것이다. 그렇다면 우리는 부르디외가 경험적 조사연구에 기반을 두는 자기식의 '성찰적 사회학'을 과학적 사회학과 동일시했으며, 그것을 비판의 최상의 형식으로 간주했다고 볼 수 있을 것이다. 그가 직업 사회학자로서 단 한 번도 양보한 적 없는, '모든 것이 사회적'이라는 전제는 모든 것에 대한 궁극적 비판의 권능을 사회학에 부여하는 시각을 정당화했다. 어떤 의미에서 부르디외는 비판사회학을 '과학화'함으로써 그 정점까지 밀어붙였던 셈인데, 이는 다소 역설적이게도 프랑스에서 비판사회학의 기획 자체에 대한 반성을 불러일으키는 계기가 되었다. 그 과정에서 성찰적 사회학에 내재하는 비판 패러다임과 사회학주의를 공격하면서, 1990년대 이래 이른바 화용론적 사회학sociologie pragmatique과 다양한 조류의 정치철학이 본격적으로 떠오른다(Bénatouïl 1999; Boltanski 1990; Corcuff 2000; 또한 하홍규

2013 참조).

부르디외의 성찰적 사회학은 사회학적 지식을 통해 깨어난 사회적 행위자들(사회학자를 포함한)과 사회적 무의식 및 개인적 이해관심에 갇혀 있는 다수의 행위자를 분리시키며, 전자에 의한 '사회학적 계몽'을 중요한 정치적 과제로 상정한다. 그것은 기본적으로 평범한 사람들이 자신을 둘러싼 사회적 제약과 지배 관계에 대해 무지하다는 가정에서 출발하며, 사회과학을 무기로 그러한 무지로부터 해방된 사회과학적 주체들이 억압받는 피지배자들을 계몽을 통해 주체화할 수 있다는 논리를 편다. 이때 사회과학은 제각기 다른 이해관심에 매여 있는 행위자들의 내적이고 주관적인 비판을 넘어서, '상대적으로 절대적인' 혹은 '객관적인' 비판을 제공하는 외적 준거로서 나타난다.[42] 그런데 볼탕스키, 테브노Laurent Thévenot, 라투르Bruno Latour, 칼롱Michel Callon 등이 개척한 화용론적 사회학은 그러한 가정과 논리와 준거를 근본에서부터 문제 삼는다. 화용론적 사회학은 사회적 행위자들이 나름대로 도덕

---

42) 볼탕스키는 이른바 '비판사회학들'을 가로지르면서 비판의 원리를 구성하는 두 가지 상호 관련된 지향성을 논의한다. 하나는 '메타-비판적 지향'이며, 다른 하나는 '사회학적 지향'이다. 메타-비판적 지향은 특정한 철학적 인간학, 혹은 (비판 대상이 된) 사회질서로부터 파생된 도덕적 가치판단들을 그 안에 통합하고 있다는 특징을 지닌다. 반면 볼탕스키에 따르면 비판의 또 다른 경로인 사회학적 지향은 도덕적 준거들을 괄호 안에 넣고(혹은 그런 척하면서), 내재적 모순들의 전개에 기반을 두는 비판이다. 이 모순들은 특수한 사회적 층위에 고유한 것일 수도 있고, 사회 전체(예컨대 자본주의) 속에 현전하는 것일 수도 있다. 이 경우 사회학자는 도덕적 가치에 의거해 현실 상황을 판단하고 평가하는 속인처럼 비판하지 않는다. 비판은 문제가 되는 질서가 자체 내에서 모순을 해결할 수단들을 발견하지 못하기 때문에 더 이상 지금처럼 존속할 수 없다는 언명(혹은 예측)으로부터 나온다. 이는 정도의 차이는 있지만, 기본적으로 역사적 관점의 채택을 전제한다. 볼탕스키에 의하면 이러한 유형의 비판은 사회 구성원들이 함께 추구해가야 할 '공동선'이라든지, 상이한 관점들이 민주적으로 경합하는 '토론 공간'과 같은 관념을 기각하고, 대신 그 자리에 투쟁, 힘, 지배, 적대적 집단들 간 세력 관계라는 개념을 놓는다(Boltanski 2009: 1장). 볼탕스키는 명시하지 않지만, 부르디외 사회학 역시 이러한 비판으로부터 자유롭지 않다고 보는 듯하다.

적 직관과 비판적 역량을 가지고서 특정한 가치들의 존중을 요구하며 불의를 비난한다는 사실에 주목한다. 또한 사회학적 계몽의 기획이 과학의 영향력을 과대평가하고 있으며, 실제 정치적 효과 면에서 명확한 한계를 가진다고 지적한다. 사회적 행위자들은 어떤 상황이 부당하다고 비판하기 위해 반드시 사회과학을 필요로 하지 않으며, 그들이 구사하는 비판의 언어 역시 대개 사회과학처럼 전문적이고 거리를 두는 형태를 취하지도 않는다는 것이다. 나아가 화용론적 사회학은 사회학자가 과학의 이름으로 다른 이들보다 더 정당하면서도 효과적인 비판의 목소리를 독점할 수 있다고 보지 않는다. 그것은 사회학적 지식에 기초한 비판을 하나의 가능한 형식으로 상대화시키는 한편, 사회학자의 임무가 상이한 목소리와 다원적인 비판 형식 들을 복원하고 공론장을 활성화함으로써 공동선을 추구하는 민주주의를 확장하는 데 있다고 주장한다(Boltanski 1990; 2009; Boltanski & Thévenot 1991; 또한 선내규 2008; 하홍규 2013; 2014 참조).

이처럼 부르디외는 성찰성을 매개로 사회학을 과학화함으로써 정치적 비판이 갖는 주관성과 상대성이라는 한계를 뛰어넘고자 했지만, 정작 성찰적 사회학이 딛고 있는 비판적 입지와 정치적 프로그램에 대한 성찰에 둔감했다는 반박에 직면했다.[43] 이는 비판자들에게서 사회학주

---

43) 이는 비단 부르디외뿐만이 아닌 비판사회학 일반이 공유하는 아포리아라고 할 만하다. 그러므로 1990년대 중반 파스롱이 비판사회학에 관해 내놓은 언명은 새롭게 태동한 사회학적·정치철학적 사유들의 문제의식과도 일정하게 공명한다. 그에 따르면 "1960년대의 비판사회학은 모든 기성 질서에 '아니오'라고 말하려는 정언명령에 너무도 집착했던 나머지, '아니오'라는 지적 자유의 말 뒤에 있는 '예'라는 웅얼거림을 거의 듣지 못했다. 그 웅얼거림은 의구심도 비판 정신도 없이 사전에 윤리적 유토피아 혹은 사회적 대항 프로그램의 명분을 묵인한다. 그러한 기획의 유일한 이론적 통일성은 선의의 철학일 뿐이고 유일한 경험적 테스트는 반항의 욕망일 따름이다"(Moulin & Veyne 1996: 314). 이는 단순한 '선의의 철학'과 '반항

의에 대한 반발과 새로운 정치철학 내지 도덕철학에 대한 모색이라는 양면적 반응을 불러일으켰다. 사실 프랑스에서 사회학주의에 대한 비판은 뒤르켐 사회학만큼이나 그 역사가 오래됐지만, 부르디외 사회학과 관련해 가장 격렬한 양상을 띠고 나타났다 해도 과언이 아닐 것이다. 이는 특히 부르디외가 사회학의 과학성과 경험연구의 중요성을 강조하면서, 각종 주체 철학과 정치철학을 맹렬히 비판하고 거부한 데서 비롯한 것으로 보인다.[44] 부르디외의 사회학주의에 대한 비판은 사회학주의가

의 욕망' 수준을 넘어서는 해방의 정치철학 및 대안적 변혁 프로그램과 결합하지 않는다면, 비판사회학이 현실적 힘을 갖는 담론으로 전화하는 데 명확한 한계를 지닐 수밖에 없다는 의미일 것이다.

44) 부르디외는 1970년대에는 알튀세르주의자들을 비롯한 급진 좌파 철학자들에게, 그리고 1980년대 이후에는 특히 보수 우파 정치철학자들에게 격렬한 비판을 가했다(Bourdieu 2001a/2014: 379~400; 2002b: 329~32, 383~85). 그것은 지적·학문적 논점들을 둘러싸고 이루어졌지만, 그 이면에는 무엇보다도 '비非경험적' 정치철학의 공허한 현학성과 급진성에 대한 그의 뿌리 깊은 불신, 달리 말하자면 일종의 '반지성주의'가 작용한 것으로 보인다. 이와 관련해 그가 라자스펠드의 저작『마리엔탈의 실업자들』프랑스어 번역본에 부친 짧은 서문은 경험연구에 대한 그의 집착과 의미 부여를 잘 드러낸다는 점에서 매우 시사적이다(Bourdieu 1981b). 폴 라자스펠드는 미국 사회과학의 거두이자 '실증주의 사회과학'이라는 다국적 기획의 창시자'라는 평가를 받는다. 그런데 그는 1930년대 초 미국으로 건너가 본격적인 경력을 시작하기 전까지 오스트리아 사회당 청년 조직에서 매우 열성적인 활동가였다. 라자스펠드는 마르크스주의와 양립 가능한 사회심리학을 정립하려는 목표 아래 다른 활동가 동료들과 더불어 마리엔탈이라는 오스트리아 소도시에서 장기 실업의 사회적 효과를 연구했다. 그 결과물이 바로 1932년에 나온 사회기술지『마리엔탈의 실업자들』이다(Pollak 1979; Rogers 1994: 251~60). 이후 미국에서 실증주의 패러다임을 정립한 라자스펠드는 자료 처리 방식이 정교하지 않다는 이유로 이 책의 재판을 꺼렸다고 전해진다. 그런데 부르디외는『마리엔탈의 실업자들』에 결점이 있다면, 그것은 측정의 부적절성보다는 과학을 과학적인 대상 구성의 원칙에 따르지 않은 채 단순히 (사회적으로) 이미 구성된 대상에 대한 자료의 수집, 기록 및 온갖 잡다한 항목들의 측정으로만 상상한 무능력에 있다고 지적한다. 그러면서도 그는 이 책이 '훌륭한 대의에 봉사하는 저작'이어서가 아니라, '자료를 최대한 망라해 수집하고자 한 광적인 노력' 때문에 여전히 의미 있는 저작이라고 평가한다. 부르디외가 보기에 빈곤의 철학은 전통적으로 진보주의 사상과 결부된 의지주의적 낙관론보다는, 사뮈엘 베케트Samuel Beckett 작품에 나오는 광대나 부랑자 같은 노인들의 비탄에 더 가깝다. 그에 따르면『마리엔탈의 실업자들』은 실업자들의 거대한 침묵과 그것이 표현하

내포하고 있는 의미들만큼이나 여러 결로 이루어졌다.[45] 그것은 크게 우파 사회학자들에 의해 제기된 비판과 좌우파를 막론한 정치철학자들을 중심으로 제기된 비판으로 구분해볼 수 있다.

먼저 부리코François Bourricaud와 부동 같은 우파 사회학자들은 과잉기능주의라는 측면에서 부르디외의 사회학주의를 공격한다(Bourricaud 1975; Boudon 1986). 이때 사회학주의는 특정한 유형의 사회학적 문답으로 나타난다. 즉 그것은 '누가 사회구조와 제도(학교, 문화, 언어 등)로부터 이익을 얻는가'라는 질문이 유일하게 흥미롭고 적절한 것이라고 보면서, 그에 대해 원칙적으로 '지배계급'이라고 답한다는 것이다. 부리코와 부동은 이러한 사회학주의가 언제나 개인을 구조와 제도의 꼭두각시처럼 정의하면서 '음모 이론'의 익숙한 설명 도식을 이용한다고 주장한

는 절망을 듣게 만듦으로써 그들의 상황과 태도를 이해할 수 있게 해준다는 점에서 커다란 가치를 지닌다. 이 서문은 정치철학에 대한 부르디외의 혐오와 경험연구에 대한 집착을 단적으로 보여준다.

45) 사회학이 사실의 세계에서 운동할 뿐이라고 주장하며 가치의 중요성을 간과하는 사회학적 실증주의라든지, 개인을 우리가 그 법칙을 알 수 있는 외적 계기에 의해 지배받는 일종의 메커니즘으로 취급하면서 개인성을 무시하는 사회학적 전체론 등이 오래전부터 '사회학주의'의 이름 아래 비판받아왔다(Canguilhem 1947 참조). 여러 논자가 부르디외의 사회학주의를 문제시할 때도, 그 근거는 (그것이 오해이든 그렇지 않은 간에) 기본적으로 사회학적 실증주의나 전체론에 맞닿아 있다. 그런데 흥미로운 점은 부르디외 역시 과학주의와 사회학주의에 대한 오랜 비판자였다는 사실이다. 예컨대 그는 1977년에 마치 장차 자신에게 가해질 비판을 예상이라도 하듯이(!) 다음과 같이 말한다. "사회 세계에 관한 많은 담론의 지평에 아직도 뚜렷이 나타나 있는 스탈린주의는 일종의 과학주의적 유토피아주의이기도 하다. 그것은 사회과학, 더 정확히 말하면 아직 시작 단계에 있으면서도 이미 가장 단순한 표현인 슬로건과 명령어로 환원된 사회과학의 힘에 대한 병적인 신념에 기초해 있다. 사회과학의 교훈들 가운데 하나는 유일한 사회 이론에 의해 방향 지어진 모든 행동의 한계들이다. 과학주의는 언제나 테러리즘의 잠재성을 포함한다. 사회과학은 진보하면서 자신의 한계들을 배웠다"(Bourdieu 2002a[1977]: 103). 부르디외는 또 과학에 대한 데이비드 블루어David Bloor와 마이클 린치Michael Lynch의 급진적 상대주의가 '수학적-논리적 규범성'을 '사회적 규약'으로 환원시킨다고 비판하면서, 과학사회학에서 유행하는 사회학주의를 비판하기도 했다(Bourdieu 2002g).

다. 답을 미리 알고 있다는 점에서 사회학의 정반대편에 있는 사회학주의는 과학적 호기심이 아닌 이데올로기적 관심에 의해 이끌리며, 집단적 열정을 불러일으키기 위해 선택된 사실들만을 활용한다는 것이다.

한편 페리Luc Ferry와 르노Alain Renaut, 랑시에르Jacques Rancière 등 상이한 정치 성향의 철학자들은 주로 '과학주의'라는 측면에서 부르디외의 사회학주의를 문제 삼는다(Ferry & Renaut 1985/1995; Rancière 1983; Rancière ed. 1984; 또한 Nordmann 2006 참조). 과학주의란 과학과 비과학(철학, 정치, 종교, 윤리 등)을 구분하면서, 과학만이 타당하고 신뢰할 수 있는 진정한 형태의 인간 지식으로서 특권적인 지위를 갖는다는 믿음을 뜻한다. 그렇다면 사회학주의는 바로 사회학의 과학으로서의 성립 가능성을 확신하면서, 사회학에 대해 과학주의적으로 인식하는 태도를 가리킨다. 부르디외를 비판하는 철학자들이 보기에, 그러한 사회학주의에는 두 가지 특징이 두드러진다. 하나는 피지배자들이 지배 메커니즘에 대해 무지(혹은 오인)하기 때문에 지배당하고 있으며, 따라서 해방을 위해서는 그들에게 과학(으로서의 사회학)이 필요하다고 전제한다는 것이다. 다른 하나는 사회학을 다른 학문들(특히 철학)을 재단하고 평가할 수 있는 '학문들의 학문' 내지 '최상의 과학'으로 내세우면서도, 그에 대한 반박이나 상대화 가능성은 봉쇄해버리는 전체주의적 성격을 띤다는 것이다. 부르디외에 비판적인 이 철학자들은 그가 강조해 마지않는 성찰성조차 사회학이 스스로의 인식론적 입지를 특권화하고 다른 학문들의 이면에 감춰진 이해관심들을 폭로하고 공격하기 위한 전략적 무기로 쓰이는 데 그 주된 효용이 있다고 주장한다.

논점들의 간략한 요약에 지나지 않지만, 이상의 논의는 프랑스 내에서 부르디외의 지적 기획에 대해 제기된 '비판'과 '사회학주의'의 두 문제 영역이 실상 긴밀히 맞물려 있음을 알려준다. 그 연결 고리들은 부르디외 사회학이 드러내는 어떤 논리적 균열과 모순 지점 들, 즉 사회적 행위자들의 무지에 대한 과장과 비판적 역량에 대한 무시, 사회학적 계몽의 의의와 효과에 대한 과도한 의미 부여, 사회학의 과학적 지위에 대한 절대화 등을 둘러싸고 만들어진다. 이는 부르디외 사회학에 대한 비판이 결국 '사회학적 인간관' '민주주의의 정치철학' 그리고 '사회학적 지식의 인식론적 위상'에 대한 근본적인 재검토를 요구했다는 의미이기도 하다. 그 결과 1990년대 부르디외의 정치 참여가 떠들썩한 사회적 논란을 낳고 있던 한쪽에서 화용론적 사회학과 (좌우파를 막론한) 정치철학'들'이 직간접적으로 부르디외 사회학과 대적해가며 발전하게 된다.

물론 부르디외의 사유를 두고 화용론적 사회학자나 보수적 혹은 급진적 정치철학자 들이 제출한 비판에 논쟁의 여지가 없는 것은 아니다. 그것은 때로 부르디외 사유에 대한 지나친 단순화, 혹은 그 내적 진화에 대한 무지로부터 기인한 인상을 준다. 사실 이는 그리 놀라운 일도 아니다. 학자들은 종종 다른 학자에 관해 말하기 위해서가 아니라, 자기 자신이 말하고자 하는 바를 위해 다른 학자에 관해 말하기 때문이다. 어쨌든 부르디외는 자기 입장의 몇몇 진화 양상을 제대로 고려하지 않은 비판적 논평들에 대해 불만스러워 했다. 그는 비판자들의 감춰진 이해관계와 정치 성향을 문제 삼기도 했고, 일부 쟁점과 관련해서는 자기 입장을 논리적으로 방어하기도 했다(Bourdieu 2001b; Bourdieu & Wacquant 2014/2015 참조).[46] 하지만 아쉽게도 그러한 반응이 비판자들

---

46) 부르디외는 과학사회학자 블루어의 비트겐슈타인 해석을 비판하면서, 연구자와 논평가의 관점을 구분한 바 있다. 즉 '연구자'의 관점에서는 비트겐슈타인으로 하여금 그가 말하지 않은 것을 말하게 할 권리가 있지만, '논평가'라면 비트겐슈타인의 언명들에 대한 편향적이

과의 생산적인 토론으로 이어진 적은 거의 없는 것으로 보인다.

부르디외 이후의 부르디외

부르디외의 타계 이후 그의 사회학은 학계와 사회에서 이전보다 더욱 높은 평가를 받으며 20세기를 대표하는 독창적인 사유 체계의 하나로 인정받기에 이르렀다. "선지자가 고향에서 존경받는 법이 없다"는 말을 마치 증명이라도 하듯, 생전에 프랑스에서 격한 비판과 논란, 인신공격에 휘말렸던 부르디외였지만, 이제는 누구도 그 지적 권위를 부인할 수 없는 프랑스 인문사회과학의 정전화된 저자로 자리 잡은 것이다. 1990년대 이래 프랑스 사회 이론들의 파노라마에 (그의) "아류의 시대"라는 이름이 붙을 만큼, 부르디외는 사후에도 모국에서 막강한 학문적 영향력을 행사하고 있다(Vandenberghe 2006 참조). 또 그의 저작은 "적어도 20년은 갈 수 있는 책을 써야 한다"고 종종 말하곤 했다는 저자의 바람

고 탈맥락적인 독해를 경계해야 한다는 것이다(Bourdieu 2002g: 349). 이러한 시각에 비추어보자면, 부르디외는 자신에 관한 비판들이 많은 경우 적절한 논평의 규범을 충족하지 못하고 있다고 보았을 법하다. 예컨대 그는 경력의 후반기로 갈수록 '과학적 사회학'을 위한 인식론적 축을 '일상적 인식과의 단절'에서 '성찰성' 쪽으로 옮겨놓았으며, 사회적 행위자의 이타성과 도덕 정치의 가능성에 대한 전망을 적극적으로 모색했다(Bourdieu 1994a: 5장과 보론 참조). 그는 또 1990년에 가진 인터뷰에서 자신이 사회학을 해방의 유일한 거점으로 간주하지 않으며, 여러 가능한 거점 가운데 사회학의 중요성을 자주 강조했던 이유는 문화 생산자들이 그 거점을 가장 인정하고 싶어 하지 않기 때문이라고 주장했다(Bourdieu 2004d: 28). 1970년대 말에는 그가 사회학이 상징폭력에 맞설 수 있는 거의 유일한 방어 수단이라고 역설했던 점에 비추어보면, 상당한 관점의 이동이 아닐 수 없다(Bourdieu 2002a〔1977〕: 103). 이러한 부르디외의 변모 양상은 그에 대한 평가가 훨씬 더 신중하고 섬세하게 이루어져야 할 필요성이 있음을 일깨운다.

을 훨씬 뛰어넘는 생명력을 자랑하며, 여전히 세계 곳곳에서 진지한 독해와 학술 연구, 그리고 정치적 영감의 원천을 제공하고 있다.

언젠가 폴 발레리Paul Valery는 "모든 사람이 소크라테스로 태어나지만, 단 한 사람만이 소크라테스로 죽는다"고 쓴 적이 있다. 이 장에서 나는 부르디외의 사유가 프랑스의 정치사회적 배경과 학계 내부의 역학 속에서 어떻게 발생했는지 통시적으로 살펴봄으로써, 베아른 시골의 가난한 집 소년 '피에르'가 비판사회학의 세계적인 고유명사 '부르디외'가 되기까지 거쳐온 우연하고도 불연속적인 궤적을 전체적으로 재구성해보고자 했다. 이를 통해 지금껏 추상적으로만 이해되거나 막연히 신화화되어온 '대가'의 형성 과정에 좀더 구체적이며 현실적인 상을 부여하고, 나아가 그의 방대한 저작과 그것을 관통하는 지적 기획을 맥락화하려는 목적에서였다.

2000년대 초 인간 부르디외는 세상을 떠났지만, 그의 사회학이 전 세계적으로 확산됨으로써 '부르디외'라는 이름은 이제 새로운 국면으로 접어든 것으로 보인다. 그렇다면 이러한 현상은 어떻게 가능했을까? 그 주요인으로는 대체로 다음과 같은 몇 가지가 꼽힌다(Heinich 2007; Kauppi & Swartz 2015; Santoro 2011). 우선 부르디외의 저작이 지닌 고유한 매력과 강점 들이다. 그는 이론과 경험분석, 양적 방법과 질적 방법, 과학적 엄밀성과 정치적 급진성을 적절히 조화시키고, 여러 분과 학문을 넘나들며 학제적·통합적 연구를 구현했다. 또한 그의 사회학이 제공하는 전문적인 개념 도구들과 분석틀은 다양한 주제와 상이한 국가적 맥락에 대해 폭넓게 적용 가능했다. 부르디외 개인의 학자적 능력과 카리스마 역시 무시할 수 없는 요인이다. 그는 학문적 열정과 연구에 대한 헌신으로 후속 세대 연구자들을 사로잡았다. 그는 프랑스로 유학

온 여러 국가 출신의 학생들을 제자로 맞았으며, 때로는 적극적이고 전략적으로 학생들을 선발하기도 했다. 이들은 학위를 마친 후 부르디외 사회학을 각국에 유통시키고 전파하는 국제적 매개자가 되었다.[47] 세계적 명성의 구축과 확산에는 이처럼 학문적 매개자와 매개 기관(학술지, 출판사, 대학, 연구소 등)의 역할 또한 중요했다. 여기에는 직속 제자, 호의적인 동료, 부르디외주의자 들뿐만 아니라, 부르디외 이론에 비판적 거리를 두고 논쟁을 벌이거나 그것을 창의적으로 이용한 저명한 학자들도 포함된다(Kauppi & Swartz 2015: 572~76). 또 다른 요인으로 영미권 사회과학(그리고 그 영향 아래 국제적 사회과학)의 지적 관심에서 일어난 광범위한 변화가 있다. 특히 1980년대 후반 이후 세계적으로 마르크스주의가 권위를 잃어버린 상황에서, 부르디외의 비판사회학은 그 공백을 메우는 중요한 역할을 했다. 그는 사회과학에서의 다양한 '전환들'을 촉진했고, 또 그에 부응하는 프로그램을 제공했다. 사회적 구성주의 social constructionism의 일반화라든지, (실상 부르디외 자신은 비판해 마지

---

47) 여기에는 프랑스 학계의 위계적 특성 역시 무시할 수 없는 요인으로 작용했다. 프랑스에서는 북미 지역이나 다른 유럽 국가들에 비해 박사과정 학생이 지도교수의 학문적 입장과 작업을 추종하고 재생산하는 관행이 강력하게 작동한다. 말하자면 도제식 사제 관계에 기초한 교육 문화가 남아 있는 것이다. 이는 부르디외의 제자들이 부르디외주의자로 재생산될 개연성을 훨씬 높였다고 할 수 있다. 미국의 로익 바캉, 독일어권의 프란츠 슐타이스Franz Schultheis, 이탈리아의 안나 보스케티Anna Boschetti 등이 대표적인 매개자군에 속한다. 부르디외는 외국에서의 자기 저작의 수용에 대해 상당한 주의와 관심을 기울였던 것으로 보인다. 그것은 어떤 경우에는 자기 성찰성을 그토록 강조했던 학자로서는 의외의 과도한 태도로 발전하기도 했는데, 이와 관련해 미셀 라몽Michèle Lamont의 회고는 매우 시사적이다. 그는 1980년대 중반 기든스가 운영하는 폴리티Polity 출판사의 청탁을 받고 부르디외에 관한 책의 출간을 준비했다. 라몽이 영미권에 자기 사회학을 전파하는 데 도움을 주기를 바랐던 부르디외는 이 출판 프로젝트에 큰 관심을 기울였으나, 정작 라몽이 쓴 초고의 일부를 읽고는 부정적인 반응을 보였다. 라몽은 부르디외에 대한 비판적 연구서를 부르디외의 승인을 얻어 발간하기란 어려울 것이라는 판단 아래 결국 책의 집필을 포기했다(Lamont 2010: 133).

않았던) 거대 이론grand theories의 귀환, 1980년대에 두드러졌던 문화적 전환cultural turn, 1990년대의 실천적 전환practical turn이 대표적인 사례라 할 수 있다(김정환 2016; 하홍규 2014; Leclercq, Lizé & Stevens eds. 2015 참조). 마지막으로 부르디외가 1990년대에 본격화한 정치적 참여와 개입은 프랑스의 대표적인 공공 지식인으로서 그의 위상을 강화시키는 한편, 국제적인 명성에 크게 기여했다.

사회학자 카우피Niilo Kauppi와 슈워츠David Swartz는 국가별 이론 수용의 고유한 맥락과 그에 따라 생겨나는 부르디외 이론의 다양한 양상을 고려하면서, "전 지구적 부르디외는 복수의 부르디외를 의미한다"고 지적한다(Kauppi & Swartz 2015: 580). 여기 덧붙여야 할 말은 지구적 수준에서의 부르디외가 복수인 만큼이나, 지역적 수준에서의 부르디외도 복수일 수밖에 없다는 점이다. 우리에게도 여러 명의 '부르디외들'이 있다. 아니, 더 정확히 말하자면, 부르디외는 그 수용의 주체와 맥락이 시기적으로 변화함에 따라 상당히 다른 모습들로 현상해왔다. 1990년대 중반 문화경제가 성장하고 마르크스주의가 퇴조하는 상황에서, 그는 문화와 계급을 비판적으로 논한 프랑스의 '거대 이론가'로 우리 앞에 등장했다. 이후 2000년대 초 그는 다시 신자유주의와 전 지구화의 해악을 앞장서 비판한 '참여 지식인'으로 한동안 부각되었다가, 이제는 주로 교육과 문화 소비 등 특정 분야의 경험적 조사연구를 위한 이론적 배경을 제공하는 '전문 사회학자'로 소환되는 중이다. '거대 이론가' '참여 지식인' '전문 사회학자'와 같은 정체성 규정들은 근본적으로 부르디외가 지닌 다면성을 반영하며, 이 연구자의 어떤 면모를 각각 짚어내고 있다. 하지만 그렇다고 해서 일면적 규정이 간단히 합리화될 수 있는 것은 아니다. 더욱이 어떤 시기에 부르디외의 특정한 정체성이 임의로 강조되거나 동원되는 경향은 수용 장champ de réception 내 다양한 행위자들(주류 혹은 비주류 사회과학자, 인문학자, 마르크스주의자, 사회운동가 등)의 이해관심과 전략에 좌우된다는 점을 잊어선 안 된다. 그러므로 우리는 부르디외에 대한 일면적 규정이 이 사회학자의 독특성을 파악하기에 적절치 않은 접근이라는 사실을 확인하는 동시에, '사상(가)의 사회적 구성과 활용'이라는 시각에 바탕한 수용의 사회학을 통해 그러한 현상에 대한 반성적인 이해를 도모할 필요가 있을 것이다.

2장 부르디외의 지적 하비투스

'창조 기술'을 들여다보기

부르디외의 놀라운 학문적 창의력과 생산성은 어디서 비롯했을까? 사실 인문사회과학의 온갖 고전과 최신 논의를 종횡무진하고 경험적 자료를 능수능란하게 주무르면서 다양한 분야에서 독창적인 연구들을 내놓은 그의 업적을 아는 사람이라면 저절로 '천재'라는 탄성을 내뱉게 될지도 모른다. 하지만 그러한 즉각적 인식은 부르디외가 오랫동안 열성적으로 '개인적 재능'이라는 이데올로기를 공격해왔다는 점에 비추어보면, 부르디외의 교훈에 반反하는 철저히 비非사회학적인 태도의 산물이기도 하다. 이 장에서 나는 부르디외 사회학의 원리에 따라, 만일 그에게 어떤 남다른 탁월성이 있었다면 그것은 결국 사회적인 산물이었으리라고 가정한다. 우리가 주목해야 하는 것은 한 개인이 타고난 능력으로서의 '재능'이 아니라, 사회적 환경과 공식적·비공식적 교육, 그리고 직업적 네트워크와 일상적 상호작용 등이 어울려 빚어낸 특유한 결과로서의 '창조 기술ars inveniendi'이다. 부르디외의 저작을 그의 이력 안에 재배치하면서 그 문제틀과 생산 조건을 객관화하는 작업은 그의 창조 기술을 발현해낸 어떤 성향 체계를 간파할 수 있게 해준다. 이 장에서 나는 그와 같은 지적 하비투스의 규명을 시도하고, 그 실천적인 함의를 끌어내보고자 한다.

내가 부르디외의 지적 하비투스를 재구성하고자 하는 이유는 바로 그 점에 이 '대가'로부터 끌어내야 할 결정적인 교훈이 있다고 보기 때문이다. 사회학자 브루베이커Rogers Brubaker의 합당한 지적처럼, "다른 사회적 실천과 마찬가지로 사회 연구도 성문화된 명제들, 논고와 교과서에 제시된 이론적 논리에 의해서가 아니라 하비투스의 실천 논리에 의해, 즉 내면화된 성향들에 의해 지배되고 주조된다"(Brubaker 1993: 213). 브루베이커는 "사회학에 대한 성향론적 정의"와 부르디외 사회학에 대한 "실천적 전유 양식"을 역설하면서 "하비투스로서의 사회 이론"을 주장한다. 그에 따르면 부르디외의 사회학은 몇 가지 이유에서 이론주의적이고 논리 중심적인 읽기에 적합하지 않다. 첫째, 핵심 개념들이 정확하고 명료하게 정의되어 있지 않다. 부르디외는 개념을 추상적으로 정교화하기보다는, 어떤 이론적 입장을 개진하기 위해 다양한 방식으로 개념을 기술하고 특징짓는 데 관심이 있다. 둘째로 부르디외의 텍스트는 순수한 과학적 이성의 산물이 아니라, 특수한 지적 전략과 투쟁의 도구이자 결과이다. 그러므로 우리는 그 전략적이고 실천적인 차원을 읽어야 한다. 셋째, 부르디외 사회학의 목적과 논점은 단지 세계의 해석만이 아니라, 우리(우선 다른 사회학자들)가 세계를 보는 방식을 변화시키는 데 있다. 넷째, 사회학 저작을 사회학적으로 가치 있게 읽는 유일한 길은 그 저작을 생산한 사회학적 하비투스를 우리 것으로 만들고 우리식으로 이용할 수 있게 해주는 창조적 소비이다. 이러한 시각에서 브루베이커는 부르디외로부터 얻어내야 하는 교훈이 결국 명확한 개념들에 의해 틀이 잡히고 논리적으로 상호 연관된 이론적 명제들의 집합체가 아니라, 특정한 방식으로 세계를 인식하고 지적으로 행동하는 하비투스라고 주장한다(Brubaker 1993: 216~19).

나는 브루베이커가 말하는 이론과 하비투스가 상호 배제와 선택의 문제라고는 보지 않지만, 학문적 하비투스가 중요하다는 관점에는 전적으로 동의한다. 연구는 일종의 실천이며, 그 실천은 정형화된 이론적 처방에 따라 이상적으로 수행되는 것이 아니라 다른 실천들과 마찬가지로 오랫동안 축적된 실용적 감각, 즉 하비투스에 의해 현실적으로 이루어지는 것이다. 그렇다면 뛰어난 연구자에게서 우리가 배워야 할 것은 특정한 사유의 내용 못지않게 사유의 조직 원리와 양식, 즉 모종의 지적 하비투스이기도 할 터이다. 따라서 부르디외의 연구를 산출해낸 하비투스가 무엇이었으며 어떤 과정을 거쳐 형성되었는지를 알고, 우리의 학문적 실천을 위해 그것을 비판적으로 성찰하는 일은 대단히 중요한 문제가 아닐 수 없다. 이는 그 자체 부르디외가 끊임없이 강조한 논점이었기 때문만은 아니다. 무엇보다도 그것이 우리가 부르디외의 이론을 단순히 반복·적용하는 수준을 넘어, 이를 자원으로 한 독창적인 연구들을 집단적으로 생산하는 데 필수적인 핵심 과제 중 하나라고 여겨지기 때문이다.[1]

---

1) 물론 우리 입장에서 부르디외가 다룬 연구 주제들(예컨대 교육을 통한 계급 재생산, 문화 소비에서의 구별짓기, 언어가 매개하는 상징폭력, 신자유주의 아래의 사회적 고통)에 주목하는 것도 의미 있는 일이다(홍성민 2004 참조). 하지만 그러한 주제들은 부르디외가 선구적으로

다섯 가지 원리

　언젠가 부르디외는 흔히 단절적인 변화를 거쳤다고 이야기되는 푸코의 사유가 실상 겉보기보다 훨씬 더 큰 연속성과 일관성을 가진다고 지적한 적이 있다(Bourdieu 2000d). 30대에 이미 스승 아롱으로부터 "당신은 사르트르처럼 너무 일찍 개념 체계를 갖췄다"는 혜안 어린 평을 들었던 부르디외 자신의 사유야 더 말할 나위 없을 터이다. 그의 사유는 조숙성에 더해 체계성과 복잡성 또한 두드러진다. 그러니만큼 그가 생전에 자신에게 쏟아진 숱한 비판들을 대부분 단편적이거나 부분적인 독해에서 비롯한 오해 내지 몰이해로 치부했다는 사실이 전혀 이해가 가지 않는 것도 아니다. 예컨대 그의 사회분석이 정태적인 수준에만 초점을 맞춘다든지, 서구 중심적이고 이론 중심적이라든지, 구조의 변화나 행위자의 주관성 같은 문제를 제대로 고려하지 않는다든지 하는 비판은 적어도 그의 지적 기획이나 저작 전반에 대한 온당한 평가라고는 할 수 없다. 알제리 관련 연구들만 하더라도 이미 그러한 비판들을 상당히 비켜간다. 그는 급격한 변동의 와중에 있는 비서구 식민지 사회를 정치적·실천적 관심으로, 무엇보다도 행위자들의 경험과 고통에 주목하면서 탐구했기 때문이다. 게다가 그가 연구자 생활 초창기에 가졌던 문제의식과 연구 태도는 이후에도 새로운 대상과 영역 들에 예외 없

문제화했을지언정, 반드시 그의 사회학을 경유하거나 그에 의거해서만 접근할 수 있는 것은 아니다. 그러한 주제들이 알랭 투렌이나 울리히 벡Ulrich Beck, 지그문트 바우만Zygmunt Bauman 같은 사회학자들이 다룬 연구 문제들에 비해 한국 사회의 고유한 맥락에서 더욱 큰 중요성을 지닌다고 주장할 만한 특별한 근거도 없다.

이 적용되면서 진화해갔다. 40여 년에 걸친 부르디외의 학자 경력을 되짚어보면서, 우리는 이론 체계의 일관성 못지않게 그것을 추동한 어떤 학문적 성향 체계의 일관성, 한마디로 그의 지적 하비투스를 감지할 수 있다. 그 하비투스는 '자기의 사회학적 객관화' '연구 실천의 경계들에 대한 위반' '철학과 사회과학의 융합' '이분법적 사유 범주들의 지양' '집단적 작업으로서의 연구 실천'과 같은 원리들로 특징지어질 수 있을 법하다.

자기의 사회학적 객관화

부르디외의 작업에 자전적인 요소가 강하게 들어 있다는 지적은 예전부터 꾸준히 있었다. 시골 마을의 가난한 집안 출신으로 콜레주드프랑스 교수까지 역임한 그는 사회적 이동이 그다지 용이하지 않은 프랑스에서 이른바 '기적적으로 계급 상승에 성공한 사람' 축에 속한다. 농촌과 도시, 저학력 집단과 고학력 집단, 프티부르주아지와 부르주아지 사이에서 그가 예민하게 경험한 심리적 간극, 문화적 차별과 불평등, 무언의 상징폭력이 그의 사회학적 문제의식의 근원에 있다는 비평은 나름대로 일리가 있다. 사실 부르디외 자신도 그러한 시각의 타당성을 뒷받침하는 언급들을 곳곳에 남긴 바 있다. 2000년대 들어서는 부르디외의 저작을 그의 '자기분석' 혹은 '자기민족지autoethnography'의 결과물로서 좀더 적극적이고도 체계적으로 해석하려는 시도 또한 나타나고 있다(Reed-Danahay 2004 참조).

이를테면 사회학자로서 그의 이력에 시발점을 마련한 1960년대 초반의 알제리와 베아른의 민족지 연구는 부르디외 자신의 '분열된 하비투스'에 대한 탐구로도 읽힐 수 있다. 그가 연구 대상으로 삼은 알제리와 베아른의 농민들은 도시화와 자본주의화로 인한 급격한 변동 과정에 제대로 적응하지 못한 채, 새로운 사회 환경과 충돌하는 전통적·농촌적 하비투스 때문에 고통받는 모습으로 그려진다. 그러니 부르디외가 그들에게 이질적인 두 세계(베아른과 파리, 농민층과 지식인층)를 가로지르는 자기의 내적 갈등과 고민을 투영했다 해서 그리 이상한 일은 아니다. 부르디외의 이후 저작들도 마치 시기별로 자신의 하비투스를 사회학적인 연구 대상으로 삼고 있다는 인상을 주기에 모자라지 않는다. 파리로 상경해 문과대에 다니면서 문화자본의 결핍으로 곤란을 겪는 대학생들에 관한 『상속자들』이라든지, 표준어와 사투리 사이의 미묘한 권력관계를 살핀 『말하기의 의미』, 콜레주드프랑스를 비롯한 고등교육기관 교수들의 위치와 입장 간의 연관성을 다룬 『호모 아카데미쿠스』, 그리고 권력 장champ du pouvoir을 지배하는 그랑제콜의 엘리트 집단 형성에 대한 『국가 귀족』 등이 그렇다.[2] 『자기분석에 대한 초고』는 그러한 자기 연구의 정점이자 마침표를 찍은 저작이라 할 수 있다.

부르디외 스스로도 여러 차례 시인했듯이, 그의 연구에 사회학자 자신이 중요한 부분을 차지하고 있었다는 사실에는 의심의 여지가 없어 보인다. 게다가 그에게 자기 성찰성이란 학자 생활 후반에 갑자기 돌출

---

[2] 이러한 시각에서 부르디외의 다음과 같은 고백은 매우 시사적이다. "『호모 아카데미쿠스』를 쓰면서 내가 탐구한 것은 바로 내 무의식이다. 그것은 내가 그 산물인 세계에 대한 객관화이며, 따라서 나 자신의 인지구조에 대한 객관화이다. 나는 언제나 '역사가 곧 무의식'이라는 뒤르켐의 문장을 인용한다. 그러므로 대학 세계의 발생을 연구하면서 내가 탐색한 것은 다른 이들과 공유하고 있는 나 자신의 무의식이다"(Bourdieu 1999c: 18~19). 한편 상징혁명가 마네에 관한 부르디외의 콜레주드프랑스 강의록에 부친 후기에서 카사노바Pascale Casanova는 부르디외의 마네론이 그 자신에 대한 분석으로 읽힐 수 있다고 지적한다(Casanova 2013). 이러한 관점에서 보면, 원래 농민과 하층 프롤레타리아로부터 시작한 부르디외의 계급 분석이 그의 사회적 지위가 상승함에 따라 점점 더 상층계급으로 이행해갔다는 점 또한 의미심장하다.

한 새로운 개념이 아니라, 평생에 걸친 주제이자 방법이기도 했다.[3] 그런데 잊지 말아야 할 것은 오히려 그러한 '자기'의 사회학이 철저히 '자기로부터 출발해 자기 너머로 나아가는 지적 운동' 속에서 이루어졌다는 점이다. 부르디외는 자기에 대한 연구가 가져다줄 수 있는 장점들(연구 대상에 대한 개인적 지식과 친숙성, 연구에 대한 주관적 몰입을 이끄는 파토스 등)을 취하는 한편, 사회학적인 대상의 구축을 통해 자기에 대한 관심을 타자로, 외부 세계로 확장시켜나갔다. 베버를 살짝 비틀어 말해보자면, 부르디외의 연구는 '자기 관여성'에서 시작해 '자기 중립성' 위에서 전진해간 셈이다. 그 전진의 발판으로 필수 불가결했던 장치가 이른바 '사회학적 객관화 도구들'이라 할 수 있다. 각종 통계로부터 설문조사, 담론분석, 참여관찰, 사진 촬영, 심층 인터뷰 등에 이르는 다양한 자료 수집과 분석 방법 말이다. 우리는 부르디외의 사회학에서 '자기'가 중요한 만큼이나 이 '객관화'의 계기가 중요하다는 점을 잊지 말아야 한다. 그의 지적 하비투스는 거의 강박적이라고 할 수 있을 정도로 자기에 대한 '사회학적 객관화'를 지향했다. 그래서 그는 어느 모로 보나 자전적인 텍스트라 할 수 있는 『자기분석에 대한 초고』에조차 "이것은 자서전이 아니다"라는 경구를 책의 맨 앞에 달았을 것이다. 또한 그렇기 때문에 부르디외의 작업을 가장 열성적으로 '자서전'의 관점에서 해석하는 인류학자 리드-대너헤이Deborah Reed-Danahay조차 자기 시각의 "위험성"을 인정했을 것이다(Reed-Danahay 2004: 151).

---

3) 1960년대 초 릴 문과대학에서 부르디외에게 배운 정치학자 필리프 프리치Philippe Fritsch는 이와 관련해 흥미로운 증언을 남기고 있다. 그가 학생들에게 자기 자신에 대한 사회학적 분석을 하는 과제를 내주었다는 것이다. 부르디외는 이때부터 이미 자기 성찰성을 사회학 연구에 발견적이면서도 교육적인 원리로서 적용시켰던 셈이다(Fritsch 2005: 82).

부르디외 자신과 동료들의 증언에 따르면, 부르디외의 하비투스에는 어떤 세대적 태도와 특수한 취향이 있다. 먼저 볼탕스키가 언급하듯이, '자기의 객관화'라는 경향은 부르디외 개인에게만 한정된 특징이 아니다. 그는 프랑스 전후 세대의 연구자들이 개인적인 트라우마에 맞서기 위해 당시 새롭게 부상하고 있었던 사회과학이라는 지식 체계를 전유했다고 지적한다.[4] 한편 부르디외에 의하면 그 연구자들은 '반反제도적 성정' 또한 공유했다. 그들은 자신을 생산한 대학 제도로부터 혜택을 많이 받은 만큼이나 실망 또한 많이 했고, 68혁명으로 그 제도가 위기에 처했을 때 마침 학계 내 높은 위치에 오르면서 제도에 대해 극히 비판적인 태도를 취하게 되었다는 것이다. 부르디외는 이렇게 생겨난 지식인들의 반제도적 성정이 그들에게 어떤 혜안을 준 것은 사실이지만, 그것이 모든 이들로 하여금 '과학적 태도'를 택하도록 만들지는 않았다고 말한다(Bourdieu 2008: 349~50). 어쨌든 부르디외는 자기를 객관화하기 위해 사회과학을 택했고, 그 안에서도 다시 '비판적인 동시에 과학적인' 사회학을 지향했던 셈이다. 파스롱의 말처럼 여기에 어떤 특별한 취향이 작용했다고 해도 무리한 가정은 아닐 것이다.

파스롱에 따르면 "사회학의 취향은 일단 인간 행위에 대한 다른 이해

---

4) 볼탕스키는 전후 세대의 지식인들에 대해 이렇게 평가한다. "3인칭이 허용하는 거리를 가지고 사태에 접근하는 몇몇 방식을 과학에서 빌려왔던 사회과학 영역에서, 우리는 운 좋게도 우리 자신의 역사와 세계를 바라보는 새로운 양식에 다가갈 수 있었다. 정상 과학의 제약들을 그대로 따르지는 않으면서 말이다. 그렇게 해서 30년 일찍 태어났더라면 아마도 소설을 썼을 가장 대담한 혁신자들 가운데 일부는 자신의 개인적 정체성 형성에 연계된 트라우마에 맞설 수 있었다(부르디외에게서 농촌 서민계급이라는 출신 배경, 푸코에게서 동성애, '현실 사회주의'에 대한 거부와 노동운동에 대한 충실성 사이에서 찢긴 카스토리아디스Cornelius Castoriadis나 르포르Claude Lefort, 기타 여러 사람에게서 공산주의 문제, 프랑수아즈 에리티에에게서 남성 지배 등). 마치 그들 삶의 질문이 그들을 자극한 것이 아니라, 역사의 경과와 집합체의 운명이 그들을 끌어들인 양 말이다"(Boltanski 2008: 47~48).

형식들, 예컨대 심리학적이거나 경제학적인 설명과는 차이가 나는 취향"이다. 그것은 "어떤 명료화 가능성의 층위에 대한 취향인 동시에 입증 양식에 대한 취향"이기도 하다(Moulin & Veyne 1996: 306). 그리하여 사회학자는 이를테면 세계에 대한 생생하고 즉각적인 인상에 애써 거리를 두며, 화급한 상태에 있는 대상에 곧장 다가가기보다 그 열기가 가라앉을 때까지 기다리고자 한다. 그는 사회 세계에 대한 포괄적이고 총체적인 관점을 취하며, 부르디외도 즐겨 인용했던 "비웃거나 한탄하거나 저주하지 말고, 다만 이해하라"는 스피노자의 권유(사실 이 말은 일찍이 카시러가 『계몽주의 철학*Die Philosophie der Aufklärung*』의 서문에 인용한 바 있다)를 정언명령으로 삼는다(Bourdieu et al. 1993: 7). 게다가 이러한 이해를 위해 그는 사실을 구축하고 분석하며 양적·질적 기법과 비교의 방법을 통한 입증 양식을 택한다. 그러한 지식 형태 특유의 매력뿐만 아니라 각종 문제와 난점 들에 몰입하는 취향이야말로, 부르디외를 '자기'로부터 출발해 결국 '자기'에 대해서만 말한 숱한 다른 지식인들과 차별화하는 요소일 것이다.

부르디외는 사회학이 연구자와 수용자 모두에게 자기 자신에 대한 '사회분석socio-analyse'으로서, "고통을 발생시키는 메커니즘에 대한 폭로가 수행하는 임상적 기능"을 가진다고 말한 바 있다(Bourdieu 1997c). 이때 사회분석은 정신분석과 대비를 이루는 부르디외의 조어로, 개인을 구성하는 사회적인 것에 대한 분석이라는 의미를 지닌다. 결국 그의 사회학적 실천이 자신과 독자들을 조건 짓는 사회적인 것에 관한 지식을 증진시킴으로써, 그들이 겪는 고통의 근원을 진단하고 치료해주는 효과를 갖는다는 것이다. 이는 사회학의 기능에 대한 독특한 의미 부여인 동시에, 그가 구상한 사회학의 '과학적 지위'가 복잡한 성격을 띠고 있었음을 암시한다. 일찍이 사르트르는 예술의 한 구성 요소로서의 진실, 그러니까 미학적 가치들 안에서 존재하는 주관적 진실을 과학의 순수한 객관적 진실과 구별한 바 있다. 그는 어떤 사회 환경에 관한 통계 자료와 변증법적 성찰 전체가 그 환경에 관한 소설보다 "더 많은 객관적 진실"을 가질 테지만, "만일 소설이 더 진실하다면, 이는 그 사회 환경을 그리는 사람의 주관성, 즉 그것을 그리면서 그 안에 스스로를 자리 매기는 사람의 주관성을 실어 나르기 때문"이라고 주장한다. 소설가 앙드레 지드André Gide가 '악마의 몫'이라고 표현한 주관성이 없이는 결코 훌륭한 예술 작품이 나올 수 없다는 것이다. 나아가 그는 우리가 작품 안에 투입하는 주관성의 부분을 정확히 규정할 수는 없지만, "우리의 즉각적인 주관성에 대해 점점 더 성찰적일 수는 있다"고 지적한다 (Sartre 2013〔1961〕: 125~26). 부르디외의 '자기에 대한 사회학'은 과학을 자처하면서도, 어떤 면에서는 사르트르가 말하는 예술처럼 주관적 진실을 성찰적으로 그 안에 포괄함으로써 더 강한 진실성(혹은 과학성)을 확보하는 고유한 전략을 구사했다. 부르디외가 제시하는 사회학의 기능이 예술의 기능과 유사한 이유도 그러한 전략의 특이성과 무관하지 않을 것이다.

연구 실천의 경계들에 대한 위반

부르디외의 또 다른 특징적 면모는 그가 학문적 이력 내내 연구 실천을 규제하는 정신적·사회적 경계들을 끊임없이 가로지르며 넘어서고자 했다는 점이다. 그것들은 크게 '일반적–전문적' '이론적–경험적' 그리고 '과학적–정치적'이라는 대립 범주들을 매개로 구성된 것이다. 부르디외는 그 범주들을 지양하는 실천을 통해 그러한 구분 자체가 의미 없음을 증명하고자 했다. 여기에는 아마도 부르디외가 사회학자로서 입지를 확보한 당시가 프랑스 사회학 장이 아직 형성 중인 시기였다는 사실이 유리하게 작용했을 법하다. 부르디외를 포함한 전후 2세대 사회학자들은 많은 경우 철학 교육을 받았으며, 사회학의 세부 전공과 분과가 아직 견고하게 확립되지 않아 배타성 또한 강하지 않은 상황에서 활동했다(정수복 1992; Heilbron 2015 참조). 게다가 그들은 개인차는 있었을지라도 프랑스의 공공 지식인-작가 전통을 대체로 충실히 이어받고 있었다.[5] '일반적-전문적' '이론적-경험적' '과학적-정치적'과 같은 범주들이 교란되기 쉬운 여건이 형성되어 있었던 것이다. 물론 2세대 사회학자들이 모두 부르디외 같은 학문적 행보를 보이지 않았다는 점은 명백하다. 아마도 알랭 투렌 정도가 가장 비슷한 사례일 터이나, 그나마도 '일반적' '이론적' '정치적' 성향에 훨씬 더 치우쳐 있는 편이다. 그렇다면 부르디외는 구체적으로 어떤 지적 운동 속에서 연구 실천의 지배적 경계들 바깥으로 나아갈 수 있었을까?

우선 그는 사회과학자 가운데 보기 드물게 전문적 작업들을 바탕으로 총체적이고 종합적인 사유를 지향했다. 사회학자 요한 하일브론Johan

---

5) 2차 대전 이후 20여 년간 프랑스 사회학계에서 중요한 영향력을 행사한 1세대 사회학자들로는 조르주 귀르비치, 레몽 아롱, 장 스토첼, 조르주 프리드만, 앙리 르페브르 등이 있다. 이들은 모두 사회학을 정식으로 공부하지 않았다. 1968년을 전후해 프랑스 사회학계에서는 네 개의 학파가 자리 잡는다. 이 학파의 수장들은 2세대의 대표적 사회학자들이라고 볼 수 있는데, 미셸 크로지에, 알랭 투렌, 레몽 부동, 피에르 부르디외가 바로 그들이다. 이들 외에도 2세대에 속하는 사회학자들로는 조르주 발랑디에George Balandier, 쥘리앵 프로인트Julien Freund, 에드가 모랭Edgar Morin, 프랑수아 부리코 등이 있다. 2세대 사회학자들은 대부분 원래 철학을 공부했다가 사회학으로 전향한 사람들이다. 두 세대에 걸쳐 프랑스 사회학자들은 폐쇄적인 연구 집단으로 나눠져 있었다. 이들은 학파별로 상이한 이론적·방법론적·정치적 입장을 견지했고, 상호 무관심 속에서 학파 간 소통이나 논쟁에는 소홀했다고 평가받는다(정수복 1992; Heilbron 2015: 7장).

Heilbron이 적절히 지적하듯, 사회과학자가 상징자본을 축적하는 전략은 크게 특정한 전공 분야에서 인정받는 전문가로서 이력을 쌓는 것과 일반적 타당성을 주장하는 이론적 관점을 구축하는 것으로 구별할 수 있다. 그런데 부르디외는 '일반적인 의미의 전문가'로 남거나 '일반론의 전문가'가 되는 대신, 전문 연구들에 토대를 두고 일반 이론을 구축해가는 방식의 독자적인 경로를 개척했다(Heilbron 2011: 182~83). 이 점에서 그는 대다수의 전문가-사회학자들은 물론, 기든스나 하버마스, 벡, 루만, 바우만, 제프리 알렉산더Jeffrey Alexander 등과 같은 이론사회학자들과도 명확히 구분된다. 그는 사회학의 다양한 전문 분야(경제, 교육, 문화, 정치, 과학, 종교 등)를 종횡무진 탐구했을 뿐만 아니라, 각 영역에서의 경험연구들을 기초로 적용 범위가 넓고 현실 적합성이 뛰어난 일반 이론을 제시했다. 유의해야 할 것은 이러한 성취가 부르디외가 자신의 문제의식을 끈기 있게 추구하는 과정에서 자연스럽게 이루어졌다는 사실이다.

일단 그의 영역 이동은 단순한 변덕이나 유행에 휩쓸린 우연한 결과가 아닌, 문제 제기의 확장에 따른 의식적인 추구에 가까웠다. 그의 작업은 예컨대 알제리와 베아른에서의 민족지가 교육 문제에 대한 관심으로 이어지고, 교육사회학 연구는 다시 문화사회학과 정치사회학적 문제의식을 자극하는 식으로 발전해갔던 것이다.[6] 그의 연구가 주제와 영역

---

6) 1987년 자신의 지적 기획을 되돌아보는 대담에서 부르디외는 사회학이 스스로에게 '과학'의 이미지를 부여하기 위해 자연과학을 본뜬 "조숙한 전문화"에 빠져 있었다고 지적한 바 있다. 교육사회학, 문화사회학, 예술사회학 사이의 구분이 그 단적인 예라는 것이다. 하지만 그러한 연구 영역의 전문화와 세분화는 사회과학 연구의 논리 자체에 제대로 부합하지 않으며, 종종 방해물로 작용한다는 것이 그의 시각이다. 이러한 맥락에서 그는 다음과 같이 말한다. "내가 이 주제들, 예컨대 유럽에서의 미술관 방문 빈도에 관한 〔예술사회학〕 연구를 시작했을 때,

이 변화했다고 해서 단발적이거나 피상적인 수준에 머물지 않았다는 점도 눈여겨보아야 한다. 그는 여러 연구를 상당히 장기간에 걸쳐 진행했다. 단적인 예로 1989년에 단행본으로 나온 『국가 귀족』은 1966~67년에 시작한 연구였다. 근 20년에 걸친 이 지적 기획에는 중간중간 유럽사회학연구소의 연구자들이 부분적으로 참여했는데, 부르디외를 제외하면 누구도 그 전모를 잘 알지 못했다. 이 기획의 초창기에 참여한 생-마르탱의 증언에 따르면, '국가 귀족'이라는 아이디어 자체도 상당히 나중에야 나온 것이다(Ducourant & Éloire 2014: 194). 이러한 작업 방식은 다른 저작들의 경우에도 크게 다르지 않았다. 『재생산』은 7~8년에 걸쳐 이루어진 교육사회학 관련 연구들을 종합한 것이며, 『구별짓기』와 『예술의 규칙』 역시 거의 20년 가까운 기간 동안 실행한 관련 연구들을 보강·정리한 것이다. 다양한 분야를 넘나들며 이루어진 조사연구들은 부르디외가 설명력 높은 일반 이론을 구축하는 데 풍요로운 토양을 제공했다. 부르디외는 '상이한 영역 간 구조적 상동성'이라는 구조주의적 관념을 일종의 작업가설처럼 수용하고 있었으며, 다양한 분야와 대상에 대한 경험적 분석을 상동성을 검증하는 중요한 계기로 삼았다. 그의

나는 분명히 교육사회학과 문화사회학의 경계를 가로질러야만 했다. 미술관 방문 횟수의 설명 요인들 가운데 하나가 교육이고, 학교 체계는 교양, 문화적 위계, 장르 구분 등을 주입하는 데 결정적인 역할을 하기 때문이다. 인류학과 사회학 사이의 경계에 대해서도 마찬가지 이야기를 할 수 있을 것이다." 그는 자신의 경우를 이야기하면서, 결국 연구 작업이 (분과 학문들의 경계를 때로는 무시하면서) 문제의식의 내적 발전 논리에 따라 나아가야 한다고 암시한다. "진보는 매번 새로운 문제들을 출현시킨다. 그리하여 고등교육기관 체계의 기능, 즉 이른바 권력 장(지배계급)의 공간을 구성하는 차이들의 구조를 재생산하는—그것이 이 〔고등교육〕 세계의 분석에서 도출될 만한 가설이었다—기능을 진정으로 이해하기 위해서는 권력 장을 구성하는 장들의 총체에 관한 방대한 조사연구를 계획해야만 했다. 기업체 수장들의 장, 대학 장, 행정 장, 주교단 등등 말이다. 게다가 이 조사연구는 끝나지도 않았고, 온갖 다른 문제들을 떠오르게 만든다"(Bourdieu 1987b: 194, 195).

이론이 갖춘 일반성은 그와 같은 기반 위에서 획득한 속성이었다고 할 만하다.

부르디외가 '일반적-전문적' 연구 실천의 구분을 넘어섰다는 말은 '이론적-경험적'이라는 대립쌍을 무화시켰다는 사실과 밀접히 맞물려 있다. 부르디외의 '이론'은 다른 학자들의 텍스트에서 뽑아낸 명제들을 사변적이고 추상적인 수준에서 적절히 종합한 인공물이 아니다. 그것은 그 자신이 수행한 방대한 경험연구들로부터 나왔으며, 철저히 그 결과에 바탕을 둔 것이다. 이 점에서 부르디외는 알튀세르와 대적한 역사가 에드워드 톰슨Edward P. Thompson의 입장과 함께한다. "우리는 낡은 범주를 깨부수어야 하고 항상 자명한 것으로 존재해왔던 것을 '설명할' 수 있기 전에 새로운 범주를 만들어내야만 한다. 그러나 개념을 만들고 부수는 일, 새로운 가설을 설정하여 범주를 재구성하는 일은 이론적 **고안**의 문제가 아니다"(Thompson 1995/2013: 85~86).

부르디외는 1950년대 말부터 1960년대 중반까지 최소한 일곱 건, 1980년대 말부터 1990년대 초까지도 최소한 두 건 이상의 대형 조사 프로젝트를 주도했다. 그는 알제리와 프랑스라는 이질적인 사회를 배경으로 노동, 실업, 의례, 선물 교환, 결혼, 학업, 은행 거래, 미술관 방문, 사진 생산과 소비, 주택 시장, 사회적 고통 등 다종다양한 주제를 탐구하며, 그것들을 비교하고 교차시키고 확장하고 일반화하면서 자기만의 고유한 이론을 정교하게 구성해나갔다(Heilbron 2011; Lebaron 2004 참조). 그는 다음과 같이 단언한다. "나는 연구 대상의 이론적 구성과 일군의 실질적 절차 ── 이것 없이 진정한 지식은 있을 수 없다 ── 사이의 분리를 결코 수용하지 않았다. 나는 순수한 '이론가'의 비非경험적인 개념화를 거부했던 만큼이나 비非이론적인 경험주의에도 단호히 맞서 싸웠다"(Bourdieu 1986c: 39).

이처럼 이론과 경험연구를 긴밀히 결합시키는 부르디외의 스타일은 가깝게는 바슐라르-캉길렘의 인식론적 과학사의 유산을 드러내고 있으며, 멀리는 뒤르켐 사회학의 전통을 되살린 것이다. 사실 프랑스에서 "이론을 위한 이론은 사회학자의 일로 여겨지지 않는다. 사회학적 텍스트들을 존재론적·인식론적·이데올로기적으로 탐구하는 학자는 사회 이론이 아니라 인식론을 한다고 여겨진다. 사회학자가 거대한 이론적 질문을 다루고자 한다면 현장의 조사연구나 사례연구들을 통해야만 한다. 이는 비단 부르디외만의 특징은 아니다"(Vandenberghe 2006: 69). 설령 이러한 언급이 옳다 하더라도, 부르디외가 그 누구보다도 탁월하게 이론과 경험의 이분법을 지양하는 모범을 지속적으로 구현했다는 점은 부인할 수 없다. 전후 1세대 프랑스 사회학의 대세가 저널리즘과 에세이주의였으며, 2세대 사회학의 큰 부분도 그러한 관행을 벗어나지 못했다는 사실을 감안하면, 그의 성취는 한층 돋보인다. 한 가지 지적해두어야 할 것은 '이론적-경험적'의 대립쌍에는 '보편적-맥락 구속적'이라는 긴장이 잠재해 있다는 점이다. 그는 프랑스라는 맥락에 밀착된 연구들을 수행함으로써 그것들의 성과와 한계를 분명히 하는 동시에, 그에 바탕을 두고 구축한 이론은 상이한 맥락과 시대에 적용 가능한 초맥락성과 초역사성을 지닌다고 주장한다.

부르디외는 연구 작업을 규정하는 '과학적-정치적'이라는 대립 범주를 극복하고자 많은 노력을 기울였다. 모든 학문 활동에 내재하는 지적인 동시에 정치적인 성격을 강조한 그는 그러한 논리를 이론적으로 정당화했을 뿐 아니라 의식적으로 실행에 옮겼다. 이는 그가 때로는 정치적 논쟁에 개입하기 위해 자신의 저작 출간 시점을 상당히 전략적으로 조정했다는 사실에서 단적으로 드러난다. 그가 알제리 독립을 전후해 내놓은 알제리 연구들이 그 시초였다면, 공교육 개혁 논쟁 당시 출간한『재생산』이라든지, 1988년 하이데거의 나치 부역 문제를 둘러싼 논란이 불거지자 내놓은『하이데거의 정치적 존재론』, 1989년 프랑스혁명 200주년을 요란스럽게 축하하는 인물들이 구체제 법복귀족의 구조적 계승자들이라는 역설을 일깨운『국가 귀족』, 시민연대협약 관련 토론이 한창이던 1998년에 동성애 운동에 관한 후기를 붙여 출간한『남성 지배』등은 뒤이은 사례들이다. 이처럼 부르디외는 자신의 지적 도정 안에서 연구 실천에 대한 기존의 규범적 기준들을 넘어선 지평을 쉬지 않고 탐색했다고 볼 수 있다.

철학과 사회과학의 융합

부르디외의 지적 하비투스에서 드러나는 또 하나의 중요한 특징은 끊임없이 철학과 사회과학을 융합시켰다는 것이다. 이론적-경험적 연구 실천의 경계를 넘나들던 그의 태도와도 밀접히 맞물려 있는 이 성향은 좀더 자세히 검토해볼 만하다. 우선 그것은 당연히 부르디외가 원래 철학 교육을 받았으며 철학자 지망생이었다는 사실과 관련되어 있다. 독학으로 인류학자와 사회학자가 된 이후 그는 경험연구를 효과적으로 수행하기 위해 철학 지식을 이용했으며, 반대로 철학적인 문제를 경험적인 질문들로 변환하는 방식으로 철학을 계속했다. 이는 무엇이 먼저이고 무엇이 더 중요하다고 평가하기 어렵게 서로 얽혀 있었고, 그의 이론 체계가 '사회학적 철학'이자 '철학적 사회학'이라는 양면성을 띠도록 만들었다는 점에서 철학과 사회과학의 융합이라는 표현이 적절할 것이다.

사실 부르디외는 여러 기회에 자신이 '사회학자'이며 스콜라적 관점과 거리를 두고서 철학에 대해 지극히 실용적인 관계를 맺었다는 점을 거듭 강조했다. 그는 또 자기에게 철학 일반은 경험연구의 방향성을 잡고 실제 조사에서 떠오른 구체적인 문제들을 해결하기 위한 지적 자원이었을 뿐이라고 설명하기도 했다(Bourdieu 2002f). 하지만 순전히 그렇게만 보기에는 부르디외가 자기 연구를 위치 짓는 방식이 매우 이론적이고 철학적이었던 흔적 역시 적지 않다. 예를 들면 그는 자신의 알제리 연구가 '감정생활의 시간적 구조'라는 후설 현상학으로부터 나온 문제의식을 극적인 변화의 와중에 있는 전통 사회에 대한 분석을 통해 풀어낸 연구였다고 말한 바 있다(Bourdieu 1986c: 38). 또 알제리 민족지가 1960년대 지중해 지역연구의 전통에 직접 맞닿아 있음에도 불구하고, 그것을 실천이론으로 종합해낸 저작『실천감각』에서 그는 정작 그러한 실질적 준거점은 지워버린 채 당시 프랑스 철학의 양대 조류였던 레비-스트로스의 구조주의와 사르트르의 현상학을 주된 논의 맥락이자 논쟁 대상으로 부각시켰다(Reed-Danahay 2009: 137~43).

이는 부르디외가 수행한 인류학적·사회학적 작업이 철학적 문제의식이나 지식과 분리 불가능하며, 스스로 자기 연구의 발견과 의의를 의식적으로든 무의식적으로든 언제나 철학적인 지형 안에 자리 매기고자 했음을 의미한다. 말년의 대표작『파스칼적 명상』은 그 점을 명확히 보여준다. 그렇다면 많은 연구자들이 하비투스나 실천, 독사doxa, 규칙성, 상징폭력, 성찰성 같은 그의 주요 개념과 이론 체계를 끊임없이 다양한 철학적 전통(현상학, 마르크스주의, 신칸트주의, 언어철학 등등)과의 관련 속에서 검토하고 토론하는 이유 또한 단순히 스콜라적 이해관심 때문만은 아닐 것이다(홍성민 2000; Héran 1987; Taylor 1993; Terray

1996; Myles 2004; Robbins 2012; Susen & Turner eds. 2011; Throop & Murphy 2002 참조).

역사적인 관점에서 보자면, 철학적 사회학 혹은 철학과 사회학의 중첩적인 존재 양식은 뒤르켐 이래 프랑스 사회학의 중요한 특징이었다고 할 만하다. 뒤르켐과 그 학파의 구성원들부터 셀레스탱 부글레Célestin Bouglé, 조르주 다비Georges Davy를 거쳐 레몽 아롱에 이르기까지, 제각기 자기 시대를 대표했던 프랑스 사회학자들은 애초에 철학자로서 훈련받았고 도덕철학의 일부로서 사회학을 했던 독학자였다. 부르디외를 포함하는 전후 2세대 사회학자들도 예외는 아니었다. 그들 가운데 일부가 학계 내에서 자신의 위상을 높이기 위해 철학을 이용하고 철학자들과 연대했다면, 부르디외는 마치 뒤르켐이 그랬듯이 사회학의 고유한 공간을 확보하기 위해 철학에 도전하는 전략을 취했다(Broady 1997: 97~98; 또한 김경일 1995 참조). 이 전략은 이중적인 양상을 띠었다. 즉 부르디외는 철학에 대한 사회학을 통해 철학자들의 스콜라적 관점과 철학 텍스트의 보편적 권위를 공격하는 한편, 자신의 사회학은 그가 '이상적으로' 여기는 형태의 철학을 실천하는 방식이었다고 주장했다. 그것은 바슐라르가 통렬히 질타한 '게으른 철학'의 대척점에 있는 철학, 즉 (사회)과학의 진보를 쉼 없이 통합하면서 전진하는 철학이자 과학적 실천을 인도하고 지원하는 철학, 나아가 스스로의 존재근거를 역사화하고 사회적인 것 속에서 해체함으로써 초역사성을 획득하는 자기 파괴적 "부정철학"이었을 터이다(Bachelard 1971: 14~19; Bourdieu 1997a: 15).[7] 이러한 '사회학적 철학'의 기획은 '과학으로서의 사회학'이라는 관념에 의존하는 한편, 전통적인 형식의 철학들(특히 정치철학)을 자기 안에서 해소하려 했다는 특징을 지닌다.

그런데 그리뇽은 부르디외(학파)의 사회학이 철학 교육의 영향 아래에 있었기 때문에, 그리고 철학에 대적하려는 야심 때문에 오히려 충분히 경험적이고 과학적인 사회학에 이르지 못했다고 본다. 그는 그것을 1950~60년대 프랑스 엘리트 학교(특히 고교 과정의 고등사범학교 준비반과 고등사범학교 인문 계열)의 정통 고전 인문학 교육의 특성과 연결시켜 비판한다. 그 교육은 주체 철학의 훈련을 받으면서 철학이 최고의 학문이라 여기고, 과학에 관심은 있지만 책을 통해서만 알 뿐 실제 과학적 작업에는 문외한이며, '메타과학적'이기보다는 '유사과학적'이고 논쟁의 수사학에만 능한 문과생들을 양성했다는 것이다. 그 결과 고등사범학교 출신들이 주축이 된 부르디외 학파의 사회학은 과학을 자처했지만 실상 철학적이고 문학적이었을 따름이다. 그것은 그리뇽이 보기에 "철학을 계속하는, 철학에 대한 실망스러운 지적 사랑의 관계를 유지하는, 그리고 철학에 대한 결코 완수되지 않는 끝 모를 단절에 참여하는, 간접적이고 우회적이며 위장된 방식"에 불과했다(Grignon 1996: 91). 결국 부르디외의 사회학은 일종의 '철학의 완성'으로서 '사회학적 철학'이 되기는커녕, '과학적 사회학'조차 되지 못한 채 한낱 '철학적 사회학'에 그치고 말았다는 지적이다.

그리뇽의 냉소 어린 비판은 철학과 사회과학을 융합시키려 했던, 혹

---

7) 의미심장하게도 부르디외는 원래 『파스칼적 명상』에 '부정철학의 요소들'이라는 부제를 달려고 했다. 마치 부정신학이 신은 긍정의 방법으로는 규정하거나 표현할 수 없으며 신에 대한 제한적이고 불완전한 정의를 부정하는 방식('신은 이런 것은 아니고 저런 것도 아니다')으로만 접근할 수 있다고 보는 것처럼, 부정철학(즉 철학에 대한 부르디외식 사회학)은 철학에 대한 전통적인 관념을 문제 삼으면서 어떤 것이 철학이 아닌지 논하는 방식으로 철학에 접근한다. 부르디외가 특히 비판하고 거부하는 것은 스콜라적 관점에서 기인하는 다양한 형태의 본질주의이다.

은 사회과학을 통해서 철학을 완성하려 했던 부르디외의 성향이 어떤 제도적 원천과 내적 한계를 지니고 있었는지 알려준다. 하지만 미국식의 실증주의적 과학관에 가까운 입장에서 부르디외 사회학의 '비과학성'을 문제 삼는 그리뇽의 시각에는 분명히 논쟁의 여지가 있다. 과학에 대한 대안적 관념, 즉 부르디외가 준거로 삼는 바슐라르의 인식론적 전통 안에서라면, 부르디외의 사회학이 반드시 과학적이지 않다고 평가할 수 없다. 그러니 그리뇽이 자신의 비판을 인식론적으로 정당화하려면 『사회학자의 직능』과 실제 부르디외의 연구 작업들에 대한 체계적인 반박 논리를 별도로 제출해야 할 것이다. 다만 여기서는 철학과 사회과학의 융합을 겨냥한 부르디외의 시도가 많은 이들에게 일종의 철학, 더군다나 과학의 이름으로 다른 철학들을 공격하는 또 하나의 철학으로 받아들여졌다는 사실을 확인해두면 족하다. 여러 철학자와 사회학자들이 부르디외의 사회학을 교조적 마르크스주의에 비유하곤 했던 것도 바로 그러한 이유에서였을 터이다.

부르디외가 도모한 철학과 사회과학의 융합이 정치철학을 정치적 이데올로기로 폄하하는 한편, 사회과학적 지식에 기초한 유토피아적 현실주의라는 정치적 실천 원리만을 특권화함으로써 또 다른 정치철학적 질문들을 억압하거나 봉쇄하는 결과를 낳았다는 점도 언급해둘 필요가 있다. 특히 1980년대 중반 좌우파 양쪽의 정치철학자들(자크 랑시에르, 뤽 페리와 알랭 르노)로부터 받은 비난은 부르디외의 철학적 사회학이 새로운 정치철학의 흐름과 좀더 생산적으로 결합할 수 있는 가능성을 차단하는 데 기여한 것으로 보인다. 어쨌거나 그 성패에 대한 평가는 미뤄놓더라도, 철학을 기반으로 성찰적 사회과학을 견고하게 구축하고 사회과학을 통해 비非스콜라적 철학을 구체적으로 실천하고자 했던 부르디외의 성향은 평생의 연구 활동을 통해 줄기차게 나타났다. 또 그렇게 해서 그의 저작들에는 철학과 사회과학이 복잡하고 불균질한 관계 속에 얽혀 있게 되었다. 이는 그의 전문적인 작업이 사회학에만 한정되지 않고, 인문사회과학의 다양한 분야에 영감을 자극하고 영향력을 발휘할 수 있는 바탕을 마련한 것으로 여겨진다.

이분법적 사유 범주의 지양

이분법적인 사유 범주들을 지양하려는 태도 역시 부르디외의 지적 하비투스를 이루는 핵심 요소들 가운데 하나라 할 수 있다. 연구 실천의 정신적·사회적 경계들을 횡단하는 시도와도 밀접히 관련된 이 성향은 다양한 인식론적 대립쌍을 극복하려는 노력으로 나타났다. 부르디외는 사회학 전통 내부의 사회-개인, 구조-행위자, 거시-미시, 객관주의-주관주의, 기능론-갈등론, 양적 방법-질적 방법과 같은 고질적인 이분법들을 넘어서는 종합을 이루고자 했다. 그는 그러한 이분법들이 과학적인 지식을 가로막는 인식론적 장애물을 구성한다고 보았다. 사회학자 노르베르트 엘리아스의 입장을 연상시키는 이러한 시각은 명시적으로는 바슐라르의 과학철학에서 비롯한 것이지만, 아무리 복잡한 사유 체계라도 근본적으로 이항 대립에 의해 구조화되어 있다고 보는 구조주의적 관점에도 어느 정도 빚지고 있다(Bachelard 1949: 1장; Brubaker 1993; Canguilhem 1968: 173~207; Elias 1991).

우리는 그와 같은 부르디외의 시각이 혹시 복잡한 사유 체계들을 지나치게 단순화하고 있지 않은지, 그가 대적한 이분법들이 허구적인 구성물은 아닌지 마땅히 의문을 품어볼 수 있다.[8] 이와 관련한 그의 논리 전개 방식이 실은 프랑스 엘리트 고교 교육과정의 전형적 산물이라는 지적들도 흥미롭다.[9] 하지만 그 기원이야 어쨌거나 변하지 않는 사실은 부르디외가 사회학 내의 이항 대립들에 기초한 사유 습관을 쉼 없이 문

8) 사회학자 모니크 이르쉬온은 베버주의의 관점에서 부르디외의 이론적 수사학을 이렇게 비판한다. "『재생산』에서 종교 관련 텍스트들을 거쳐 『실천감각』에 이르기까지, 그것은 항상 동일한 형식을 취한다. 즉 엄밀한 의미에서 모순 논리들의 게임을 떠오르게 하는 것이다. 이는 근본적이고 환원 불가능하고 극복 불가능한 대립쌍들로서, 그 갈등적인 성격에 따라 선택된 몇몇 특징으로 축소된 사유의 도식적인 제시를 불가피한 대가로 삼는다. 일단 모순 논리가 제기되고 나면 이론화 작업은 우월한 종합에 의해 〔그 모순 논리를〕 극복할 수 있는 유사 헤겔주의적 능력을 가졌다는 점을 증명하는 데 노력이 기울여진다. 이때 이러한 형이상학적 야심은 필연적으로 이론을 교리로서 구성한다"(Hirschhorn 1988: 140).

9) 이와 관련해서는 부르디외 자신의 다음과 같은 언급부터 유의할 만하다. "예컨대 삼단으로 이루어진 논술문은 국가적 전통이다. 일부러 가르치지 않아도 모든 프랑스 학생은 논술문 안에 세 부분을 만들어야 한다고 배운다 ─ 명제, 반명제, 그리고 모호한 종합"(Bourdieu 1987b: 195). 파스롱은 부르디외와 『재생산』을 공동 집필하는 과정에서 두 사람이 각자 나온 고등사범학교 준비반이 속한 고등학교의 스타일을 드러냈다고 술회한다. 그는 앙리4세Henri IV 고교 스타일, 부르디외는 루이르그랑Louis Le Grand 고교 스타일을 구현했다는 것이다. 파스롱에 따르면 이는 단지 각 학교의 철학이나 수사학 교사들의 영향만이 아니라, 지적 사회화와 관련된 교풍 때문이기도 했다. 학생들은 학교별로 고유한 모방과 경쟁, 글쓰기와 작업 방식에 정신적으로 강하게 통합되어 있었는데, 이는 곧 사유와 논증 양식의 차이로 이어지기도 했다(Moulin & Veyne 1996: 310). 『사회학자의 직능』에 대한 그리뇽의 비판 역시 부르디외 특유의 논리 전개 방식을 프랑스 엘리트 교육의 특성과 연결 짓고 있다. "고등사범학교 준비반의 논술 교범으로부터 〔그 스타일을〕 곧장 빌려온 『사회학자의 직능』의 주요 동력 가운데 하나는 반대 논리들의 절충이다. 여기서 대립쌍들은 중요한 역할을 하는데, 그것들의 위상이 불명확할수록 더욱 중요해진다. 저자들은 그것들을 불러내고 해소시키고 필요에 따라 되살린다. 그들은 그것들을 연재소설의 인물처럼, 해소시키기 위해 불러내고 되살리기 위해 해소시킨다. 그리하여 저자들은 애초에 설정한 대립에 의해 정의된 장 내에서 가능한 위치들의 총체를 점유하면서도, 그것들 중 어떤 것과도 완전히 혼동되지 않은 채 모든 곳에 있는 동시에 아무 데도 없고, 도처에 현전하면서도 포착 불가능해진다"(Grignon 2002: 199). 참고로 부르디외의 '분열된 하비투스'에서 기인하는 사유 스타일을 분석한 사회학자 제라르 모제 Gérard Mauger는 그것을 '반대 논리들의 절충'으로 특징짓는다. 객관주의와 주관주의의 지양은 하비투스 이론을, 외적 분석과 내적 분석의 지양은 장이론을 낳았으며, 모든 것에 반대하는 동시에 모든 것을 포괄하려는 성향은 뒤르켐, 베버, 마르크스의 종합으로 이어졌다는 지적이다(Mauger 2015). 모제의 주장은 그러한 사유 스타일이 학교교육의 산물이라는 그리뇽의 주장과는 다소 차이가 있지만, 두 해석이 서로 양립 불가능한 것은 아니다. 즉 부르디외의 분열된 하비투스가 프랑스 특유의 엘리트 교육을 거치며 더욱 강화된 결과, '반대 논리들의 절충'이라는 형태로 나타났다고 말이다.

제 삼고 최대한 지양하려 애썼다는 점이다. 이를테면 그는 '사회 대 개인'의 이항 대립을 넘어서 '객관적인 관계 체계'로서의 장과 '사회화된 주체성'으로서의 하비투스 개념을 고안하며, '객관주의 대 주관주의'의 양자택일을 거부하면서 '실천론praxeology'을 제안한다. 이와 같은 그의 태도는 문제틀만이 아니라 이론적 자원이나 경험적 탐구 방법에 대해서도 유사하게 나타난다.

즉 부르디외는 통상 대립적으로 여겨지는 이론과 이론가 들에게서 공통분모를 끌어내거나 그들을 종합하는 대안적 이론을 마련하려 했다. 그는 뒤르켐, 베버, 마르크스에게서 공통점을 발견하는가 하면, 신칸트주의와 구조주의, 마르크스주의를 독창적으로 조합하고, 인식론적 과학사의 전통에 서면서도 사르트르와 메를로-퐁티의 현상학에 기댄다. 그는 또 방법론적 일원론에 반대하면서 양적 방법과 질적 방법을 실용적인 견지에서 결합시킨다. 이러한 통합의 성향에 기초한 부르디외의 지적 시도는 하비투스, 상징권력, 문화자본 등의 새로운 개념들과 장이론, 그리고 참신하고 혁신적인 경험연구들이라는 의미 있는 성과를 낳았다.

부르디외의 사회학은 이항 대립적 사유와 접근에 대한 그의 비판이 소극적인 거부의 수준에 머물지 않고, 적극적인 재조합과 한 단계 더 나아간 종합의 수준을 지향했음을 보여준다. 그는 이러한 자신의 사유 방식을 "절충적이면서도 고도로 선별적인 성향"에서 말미암은 "성찰적 절충주의"라고 표현한 바 있다(Bourdieu 2004a: 90; Bourdieu, Schultheis & Pfeuffer 2011: 118). 단순히 이런저런 사유들을 원칙 없이 뒤섞거나 이어붙이는 것만으로 충분하지 않다는 것이다. 부르디외에 의하면 "'절충적'이 된다는 것은 아무것이나 취한다는 뜻이 아니다.

문제는 역시 말 그대로 **선택하는 것**, 즉 선별적인 방식으로 취하는 것이다"(Bourdieu 1999b: 18). 그렇다면 이 성찰적 절충주의 혹은 '선별적 절충주의'는 어떤 기준 위에서 이루어졌을까? 부르디외가 이러한 질문에 대해 명확히 답한 적은 없지만, 우리는 산발적인 그의 언급들 속에서 대체로 세 가지 정도의 기준을 뽑아볼 수 있다(Bourdieu 1980d; 1987b; 1999b; Bourdieu, Schultheis & Pfeuffer 2011).

첫째로 그는 우리가 개념이나 이론에 대해 잘 알수록, 그것에 거리를 두고 자유롭게 활용할 수 있는 여지가 커진다고 본다. 즉 이론적 자원에 대한 심층적인 이해야말로 그것을 '과학적으로' 이용할 수 있는 잠재력을 높인다는 말이다. 그런 시각에서 부르디외는 연구자 개인의 이론적 교양이 가지는 중요성을 강조한다. 둘째로 그는 어떤 이론이나 이론가 들의 대립이 과연 순전히 논리적인 것인지, 아니면 사회적인 것인지를 검토해야 한다고 주장한다. 그에 따르면 이론적 갈등의 배후에는 종종 사회적 대립 관계가 작용한다. 사회적으로 대적하는 세력들이 제각기 지지하는 상이한 이론들을 마치 내생적으로 화해 불가능한 것인 양 표상한다는 것이다. 이렇게 보자면 예컨대 마르크스, 베버, 뒤르켐 간의 대립은 이론적 차원보다는 사회적 차원에서 구축된 것에 불과하며, 따라서 서로 논리적인 절충과 종합이 충분히 가능하다. 셋째로 절충주의는 이론적 구성이 요구하는 내적 제약에 따라야 한다. 예컨대 개념들은 특수한 경험적 질문들을 풀기 위해 차용된다. 다양한 개념이나 이론의 절충이 이론적 일관성 내지 응집성을 만들어야 하며, 단지 '가짜 종합' '종합을 위한 종합'에 그치는 것이 아니라 경험연구를 위한 일종의 프로그램을 제공할 수 있어야 한다는 것이다.

한편 부르디외가 드러내 말한 적은 없지만, 그가 여러 사유를 종합할 때 가장 근본적인 수준에서 적용하는 조직 원리는 넓은 의미의 철학적 유물론으로 보인다. 인간이 내던져져 있는 세계가 결국 (사회화된 자연을 포함하는) 사회 세계이기에, 그 유물론은 사회적 환경과 물적 조건이 인간 존재를 주형하고 의식을 규정한다는 사회학적 관점으로 나타난다. 이질적인 사유들은 이러한 최소한의 원칙 위에서 조합되고 통합되는 양상을 보인다. 어쨌거나 이분법적 사유 범주들에 대한 비판과 성찰적 절충주의를 통한 통합적이고 실용적인 사유의 추구는 부르디외의 지적 하비투스가 지닌 중요한 특성 가운데 하나였다.

집단적 작업으로서의 연구 실천

부르디외 사회학이 집단적 산물이라는 주장은 두 겹의 의미를 지닌다. 우선 그것이 프랑스 사회과학 장의 역사와 구조로부터 나온 지식 체계이며, 그러한 맥락적 특수성을 그 안에 오롯이 간직하고 있다는 점이다. 부르디외 사회학은 프랑스의 고유한 지식 전통, 즉 뒤르켐과 모스가 개척한 초창기 사회학과 카바이예스, 쿠아레로부터 캉길렘에 이르는 인식론적 과학사의 흐름을 계승하는 한편, 동시대 인문학 및 사회과학 연구자들과의 의식적·무의식적 상호 경쟁과 영향 관계 속에서 발전했다. 그런데 이처럼 다분히 일반론적인 수준을 넘어, 아주 구체적이고 직접적인 수준에서도 부르디외 사회학은 집단적 산물이라는 점을 잊지 말아야 한다. 즉 그것은 부르디외 개인의 창안물이 아니라, 그를 중심으로 모인 유럽사회학연구소와 교육문화사회학연구소의 젊은 비판적 연구자들이 공동으로 기여하고 생산한 결과물이라는 말이다.[10]

---

10) 그와 협력한 연구자들 가운데 대표적인 몇몇의 이름을 들어보자면, 알랭 다르벨, 압델말렉

부르디외는 수많은 논문과 책을 동료 연구자들과의 긴밀한 교류와 협력, 공동 작업을 기반으로 저술했다. 이는 프랑스 지식인들의 전형적인 지식 생산 방식에 비춰볼 때 상당히 이례적인 것이다. 부르디외 세대의 프랑스 지식인들은 사회학자라 할지라도 개인적인 '작가-저자'로서 뚜렷한 정체성을 가지고 있었다. 이는 인문사회과학 일반이 학문적 위계 구조의 최상위에 있는 철학의 강한 영향력 아래 놓여 있었으며, 사회학 역시 그 실행과 평가 방식에서 철학을 전범으로 삼았던 사실과 관련이 있다. 개성적인 문체와 독창적인 사유를 중요시하는 철학의 기준이 사회학에도 마찬가지로 적용되었던 것이다. 최상의 사회학자는 철학자나 다를 바 없어야 했다. 이는 사회학자라 하더라도 한 명의 작가이자 문필가로서 철학자 같은 독자적 개념 체계, 세계관, 문장력 등 개인성의 표현이 중요한 미덕으로 여겨졌다는 뜻이다. 물론 대표적인 전후 2세대 사회학자들인 부르디외, 부동, 투렌, 크로지에는 제각기 일종의 연구 집단을 운영했으며, 사회 이론과 방법론에 몰두한 부동을 제외하면 경험적인 조사연구 또한 활발히 실시했다(Heilbron 2015: 7장).[11] 하지만 그토록 많은 경험연구를 공동으로 수행하고, 그것을 바탕으로 다량의 텍

사야드, 장-클로드 파스롱, 장-클로드 샹보르동, 로베르 카스텔, 뤽 볼탕스키, 모니크 드 생-마르탱, 클로드 그리뇽, 이베트 델소Yvette Delsaut, 파스칼 말디디에Pascal Maldidier, 로진 크리스탱Rosine Christin 등이 있다.

11) 사실 프랑스 사회학은 2차 대전을 계기로 이전의 인문주의적 경향(1918~29)에서 경험주의적 경향(1945~54)으로 전환했다고 이야기된다. 인문주의적 시기에는 철학적이고 인문학적인 분석을 바탕으로 도덕사회학, 종교사회학, 사회심리학 등이 발전했다면, 경험주의적 시기에는 양적·질적 분석, 문서 자료와 통계분석 등에 기초한 인구학과 정치사회학이 주목을 받았다는 것이다. 이 기간은 사회학이 일정한 제도적 안정성을 획득한 시기이기도 하다. 1958년에 들어 소르본 대학에 최초로 사회학 학사과정이 만들어졌고, 1960년에는 주요 학술지들(『노동사회학Sociologie du travail』, 『프랑스사회학보』, 『유럽사회학지Archives européennes de sociologie』)이 생겨났다(Lemert 1981: 12).

스트를 공동으로 저술한 사회학자는 부르디외가 유일할 것이다.

　부르디외 사회학의 집단적 성격을 강조한다고 해서 부르디외 개인의 위상이나 역할이 갖는 중요성이 결코 덜해지는 것은 아니다. 그는 탁월한 지적 역량과 지도력을 발휘해 연구소의 구성원들을 이끌었고, 그들의 개별 작업을 전체적인 기획에 따라 조율함으로써 연구소의 성격을 일관되게 유지했다. 따라서 아무리 동료 연구자들의 협력과 지원에 힘입었다 하더라도, 부르디외 없이는 부르디외 사회학도 없었으리라는 점은 분명하다. 하지만 이 자명한 사실 못지않게, 아니 그보다 더 유념해야 할 점은 동료 연구자들과의 공동 작업이 없었더라면 부르디외의 탄탄한 이론 체계와 연구 성과 역시 산출되기 어려웠으리라는 흔히 간과되기 쉬운 진실이다. 부르디외는 이미 알제리 시절부터 방대한 조사연구들을 효율적으로 조직하고 집단적으로 실행했으며, 그것들을 자신의 사유로 통합함으로써 놀라운 지적 생산성을 발휘할 수 있었다. 이처럼 집단적 작업으로서의 연구 실천은 그의 지적 하비투스를 특징짓는 핵심 요소들 가운데 하나였다고 말할 수 있다. 어떤 면에서 부르디외는 오케스트라의 지휘자가 되고 싶어 했던 자신의 젊은 시절 소망을, 음악계 아닌 학계에서 두 연구소의 운영을 통해 이루었는지도 모른다.

　학문 활동의 집단적이고 사회적인 성격을 늘 염두에 두고서 과학적 이성의 진보에서 연구 공동체의 역할이 갖는 중요성을 역설한 부르디외이니만큼, 그가 자신의 연구 노동을 비슷한 지적 지향성을 공유하는 소집단 속에서 진전시켰다는 사실은 자연스러운 일처럼 보인다. 연구소 조직은 또 부르디외의 학문적 하비투스를 지속적으로 강화시키는 주된 환경 요인으로 기능했을 것이다(Lenoir 2006 참조). 다만 그러한 과정에서 그가 연구 공동체 내에 강력한 카리스마를 행사했고, 독특한 긴장과 갈등을 만들어냈다는 점 역시 유의해야만 한다. 여러 증언에 따르면 부르디외의 연구소 운영은 상당히 권위주의적이었으며, 내부의 비공식적 위계가 연구원들의 위상과 역할에 큰 영향을 미쳤다.[12] 연구소의 구성원들이 집단적으로 일궈낸 성과가 차츰 부르디외의 개인적인 성취인 양 변해갔다는 지적 또한 참고할 만하다. 부르디외가 "집단적 기획의 고유명사"로 자리 잡은 과정에는 공저자들에 대한 고의적이고 전략적인 망각이 있었다는 것이다(Singly 1998).[13] 여러 가지 사실을 고려할

---

12) 역설적이지만 부르디외는 프랑스 사회과학계의 중심에 있었으면서도 스스로를 주변인으로 여겼고, 강한 반골 기질과 비주류 정서를 가지고 있었다. 그는 그러한 성향을 연구소 동료들과 공유했다. 하지만 동료들 가운데 적지 않은 이가 부르디외의 곁을 떠나간 것 또한 사실이다. 비달-나케는 "부르디외가 그의 연구소를 권위적으로 운영했다는 사실은 의심의 여지가 없다"고 단언한다(Vidal-Naquet 2003: 94). 연구소 출신으로 부르디외와 결별한 학자들의 증언 또한 이러한 언급을 뒷받침한다. 부르디외가 개인적인 카리스마를 기반으로 연구소를 지배했고, 일반 연구원들은 그를 거의 종교적으로 '숭배'하면서 그로부터 인정받기 위해 경쟁했다는 것이다(Grignon 2002: 192~99; Heinich 2007: 1장). 예컨대 연구소 내에는 비공식적인 위계가 존재했는데, 그 기준은 고등사범학교 출신 여부, 장학생 여부, 소개인의 지위, 부르디외와의 친소 관계 등이었다. 특히 부르디외와 개인적으로 장시간의 '전화 통화'를 하는 사이인지 여부가 연구원의 연구소 내 위상에 중요하게 작용했다고 전해진다. 캐나다 출신으로 1978~83년에 대학원 공부를 위해 파리에서 유학했던 미셸 라몽은 부르디외의 학생이었다가 그와 멀어지게 된 중요한 이유로 크게 두 가지를 꼽았다. 하나는 부르디외가 여학생 지도에 매우 서툴렀다는 것이다. 라몽에 따르면 이는 그 당시 파리 지식사회의 남성 중심적 분위기, 페미니즘에 대한 부르디외의 무지, 똑똑한 남학생에 대한 부르디외의 자기 투사 등이 복합적으로 작용한 결과였다. 그가 부르디외와 거리를 두게 된 또 다른 이유는 연구소의 너무나 복잡했던 "기만적 대인 관계의 역학" 때문이었다(Lamont 2010: 130). 이처럼 악명 높았던 연구소의 내적 폐쇄성은 대외적인 낙인으로 이어졌고, 그 구성원들이 프랑스 학계에서 제대로 인정받지 못한 채 소외되는 상황을 낳았다. 이는 다시 연구소의 비주류적 분위기와 내부 결속력을 더욱 강화하는 결과를 가져왔다. 소규모 지식인 집단에서 흔히 나타나기 쉬운 이러한 배타성과 비민주성에는 프랑스 학계 특유의 중앙 집중적 구조, 즉 몇몇 학파의 수장을 중심으로 하는 직위 및 자원 배분 체제가 근본적인 문제라는 지적도 참고할 만하다(Lemert 1981).

13) 사회학자 생글리François de Singly에 따르면, 부르디외의 저작은 대체로 다섯 가지 유형으로 구분 가능하다. (1) 혼자 쓴 책, (2) 그와 동일한 위상에 있는 다른 저자와 함께 쓴 책(『사회학자의 직능』『재생산』), (3) 부르디외가 주저자인 공저(『성찰적 사회학으로의 초대』),

때, 부르디외의 집단적 연구 실천은 특수한 개인적·맥락적 요인들과 복잡하게 상호작용하면서 이루어졌던 것으로 보인다. 부르디외라는 사회학자 개인의 탁월한 지적·행정적 지도력, 연구 조직의 공동체적 결속과 1인 중심의 운영 방식, 프랑스 사회학계 내에서의 차별화 전략 등이 그것이다.[14] 그렇다면 '20세기 프랑스 사회학의 거장'으로서 '부르디외'라

(4) 부르디외가 전체적으로 기획·편집한 공저(『중간 예술』『세계의 비참』), (5) 공식적인 기획자나 편집자 명의가 없는 공저(『알제리의 노동과 노동자』)가 그것이다(Singly 1998: 39~40). 더욱이 그가 단독 저자로 명시된 저작 중에도 어떤 것들은 이전에 공동으로 작업한 논문을 재정리해 포함하고 있다는 점에서 엄밀하게 그의 개인적인 작품으로만 보기는 어렵다. 이를테면『구별짓기』『호모 아카데미쿠스』『국가 귀족』『사회의 경제적 구조』등이 그렇다. 물론 공동 연구의 경우에도 부르디외가 전체 작업과 글쓰기에서 주도권을 행사했다는 사실은 부인할 수 없다.

14) 부르디외가 유럽사회학연구소를 맡은 지 2년 뒤인 1964년 도버해협 건너편의 버밍엄 대학교에서는 좌파 문학비평가 리처드 호가트Richard Hoggart의 주도 아래 현대문화연구소 Center for Contemporary Cultural Studies가 창립되었다. 원래 영문학과 소속으로 세워졌던 연구소는 1968년 스튜어트 홀Stuart Hall이 2대 소장을 맡으면서 독립기관으로 위상을 재정비하고, 문화에 대한 사회과학적인 접근에 더 큰 비중을 두는 방향으로 발전했다. 한 번도 체계적인 비교의 대상이 된 적은 없지만, 유럽사회학연구소와 현대문화연구소의 비슷하면서도 서로 다른 궤적은 '연구 실천의 사회적 조직 양식'이라는 문제와 관련해 흥미로운 성찰거리를 제공한다. 일단 두 연구소의 발전은 모두 68혁명 이후 시기 유럽의 어떤 구조적 여건들, 즉 전후 세대 하층계급의 고등교육 진학 확대, 새로운 급진적 사유에 대한 활발한 모색, 대학 관리층이 허용한 학문적 자유의 공간 등에 힘입은 바 컸다. 두 연구소는 또 외국의 학술적·지적 성과물을 왕성하게 번역·수용하고 소화했다는 공통점을 지닌다. 새로운 외국 사상의 매개자인 동시에 지적인 아방가르드의 역할을 했던 것이다. 하지만 연구소들 간의 차이도 적지 않았다. 그 가운데 가장 눈에 띄는 것들만 두서없이 들자면, 조직 운영 체제, 제도적 지원, 조직의 목표를 꼽을 수 있을 것이다. 우선 유럽사회학연구소의 경우, 부르디외 개인이 지적으로나 행정적으로 강력한 카리스마를 가지고 주도했으며, 이는 시간이 지나면서 한층 확고해졌던 것으로 보인다. 그 결과 그의 동료이거나 후배, 제자였던 연구원들은 부르디외 사회학의 이론틀 안에서 연구를 수행했으며, 사유의 유사성은 이들이 모두 부르디외와 비슷한 문체를 쓰는 정도까지 발전했다. 부르디외(와 파스롱)의 문체는 "모방 불가능하지만 또한 모방해야 할" "학파의 문체"처럼 여겨졌고, 그것을 통해 "유럽사회학연구소가 다른 연구소들과 대립하는" 문체가 되었다(Grignon 2002: 202). '부르디외'라는 이름이 집단적 작업을 대표하게 되었던 것도 이러한 맥락에서 어쩌면 자연스러운 일이었다. 반면 현대문화연구소의 경우, 소장이었던 스튜어트 홀의 지적인 지도력이 강하게 작용했음에도 불구하고, 연구소 내 소집단들을 중심으로 다양하고 이질적인 연구 기획을 발전시켰다. 연구소의

는 단 하나의 이름은 그러한 과정을 단순화하고 (결국은 부르디외의 의도대로?) 개인화한 사회적 표상에 지나지 않는다. 실상 부르디외 사회학은 넓게는 20세기 프랑스 사회과학 장, 그리고 좁게는 비판적 연구자 집단의 공동 구성물이라고 표현해야 마땅할 것이다.

학문적 유산: 수표, 현금 그리고 빚

이 장에서 나는 부르디외가 연구자로서 드러낸 지적 하비투스의 특이성과 그에 따른 독창적 사유 스타일을 해부하고자 했다. 여기에는 그의 정체성을 일면적으로 규정하고 조급히 단편적으로 이용하려 들기보다는, 그가 남긴 방대한 유무형의 학문적 유산을 충실히 평가·결산하고 적극적으로 상속받는 편이 우리 입장에서 훨씬 생산적인 전략이자 의미 있는 작업이라는 전제가 깔려 있다. 그렇다면 그의 유산에는 구체적으로 어떤 것들이 있을까?

학문적 작업에 중심을 잡으려는 홀의 노력이 없지 않았으나, 그보다는 내부 연구 집단들의 탈중심적인 자율성이 더 강했고 홀 또한 그것에 개방적으로 대처했기 때문이었다(Connell & Hilton 2015; Vincent 2013). 이와 관련해 홀이 개인 저서 없이 평생 공동 저작만을 내고 자신의 사유를 정전화하려는 유혹을 고집스레 피했던 연구자였다는 점도 특기해둘 만하다. 한편 유럽사회학연구소가 초기에는 아롱, 나중에는 부르디외를 매개로 국가와 기업의 상당한 재정 지원을 받았던 반면, 현대문화연구소는 상대적으로 그러한 지원을 크게 받지 못했다는 사실도 두 연구소 내부의 지적·행정적 통합 정도의 격차를 가져왔을 것으로 보인다. 끝으로 유럽사회학연구소가 프랑스 고유의 과학사적 인식론 전통과 1960년대 구조주의 혁명의 접점에서 '사회학의 과학화'를 꾀했던 것과 대조적으로, 현대문화연구소는 영국 학계의 고답적 풍토 위에서 학문 간 경계를 가로지르고 넘어서는 학제적 기획이자 정치적 국면에 개입하는 지적 실천으로서의 '문화연구'를 내세웠다는 것 또한 중요한 차이였다고 할 수 있다(McCulloch 2014 참조).

먼저 부르디외의 서명이 들어 있는 일종의 '수표'와도 같은 유산이 있다. 그의 개념과 이론, 그가 탐구한 주제들이 그렇다. 구별짓기, 하비투스, 문화자본, 상징폭력과 같은 개념들이나 장이론이라는 사회학적 지식 체계에는 부르디외의 인장이 선명하게 찍혀 있다. 교육과 사회 재생산, 취향과 생활양식의 계급별 격차, 지식의 정치성, 사회적 박탈과 고통 같은 연구 주제들 역시 마찬가지다. 이미 많은 이들이 그 유산을 상속받았으며, 앞으로도 적지 않은 상속자들이 그 뒤를 이을 것이다.

부르디외가 우리에게 물려줄 수 있는 '현금' 같은 유산 또한 존재한다. 이를테면 그는 합리주의와 역사주의를 맹렬히 옹호한 반면 '순수한 이론'이나 '스콜라적 관점'을 거부했고, '구조주의적 구성주의'의 입장에서 사회 세계에 접근했으며, 사회 연구의 통일성과 과학성을 강조했다. 그는 또 학문 활동을 구조화하는 각종 이분법적 사유 습관과 연구 관행 들을 넘어서면서 자기를 성찰적으로 객관화하는 작업을 최대한 밀어붙였다. 이러한 태도와 성향 체계로서 부르디외의 지적 하비투스는 우리가 단지 알고 이해하는 데 그치지 않고 체화하고 실천해야 하는 대상이며, 반드시 그의 이름을 상기하지 않더라도 누구든 물려받아 자유롭게 전유할 수 있는 자원이기도 하다. 우리 사회의 부르디외 수용 과정에서 제대로 주목받은 적 없는 이 부분이야말로 '프랑스 거장'의 서명 자체가 의도치 않은 상징폭력으로 전화할 수 있는 포스트식민 상황에서 더욱 귀중하며 활용도가 높은 현금의 유산일 수 있다. 물론 이러한 논의가 부르디외의 연구 실천을 특징짓는 몇몇 요소를 우리가 한국 상황에서 그대로 이용할 수 있다는 식의 주장으로 오해되지 말아야 한다. 내가 재구성한 부르디외의 하비투스는 20세기 후반의 프랑스 지식사회라는 특수한 역사적·지역적 맥락 속에서 발전한 것이며, 그 안에서 고유한 효력을 발생시킨 것이다. 부르디외의 경우에 그것이 성공적이었다고 해서, 그 자체를 지적 혁신과 창조를 보장하는 무조건적인 보편 원리인 양 받아들일 수는 없다. 그것은 당연히 우리가 처한 상황에 맞게 창의적으로 적용된 모습을 띠고 나타나야 할 것이다.

마지막으로 우리가 기억해야 할 것은 '빚' 또한 유산의 일부라는 점이다. 부르디외의 사회학이 내포하는 이론적 균열과 이율배반, 견고하지 못한 철학적 가정과 논리적 전제 들의 빈틈은 지적 상속자 집단의 구성원으로서 우리가 장차 대신 메우고 갚아나가야 할 일종의 빚이 아닐 수 없다. 하비투스의 인간관과 장의 사회 이론이 드러내는 문제점들은 물론, 비판적 계몽주의의 인식론적 타당성과 현실적 효용성, 사회학주의의 특징과 한계, 새로운 사회에 대한 정치철학적 전망 등도 대표적인 빚이다. 이 빚의 해소를 위해서는 '부르디외 사회학을 통해 사유 가능한 것'의 범위를 넘어서는 심층적인 문제 제기가 우선적으로 요구될 것이다.

바슐라르는 위대한 과학자의 인생 전반부는 과학에 유용하고 후반부는 해롭다고 말한 적이 있다(Bachelard 1967: 15). 그가 지적 습관과 답변 들을 생산함으로써 종국에는 질문의 갱신을 방해한다는 이유에서였다. 질문의 갱신은 지적 순응주의로부터 탈피를 요구하며, 이는 무엇보다도 '급진적 의심'을 그 출발점으로 삼는다. 그러니 새삼 우리에게 필요한 태도는 부르디외식의 비판사회학에 대한 치열한 의심의 실천일 터이다. 의심이야말로 논리적 해방의 원천이며 새로운 아이디어와 가설들의 모태이기 때문이다. 사실 사회학적 성찰성이라는 개념을 가지고서 부르디외는 자신의 사회학까지도 들어 올릴 수 있는 학문적 지렛대의 받침점을 우리에게 제시한 셈이다. 그것은 사유를 구조화하는 수많은 제약 요인들(서로 떼려야 뗄 수 없게 정신적인 동시에 물질적이고, 개인적인 동시에 사회적인)을 밝히고, 사유의 실천적 경계와 한계를 끊임없이 반성하며 나아가 확장시키기를 촉구한다(Bourdieu 1971f; 1992b). 부르디외의 사유가 그저 또 하나의 인식론적 장애물로 전화하지 않을 수 있도록, 그것이 미뤄놓거나 해결하지 못한 과제들을 과감히 탐색해나가는 일은 새로운 세대의 연구자들에게 남겨진 중요한 과업이다. 부르디외의 지적 하비투스에 대한 실천적인 전유는 아마도 그가 남긴 이론적 채무를 상속받고 또 청산해가는 과정에서 가장 쓸모 있는 밑천이 되어줄 것이다.

3장 부르디외의 사회학적 참여와 미디어 실천

사회학자-언론인 부르디외

부르디외라는 사회학의 거장에게 누군가 '언론인'이라는 꼬리표를 단다면, 그 시도만으로도 많은 이들을 당혹스럽게 만들 것이다. 게다가 부르디외 사회학에 친숙한 사람일수록 그 당혹감은 더욱 커질 가능성이 높다. 사실 부르디외는 일생 동안 사회학을 '진정한 과학'의 지위에 올려놓고자 많은 노력을 기울였고, 그러한 맥락에서 사회학자는 무엇보다도 저널리즘이 조장하는 선관념들prénotions과 인식론적으로 단절해야 한다고 주장했다. 예컨대 그는 학자 생활의 초창기에 이미 과학적 연구 대상의 구성에 요구되는 인식론적 주의 사항들을 정식화했으며, 저널리즘이 제기하는 '사회문제'와 '사회학적 문제'는 엄연히 다르다는 점을 누누이 강조했다(Bourdieu, Chamboredon & Passeron 1968). 부르디외가 보기에 저널리즘은 기자들의 속보 경쟁과 상업적인 이해관계 속에서 과장되거나 단순화된 사회문제들을 생산한다. 그런데 진정한 사회학자라면 저널리즘이 부과하는 그릇된 문제틀과 비판적 거리를 두고, 엄밀한 이론과 체계적인 방법론의 활용을 통해 사회학적 문제들을 구성해야만 한다는 것이다.[1] 나아가 부르디외는 자신의 전문 분야에서 쌓은 연구 성과가 아닌, 신문 기고나 방송 출연 등을 통해 축적한 상징 자본으로 공론장에서 영향력을 발휘하는 이른바 '미디어 지식인'에 대해 개인적인 인신공격조차 서슴지 않았다. 사회학자를 비롯한 지식인들 가운데는 저널리즘의 문제틀과 단절하기는커녕, 미디어에 출연하여 그에 부응하는 유행 담론을 적극적으로 생산함으로써 상징자본을 축적하는 전략가들이 상당수 존재한다. 이들은 언론계에서는 지식인으로서의 이득(박사 학위나 교수직 등으로 제도화된 권위)을, 학계에서는 언론인으로서의 이득(공적인 명성과 영향력)을 챙기면서, 의미 있는 공공 토론에 필수적인 올바른 문제 제기의 가능성을 약화시킨다. 이처럼 부르디외는 사회학과 저널리즘을 명확히 구분하고, 양자가 뒤섞일 때 생겨

---

1) 부르디외는 사실과 가치, 인식과 평가가 실제로 온전히 분리 가능한 별개의 것이라고 여기지 않았다. 사회학적 사실이나 대상은 단순히 주어지는 것이 아니라 사회학자에 의해 선택되고 구성되는 것이다. 사회학자가 이러한 구성 작업을 포기하고 모종의 객관성이나 중립성의 외양 혹은 환상에 사로잡혀 어떤 사회 현상을 '주어진 그대로' 자신의 연구 대상으로 취한다면, 그 대상의 근원에 있는 사회적 메커니즘을 간과하고 재생산하는 오류를 범하게 된다. 예컨대 치안 불안이라든가 출산율 저하, 청년 세대의 탈정치화 문제는 그저 객관적인 사회 현상이 아니다. 그것은 특수한 범주들과 관점, 가치판단에 따라 생산된 사실로서, 지배 세력에 유리한 질서가 (특히 저널리즘을 통해) 구조적으로 작용한 결과이다. 따라서 진정한 사회학자라면 어떤 대상에 대한 지배적 표상들에 맞서 과학적 관점 위에서 대상을 새롭게 구성할 수 있어야 한다. 이때 그의 관점은 무엇보다도 "관점에 대한 관점"이 된다는 점에서 특징적이다 (Bourdieu et al. 1993: 925). 즉 사회학자는 사회 세계에 대한 지식을 구축하는 과정에서 자신의 편향성이 갖는 무게를 끊임없이 질문하지 않을 수 없으며, 자기 사유의 한계와 사회적 결정 요인들을 알기 위해 사회학적 수단을 이용한다. 이처럼 그는 연구 대상의 구성적 속성, 그것이 함축하는 자신의 관점, 그 관점을 발생시킨 자신의 사회적 위치, 그리고 자신의 구성 작업이 생산하는 효과를 가급적 완전히 장악하고 통제하려 애써야만 한다.

날 위험성과 부작용을 누구보다도 경계했던 것이다.

그렇다면 '사회학자-언론인'의 명칭을 부르디외에게 붙인다는 것은 애초부터 터무니없는 발상이자 억지스런 관점에 불과한 것일까? 반드시 그렇지만은 않다는 것이 내 기본적인 시각이다. 지식인의 실천이 결코 공적인 언론 활동과 분리될 수 없다면, 또 지금의 저널리즘 현실만이 사회 속에서 실현 가능한 유일한 언론 형식이 아니라면, 부르디외는 뛰어난 사회학자였던 만큼이나 뛰어난 언론인이었다 해도 과언이 아니다. 부르디외는 '사회학의 사회학,' 이른바 '성찰적 사회학'을 통해 사회학의 과학화에 기여할 수 있다고 보았다. 마찬가지로 그는 '저널리즘의 사회학'과 '사회학적 저널리즘'의 결합을 통해 민주주의의 발전에 이바지할 수 있다고 믿었다. 여기서 저널리즘의 사회학이 저널리즘에 대한 부르디외식의 장이론적 접근을 말한다면, 사회학적 저널리즘은 사회학의 학문적 성과를 널리 알리고 토론하는 비판적 언론 활동을 가리킨다.[2] 따라서 부르디외에게 사회학자로서의 실천과 언론인으로서의 실천은 긴밀하게 연계되어 있었다. 사회학자로서 그가 프랑스 저널리즘 장의 작동 양상을 분석하고 언론인과 미디어 지식인 들의 상징권력 남용으로 말미암은 부정적 효과를 비판했다면, 언론인으로서 그는 프랑스 사회의 지배와 재생산 메커니즘에 관한 '사회학적 진실'을 지식인과 시

---

2) 부르디외가 '사회학적 저널리즘'이란 용어를 종종 내가 말한 의미와는 다르게 썼다는 점을 밝혀둘 필요가 있을 것이다. 그가 말하는 사회학적 저널리즘이란 저널리즘이 생산하는 선관념들과 단절하지 못한 채, 오히려 그것과 조화롭게 상호작용하며 학문의 권위만을 장식처럼 달고 있는 '사회학적 에세이주의'를 가리킨다. 즉 그는 학문적 수준에 미치지 못한 사회 비평을 폄하하는 뜻으로 사회학적 저널리즘이라는 표현을 사용했던 것이다. 하지만 나는 여기서 부르디외가 공공 지식인으로서 수행한 저널리즘 활동의 특징을 부각시키는 접두어로 '사회학적'이라는 형용사를 쓴다.

민 공중에게 널리 알리고 변화를 이끌어내기 위해 다양한 미디어 전략을 펼쳤다. 그는 자기 나름의 방식으로 더 나은 언론, 새로운 언론을 위해 잘못된 가짜 언론과 맞섰던 언론인이자, '미래에 올' 비판적 언론인의 모범을 보여준 사회학자였던 것이다.

이 장에서 나는 이러한 관점에서 부르디외의 사회학적 참여관을 정리하고, 미디어와 관련된 실천적 개입과 비판의 의의를 조명해보고자 한다. 우선 '사회학적 참여'의 개념과 양식에 대한 부르디외의 독특한 입장을 설명하고, '집합적 지식인'과 '보편적인 것의 정치'가 지니는 의미를 제시한다. 이는 그의 미디어 비판과 실천의 배경을 이해하기 위해 필요한 전제 조건이라 할 수 있다. 다음으로 부르디외가 프랑스 학계와 시민사회의 공론장에 효과적으로 개입하기 위해 구사했던 일종의 대안 미디어 전략들을 검토한다. 이를 통해 그의 사회학이 지식인 주도의 공론장 정치라는 이념을 어떻게 구현하려 했는지 살펴보고자 한다. 끝으로 사회학자-언론인으로서 부르디외의 활동이 지니는 특징을 평가하고, 그의 참여관에 내재하는 몇 가지 이론적·실제적 문제점을 비판적으로 짚어볼 것이다.

사회학적 참여의 논리

부르디외가 매스미디어를 통해 전 세계적인 유명세를 치르게 된 것은 1995년 프랑스의 노동자 총파업을 적극적으로 지지하면서부터이다. 그 이전까지 주로 사회과학계 내에서 제한적인 명성만을 누리고 있었던 부르디외는 이 사건을 계기로 사르트르와 푸코의 뒤를 잇는 '현실 참여적 좌파 지식인'으로 프랑스 안팎에 강렬한 인상을 남긴다. 이후 그는 세상을 뜨기 직전까지 동료 연구자들과 더불어 신자유주의 반대 운동을 활발하게 전개함으로써 '투사' 이미지를 더욱 공고히 했다. 하지만 부르디외의 그와 같은 정치 활동이 반드시 긍정적이고 자연스럽게 받아들여졌던 것만은 아니다. 그것은 부르디외의 입장을 지지했던 사람들에게조차 일종의 '급작스런 선회'로 여겨졌다. 사실 부르디외는 오랫동안 시위에 참여하거나 청원서에 서명하는 등의 행동을 거부했다. 1968년 5월 혁명 때도 소요와는 거리를 두었고, 1990년대 이전까지 여성이나 동성애자 들의 권익을 지지하는 어떤 실천도 한 적이 없다. 그는 또 1970년대에 두드러졌던 급진 좌파 사상가들의 정치적 개입을 평가절하하는 시각을 드러내기도 했다(Martel 1998).

이론적으로도 부르디외의 사회학은 한 사회의 단절과 변화보다는 연속성과 재생산에 주목하는 동시에, 행위자 개인의 의식보다는 신체, 의지보다는 성향, 자유보다는 구조적 제약을 강조함으로써 정치적 행동의 여지와 가능성을 최소화하는 입장을 취했다. 더욱이 그가 추구했던 성찰적 사회학이 과학을 추구했다면, 그러한 "과학은 지배적 분류 체계의 유지 혹은 전복을 위한 투쟁에서 특정한 편을 들지 않으며, 그 투쟁을 대상으로 삼는다. 〔……〕 즉 과학은 가치판단에 가치판단을 맞세우지 않는다. 그것은 가치들의 위계질서에 대한 준거가 실천과 투쟁 속에 객관적으로 새겨져 있다는 사실을 확인한다. 그 위계질서가 바로 내기물enjeu이 되는 이 투쟁은 적대적 가치판단들 속에서 드러난다"(Bourdieu 2002b〔1975〕: 126~27). 달리 말해 부르디외가 중요시한 사회학자의 덕목은 어떤 당파적 입장의 선택이나 정치적 편들기를 넘어서, 그러한 게임이 벌어지는 공간 자체를 객관화할 수 있는 과학적 관점을 확보하는 것이었다. 그리하여 그는 정통과 이단이 표면적인 대립 아래 공유하는 독사,[3] 집단적 믿음, 혹은 사회적 무의식을 분석하고 폭로하고자 애썼으며, 사회학자의 관점을 낳는 사회적 위치에 대한 자기 성찰을 학문 장의 작동 메커니즘에 대한 논의 속에서 끝까지 밀어붙이고자 했다.

그러므로 적지 않은 이들이 1990년대 부르디외의 현실 참여로부터 '전기' 부르디외와 '후기' 부르디외 사이의 단절, 또는 이론과 실천 사이의 불일치를 보았다 해서 그리 놀랄 일은 아니다. 특히 비판자들은 그가 말년에 왜 갑자기 각종 사회운동에 개입하면서 프랑스의 전통적 지식인 상을 구현하게 되었는지, 그의 사회학이 띠고 있는 구조주의적·결정론적·과학주의적 색채와 사회학자 개인의 의지주의적인 정치 활동이 어떤 식으로 조화될 수 있는지에 대해 강한 의문을 제기했다. 이런 시선에는 물론 무지로 인한 오해 역시 적잖이 작용했던 것이 사실이다. 부르디외의 사회학적 참여가 이론적·실천적 배경 없이 이루어진 난데없는 해프닝은 결코 아니었기 때문이다. 이는 그의 정치적 발언과 입장 표명, 다양한 학문 외적 활동, 그리고 지식인과 현실 참여에 관한 텍스트들을 정리한 저작인 『개입, 1961~2001: 사회과학과 정치적 행동*Interventions, 1961~2001: Sciences sociales ef action politique*』(이하 『개입』으로 표기)이 사후

---

3) '독사doxa'는 온갖 사유와 행위 이면에서 암묵적으로 전제되는 믿음의 총체를 가리킨다. 부르디외에게 그 개념은 이중적으로 나타난다. 한편으로 그것은 주어진 사회질서에 대한 사람들의 거의 자동적이고 즉각적인 애착을 가리키며, 다른 한편으로는 특정한 장 안에서 자연스럽고 올바른 것으로 여겨지는 사고와 행동 방식을 가리킨다. 그러니까 전체 사회 세계를 당연한 것처럼 수용하게 하는 독사, 그리고 각 장에 대한 적절한 소속을 규정짓는 독사가 있는 셈이다. 부르디외는 이러한 독사가 의식적·반성적 수준에서가 아닌, 전前 의식적이고 반사적인 수준에서 작용하는 신체적인 것이라고 본다. 바로 이 점이 그것을 '통념'이나 '억견'으로 옮기기 어려운 이유이다.

에 발간되면서 뚜렷해졌다(Bourdieu 2002b).[4] 하지만 현실 참여에 대한 부르디외의 입장을 단순히 '돌변'과 '전환'의 시각에서 논하는 태도가 부당한 만큼이나, '일관성'과 '정합성'의 시각에서만 접근하려는 시도 또한 적절치 못하다(Bouveresse 2003; Poupeau & Discepolo 2004; Wacquant 2004a 참조). 부르디외는 일찍이 "전기적 환상"의 위험성을 경고한 바 있다. 즉 개인의 삶은 어떤 주관적 의도나 기획의 통일적 표현으로서 일관되게 방향 지어진 총체가 아니며, 그 연대기적 질서는 시초나 기원부터 목적과 존재 이유의 완성까지 이르는 논리적 질서와 동일시될 수 없다는 것이다(Bourdieu 1994a: 81~82). 이러한 인식 원리는 부르디외의 삶에도 똑같이 적용될 필요가 있다.

1960~70년대에는 주로 과학적 연구와 글쓰기 자체에 정치적 의미를 부여하는 데 머물렀던 사회학자 부르디외는, 콜레주드프랑스 교수직을 맡게 된 1980년대 이래 사회문제에 적극적으로 관여하면서 공공지식인으로서 활동 범위를 넓혀갔으며, 1990년대 중반 이후로는 각종 시위와 집회에 직접 참여하고 발언하는 수준에 이르렀다. 이 의미심장한 진화에 대해 그는 1980년대 이후 자기 작업의 사회적 효과가 상당히 증가했고, 상징권력의 남용에 맞서 효율적으로 투쟁할 수 있을 만큼 스스로 충분한 과학자본과 상징권력을 갖추었다고 판단했기 때문이

---

4) 이 책에는 부르디외가 쓴 성명서, 청원서, 보고서, 신문 기고문, 인터뷰, 강연 원고, 논문 등 다양한 형식의 글들이 시기별·주제별 분류에 맞춰 실려 있다. 이 책에 실린 글을 인용할 경우, 나는 책의 발간 연도와 함께 원문의 발표 연도도 나란히 표기했다. 부르디외의 학문적·정치적 입장이 시기에 따라 조금씩 변화한데다, 텍스트들이 갖는 정세적 의미를 분명히 하기 위해서였다. 한편 『개입』의 편집자들은 각 부마다 부르디외의 참여에 깔린 배경과 의미를 설명하는 간략한 서문을 달아놓았는데, 이는 한 편의 독립된 논문으로도 나와 있다(Poupeau & Discepolo 2004).

라고 정당화한 바 있다(Bourdieu 1997c: 27~28). 1990년대 말 그는 정치적 무관심 속으로 은신하는 태도를 "**몰가치성의 도피주의**escapism of Wertfreiheit"라고 이름 붙이면서 다음과 같은 자기반성을 덧붙이기도 했다. "나 자신도 이러한 도피주의에 빠진 적이 있다. 연구의 세계에서는 (객관성으로 여겨지는) 중립성의 외양을 제시(주장)함으로써 취할 수 있는 커다란 사회적 이윤이 있다. 언제나 화급한 이슈에 관한 연구를 수행했음에도, 나는 주제가 '논쟁적'일수록 거리를 두면서 객관화의 과제에 더 많이 (특히 시간이라는 측면에서) 투자하는 경향이 있었다. 〔……〕사회학자는 몰가치성의 도피주의가 장려하는 것과는 정반대로, 자신의 분석이 과학적으로 잘 정초되어 있을수록 규범적이 될 권리(의무?)가 있다. 달리 말해 그는 과학적 선급금을 다 치르고 나서야만 비로소 규범적이 될 수 있다"(Bourdieu 1998b: 15, 19). 부르디외의 사회학적 참여가 지니는 의미를 제대로 이해하고 그로부터 어떤 교훈을 끌어내고자 한다면, 이러한 입장 수정과 변명까지 포함하는 정치 참여의 논리와 실천의 일정한 변화 과정을 개인적·사회적 조건들과 더불어 재구성해야 할 것이다. 이 장에서 나는 일단 부르디외의 성향과 사회적 위치, 지적 기획이 추동했던 정치적 입지의 일관성, 그리고 그 위에서 점진적으로 발전해간 참여의 이론적 원리를 '연속성 속의 변화'라는 관점에서 개관해보고자 한다.

이단, 과학, 민주주의

부르디외의 정치적 입장은 언제나 '이단'과 '비주류'를 지향했다고 해도 과언이 아닐 것이다. 예컨대 그는 지식인 청년들 사이에 공산당 입당이 유행처럼 번져 있었던 1951년 고등사범학교 안에 스탈린주의의 득세를 경계하는 자유수호위원회를 결성했는가 하면, 사회당의 미테랑 후보가 승승장구하고 있었던 1981년 대통령 선거에서는 프랑스 정계의 폐쇄성과 엘리트주의를 비판하면서 무소속 후보였던 코미디언 콜루슈 Coluche를 보드리야르 등과 함께 공개 지지했다. 한편 많은 지식인과 전문가 들의 지원 아래 우파 정부의 연금 개혁안이 제출되었던 1995년에 부르디외는 개혁안에 반발해 파업 투쟁에 돌입한 노동자들을 적극 옹호하고 나섰다. 그의 전 생애를 통해 적지 않게 발견되는 이러한 예들은 부르디외의 점진적인 급진화를 드러낸다기보다는, 때로는 전략적 계산에 의해, 또 때로는 무의식적 반골 기질에 따라 이루어졌을 입장 선택의 '반反시대적 일관성'을 보여준다. 부르디외는 1996년 철학자 자크 부브레스Jacques Bouveresse와 나눈 대담에서 1970년대 이후 급진적·전복적·혁명적이었던 프랑스 사회의 독사가 근래에는 억압적이며 신자유주의적인 독사로 역전되었다고 평한 바 있다(Bouveresse 2003: 59). 이러한 관점에서 보자면 그의 정치적 개입은 무엇보다도 기존의 독사에 균열을 내기 위해 이단과 위기를 부추기는 방식으로 이루어졌으며, 이는 독사를 객관화시켜 분석하고 나아가 혁신하려 했던 그의 지적 기획과도 무관하지 않다고 여겨진다.

또 다른 일관성은 부르디외의 현실 참여가 과학적 저술 활동과 긴밀한 상관관계 속에서 이루어졌다는 점이다. 『개입』의 편집자들이 분류한 바에 따르면, 부르디외의 정치적 텍스트들은 '알제리 문제' '교육과 문화 민주화의 허구성' '능력주의 이데올로기' '정치적 대표성의 위기' '미디어의 영향력 증가와 문화 생산의 상업화' '신자유주의와 전 지구화의 해악' 등으로 그 주제가 크게 나뉜다. 그런데 이 주제들은 그의 연구 작업에도 그대로 부합하는 한편, 1950년대 이후 프랑스 사회의 중요한 현안들을 반영하고 있다. 이는 그가 엄밀한 사회과학적 연구의 바탕 위에서만 공적 논쟁에 영향을 미치려는 태도를 견지했다는 의미이기도 하다. 그는 각종 논문과 저작, 혹은 동료들과의 공동 연구를 통해 발전시킨 사회학적 사유를 인터뷰나 강연, 신문과 잡지의 기고문 같은 텍스트에서 요약·제시했으며, 때로는 이론적 직관에 기초한 시사 문제의 분석을 학술적인 형식의 논문으로 전환시키기도 했다. 그의 연구 작업은 그 주제와 전개 과정에서 참여 활동과도 유기적으로 연결되어 있었던 것이다.

마지막으로 부르디외의 사회학적 참여가 민주주의의 이상을 일관되게 함축하고 있었다는 사실을 지적해야 할 것이다. 정치학자 파트리크 샹파뉴Patrick Champagne에 의하면, "이러한 정치적 이상은 일종의 순수한 이론적 모델로 취급될 수 있으며, 이때 사회학은 그 모델로부터의 거리를 보여주는 방법, 달리 말해 이상의 실현에 방해가 되는 사회적인 장애물들을 보여주는 하나의 방법"으로 나타난다(Champagne 2004: 61). 그의 사회학적 참여는 기본적으로 형식상의 민주주의가 실질적인 민주주의를 보장하기 위해서는 충분치 않다는 점을 일깨워준다. 이와 같은 언급은 부르디외의 연구 저작들뿐만 아니라, 정치적 개입 방식에 대해서도 적용될 수 있는 것으로 보인다. 프랑스의 교육체계나 문화적 불평등에 관한 부르디외 초기 저작들이 비판적인 의미를 띤다면, 그것은 바로 '기회의 평등'이라는 관념이 전제되기 때문이다. 또 정치 장과 저널리즘 장의 폐쇄성을 분석한 그의 후기 저작들에는 대의민주주의의 진정한 의미와 대표성 그 자체가 위협받는 상황에 대한 짙은 우려가 깔려 있다. 부르디외는 프랑스 사회의 특정한 법률이나 제도가 지향하는 명분(기회의 평등, 문화와 교육의 민주화, 민주주의적 대표성)과 실제 현실 사이의 심각한 간극을 규명하고 폭로했지만, 그가 그러한 명분 자체를 일종의 이데올로기로만 간주했던 것은 아니다. 그에게 그 명분은 아직껏 실현되지 못한, 그러나 미래에 실현해야 할 유토피아이기도 했다(Bourdieu 1996d; 1996e). 부르디외는 교육이나 문화 민주화의 정책 자체는 문제시하지 않았으며, 오히려 그러한 정책들이 더 현실적이고 효과적인 방향으로 나아가는 데 필요한 지식, 즉 교육 커뮤니케이션이나 문화적 실천의 사회적 조건에 대한 과학적 지식을 생산하고자 노력했다. 이는 저널리즘에 대한 논의에서도 마찬가지로 드러나는 시각이다. 또 부르디외가 국가의 보편 지향적·공익 추구적 기능을 강화하고, 시민사회의 역사적 투쟁을 통해 쟁취된 성과들(고등교육과 문화예술에 대한 접근권, 고용 안정성, 사회보장제도 등)을 지켜야 한다는 입장에 섰던 것도 그와 같은 맥락에서이다. 이러한 입장은 결국 가난한 농촌 가정에서 태어나 국가 장학금으로 고등교육까지 받고 세계적인 학자로 성장할 수 있었던 그의 개인적 이력과도 무관하지 않은 것으로 보인다.

부르디외의 현실 참여는 이처럼 이단적·비주류적 입장의 선택, 과학적 연구와 정치적 개입을 결합시키려는 의지, 민주주의의 이상에 대한 신념이라는 차원에서 일정한 연속성을 드러낸다. 이러한 연속성은 사회학적 참여의 원칙과 새로운 지식인 상에 대한 그의 이론화 작업과도 밀접한 관계를 맺고 있다. 즉 이론과 실천이 그의 지적 삶 속에서 서로 상승작용을 일으키며 전개되었던 것이다. 그렇다면 현실 참여에 관한 그의 이론은 어떤 원리들로 특징지어질 수 있을까?

대안적 모델로서 '집합적 지식인'

먼저 부르디외의 사회학적 기획이 지적 독사에 고유한 다양한 이분법들(개인과 사회, 의식과 무의식, 주체와 구조, 객관주의와 주관주의, 구조주의와 현상학, 이론주의와 경험주의 등등)의 지양을 목표로 하고 있었던 것처럼, 지식인에 대한 논의 또한 기존의 이분법들에 대한 거부로부터 출발한다는 데 주목해야 한다. 그는 이른바 순수 지식인 대 참여 지식인은 물론, 보편적 지식인intellectuel universel(혹은 총체적 지식인) 대 특수한 지식인intellectuel spécifique이라는 이원론 역시 작위적인 것에 불과하다고 주장한다. 후자의 대립 구도는 프랑스의 독특한 지식인 전통을 바탕으로 푸코가 정초한 것이다.

역사적으로 '지식인'이라는 용어와 그 실체는 19세기 말 드레퓌스 사건 때 작가 에밀 졸라Émile Zola를 비롯한 드레퓌스 옹호자들이 자신의 통상적인 직업 활동 영역을 넘어서 진리, 정의, 인권과 같은 보편적인 사안에 관심을 가지고 참여함으로써 최초로 출현했다(Charles 1990).[5] 프랑스의 지식인 전통은 이후 참여문학을 주창한 사르트르에 이르러 그 절정을 이룬다. 사르트르가 대표적으로 표상한 '보편적 지식인'은 '진실과 정의의 사도'이자 '모든 이들의 대변자'를 자처하면서, 이상적인 진리와 정의의 보편성, 그리고 자유로운 의식을 가진 지식인의 특수한 존재론적 사명을 바탕으로 정치권력에 맞서는 모습을 보여주었다. 푸코

---

5) 1894년 육군 장교 알프레드 드레퓌스Alfred Dreyfus가 독일 간첩 혐의로 종신형을 받으면서 벌어진 이른바 '드레퓌스 사건'은 1906년 그가 최고재판소로부터 무죄판결을 받고 복직하기까지 10여 년을 끌면서 프랑스 정치사의 결정적인 전환점이 되었다. 애초에 드레퓌스가 유대인이라는 사실이 부당한 혐의를 뒤집어씌우는 데 중요하게 작용했으며, 이후 군부는 진범이 다른 사람이라는 확증을 얻었는데도 사건 진상을 은폐하려 시도했다. 이러한 상황에서 1898년 소설가 에밀 졸라가 『로로르L'Aurore』지에 「나는 고발한다J'accuse」라는 제목의 논설을 발표하면서, 군부의 의혹과 프랑스 사회의 반유대주의를 통렬히 공박하고 드레퓌스 사건의 재심을 요청했다. 이후 에밀 뒤르켐, 가브리엘 타르드, 마르셀 프루스트, 아나톨 프랑스, 클로드 모네 등 교수·예술가·과학자 들이 재심 청원서에 서명했고, 이는 정의·진실·인권을 옹호하는 근대적 지식인 집단이 탄생하는 계기를 마련했다.

는 20세기 초반까지 프랑스 사회를 지배한 이러한 지식인 상에 대해 '특수한 지식인'의 개념을 대립시킨다. 이는 그가 진실과 정의의 보편성, 자유롭고 순수한 지식인 상을 역사화하면서 급진적으로 상대화시켰던 것과도 관련된다. 푸코가 제2차 세계대전 이후 발전했다고 말하는 특수한 지식인은 다음과 같은 두 가지 성격을 지닌다. 우선 특수한 지식인은 거대한 철학이나 세계관이 아니라, 전문적이고 과학적인 지식을 가지고 어떤 구체적인 사안에 개입한다. 그런데 그의 국지적이고 특수한 투쟁은 단순히 어떤 부문에만 한정된 차원을 넘어서는 정치적 효과와 함의를 지닌다. 이러한 지식인은 더 이상 '보편적 가치의 담지자'가 아니다. 그보다 한 사회 내의 진리 체제régime de vérité가 수행하는 일반적 기능 작용 속에서 특수한 위치를 점유하면서, "정치투쟁의 질서 안에서 지식, 전문성, 지식인 자신이 지식과 맺는 관계를 이용하는 인물"이다(Foucault 1977: 156). 그는 특정한 분야나 지점에서 작업하면서, 특수한 문제들을 놓고 실질적이고 일상적인 투쟁을 벌이게 된다. 사회 전체의 '진리의 정치학'과 관련해 지식인의 위치는 일반적인 중요성을 띤다. 그가 생산하는 "참인 담론에 고유한 효과"가 지식과 미시권력 사이의 특수한 관계, 진리의 위상과 그 정치경제적 역할과의 관계를 둘러싼 투쟁에 자연스럽게 개입하기 때문이다(Foucault 1977: 155~60; 또한 Foucault 1972 참조). 특수한 지식인에 대한 푸코의 개념화는 한편으로는 프랑스에서 정치적 발언을 주도해온 대작가와 에세이스트 들, 다른 한편으로는 다양하고 구체적인 투쟁의 현실을 추상화된 계급과 역사로 환원시킨 마르크스주의자들을 겨냥했던 것으로 보인다. 푸코가 특수한 지식인의 예로 물리학자나 생물학자, 정신의학자 등을 든 것 또한 이러한 관점에서 의미심장하다.

부르디외는 푸코의 논의가 갖는 타당성을 일부 인정하면서도, 특수한 지식인은 보편적인 것을 말할 수 있으며 바로 보편적인 것을 말하기 위해 특수한 지식인이 되어야 한다고 주장한다. 나아가 그는 이러한 지식인들이 개인적인 수준에서가 아니라 집단적인 수준에서 서로 연대해 투쟁해야 한다고 역설한다. 이것이 바로 그가 제안하는 '집합적 지식인'이라는 대안적 모델이다. 흥미롭게도 부르디외는 이러한 구상을 뒷받침하는 논거를 지식인 집단의 역사적 발생에 대한 탐구 속에서 발견한다. 『예술의 규칙』에서 그는 플로베르와 동료 예술가들이 스스로 속한 문학 생산의 장을 국가와 (외부 권력 지향적인) 아카데미로부터 수호하기 위해 어떠한 노력을 기울였는지 상술한다. 부르디외에 따르면 예술가들은 자율성이 극대화된 '예술을 위한 예술'의 장을 구축하기 위해 필요한 모든 것을 발명했다. 그들은 정치적 요구나 경제적 이해관계, 도덕적 요청에 거리를 둔 채, 예술의 특수한 규범들 말고는 다른 판관이나 평가 기준을 인정하지 않았다. 그리하여 예술가들은 오로지 다른 동료들의 인정을 추구하면서 전적으로 자신의 작업에만 몰두하는 전문 직업인이 되었던 것이다. 부르디외는 이처럼 19세기 프랑스에서 플로베르와 그의 지지자들이 문학 장의 자율성을 확보하기 위해 벌인 집단적이고 조합주의적인 투쟁이, 이후 정치 문제에 참여해 영향력을 행사하는 데 필수적이었던 상징적 권위와 도덕적 지도력의 기반이 되었다고 해석한다. 그러한 바탕 위에서 에밀 졸라를 위시한 문인들은 드레퓌스 사건이라는 현안에 개입해 보편적 가치로서 인권을 옹호하고 반동적인 국가권력에 저항할 수 있었다는 것이다. 사실 졸라는 문학 장의 자율성이 확대되는 과정에서 금기로 여겨졌던 정치적·윤리적 문제를 드레퓌스 사건에 대한 발언과 간섭을 통해 다시 끌어들이는 결과를 낳았다. 그런데 이와 같은 일종의 위반 행위는 그동안 문학 장이 집합적으로 쟁취한 상대적 자율성과 그 안에서 졸라가 쌓은 충분한 상징자본 덕분에 가능했던 것이다(Bourdieu 1989b; 1992a: 185~89). 바꿔 말하자면 자율적인 문화 생산 장은 정치경제적 이해관계로 환원될 수 없는 보편적 가치(자유, 정의, 평등, 진실, 인권, 무사무욕)를 세계관으로 체화한 구성원들을 생산해낸다. 이 문인, 작가, 학자 들은 특수한 장의 성원으로서 스스로 내면화하고 발전시킨 이상적 원리들의 수용을 정치와 사회 전체에 요구하고, 보편적인 것에 기초하지 않은 권력관계에 저항함으로써 지식인이 된다. 이렇게 볼 때 19세기 말 프랑스에서 지식인 집단의 형성은 자신이 속한 장의 고유한 논리에 충실한 이른바 특수한 지식인들이 외부 권력에 대한 장의 자율성을 축적하고, 그것을 무기로 다시 보편적인 것의 진보를 위해 집합적 지식인을 구성함으로써 정치에 참여한 모범적인 사례이기도 하다.

이러한 논의의 연장선상에서 부르디외는 지식인을 이중적인 차원에서 정의한다. 그에 따르면 지식인은 우선 계급적으로는 문화 생산자 집단의 일부이자 '지배계급 내의 피지배 분파'라는 속성을 지닌다. 작가, 예술가, (고등)교육자, 상급 기술직 종사자 등을 포함하는 문화 생산자 집단은 한 사회 내 상징 생산수단을 실질적으로 독점하고서 상징투쟁에 참여하고 있다는 사실 때문에 각별한 중요성을 지닌다. 이 집단은 각종 자본(경제자본, 문화자본, 사회관계자본)의 총량이 많은 지배계급에 속한다. 하지만 그 보유 자본의 구성상 경제자본보다 문화자본의 비중이 크며, 시장 메커니즘을 통해 '지배계급 내의 지배 분파'인 부르주아지에 의해 구조적으로 지배받는다는 점에서 피지배 분파에 해당하는 것이다. 한편 부르디외에 따르면 모든 문화 생산자가 곧 지식인은 아니다. 지식인은 단지 계급적 차원에서뿐만 아니라, 사회정치적 차원에서 그가 수행하는 역할에 의해서도 규정되기 때문이다. 즉 자신이 속한 문화 생산 장에서 고유한 게임의 규칙에 따라 투쟁하면서 상징자본을 축적하고, 그 장의 자율성을 위협하는 외부의 권력에 대항하며, 나아가 스스로 장에서 획득한 상징적 권위를 가지고 다른 지식인들과 연대해 사회 전체에 보편적인 가치를 전파시켜나가는 문화 생산자만이 지식인의 범주에 들 수 있는 것이다.

부르디외가 보기에 지식인 집단의 역사적 기원과 사회적 위치는 지식인이 역설적인 존재이자 양면적인 인물이라는 점을 일깨워준다. 한편으로 지식인은 정치, 경제, 종교 등 세속의 권력으로부터 상대적으로 자유로운 소우주가 존재하는 한에서, 그 세계의 규칙을 준수해야만 존재할 수 있다. 다른 한편 그는 이 소우주 안에서 축적한 특수한 권위를 바탕으로 정치적 투쟁에 개입한다(Bourdieu 2002b[1992]: 257~66). 그는 정치 장에 내재하는 마키아벨리적 철학에 맞서 "'국가이성raison d'Etat'의 완벽한 반명제인 '순수성의 정치학'"을 구사한다(Bourdieu 2002b[1992]: 260; 또한 김현준·김동일 2011 참조). 달리 말해 "참여적 지식, 즉 정치 참여를 동반한 학문적 전문성을 생산할 수 있으려면, 학문적 전문성의 규준들에 따라 작업하는 자율적 학자가 되어야만 한다"(Bourdieu 2002b[2001]: 465). 따라서 지식인으로서 사회학자가 수행하는 참여는 일차적으로 '과학의 정치학'을 기반으로 삼는다. 사회학이 제공하는 사회 세계에 대한 정확한 인식은 책임 있는 비판적 사유에 필수 불가결한 조건이다. 참여는 "시사 문제를 가능한 한 과학적 지식의 통상적인 요구에 복속시키려는" 원칙 아래 사회학적으로 정밀하게 분석하는 노력으로부터 출발해야 한다(Bourdieu 1986a: 2).[6] 그런데 부르디외의 구조

결정론적 사회학이 알려주는 사회법칙은 행위자의 정치적 행동을 촉진하기보다 오히려 무력화하는 효과만을 낳지 않을까? 사회적 결정 요인들에 대한 객관적 분석으로서 사회학의 기획과 자유롭고 의지적인 행위자에 의한 사회 변화를 추구하는 정치의 기획은 과연 양립할 수 있는 것일까?

이와 관련해 부르디외는 그의 사회학이 "욕망을 실재로 착각하는 유토피아주의와 거리를 두는 만큼이나, 물신화된 법칙들을 냉정하게 일깨우며 즐거워하는 사회학주의와도 거리를 둔다"고 주장한다(Bourdieu 2002b[1975]: 121). 나아가 그는 자신이 말하는 "사회법칙이 사물의 본질 속에 영구히 새겨진 자연법칙이 아니라는 것, 과학이 드러내는 법칙은 행위를 처방하는 규범이나 명령하는 규칙이 아니며 경험적으로 확증되고 효력이 있다고 인정된 규칙성이라는 것, 따라서 이 (통계적) 규칙성은 정언명령처럼 부과되는 것이 아니며 복종해야 할 숙명 같은 것도 아니라는 사실"을 강조한다(Bourdieu 2002b[1992]: 243). 그의 논리대로라면 이러한 사회학적 규칙성에 대한 인식은 그것을 변형시키고자 하는 모든 행동의 성공 조건일 따름이다. 어떤 현상의 개연성을 안다면, 그것의 실현을 저지하려는 행동의 성공 가능성 또한 높아질 것이기 때문이다. 이로부터 그의 "합리적이고 현실적인 유토피아주의" 혹

---

6) 행위 주체의 상징이윤 축적에 주로 봉사할 뿐, 정작 현실에 대한 냉정한 이해는 방해하기 일쑤인 지식인들의 각종 정치 활동에 부르디외가 비판적인 시각을 드러냈던 것도 이러한 맥락에서이다. 그는 다음과 같이 지적한다. "논평, 사설, 선언문, 시위, 청원서, 대정부질문, 성명 등은 상징적인 한 방 먹이기라 할 수 있다. 그것의 목표는 '사실'의 설명보다는, 지각과 평가를 방향 지을 수 있도록 사실을 구성하는 데 있다. 그것은 위대한 지식인들의 예언자적 개입처럼, 존재하는 것보다는 '사유해야만 하는 것'을 말하기를 열망한다"(Bourdieu 1986a: 2). 여기서 부르디외는 존재를 객관적으로 분석하는 '과학'과 당위론적 의견을 설파하는 통상적인 의미의 '정치'를 대립시킨다.

은 "과학적으로 정초된 유토피아주의"가 나온다. 그것은 바로 "가능성이 실현되도록 만들기 위해 개연성에 대한 인식을 이용할 수 있다"는 태도이다(Bourdieu 1980b: 78; 또한 Bourdieu 1992a: 169~70 참조).[7] 사회 세계에 대한 과학을 위해서는 과학적 생산을 위한 사회적 조건, 즉 사회과학 장의 자율성을 확보하는 일이 중요해진다. 이는 단순히 과학적 이성의 진보를 위해서뿐만 아니라, 과학의 정치적 효과를 극대화하기 위해서도 그렇다. 지식인들은 제도적 자율성과 권력에 대한 비판의 자유를 증대시켜야만 정치적 행동의 효율성을 증대시킬 수 있다는 것이다.

'보편적인 것의 조합주의'를 위하여

부르디외가 구상하는 지식인 상과 사회학적 참여의 방식은 푸코가 말한 '특수한 지식인'으로부터 그다지 멀지 않다고 할 수 있다.[8] 이는 가

---

7) 부르디외가 말하는 '유토피아적 합리주의'의 의미를 구체적으로 파악하기 위해 교육과 스포츠의 두 가지 예를 들어보자. 우선 부르디외가 1980년대 중반 미테랑 대통령의 요청으로 참여했던 콜레주드프랑스의 미래 교육 관련 보고서는 다음과 같은 성찰의 원칙들을 담고 있다 (Bourdieu 2002b[1985]: 199~201). 과학의 통일성과 문화의 다원성, 수월성 형식의 다양화, 기회의 확장, 교과 지식의 정기적인 개정, 전수되는 지식들의 통합, 지식 배포를 위한 테크놀로지의 활용 등이다. 그는 실제 교육에서 이 원리들을 적용하고 교사 양성체계와 노동조건의 개선, 도서관을 비롯한 문화적 하부구조의 확충, 개방대학의 신설, 최신 기술을 활용하는 실험적 교육 단위의 편성, 교육문화채널의 도입 등을 실행할 것을 요구했다. 한편 스포츠에 대해 부르디외는 다음과 같은 정책적 주안점들을 제시한다(Bourdieu 1998b: 21). 스포츠의 교육적 가치를 강조할 것, 부패에 대해 강력한 조치를 취할 것, 젊은 선수들이 이적 시장에 의존하지 않고 발전할 수 있도록 도울 것, 동네 동호회들과 엘리트 스포츠 선수들 사이의 연속성을 복구할 것, 스포츠를 통해 이민자 자녀들의 사회 통합을 촉진할 것, 스포츠 현장 외에 스포츠 선수, 해설가, 관련 채널 등을 총괄하는 관련 법을 개발할 것 등이다. 부르디외는 이 모든 것이 스포츠 세계가 주창하는 가치들, 즉 상업주의에서 벗어나 경기 그 자체를 중요시하는 무사무욕한 태도와 공정한 경쟁의식을 복원하는 데 목적이 있으며, 이를 위해 특히 언론인의 역할이 중요하다고 역설한다.

장 미시적이고 비가시적인 수준(신체, 인지구조, 상징체계, 지식)까지 작용하는 권력 효과에 주의를 기울이며, 이성과 보편, 도덕의 담론 또한 급진적으로 역사화·맥락화시켜 사고하려 했던 두 학자의 지적 기획이 지닌 공통점을 감안할 때, 어느 정도 자연스러운 것이다. 하지만 부르디외는 푸코의 급진적 역사주의에 동조하면서도, 그러한 시각이 어떻게 허무주의적 상대주의로 빠지지 않고 비판과 진보의 기준을 정당화할 수 있는가 하는 문제를 사회학적으로 해결하고자 했다. 그는 역사적·사회학적 현실주의 위에 이성과 보편, 도덕의 기초를 재정립하고자 했던 것이다. 그에 따르면 "사실 우리에게 부과된 역사주의가 상대주의까지 부과하는 것은 아니고, 기존의 보편적 명제들에 대한 가치 부여를 가로막는 것도 아니며, 보편적 정치학, 진정한 이성과 보편의 현실 정치를 정초할 수 없도록 금하는 것도 아니다"(Bourdieu 1993c: 38).

부르디외는 합리적 역사주의의 입장을 견지하면서도, 비판과 진보의 준거를 유지하기 위해 '역사적인, 따라서 한시적인 보편'을 개념화한다. 우리는 보편성을 지향하며 그러한 가치가 부여된 사유형식과 문화 산물(수학, 물리학, 법, 세계종교 등)을 가진다는 점을 시인하는 동시에, 그것들이 역사로부터 벗어날 수 없는 사회 세계 안에서 생산된다는 사실

---

8) 실제로 부르디외는 자기 분야에서 축적한 권위를 정치적 힘으로 활용함으로써 학자적 전문성과 현실 참여 사이의 대립을 지양하고, 프랑스의 지식인 전통을 복원하는 데 이바지한 대표적인 인물로 푸코를 든다. 또 푸코와 부르디외의 지식인관이 지닌 유사성에 관련해서는 부르디외 자신이나 다른 사회학자들이 이미 여러 차례 환기한 바 있다(Bourdieu 2002b(2001): 470~75; Mauger 1995). 하지만 그들 사이의 차이점은 별로 주목받지 못했다. 기본적으로는 '권력'과 '주체성' 개념에 대한 푸코와 부르디외의 이해 방식의 차이로 말미암아 '이론'의 역할과 '계몽'의 의미에 대한 관점 또한 달라지는 것으로 보인다. 특히 푸코에게 있어 '이론'과 '지식'의 구분이 만들어내는 독특한 지식인관은 부르디외와 차별화되는 중요한 지점이다(Gros 1994 참조).

역시 인정해야 한다. 그 사회 세계란 행위자들이 보편적인 것에 이해관심을 가질 수 있도록 조직된 다양한 장을 말한다. 여기에는 먼저 일종의 "보편성을 띠는 인간학적 법칙"이 전제된다(Bourdieu 1994a: 240). 간단히 말해 보편성에 복종하는 것, 미덕의 외양을 취하는 것, 공식적인 규칙에 따르는 것에는 상징적인 이윤, 나아가 때로 물질적인 이윤도 있다는 것이다. 부르디외는 만일 인류가 조금이나마 보편적인 것을 생산했다면, 그 보편적인 것이 사람들에게 보편적으로 존중받기 때문일 것이라고 역설한다. '보편화의 이윤'은 보편적인 것을 진보시키는 역사적 원동력의 하나이다. 부르디외는 다음과 같이 주장한다. "미덕과 보편적인 것에 대한 위선적인 인정은 소여datum(칸트라면 이렇게 말했으리라), 즉 윤리가 정초될 수 있는 근본적인 여건이다. 모든 사회는 최소한 말로는 보편적인 것의 보편적 타당성을 인정하는 데 합의한다. [……] 보편적인 것에 대한 보편적인 인정은 그것이 진지한 것이든 위선적인 것이든, 진정이든 가식이든 매우 중요한 현상이다. 논쟁의 여지가 없는 이 소여는 절대주의적이지도 본질주의적이지도 않은 도덕의 경험적 토대를 이룬다. 이 도덕은 아주 현실주의적인데, 그것이 진정으로 보편주의적인 정치 행위의 '아르키메데스의 점'으로 구성되는, 인간적 열망의 가장 약한 지점에 근거를 두기 때문이다"(Bourdieu 1993c: 41).

달리 말해 특정한 시기에 특정한 가치나 덕목, 주장은 '보편적인' 것으로 받아들여지며, 사람들은 그것을 거부하기보다 인정함으로써 더 많은 상징이윤을 취할 수 있다. 예를 들어 인권이나 평등 같은 개념은 분명히 역사적으로 형성된 (그러므로 변화 가능성에 열려 있는) 가치이며, 어떤 맥락에서는 이데올로기로 작용하기도 한다. 그러나 그것은 대부분의 사람들(실제로는 그것을 원하지 않는 사람들까지 포함한)이 적어도 겉으로는 수용하거나 수용하는 척이라도 할 수밖에 없는 가치이기도 하다. 진실 역시 마찬가지다. 그것이 설령 역사적 특수성을 갖는 지식 체제의 잠정적인 산물이라 해도, 그 체제 안의 규칙과 절차에 따라 진실로서 합의된 이상, 사람들은 그것의 수용과 인정에 더 큰 이해관심을 가지는 것이다.

그러한 메커니즘을 이용한 '보편적인 것'의 역사적 형성을 가장 잘 보여주는 사례로서 부르디외는 문화 생산의 장들, 특히 과학 장champ scientifique과 관료제 장champ bureaucratique(즉 국가)의 발전을 든다. 이 장들은 보편적 가치를 최소한 말로만이라도 인정하고 보편적 규칙을 따를 때 생겨나는 이익을 노리는 '보편화의 전략'과, 공식적으로 보편을 자처하는 소세계들의 구조가 서로를 보강하는 식의 관계로 정립된 산물이다. 부르디외는 과학 장의 역사 속에서 행위자들이 합리적이고 무사무욕한 성향을 강화하면서 이성에 이해관심을 가지게 되었다고 지적한다(Bourdieu 1991b 참조). 마찬가지로 그는 근대국가가 다양한 형식의 자본—물리력 자본(군대, 경찰), 경제자본(특히 조세의 발명), 문화자본과 언어자본(표준어) 등—의 축적과 독점 과정을 통해 구축되면서, '보편적인 것'(법, 공익, 공공질서와 공공서비스) 역시 독점하게 되었다고 주장한다(Bourdieu 1994a: 99~133; 2012). 과학 장에서 이루어진 투쟁의 역사가 이성의 역설적 진보를 가져왔듯이,[9] 근대국가의 물리적·경제적·상징적 자본 독점의 역사는 보편과 일반 이익의 역설적 발

---

9) 부르디외에 따르면 과학 장에서 행위자들이 자신의 상징이윤을 극대화하기 위해 서로 투쟁하는 상황은 이성의 진보를 가져오는 "만인에 대한 만인의 비판적 교정"으로 전화될 수 있다. 단 여기에는 하나의 전제가 뒤따른다. 경쟁하는 개인들이 공통의 장애물을 극복하고 자신의 특수한 이해관심을 실현시키기 위해 가용한 모든 과학적 자원을 동원해야만 하는 식으로 지적 교환과 커뮤니케이션의 구조가 조직되어야 하는 것이다(Bourdieu 1991b: 20).

전을 가져왔다는 것이다.[10] 이 의도되지 않은 효과에 대한 인식은 우리

---

10) 부르디외에 의하면 국가가 징세의 권리를 자임하고 합법적 강탈을 일종의 공공서비스로서 인식시키는 데 물리력이나 (징수된 조세를 법령화하고 기록하고 관리하는) 문화적 수단들의 축적만 필요했던 것이 아니다. 그것에는 인정과 정당성, 권위와 같은 상징자본의 축적 또한 요구되었다. 이러한 과정은 양면성을 띠었다. 한편으로 그것은 집중과 통일, 보편화의 과정이었다. 즉 제각기 독자적인 화폐와 도량형과 방언 등을 가지고 세금을 걷던 지역들이 병립해 있다가, 화폐와 도량형과 언어를 통일한 하나의 국가로 이행하는 과정은 한층 고차원적인 보편화와 합리화로 나아가는 과정이다. 예를 들어 동일한 표준 미터법의 도입은 엄청나게 많은 잠재적 갈등을 조정하고 효율적인 일 처리를 가능하게 만들어주기 때문이다. 이러한 보편화 과정은 합리성과 규칙성으로 향하는 진보를 의미하지만, 다른 한편 독점화의 과정이기도 하다. 사실 국가를 구축한 사람들은 국가가 집중시킨 물리력, 경제자본, 상징자본 등을 독점할 수 있는 가능성 또한 가진다. 그러나 주목할 점은 국가와 더불어 "일반 이해에 봉사하는 척이라도 하지 않고는" 들어갈 수 없는 기묘한 게임이 발전했다는 것이다. 달리 말해 국가는 "보편적인 것"을 "가식적으로라도" 표방하지 않고는 상징이윤을 획득할 수 없는 장으로서 구성되었으며, 이는 "보편적인 것"의 정치를 가능하게 하는 바탕을 마련한다(Bourdieu 1993c; 1994a; 2012). 흥미로운 것은 이 지점에서 부르디외가 하버마스와 유사한 논법을 구사한다는 사실이다. 하버마스는 자유주의적 부르주아 공론장이 만들어낸 자기 이해가 "제한 없는 포용과 평등"이라는 점에 주목한다. "애초부터 부르주아 공론장의 보편주의적 담론들은 자기 지시적 전제들에 기초해 있었으며," 따라서 이질적인 집단들이 가하는 내부 비판의 수용을 통한 "자기 변형의 잠재력"을 지니고 있다는 것이다(Habermas 1992: 429). 보편주의적 지향성은 부르주아 공론장이 단지 남성이나 부르주아지 같은 지배 세력만이 아닌, 여성이나 민중 같은 피지배 세력에 의해서도 유리하게 이용될 수 있는 가능성을 제공한다. 이렇게 볼 때 하버마스가 정치의 무게중심을 공론장에 둔다면, 부르디외는 국가에 둔다고도 말할 수 있을 것이다. 부르디외에 따르면 이 국가는 마르크스적이라기보다는 "헤겔적 혹은 뒤르켐적 시각"에서의 국가이다. 즉 그것은 단순히 계급 기반의 국가로 환원되지 않는 "사회의 자의식"이다. "그것은 '스스로를 사유하는' 사회이다. 이 사회는 여러 갈등을 넘어 대립하는 이해관계들 사이의 타협점을 보편적인 것 속에서 발견한다. 보편적인 것이란 달리 말하면, 공공서비스, 일반 이익, 교육, 이해관계에서 벗어난 아마추어주의, 대규모의 독립적인 비영리 교육 조직 등이다. 헤겔적 국가 — 프랑스 제3공화국은 그러한 국가의 거의 정확한 구현체였다 — 의 한 가지 특수성은 그것이 〔……〕 사회보장과 건강 정책의 제공을 통해 **신체들**에 대한 책임감을 느낀다는 것이다"(Bourdieu 1998b: 20). 유념해야 할 점은 비록 명시적으로 언급하고 있지 않다고 해도, 부르디외가 '보편적' 국가의 형성과 유지에 민주적 공론장의 구축이 핵심적이라는 것을 스스로 충분히 인식하고 있었으리라는 사실이다. 그는 과학 장에서 보편적인 것(진리)을 생산하려면 무엇보다도 합리적 커뮤니케이션 구조를 구축해야 한다고 여러 차례 역설한 바 있는데, 이는 국가에 대해서도 마찬가지로 적용 가능한 논리일 것이다.

가 보편을 역사적으로 사유하면서도 정치적 준거로 이용할 수 있게끔 해주며, 진보의 잣대를 확보할 수 있게 해준다. 이성과 윤리, 미덕이 하늘에서 떨어진 것도 아니고 정신이나 언어 속에 본래 새겨져 있는 것도 아닌 역사의 산물이라면, 우리는 그 '보편적인 것'이 출현한 역사적 조건들로부터 그것을 성취할 수 있는 여건의 창출을 목표로 하는 정치 프로그램을 끌어낼 수 있을 것이라는 논리이다.

이러한 맥락에서 부르디외는 '보편적인 것의 현실 정치'의 실행 방식으로 다음과 같은 몇 가지를 꼽는다. 첫째, 마치 보편적이고 자연적인 듯 제시되는 특수성들을 역사화하는 것이다. 예컨대 국가적 전통이나 정신구조, 사유 범주 등과 같은 특수성의 역사적 조건들을 발견하기 위해 그것들을 역사화하는 작업은, 우리에게 특수주의와 싸우고 나아가 특수주의로부터 벗어나 보편화를 지향할 수 있는 무기를 준다. 둘째, 한 사회를 그것이 표방하는 '공식적 수사학' '도덕적 명령' '이상적 이미지'의 차원에서 곧이곧대로 받아들이는 것이다. 예를 들어 우리는 자유, 평등, 박애, 민주주의, 인권을 공식적으로 주장하는 사회에 대해, 그것을 실제로 구현하도록 요구할 수 있으며 그렇지 못한 현실을 비판할 수 있다. 가장 이상적인 유토피아의 기획은 한 사회가 스스로에게 부여하는 관념의 실현을 위해 노력하도록 만드는 것이다. 셋째, '보편적인 것'에 대한 접근 조건들을 보편화하는 것이다. 인류가 성취한 보편적 문화 산물들(과학, 문학, 철학, 법 등)에 접근할 수 있는 가능성은 현실 속에서 매우 불균등하게 분포되어 있다. '보편적인 것'에 대한 접근 조건들을 보편화하기 위해, 감춰진 불평등의 메커니즘을 밝히고 그것을 극복하기 위한(예를 들어 정치적 합리성이나 미학적 능력을 가지기 위한) 사회경제적 조건들을 규명하는 작업은 하나의 출발점이 되며, 국가의 공익적 기능을 유지·강화시키는 일 또한 매우 중요한 과제가 된다(Bourdieu 1993c: 44~46).

부르디외에 따르면 이와 같은 정치 활동은 고립된 개개인의 수준에서가 아니라 집단적인 차원에서 수행되어야 한다. 그는 종종 "지식인들이 자기 개인의 가치는 과대평가하는 반면, 집합적 힘은 과소평가한다"고 말한 바 있다. 가능한 다른 보편의 형식들을 구체적인 현실 속에 실현하기 위해, 그는 푸코가 말하는 의미에서 특수한 지식인들을 학문 분과와 국경을 넘어선 집합적 지식인 안에 규합하고, 비판적인 사회운동과 연계해 정치·경제·미디어 권력에 맞서는 효과적인 대항 권력으로 정초해야만 한다고 주장했다. 보편에 이해관심을 지닌 문화 생산자들이 역사적으로 구성된 장 안에서 세계에 대한 더 보편적이고 진실한 표상들을 생산해내려면, 그러한 생산의 자율성을 위협하는 외부의 힘에 공동으로 저항해야 한다는 것이다. 이러한 활동은 그람시Antonio Gramsci가 제시한 바 있는 이른바 '유기적 지식인'의 신화를 버릴 것을 요구한다.[11]

부르디외는 지식인을 비롯한 문화 생산자들이 설령 조합주의의 혐의를 받는 한이 있더라도, 자기들의 고유한 이해관심을 방어하기 위해 집단적으로 노력해야 한다고 본다. 무사무욕désintéressement에 집단적 이

---

11) 그람시가 말하는 '유기적 지식인intellectuel organique'은 경제적 생산에서 기본 기능을 담당하는 사회집단들(즉 자본주의사회에서는 자본가계급과 노동자계급)에 의해 창조·발전되며, 그 집단에 동질성을 부여하고 다양한 영역에서 집단의 기능에 대한 자기 인식을 제공한다는 데 그 핵심이 있다(강수택 2001: 4장; Gramsci 1971/1993: 11~34 참조). 이는 '유기적 지식인'이 그 형성과 활동, 기능 면에서 계급적 이해관계와 분리 불가능한 집단이라는 의미이며, 따라서 지식인 고유의 영역과 이해관계를 전제하는 부르디외식의 '집합적 지식인'과는 근본적으로 궤를 달리한다. 하지만 그람시는 이 계급 구속적인 지식인들이 항상 자신의 발생 조건을 초월해 어떤 보편적 가치를 포함하는 문화를 생산한다고 주장했다는 점에서 부르디외의 시각과도 어느 정도 통하는 측면이 있다.

해관심을 지니는 이들만이 이성과 보편적인 것의 진보를 가져올 수 있으며, 궁극적으로는 인류에 기여할 수 있을 것이기 때문이다. 부르디외가 "보편적인 것의 조합주의" "지식인의 인터내셔널" "이성의 현실 정치" 등을 강조하는 것도 이러한 의미에서이다. 그의 말을 직접 빌리자면, "어떤 지식인들이 때때로 내세우는 보편적인 것의 대리인으로서의 기능은 문화적·사법적·과학적·문학적·예술적 생산의 모든 장 안에 존재 이유이자 이상적 규범으로서 새겨져 있다. 그것은 끝없이 위반되거나 단순히 망각되더라도 강력한 사회적 효과를 행사할 수 있다"(Bourdieu 2002b[1995]: 287~88).

미디어 실천의 전략과 성과

부르디외는 "상징권력들 가운데 가장 덜 부당한 권력인 과학의 해방적 미덕"을 믿는다고 자인하면서, 설령 그것이 어느 정도 사회적 재생산에 공모한다 하더라도 과학과 교육이야말로 지배 관계를 해체시킬 수 있는 가장 막강한 수단이라고 역설했다(Bourdieu 1982b: 56). 그에 따르면 상징적 지배의 경우 그 메커니즘에 대한 과학적 인식 자체만으로도 비판의 효력을 발생시킬 수 있다. 상징폭력은 그것이 이루어지는 조건과 수단에 대한 무지와 오인을 기초로 이루어지기 때문이다. 물리적 세력 관계의 수준에서가 아니라, 의미와 인식의 수준에서 행사되는 상징폭력이란 "오인 속에서 오인에 의해 완성되는 폭력"이다(Bourdieu 2002b[1982]: 173). 즉 지배를 당하는 사람들의 무지, 무의식적인 방조, 착각이 그 폭력을 가능하게 하는 전제인 것이다. 상징폭력의 가해자와 피해자가 폭력 행사의 사실을 모를수록, 상징폭력은 더 효과적으로 행사된다(Bourdieu 1998a: 39~48). 그러므로 사회학이 그러한 지배의 사실과 효과를 기술하고, 그 감춰진 메커니즘을 폭로하기만 해도 상당한 효과를 거둘 수 있는 것이다. 사회적 진실에 대한 과학적 탐구와 계몽은 무엇보다도 기존의 상징질서를 변화시키기 위한 개입이라 할 수 있다. 부르디외는 그동안 "사회 세계에 대한 표상을 변화시킴으로써 사회적 삶을 변화시키는 정치적 힘"이 과소평가되었다고 지적하면서, 사회학은 정신구조와 사회구조 사이의 즉각적인 조화를 결렬시킬 수 있는 무기를 제공한다는 점에서, 상징폭력에 대항할 수 있는 거의 유일한 현실적 방어책이라고 주장했다(Bourdieu 2002b[1977]: 103).

하지만 현실에서 사회학자가 과학적 지식을 획득하고 그것을 공표한다고 해서, 곧바로 광범위한 정치적 효과가 생산될 수 있는 것은 아니다. 무지와 오인을 통해 (더 효율적으로) 작동하는 사회적 진실(즉 부르디외가 말하는 지배 관계 유지와 재생산의 진실)은 그러한 메커니즘을 변화시키거나 전복하는 데 이해관계를 가진 피지배 집단에게 널리 알려질수록 의미 있는 효과를 촉진할 가능성이 더욱 커진다. 그런데 문제는 학문적 성과물 역시 다른 문화 산물과 동일한 사회적 유통 법칙 아래 놓인다는 데 있다. 즉 문화적으로 박탈된 집단일수록 과학적 지식에 접근할 가능성이 적고, 그러한 박탈의 효과에 대해 인식할 수 있는 확률이 극히 낮아지는 것이다. 따라서 과학의 성과를 피지배 집단에게 계몽할수 있는 전달 수단의 확보와 이용이 긴요한 과제로 떠오른다. 한 사회의 상징적 지배의 핵심 수단인 교육과 미디어는 그 지배에 저항하는 데에도 핵심 거점이 될 수밖에 없다. 과학적인 연구 작업을 위해 과학 장의 자율성을 증진시켜야 하듯, 그 결과의 광범위한 전파를 통한 계몽을 위해서는 특히 미디어의 대규모 전달 능력을 적절하게 이용할 수 있어야 한다. 특히 그것이 '실력 없는' 지식인들의 상징적 영향력을 강화하는 데 쓰이는 것이 아니라, 전문가와 과학자 들의 발견 내용을 전파하는 데 쓰일 수 있게끔 만들어야 한다는 것이다. 그의 말을 빌리자면 "상징적 지배에 대항하는 방어 무기의 배포"가 관건인 셈이다(Bourdieu 1980c: 13).

충분히 예상할 수 있듯 이는 쉬운 일이 아니다. 부르디외가 보기에 사회 세계에 대한 담론의 생산을 둘러싸고 사회학자나 정치인 들과 경쟁하는 언론인들은 대부분 여러 가지 이유로 사회적 진실의 유통을 막는데 이해관계를 가진다. 게다가 그들은 의심받지 않는 합의된 문제틀(즉독사) 위에서 잘못된 문제를 제기하기 일쑤이다. "경쟁과 상호 의존의 네트워크 안에 사로잡혀 있는 이 모든 언론인들이 낳은 그릇된 문제들에 대한 합의는, 평소에는 잊혀져 있다가 위기의 시기에만 솟아오르는 온갖 진짜 문제들을 감추는 효과를 가진다"(Bourdieu 1991a: 114). 저널리즘 장의 상업화 경향은 한층 효율적인 검열 메커니즘으로 작동한다. 이러한 현실 인식 위에 부르디외는 학문 장의 혁신을 통해 학문 생산의 자율성을 강화하고 그 안에서 생산된 사회적 진실을 공중에게 효율적으로 전달하기 위해, 기존의 미디어를 이용하는 수준을 넘어선 다양한 출판 전략을 펼치기에 이른다.

언론인으로서 부르디외의 미디어 실천은 크게 세 가지 노선을 따라 짜였던 것으로 보인다. 하나는 1960~70년대에 사회과학 총서와 사회과학 전문 학술지를 통해 프랑스의 사회과학계에 혁신을 일으키고자 했던 활동이다. 또 하나는 1980년대 말 범유럽 서평지의 창간을 매개로 유럽 차원의 지적 공론장을 일구어보고자 했던 시도이다. 끝으로는 1990년대 중반 사회운동 단체를 결성하고 이를 출판운동과 결합시킴으로써 공중과 직접적으로 소통하며 좌파 정치를 전개했던 실험이다. 이러한 실천들은 모두 학문 장의 자율성 증진, 집합적 지식인의 구축, 그리고 부르디외의 표현대로라면 "말하기보다는 말해지는" 사람들, "말이 없는 사람들"에게 말을 되돌려주는 작업이라는 함의를 띠고 있었다.[12] 특히 마지막 의미와 관련해, 부르디외는 다음과 같이 언급한 바 있다. "문제는 정당하지 않은, 비주류의, 이단적인 말에 약간의 힘을 더해 주는 것이다. 과학은 정의상 비주류이며 역설적이다. 그것은 일상적 토론이 실어 나르는 공통된 의견이나 신념과 단절한다. 이 비주류의 말에 약간의 사회적 힘을 부여하는 것이야말로 내가 전투적이라고 여기는 행동이다"(Bourdieu 1991a: 117).

사회과학 총서와 전문지를 통한 개입

1966년부터 부르디외는 당시 사뮈엘 베케트와 클로드 시몽Claude

---

12) 이러한 목표 설정은 사실 프랑스 공공 지식인의 전통에서 낯선 것이 아니다. 1971년 푸코는 들뢰즈 등과 더불어 '감옥에 관한 정보 집단Groupe d'Information sur la Prison, GIP'을 창설해, 형벌 제도와 수감자들의 문제를 제기하고 실천적으로 탐구했다. 이와 관련해 푸코는 들뢰즈와 가진 대담에서 대중이 지식인보다 더 잘 알고 있고 스스로를 확실하게 표현할 수 있지만, 대중의 지식과 담론을 금지하고 방해하는 권력 체계 역시 존재한다고 주장한다. 그러므로 지식인은 대중의 의식을 일깨우기 위해서가 아니라, 권력을 붕괴시키기 위해 싸워야 한다는 것이다(Foucault 1972: 308). 1973년 사르트르와 푸코 등은 "민중에게 말을 되돌려준다"는 명분을 내건 좌파 성향의 일간지 『리베라시옹Libération』을 창간하는 데 참여했다. 부르디외가 '정치적 대표성의 신비'를 급진적으로 비판할 때, 또 민중이 스스로의 대변자가 되어야 한다고 역설할 때, 그는 공공 지식인들이 상상해온 계몽의 이상적인 상태를 말하고 있는 듯 보인다. "사람들 개개인에게 자기만의 변론술을 갖출 수 있는 수단을 주는 것, 프랑시스 퐁주Francis Ponge의 말처럼 자신만의 진정한 대변인이 될 수 있는 수단을 주는 것, 말해지는 대신 말하는 수단을 주는 것, 이는 모든 대변인들의 야심이 될 것이다. 대변인들이 스스로의 소멸을 위한 기획을 향해 나아간다면, 아마도 그들의 현재 모습과는 완전히 딴판이 될 것이다. 한 번쯤은 그런 꿈을 꿔볼 수도 있지 않을까……"(Bourdieu 1980b: 18; 1981a 참조)

Simon, 알랭 로브-그리예Alain Robbe-Grillet 같은 아방가르드 작가들의 책을 주로 내고 있었던 미뉘 출판사에서 '공통감각'이라는 이름의 총서를 기획·출간했다.[13] 프랑스에서 1960년대 중반은 사회학, 인류학, 언어학 등 인문사회과학이 대학 내에서 제도적 입지를 구축하기 시작한 때인 동시에 레비-스트로스, 라캉, 바르트, 푸코 등 몇몇 저자들이 대학의 테두리를 넘어 독서 공중의 광범위한 관심을 모으기 시작한 시기였다. 역사학자 자크 르벨Jacques Revel은 이러한 시기적 맥락 속에서 '공통감각'이 보여준 두 가지 특징을 지적한다. 우선 이 총서가 프랑스 인문사회과학의 변방성과 후진성에 대한 강한 문제의식을 가지고, 번역을 통해 그러한 지체를 만회하고자 했다는 것이다. 이는 부르디외가 독일 철학과 영미 문화인류학으로 자기 학문의 기초를 닦았던 경험과도 무관하지 않을 터이다. 그리하여 1966~80년에 '공통감각' 총서로 출간된 50여 종의 책 가운데 절반 이상이 번역이었으며, 그것도 분량과 내용 면에서 모두 상당히 묵직한 책들이었다. '공통감각'은 또한 그 무렵 인문사회과학의 새로운 주류로 떠오르고 있었던 구조주의 운동에 대해 비판적인 입장을 취했다. 부르디외는 레비-스트로스와 알튀세르 식의 구조주의를 지양하고자 했으며, 바르트의 기호학이나 푸코의 담론분석이 함축하는 텍스트 중심주의 역시 경계했다.[14]

---

13) 부르디외가 '공통감각' 총서를 시작한 연도는 일반적으로 1964년으로 알려져 있었다. 1964년 출판된 『상속자들』이 이 총서의 한 권이었기 때문이다. 그런데 르벨은 『상속자들』이 원래 '자료Documents' 총서로 나왔다가 이후에 '공통감각' 총서로 편입되었다고 지적하며 후자가 1965년부터 시작되었다고 정정하는데, 아쉽게도 그 시작 연도와 관련된 뚜렷한 근거는 들지 않는다(Champagne et al. 2004: 59~60). 이 장에서는 1966년으로 썼는데, 이는 미뉘 출판사 홈페이지의 소개문과 볼탕스키의 증언에 따른 것이다(Boltanski 2008: 17; www.leseditionsdeminuit.fr).

14) 예컨대 바르트를 비판하며 과학적인 기호학의 정립을 주창한 언어학자 조르주 무냉Georges

이 총서에는 크게 세 부류의 책들이 포함되었다(Champagne et al. 2004: 61~63). 우선 잘 알려져 있지 않거나 잘못 알려져 있는 프랑스 안팎의 고전들이 새로 편집되거나 번역되었다. 에밀 뒤르켐과 마르셀 모스의 저작 선집, 모리스 알박스의 『사회계급과 형태론*Classes sociales et morphologie*』, 에른스트 카시러의 『상징형식의 철학*Philosophie der symbolischen Formen*』 전 3권을 비롯한 대부분의 주저, 에르빈 파노프스키의 『고딕건축과 스콜라철학』과 『상징형식으로서의 원근법*Die Perspektive als "symbolischen Form"*』, 미하일 바흐친Mikhail Bakhtin의 『마르크스주의와 언어철학*Marksizm i Filosofiya Yazyka*』 등이 그 예이다. 다음으로 부르디외 자신을 비롯한 유럽사회학연구소의 신진 연구자들의 저작이 총서를 통해 발간되었다. 또한 신진 연구자들이 번역자로서 참여한 경우도 많았다. 끝으로 (유럽사회학연구소와 무관한) 동시대의 뛰어난 전문 연구자들의 책이 총서를 통해 소개되었다. 예를 들면 에밀 벤베니스트Émile Benveniste의 두 권짜리 대작 『인도·유럽사회의 제도·문화 어휘 연구*Le Vocabulaire des institutions indo-européennes*』라든지 레몽드 물랭Raymonde Moulin의 『프랑스의 미술 시장*Le Marché de la peinture en France*』, 알렉상드르 마트롱Alexandre Matheron의 『스피노자 철학에서 개인과 공동체*Individu et communauté chez Spinoza*』, 루이 마랭의 『담론 비판*La Critique du discours*』 등이다. 같은 맥락에서 프랑스 저자들뿐만 아

Mounin의 책이 '공통감각' 총서의 한 권으로 나온 것도 그러한 배경에서였을 것이다. 르벨은 '공통감각'과 같은 해에 갈리마르Gallimard 출판사에서 역사가 피에르 노라Pierre Nora의 주도 아래 출범했던 '인문학 서가Bibliothèque des sciences humaines' 총서 역시 번역에 많은 비중을 할애했고 구조주의와 거리를 두었다는 공통점을 지녔다고 지적한다. '인문학 서가'는 구조주의자 가운데 가장 비정통적이었던 푸코의 저작들을 제외하고는 구조주의 관련 저서를 펴내지 않았다(Champagne et al. 2004: 60~61).

니라 영미권 저자들의 번역 출간도 두드러졌다. 『수용소*Asylums*』를 비롯한 어빙 고프먼의 저서 여섯 권, 윌리엄 라보프william Labov의 『사회언어학*Sociolinguistic Patterns*』, 잭 구디Jack Goody의 『야생 정신 길들이기*The Domestication of the Savage Mind*』, 리처드 호가트의 『교양의 효용*The Uses of Literacy*』, 모지스 핀리Moses Finley의 『고대 노예제와 근대 이데올로기*Ancient Slavery and Modern Ideology*』, 존 설John Searle의 『의미와 표현*Expression and Meaning*』 같은 책들이 '공통감각'을 통해 프랑스에 알려졌다. 총서의 목표는 이처럼 고전의 발굴과 재정리, 그리고 동시대의 국제적 연구 성과들의 유통을 통한 이론문화의 발전에 있었다. '공통감각'은 부르디외가 1992년 출판사를 쇠이유로 옮기고 그곳에서 '리베르Liber' 총서를 발간할 때까지 모두 76권의 책을 총서 목록에 올리며 프랑스 사회과학계에서 중요한 역할을 수행했다.[15]

한편 1975년 1월 부르디외는 사회과학 전문 학술지 『악트』를 창간한다.[16] 이 잡지는 부르디외의 학문적·정치적 노선을 따라가며 근 40년간 프랑스 사회과학계를 혁신했다. 부르디외는 무기명으로 발표한 첫

---

15) 총서의 학술적 의의를 보여주는 단적인 사례로 뒤르켐주의의 부활을 들 수 있다. 20세기 초반 사회학을 주도했던 뒤르켐주의는 양차 대전 사이 쇠퇴했다가 1960년대 말에 이르러 되살아나는데, 이 현상은 부르디외의 개입 덕분으로 평가받는다. 부르디외는 '공통감각' 총서를 통해 1960년대 말부터 1970년대 중반까지 마르셀 모스 전집과 뒤르켐 선집의 출간을 주도했다. 물론 뒤르켐주의의 복권에는 단순히 성공적인 출판 기획만이 아닌, 부르디외 자신의 독창적 작업이 기여한 바가 크다고 할 수 있다. 즉 뒤르켐식 전통이 미국식 실증주의나 정통 마르크스주의, 구조주의에 비해 어떤 장점을 가지는지 부르디외의 사회학이 생생하게 입증했다는 것이다(Broady 1997: 98).

16) 이 잡지는 당시 학계의 거물이었던 역사학자 페르낭 브로델과 미뉘 출판사 사장 제롬 랭동의 후원을 받았다. 볼탕스키의 회고에 따르면 『악트』 첫 호는 발간 2주 만에 초판 2천 부가 다 팔렸고, 재판도 거의 비슷한 정도로 소진되는 인기를 누렸다. 잡지는 창간 1년 만에 정기 구독자 수 1,400명을 기록했다(Boltanski 2008: 15~42).

호의 짧은 발간사에서 다음과 같은 취지를 밝혔다. "진실한 관념의 내생적 힘을 믿는다면 모르지만, 우리가 믿음의 매력과 단절하려면 상징폭력에는 상징폭력으로 맞서야 하고, 필요하다면 과학적 이성의 논쟁에 의해 쟁취된 진실들을 위해 논쟁의 무기를 활용해야 한다"(Bourdieu 2002a[1975]: 121). 처음에는 연간 6회 발간을 시도했다가 1980년부터 계간으로 정착한 『악트』는 편집 디자인을 위해 유명한 만화가 장-클로드 메지에르Jean-Claude Mézières의 도움을 받았으며, 전문 타이포그래퍼를 고용했다. 그리하여 큰 사진과 자료, 인터뷰, 만화 등을 과감하게 텍스트와 함께 배치하는 혁신적인 디자인이 태어났다. 잡지는 논문의 양과 형식 또한 규제하지 않고, 연구 노트부터 강연 원고, 연구 기획서, 책 한 권 분량의 논문 등 기능이나 스타일 면에서 이질적인 텍스트들까지 함께 실으면서, 기존 학술지와 달리 연구자의 작업장을 직접 보여주고자 했다. 이는 '연구 행위'가 이루어지는 방식, 즉 사회적 통념과 단절하면서 연구 대상이 구성되는 방식을 보여주려는 시도로 평가할 수 있다.

『악트』는 학술적인 형식주의를 배격하고, 연구를 표준화하고 규범화하는 힘에 저항하려는 의지를 내세웠다. 부르디외는 창간사에서 "입증의 엄밀성 그리고 부차적으로는 가독성의 추구라는 정언명령만을 인정하는 것, 이는 대학 장의 예법과 규범에 순응하려는 배려가 자아내는 검열, 기교, 타락으로부터 해방되는 것"이라고 썼다(Bourdieu 2002a[1975]: 120). 『악트』는 또 독자 공중과 멀어지지 않으려는 의도로 "(일정한 구조에 따라 조직된) 사진들과 분석적 텍스트에 의해" "하나의 분석을 두 가지 방식으로 표현하려고 노력"했다(Bourdieu & Haacke 1994: 110). 부르디외가 노린 것은 일종의 콜라주를 통한 새로운 의미

생산과 계시의 효과였다. "자료와 사진, 논문의 발췌문을 분석 텍스트 속에 가져다 붙이는 일 자체가 텍스트와 자료의 위상을 완전히 변화시킨다. 일상 속에서 그저 건성으로 읽히던 대상이 갑작스럽게 놀랍고도 충격적인 모습을 가질 수 있는 것이다"(Bourdieu 2002b[1999]: 375).[17] 『악트』는 역사학 전문지 『아날Annales』을 제외하면 프랑스 사회과학지들 가운데 외국 저자의 기고와 번역 논문이 가장 많은 국제적인 성격을 띠었다. 에릭 홉스봄Eric Hobsbawm, 레이먼드 윌리엄스Raymond Williams, 위르겐 코카Jürgen Kocka, 테다 스카치폴Theda Skocpol, 노르베르트 엘리아스, 카를로 긴즈부르그Carlo Ginzburg, 로버트 단턴Robert Darnton, 아롱 시쿠렐 등 저명한 세계적 연구자들이 이 잡지의 필자로 참여했다.

사회학자 바캉에 따르면 『악트』는 '문화재화의 경제' '사회집단과 범주의 구성' '지배와 재생산 전략' '교육제도' '지적 실천과 연구 행위' 같은 부르디외 사회학의 주제들을 오랫동안 되풀이해 다루었다. 그런데 『악트』의 또 다른 중요한 특징을 들자면, '과학적인' 관점에서 공론장의 논의에 개입하려는 의지를 보여주었다는 것이다. 즉 어느 정도 시간적인 지체를 무릅쓰면서도, 이 잡지는 시사 문제를 학술적으로 조명함으로써 사회과학의 자율성을 확인하고 시민 윤리적 임무 또한 수행했다고 할 수 있다(Wacquant 2002). 이는 중요한 정치적·사회적 사건들과 관련된 잡지의 특집 주제 속에서 명백히 드러난다. 구체적인 예로 1980년 "아프가니스탄"(소련의 아프가니스탄 침공), 1988년 "정치를 다시 사

---

17) 르벨은 이 잡지가 뒤르켐이 창간한 『사회학연보L'Année sociologique』와 여러모로 유사성을 갖는다고 지적한다. 부르디외의 연구 프로그램을 따르는 연구자들의 논문을 싣는 일종의 "학파의 잡지"라는 점이나, 사회학적 방법의 중요성을 강조하는 비판적 논평들을 싣는 점 등이 그렇다는 것이다. 연구자의 '작업장'이라는 이미지 역시 부르디외 이전에 뒤르켐이 활용한 것이다(Champagne et al. 2004: 64~67).

유하기"(프랑스 대통령 선거), 1990년 "레닌주의의 위기"(동유럽의 탈공산화), 1991년 "고통"(사회당 정권의 지속적인 우경화), 1996년 "저널리즘의 패권" "작업장에서의 새로운 지배 형식"(1995년 노동자 총파업), 1998년 "동성애"(1997년 시민연대협약 논란), "복지국가에서 형벌국가로," 1999년 "이민의 위법행위"(국적법 논란), 2000년 "노동에서의 정보기술" "전 지구화의 사회학"(신자유주의적 전 지구화 반대 운동) 등을 들 수 있을 것이다. 『악트』에 실린 논문들은 대개 부르디외 사회학이나 사회사의 시각에서 주제에 접근한다는 특징이 있다. 이 잡지는 미뉘에서 쇠이유로, 그리고 다시 자체 출판사로 발행처를 옮겼으며, 지금까지 계속해서 발간되고 있다.

국제적 서평지의 실험

1989년 10월 부르디외는 1년여의 준비를 거친 서평 전문지 『리베르 *Liber*』를 창간했다.[18] '책livre'과 '자유로운libre'의 어원인 라틴어에서 따온 제목에서 알 수 있듯이, 이 잡지는 책의 해방적인 힘을 믿는다는 의미를 담고 있었다. 『리베르』는 몇 가지 점에서 기존의 서평지들과는 다른 특징을 보여주었다. "유럽 서평지Revue européenne des livres"라는 부제

---

18) 사회학자 카사노바에 따르면 '유럽 서평지'의 창간을 통해 유럽 학자와 예술가 들의 네트워크를 구축하려는 부르디외의 시도는 이미 훨씬 이전부터 시작되었다. 그는 이 프로젝트를 위해 1985년 11월 콜레주드프랑스에서 모임을 주관했는데, 여기에는 엘리아스가 직접 참석했고, 하버마스와 쥘 뷔유맹 등이 발표문을 보냈다. 부르디외는 이 프로젝트가 저널리즘의 권력 남용에 맞서서 문화 생산자들이 스스로를 방어하고 정치적으로 논쟁의 가치가 있는 사안들을 직접 규정하는 힘을 확보하는 데 있음을 분명히 했다. 흥미롭게도 이 '유럽 서평지'는 『뉴욕 서평지*New York Review of Books*』라는 현존하는 구체적 모델을 가지고 있었다. 부르디외는 이 잡지가 대상 도서와 비평자의 선정이 탁월하고 글의 길이도 충분하며 무엇보다도 독립적이라는 측면을 높이 평가했다(Casanova 2004: 419~21).

에서 드러나듯, 특정한 국가의 경계를 넘어 유럽 전체를 하나의 권역으로 묶는다는 점에서 특이했다. 그러한 국제적 연대를 위해 각국의 대표적인 권위지를 이용한 대중화를 시도한 점 역시 주목할 만했다. 즉 처음에 『리베르』는 『르 몽드』(프랑스), 『더 타임스 리터러리 서플먼트 *The Times Literary Supplement*』(영국), 『프랑크푸르터 알게마이네 차이퉁 *Frankfurter Allgemeine Zeitung*』(독일), 『린디체 *L'Indice*』(이탈리아), 『엘 파이스 *El País*』(스페인) 등 다섯 개 신문의 무료 부록 형식으로 발간되었다. 이처럼 이 잡지는 책을 매개로 한 유럽 지식인들 간 지적 토론과 유대 구축의 장으로 출현했다.

부르디외는 『리베르』의 존재 이유가 현실주의적 국제주의에 효과적으로 기여하는 데 있다고 말한 바 있다. 이를 위해 두 가지의 상호 보완적인 전략이 쓰였다. 하나는 유럽 독자들에게 다른 나라의 작가, 작품, 제도, 전통에 친숙해지게 하고, 더불어 자기 나라의 특수성을 알려주는 것이다. 이를 위해 어떤 국가의 특집을 꾸미거나, 몇몇 고정란을 통해 나라별 특징과 관련된 정보나 분석을 제시한다. 다른 하나는 동일한 대상에 대한 유럽 각국의 상이한 분석들을 한자리에 모으고 서로 맞세우는 것이다. 예컨대 '지식인'에 관한 특집호는 그 개념의 정의나 발전 과정이 나라별 고유한 전통에 따라 다르다는 것을 일깨워준다. 이러한 지식의 교류를 통해 국가적 한계를 넘어선 일종의 '집합적 지식인'을 구축하는 데 『리베르』의 목표가 있었다(Bourdieu 2002b〔1995〕: 284). 한편 부르디외가 『리베르』를 통해 강조했던 유럽은 몇 가지 특징을 지닌다. 일단 그것은 역설적이지만 유럽 중심주의를 넘어서 아프리카나 아메리카 등 다른 대륙들에 열려 있었다. 그것은 또 동유럽과 중부 유럽, 그리고 유럽 안의 작은 국가들에 각별한 주의를 기울였다. 그리하여

『리베르』에는 벨기에, 네덜란드, 폴란드, 체코, 헝가리, 루마니아 등에 관한 글, 혹은 이들 나라 출신 작가의 텍스트가 종종 실렸다. 궁극적으로 그것은 '경제적인' 유럽이 아니라 '문화적인' 유럽, 즉 지식인들의 유럽, 창작과 사상의 유럽을 지향했다. 부르디외는 이러한 유럽을 보편적인 것을 향한 첫걸음으로 여겼다(Champagne et al. 2004: 81~82).

『리베르』의 정착 과정이 그리 순탄했던 것은 아니다. 창간호 이후 잡지가 몇 차례 나오지도 않은 상태에서 신문들은 하나둘씩 협력을 포기했다. 그 결과 『리베르』는 7호(1991년 9월)부터 15호(1993년 9월)까지는 『악트』의 부록으로만 명맥을 유지했고, 외국 신문으로는 『린디체』에서만 그것도 20쪽짜리 별도의 부록이 아니라 4쪽의 간지 형식으로 발간했다. 이 중간 단계의 실패 이유로는 다음과 같은 것들이 꼽힌다. 계간이었다가 부정기적이 된 발행 주기가 기존 일간지나 주간지와 호흡을 맞추기에 적절하지 않았다는 점, 『리베르』의 잠재적인 독자군을 구성하는 이들에게 훨씬 더 매력적인 서평 전문지들이 많았다는 점, 20쪽 정도로 분량이 너무 적고, 서평지이면서도 예술, 문학, 언어에 특히 초점이 맞추어져 있었으며, 내용에서도 상당히 사회학 중심적인 편향을 보였다는 점, 유행과 선정주의를 배격하고 시사 문제도 충분한 시간을 가지고 다루다 보니 시의성이 떨어졌다는 점, 그리고 디자인이나 판형, 편집상의 기술적 문제점 등이다. 잡지 내적인 문제 외에도 행정적·조직적·경제적 문제 역시 적지 않았다. 편집위원회 조직의 인적 구성과 내부 조정 체계가 미비해 빚어진 불협화음, 무급의 자원봉사자 통신원 수십 명을 이용한 집필과 번역 체제의 난점, 그리고 처음에 공공기관들(콜레주드프랑스, 유럽사회학연구소, 사회과학고등연구원EHESS, 영국문화원, 유럽공동체EC의 문화위원회 등)의 후원을 받다가 점점 그것이 어려워지자 불거진 재정적 곤경 등이 그것이다(Collier 1993: 293~97). 협력 관계에 있던 신문들이 제각기 부딪힌 경제적 어려움 역시 큰 난관으로 작용했다.

난항을 겪던 『리베르』는 16호(1993년 12월)부터 다시 외국의 네트워크를 확장하고, '리베르를 위한 독자 모임Association Liber'의 결성을 통해 회비 형식의 기부금 회원을 모집하는 등 개선의 노력을 통해 발행과 운영이 궤도에 오르게 된다. 이후 독일, 불가리아, 헝가리, 스웨덴, 이탈리아, 체코, 루마니아, 그리스, 터키, 노르웨이, 스페인에서 『리베르』의 현지판을 발간했다. 『리베르』는 6호부터 부르디외가 실질적인 편집 책임자로, 11호부터는 공식적인 편집 책임자로 활동하게 되었고, 18호(1994년 6월)부터 부제를 "국제 서평지Revue internationale des livres"로 변경했다(Bourdieu 2002b: 85~86). 잡지에는 하버마스, 홉스봄, 데리다, 노르베르토 보비오Norberto Bobbio, 장 스타로뱅스키Jean Starobinski 등 스타급 필자들이 부정기적으로 기고를 함으로써 나름대로의 위상을 확보하는 데 기여했다. 하지만 잡지의 안정성은 무엇보다도 매호 특정한 시각과 풍부한 정보로 단일한 주제에 초점을 맞출 수 있는 저력으로부터 나왔다고 평가된다(Collier 1993: 298~99). 이렇게 약 10년간 명맥을 이어간 잡지는 결국 1998년에 종간호를 내며 그 실험을 마무리했다.

사회학자 파스칼 카사노바는 『리베르』의 실험에서 두 가지 특징적인 면모를 지적한다(Casanova 2004: 425~26). 우선 그것이 집합적 지식인을 구현하려는 부르디외의 구체적 시도였다는 것이다. 『악트』가 사회과학 연구자들을 학문적 보편의 생산자로서 연합시키고자 했다면, 『리베르』는 작가와 예술가 들을 독립적이고 전문적인 문화 생산의 수호자로서 포섭하고자 했다. 이러한 맥락에서 부르디외는 베를린 장벽 붕괴라든지 유고슬라비아 내전에 관한『리베르』특집호를 꾸미면서, 잘못된 정치적 대안(공산주의냐 자유주의냐)을 거부하고 문제의 복잡성을 이해시키기 위해 개입했다. 그는 또 제도권 미디어에서 발언권을 얻지 못하는 각 분야의 전문가나 연구자에게 기회를 주고자 노력했다.『리베르』의 실험이 보여주는 또 다른 특징은 지식인들의 자율성을 위한 투쟁에서 국제성이 갖는 의의를 드러냈다는 것이다. 부르디외에게 국제성은 문화 생산 장의 상대적 자율성을 측정하는 척도 가운데 하나이며, 보편화 과정의 지표이기도 하다. 보편화는 결국 탈국가화로서 국제화의 형식을 띠게 마련인데, 이는 일국적 장 내의 자율적인 행위자들이 상징투쟁을 위해 동원하는 정치적 방책으로 기능할 수 있다. 자율적인 문화 생산자들은 자신들의 입지를 확인하고 강화하기 위해 자기 생산물의 보편성, 즉 국제성에 호소하는 경향이 있기 때문이다. 이렇게 보자면 부르디외는『리베르』의 발간을 매개로 그가 구상한 지식인관과 문화 생산 장이론이 지니는 타당성을 현실적으로 구현하고자 했던 셈이다.

사회운동과 출판운동의 결합

1993년 부르디외는 스물두 명의 동료 연구자들과 함께 다양한 직업의 중하층계급 구성원들을 인터뷰한 결과물로서『세계의 비참』이라는 제목의 저작을 출간한다. 이 책에서 그는 프랑스의 사회당 정권 14년이 가져온 '고통'을 당사자들의 입장에서 사회학적으로 이해하려는 노력을 통해, 일종의 '피지배계급의 집합 기억'을 재구성하고자 했다.[19] 지배계

---

19)『세계의 비참』의 일부 내용은 1991~92년 사이 몇 번에 걸쳐『악트』에 실린 바 있다. 사실 이 책은 '부르디외식 포퓰리즘'이라는 다분히 정치적인 공격부터, 이른바 '비참'이나 '고통'이 부르디외가 누누이 강조해온 '과학적 연구 대상'으로 구성될 수 있는지 하는 학문적 비판

급의 갖가지 지배 전략, 그리고 그로 말미암은 피지배계급의 재생산 위기를 조명한 이 책은 십수만 부의 판매 부수를 올리며 큰 대중적 성공을 거두었다. 예술계를 비롯한 각계의 반향 또한 적지 않았다.[20] 이후 부르디외의 정치 참여는 점점 활발해졌고, 공적인 발언의 횟수와 강도 역시 증가했다.

1990년대 중반 이래 부르디외의 참여는 대체로 두 방향에서 이루어졌다. 한편으로 그는 실직자, 노숙자, 불법체류자 등 다양한 차원에서 사회적으로 박탈당한 사람들의 공적 가시성을 위해 노력했다. 다른 한편으로 그는 문화 생산의 자율성을 보호할 수 있는 범유럽 차원의 지

까지 다양한 반응을 낳았다. 면접자와 피면접자 간 불평등한 권력관계의 영향력을 최소화하고 피면접자의 솔직한 목소리를 끌어내기 위해, 면접자들을 주로 친구나 주변 사람 들로 선정한 표집 절차 역시 방법론적 비판을 불러일으켰다(Mayer 1995 참조). 사회학자 뱅상 드 골자크Vincent de Gaulejac는 부르디외가 1990년대 초 무소득자 수당RMI에 관한 콜로키엄에서 다음과 같은 말을 했다고 전한다. "사회학은 [내게] 체험에 맞선 도피처였다…… 실존적인 것에 대한 거부가 일종의 함정이었다는 점, 사회학은 독특한 것, 개인적인 것, 실존적인 것에 맞서 구성되었다는 점, 그리고 바로 그 점에 사회학자들이 사회적 고통의 이해에 무능력한 주요 원인 가운데 하나가 있다는 점을 이해하는 데 나로서는 많은 시간이 걸렸다"(Gaulejac 2001: 355). 하지만 이와 더불어 잊지 말아야 할 것은 1950년대 말에서 1960년대 초에 이루어진 부르디외의 알제리 연구는 무엇보다도 식민지인의 사회적 고통에 관한 연구였다는 사실이다. 또한 『알제리의 노동과 노동자들』은 부록에서 면접자들의 말을 70여 쪽에 걸쳐 옮겨 싣고 있다. 이런 점에 비춰보자면, 『세계의 비참』은 초창기 부르디외의 알제리 연구와도 통하는 면이 많다. 따라서 골자크가 전하는 부르디외의 고백은 그가 1960년대 말부터 1980년대에 이르기까지 프랑스 과학철학과 구조주의의 영향 아래 과학으로서의 사회학, 객관주의의 선차성을 지나치게 강조한 데 대한 일정한 자기반성의 의미로 읽혀야 할 것이다.

20) 『세계의 비참』 초판의 표지 디자인은 인상적이고 의미심장하다. 접힌 상태에서 그것은 "프랑스가 말한다france parle."로 읽히고, 완전히 펼쳐지면 "(침묵):"고통, 말, 말하다(silence): "souffrance, parole, parle."로 읽힌다. 이 책은 최소한 여섯 편 이상의 연극으로 옮겨져 무대에 올랐고, 그 밖에도 다양한 장르의 예술 작품에 영감을 제공했다. 대표적인 작품은 디디에 베자스Didier Bezace가 연출한 연극 「낮과 밤Le jour et la nuit」(1998)이며, 가장 최근의 예는 다르덴Dardenne 형제의 영화 「내일을 위한 시간Deux jours, une nuit」(2014)이다.

식인 연대와 사회운동을 추진했다. 신자유주의적 전 지구화의 확산이 가져올 재앙을 경계한다는 점에서 서로 밀접하게 관련되어 있는 이러한 두 방향의 참여는 출판운동과 결합되어 부르디외 나름대로 새롭게 공론장에 개입하는 방식을 보여주었다. 그 참여는 직접행동과도 밀접히 이어진 것이어서, 1998년 실직자들이 프랑스 엘리트의 산실인 고등사범학교를 점거했을 때 부르디외는 이들을 지지하는 연설을 했는가 하면, 1999년 10월에는 「세계의 지배자들이여, 당신들은 스스로 무슨 일을 하고 있는지 아는가?」라는 제목의 텍스트를 다국적 미디어 그룹 회장들의 파리 모임에서 직접 발표하기도 했다(Bourdieu 2002b[1999]: 417~24).

1995년 이후 수 년간 터져 나온 일련의 사회운동(공공서비스 부문 노동자 총파업, 불법체류자 운동, 실업자 운동 등)을 계기로 부르디외는 동료 연구자들과 함께 지식인 운동 단체인 '행동의 이유Groupe Raisons d'agir'를 창립했다. 이는 집합적 지식인을 구축하려는 그의 관심의 연속선상에 있었다. 이 단체는 신자유주의에 대항하기 위해 학문적 전문성을 활용하는 연구자들의 집단으로, 특히 경제학자들 중심의 보수적인 싱크탱크들에 맞서 상징투쟁을 벌이려는 목적을 내걸었다. 이 단체는 1996년 가을 '리베르─행동의 이유'라는 문고본 전문 출판사 또한 설립했다. "저항의 지적 무기들을 전파"한다는 명분을 내세운 이 출판사는 저렴한 문고본(100쪽 안팎 분량에 작은 판형의 책으로 가격은 당시 일반 도서의 2분의 1에서 3분의 1 정도 선이었다)을 발간했다. 책의 기획과 선정은 시사 문제들(신자유주의, 연금, 저널리즘, 지식인, 형벌 제도 등)과 관련된 사회과학 연구의 성과를 대중화하고, 특히 거대 미디어에 관한 정보들처럼 제도권 미디어가 보여주지 않기 때문에 쉽게 알 수 없는 내용에도 비중이 두어졌다.

　이 문고본 총서는 시장성과 무관하게 지식인들의 자율적인 발언권을 옹호하고 그 배포 수단을 제공한다는 의미가 있었다. 이 저자들이 명성이 있는 지식인이 아니었다는 점에서, 또 기존 출판사나 미디어에서 받아줄 수 없는 텍스트들을 펴내며 거대 미디어를 통한 책 홍보에 나서지 않았다는 점에서, 총서는 기존의 미디어 없이도 지식인들이 발언하고 영향력을 행사할 수 있다는 가능성을 확인하는 계기였다. 나아가 "국제적인 민중 백과사전"을 표방한 이 총서는 시민들의 정치적 성찰과 정치 행동에 필요한 지식을 보급하려는 투쟁적 의지를 분명히 드러냈다. 이 총서를 통해 간행된 책들 가운데 적지 않은 수가 1990년대 후반 프랑스의 사회 변혁 분위기와 맞물려 큰 주목을 받았다. 프랑스의 미디어와 언론인, 미디어 지식인 들을 신랄하게 공격한 부르디외의 『텔레비전에 대하여』와 세르주 알리미Serge Halimi의 『새로운 경비견들Les Nouveaux chiens de garde』은 상당한 논란을 불러일으키며 몇 달 만에 각각 10만 부가 훨씬 넘게 팔려나갔다. 이 밖에도 부르디외의 『맞불』과 『맞불 2』, 프레데릭 로르동Frédéric Lordon의 『연기금, 뻔한 계략?Fonds de pension, piège à cons?』, 로익 바캉의 『비참한 감옥Les Prisons de la misère』, 케이스 딕슨 Keith Dixon의 『시장의 전도사들Les Évangélistes du marché』 등이 출간되어 상당한 판매 부수를 올렸다(Crignon 2002 참조).

　한편 부르디외는 동료 연구자 파트리크 샹파뉴와 앙리 말레르Henri Maler가 1996년 창립한 미디어비평행동Action-critique-médias, ACRIMED에서도 활동했다. 그는 특히 1999년 우파 정부가 각종 문화계 소식과 지식인 인터뷰, 수준 높은 비평으로 유명한 공영 라디오 방송인 프랑스–퀼튀르France-Culture의 프로그램을 상업화하려 하자, 미디어비평행동과 함께 이에 대해 적극 비판하고 나섰다. 이 단체는 지금까지도 프랑스의 대표적인 미디어 비평 단체로서 활발한 활동을 펼치고 있으며, 인터넷상에서 많은 연구자와 시민 들의 공론장을 마련하고 있다(박진우 2004 참조). 이 시기에 부르디외가 사회운동에만 집중했던 것은 아니다. 그는 1997년 쇠이유 출판사에서 '공통감각' 총서와 유사한 성격을 띠면서도 최신 연구 성과들을 출간하는 데 초점을 맞춘 '리베르' 총서를 시작했다. 이 총서는 부르디외 사후 경제학자 제롬 부르디외와 사회학자 요한 하일브론의 주도로 명맥을 계속 이어가고 있다.

근대적 지식인론의 한계

부르디외는 자신의 지적 생애를 통해 특수한 지식인으로서의 역할을 수행했을 뿐만 아니라, 집합적 지식인의 구성을 위해서도 많은 노력을 기울였다. 그는 전문 지식을 바탕으로 프랑스 교육제도의 민주화와 개혁, 알제리와 동유럽의 민주주의, 문화 생산의 자율성 증진을 끊임없이 모색했으며, 특히 1980년대 이후로는 지식인들 간의 국제적 연대를 확립하고자 애썼다. 1981년 말 부르디외는 푸코 등과 더불어 프랑스 민주노총CFDT을 매개로 폴란드의 자유노조 솔리다르노시치 운동을 지원했으며, 1993년 6월에는 데리다, 하버마스, 클리퍼드 기어츠, 어니스트 겔너Ernest Gellner 등과 함께 '알제리 지식인들의 지원을 위한 국제위원회Comité international de soutien aux intellectuels algériens, CISIA'에 참여했다. 이는 알제리 내전 초기부터 테러와 암살의 표적이 되었던 알제리 지식인들을 지원하기 위한 단체로, 사람들에게 알제리의 전반적인 상황과 이슬람 국가들에 대한 이해 수단을 제공했다. 1993년 7월 부르디외는 전 세계 300여 명의 작가들이 주축이 되어 결성한 '국제작가의회Parlement international des écrivains'에 동참했다. 국제작가의회는 정치권력과 경제권력 그리고 모든 유형의 주류에 맞서 문학의 자율성과 자주권을 주장하면서, 정치와 미디어에 대한 유착을 거부하는 새로운 개입 형식을 공동으로 논의하기 위한 국제기구로서 등장했다. 그것은 또 삶과 작업이 위협받는 상황에 처한 작가들과 구체적인 연대를 조직했다(Bourdieu 2002b[1994]: 289~92; 『리베르』, 17호, 1994년 3월 참조). 1992년 3월 그는 '고등교육과 연구에 관한 성찰 모임Association de réflexion sur les enseignements supérieurs et la recherche, ARESER'을 발족시켰다. 학생과 지식의 진화에 부응하는 대학 교육과 연구를 모색하려는 목적 아래, 여러 전공 분야의 연구자 100여 명의 서명을 받아 결성된 이 모임은 1997년 『위험에 빠진 대학을 위한 긴급한 진단과 처방』이라는 소책자를 발간했다(ARESER 1997). 이러한 다양한 활동은 부르디외가 자신이 제시한 이론적 원리를 구체적인 실천 속에서 어떤 식으로 담아냈는지 보여준다.

부르디외의 사회학적 참여관은 그의 사회학에 가해진 여러 비판과 관련해 이론적으로도 곱씹어볼 만한 대목이 있다. 부르디외는 이성과 진리에 대한 역사주의적·구성주의적 접근과 구조 중심주의 위에서 사회학적 분석을 전개하면서도, 보편의 설정이 불가능하다는 상대주의적 허무주의를 극복하고 어떻게 진보를 논할 수 있는지, 또 개인의 실천과 자유의 공간을 어떻게 열어놓을 수 있는지를 논리적으로 제시한다. 그의 논의를 간단히 요약하자면, 역사 속에서 '보편적인 것'을 진보시키기 위해서는 '보편적인 것'의 역사에 대한 합리적 과학으로 무장한 '보편적인 것'의 정치가 필수적이며, 바로 그러한 정치를 통해 기존의 권력구조와 커뮤니케이션 네트워크를 변형시키는 작업이 요구된다는 것이다. 이는 상징권력의 오용과 남용을 가능하게 하는 사회경제적 기반들을 혁신하고, 더 많은 사람들이 '보편적인 것'에 이해관심을 가질 수 있는 구조를 구축하려는 목적을 지향한다. 이와 같은 정치를 위해 '보편적인 것'의 진보에 이해관심을 가지고 있는 행위자들(학자와 예술가, 문화 생산자, 이른바 '국가의 왼손'으로 공공서비스를 담당하는 하급 공무원과 교육자)이 광범위하게 연대해야 한다는 데 '집합적 지식인' 개념의 핵심이 있다. 이러한 논의는 부르디외의 사회학을 다양한 탈근대성postmodernity의 사상과 차별화하는 지점이기도 하다. 하지만 그러한 시도가 충분히 성공적이었다고 평가할 수만은 없을 터이다. 그 안에는 해소되지 않은 이론적 난점들, 또 더 많은 토론을 필요로 하는 실제적 논점들이 여전히 남아 있다.

'보편적인 것'의 딜레마

일단 부르디외가 말하는 '보편적인 것'의 의미와 가치, 형성 메커니즘이 그의 논의 속에 불분명하다는 점을 지적해야만 한다. 그는 '보편화'를 "특수성에서의 탈피"로 정의하고 '보편적인 것'을 이성, 진실, 인권, 공익, 공공서비스, 국제주의 등과 동일시하면서 과학, 각종 문화 산물(시, 소설, 음악, 미술), 법과 국가 등을 그 구체적인 현실태로 들고 있다(Bourdieu 1993c: 34). 그에 의하면 가령 유럽 통합은 국민국가에 비해 더 높은 수준의 보편화이며, 과학적 발전이나 예술적 성취 또한 '보편적인 것'의 구현이다. 그런데 이것들이 하나의 범주로 묶일 때 동일한 기준이 적용된다고 말할 수 있는 것일까? 즉 부르디외가 '보편적인 것'을 말할 때, 그것은 객관적 차원의 근거를 지니는 것인가, 아니면 상호주관적 차원의 근거를 지니는 것인가? 이를테면 과학적 진실의 경우, 우리는 '실재'에 기초한 객관적인 성격을 들어 그것을 보편성의 범주에 넣을 수 있다. 이때 그것에 대한 상호주관적 합의의 존재 여부는 그다지 중요하지 않을 수 있다. 예컨대 '지구는 돈다'는 주장에 다른 사람들이 동의하지 않더라도 그 주장의 보편성은 훼손되지 않는 것이다. 하지만 법과 국가의 보편성은 객관적 차원과 상호주관적 차원을 분리해 논하기 어렵다. 곧 동일한 규제 원칙의 적용이나 제도적인 통일은 '더욱 광범위한 일반화'라는 형식적인 차원의 보편성으로 이해될 수 있지만, 그 내용이 실질적으로 '더 나은 합리화'를 보장하는지, 또 사회 구성원 대다수의 '상호주관적' 합의에 바탕을 두고 있는지에 따라 그 보편성의 성격은 다르게 평가될 수 있다. 그러한 합리화나 상호주관적 합의가 때로는 강제와 이데올로기에 의해 조작될 수 있다는 가능성까지 감안하면, 문제는 더욱 복잡해진다. 한편 특정한 문화 산물들(예컨대 제임스 조이스James Joyce의 소설이나 마르셀 뒤샹Marcel Duchamp의 미술 작품)에 부르디외처럼 '보편적'이라는 수식어를 붙일 수 있는지는 그 자체로 논란의 대상일 수밖에 없을 것이다. 그는 서구의 미학적 모더니즘과 아방가르드 작품들을 자율적인 예술 장이 거둔 역사적 성취로서 상찬하는데, 이는 포스트식민주의적 관점에서 보자면 서구 중심주의에서 유래한 편향된 평가의 강요에 지나지 않는다. 이처럼 상이한 장의 성격과 그 산물의 특수성을 고려하지 않은 채 '보편적인 것'의 추상적 범주 안에 그것들을 뭉뚱그릴 때, 이 범주는 다분히 정치적인 수사로 전락할 위험성이 있다. 더욱이 부르디외가 '보편적인 것'을 어떤 경우엔 단지 특정한 상태(일반화와 표준화)를 기술하기 위한 가치중립적 용어로, 또 어떨 때는 긍정적인 의미(장의 진보에 따른 결과)를 함축한 용어로 사용한다는 점도 그 의미를 둘러싼 모호성을 가중시킨다.

각각의 장에서 '보편적인 것'이 역사적으로 생산되는 세부 메커니즘 또한 아직까지 더 탐구해야 할 과제로 남아 있다. 부르디외가 기초적인 밑그림 정도만 제시한 관료제 장이나 사법 장에 대한 설명은 말할 것도 없고, 여러 논문과 저작 들을 통해 비교적 상세한 논의를 제시한 바 있는 과학 장의 경우에도 이견은 폭넓게 존재한다. 한 예로 '과학의 사회적 구성론'을 주도하고 있는 사회학자 브뤼노 라투르는 과학 장의 자율성이 과학적 성취와 이성의 진보에 필수 불가결한 전제 조건이 된다는 부르디외의 논리에 강력히 맞선다. 즉 연구가 사회 세계의 여러 이해관계나 영향력으로부터 벗어나 있을수록, 즉 과학 장이 자율적일수록 더 정확하고 객관적으로 발전할 수 있다는 논리는 연구의 현실을 잘 모르는 데서 말미암은 그릇된 고정관념에 불과하다는 것이다. 라투르에 따르면 과학은 오히려 기술적·사회적·정치적·경제적 요소들이 복잡하게 얽혀 작용하는 가운데 구성되는 것이다(Latour 1994).

라투르는 실제 이루어지고 있는 과학적 연구를 제대로 인식하려면, 과학의 순수하고 단단한 핵이 사회적 맥락에 둘러싸여 있는 식의 모델이 아니라, 도구화, 자율화, 동맹, 연출, 결합체와 복합체 들이 서로 겹쳐져 있는 이질적인 네트워크의 모델이 더 적합하다고 주장한다. 이 모델에 따르면 과학적 개념이나 이론(결합체와 복합체)은 도구, 조사, 실험 등과 같은 연구의 경험적인 축(도구화), 과학자 공동체(자율화), 국가, 기업, 군부 등 다른 제도들과의 교섭(동맹), 공중과의 관계나 이데올로기(연출)의 접점 속에서 정교화된다. 또 과학적 활동과 전략적 사고는 서로 배타적이기보다 긴밀한 연계 속에서 작동한다. 이처럼 라투르는 부르디외와 근본적으로 상이한 과학 세계의 이미지를 제공한다. 이는 무엇보다도 분석의 도구와 수준이 다른 데서 기인하는 것으로 보인다. 부르디외처럼 장이라는 관점에서 과학 세계를 볼 경우, 그것은 장 안에 고유한 내기물과 일루지오,[21] 자본 등에 의해 정의되기 때문에, 가령 관료나 기업가는 과학 장에 이질적인 외부 세력이 된다. 하지만 라투르처럼 과학 세계를 행위자들의 네트워크 수준에서 본다면, 과학자는 관료, 발명가, 기업가, 사회운동가 같은 다양한 행위자들과 관계를 맺고 영향을 주고받으면서 자신의 지적 기획을 실현하는 전략적 주체로 나타난다. 과학 세계에 대한 새로운 표상과 인식 방법을 통해 라투르는 부르디외가 상정하는 '장의 분화와 자율화로서의 근대화'라는 가정 자체를 부인하며, 심지어 "우리는 결코 근대적이었던 적이 없다"고 주장한다(Latour 1991/2009 참조).[22]

물론 부르디외는 라투르의 이러한 주장을 강하게 반박한다(Bourdieu 1997b; 2001b: 41~66; 또한 Gingras 1995 참조). 라투르가 이론적 급진성의 제스처를 취하고 있지만, 실상은 세계에 대한 기호학적 시각과 과학자들의 전략에 대한 마키아벨리적 시각을 결합시킨 데 불과하다는 것이다. 부르디외에 따르면 그는 (비록 급진적 구성주의의 입장에서 나중

---

21) 부르디외가 말하는 '일루지오illusio'는 장 안에 내기물로 걸려 있는 자본이 가치 있으며, 따라서 그것을 획득하기 위한 경쟁은 의미 있다는 사람들의 믿음 또는 환상을 가리킨다. 그것은 장에서 일어나는 게임에 대한 모종의 신비화된 관계이다. 부르디외는 이러한 일루지오가 사회 공간이라는 객관적 구조와 개인의 정신구조 간의 존재론적 공모의 산물이라고 본다(Bourdieu 1989a: 13).

22) 라투르에 따르면, 데카르트 이후 세계는 이중적이고 또 상호 모순적으로 작동했다. 한편으로는 과학과 사회 그리고 자연과 문화를 분할하는 '정화'의 과정이 있었으며, 다른 한편에서는 혼종들의 네트워크가 팽창하는 '매개 및 번역'의 과정이 진행되었다. 그런데 데카르트의 철학이 첫번째 과정인 '근대주의'에 초점을 맞춘 나머지, 정작 주목해야 했던 후자의 과정은 마치 없던 일처럼 베일에 싸이게 된다(Latour 1991/2009).

에는 사물의 사회적 역할을 강조하는 실재론의 입장으로 변화하긴 했지만) 과학이 텍스트적 특성들에 의해 진리 효과를 생산할 수 있는 일종의 담론 혹은 픽션일 따름이라고 간주하며, 과학자들을 개인적 목표와 영광을 위해 권력과 영향력을 행사하는 의식적이고 냉소적인 전략가로 취급한다. 이처럼 라투르는 과학자들의 실천 원리를 사회적 위치(장)와 성향(하비투스)에서 찾는 데 실패한 채, 상징적 신용을 획득하기 위한 동맹과 투쟁을 기술하는 데 그친다는 것이다.[23] 반면 부르디외가 보기에 과학 장은 사회적 분화 과정에서 자연스럽게 발전하며, 종교, 문학, 미술 등 다른 문화 생산 장들과 마찬가지로 '반反경제의 경제'에 의해 지배받는다. 과학 장의 모든 참여자는 '보편성' '순수성' '무사무욕'에 대한 이해관심으로서의 과학적 믿음을 갖는다. 부르디외는 바로 이러한 일루지오 안에서 세속적 이해관계들의 승화가 일어나며, 그렇지 않고서는 과학적 진리에 대한 집단적 추구 활동이 가능하지 않다고 주장한다. 장의 상대적 자율성은 과학 장에 특유한 자본과 일루지오가 유지·작동하는 데 필수적인 조건이고, 따라서 과학적 실천에 불가결한 전제라는 것이다(Bourdieu 1997b: 23~24).

여기서 과학 세계의 운동 논리에 대한 부르디외와 라투르의 논리 사이에 우열을 가리고자 하는 것은 아니다. 핵심은 부르디외의 사회학적 참여가 깔고 있는 전제, 즉 '보편적인 것'의 발전을 위한 문화 생산 장의 자율성 확보라는 논리가 어떤 취약성을 지니는지 그 쟁점들을 확인하

---

23) 비슷한 맥락에서 부르디외는 과학사회학의 이른바 '강한 프로그램strong program'이 과학자들의 전략을 그 한 측면인 사회적 전략과 그것의 사회적 결정 요인들로 환원시키면서, 과학자들이 내외부의 정치적 이해관계들을 승화시킨다는 점을 무시한다고 지적한다. 그러한 승화는 장에 고유한 논리와 투쟁 속에서 이루어지는데, 강한 프로그램은 과학 자본가들에 대해 다른 자본가들이나 마찬가지로 접근한다는 것이다(Bourdieu 2001b: 41~6).

는 데 있다. 우리는 각 장을 가로질러 일관된 준거를 가지는 '보편적인 것'의 개념이 과연 성립 가능한지, 그것이 장의 특정한 상태나 생산물에 대한 사후적인 평가('역사적 보편')로서만 출현한다면 그 출현의 일반적 메커니즘(즉 장의 상대적 자율성)을 추상화해 정치적 실천의 목표 내지 조직 원리로 삼을 수 있는지 질문할 수 있다. 게다가 각 장에서 생산하는 '역사적 보편'이 만일 등가의 것이 아니라면 그 형성이나 실현 메커니즘은 상이할 수 있고, 제각기 다른 문화 생산 장에서 활동하는 행위자들 역시 상징자본 축적을 위해 이질적인 전략을 펼 수 있을 것이라고 보아야 한다. 예컨대 과학적 발전이 과학자들의 순수하고 자율적인 학문 활동을 통해서만 이루어지는 것이 아니라면, 다른 장들에 대한 과학 장의 독립성 요구는 큰 정치적 의미를 가지기 어렵다. 또 부르디외는 문화 생산 장들이 공통적으로 동일한 논리와 이해관계 위에서 작동한다고 가정하지만, 과학자들이 실재의 작동 방식을 규명하기 위해 필요로 하는 사회적 조건들과 예술가들이 미학적으로 더욱 탁월한 작품을 생산하기 위한 조건들이 반드시 동일하지 않을 수도 있다. 이는 결국 다양한 분야의 지식인들이 독립성과 자율성을 공통의 최대 이해관심으로 수용하여 연대할 수 있는 조합주의적 잠재력이 실제로 과연 얼마나 존재하는지에 대한 의구심으로 이어질 수밖에 없다.

과학, 연대, 계몽이라는 이상

'보편적인 것'의 개념적 난점 이외에도 부르디외가 수행한 지식인 정치는 여러 면에서 문제적인 양상을 드러낸다. 부르디외는 지식인들이 연구 실천을 통해 생산하는 과학적 지식만이 그들의 정치 개입을 정당화하고, 공통의 이해관심을 지니는 지식인들의 연합이 바람직한 만큼이나 충분히 가능하며, 사회학자를 비롯한 지식인 집단은 대중과 계몽의 주체 대 대상으로서 관계 맺는다고 본다. 그의 지식인 정치는 기본적으로 과학, 연대, 계몽의 이상화된 논리를 전제하고 있는 셈이다. 그런데 이와 같은 시각은 과연 현실에 얼마나 명료하고 타당하게 적용할 수 있는 것일까? 우선 부르디외가 말하는 '과학'이 사회적 진실에 대한 사회학적 지식이라는 데 유의해야 한다. 하지만 사회학은 정치적 결론 그 자체가 아니라 정치적 결론을 얻어내기 위해 이용하는 추론과 논거 제시, 증명의 과정이다. 그러한 사회학을 이용해 얻어낸 정치적 결론이 다른 것에 비해 더 우월하다고 보장해줄 수 있는 인식론적 근거는 무엇일까? 예컨대 우리는 사회학을 거치지 않고도 일상적 감수성이나 상식, 윤리적 신념 등에 의거해 특정한 정치적 결론에 이를 수 있다. 사회 내에서의 주변적인 위치라든지 억압받은 경험, 어떤 사건들에 대한 정서적 분노, 심지어 종교적 믿음 등이 특정한 행위자들을 신자유주의적 전 지구화나 정치적 부패 혹은 경제적 불평등에 자발적으로 반대하도록 이끌 수 있을 것이다. 그렇다면 반드시 사회학을 거치는 정치적 개입이 실용적인 관점에서 더 낫다고 말할 수 있을까? 물론 현실에 대한 정확하고 냉정한 인식으로서 사회학이 적절하고 효율적인 정치 전략의 수립을 도울 수 있다고는 하나, 개인적 경험이나 상식, 집단적 감정, 윤리적 신념 역시 사회학적 진실의 전파와 같은 어렵고 복잡한 과정 없이도 정치적 동원에 매우 효과적일 수 있다는 나름대로의 장점을 지닌다.

더욱이 부르디외가 강조하는 '과학적 사회학'이 뭔가 단일하고 동질적인 담론 체계인 양 표상된다는 점 또한 문제시할 만하다. 사실 많은 학자들의 오랜 노력에도 불구하고 사회과학은 과학으로서의 정체성을 확립한 적도, 패러다임의 단일화를 성취한 적도 없다. 달리 말하면 서로 이질적이며 종종 대립적이기까지 한 과학성의 기준, 이론틀과 해석 원리 위에 세워진 다양한 패러다임의 경쟁이 이제껏 사회과학의 역사를 특징지어왔던 것이다. 앞서 언급한 부르디외와 라투르의 과학사회학 논쟁은 그 단적인 예라 할 수 있다. 이는 어떤 사회문제에 대한 복수의 사회학적 분석들이 때로는 상충되는 정치적 결론에 이를 수도 있음을 의미한다. 그렇다면 그런 경우에는 어떻게 해야 할까? A라는 사회학적 입장에서 나온 A′라는 정치적 주장과 B라는 입장에서 나온 B′라는 정치적 주장은 상대주의적인 견지에서 평화로운 공존을 인정받을 수 있을까? 만일 그렇지 않다면, A′와 B′의 타당성과 적절성 정도를 가릴 만한 공통된 잣대가 과연 연구자들의 합의 아래 존재하는가?(김경만 2008 참조)

1990년대 이후의 정치 개입 과정에서 부르디외는 엄밀한 사회학적 추론을 거치지 않았지만 자신과 동일한 입장을 취한 극좌파와는 연대한 반면, 상이한 사회학 이론과 분석틀을 가지고 정반대의 정치적 해법을 내세운 우파 지식인 집단에 대해서는 격렬한 비판과 공격을 가했다. 그가 1995년 우파 정부의 연금 개혁안을 놓고 알랭 투렌, 마르셀 고셰Marcel Gauchet, 폴 리쾨르Paul Ricœur 등 우파 지식인들과 벌인 논쟁은 그러한 태도를 명확하게 보여준 사례였다(Duval et al. 1998). 이는 부르디외가 자신의 사회학만이 과학이라는 독단과 오만 위에 서 있다는 비난을 광범위하게 불러일으켰다. 사실 지식사회 내 급진주의의 흐름과 일정하게 거리를 두고 있었던 1970년대 말, 그는 "과학적 실천이 가르쳐 주는 것들 가운데 하나는 분석 도구를 이단 배척의 수단으로 이용해선 안 된다는 것"이라고 말한 적이 있다(Bourdieu 1978b: 125). 하지만 아이러니하게도 1990년대 그가 주창했던 '사회학적이며 현실적인 유토피아주의'는 자신의 사회학만을 유일하게 과학으로 간주하는 '사회학적 테러리즘'이라는 비판으로부터 자유롭지 못했다. 현 상태의 사회과학이 결코 하나의 패러다임으로 통일될 수 없다면, 공론장에서 다양한 사회학적 담론을 근거로 삼는 복수의 정치적 주장들이 상호 경쟁하는 상황은 불가피할 터이다. 그렇다면 과학의 정치는 부르디외가 제시하는 상보다 실제로 훨씬 더 복잡하고 모순된 양상을 띨 수밖에 없다. 그것은 '사회에 대한 과학'의 성립 가능성 여부와 그 조건, 사회학 담론의 인식론적 지위, 정치적 공론장의 철학적 의미와 사회적 작동 메커니즘 등에 대한 좀더 면밀한 검토와 반성을 필요로 한다. 그런데 1990년대 이후 부르디외는 스스로 '공론장의 현실 정치'에 적극적으로 나섰던 반면, 그것이 자신의 사회학적 참여론에 가져오는 여러 딜레마에 대해서는 충분히 고찰하지 않았던 것으로 보인다. 사회과학의 힘에 대한 과도한 신념으로부터 벗어나 그 한계를 겸손하게 인식하고 학문 패러다임의 다원성을 존중하는 일은 성찰성을 그토록 강조한 부르디외에게도 지난한 과제였던 듯하다.

한편 부르디외가 구상하고 실천한 정치학이 지식인 집단 내부의 계급적·이념적 통일성, 혹은 적어도 연합의 잠재력에 대한 과도한 신뢰에 기초하고 있다는 점을 되돌아볼 필요가 있다. 지식인과 문화 생산자 집단은 '피지배 분파'로서일망정 지배계급의 일부를 구성하고 있는 한, 지배계급과 일정한 이해관계를 공유할 수밖에 없다. 그렇다면 그들이 설령 '보편적인 것'에 대한 장 특정적 이해관심을 가진다 하더라도, 자기 존재 기반의 근간을 문제 삼고 부정하는 일이 그리 쉽지 않을 것임은 분명하다. 물론 이론적으로는 그들이 강력한 '진실 의지'와 더불어 지배 메커니즘에 대한 올바른 인식을 행동으로 전화시킬 것이라 기대할 수도 있을 것이다. 아마도 부르디외는 보편적인 것의 추구를 강제하는 자율적 문화 생산 장의 작동 원리가 그러한 결과를 낳는 사회적 힘으로 작용할 수 있으리라고 보는 것 같다. 하지만 그것이 '인식'과 '이해관계'와 '실천' 사이에 존재하는 간극과 불연속성을 극복하는 동력이 될 수 있을지는 자못 의심스럽다. 더구나 상이한 영역의 지식인들 간에는 공통된 이해관심 못지않게 서로 충돌하는 특수한 실제적 이해관계 또한 많다. 이는 사실 동일한 영역의 지식인들이라고 해서 예외가 아니다. '지식인'이나 '문화예술인'이라는 총칭명사는 그 이면에 사회적 위계상 불평등한 위치에 놓여 있는 이질적 개인들의 현실(예컨대 중앙의 명문대 교수와 지방의 비非명문대 교수, 정규직 교수와 비정규직 강사, 학술적 연구자와 대중적 저술가 등)을 가리는 경향이 있다. 이들이 과연 보편적인 것의 실현에 공동의 이해관심을 지니는 '집합적 지식인'의 이름 아래 공조·협력할 수 있을까? 전문 분야가 다르고 지적 패러다임이 다르고 사회적 위치가 다른 지식인과 문화 생산자 들 간에 공감과 연대의 이상은 너무나 멀리 있는 반면 경쟁과 분열의 현실은 너무도 가깝지 않은가? 혹시 '집합적 지식인'에는 포함될 수 있는 지식인과 배제되어야 하는 지식인이 범주적으로 존재하는 것인가? 이를테면 부르디외는 '우파 지식인'은 물론 '미디어 지식인'과 '프롤레타리아 지식인'[24)]에 대해서는 늘 경계심과 적대감을 드러내 마지않았다. 그렇다면 현실 속에서 '집합적 지식인'이

---

24) 부르디외는 베버의 용어를 빌려 지식인층 내부의 열등한 분파를 '프롤레타리아 지식인(프롤레타로이드 인텔리겐치아)'이라고 부른다. 이들은 상업예술이나 저널리즘, 출판, 교육 등에서 변변치 않은 직업을 가지고 불안정한 삶을 영위하면서 대중문화를 생산하는 집단이다. 부르디외가 보기에 이러한 지식인들은 자신의 출신 배경과 사회적 위치로 말미암아 피지배계급에 일정한 연대감을 가지는 반면, 지식인층 내에서 우위에 있는 이들에 대한 질투와 반감으로 정치적 반동성을 띠는 경향이 있다(Bourdieu 1992a: 39~40).

란 결국 특정한 정치적 입장을 공유하는 소수 지식인들의 파당적 연합을 정당화하는 수사로 전락해버릴 위험성이 적지 않다. 부르디외가 이러한 문제를 전혀 의식하고 있지 않았던 것은 아니지만, 지식인들에게 "공통의 이해관계를 잘 인식한 상태에서, 그것을 수호하려는 노력에 맞추어진 조합주의"가 중요하다고 역설하는 정도 이상의 뾰족한 대안이나 해법은 내놓지 못했다(Bourdieu 1989b: 109).

끝으로 부르디외의 계몽관에 내포된 난점들 역시 비판적 재고를 요한다. 정치학자 보두앵Jean Baudouin은 부르디외의 정치학이 '전위당'을 '지식인 엘리트'로 대체한 마르크스주의 혁명론의 변형본과 다를 바 없다는 신랄한 비판을 내놓은 바 있다(Baudouin 2012). 우리가 이처럼 극단적인 평가에 동의하지 않는다 하더라도, 부르디외가 견지한 일종의 '비판적 계몽주의'가 부정적인 방향으로 미끄러질 여지를 갖고 있다는 점마저 부인하기는 어렵다(이상길 2016a 참조). 그것은 인식론적으로 과학과 상식(혹은 이데올로기)을 구분하고, 그 논리적 연장선상에서 계몽 주체로서의 지식인과 계몽 대상으로서의 대중을 구분한다. 지식인과 대중의 구분은 물론 본질적인 능력 차이에 의해서가 아니라 사회적 조건들의 함수인 문화자본의 격차에 의해 이루어지는 것이다. 실제로 부르디외는 대중이 지닌 이성적 잠재력을 신뢰하고, 교육 민주화를 통해 그 계발 가능성을 극대화하고자 노력했다. 하지만 그가 자신의 사회학 이론과 분석 속에서 대중 또는 피지배계급을 수동적이고 결정된 존재인 양 그려낸 것 또한 사실이다(Rancière 1983: 247~58 참조). 부르디외가 보기에 지배는 단순히 물리적인 강제와 억압, 담론적인 이데올로기의 수준에서 행사되는 것이 아니라 신체적인 믿음, 즉 독사의 형식으로 주체 안에 배태되어 있기에 한층 극복하기 어려운 것이다. 또 피지배계급의 주체성은 자유롭고 능동적이기보다는 사회화를 통해 지배 환경에 맞게 형성되며, 그 능력은 구조적 불평등의 소산인 자본의 부족과 결핍에 의해 심각하게 제약받는다. 이처럼 피지배계급의 구성원들이 객관적인 구조를 체화하고 내면화함으로써 지배에 자연스럽게 공모하는 정도가 매우 강력하다면, 사회학적 계몽은 과연 얼마나 효과적일 수 있을까? 부르디외가 민중 스스로 극복하기 어려운 지배의 강고한 메커니즘을 부각시키고 계몽을 위한 지식인의 소명을 역설하면 할수록, 그의 계몽주의는 의도치 않은 엘리트주의적 입장으로 빠져들 위험성이 더욱 커질 수밖에 없다.

더욱이 부르디외의 비판적 계몽주의는 결정 요인들에 대한 인식의 획득이 행위자의 자유를 증진시킨다는 스피노자식 가정에 기대어 있다. 정치사회학자 코르퀴프Philippe Corcuff의 설명에 따르면, 스피노자에게 자유란 필연성의 인식으로 여겨진다. 인간의 자유는 오로지 우리 행위에 대한 진정한 원인들을 명석 판명하고 적절하게 이해하는 데 있다. 정동affectus이 정념passio인 한 우리는 그것에 얽매이게 되고 자유롭지 못하다. 그러나 일단 우리가 정동에 대한 명석 판명한 관념을 갖게 되면, 우리는 여전히 정동에 의해 결정되기는 하지만 정동을 우리 이성의 일부로 변형시키게 된다. 스피노자가 보기에는 바로 이 능동actio의 정신만이 자유라는 것이다(Corcuff 2000: 108~10). 구조적 결정 논리에 대한 사회학적 계몽이 주체를 더 자유롭게 한다고 전제할 때, 부르디외는 이러한 스피노자의 논리 위에 서 있다고 할 만하다. 하지만 사회적 진실에 관한 지식과 이해의 증가가 곧 해방의 효과를 낳고, 주체의 더 나은 실천을 가져올 수 있는지는 언제나 미지수일 수밖에 없다. 지적인 확신이 행동을 끌어내는 힘으로 충분치 않다는 성찰은 이미 파스칼에게서부터 나온 바 있다. 게다가 철학자 부브레스가 되풀이해서 지적하듯, "비판사회학이 내놓는 진실은 이해 당사자들의 행동에 별다른 변화를 가져오지 않으면서도, 어느 정도 냉소적인 방식으로 완벽하게 내면화될 수도 있다. [……] 불행하게도 사고 따로 행동 따로 또한 하나의 하비투스가 될 수 있으며, 특별히 근대적인 하비투스를 구성할 수 있다"(Bouveresse 2003: 73~74). 그렇다면 부르디외의 정치에는 구조적 제약들에 대한 사회학적 인식이 주체의 저항과 투쟁으로 발현하기 위한 사회적·개인적 가능 조건들은 무엇인지 하는 문제 또한 더욱 정교화되어야 할 과제로 남아 있는 셈이다.

지식인의 영도零度

사회학자 부르디외의 생애는 창조적이고 생산적인 연구자로서뿐만 아니라 혁신적인 언론인으로서의 꾸준한 실천으로 특징지어진다. 이 장에서 나는 그러한 사실에 주목해 부르디외의 사회학적 참여관을 검토하고, 그것이 실제 그의 언론 활동과 정치적 개입 속에서 어떻게 구현되었는지를 검토해보았다. 그는 합리적인 근거 위에 현실에서 실현 가능한 유토피아를 지향하면서 이를 위해 대의민주주의의 제도적 잠재력을 극대화하고자 했다. 그 목표는 현행 민주주의의 이상과 현실 간에 존재하는 괴리를 과학적으로 폭로하고, 공론장에서 시민들을 계몽하는 방식으로 나타났다. 이 과정에서 그는 다양한 출판 미디어를 이용해 학문과 정치의 커뮤니케이션 구조를 새롭게 조직하고, 범유럽적 차원의 지식인 연대를 구축하기 위해 노력했다. 부르디외는 지식인이 자신의 지적 권위와 자율성을 잃지 않으면서 연구 활동과 정치적 실천을 결합시킨 참여를 어떻게 할 수 있고 또 해야 하는지를 모범적으로 보여주었던 것이다. 각종 억압으로부터의 해방과 사회적 진보를 위해 지배계급을 비판하고 지배의 메커니즘을 폭로하며, 그와 같은 자율적인 문화 생산 활동을 위협하는 외부 권력에 비타협적으로 맞선 그의 시도는 현재 우리 사회의 지식인과 언론인 들에게도 시사하는 바가 크다.

부르디외가 지식인으로서, 그리고 일종의 언론인으로서 수행한 정치는 기본적으로 '사회적 국가'를 지지하면서 민주주의의 대표성을 강화하는 데 초점이 맞춰져 있었다. 이를 위해 그는 불평등한 계급사회의 사회학적 진실을 밝히고 널리 알리며, 정치적 발언권이 없거나 그것을 빼앗긴 사람들에게 말할 권리를 되돌려주어야 한다고 보았다. 이를 위해 그는 학술적 공론장뿐만 아니라, 말년에는 정치적 공론장에 대한 직접적인 개입을 서슴지 않았다. 부르디외는 하버마스의 공론장 개념이 너무 이상주의적인 나머지 현실 호도적인 측면을 가진다고 강하게 비판했지만, 결국 그가 실천한 정치는 넓은 의미에서 공론장 정치의 지평 안에 있었다고 보아야 한다. 다만 하버마스는 시민들 간의 자유롭고 평등한 의사소통과 숙의를 통한 공론 형성의 원리를 중시한 반면, 부르디외는 기존의 왜곡된 커뮤니케이션 구조를 타파하고 더 나은 지식과 문화로 시민들을 계몽하는 지식인과 문화 생산자 집단의 역할을 강조해 마지않았다.

부르디외의 사회학적 참여관은 자신이 제시한 장이론의 개념과 논리에 철저하게 맞추어 전개된다는 점에서 일관성이 있으며, '집합적 지식인'에 대한 논의에는 독창적인 면이 있다. 그것은 종종 사르트르와 푸코의 균형 있는 종합으로 일컬어진다(Mauger 1995 참조). 그런데 개념이나 추론 과정에서 분명히 차이가 있지만, 지식인의 모순적 위치라든지 정치적 개입의 소임에 관한 부르디외의 논평은 사르트르에 훨씬 더 가까운 것으로 여겨진다(Sartre 1972). 이 점에서 푸코의 '특수한 지식인'론이 사르트르의 '보편적 지식인'론에 대해 만들어낸 단절에 비해, 부르디외의 지식인론은 차라리 사르트르 논의의 정교한 사회학적 변종처럼 읽힌다. 어쩌면 우리는 부르디외가 지식인의 영도零度를 지향하고 이상화했다고 말할 수 있을지도 모른다. 그는 예컨대 에밀 졸라나 플로베르 같은 19세기의 대작가들을 현재에도 여전히 되살려야 할 문화 생산 장의 유산이자 지식인의 전범으로 제시한 바 있다. 이들은 말하자면 '전문가'와 '참여 지식인,' '대학인'과 '공공 지식인,' '상아탑의 수호자'와 '여론시장의 예언자'가 본격적으로 대립하기 이전, 양자의 미분화된 결합을 구현하면서 근대적 지식인의 형상을 각인시킨 장본인이다. 부르디외는 19세기 프랑스 문학예술 장이 상대적 자율성을 정초하는 순간에 주목하는 만큼이나, 전문적 권위를 갖춘 문화 생산자들이 공적 사안에 개입하고 정치적 발언을 내놓으며 '지식인'으로서 출현하는 영도의 상태를 환기시킨다. 하지만 그러한 그의 지식인관이 지금의 변화된 상황에 얼마나 적실성이 있는가는 냉정히 따져보아야 할 문제이다.

이 지점에서 우리는 부르디외가 지양하고자 애썼던 탈근대성의 사상과 만나게 된다. 사실 부르디외는 1990년대 영미권에서 유행한 탈근대성의 철학이나 사회학에 대해 매우 비판적인 태도를 견지했다. 그것이 현실과 괴리된 '캠퍼스 급진주의' '비이성적 상대주의' '정치적 허무주의'일 따름이라고 보았던 것이다. 하지만 이러한 개인적 평가와 무관하게, 탈근대성의 사상이 실질적으로 부르디외 사회학 못지않은 영향력을 학계와 사회 전반에 행사하고 있는 것 또한 사실이다. 게다가 그것이 지식인의 역할에 관해서도 부르디외 사회학과는 상당히 다른 대안적인 시각을 제시한다는 점을 진지하게 고려할 필요가 있다.[25] 탈근대적 관점의 논의에 비추어볼 때, 부르디외의 사회학적 참여관은 좋은 의미로든 나쁜 의미로든 철저하게 '근대적'이라 할 수 있다. 그것이 '보편적인 것'의 개념화를 시도하며, 지식인 중심의 과학·연대·계몽의 정치에 기초해 있다는 점에서 특히 그러하다. 이러한 견지에서 부르디외

---

25) 이와 관련해 제각기 탈근대성의 철학과 사회학을 적극적으로 표방한 장-프랑수아 료타르와 지그문트 바우만의 논의는 시사적이다. 료타르는 선진사회에서 지식 생산 조건의 변화와 그에 따른 '(근대적) 지식인의 종언'을 선고한다. 그에 따르면 변동의 핵심은 바로 지식인의 지적 권위 및 행동의 근거가 되었던 보편적 이념이 20세기 중반 이후 몰락했다는 데 있다. 정보 기술의 발전과 더불어 근대적 지식의 정당성 근거로 기능한 메타서사(예컨대 해방)가 퇴조하고 수행성 원칙이 그 자리를 대신하게 되었으며, 보편적 가치를 구현하는 주체(예컨대 프롤레타리아) 또한 더 이상 인정되지 않기에 이르렀다. 이러한 상황에서 철학자, 작가, 예술가 등 각 직업 집단에는 고유한 과제와 제한된 책임이 주어져 있을 따름이며, 소외된 자의 처지에 관심을 두고 관여하기 위해 이들에게 요구되는 것은 지식인으로서의 책임성이 아니라 윤리적이고 시민적인 책임성이다. 또 료타르에 의하면 이들에게 주어진 지적 책임성은 보편주의와 단순 논리, 통일성과 명증성, 합의와 총체화를 거부하고 불일치와 논쟁, 차이를 북돋움으로써, 오늘날 일상생활을 포함한 대부분의 영역에서 진행되는 복잡성의 증대 과정에 인류가 적응할 수 있도록 돕는 데 있다(Lyotard 1984/1993: 217~29; 강수택 2001: 7장). 한편 바우만은 근대국가의 성립기에 권력과 결합해 입법자적 기능을 수행했던 지식인이 역사 속에서 어떻게 자신의 정체성을 변화시켜왔는지를 뒤쫓는다. 근대성의 시기에 지식인은 관료제와 정치공학을 발전시킨 국가권력으로부터 분리되고 전문화되면서, 다양한 자율적 영역을 구축할 수 있었다. 그런데 탈근대성으로의 전환기에 지식인은 설계자와 입법자로서의 야망을 더 이상 간직할 수 없게 되었다. 바우만이 특히 주목하는 '탈근대적 조건'은 바로 시장이 중심 기제가 되는 소비사회와 소비문화이다. 여기에는 입법자로서의 지식인을 위한 어떤 역할도 남아 있지 않다. 다른 이들처럼 지식인도 시장의 힘에 대한 통제력을 지니고 있지 않으며, 그러한 통제력의 확보를 현실적으로 기대할 수도 없기 때문이다. 이러한 상황에서 지식인은 진리, 정의, 혹은 취향의 보편성이라는 가정과 그에 기초한 입법적 야망을 포기하고, 해석자로서의 역할을 담당해야 한다. 해석자로서의 지식인에게는 정확한 의미 해석과 분별이 요구되며, 해석을 이끌고 타당성을 제공하는 규칙들을 보증할 과제가 주어진다. 지식인은 해석자 역할을 통해 의미 공동체들 사이의 커뮤니케이션을 매개하고, 상품화 과정 속에서 작동하는 도구적 이성의 한계를 드러내며, 의미 창조 및 소통의 자율성을 회복시켜야 한다는 것이다(Bauman 1989; 강수택 2001: 8장).

가 자신의 지식인론을 본격적으로 전개한 논문의 제목이 「보편적인 것의 조합주의: 근대 세계에서 지식인의 역할」이라는 사실은 의미심장하다(Bourdieu 1989b). '학자와 정치의 관계'라는 막스 베버 이래의 해묵은 논제가 담고 있는 긴장이 부르디외의 사회학적 참여론 속에서 완전히 해소되었다고 볼 수는 없을 것이다. 더욱이 '탈근대적 조건'이 이야기되는 지금의 현실에서, 지식인이 지적인 독단론이나 전체주의의 위험에 빠지지 않고, 더 민주적이고 다원적이며 평등한 사회로 나아가는 여정에 어떤 식으로 기여할 수 있을지 명쾌한 확신을 갖기란 어렵다. 하지만 정치적 냉소주의나 수수방관을 넘어서 지식인이 현실의 개선을 위해 어떤 개입을 할 수 있고 또 그래야만 한다고 믿는 이들에게, 부르디외의 사회학적 참여론과 미디어 실천은 하나의 중요한 이정표가 될 수도 있을 것이다. 비록 그 이정표의 역할이 '가야만 하는 길'에 대한 친절한 안내가 아니라, 단지 '갈 수 있는 어떤 좁은 길'에 대한 막연한 지시에 그친다고 할지라도 말이다.

다양한 방이 있다. 강한 자, 아름다운 자, 지혜로운 자, 경건한 자의 방들. 그들 각자가 자기의 방에서 지배하며 다른 곳에서는 지배하지 않는다. 그리고 가끔씩 그들은 서로 충돌한다. 강한 자와 아름다운 자가 어리석게도 서로 지배자가 되려고 다툰다. 왜냐하면 그들의 지배권에는 여러 양식이 있기 때문이다. 그들은 서로 이해하지 못한다. 그들의 오류는 어느 곳에서나 군림하려고 하는 데에 있다. 그럴 수 있는 것은 아무것도 없다. 무력조차도 그럴 수가 없다. 무력은 학자들의 세계에서는 아무런 쓸모가 없다. 그것은 단지 외적인 행동을 지배할 수 있을 뿐이다.

— 블레즈 파스칼, 『팡세』*

이성은 인간의 온갖 풍부하고 다양한 문화생활의 형식들을 이해하기에는 불충분한 용어이다. 그런데 이 모든 형식은 상징형식이다. 따라서 우리는 인간을 이성적 동물 animal rationale로 정의하는 대신, 상징적 동물animal symbolicum로 정의해야 한다. 그럼으로써 우리는 그의 특수한 차이를 지목할 수 있으며, 그에게 열려 있는 새로운 길— 문명으로의 길을 이해할 수 있다.

— 에른스트 카시러, 『인간이란 무엇인가』**

2부

이론적 지평

* 블레즈 파스칼, 『팡세』, 김형길 옮김, 서울: 서울대학교출판부, 2005, p. 47.
** 에른스트 카시러, 『인간이란 무엇인가』, 최명관 옮김, 서울: 서광사, 1988, p. 51.

4장 장이론의 재구성

부르디외 미완의 기획

부르디외의 사유는 그 자신이나 논평자들에 의해 '발생적 구성주의' '구조주의적 구성주의' '실천이론' '상징권력의 과학' '상징폭력의 정치경제학' 등 다양한 이름을 부여받은 바 있다. 그렇지만 실제 사회학적 분석틀의 수준에서는 '장이론'으로 간단히 일컬어질 수 있다. 장은 하비투스, 자본과 더불어 그의 관계 중심적 과학철학과 성향 중심적 행위철학을 특징짓는 핵심 개념이다(Bourdieu 1994a: 9). 부르디외의 회고에 따르면, 이 개념은 그가 1960년경 고등사범학교의 세미나에서 시작한 예술사회학 연구들과 베버의 저작 『경제와 사회』의 종교사회학 관련 부분에 대해 시도한 논평의 접점에서 나왔다(Bourdieu 1987a: 33). 알제리에서의 인류학적 현지조사가 하비투스나 전략, 상징자본 같은 개념들의 모태를 마련하고 이른바 '실천이론'을 기초했다면, 프랑스에서의 문화사회학 연구는 실천이론을 다시 장 개념과 접합함으로써 장이론으로 완성하는 데 결정적으로 기여했던 셈이다. 부르디외는 이미 1970년대 초반에 장이론의 초안을 잡았던 것으로 보인다. 그는 그 내용을 1972~75년 교육문화사회학연구소의 세미나에서 강의하기도 했다(Bourdieu 2013b). 이후 부르디외가 수행한 연구들은 대부분 문학 장, 지식 장, 대학 장, 사법 장, 종교 장, 정치 장, 경제 장 등의 작동 양상을 경험적으로 탐구하고 그 논리를 이론적으로 정교화하는 데 바쳐졌다 해도 과언이 아니다.

이 장에서 나는 장이론의 이름 아래 부르디외 사회학의 주요 개념과 명제 들을 재구성해보고자 한다. 구체적인 장들은 나름의 특수성에도 불구하고 근본적인 유사성 또한 갖기 때문에, 부르디외는 "장의 일반 법칙"을 정식화한 "일반 이론"이 가능하다고 주장한다(Bourdieu 1980b: 113; 1992a: 257). 게다가 그는 그러한 일반 이론을 정리하려는 구상을 상당히 오랫동안 간직하고 있었던 것으로 보인다. 1972년에 나온 『실천이론 개요』의 저자 소개에는 이미 출간된 『예술 사랑』 『재생산』 옆에 아직 출간되지 않은 "장이론Théorie des champs"이라는 책 제목이 나란히 실려 있다(Bourdieu 1972; Fabiani 2016: 27). 또 20년 뒤에 나온 『예술의 규칙』의 한 각주에는 1983~86년의 콜레주드프랑스 강의가 그때까지 이루어진 장에 대한 분석들을 정식화하는 내용으로 곧 출판될 것이라는 공언이 담겨 있다(Bourdieu 1992a: 257).[1] 부르디외가 장의 일

1) 참고로 말해두자면 부르디외는 콜레주드프랑스에서의 첫 5년을 '일반 사회학 강의'(이는 당연히 소쉬르의 『일반언어학 강의』를 염두에 둔 부르디외 자신의 작명이었다)에 할애했다. 이는 사회학의 학문적 권위가 아직 취약한 상태에 있던 콜레주드프랑스에서 사회학 담론의 기반을 공고히 하려는 의도를 담고 있었던 것으로 추정된다. 강의에서 그는 기존의 철학과 사회과학 전통을 자기식으로 정리하고 평가하는 한편, 자기 사회학의 기본 개념들을 체계적으로

반 이론에 관한 저서의 출간 계획을 가장 상세하게 드러낸 것은 아마도 1980년대 중반 호네트Axel Honneth 등과 가진 대담에서일 것이다. 그는 이렇게 말한다.

내가 장이론과 관련해 준비하고 있는 작업('세계의 다원성La Pluralité des mondes'이라는 제목을 달 수 있을 텐데)은 상이한 세계들에 상응하는 논리의 다원성에 관한 성찰로 끝맺게 될 것이다. 이 상이한 세계들이란 공통의 감각과 상식, 서로 환원될 수 없는 공리들의 체계가 구성되는 장소로서 상이한 장들을 말한다(Bourdieu 1987a: 32).

장이론을 집대성하는 "세계의 다원성"이라는 저서의 약속은 끝내 지켜지지 못했다. 그 이유는 정확히 알 수 없지만, 장의 일반 이론을 구축하려던 부르디외의 오랜 구상은 결국 미완으로 남은 셈이다. 따라서 부르디외의 사회학을 장이론의 이름 아래 재구성하는 작업은, 어떤 면에서는 그가 내놓은 숱한 경험연구들을 가로지르는 논리 구조를 정리하는 일이자, 그 연구들을 생산하는 데 쓰인 일관된 사유 방식을 뒤쫓는 일이다. 그것은 부르디외가 사회 세계를 어떻게 인식했으며, 하필 왜 그런 식으로 접근했는지를 이해하면서 그 자신이 완성하지 못한 "세계의 다원성"의 개요를 우리 나름대로 써보는 일이기도 하다. 이 작업은 몇 단계로 이루어진다. 일단 나는 주요 개념들 간의 내적 관계를 중심으로 장의 일반적 속성들을 요약하고 그 작동 메커니즘을 조명하고자 한

제시했다. 이 시기 부르디외의 강의는 그의 사후에 『일반 사회학 1*Sociologie générale vol. 1*』 (2015)과 『일반 사회학 2*Sociologie générale vol. 2*』(2016)라는 책으로 묶여 나왔다. 1권은 1981~83년, 2권은 1983~86년까지의 강의 내용을 담은 것이다.

다.[2] 이렇게 장이론을 전반적으로 개관한 뒤에는 그것에 내재하는 '문화 생산과 지배'의 문제들로 논의의 초점을 옮겨갈 것이다. 이 문제들은 부르디외가 장이론에서 자신의 문제의식을 발전시키면서 뒤르켐, 베버, 마르크스라는 고전적 저자들을 어떤 식으로 접합시키는지 보여준다는 점에서도 특별히 흥미롭다. 마지막으로 나는 부르디외가 구조기능주의와 마르크스주의 사회관에 대한 하나의 대안으로 장이론을 제출한 이면에는 사회 세계의 근원적인 폭력성에 대한 그의 비판적 시각이 깔려 있음을 지적하고자 한다.

사회를 어떻게 볼 것인가

먼저 아주 단순한, 그런 만큼 선명한 하나의 이미지에서 이야기를 시작해보자. 가느다란 철사에 매달린 크고 작은 다양한 형상의 쇠붙이들이 특정한 축을 중심으로 공간 속에 이리저리 뻗어 나와 있다. 어느 한 지점이 불균형해지면, 그것은 금방 다른 지점에 영향을 미쳐 모든 쇳조

---

2) 부르디외는 자신이 체계적인 정의만을 가지는 열린 개념들을 사용한다고 강조한다(Bourdieu 1992a; Bourdieu & Wacquant 2014/2015: 172). 그에 의하면 "이른바 '조작적opératoires' 개념들의 분석적이고 형식적인 엄밀성에, '체계적systémiques' 개념들의 종합적이고 실제적인 엄밀성이 대립한다. 우리가 체계적이라고 일컫는 이유는 그것들이 그들 간 상호 관계의 완전한 체계에 대한 지속적인 준거를 전제하기 때문이다"(Bourdieu, Chamboredon & Passeron 1968: 53~54). 이러한 열린 개념들은 언뜻 모호하고 유동적인 듯 보이지만, 발견적인 미덕을 지닌다. 즉 그것들은 순전히 이론적인 차원에서 '공회전'하기보다, 실제 경험연구 속에 투입되어 그것을 돌아가게 만든다. 열린 개념들은 일종의 연구 프로그램을 응축하고 있으며, 각종 오류를 피할 수 있게 해준다(Bourdieu 1987a: 54). 이러한 관점에서 부르디외는 미리 정의되고 너무 정교하게 구축된 개념들을 이용하는 실증주의적 방법의 가짜 엄밀성을 비판한다.

각들이 위치와 방향을 달리하며 함께 움직이거나 흔들린다. 한 인터뷰에서 부르디외는 '사회공간espace social'과 '장champ'이라는 두 개념의 관계를 설명하기 위해 이러한 모빌의 이미지를 빌린다. 그는 사회 세계를 "칼더Alexander Calder의 모빌과도 같다"고 비유하면서 "그곳에는 다차원의 공간 속에서 서로 흔들어대는 여러 종류의 소우주들이 있을 것"이라고 말한다(Bourdieu 1994c: 323). 부르디외가 보기에 사회는 개인이나 집단 들의 무질서한 집합체도 계급들의 위계화된 피라미드도 아닌, 복수의 장들이 서로 영향을 주고받으며 접합되어 있는 다차원의 위치공간이라는 뜻이다.

자본의 유형들

우선 부르디외가 사회공간의 개념을 내세우면서 마르크스주의적 사회관으로부터 단절을 도모한다는 데 유의해야 한다. 그 개념이 무엇보다도 마르크스주의의 계급론을 해체적으로 재구성하기 위한 논리적 전제이기 때문이다. 그는 마르크스주의 전통이 지식인의 담론 속에서만 존재하는 '구성된 계급'과 '실제의 계급'(혹은 '동원된 계급')을 쉽사리 동일시한다고 지적한다. 그런데 헤겔에 대한 마르크스의 비판적 수사학을 끌어오자면, 이는 '논리의 사물'과 '사물의 논리'를 혼동하는 일이다. 부르디외가 보기에 마르크스는 그 자신을 포함하는 지식인들의 사회분석이 하나의 담론으로서 고유한 권력 효과를 발생시킨다는 점에 대해 충분히 성찰적이지 못했다. 사회 세계 안에 객관적 이해관계를 지속적으로 공유하는 계급들이 명확히 층화된 형태로 실재하는 것은 아니다. 마르크스주의 계급론이 단순히 그 진실을 발견해 있는 그대로 진술하는 것도 아니다. 사실 지식인들은 '종이 위에서' 개연적 계급을 구성할 따름이며, 이른바 '계급의식'을 가지는 실제의 계급은 이러한 지적·정치적 담론을 통해 동원된 집단이라 할 수 있다. 동원된 계급은 "객관적 계급을 규정하는 객체화된 소유물과 체화된 속성 들의 동질성에 기반을 두고서, 객체화된 소유물들의 분배 구조를 보존하거나 변형시키려는 투쟁을 위해 모인 행위자 집단"을 가리킨다(Bourdieu 1979: 113). 부르디외는 개연적 계급이 현실에 가깝게 구성될수록 정치적 동원 작업이 성공할 가능성 역시 높아지며, 이는 결국 계급 담론의 진실성을 확인하는 과정이 될 수 있다고 간주한다. 이러한 시각에서 보자면, 마르크스주의는 실재론적 입장에 바탕을 둔 과학의 권위 아래 개연적 계급을 호명하고 동원함으로써 변혁의 주체로 구축하려 한 정치적 기획이라 할 수 있다. 또한 그것이 주창한 사회혁명의 실패는 그 계급론이 강력한 의지주의적 편향으로 말미암아 객관적 현실에 제대로 부합하지 못했다는 한계를 반증한다.

마르크스에게서 발견되는 주요한 오류, 즉 이론주의적 오류는 종이 위의 계급을 실제의 계급인 양 취급하고, 사회공간 내의 위치의 동일성에서 나오는 조건과 상태, 즉 성향의 객관적 동질성으로부터 통일된 집단·계급으로서의 존재를 결론짓는 데 있다. 사회공간이라는 개념은 사회계급의 문제에서 명목론과 실재론 간 양자택일을 피할 수 있도록 해준다. 상임 대표 기관을 갖춘 **단체**, 지속하는 집단으로서의 사회계급을 생산해내고자 하는 정치적 작업은, 그것이 결집시키고 통일시키고 집단으로 구성하고자 하는 행위자들이 사회공간 안에서 더 가까울수록 (따라서 종이 위에서 같은 계급에 속해 있을수록) 성공할 확률이 더 높다. 마르크스가 말한 의미의 계급은 정치적 작업에 의해 이루어야 할 것이며, 이 작업이 실

재에 잘 정초된 이론으로 무장하고 있어서 **이론 효과**effet de théorie ─ 희
랍어 'theorein'은 본다는 뜻이다 ─ 를 가할 수 있다면, 즉 분리의 시각
vision des divisions을 부과할 수 있다면 성공할 가능성은 훨씬 더 높아진
다. 이론 효과와 더불어 우리는 객관주의적 단계에서 획득된 지식을 포
기하지 않고도 순수한 물리주의로부터 빠져나올 수 있게 된다. 집단(예
를 들면 사회계급)은 형성해야 할 무엇이다. 그것은 '사회적 실재' 속에 주
어져 있지 않다(Bourdieu 1987a: 153~54).

부르디외는 우리가 사회에 대한 과학적 연구를 지향한다면 계급
에 대한 실재론과 명목론을 모두 넘어설 필요가 있다고 주장한다
(Bourdieu 1978a). 진정한 사회과학자라면 계급들이 획정될 수 있는 사
회공간을 구성하는 한편, 그 공간이 종이 위에서만 존재한다는 사실을
인식해야 한다는 것이다. 그에 따르면 "객관적 집단으로 구성되는 경제
적이고 사회적으로 분화된 개인들의 동질적인 집합으로서 계급의 존재
를 부인하면서도, 동시에 경제적·사회적 분화의 원리 위에 기초한 차이
들의 공간이 존재한다고 주장하는 것은 가능하다"(Bourdieu 1987d: 3).
그러므로 우리는 관계의 실재론에 기초해서 매번 경험적으로 관찰된
사회공간을 이론적으로 다시 발생시키는 분화의 원리를 구성하고 발견
해야만 한다.

공간이라는 개념은 그 자체에 사회 세계의 관계적 이해라는 원칙을 포
함한다. 그 개념은 사실 그것이 지시하는 모든 '실재'가 그 실재를 구성
하는 요소들의 상호적 외부성 속에 있다는 점을 확인시켜준다. 개인이
든 집단이든 직접 눈에 보이는 외양을 지닌 존재는, 그것이 관계공간 내

에서 차지하는 상대적 위치인 차이 속에서 그리고 차이에 의해서 존속된다. 그런데 이 관계공간이야말로 눈에 보이지 않고, 언제나 경험적으로 보여주기 어려울지라도 가장 실제적인 실재(스콜라 철학자들은 'ens realissimum'라고 했다)이자 개인과 집단 행동의 실질적인 원리인 것이다 (Bourdieu 1994a: 53).

다차원적 관계공간으로서 사회 세계를 경험적으로 구축하기 위해서는 분화의 주요인들, 즉 주어진 사회적 소우주에서 관찰되는 차이를 설명해주는 요인들을 발견해야 한다. 부르디외에게 그것은 바로 "권력들, 즉 자본 형태들"이다(Bourdieu 1987d: 4). 사회 세계는 희소 재화(권력, 돈, 명성 등)의 전유를 위한 경쟁과 투쟁이 벌어지는 공간인데, 행위자들이 이미 보유하고 있는 여러 형태의 자본은 그들의 공간 내 위치, 그리고 경쟁과 투쟁 과정에서 그들이 이용할 수 있는 패를 규정한다. 부르디외는 "실제로 이용할 수 있는 자원과 권력의 총체"로 자본을 정의하면서, 그 기본적인 유형을 세 가지로 제시한다(Bourdieu 1979: 128).

첫번째 유형은 '경제자본capital économique'이다. 이 자본은 여러 생산요소(토지, 공장, 노동력)와 재화(자산, 수입, 소유물)로 구성되는데, 돈으로 즉각 전환이 가능하고 소유권의 형식 속에 제도화되어 있다는 특징을 지닌다. 두번째 유형은 '문화자본capital culturel'이다. 이는 가족에 의해 전수되거나 교육체계에 의해 생산되는데, 대개 세 가지 상태로 존재한다. 먼저 자연스러운 말투나 몸짓처럼 지속적인 성향으로 체화된 incorporé 상태이다. 다음으로 책, 음반, 미술품 등의 다양한 문화재화로 객체된objectif 상태이다. 끝으로 지적인 자격을 부여하는 공인 형식인 학위 속에 제도화된institutionnalisé 상태이다. 이러한 문화자본은 좀

더 폭넓은 '정보자본capital informationnel'의 개념 안에 포함될 수 있다. 정보자본이란 행위자가 외부로부터 받아들이는 정보를 인지할 수 있게 해주는 각종 지식과 성향의 저장물을 가리킨다. 기본적인 자본의 세번째 유형은 '사회관계자본capital social'이다. 이는 한 개인이나 집단이 동원하고 활용할 수 있는 사회적인 연줄과 관계망으로 규정되는데, 귀족이나 양반 같은 신분 안에 제도화될 수도 있다. 이 자본을 소유하기 위해서는 친분 관계를 만들고 관리하는 사교 노동(회원 가입, 모임에의 초대와 참여, 단체 회식과 오락, 친목 도모 등)이 요구된다(Bourdieu 1986b 참조).

다양한 자본은 이른바 '상징자본capital symbolique'을 수반한다는 공통성을 지닌다. 상징자본이란 특정한 자본이 사람들의 인식 속에서 상징적으로 표상되고 이해된 경우를 말한다. 부르디외에 따르면 "모든 자본은 그 구현 형태에 관계없이 자본으로서의 진실이 오인되면서 즉 그것이 인정되면서 상징폭력을 행사하며, 인정을 요구하는 권위로서 부과된다. 상징자본은 막스 베버가 카리스마라고 부른 것을 가리키는 또 다른 방식일 뿐이다"(Bourdieu 1978a: 18). 쉽게 말해 사회공간 내에서 사람들은 자본의 진실(축적의 역사와 작동 원리, 불평등한 배분 현실과 그 구조적 원인, 사회적 기능과 효과)을 제대로 보지 못하며, 그렇기에 그 권위를 순순히 받아들인다. 부르디외는 그러한 '오인-인정méconnaissance-reconnaissance'이 이루어지는 과정을 상징폭력으로 기술하며, 그러한 작용의 결과로서 어떤 대상에 깃드는 사람들의 인정을 상징자본이라고 명명한다.

한편 부르디외는 상이한 자본 유형들이 서로 전환 가능하다는 점을 각별히 강조한다. 예를 들어 경제자본은 문화자본으로 전환될 수 있고,

그 반대도 마찬가지다. 또 사회관계자본(연줄망)은 노동시장에서 문화자본(학위)의 상징적·경제적 수익을 극대화하는 데 도움을 줄 수 있다. 그것은 또 경제자본의 문화자본으로의 전환(즉 학업 투자)이 실패했을 때 이차적 출구(인맥을 통한 취직)를 마련해주기도 한다. 문화자본이 사회관계자본으로 전환된다든지(교양을 매개로 한 사교 관계의 확장), 역으로 사회관계자본이 문화자본으로 전환되는 경우도 있다(지인의 네트워크를 통한 교양의 축적). 자본주의사회에서 경제자본은 다양한 자본 유형들의 원천으로 기능하는데, 이런 의미에서 경제는 결정의 최종심급이라 할 만하다. 어쨌거나 부르디외에 의하면 "우리가 구축할 수 있는 총체적 사회공간은 상이한 유형의 자본 간 관계의 특정한 상태와 태환율이라는 가정에 기초해 있다"(Bourdieu 1994c: 323~24).

유념할 부분은 자본들의 상호 전환이 가능하다 해도, 그것이 모두 동일한 방식으로 간단히 이루어지지는 않는다는 것이다. 자본의 전환이 일어나고 실질적인 권력을 생산해내려면 상당한 시간과 노력이 필요하다. 예를 들어 경제자본으로 어떠한 서비스를 구매하기는 별로 어렵지 않지만, 사회관계자본으로 원하는 서비스를 적절한 순간에 얻어내려면 일정한 기간 동안 관계 유지를 위한 투자를 해야만 한다. 경제자본이 문화자본으로 전환되는 데에도 오랜 학습과 교육 기간이 소요된다. 이러한 전환에는 실패의 위험성 역시 필연적으로 뒤따른다. 이와 관련해 부르디외는 투명하고 냉정한 경제적 교환과 달리, "오인, 즉 모종의 신념과 자기기만을 가정하는 사회적 교환의 본질적인 모호성"을 언급하며, 그것이 "아주 미묘한 시간의 경제"를 전제한다고 지적한다(Bourdieu 1986b: 252).[3]

사회공간의 구조화

사회공간을 경험적으로 구성하기 위한 분화의 원리로서 다양한 자본 형태를 추출해낸 부르디외는 이제 행위자들을 전체 사회공간에 다음과 같은 세 축에 따라 분포시킨다(Bourdieu 1979: 109~38). 첫번째 축은 행위자들이 소유한 자본의 총량에 의해 규정된다. 두번째 축은 그들 자본의 구조에 의해 규정된다. 달리 말해 행위자들은 그들이 소유한 전체 자본에서 경제자본과 문화자본이 차지하는 상대적 비중에 따라 사회적 위치가 달라진다. 세번째 축은 행위자들의 자본 총량과 구조가 거치는 시간적 변화에 의해, 한마디로 사회공간 내 그들의 궤적trajectoire에 의해 규정된다. 궤적은 동일한 행위자(집단)가 시간의 경과에 따라 점유하게 되는 연속적인 위치들의 집합을 말한다. 이러한 세 좌표축을 중심으로 이제 '사회적 위치공간espace des positions sociales'이 구성될 수 있다.

먼저 수많은 직업집단들은 자본 총량에 따라 수직적으로 위계화된다. 기업주, 전문직 종사자, 대학교수와 같이 자본 총량이 많은 집단은 계급 위계의 위쪽에 위치하고, 반대로 비숙련 육체노동자나 농업 노동자 등 총량이 적은 집단은 아래쪽에 위치하며, 그 사이에는 기타 소상인, 자영업자, 사무 노동자 등이 위치한다. 다음으로 자본의 구조에 따

---

3) 상이한 자본 유형들의 전환 가능성을 논하면서 부르디외는 모든 자본의 가치 척도로서 '노동시간'을 제시하고 이른바 '사회적 에너지 보존의 법칙'의 존재를 암시한다. 그에 의하면 "에너지 보존의 법칙과 마찬가지로, 어떤 영역에서의 이윤은 반드시 다른 영역에서의 비용으로 지불된다(따라서 실천의 일반 경제학에서는 낭비와 같은 개념은 아무런 의미가 없다). 모든 등가물의 척도인 보편적 등가물은 다름 아닌 (광범위한 의미에서) 노동시간이다. 만일 각각의 경우에 자본 유형 속에 축적된 노동시간과 한 유형의 자본을 다른 유형으로 전환하는 데 요구된 노동시간을 함께 고려한다면, 우리는 모든 전환을 통해서 사회적 에너지가 보존되었다는 사실을 확인할 수 있을 것이다"(Bourdieu 1986b: 253). 이러한 그의 주장에는 직관적인 통찰이 없지 않다. 하지만 그것은 경험적으로 입증 가능한 연구 가설로서보다는 다분히 과학주의적이고 마르크스주의적인 수사학으로서 내세워진 인상이 짙다.

라 동일한 계급 내에서도 분파가 갈라진다. 사회공간에서 경제자본과 문화자본은 그 분포상 서로 반대 방향에 놓이는 대칭성을 띠는데, 이는 동일한 수직적 위상에 있는 집단들을 내부에서 다시 한 번 분화시키는 원리로 작용한다(Bourdieu 1979: 131). 예컨대 소유 자본 전체에서 문화 자본보다 경제자본의 비중이 더 큰 기업가 집단과 그 반대의 경우인 대학교수 집단은 함께 지배계급을 이루면서도 서로 대립적인 관계에 놓인다. 그리하여 지배계급 내에서 전자는 지배 분파, 후자는 피지배 분파로 각각 위계화되는 것이다.

종합하자면 부르디외는 사회공간을 지배계급classe dominante, 중간계급classe moyenne, 민중계급classe populaire의 관계 구조로 구축한다. 지배계급은 경제자본과 문화자본의 상대적 비중에 따라 지배 분파(상공업 경영자, 전문직, 상급 관리직 등)와 피지배 분파(교수, 예술가, 전문 기술자, 공학자 등)로 구분되며, 지배 분파는 그 연륜에 따라 다시 구舊부르주아지와 신흥 부르주아지(경제·경영 분야의 명문 학교 출신들인 대기업 간부층)로 구분된다. 한편 '사회적 위치의 상승 의지'라는 통일성을 가지는 중간계급 또한 복잡다단한 내부 분열 상태를 드러낸다. 그것은 구舊프티부르주아지(장인, 소상인, 중소 자영업자 등), 신흥 프티부르주아지(언론인, 사회복지사, 디자이너, 광고업 종사자, 각종 상담원 등), 실행 프티부르주아지(일반 관리직, 일반 기술직, 사무 노동자 등) 간의 작용과 반작용이라는 변증법적 관계에 의한 현상이다. 중간계급은 각종 자본의 획득에서 부르주아지에 비해 독립적이지 못하고 기존의 사회질서를 존중하는 성향을 가진다. 마지막으로 민중계급은 생산직 노동자(숙련공, 단순노동자 등)와 소농, 영세 봉급생활자(청소부, 파출부, 농업 노동자 등)로 이루어진다. 이 계급은 어떤 형태의 자본도 별로 가지고 있지 않

은 '박탈'과 '빈곤'의 상태로 특징지어진다.[4]

각 계급은 사회공간상에서의 계급 위치position de classe에 더해, 특정한 직업적 실천이나 물질적 존재 조건 같은 내재적 속성들인 계급 조건condition de classe을 갖는다(Bourdieu 1974a). 이 계급 조건은 동일한 위치에 속하는 행위자들을 유사한 존재로 사회화함으로써 일종의 계급하비투스를 생산한다. 사회적 행위자에 대한 부르디외식 개념화의 핵심에 있는 하비투스는 "지속적이며 전이 가능한 성향 체계"로 간단히 정의될 수 있다(Bourdieu 1980b: 88). 그것은 "객관적인 구조가 내면화된 산물"이며, "실천을 생산함으로써 객관적인 구조에 객관적으로 맞추어진 이력을 생산하는 경향이 있는 무의식적 성향 체계"이기도 하다(Bourdieu 1971a: 26). 풀어 말하자면 부르디외가 보기에 사회적 행위자는 사회공간 안에서 자신이 처한 계급적 위치와 그에 따르는 물질적 여건 속에서 만들어지는 존재이다. 그는 다종다양한 경험을 쌓아가는 과정에서 일종의 성향 체계를 지니게 되는데, 이는 특정한 상황에서 이루어지는 그의 판단과 선택과 행동을 강력하게 규정한다. 이 성향 체계가 누적적으로 형성되는 만큼, 어린 시절의 초기 사회화는 매우 중요한 역할을 수행한다. 또 그것이 외부의 객관적 환경과 상호작용하며 형성되는 만큼, 공통된 계급 위치와 조건에 바탕을 둔 집단적 특성을 나타

---

4) 계급에 대한 부르디외의 시각이 가장 종합적으로 정리되어 있는 텍스트로는 『구별짓기』(1979)를 들 수 있다. 1960~70년대 프랑스 사회의 계급구조와 생활양식의 공간을 실증적으로 분석하고 있는 이 책의 제2장에서, 부르디외는 사회공간과 계급을 이론적으로 구축하기 위한 전제와 틀을 제시한다. 한편 바캉은 부르디외가 집합체의 존재론적 지위를 질문하고 집단 형성의 정치학을 포착하기 위한 이론적 도구들을 벼려냄으로써 계급구조에서 사회공간으로, 계급의식에서 하비투스로, 이데올로기에서 상징폭력으로, 지배계급에서 권력 장으로 중요한 논의의 전환을 수행했다고 지적한다(Wacquant 2013b).

낸다. 그리하여 우리는 "계급 조건과 그것이 부과하는 조정의 체화된 형식"이자, 사회 세계에 대한 관점과 분류 도식, 실천을 생성시키는 통일적 원리인 계급 하비투스를 추상화할 수 있는 것이다(Bourdieu 1979: 112).[5]

부르디외에 의하면 위계화된 사회공간에는 위계화된 생활양식의 공간espace des styles de vie이 조응하며, 이는 계급 하비투스를 매개로 이루어진다. 바꿔 말하면 각 계급의 위치와 조건에 맞추어 발생한 하비투스는 다시 계급별로 일정한 생활양식을 형성시킨다. 뿐만 아니라 각 계급은 고유한 하비투스를 통해 다른 계급의 생활양식을 끊임없이 지각하고 판단하고 평가한다. "생활양식은 하비투스의 체계적 산물이다. 그리고 이것은 하비투스의 도식들에 따라 상호 관계 속에서 감지되고, (훌륭하다거나 저속하다는 등) 사회적으로 가치를 평가받은 기호체계가 된다"(Bourdieu 1979: 192). 이처럼 사회공간 내 자본의 불평등한 분포는 행위자들에게 차이와 변별성의 상징체계로 인식되고, 그에 따른 평가는 상징투쟁을 동반한다(Bourdieu 1978a: 17). 일상적인 실천의 장소로서 사회공간은 계급 구성원들 사이에서 분류와 평가, 지각과 판단, 구별짓기의 경쟁이 벌어지는 개인적이고 집단적인 투쟁공간이기도 한 것이다. 결국 부르디외의 논의는 사회계급의 이중적 객관성을 전제한다. 그 객관성은 한편으로는 다양한 자본의 분포와 관련되고, 다른 한편

---

5) 우리는 부르디외가 분석한 프랑스 부르주아와 프티부르주아, 민중계급의 하비투스를 다소 도식화해 제시할 수 있다. '탁월함'으로 대표되는 부르주아의 하비투스가 관대함, 유연함, 여유로움, 자신감, 자유로움 등으로 특징지어진다면, '잘난 체함'으로 대표되는 프티부르주아의 하비투스는 엄격함, 편협함, 인색함, 꼼꼼함, 정확성, 형식주의 등으로 특징지어진다. '검소함'으로 대표되는 민중계급의 하비투스는 수수함, 소심함, 어색함, 단단함, 서툶 등의 특징을 지닌다(Bourdieu 1974a: 26; 1979 참조).

으로는 그에 대한 사회적 표상들과 관련된다. 계급은 이처럼 물질적 존재 양식과 상징적 존재 양식을 가지는데, 이는 두 양식에 의해 조건 지어지고 규정되는 하비투스에 의해 매개된다. 그러므로 사회학자가 관계 중심적으로 사회공간을 탐구하는 일은 물질적 자원들의 분배 구조와 그에 연계된 기호체계, 그리고 이들을 문자 그대로 '체현하는' 신체들이 어떤 위계질서 속에서 관계 맺으며 투쟁하는지를 '종이 위에' 재현하는 작업이 된다.

사회집단, 특히 사회계급은 말하자면 이중적으로 존재한다. 그것은 학자적 시선 자체가 개입하기 이전부터 이미 그렇게 존재하는 것이다. 사회계급은 물질적 속성들의 분포가 기록하는 일차적 수준의 객관성 안에 존재한다. 그리고 그것은 이차적 수준의 객관성 안에서도 존재한다. 생활양식에서 드러나는 물질적 속성들의 분포에 대한 실천적 지식을 바탕으로 행위자들이 생산하는, 대조적인 분류와 표상들의 객관성 말이다. 이러한 두 가지 존재 양식은 서로 독립적이지 않다. 비록 표상이 분포에 대해 일정한 자율성을 누리고 있을지라도 그렇다. 왜냐하면 행위자가 사회공간 안에서 자기 위치에 대해 가지게 되는 표상(그리고 그들이 그 위치에 따라 수행하는—고프먼에게서처럼 연극적 의미에서— 공연)은 지각과 평가의 도식 체계système de schèmes de perception et d'appréciation, 즉 하비투스의 산물이기 때문이다. 한데 그러한 도식 체계는 행위자가 물질적 속성들(객관성 I)과 상징자본(객관성 II)의 분포 내 일정한 위치에 의해서 규정되는 조건을 체화한 산물이다. 또한 그러한 도식 체계는 다른 사람들이 이 위치에 대해 가지는 (동일한 법칙을 따르는) 표상들, 즉 그 총합이 (통상 명성, 권위 등으로 일컬어지는) 상징자본을 정의하는 그러한 표상들뿐만 아니라, 상징적으로는 생활양식 속에서 다시 번역되는 〔물질적 특성들의〕 분포들 내의 위치 또한 고려한다(Bourdieu 1978a/2013: 21~22).

부르디외는 이러한 사회구조가 일정하게 재생산된다는 점에 관심을 기울인다. 그런데 주의할 것은 사회구조의 재생산이 반드시 세대 간 직업을 계승하는 식으로 일어나지는 않는다는 점이다. 그가 보기에 모든 행위자는 사회구조 내에서 자신의 위치를 유지하기 위해 자본의 재전환을 대가로 한 계급 조건의 일정한 변화를 감수해야 한다. 그리하여 예컨대 중소 자영업자는 하급 공무원으로, 전통적인 장인은 회사의 말단 사원으로 변모할 수 있는 것이다. 그러므로 우리는 총체적인 계급 관계의 장으로서 사회공간 위에 다시 특수한 개별 장들(정치 장, 행정 장, 대학 장, 사법 장 등등)의 관계 구조를 포개 보아야 한다. 사회위상학topologie sociale은 어떤 장의 내부에서 벌어지는 위치 이동과 여러 장들에 걸쳐 벌어지는 위치 이동을 구별할 수 있어야 한다. 전자가 특정한 장 내부에서의 자본의 축적과 손실에 결부된다면, 후자는 한 유형의 자본을 다른 유형의 자본으로 전환하는 문제와 관련된다. "한마디로 사회계급과 그 변환 이론은 장이론으로 되돌려진다"(Bourdieu 1974a: 42).

사회적 소우주로서의 장

사회 전체에 대한 관계적·공간적 개념화 위에 부르디외는 다시 독립적인 소우주로서 장들의 형상을 겹쳐놓는다. 부르디외에 따르면 이른바 선진사회(혹은 고도로 분화된 사회)는 다수의 장들로 이루어진다. 그렇다면 장이란 무엇인가? 그것 역시 사회공간처럼 위치들의 객관적인 관계망이라고 할 수 있을 것이다. 다만 사회공간이 대우주라면, 장은 기본적으로 그와 유사한 구조를 가지는 일종의 소우주이다(Bourdieu & Wacquant 2014/2015: 174~75). 사회공간(혹은 계급 관계의 장)은 정치 장, 경제 장, 과학 장, 예술 장 등 위계적으로 조직된 상이한 장들에 의해 짜여 있다. 각각의 장에는 자체의 고유한 논리와 역사에 뿌리박은 가변적인 속성들이 있는가 하면, 장들 전체에 공통된 항상적인 속성들도 있다. 전자가 개별 장의 발생적 연구와 체계적 비교를 요구한다면, 후자는 장의 일반 이론이라는 기획을 정당화하는 것이다.

장의 구성 요소들

장의 일반 이론을 구성하기 위해 불변의 속성들을 설명하는 데에는 일단 게임의 비유가 유용하다.[6] 게임에서 각자에게 배분된 패들을 가진 참여자들은 판돈을 놓고 일정한 규칙에 따라 다른 사람들과 경쟁한다.

---

6) 이 대목에서 우리는 부르디외 사회학과 엘리아스 사회학 간의 근친 관계를 떠올리지 않을 수 없다. 부르디외가 장을 설명하기 위해 종종 게임의 은유를 사용하듯이, 엘리아스 역시 자기 사회학의 기본 개념인 결합체Figuration를 설명하기 위해 게임 모델을 제시한 바 있기 때문이다(Elias 1970/1987: 3장). 그런데 엘리아스가 사회적 결합체를 사회학적 분석 단위의 기본으로 삼으면서 게임 모델을 그 설명의 틀로 제시할 때 강조하는 것은 무엇보다도 역동성이다. 그가 보기에 사회는 상호 의존하는 개인들이 세력 관계 속에서 형성하는 가변적인 통합체이기 때문이다. 사실 엘리아스는 부르디외보다 훨씬 이전에 '제2의 천성' 혹은 '체화된 사회적 학습'을 가리키기 위해 하비투스 개념을 사용하기도 했다. 부르디외는 자신의 사회학과 엘리아스의 사회학 사이의 유사성을 인정하면서도, 엘리아스가 국가의 폭력 독점에 따른 수혜자와 피해자를 질문하지 않으며, 역사에서의 장기적 추세의 연속성에 치중한 나머지 중요한 단절들을 무시했다고 비판적인 시각을 드러낸 바 있다(Bourdieu & Wacquant 2014/2015: 167~69).

그들은 자기 나름의 기술과 경험, 감각과 지식을 동원해 이기기 위한 수를 구사한다. 그들은 게임의 판돈에 큰 가치를 부여하고, 게임에 깊이 몰입한다. 장 개념은 여러 면에서 게임과 비슷하다. 우선 그것은 사람들의 실천이 이루어지는 관계망을 강조하는 한편, 그 실천에서 모종의 규칙성이 나타난다는 점을 환기시킨다. 참여자들이 들고 있는 패는 부르디외가 말하는 자본에, 판돈은 내기물에 대응한다. 게임의 종류가 다양할 수 있고 게임이 달라지면 쓰이는 패와 판돈 또한 달라질 수 있듯이, 장의 종류도 다양하며 상이한 장에서는 지배적인 패와 판돈 역시 달라진다. 참여자들이 쓰는 각종 수가 실천이라면, 그것은 그들이 체득한 습성과 의식적·무의식적 '머리 굴리기'의 산물일 것이다. 부르디외는 전자를 하비투스, 후자를 전략이라고 부른다.[7] 특정한 게임에 참여하는 사람들이라면 이미 그것에 대한 관심과 적성을 갖고 있게 마련이듯, 장에 진입하는 사람들은 이미 어느 정도 그에 어울리는 하비투스를 갖추고 있게 마련이다. 장은 다시 그러한 하비투스를 구조화하는 데 기여한다. 가령 학문 장의 신참자들은 공부를 좋아하고 열심히 하는 성향 체계를 지니고 있을 확률이 매우 높으며, 이러한 성향 체계는 학문 장의 구조적 조건 아래 계속 강화되는 경향이 있다. 한편 하비투스는 장을

---

7) 이때 '전략' 개념이 상식적인 의미와는 뚜렷이 구분된다는 데 유의해야 한다. 일상적인 용어로서 전략은 명확한 의도와 계산, 목적론에 기반을 두는 반면, 부르디외가 말하는 전략은 별 계산 없이 거의 무의식적이면서도 사태의 객관적인 전개에 잘 부합할 때 성공 가능성이 높아지는 실천감각에 가깝다. 그런데 전략에 대한 사후적 회고나 평가는 "그 성공을 종종 무의식과 무사무욕에 빚지고 있는 객관적 전략을 의식적이며 계산된, 나아가 냉소적인 전략의 산물로서 개념화하도록 만든다"(Bourdieu 1980a: 6). 부르디외는 시간 속에서 일관성 있게 이루어지는 실천을 적절하게 이해하기 위해 전략 개념을 도입한다. 그것이 행위자의 실천에 대한 여러 가지 잘못된 설명과 단절할 수 있게 해준다는 것이다. 전략은 구조적인 법칙에 의한 자동적 행위라든지 이해관계에서 완전히 벗어난 순수한 의도에 따른 행위 같은 관념을 기각하면서도, 단순한 목적론이나 상호작용론으로 회귀하지도 않는다.

의미와 가치가 있는 세계로 구성하는 데 이바지한다. 학문 장은 그 안에 끊임없이 진입하고 활동하는 사람들로 인해 그 존재 의의를 인정받고 스스로를 재생산한다. 게임의 참여자들이 객관적인 판돈과 주관적인 흥미를 매개로 게임에 몰두한다는 점 또한 장의 구성원들과 유사하다. 그들은 판돈이나 게임 자체의 중요성에 대해 의문을 제기하지 않는데, 이 같은 심층의 공모는 그들 간에 벌어지는 경쟁과 갈등의 근본 원리이기도 하다. 이는 부르디외가 이야기하는 이해관심 혹은 일루지오에 상응한다.

이쯤해서 게임과 장의 속성들이 완전히 같지 않다는 사실에도 주의를 돌릴 필요가 있다. 그러한 차이들에 대한 인식은 장이론의 정확한 이해에 도움을 준다. 일단 게임에서의 패들과 달리, 장에서의 자본은 매번 새롭게 우연히 배분되지 않는다. 자본은 행위자들이 가족으로부터 여러 형태로 상속받은 초기 자본을 바탕으로 계속 축적해가는 것이다. 게임의 규칙은 의도적으로 만들어지고 명시적으로 정해지는 반면, 장에서 나타나는 규칙성은 개개인의 의도에 좌우되지 않으며 비가시적으로 작동한다. 게임의 종류가 변하면 패와 판돈은 완전히 변할 수 있지만, 장이 달라진다고 해도 자본과 내기물의 기본 유형들까지 완전히 달라지는 것은 아니다. 상대적으로 모든 장에서 유효한 자본들이 있으며, 서로 다른 자본들 간에는 태환의 법칙이 있다. 경제자본은 이를테면 조커처럼 거의 모든 장에서 강력한 힘을 발휘한다. 또 경제자본을 가진 사람은 조금의 손실이 있을지라도 어느 정도까지는 문화자본을 가질 수 있고, 많은 경우 그 역도 마찬가지다. 한편 게임의 판돈은 무엇이든 될 수 있지만, 대부분 장의 내기물은 경제자본과 특수한 상징자본으로 양분된다. 후자는 구체적으로 각 장에 고유한 권위와 명성을 뜻한다. 예를 들어 문학 장에서는 문학적 공인을 의미하는 상징자본으로서 문학자본, 과학 장에서는 과학자본이 중요한 투쟁 목표가 되는 것이다.

장과 게임의 비교는 이쯤에서 멈추자. 부르디외는 장을 게임 말고도 물리학에서 장이라든지 경제학에서 시장 등에 비유한 바 있다. 중력장이나 자기장, 전기장에 비유될 때 장에서 작동하는 힘과 운동의 차원이 강조된다면, 시장에 비유될 때는 특정한 재화를 둘러싸고 벌어지는 생산자 및 소비자 집단의 경쟁과 거래, 이해타산과 자본의 추구 같은 차원이 강조된다. 그 밖에 이런 비유들로는 온전히 포괄하기 어려운 장의 독특한 연관 개념들도 있다. '입장공간espace de prises de position'(이는 문자 그대로 '위치 잡기의 공간'이라는 의미도 지닌다)과 '가능성의 공간 espace de possibles'이 그것이다. 부르디외에 의하면 장의 위치공간에는 그에 일정하게 상응하는 입장공간이 발생한다. 따라서 특정한 위치에 있는 행위자는 그에 걸맞은 입장(작품, 정치적 담론, 주의 주장, 선언문, 성명서 등으로 나타나는)을 취할 개연성이 매우 커진다. "문학 장과 권력 장 혹은 전체 사회 장 사이 상동성의 게임으로부터, 대개의 문학적 전략은 중층적으로 결정되며, 수많은 '선택'은 미학적이고 정치적인, 또 내적이고 외적인 이중의 가격加擊이다"(Bourdieu 1992a: 289). 그렇다고 위치와 입장이 자동적으로 조응하는 것은 물론 아니다. 그것은 행위자들의 하비투스, 그리고 가능성의 공간에 의해 매개된다. 가능성의 공간은 주어진 시기의 정당한 문제틀로서, 행위자들이 선택 가능한 입장들의 지평과 한계를 설정해준다. 입장은 위치가 그렇듯, 다른 것들과 맺는 변별적 대립 관계 혹은 차이를 통해 부정적으로 규정된다. 달리 말하면 각각의 입장은 공존하는 입장들에 객관적으로 의존하고 있으며, 입장공간 전체가 하나의 입장을 결정하고 제한한다.

장의 역동성

부르디외가 각별히 강조해 마지않는 장의 속성은 바로 그것이 투쟁의 공간이라는 점이다(Bourdieu 1980b: 113~20). 즉 장은 그 안에서 다양한 위치를 점유하는 여러 행위자들이 제각기 자본을 전유하고 독점하기 위해 경합하는 공간이다. 상이한 힘과 전략을 가진 개인, 집단, 기관들은 장을 구성하는 명시적인 규칙과 비가시적인 규칙성에 따라서, 또 때로는 그에 맞서서 경쟁한다. 근본적으로 장을 움직이는 힘은 "게임으로부터 제외되어 공허의 나락에 빠져들지 않으려면 장 내의 자기 위치를 유지하거나 개선하기 위해 투쟁할 수밖에 없는, 달리 말해 장 안에서만 발생하는 특수한 자본을 보존하거나 증가시키기 위해 투쟁할 수밖에 없는 행위자들의 작용과 반작용 속에" 있다(Bourdieu 1980c: 7). 행위자들이 투쟁 과정에서 구사하는 전략의 성격은 그들의 위치와 궤적, 그리고 하비투스에 따라 달라진다. 장에서 이미 많은 양의 상징자본을 축적하고 지배적인 위치에 자리 잡은 행위자들은 장의 기존 상태를 유지하려는 보존 전략을 취한다. 반면 장에 새로 진입한 신참자들은 기본적으로 지배자들의 노선과 전통을 충실히 좇아가며 그 권위를 이어받으려는 계승 전략, 또는 그것을 혁신하고 새롭게 정의함으로써 자신의 이윤을 극대화하려는 전복 전략 가운데 하나를 취할 수 있다. 이러한 대립 구도는 정통과 이단, 구파와 신파, 보수와 혁신, 구세대와 신세대 간의 갈등 속에서 뚜렷하게 나타난다. 장 내부의 투쟁에서 언제나 가장 근본적이면서도 핵심적인 쟁점이 되는 것은 '장의 경계 획정'과 '자본의 (재)정의' 문제이다. 이러한 맥락에서 예컨대 문학 장에서는 '작가'의 범주에 누구를 포함시키고 누구를 배제할 것인가, 무엇을 그 기준으로 삼을 것인가, 또 '문학적인 것'을 어떻게 정의할 것인가 하는 등의 논쟁이 끊임없이 벌어진다. 장 내에서 어떤 합의가 잠정적으로 도출되는지에 따라 기존 세력 구도가 새롭게 조정되고 재편될 수 있기 때문에, 이 논쟁은 이론적인 만큼이나 지극히 현실적인 이해관계와 맞물려 있다.

잊지 말아야 할 것은 행위자들이 서로 끊임없이 투쟁한다 할지라도, 장의 존속과 유지에 대한 공통의 이해관심을 바탕으로 일종의 객관적 공모 관계를 맺고 있다는 점이다. 그러므로 장 내의 투쟁이 장 자체의 존립을 문제 삼거나 위태롭게 만드는 선까지 다다르는 일은 거의 일어나지 않는다. 사실 어떤 개인이 장에 입장하는 행위는 이미 장이 부과하는 특정한 투쟁 형식을 수용하고, 그러한 투쟁이 추구할 만한 가치가 있다고 인정하는 의미를 함축한다. 가령 문학 장에 진입한 사람들은 문학을 위해서, 문학을 통해서, 문학에 의해서, '문학적으로' 투쟁한다는 암묵적인 동의를 공유하고 있는 셈이다. 더욱이 피지배적 위치에 있는 행위자들의 전복 전략 역시 그들이 장을 구조화하는 투쟁의 규칙과 내기물에 합의하고 있다는 전제 아래에서만 성공을 거둘 수 있다. 예컨대 문학 장, 예술 장, 정치 장 등에서 나타나는 이단과 혁신의 시도는 장 자체의 가치를 문제 삼기보다, 장의 '진정한' 정신과 목표를 확인하면서 그로부터 벗어나 있는 현존 구조를 공격하고 원래 가치의 회복을 역설하는 식으로 이루어진다(Bourdieu 1984a/2005; 또한 Swartz 1997: 6장 참조).

그렇다고 투쟁이 순수하게 장 외부 요인들의 아무런 영향이나 개입 없이 벌어지는 것은 아니다. 부르디외에 따르면 장 내의 투쟁을 구조화하는 기본 축은 특수한 상징자본의 정의와 축적에 작용하는 위계화 원리이다. 이는 장에 고유한 상징자본을 추구하는 경로가 여럿일 수 있다는 사실과 관련된다. 일례로 과학 장 내부에서 과학자본을 축적하기 위해서는 학술 논문과 연구 성과 등으로 동료 연구자들의 인정을 받는 방법이 가장 적절할 테지만, 정부나 기업체로부터 거액의 연구비를 수주하는 능력을 과시한다든지, 미디어에 출연해 대중적인 지명도를 얻는다든지, 시민단체들과 연대해 과학운동가로서의 명성을 확보하는 방법 등도 가능하다. 맨 앞의 것이 과학 장 특유의 이해관심에 기초한 자율적 원리라고 한다면, 뒤의 것들은 모두 과학 장 외부의 기준들에 기반을 둔 타율적 원리라 할 수 있다. 장 내의 행위자들은 이 중 특정한 원리에 더 많은 이해관심을 가지게 되고, 따라서 이 원리들을 어떻게 위계화할 것인가, 나아가 과학자본을 어떻게 정의할 것인가 하는 문제가 언제나 중요한 투쟁의 대상으로 떠오른다. 자본 축적의 이질적 원리들에 의거해 장이 분화된 형태를 띠기도 한다. 문화 생산 장에서 흔히 나타나는 '제한 생산의 하위장sous-champ'과 '대규모 생산의 하위장'의 분할이 대표적이다. 전자가 자율적 원리를 축으로 문화 생산 장에 고유한 상징자본을 추구하고 또 축적해간다면, 후자는 (경제 장의 영향력이 가해지는) 타율적 원리를 축으로 경제자본을 축적해 상징자본으로 전환하고자 시도한다. 이는 장 안에 상존하는 상이한 자본 축적 원리들 간의 갈등이 투쟁의 근간을 이룬다는 것, 또 그러한 대립 위에서 장이 그 내부에 또 다른 하위장들로 계속 분화될 수 있다는 것을 시사한다.

부르디외는 상징투쟁이 특정한 역사적 국면에서 장 내 세력 관계를 심층적으로 뒤흔들고, 세계에 대한 사람들의 지각, 이해, 평가 방식을 급진적으로 뒤바꾸는 상징혁명으로 발전한다고 본다(Bourdieu 2013a). 이러한 상징혁명의 가능 조건들은 개인 행위자와 구조의 두 수준에서 접근할 수 있다. 우선 혁신가와 독점자본가의 역할이 중요하다. 어떤 행위자가 혁신적일 수 있으려면, 장 안에서 당장의 경제적인 이득을 가져다주지 않는 모험적 위치를 지향하는 성향과 그것을 꾸준히 지속시킬 수 있는 능력이 요구된다. 이는 그가 상당한 경제자본과 사회관계자본을 소유하고 있는지의 여부에 달려 있다. 경제자본은 물질적 필요로부터 행위자의 일정한 자유를 보장하고 대담성과 자신감을 주는 담보물이 되며, 사회관계자본은 새로운 상징이윤의 기회 구조를 예감하게 해주는 자원이 되기 때문이다. 한편 장이 자율화될수록 진입장벽은 높아지고, 신규 진입자들이 기존의 확고한 정당성 원리를 뒤흔들 수 있는 가능성은 상대적으로 낮아진다. 이와 같은 상황에서는 장 내부의 투쟁을 거쳐 최상의 상징자본을 축적한 독점자본가들만이 지속적으로 혁신을 수행해갈 수 있다.

구조적인 수준에서 상징혁명은 장 내부 투쟁의 격화와 그를 지지하는 외적 변화에 좌우된다. 장 내 행위자들은 과거의 사회적 조건과 궤적 속에서 형성된 하비투스에 따라 주관적인 기대를 가지고 이를 실현시키기 위해 다양한 전략을 구사한다. 그런데 장의 객관적 구조가 이러한 기대의 실현에 불리한 경우, 행위자들은 점점 급진적인 전략을 택하게 되고 장의 재생산은 위기에 처한다. 달리 말하면 장 안에서의 투쟁은 하비투스와 구조, 또는 주관적 기대와 객관적 기회의 조응에 균열이 생길 때 더욱 치열해지고, 전위적 입장의 생산 또한 활발해지는 것이다 (Bourdieu 1984a 참조). 상징혁명의 개연성은 이렇게 첨예해진 정통과 이단의 대립이 동일한 방향의 외적 변화에 의존할 때 한층 커진다. 그러한 변화 가운데 가장 결정적인 것은 경제성장과 밀접히 관련되어 있는 교육받은 인구의 성장이다. 이는 생산자의 수적 증가와 함께 잠재적인 소비 시장의 팽창을 가져오기 때문이다(Bourdieu 1992a: 183). 부르디외는 이처럼 행위자 개인과 구조적 요인들이 역사적 정황 속에서 결합

해 위치공간-입장공간-가능성의 공간이 서로 맞물려 변화할 때 상징혁명이 일어난다고 보는 것이다.[8]

입장공간의 심층적인 변화, 즉 문학적·예술적 혁명은 위치공간을 구성하는 힘의 관계가 변화할 때에만 일어날 수 있다. 이 후자의 변화는 어떤 생산 분파의 전복적 의도와 (외부) 공중의 한 분파의 기대 간의 만남에 의해서, 즉 지식 장과 권력 장 사이의 관계 변화에 의해서 가능해진다. 그래서 새로운 문학 집단 혹은 예술 집단이 문학 장이나 예술 장 안에 각인되면 모든 문제틀 자체가 변화하게 된다. 새로운 집단이 차별성을 확보하고 [그럼으로써 의미있게] 존재하기 시작했다는 사실과 더불어, 가능한 선택의 세계가 변화 내지 이동하기 때문이다. 예를 들면 그때까지 지배적이었던 생산은 낙후한 생산물 또는 고전적인 생산물의 위치로 전락할 수 있는 것이다(Bourdieu 1984c: 6~7).

흥미로운 것은 장에서 끊임없이 발생하는 투쟁과 그로 인한 혁신이 무정부적인 혼란과 방향성 없는 혼돈으로 흘러가기보다 다양한 이성의 역사적 진보를 이끈다는 부르디외의 주장이다. 예컨대 상대적 자율성을 지니는 과학 장에서는 합리적인 연구 조직과 커뮤니케이션 구조, 그리고 적절한 보상 체계가 구축되어 있다. 그 안에서 더 많은 과학자본의 축적을 위해 벌어지는 과학자들 간 치열한 인정투쟁은 지적인 창조

---

8) 참고 삼아 말해두자면, 경제학자 로베르 부아예Robert Boyer는 부르디외의 경험연구들에 대한 검토를 바탕으로 장의 출현 및 변화 요인들을 정리한 바 있다. 출현 요인들이 지배적 행위자, 전문화(자율화), 국가권력 등이라면, 변화 요인들은 지배적 행위자의 전략, 신참자들의 진입, 장과 하비투스 간 시차에 따른 부조화, 장들 사이의 경계 이동, 국가권력에 대한 영향력을 차지하기 위한 경쟁 등이다(Boyer 2003: 71~73).

와 갱신의 노력, 그리고 생산물들에 대한 지속적인 교차 통제로 이어지고, 과학적 합리성을 증진시키는 결과를 가져온다는 것이다(Bourdieu 1976a; 1991b). 이러한 논리는 문학예술을 비롯한 다른 문화 생산 장에도 마찬가지로 적용 가능하다.

어쨌거나 투쟁은 부르디외가 '제도' '세계' '기구' 등과 같은 유사 개념들에 대해 장 개념이 갖는 결정적 차별성으로 꼽는 요소라는 점을 덧붙여두자. 그는 제도 개념이 사회적 소우주 안에서 행위자들 간에 벌어지는 대립과 갈등을 제대로 담아내지 못하며, 제도화 수준이 낮은 영역을 포괄해 설명할 수 없다고 지적한다. 그는 상징적 상호작용론 전통에서 발전한 세계 개념에 대해서도 행위자들 간 협력과 조화만 부각시키고 있다고 비판한다.[9) 부르디외가 보기에는 구조주의적 마르크스주의가 제시한 기구 개념 역시 지배자와 피지배자 간의 투쟁, 즉 역사를 보지 못한다는 중대한 단점을 지닌다. 그것은 "그 무엇에도, 시기나 장소에도 구애받지 않고 어떤 목적을 완수하기 위해 프로그램된 악마의

---

9) 부르디외는 문학계를 '제도'라는 관점에서 파악한다면 얻을 수 있는 것이 별로 없다고 주장하면서, 크게 두 가지 이유를 든다. 첫째, 제도 개념은 갈등이 매우 심한 문학 영역을 합의와 조화의 이미지 아래 제시한다. 둘째, 문학 영역은 약한 수준으로만 제도화되어 있다. 그곳에는 계속 불안정하게 변화하는 문학의 가치나 질적 수준을 궁극적으로 판단할 법적인 심판이 없으며, 문학적 권위와 우월성을 둘러싼 갈등을 중재할 기구 역시 없다(Bourdieu 1984c). 권력을 둘러싼 투쟁을 유달리 강조하는 부르디외의 입장에서는 '세계' 개념 역시 불충분한 것으로 간주된다. 사회학자 안젤름 스트라우스Anselm Strauss에 따르면 세계의 구조적 특징들은 다음과 같다. 즉 사회 세계에는 연구, 사업, 스포츠 등 하나의 주요한 '활동' 및 그와 연관된 행위군, 활동이 일어나는 '장소,' 활동에 개입하는 '기술,' 활동의 이런저런 양상을 발전시키는 '조직'이 있다. 사회 세계는 하위 세계들로 구분 가능하며, '교차'와 '분할'이라는 과정적 특징을 가진다. 세계라는 관점은 사회의 유동성을 부각시키며 변화 과정에 대한 더 나은 이해를 도모하는 수단으로 여겨진다. 그것은 역사적이고 반反결정론적인 관점을 지지하며, 집단적인 제약과 더불어 개인적·집단적 창조성 또한 강조한다(Strauss 1978). 이렇게 보자면 세계 개념이 장 개념에 비해 갈등과 투쟁을 덜 중요시하는 것은 사실이지만, 다양한 사회과정을 이해하는 좀더 유연하고 포괄적인 틀을 제시한다고 말할 수도 있을 것이다.

기계"이며, 우리를 "악의적 음모의 환상"과 "비관론적 기능주의"로 이끈다(Bourdieu & Wacquant 2014/2015: 181). 그런데 알튀세르가 이른바 '이데올로기적 국가기구'의 범주에 포함시킨 학교나 국가, 교회, 정당, 노동조합 등은, 부르디외가 보기에는 평상시에 기구가 아니라 장처럼 작동한다. 그곳에서는 언제나 피지배자들의 정치적인, 혹은 또 다른 종류의 저항과 반격이 존재하기 때문이다. 이러한 장이 기능적인 기구로 변화하는 것은 장 안에서 행위자들의 위치와 성향이 완전한 조화를 이루는 경우, 즉 '객체화된 역사histoire objectifiée'와 '체화된 역사histoire incorporée' 사이에 거의 자동적인 일치가 이루어지는 경우뿐이다. "우리가 투쟁의 장으로서 장의 일상적 작동으로부터 멀어지면서, 아마도 결코 도달해본 적이 없는 한계-상황, 즉 모든 투쟁과 저항이 사라진 상태로 갈수록" 장은 경직되며 기구에 가까워진다(Bourdieu 1980c: 10). 달리 말하면 기구는 "병리적 상태라고나 여겨야 할 장의 한계 사례"에 지나지 않는다(Bourdieu & Wacquant 2014/2015: 182; 또한 Dubois 1985 참조).

분리와 접합의 논리

장은 사회적 행위자들이 수행하는 구체적인 실천의 장소이다. 그것은 부르디외 사회학에서 일종의 '대大주체'와도 같은 기능을 부여받는다. 즉 역사는 개개인의 실천을 구조화하는 장의 논리 속에서, 장의 수준에서 운동하는 것이다. 물론 창조성을 발휘하고 다양한 혁신을 이뤄나가는 가시적인 주체는 개인 행위자이지만, 그는 다른 이들과의 경쟁적 네트워크 속에서 장의 규칙에 사로잡힌 채 고유한 내기물을 추구함으로써만 그렇게 할 수 있을 따름이다. 그러므로 예컨대 과학의 진보를 견인하는 궁극적 주체는 이런저런 과학자 개개인이라기보다 과학 장 전체이며, 이는 문학 장이나 예술 장의 경우에도 마찬가지라 할 수 있다.

　사회공간에는 복수의 다양한 장이 존재한다. 각각의 장에는 특수한 이해관심과 내기물(혹은 자본), 게임의 규칙, 역사가 있는데, 이는 다른 장의 그것들로 환원될 수 없다. 이러한 차원에서 각 장은 다른 장들에 대해 일정한 독자성을 지닌다. 부르디외는 이를 '상대적 자율성'으로 개념화한다. "어원에 따르면 자율적이라는 말은 자체적인 법칙, 자신의 고유한 노모스nomos를 가진다는 것, 자기 기능의 원리와 규칙이 자기 안에 있다는 것을 의미한다. 그것은 고유한 평가 범주들이 작동하는 세계인데, 이 범주들은 이웃한 소우주에서는 가치를 지니지 않는다. 〔……〕 따라서 문제가 되는 것은 특수한 법칙인데, 이 법칙은 평가의 원리이자 궁극적으로는 배제의 원리이기도 하다"(Bourdieu 2000b: 52).

　부르디외가 보기에 어떤 장에 고유한 법칙은 내부의 투쟁 목표가 되는 내기물이 그 장의 행위자들에게만 이해관심을 끌며, 다른 장의 행위자들은 사로잡지 못한다는 사실로부터 나온다. 예를 들어 작가들 사이에서 경쟁의 중심에 있는 문학자본은 정치인들에게는 별다른 의미를 갖지 못한다. 이는 작가들에게 과학자본이 큰 가치를 지니지 못하는 것과 매한가지이다. 이처럼 어떤 장의 행위자들에게 이해관심으로 구성된 내기물의 특수성은 그 장이 누리는 자율성의 토대를 마련한다. 하지만 이 자율성은 여러 이유로 인해 언제나 상대적일 수밖에 없다. 우선 기술 발전이라든지 인구 증감, 천재지변, 전쟁 같은 외적 요인들은 장에 직접적으로 영향을 미친다. 또한 장의 자율성이 아무리 크더라도, 그 내부 역학은 다른 장들과 완전히 단절된 채 이루어지지 않는다. 이는 주로 두 가지 메커니즘 때문인데, 하나는 장들 간의 구조적 상동성homologie structurale이며, 다른 하나는 자본들 간의 태환 가능성이다.

개별 장은 고유한 특징들에도 불구하고 구조적으로 공유하는 속성들 또한 드러낸다. 그리하여 사회공간 내 상이한 계급들을 대립시키는 분할선이 장들을 가로지르고, 지배적 위치와 피지배적 위치, 보존 투쟁과 전복 투쟁, 재생산 논리 등이 사회공간과 모든 장에 공통적으로 나타난다. 한마디로 전체 사회공간과 장들은 서로 구조적 상동성을 띤다. 자본의 총량과 구성에 의거한 사회공간의 분할 구도는 장에서도 마찬가지로 나타나고, 사회공간에서의 지배적 혹은 피지배적 위치는 특정한 장에서의 위치에도 일정하게 대응한다. 그리하여 가령 문학 생산 장과 출판 장, 소비 장 사이에는 일정한 상응 관계가 나타난다. 또한 마치 내부에 비슷한 모양의 작은 인형들이 반복해 들어 있는 마트료시카처럼 사회공간 안에 그것과 차별적이면서도 유사성을 지니는 장들이 있고, 이 장들 안에는 다시 같은 식으로 하위 장들이 있는 양상이 펼쳐진다. 장들 간의 상동성으로 말미암아 특정한 장에서 행위자들이 수행하는 실천은 꼭 직접적인 방식은 아닐지라도 다른 장들에까지 영향을 끼친다. 특정한 장 내의 갈등과 변화 역시 마찬가지이다. 반대로 특정한 장에서 일어나는 변화는 다른 장들에서의 변화에 그 장이 고유한 방식으로 조응한 결과라고 할 수 있다. 결국 사회공간과 장들에서 나타나는 위계 구조와 갈등의 형태, 그리고 변화의 방향은 완전히 동일하지는 않지만 유사한 경향을 보인다. 이는 장들 사이의 연결과 접합의 논리를 드러낸다.[10]

---

10) 한 가지 예를 들어보자. 예술 장은 전체 사회공간과 마찬가지로 자본 구성에서 경제자본의 비중이 더 큰 분파와 문화자본의 비중이 더 큰 분파 간의 대립 구조를 나타낸다. 경제자본은 적지만 문화자본이 많은 아방가르드 예술가들은 전체 사회공간 안에서 비슷한 위치에 있

한편 각 장마다 존재하는 고유한 상징자본(문학자본, 과학자본, 정치자본 등)은 독자성을 지니는 동시에 다른 자본들로의 태환 가능성 또한 가진다. 경제자본이 가장 일반적인 태환 가치를 지니며 어떤 자본으로든 전환될 수 있다면, 다른 상징자본들 역시 그러한 전환이 불가능하지는 않다는 말이다. 예를 들어 문학자본이 정치자본으로 전환될 수도 있고(작가가 정치인이 되는 경우), 정치자본이 미디어자본으로 전환될 수도 있다(국회의원이 방송인이 되는 경우).[11] 이는 어떤 행위자들로 하여금 한 장에서 다른 장으로의 이동을 가능하게 하고, 장 내부의 상징자본 축적 원리에도 이질적인 축을 도입하는 효과를 낳는다.

부르디외에 따르면 모든 장의 자율성은 전체 사회공간 및 다른 장들과의 관계 속에서 상대적일 수밖에 없다. 그것은 장이 외적인 결정 인

는 고학력 중간계급과 유대감을 느끼며, 자연스럽게 그 계급의 취향에 조응하는 작품을 생산한다. 따라서 그 계급이 정치적·경제적 위기에 처할 때, 예술가들은 사회 세계에 대한 비판적 정의를 제시하는 능력을 그들의 이해관계를 옹호하는 데 이용한다. 역으로 고학력 중간계급의 수용자층은 아방가르드 예술가들이 예술 장 안에서 유리한 입지를 확보하고 권력질서를 전복하기 위해 생산한 작품들에 의해 기성 체제에 대한 비판적 인식을 구축한다. 이처럼 특정한 장에서의 변화는 다른 장들에도 변화를 일으키는 상동성의 효과를 발휘한다.

11) 이때 상이한 종류의 자본들이 갖는 상대적 가치, 즉 태환율을 어떻게 정할지가 관건으로 떠오르지 않을 수 없다. 부르디외는 이 문제를 투쟁의 쟁점으로 삼는 이른바 권력 장의 존재를 상정한다. 권력 장이란 "상이한 여러 장에서 지배적 위치를 차지하는 데 필요한 자본을 공통적으로 소유하고 있는 행위자 또는 제도 들 간 세력 관계의 공간"을 뜻한다(Bourdieu 1991b: 5). 달리 말하자면 각 장의 최상층부에 있는 지배자들(기업주, 최고 경영자, 고위 관료, 법률가, 의사, 언론인, 지식인 등)이 그들이 보유한 자본의 가치를 극대화함으로써 사회적 권력을 독점하기 위해 태환율을 놓고 투쟁하는 장인 것이다. 따라서 이는 직업 정치인들의 공간인 정치 장과 명백히 다르다. 나아가 그것은 실제적이고 동질적인 권력 소유 집단으로서의 '지배계급'이라는 관념과도 단절한다. 권력 장에서는 상이한 자본 유형들 간 태환율의 유지나 변경이 투쟁의 주목표가 된다. 학위와 그에 대응하는 지위의 상대적 가치에 영향을 미치는 교육개혁, 전문직(법조인, 의사, 공무원, 언론인, 연구원)에 대한 접근 자격을 조정하는 제도 변화 등이 그 대표적인 예다. 그러므로 행정적 조치를 통해 태환율을 조정할 수 있는 관료제 심급들에 대해 어떤 집단이 얼마나 권력을 행사할 수 있는지가 중요해진다.

자를 거부하거나 나름의 방식으로 번역할 수 있는 능력을 통해 증명된다. 가령 예술 장은 자율적일수록 경제 위기나 정치혁명과 같은 외적 변화를 특유의 내적 규범에 맞춘 작품들로 생산해내고, 그러한 작품의 생산자들에게 더 많은 인정과 권위를 부여할 가능성이 높다. 또 자율적인 예술 장에서는 경제자본이나 정치자본 등 다른 종류의 자본을 예술자본으로 태환하기 어려워지며, 작품의 상업성과 같은 이질적 원리에 기대어 상징자본을 축적할 수 있는 여지가 매우 적어진다. 거기서 타율적 원리는 정지되고, 상징적 세력 관계는 가장 자율적인 생산자들에게 유리해진다. 또 생산자가 동료 생산자들만을 의식하고 상대하는 제한 생산의 하위장과 일반 공중을 시장으로 겨냥하는 대규모 생산의 하위장 사이 단절은 더욱 뚜렷해지며, 대규모 생산의 장은 상징적으로 배척되고 평가절하된다. 이러한 예술 장에서 "기능에 대한 형식의 우위, 재현 대상에 대한 재현 양식의 우위를 주장하는 것은 외부의 요구에 복종하려는 예술가들을 배제하려는 의지와 외부의 요구에 대한 단절을 표현하는 것"이다. 이는 "장의 자율성에 대한 요구, 그리고 예술 작품의 생산과 수용 수준에서 특수한 정당성의 원리들을 생산하고 부과하려는 장에 내재하는 의도의 가장 구체적인 표현"으로 여겨질 수 있다 (Bourdieu 1971b: 1350).

결국 장의 자율성은 장이 고유한 상징자본에 의해 지배되는 정도에 달려 있으며, 이는 다시 역사적으로 장에 축적된 상징자본의 양과 밀접한 관련을 맺고 있다. 오랜 시간에 걸쳐 특수한 상징자본을 제도, 인물, 객체 등의 형태로 축적해온 장은 다른 장들에 대해 더 큰 자율성을 누릴 수 있는 것이다. 장의 자율성은 그 형식적 속성과 가치를 오직 그 장의 구조와 역사에 빚지고 있는, 그래서 환원론적 설명이 불가능한 생산물들 속에서 완전히 성취된다. 이렇게 장이 자율화될수록 그 안에서 일어나는 일은 장의 고유한 역사에 더욱 의존적이 되며, 외부의 역사에 대해서는 한층 독립적이 된다. 따라서 가령 주어진 시기의 정치나 경제 환경에 대한 지식으로부터 예술 장의 상태를 추론하거나 예측하는 일은 점점 더 어려워진다(Bourdieu 1993a: 188). 그럼에도 구조적 상동성의 논리가 특정한 장의 자율성에 언제나 근본적인 제약으로 작용한다는 점을 잊지 말아야 한다. 예컨대 예술 장 내부의 정통과 이단의 투쟁은 사회공간에서 벌어지는 상징적 질서를 둘러싼 투쟁과 상동성의 관계에 있다. 예술가들이 장에서 자신의 특수한 이해관심을 추구할 때, 그들은 반드시 의식적이지는 않을지라도 계급구조에 상동성의 효과를 생산하게 된다. 즉 예술 장에서의 투쟁은 사회계급들 간 이데올로기 투쟁의 완곡한 형태로 현현하는 것이다.[12]

상이한 장들 간의 위계는 선험적으로 규정될 수 있는 것은 아니며, 한 사회의 구체적 정황과 역사적 국면에 따라 달라질 것이다. 부르디외

---

12) 문화사회학자 제프리 알렉산더는 부르디외의 장이론이 사회적 실재의 다면성Vielseitigkeit에 대한 베버의 개념화로부터 영향을 받았으면서도, 종국에는 신마르크스주의적 환원론으로 기울어버리고 말았다는 증거를 구조적 상동성 개념에서 찾는다. 장들은 마치 자율적인 사회 영역인 양 제시되지만, 실상 자본주의적 사회 체계의 소우주에 지나지 않으며, 결국 자본주의 경제 및 계급구조에 긴밀하게 연계되어 있기 때문이다. 알렉산더에 따르면 이는 사회 발전 과정에서 독립된 제도적 영역들의 분화를 인정하고 그 자율성에 주목하는 베버주의적 전통과는 상당히 다르다. 구조적 상동성 개념은 장들을 자본주의사회의 광범위한 계급 갈등 속에 편입시킴으로써, 사회적 삶에 체계적인 통일성을 부여하고 실질적으로 장들의 자율성이라는 관념을 부정한다. 그리하여 이를테면 과학 장 내에서는 진리를 둘러싼 고유한 투쟁이 벌어지지만, 이는 다시 지배계급의 이해관계에 봉사한다는 주장을 빚어내는 것이다. 장이론의 한편에 장과 그 행위자들이 있다면, 다른 한편에는 포괄적이고 중층결정하는 자본주의 구조가 있다. 알렉산더가 보기에 이러한 논리는 고도로 분화된 사회에서 여러 수준의 조직과 하위 체계들이 상호 의존하는 동시에 불화하는 긴장 관계를 인식하지 못한 채, 자본주의 체제의 계급 갈등으로 모든 문제를 환원해버리는 약점을 지닌다(Alexander 2000: 97~106).

에 의하면 장들 간 관계의 초역사적인 법칙은 없으며, 그 관계는 심지어 진화의 일반적 경향이라는 차원에서조차 결코 완전히 정의되지 않는다. 그는 선진 자본주의사회에서 경제 장이 행사하는 특별히 강력한 결정력을 시인하지 않기란 어렵다고 말하면서도, "심급"이나 "접합" "(보편적) 결정" 같은 마르크스주의의 용어들이 "각각의 경우에 따라 경험적인 분석으로만 풀 수 있는 문제들에 대해 수사학적 해결책을 가져다 준다"고 비판한다(Bourdieu & Wacquant 1992: 85). 이러한 입장을 전제하더라도 부르디외가 경제 장과 (행정 장들의 총체로서) 국가가 갖는 지배력을 역설한 것은 간과할 수 없다(Bourdieu & Passeron 1964; 1970; Bourdieu 1971a; 1989a: 535~559; 2000b). 경제 장의 지배력은 자본주의사회에서 경제자본이 온갖 유형의 자본들의 근원에 있으며, 다른 자본들에 비해 축적과 전환이 쉽고 빠르게 이루어질 수 있다는 시각에 의해 지지된다(Bourdieu 1986b: 252). 또 국가의 지배력은 근대국가가 경제·문화·사법·군사 등 다양한 자본들의 역사적인 집중과 축적으로부터 발생한 일종의 "메타자본méta-capital"을 가지고서, "상이한 유형의 자본들과 특히 그것들 간의 태환율에 권력을 행사한다"는 관점에 의해 뒷받침된다(Bourdieu & Wacquant 2014/2015: 198).

부르디외에 의하면 국가는 "일정한 영토와 그 위의 인구 전체에 대해 상징적·물리적 폭력의 정당한 활용에 대한 독점을 성공적으로 주창한 그 무엇"이다(Bourdieu 1994a: 107). 이러한 국가의 형성은 경제, 문화, 교육, 정치와 같은 상이한 장들의 통합 과정과 긴밀한 관계를 맺고 있으며, 이는 정당한 폭력에 대한 국가 독점이 점진적으로 구축되는 현상과도 궤를 같이 한다. 물질적·상징적 자원을 집적하고 있는 국가는 재정적 개입(경제적 투자에 대한 공공 보조, 문화예술 교육에 대한 지원)이나 법적 개입(개인 및 조직의 활동에 대한 다양한 처방과 규제)을 통해 장들의 기능 작용을 조정할 수 있다(Bourdieu 1994a: 55~56). 정당한 상징 폭력의 독점자로서 국가는 각종 자본을 둘러싼 장들의 투쟁에서 아주 강력한 중재자 역할을 담당할 수 있는 것이다.

문화 생산과 지배

부르디외가 이론적 논의와 다양한 경험연구를 통해 정교화한 장이론은 사회를 바라보는 체계적이고 대안적인 관점을 제공한다. 그것은 정치, 경제, 사법, 과학, 스포츠 등 상이한 영역을 포괄하며 광범위하게 적용되어왔지만, 애초에 문화(구체적으로 예술과 종교) 영역의 문제들을 탐구하면서 형성된 것이다.[13] 개념은 어떤 문제들을 지시하는데, 그것

---

13) 1960년대 중반부터 10여 년에 걸쳐 부르디외가 수행한 이론적 탐구와 현대 프랑스 사회의 지식 장, 문학 장, 패션 장 등에 대한 경험적 분석이 장이론의 실질적인 기반을 마련했다 (Bourdieu 1966; 1971b; 1975). 그가 문학을 중심으로 한 예술사회학에 관심을 가졌던 시기가 프랑스에서는 문학사회학이 독립적인 학문 분야로 자리를 잡아가던 때였다는 사실은 유념해둘 만하다. 뤼시앵 골드만Lucien Goldmann은 1955년『숨은 신Le Dieu caché』을 발표해 큰 반향을 불러일으킨 이래 마르크스주의 문학사회학의 선두에 섰다. 1958년『문학사회학Sociologie de la littérature』을 출간한 로베르 에스카르피Robert Escarpit는 이 분야의 경험주의적 접근에 새로운 장을 열었다. 한편 골드만은 1959년 파리 고등연구원에 문학사회학 세미나를 개설하고(부르디외는 1964년부터 고등연구원에서 가르쳤다), 1961년에는 벨기에 브뤼셀 자유대학에 문학사회학연구소를 창설하는 등 제도권 학계에 문학사회학의 기틀을 잡는 데 결정적인 역할을 했다고 평가받는다(신미경 2003: 13~14). 이러한 맥락에서 골드만과 에스카르피는 제각기 부르디외의 문화사회학에 일정하게 영향을 미친 것으로 보인다. 우선 발생적 구조주의라든지 구조적 상동성 등은 부르디외 이전에 골드만이 먼저 썼던 개념들이기도 하다. 물론 그렇다고 해서 두 저자가 같은 의미로 썼던 것은 아니다. 골드만은 1960년대에 자신의 이론에 발생적 구조주의라는 이름을 붙였다. 그것은 전체와 부분 간의 왕복운동을 통해 텍스트의 의미 구조들과 작가가 속한 사회집단이 가지는 의식의

들 없이는 사실 개념의 의미도 없으며, 개념은 이 문제들이 명료해지는 한에서만 이해될 수 있다. 바꿔 말하면 한 개념은 그것이 배경으로 삼고서 응답하고 있는 문제들에 따라서만 적절히 평가될 수 있는 것이다. 장이라는 개념 또한 예외는 아니다. 그렇다면 그것이 지시하고 있는 문제들이란 무엇일까? 나아가 장이론이 함축하고 있는 문제틀은 과연 어떤 것일까?

장 개념의 형성

부르디외 사회학에서 장 개념이 전면적으로 등장하게 되는 계기는 바로 그가 1966년에 발표한 「지식 장과 창조적 기획」이라는 논문이다. 지식 장의 발생과 구조를 다룬 이 논고에서 부르디외는 작가와 예술가 들의 작은 사회에 장이라는 이름을 붙인다. 그는 장 개념을 통해 어떤 작품이 작가의 창조적 기획의 산물이라면, 그 기획은 명백히 사회적 요구와 제약 속에서 형성된다는 사실을 부각시키고자 했다. 즉 창작자가 자신의 작품과 맺는 관계는 "사회적 관계의 체계"에 의해, 더 정확하게는 "지식 장의 구조 내에서 창작자의 위치"에 의해 영향을 받는다는 것이다. 특히 행위자가 '문화 장champ culturel'(주제와 문제 들의 관계 체계)에 참여하는 방식, 그리고 '문화적 무의식inconscient culturel'(학교에서 이루

의미 구조들 사이에 존재하는 상동성을 규명하고, 나아가 토대의 모순이 상부구조 차원에서 어떻게 현현하는지를 설명하고자 하는 이론으로 정의된다. 예컨대 특정한 사회구조가 특수한 세계관을 발생시키고, 그러한 사고와 감수성이 다시 문학이나 철학 작품을 발생시키는 과정을 규명하려는 시도라는 것이다(신미경 2003: 28; 홍성호 1995: 159~82). 한편 에스카르피는 책의 물질성을 강조하고 문학이 수요 공급의 법칙을 따르는 경제적 산물이라는 시각에서 생산, 유통, 소비의 전 과정을 분석했다는 점에서 부르디외와 일정하게 통하는 면이 있다(Escarpit 1958/1999).

어지는 조직적인 학습에 의해 획득된 인지 및 사유 범주들의 체계)의 일정한 유형은, 부르디외에 따르면 장 안에서 행위자가 차지하는 특수한 위치에 빚지고 있는 "위치 속성들"이다(Bourdieu 1966: 865).

「지식 장과 창조적 기획」에서 부르디외는 이후의 작업들까지 이어지는 몇몇 중요한 논점의 초안을 잡는다. 첫째, 그는 서유럽에서 지식 장이 18세기 이래 자율화되어가는 과정을 간략하게 기술하면서, 우리는 지식 장이 현재 확보하고 있는 상대적 자율성에 힘입어 장을 자체 법칙에 의해 지배되는 체계로 다루면서 구조적 방법을 이용할 수 있다고 주장한다. "자율적인 혹은 자율성을 주장하는 체계로서 지식 장이 내적인 분화와 자율화라는 역사적 과정의 산물이라는 점을 상기하는 것, 그것은 이 체계 내부에 정초되고 체계를 체계로서 구성하는 관계들의 특수한 논리를 추구할 수 있게끔 해주는 방법론적 자율화를 정당화하는 것이다"(Bourdieu 1966: 872~73). 둘째, 부르디외는 장 개념에 의지해 '내재적 미학'과 '외재적 미학'의 대립을 넘어설 수 있다고 주장한다. 내재적 미학은 작품을 내적 논리와 일관성, 그 해독의 원리와 규범 속에서 정의하면서 자율적인 체계로 다루길 요구한다. 반면 외재적 미학은 종종 환원론의 위험을 무릅쓰면서까지 작품을 경제적·사회적·문화적 조건들과 직접 연계시키려 한다. 그런데 부르디외에 의하면 "지식 장 외부의 심급에 의해 행사되는 모든 영향력과 제약은 언제나 지식 장의 구조에 의해 굴절된다"(Bourdieu 1966: 905). 따라서 내재적 미학과 외재적 미학의 양자택일이 아닌 장이라는 매개의 분석이야말로 작품의 올바른 이해를 가능하게 해준다는 것이다. 셋째, 부르디외는 장 내 행위자들의 전략이 공통의 교육과정에 의해 형성된 하비투스를 매개로 문화 장, 그리고 문화적 무의식과 연결된다고 주장한다. 문화 장과 문화적 무의식은 나중에 각각 '가능성의 장'과 '독사'라는 개념에 의해 대체되지만, 어쨌든 하비투스, 장, 집단 무의식 사이의 근본적인 관계 설정은 다양한 개별 장에 관한 이후의 여러 연구들에서도 주요한 얼개를 이룬다.

부르디외 자신의 비판에 기대자면, 그 중요성에도 불구하고 「지식 장과 창조적 기획」은 지식 장 안에서 서로 연결된 행위자들, 즉 저자와 비평가, 발행인, 독자 공중 사이의 직접적이고 가시적인 관계들만을 분석했다는 한계를 지닌다. 달리 말하면 행위자들이 장 안에서 점유하는 상대적 위치들의 객관적 관계 구조가 상호작용의 형식을 결정짓는다는 점을 간과했다는 것이다. 부르디외는 베버의 종교사회학에 관한 장문의 주석을 달면서, 이 같은 오류를 스스로 교정하고자 했다(Bourdieu 1971b; 1971c; 1985a: 17) 그는 지식 장의 분석에 자신이 그대로 응용했던 종교적 행위자들 간 관계에 대한 베버의 상호작용적 표상과 단절하고, 그것을 장 개념의 정교화를 통해 구조적 표상으로 대체한다. "대립된 전략을 구사하는 직접적인 대면 상태의 행위자들 사이에 성립될 수 있는 상호작용 논리에 대한 분석은, 그들이 종교 장 안에서 차지하고 있는 위치들 간의 객관적 관계를 구축하는 작업에 종속되어야 하는데, 이 종교 장이야말로 그들의 상호작용과 그 표상이 취할 수 있는 형식을 결정하는 구조이기 때문이다"(Bourdieu 1971e: 5). 이렇게 해서 부르디외는 베버를, 그리고 그와 함께 자신의 이전 입장을 부분적으로 수정하지만, 베버가 종교사회학에서 발전시킨 분석의 기본 틀은 여전히 장 개념의 중요한 전거로 남아 있게 된다.

그렇다면 부르디외에게 베버의 종교사회학은 무엇을 의미했을까? 베버의 종교사회학은 다양한 종교적 가치와 요구, 신념 등을 상이한 사회

집단들의 계급적·신분적 지위와 연결시키려는 시도로 요약될 수 있을 것이다. 이러한 시도의 중심에 베버는 종교적 행위자들(사제, 예언자, 수도승, 문사 등)을 위치시킨다. 이들은 신과 인간의 영역을 가르고 또 맺어주면서 특정한 세계상을 생산해낸다. 이들은 종교적 관념과 관련된 의례적·윤리적 의무를 해설하고 성문화하는 일종의 전문가 집단이다. 베버는 이들의 물질적·이념적 이해관계, 그들 사이의 경쟁과 대립, 그들의 교시와 다양한 집단의 종교적 요구 사이에 존재하는 친화성, 그리고 사회의 다른 분파들에 대한 그들의 권력 위치Machtstellung를 규명함으로써 이 '지성의 담지자' 혹은 지배자 들의 사회학적 초상을 그리려 했다(Weber 1968). 이를 다르게 표현하면 베버에게 종교사회학은 지식사회학이었고, 궁극적으로는 권력사회학이기도 했다는 것이다.

지식사회학이자 권력사회학으로서 종교사회학의 대상은 무엇인가? 베버가 부르디외에게 가르쳐준 것은 종교를 진정으로 이해하려면, 카시러나 뒤르켐처럼 종교적 유형의 상징형식들을 연구하는 것도, 레비-스트로스 같은 구조주의자들처럼 신화지나 종교적 메시지의 내적 구조를 연구하는 것도 충분치 못하다는 것이다(Bourdieu 1971c: 295~97). 베버는 마르크스처럼 종교의 구조 자체보다는 그것의 정치사회적 기능에 관심을 가졌지만, 이 특이한 생산물의 전문 생산자들이 특수한 이해관계와 상호작용(협력, 갈등, 경쟁, 투쟁 등) 속에서 수행하는 "종교 노동"에 주목한다(Bourdieu 1971c: 299). 베버는 결국 다양한 종교적 실천이 이루어지는 '생산의 장'을 분석 대상으로 구축했던 것이다.

부르디외가 보기에는 종교현상에 고유한 상징적 성격을 파괴하지 않고서 종교적 사실을 유물론적으로 분석한 것, "종교의 진정한 정치경제학을 한 것"에 바로 베버의 미덕이 있다(Bourdieu 1987a: 49). 베버는 종교라는 관념 체계를 그 자체로 자율적인 것으로 보지 않고, 실천의 주체와 생산의 계기에 종속시킴으로써 유물론적 시각을 견지했다. 이 시각은 속류 마르크스주의와는 다르다. 종교 생산의 전문성과 특수성을 인정하기 때문이다. 베버는 종교계라는 소우주에서 일어나는 구체적인 실천과 상호작용을 중요하게 고려하는데, 이는 부르디외가 『실천이론 개요』에서 전개한 문제의식에도 정확히 부합한다. 종교 생산의 장에 주목함으로써 베버는 마르크스주의자들이 말하는 '상대적 자율성'의 물질적·역사적 기초를 발견할 수 있었고, 종교는 물론 상징체계 일반을 연구하는 데 있어 '내적 해석' 대 '외적 설명'이라는 그릇된 양자택일로부터 벗어날 수 있는 매력적인 대안을 제시할 수 있었다. 베버가 종교 생산의 장에 고유한 논리를 이해하기 위해 경제학에서 빌려온 개념들(경쟁, 독점, 이해관계, 공급, 수요 등)을 체계적으로 이용했다는 사실 역시 의미심장하다. 부르디외는 베버의 이러한 용어 사용이 종교에 대한 관념론적 표상뿐만 아니라 마르크스주의적 표상과도 단절하는 효과를 생산한다고 본다. (경제주의적) 마르크스주의가 제한된 의미의 자본주의 경제만을 고려하고 그에 의거해 모든 것을 설명하려 한 반면, "베버는 (일반화된 의미의) 경제적 분석을 종교와 같이 일상적으로 경제에 의해 내팽개쳐진 분야들에까지 확장시킨다"(Bourdieu 1980b: 25). 이렇게 해서 베버는 경제와 전혀 무관한 듯이 보이는 영역들에 걸려 있는 특수한 이해관심을 포착하고 분석할 수 있게 해준다. 이는 부르디외가 "경제적 실천의 이론은 실천의 일반 경제 이론의 개별적인 사례"라고 주장하는 근거를 제공한다(Bourdieu 1977c: 177).[14]

---

14) 부르디외의 이러한 베버 해석과 활용은 상반된 비평의 대상이 되었다. 로저스 브루베이커는

물론 부르디외는 베버와 일정한 단절 또한 필요했다는 점을 되풀이해서 강조한다. 이 단절은 구조적 방법을 단지 상징체계만이 아닌, 객관적 위치들의 공간인 장에 적용함으로써 성취될 것이었다. 그러나 이러한 단절 내지 오류의 교정은 1971년에 발표된 두 논문「종교 장의 발생과 구조」(1971c)와 「베버 종교 이론의 한 해석」(1971e) 속에서 단번에 이루어지지는 않았다. 예컨대 부르디외가 이 논문들에서 종교적 행위자와 속인 들이 제각기 특정한 이해를 충족시키기 위해 서로 거래하는 과정에서 종교적 권력이 생산된다고 주장할 때, 그는 아직도 베버의 영향 아래 있는 것처럼 보인다. 그가 문화 생산 장과 사회공간의 위치들 간에 성립하는 구조적 상동성이라는 개념에 의지해, 공급과 수요 사이의 의식적 조정으로서 거래라는 관념을 버릴 수 있게 되는 것은, 즉 구조적 논리로 개인주의적·기능주의적 논리를 완전히 대체하게 되는 것은 어느 정도 시간이 지난 이후의 일인 것이다.

어쨌든 몇몇 불연속점과 불일치점에도 불구하고, 부르디외는 '지배와 정당성'이라는 베버의 문제의식에 대한 공명 속에서 문화(예술)사회학의 문제들에 접근한다. 일반적으로 예술 또한 종교만큼이나 순전히 정신적이고 개인적인 경험의 대상으로 여겨지는 상징형식이다. 그것은 흔히 세속적이고 경제적인 이해관계와 무관한 것으로 표상되면서, 개인적인 재능과 창작의 이데올로기로 치장되곤 한다. 이러한 통념은 예술을 독자적인 상징과 약호 체계로서 접근하면서, 작품에 대한 내적 이해와

베버의 저작을 통해 급진적 유물론을 정립하려는 부르디외의 시도를 높이 평가하는 반면, 제프리 알렉산더는 부르디외가 베버 저작의 환원론적이고 유물론적인 측면에 의해서만 자극을 받았을 뿐, 그와 양립하기 어려운 한층 다차원적인 측면은 망각하고 있다고 비판한다 (Alexander 2000: 96~97; Brubaker 1985).

분석에 치중하는 형식주의에도 일부분 깔려 있다. 물론 순수하고 자율적인 예술이라는 관념을 비판하면서, 그것을 여러 외적 변인을 바탕으로 설명하고자 했던 시도들 또한 없지 않았다. 하지만 그것들은 예술을 사회경제적 조건의 직접적인 반영으로 간주하는 유물론적 환원론에서 크게 벗어나지 못했다. 이 반영론은 상대적 자율성을 가진 소우주로서 예술 생산 장이 존재하며, 그 장에 고유한 이해관심과 논리가 존재한다는 사실을 무시한다는 결정적 한계를 지닌다. 부르디외가 보기에 예술은 베버의 종교 분석을 구조주의적 시각과 결합시켜 적용할 때 가장 적절하게 접근 가능하다. 즉 예술은 예술 생산 장의 산물이며, 그 장 안에서 고유한 이해관심을 지니는 행위자들이 예술적 정당성의 독점을 둘러싸고 투쟁하는 과정에서 구체적인 형태를 부여받는다는 것이다. 이렇게 부르디외는 베버를 발판 삼아 예술 생산 장 개념을 구축했고, 그에 의지해 형식주의/반영론, 내재주의/외재주의, 텍스트주의/경제주의 등등 대립적 공생 관계에 있는 예술 연구의 그릇된 이분법들을 극복했다고 자처할 수 있었다.

상징 생산과 상징권력

여기서 다시 베버의 종교 분석에 대한 부르디외의 해석으로 되돌아가 보자. 부르디외에게 베버의 종교사회학이 지식(인)사회학인 동시에 권력사회학이었다면, 이는 단지 지식인들이 결국 지배계급의 한 분파라거나 종교가 지배계급의 이해에 봉사하는 이데올로기라는 이유 때문만은 아니다. 이 점에는 좀더 심층적인 근거가 있다.

만일 사유·지각·평가·인지 도식들의 사회적 발생이라는 뒤르켐의 가정과 계급 분화라는 사실을 동시에 진지하게 고려한다면, 우리는 필연적으로 사회구조(더 적절하게 말한다면 권력구조)와 정신구조의 조응, 즉 언어, 종교, 예술 등의 **상징체계의 구조를 매개로 성립되는 조응**이 존재한다는 가정으로 나아가게 된다. 혹은 더 정확히 말해서 우리는 종교가 부과하는 실천 및 표상 체계의 구조가 객관적으로는 정치적 분리의 원칙에 기초해 있으면서도 우주의 자연적-초자연적 구조처럼 제시되는 한, 종교는 세계 특히 사회 세계에 대한 지각과 사고를 구조화하는 원리들을 (은밀히) 부과하는 데 기여한다는 가정으로 나아가게 된다(Bourdieu 1971c: 300).

부르디외는 '자본주의사회의 계급 분화와 계급 지배'라는 마르크스의 명제와 '정신구조의 사회적 발생'이라는 뒤르켐의 명제를 결합한 후, 이 "마르크스화된 뒤르켐적 아이디어"를 다시 베버의 종교 분석에 통합시킨다(Bourdieu 1975: 21: 또한 Durkheim & Mauss 1968 참조). 그가 보기에 계급사회의 지배는 그 현실을 자연스럽게 여기도록 만드는 상징체계와 함께 갈 때 효율적으로 유지될 수 있다. 계급구조와 인지구조의 조응은 있는 그대로의 사회를 당연하고도 불변하는 상태로 인식하도록 만든다. 그런데 그것은 크게 두 가지 메커니즘을 통해 행위자들에게 구현되는 것으로 여겨진다. 하나가 특정한 계급 조건 속에서 이루어지는 사회화라면, 다른 하나는 상징체계의 생산과 소비이다. 비록 전자는 사회구조가 일상적인 환경과 상호작용 속에서 무의식적으로 체화되는 차원에, 그리고 후자는 특정한 상징형식들이 좀더 의식적으로 주입되고 학습되거나 수용되는 차원에 초점을 맞추고 있지만, 현실에서는 양자가 별개로 분리된 과정이 아닐 터이다. 총체적인 세계관을 제공하는 종교는 계급구조와 인지구조의 조응을 창출하는 강력한 상징형식 가운데 하나이다.

　　종교는 이데올로기적 기능, 상대적인 것을 절대화하고 자의적인 것을 정당화하는 정치적이며 실제적인 기능을 담당하는 경향이 있다. 그런데 이러한 기능은 종교가 논리적이고 인지적인 기능을 보장하는 한에서만 충족시킬 수 있다. 종교의 이데올로기적 기능은 어떤 집단이나 계급을 사회적으로 규정하는 모든 것 — 여럿 가운데 하나인 존재 방식의 특징적 속성들, 따라서 **자의적인** 이 속성들은 **집단이나 계급이 사회구조 내의 일정한 위치를 점하고 있기**에 객관적으로 그것에 연관된다 — 을 정당화하면서('자연화'와 영속화에 의한 신성화로서 **공인의 효과**), 그 집단이나 계급이 동원할 수 있는 물질적 혹은 상징적 힘을 강화하는 데 있다(Bourdieu 1971c: 310).

계급사회에서 종교가 '상대적인 것의 절대화' '자의적인 것의 정당화'라는 이데올로기적 기능을 수행하려면 "논리적이고 인지적인 기능"을 담보하지 않으면 안 된다. 계급 지배는 의도적이고 강제적으로 관철되는 것이 아니라, 세계 인식이 특정한 방식으로 구조화되면서 자연스럽게 나타나는 효과이며, 종교는 그러한 지각 도식의 형성에 기여한다. 우리가 주관적으로 실재를 구성하는 과정은 이미-언제나 권력관계에 침윤되어 있다. 세계에 대한 특정한 방식의 인식 행위는 지배구조에 대한 복종 행위이기도 하다. 이와 같은 시각은 '갈등 대 합의' '저항 대 동의'라는 구분을 무화시킨다. 피지배자들은 저항하고 대립하지만 사실 머릿속에서부터 지배당하며, 실제로는 갈등 속에서 "합의에 따른 복종"

이 이루어진다(Bourdieu 1973b). 권력의 가장 기초적이며 미시적인 차원이라 할 만한 이 과정을 부르디외는 오인-인정의 메커니즘으로 기술한다(Bourdieu 1980a: 243). 모든 인식은 오인에 기반을 두고 있으며, 따라서 인정이기도 하다. 그리하여 권력은 가장 먼저, 또 가장 은밀하게 인식을 통해 행사된다. 베버가 카리스마라는 개념으로 포착했던 이 현상에 부르디외는 상징권력 혹은 상징자본이라는 개념으로 응대한다. 그것은 "왜 그리고 어떻게 이 세계는 지속되고 존재 안에서 계속되는가, 사회질서는, 아니 질서를 구성하는 규율 관계는 어떻게 영속되는가, 달리 말해 권력의 상이한 형식들은 어떻게 영속되는가"라는 질문에 대한 하나의 대답이기도 하다(Bourdieu 1993d: 125).

상징적 세력 관계는 인식과 인정을 매개로—이는 의도적인 의식 행위를 통해서라는 의미는 아니다—정초되고 영속된다. 상징적 지배가 정초되려면 피지배자들이 지배자들과 지각과 평가의 도식을 공유해야만 한다. 그 도식에 따라 피지배자들은 지배자들에게 지각되며 또 지배자들을 지각한다. 피지배자들은 사람들이 그들을 지각하는 식으로 스스로를 지각해야만 한다. 달리 말하면 그들의 인식과 인정이 애착과 복종의 실천적 성향 속에서 그 원리를 발견해야만 한다는 것이다. 숙의와 결단을 거치지 않는 이러한 성향은 동의와 강압이라는 양자택일을 벗어난다. 우리는 여기서 상징권력의 기초에 있는 변환의 핵심을 마주하게 된다. 상징 교환과 커뮤니케이션 덕분에 창출되고 축적되고 영속되는 권력으로서 상징권력 말이다. 커뮤니케이션 그 자체는 인식과 인정의 층위에 틈입하기 때문에 〔……〕 언제나 불확실하고 중단되기 쉬운 날것의 세력 관계를 상징권력의 지속적인 관계로 변환시킨다. 우리는 그러한 상징권력에 붙들려 있으며 그것에 매여 있다고 느낀다. 그것은 경제자본을 상징자본으로 변환시키고, 경제적 지배를 인격적 의존(예컨대 후견주의에 수반되는), 호의, 경애(효심) 또는 사랑으로 변환시킨다(Bourdieu 1997a: 236~37).

부르디외에 의하면 사회 구성원들의 정신구조를 주조함으로써 지배하는 권력은 역사를 통틀어 항상 같은 방식으로 작동해온 것이 아니다. 사회적 분화는 상징체계의 생산을 전체 사회의 작업으로부터 일부 특정 집단의 소관으로 변화시킨다.[15] 노동 분업에 따른 상징 생산수단의 계급적 통제와 전유가 일어나는 것이다. 이는 상대적 자율성을 지니는 활동 영역과 전문가 집단의 구성, 그리고 분류화의 투쟁을 수반한다. 이와 같은 시각은 "자율적 장들의 존재에 이르는 사회 세계의 분화 과정"을 사회학적 원리로 인정하지만, 그렇다고 지배양식mode de domination에 대한 진화주의적 입장을 취하는 것은 아니다(Bourdieu 1997a: 119). 부르디외가 보기에 근대국가가 물리적 폭력을 독점하고 자기통제에 대

---

15) 부르디외가 쓰는 '상징체계'라는 용어의 의미는 기본적으로 카시러의 상징형식 개념에 가장 가깝다. 카시러에 따르면 "상징형식들을 통해서만 실재가 정신의 시선에 하나의 대상이 되고 실재 그 자체로 보이게 된다는 점에서 상징형식들은 실재의 모사물이 아니라 기관organes"이다(Cassirer 1973: 16~17). 카시러는 이러한 상징형식들의 구체적인 예로 언어, 신화, 예술, 과학, 종교 등을 들며, 그것들의 실재 구성 기능을 부각시킨다. 이러한 상징형식 개념은 뒤르켐과 모스가 말한 분류 형식 개념과 유사하다. 모스의 저작 선집에 부친 서문에서 레비-스트로스는 모스가 사회적 삶을 "상징적 관계의 세계"로 정의했다고 지적한다. 이러한 시각에서 문화는 언어, 혼인 규칙, 경제적 관계, 예술, 과학, 종교 등을 포괄하는 "상징체계들의 총체"로 나타난다(Lévi-Strauss 1950: XV, XIX). 물론 부르디외가 상징형식에 대한 관념론적·신칸트주의적·구조주의적 접근을 그대로 수용하는 것은 아니다. 그는 오히려 그것과의 단절을 강조하면서 지각과 표상의 역사적 형식들을 그 생산과 재생산의 사회적 조건, 즉 그것을 생산하고 재생산하는 집단들의 구조 및 이 집단들이 사회구조 안에서 차지하는 위치와 체계적으로 연결시켜야 한다고 주장한다(Bourdieu 1977c: 218~19).

한 사회적 강제가 증대되면서 '문명화 과정'이 진행된다는 엘리아스식의 논리는 역사적 현실에 부합하지 않기 때문이다. 예를 들면 전前 자본주의사회에서도 물리적이고 경제적인 거친 폭력과 더불어, 제의와 주술 등을 통한 부드럽고 완곡한 폭력이 자본주의사회에서만큼이나 흔하게 발견된다. 다만 부르디외는 사회적 분업과 자본의 객체화 정도가 높아지는 현상과 더불어 지배의 비인격성이 증가한다는 점에 주목한다. 이 현상은 독자적인 문화 생산 장이 구성되는 과정과 맞물려 있다.[16] 종교 노동을 실행하는 전문가 집단에 대한 베버의 분석 역시 이러한 맥락에서 복합적인 의의를 갖는다.

상징체계들은 집단 전체에 의해 생산되고 전유되는가, 아니면 반대로 일단의 **전문가들**, 더 정확히 말하자면 상대적으로 자율적인 생산과 유

---

16) 부르디외는 알제리 카빌리 지방에서 실행한 현지조사를 바탕으로 전 자본주의사회와 자본주의사회의 지배양식을 대비시킨다(Bourdieu 1980a: 8장; 1993d: 133~35). 두 양식의 차이는 근본적으로 "사회에 축적된 자본이 객체화된 정도"에 있다(Bourdieu 1976c: 122). 전 자본주의사회에는 자기 규제적 시장, 교육체계, 사법 기구, 국가 등의 제도가 없다. 그곳에서는 경제적·문화적 메커니즘에 자본이 객체화되어 있는 정도가 미약하기 때문에, 지배 관계는 직접적인 상호작용 속에서 지속적으로 평가되며, 지배 관계의 유지는 전략의 지속적인 갱신을 요구하게 된다. 이 사회는 이른바 '독사'의 상태에 있는데, 상징체계가 명시적인 담론으로서가 아니라 실천의 논리로서 암묵적 수준에서 존재하기 때문에, 모든 이들에게 공통되고 당연한 것으로 받아들여진다. 반면 자본주의사회에서 지배는 더 이상 직접적이고 인격적인 방식으로 행사되지 않는다. 그것은 경제와 문화 생산 장의 메커니즘을 전유할 수 있는 수단(경제자본과 문화자본)의 소유와 관련된다. 이때 장의 메커니즘은 행위자의 개인적이고 의도적인 개입과 무관하게 스스로의 활동에 의해 재생산을 보장하는 경향이 있다. 부르디외의 말을 빌리자면 "역설적이게도 엄밀한 메커니즘에 따라 작동하고 행위자들에게 자신의 필연성을 부과할 수 있는 상대적으로 자율적인 장들의 존재야말로, 이 메커니즘을 제어할 수 있고 그것의 작동에 의해 생산된 물질적 혹은 상징적 이윤을 전유할 수 있는 수단의 소유자들이 명백하고도 직접적으로 사람들에 대한 지배를 지향하는 전략을 **구사하지 않을 수 있게** 해준다"(Bourdieu 1980a: 226).

통의 장에 의해 생산되는가에 따라 근본적으로 구별된다. 신화가 종교(이데올로기)로 변환된 역사는 종교적 의례와 담론의 전문화된 생산자 집단이 구성된 역사, 즉 **종교적 분업**의 발전과 분리될 수 없다. 이 종교적 분업의 발전은 사회적 분업의 발전, 곧 계급 분리의 한 차원으로서, 여러 가지 결과 가운데서도 특히 상징 생산의 도구들을 속인들로부터 **박탈**하는 결과를 가져온다(Bourdieu 1977b: 409).

부르디외가 보기에는 자본주의사회가 발전하면서 전문화된 상징 생산자들과 함께 상대적 자율성을 지니는 문화 생산 장이 발생한다. 예컨대 중세의 교수단corps professoral은 근대의 대학 장으로 변화한다. 이 역사적 진화 과정에서 단체corps는 "주어진 사회 세계 내 지배적인 분화 원리들의 관점에서 상대적으로 동질적인 일단의 개인들로서, 동일한 사회관계자본과 상징자본에 함께 참여한다는 데 기초한 유대감으로 뭉쳐진 이들"이라면, 장은 자본과 권력의 불균등한 분포에 따른 세력 갈등으로 특징지어진다(Bourdieu 1999a: 11). 문화 생산 전문가 집단은 상징 재화의 가치를 정당화하는 원리들(상징적 축과 경제적 축) 가운데 무엇이 더 우월한지 결정하는 문제를 둘러싸고 경제적 지배계급과 경쟁하게 된다. 그 결과 이전까지 논쟁의 영역 바깥에 있었던 문제들이 논쟁 대상으로 떠오르고 정통과 이단이 분화하는 등, 상징적인 수준에서 계급투쟁이 격화되기에 이른다. 그럼에도 문화 생산 전문가 집단은 전체적인 계급구조의 유지라는 면에서는 경제적 지배계급과 공통의 이해관계를 가진다. 문화자본이 궁극적으로 경제자본이나 물질적인 부로 전환될 수 있기 때문이다. 경제적 지배계급 또한 정통의 보존과 부과를 위해 상징재화 생산자들의 협력을 필요로 한다. 이와 같은 상호 이해관계로 인해 상징체계는 대체로 주어진 계급 관계의 상태를 재생산하는 경향을 띠게 된다고 부르디외는 주장한다.

부르디외에게 베버가 중요한 저자라면, 그것은 베버가 상징체계(즉 종교)를 통해 정신구조에 관철되는 권력과 지배를 다양한 행위자들(즉 종교적 메시지의 생산자, 중개자, 소비자)의 실천 논리가 서로 겹치는 공간 속에서 분석해냈기 때문이다. 부르디외에게 예술이 사회학적으로 흥미로운 주제라면, 예술이 종교처럼 정신구조와 사회구조를 매개하는 주요 상징체계들 가운데 하나이기 때문이다. 이러한 맥락에서 "문화사회학은 우리 시대의 종교사회학"이나 다를 바 없다(Bourdieu 1980b: 197). 부르디외는 이처럼 '문화 생산과 지배' 혹은 '상징적 지배'라는 문제의식 속에서 마르크스와 뒤르켐, 그리고 베버의 접합점을 발견한다. 이 지점은 하비투스나 상징자본, 상징권력과 같은 개념들이 장 개념과 이어지는 연결점이자, 알제리 사회에 대한 부르디외의 인류학적 작업과 프랑스 문화에 대한 사회학적 작업이 만나는 교차점이기도 하다.

매개에 의한 굴절

'상징적 지배'라는 문제의식을 특히 문화 생산 영역에 대한 분석을 통해 풀어나가고자 했던 부르디외의 시도는 이후 장이론이 과학, 경제, 정치, 행정 등 다소 이질적인 영역들에까지 일반적인 분석틀로 확장·적용되면서 비가시화된 면이 있다. 하지만 그것이 지극히 고전적인 마르크스주의 문화론의 문제에 지극히 고전적인 방식으로 접근하고 있다는 점은 상기되어야 할 필요가 있다. 여기서 고전적인 문제란 바로 (토대/상부구조의 변형태인) 사회구조/상징체계 사이의 관계를 말하며, 고전적인 방식이란 매개들의 설정을 말한다(Raphael 1980: 2장 참조). 부르디외의 표현을 직접 빌리자면, 장은 "**특수한 매개**이며, 〔……〕 그것을 통해 외적 결정 인자들이 문화 생산에 작용한다"는 데 그 개념의 핵심이 있는 것이다(Bourdieu 1984c: 5).

사실 미학 문제에 관심을 가졌던 많은 마르크스주의자들은 경제적 요소를 포함하는 물질적 요인들이 예술 작품을 어떤 방식으로 결정짓는지 질문하고, 그에 대한 다양한 답을 탐색한 바 있다. 그들은 사회 세계와 예술 작품 사이의 관계를 반영이라고 보면서, 작품을 작가의 출신 배경, 그가 속한 집단의 사회적 특징, 특정한 사회계급의 이해관계 및 세계관과 연결시켰다. 그런데 부르디외는 이러한 시도가 계급이 작품 생산에 최종 원인으로 직접 작용할 수 있다는 지극히 순진한 가정에 기초해 있으며, 예술가를 한 사회집단의 '무의식적 대변인'으로 간주하는 잘못을 범한다고 비판한다. 특히 작품의 사회적 기능(그것이 봉사하거나 표현하는 집단 혹은 이해관계)을 규명해낸들, 작품의 내적 구조를 설명하는 데는 조금의 도움도 되지 않는다는 것이다(Bourdieu 1992a: 284~86).

그렇다면 부르디외가 제시하는 장 개념은 어떤 점에서 다른가? 상부구조의 상대적 자율성을 인정하면서 동시에 그것을 철저히 유물론적으로 이해해야 한다는 마르크스주의적 요구 앞에서, 부르디외는 무엇보다도 문화 산물의 '생산의 계기'에 주목한다. 문화 산물의 고유한 특성이 경제적 생산관계로 직접 환원되지 않는다는 사실을 전제한다면, 이제 초점은 외적(특히 경제적) 결정 인자들이 구체적인 문화 산물의 생산 과정에서 무엇에 의해 어떻게 매개되는지에 맞춰진다. 부르디외는 베버와 더불어 조야한 경제결정론을 경계했던 엥겔스Friedrich Engels에 기대어 '전문 생산자들의 집단'이라는 답을 내놓는다(Bourdieu 1971c). 노동 분업과 더불어 발생한 이 집단은 "새롭고 독립적인 영역을 여는데, 그 영역은 일반적으로는 생산과 상업에 의존하지만, 그에 반작용할 수 있는 특별한 능력 역시 가진다"(Marx & Engels 1977: 243~44). 이 집단에 고유한 논리를 부르디외는 수요, 공급, 이해관계 등의 경제학적 용어(베버의 계승)와 위치공간, 상동성 등의 구조주의적 개념(베버와의 단절)을 동원해 정교화시켰다. 이렇게 해서 일차적 매개 구조로서 장이 설정된다. 즉 '경제적 생산관계(경제적 이해)-문화 생산의 위치공간(특수한 상징적 이해)-문화 산물'의 논리적 연쇄이다.

장 안에서 생산된 문화 산물은 경제적 이해나 계급 관계를 거울처럼 반영하지 않는다. "장이 (프리즘처럼) 굴절 효과를 가하기" 때문이다(Bourdieu 1993a: 182). 장은 그 외부의 심급에서 행사되는 모든 제약과 영향력이 굴절되고 다시 구조화되거나 번역되는 장소이다. 우리는 외부의 여러 영향 요인(경제 변동, 혁명, 전염병, 인구 증감 등)과의 관계 속에서 작품을 이해해야 하지만, 그 외적 요인들은 작품이 생산되는 장의 특수한 논리를 통해서만 작동한다는 사실을 잊어서는 안 된다. 이제 경제적 층위는 그러한 외부 요인들 가운데 한 가지로서 고려된다. 그리하여 예컨대 경제성장은 장 내부에 생산자를 증가시킨다든지 독자를 확대시킨다든지 하는 방식으로 작용할 수 있다는 것이다.

그런데 고유한 논리를 가지는 문화 생산 장을 경제적 생산관계와 문화 산물 사이에 존재하는 매개로서 설정한다 해도, 이것만으로는 불충분하다. 장은 구체적으로 생산을 담당하는 행위자들의 공간이자, 계급 관계의 공간 내에 있는 공간이기 때문이다. 달리 말하면 이 생산자들은 장에 진입하기 이전에 이미 특정한(가족적, 개인적) 계급 조건 속에서 형성된 사람들이며, 그들이 지금 장 안에 있다고 해서 전체 사회 안에서 그들의 계급 위치가 사라져버리는 것도 아니다. 이 점은 장 내부의 행위자들 간에 일어나는 투쟁의 역학을 설명하기 위해서도 중요하다. 그들이 장에서의 게임에 똑같은 내기물과 성향 체계를 가지고 참여하는 것이 아니기 때문이다. 따라서 생산자들의 사회적 출신과 생산 활동 사이의 관계를 정교화시켜야 한다. 이렇게 해서 "장의 논리로 결코 완전히 되돌려질 수는 없는 하비투스"가 이차적 매개 구조로서 설정된다(Bourdieu 1980c: 6). 즉 '경제적 생산관계(계급구조)-문화 생산자들의 하비투스-문화 산물'이라는 논리적 연쇄인 셈이다.

경제결정론을 피하기 위해 이처럼 이중의 매개 구조를 설정하는 데에서 부르디외는 속류 마르크스주의의 신랄한 비판자였던 사르트르의 문제의식을 충실히 뒤따르고 있다. 사르트르에 의하면 "발레리가 프티부르주아 지식인이라는 사실에는 의심의 여지가 없다. 하지만 모든 프티부르주아 지식인이 다 발레리인 것은 아니다. 해답을 스스로 찾는 데 도움이 되지 않는 현재의 마르크스주의의 부족함은 바로 이 두 문장에서 드러난다. 마르크스주의에는 인격이 만들어지는 과정과, 주어진 역사적 시기의 사회와 계급 내부에서 그 인격이 생산하는 산물을 포착하기 위한 매개들의 위계가 결여되어 있다. 발레리를 프티부르주아로, 그리고 그의 작품은 관념론자의 것으로 한정한 마르크스주의는 두 경우에서 모두 자신이 집어넣을 것만을 재발견할 뿐이다. 바로 이러한 부족함 때문에 마르크스주의는 특수한 것을 단순한 우연의 결과로 정의한 후 결국 그 특수한 것을 떨궈버리고 만다"(Sartre 1960/2009: 83).[17] 부르

---

17) 마르크스주의에서의 매개 문제와 관련된 사르트르의 해결책과 부르디외의 해결책 사이에 상당한 유사성이 있다는 사실은 지적해둘 만한 가치가 있다. 사르트르가 제시한 '실천' '기획' '미래관' '가능성의 장' 같은 개념들이나, '외재적인 것의 내재화'와 '내재적인 것의 외재

디외는 문화 생산자가 생산되는 과정은 하비투스 개념으로, 작품이 생산되는 과정은 장 개념으로 포착한다. 물론 이 둘이 독립된 과정은 아니다. 이처럼 서로 조건화하며 조건 짓는 장-하비투스라는 이중의 매개 구조는 마르크스주의적 문제틀 속에서 상징구조와 문화에 대한 비非환원론적 탐구를 가능하게 하는 장치로 기능하는 것이다. 이는 다음과 같은 부르디외의 단언 속에 잘 나타나 있다.

> 외적 결정 인자들은 결코 직접적으로 적용되지 않는다. 그것은 장이 자율적일수록, 즉 장이 자체 역사의 축적된 산물인 고유한 논리를 부과할 능력이 클수록 더욱 심하게 일어나는 재구조화를 겪은 이후, 장의 세력과 특수한 형식들의 중개를 통해서만 적용된다. 마찬가지로 작품과 그 생산자를 생산하거나 소비하는 계급 사이에 하나의 사회 세계가 있다는 사실을 간과해버린 채, 이 둘 사이의 직접적인 관계를 구축하려고 시도하는 것은 헛된 일이다. 이 사회 세계는 수요나 주문의 의미를 다시 규정한다. 그것은 사회적 조건과 조정에 의해 생산된 하비투스에 대해 그 작동 장소와 수단들을 부여하며, 하비투스가 현실화될 수 있도록 사전에 구성된 가능성의 총체를 부여한다(Bourdieu 1984c: 5~6).

물론 이렇게 해서 모든 문제가 해결된 것은 아니다. 경제적 생산관계, 장-하비투스라는 이중의 매개 구조, 그리고 문화 산물 사이를 잇는 고

화'라는 변증법은 부르디외의 '기대' '장' '하비투스' 같은 개념들에 적잖은 영향을 미친 것처럼 보인다(Sartre 1960/2009: 1편; Bourdieu, Boltanski, Castel & Chamboredon 1965: 17~28). 물론 그렇다고 해도 사르트르가 시도한 마르크스주의와 실존적 정신분석의 결합은 부르디외의 장이론과는 근본적인 차이를 지닌다. 이에 관해서는 특히 부르디외의 사르트르 비판을 참고할 만하다(Bourdieu 1992a: 293~97; Bourdieu & Schultheis 2001).

리의 성격이 계속 불분명한 채로 남아 있기 때문이다. 만일 경제자본의 지배적 성격이 전제되면서 그 연쇄가 일방적인 결정 관계로 상정된다면, 부르디외가 고안한 매개 구조는 이전의 것들(예컨대 뤼시앵 골드만의 문학사회학)에 비해 훨씬 정교하고 복잡하지만 결국엔 경제 환원론의 교묘한 위장술에 불과할 따름이다. 즉 생산관계 내에서의 경제적 위치와 이해관계가 문화 생산 장에 특수한 상징적 이해관심과 생산자들의 하비투스를 결정하고, 그에 따라 문화 산물의 내용과 형식이 결정된다는 식인 것이다. 여기에 이른바 '재생산'의 문제틀이 결합되면, 자연스럽게 기능주의로 미끄러질 수도 있다.

이러한 위험성에 대해 부르디외는 구체적인 경험연구의 중요성을 강조하는 동시에, 장과 하비투스라는 매개 구조의 기능 작용에 우연성과 유동성, 불투명성을 더해주는 개념들(궤적, 전략, 가능성의 장이라든지, 상대적 자율성과 구조적 상동성 등)을 계속해서 끌어들이는 식으로 대응한다. 결정은 분명히 존재하지만, 분절적이고 국지적이며 중층적인 형식 속에서 존재한다. 경제적 생산양식의 강력한 위광은 장이라는 복수의 프리즘을 통해 사방에 분산되고 굴절된 형태로만 뻗어나가는 것이다. 이때 분산과 굴절이 일어나는 정도와 그 구체적인 메커니즘은 매번 특정한 사례에 대한 실제 연구들 속에서만 논할 수 있다. 이렇게 해서 부르디외는 경제에 의한 궁극적인 결정을 상정하는 환원론에서 상당한 거리를 두면서도, 결정의 관념은 그대로 살릴 수 있는 입지를 확보하게 된다. 이 관념은 마르크스적이라기보다는 뒤르켐적이며, 적어도 부르디외에게는 사회학의 존립 근거라는 차원에서 필수적인 것이다. 그에 따르면 사회학은 실천의 결정 요인들이 무엇인지에 대한 해명을 통해, 사회 구성원들에게 단순한 행위자가 아닌 주체로서의 자유를 주고 가능한 변화의 공간을 펼쳐 보이는 학문이기 때문이다(Bourdieu 1980a: 40~41).

세계의 폭력성

이 장에서 나는 장이론이 기본적으로는 '문화 생산을 통한 지배'의 문제를 해명하기 위해 제출되었고, 그 과정에서 장과 하비투스가 경제적 결정의 중층적인 매개 장치로서 설정되었다고 지적했다. 이러한 시각에서 장이론은 마르크스주의 문화사회학이 새롭게 정교화된 판본으로 여겨질 만하다. 부르디외는 베버에 기대 '상부구조'를 '분화된 생산과 실천의 영역들'로 분할하고, '토대의 성격을 거울처럼 반영하는 상부구조'라는 이미지를 '경제적 층위의 영향력을 프리즘처럼 굴절시키는 다양한 문화 생산 장'이라는 이미지로 대체했다. 이는 사회 분화의 역사적 과정에 대한 사회학적 인식에 바탕을 둔다. 즉 사회 세계가 발전하면서 사회적 분업이 점진적으로 증가하고, 그에 따라 전문화된 활동 영역들이 출현한다는 것이다. 이러한 장기적·거시적 과정에서 특히 문화 생산자 집단의 형성과 전문화·자율화는 지배 관계의 변화 양상과 맞물려 있다는 점에서 각별한 주목 대상으로 떠오른다.

부르디외는 사회 세계에서 지배의 기본 구조가 물리적 힘과 인식이라는 이중의 층위로 이루어진다고 보았다(Bourdieu 1989a: 554). 이는 고대사회나 근대사회를 막론하고 어디에서나 나타나는 세속적 권력(정치, 군사)과 영적 권력(종교, 문화)의 이중구조를 낳는다. 고도로 분화된 사회에서 지배는 물리적 강제와 억압보다 상징폭력의 부드럽고도 숨겨진 제약에 의존하는 정도가 점점 더 커진다. 즉 군대나 경찰, 감옥보다는 교육과 문화예술 기구들의 역할이 확대되는 것이다. 권력의 정당화 회로는 한층 복잡해지고, 학교 제도나 문화 생산 장들처럼 감춰진 메커니즘의 개입을 가져온다. 물론 세속적 권력이라 해서 인식의 층위가 중요하지 않은 것은 아니다. 지배에 대한 복종은 아주 근본적인 세계 인지 및 실재 구성의 활동과 긴밀히 관련되어 있기 때문이다. 부르디외는 이를 다음과 같이 표현한다. "지배는 그것이 무기나 화폐의 벌거벗은 힘에 기초할 때조차 언제나 상징적 차원을 가진다. 굴복과 복종은 인식과 인정 행위이며, 그 자체로 세상 만물에, 특히 사회구조에 적용될 수 있는 인지구조를 작동시킨다"(Bourdieu 1997a: 206). 식민지나 소비사회, 가부장 체제 등 객관적 지배구조들에는 식민주의, 문화적 차별, 남성성의 폭력과 같은 상징권력이 내재하는데, 이 권력은 지배구조들을 내면화한 행위자들의 머릿속에 있는 권력이기도 하다.

사회공간과 장 개념을 통해 부르디외가 구축한 사회론은 불평등한 자원 분포의 관계 구조인 '위치공간,' 각각의 위치와 그에 수반하는 물적 조건 속에서 사회화된 '신체들,' 그리고 이 신체들이 실재 인식에서 담론 생산까지 이르는 광범위한 의미 작용 활동을 통해 구성하는 '상징적인 것'의 세 겹으로 짜인 듯 보인다. 부르디외에 따르면 지배는 특정한 개인이나 집단에 의해 의도되고 계산된 활동이라기보다, 위치공간과 신체들과 상징적인 것이 전체적으로 잘 조율된 상태의 구조적 결과에 가깝다. 그것은 세상에 내던져진 인간이 사회화 과정에서 근본적으로 감수하고 또 공모하는 폭력이기도 하다. 세 층위의 상호 조정과 조화가 어떤 메커니즘으로 일어나기에 '마치 누가 계획하기라도 한 것처럼' 지배가 이루어지고 불평등한 사회구조가 재생산되는지 규명하는 데 장이론의 문제의식이 있다. 달리 말해 계급 관계와 신체와 상징체계가 어떻게 자연스러운 조율에 이르는지, 그럼으로써 지배와 불평등이 또 어떻게 영속할 수 있는지 목적론이나 음모론, 또는 환원론이나 기능주의에 기대지 않으면서 해명하는 데 이론적 내기가 걸려 있는 것이다. 그러므로 부르디외가 자신의 지적 기획을 "문화와 상징 생산의 경제"에 대한 탐구로 요약할 때, 그것은 무엇보다도 "상징적 지배 형식들의 토대에 대한 분석"을 겨냥하고 있다(Bourdieu 1987b: 194; 2004b: 20).

　이러한 관점에서 그가 피지배계급을 대체로 상징적 지배에 무기력한 피동적 존재로 취급한다는 점은 주의를 요한다. 이처럼 상징적 지배의 효력을 극대화시켜 바라보는 이론적 입장은, 부르디외가 "자신에 대한 대상화로부터 자신의 고유한 주체성을 형성하도록 강제되는" 집단으로서 '대상계급classe objet'을 논할 때 단적으로 드러난다(Bourdieu 2002a: 255). 그가 드는 대상계급의 한 예는 바로 농민계급이다. 이 계급은 스스로를 자기의 고유한 진실의 주체로 구성할 수 있는 대항 담론을 자신들이 직접 만들어내지도 못하고 다른 이들이 만들어준 적도 없는 이른바 '대타적 계급classe-pour-autrui'이다.[18] 대상계급 혹은 대타적 계급에

---

18) 부르디외의 이 표현은 당연히 '즉자적 존재'와 '대자적 존재'에 대한 헤겔의 구분, 그리고 이를 발전시킨 마르크스의 '즉자적 계급'과 '대자적 계급'에 대한 구분을 응용한 것이다. 헤겔이 존재가 그 자체에 매몰되어 스스로를 객관화하지 못하는 즉자적 상태와 인식하는 주관인 자기 자신까지도 객관화하여 반성할 수 있는 대자적 상태를 구별했다면, 마르크스는 이를 프롤레타리아계급의 정치적 의식과 연결시켜 논의했다. 즉 프롤레타리아계급은 단순히 생산관계 내에서 유사한 객관적 위치를 점유하는 사람들의 집합으로 존재하는 즉자적 단계를 넘어서, 착취 관계를 통해 부르주아계급과 대립하는 자기들 공통의 이해관계를 자각하고 역사의 진보에 기여하는 하나의 계급으로서 스스로를 인식할 때 대자적 단계에 이르며, 이는 지속적인 투쟁 과정을 통해 성취된다는 것이다. 한편 부르디외는 '대타적 계급'이라는 용어로 특정한 계급의 자의식 자체가 주체적인 실천에 기초해 형성되기보다는 다른 계급에 의해 부과되고 주조될 수 있다는 가능성을 환기시킨다. 즉 상징 생산수단을 갖고 있지 못한 피

관한 부르디외의 설명은 상징적 지배에 대한 그의 문제의식을 뚜렷이 보여주는 동시에, 그의 시각이 지니는 어떤 극단적 한계 지점을 드러낸다는 점에서 길게 인용할 만한 가치가 있다.

피지배계급은 사회 세계에 대한 그들의 이미지와 결과적으로 그들의 사회적 정체성을 생산하는 데까지 지배받는다. 그들은 말하는 것이 아니라 말해진다. 지배자들이 가지는 여러 특권 중에는 그들만의 객관화, 그들 고유의 이미지 생산을 통제할 수 있다는 특권이 있다. 이는 그들이 이 객관화 작업에 직접 이바지하는 사람들(화가, 작가, 언론인 등)에 대해 대체로 절대적인 권력을 가진다는 측면에서만 그런 것이 아니다. 그에 대해 그들은 자기 고유의 객관화를 주형할 수 있는 수단을 가진다. 우리가 예전에 말했던 표상 작업, 즉 그들 인성과 행동의 극화와 미학화를 통해서 말이다. 이는 그들의 사회적 조건을 드러내고, 특히 그에 대한 표상을 부과하는 데 목적이 있다. 즉 지배자는 자기만의 지각 규범들을 부과할 수 있는 사람, 자기가 스스로를 지각하는 방식으로 지각될 수 있는 사람, 자신의 객관적 진실을 주관적 의도로 환원하면서 자기만의 객관화를 이용할 수 있는 사람이다. 반대로 소외의 근본적 차원 가운데 하나는 피지배자들이 스스로 만들지 않은 그들 계급의 객관적 진실, **대타적 계급**을 함께 고려해야 한다는 사실에 있다. 이 대타적 계급은 권위 있게 말해진 것의 힘과 더불어 그들에게 하나의 본질, 운명, **숙명**fatum처럼 부과된다. 피지배자들은 그들 자신에 대해 다른 이들의 관점을 취하고 이방인들

지배계급은 지배계급의 전문가들이 만들어낸 이미지를 매개로 자기를 객관화하게 된다는 것이다.

의 시선과 판단을 받아들이도록 끊임없이 유도된다. 그들은 언제나 자신에 대해 이방인이 되며, 그들 자신이 스스로에 대해 가지는 관점의 중심, 스스로에게 내리는 판단의 주체가 되기를 그친다(Bourdieu 2002a: 255).

피지배계급의 상징적 무기력에 대한 부르디외의 이러한 평가는, 장을 역동적인 투쟁공간으로 개념화하려는 그의 시도에 정작 경제적인 빈곤과 상징 생산수단의 박탈에 시달리는 민중계급의 이론적 자리는 비어 있음을 암시한다. 사실 장에서의 투쟁이 이미 일정한 자본(패)을 가진 사람들이 더 많은 자본(내기물)을 추구하면서 일어난다는 점을 감안할 때, 경제자본과 상징자본의 절대적인 부족으로 특징지어지는 민중계급이 그 속에 끼어들기 어렵다는 주장은 최소한 논리적 정합성을 가진다고 말할 수 있다. 투쟁은 주로 지배계급 내부의 분파들 사이 혹은 지배계급과 중간계급 사이에서 치열하게 벌어지며, 민중계급은 구조적 상동성에 따른 호응의 주체이거나 정치적 동원의 대상으로 여겨지는 셈이다. 이러한 부르디외의 입장을 사회학적 리얼리즘의 번뜩이는 혜안으로 보아야 할지, 아니면 지배 중심주의의 그늘진 비관론으로 읽어내야 할지 판단하기란 결코 쉽지 않은 과제로 남아 있다.

5장 장이론의 비판적 활용

장이론을 작동시키기

부르디외 사회학에 이론적으로 접근하려는 모든 기획은 사실 그 출발점에서부터 이율배반적일 수밖에 없다. 부르디외 자신이 현학적 이론주의를 추구하는 스콜라적 이성의 오류와 폭력성을 그 누구보다도 신랄하게 비판하고 있기 때문이다. 더욱이 그에 따르면 "이론적 텍스트와 달리, 과학적 작업은 명상이나 논술이 아니라 경험과의 실천적 대결을 요청한다. 그것을 진정으로 이해한다는 것은 그 안에 나타난 사유 방식을 다른 대상에 대해 작동시키는 것이며, 그것을 본래의 행위만큼이나 창조적이고 독자적이며 새로운 생산 행위 속에서 다시 활성화시키는 일이다. 이는 불모의 무기력한 메타담론, 현실감을 잃어버린 **독자**의 **논평**과는 완전히 대립된다"(Bourdieu 1992a: 254). 이는 부르디외 자신의 작업에 대한 이해에도 그대로 적용되는 말일 터이다.

게다가 부르디외는 장이론을 무엇보다도 하나의 연구 프로그램으로 제시한 바 있다. 그것이 '이론을 위한 이론'이 아니기에 추상적인 연구 대상으로 물신화하기보다는, 실제 경험적인 탐구 속에서 활용하고 그 장단점들을 확인하며 변형시키는 편이 바람직하다는 의미일 것이다. 부르디외는 장 개념의 몇몇 이점을 다음과 같이 설명한다. 그것이 문화, 예술, 과학과 같은 대상을 엄밀한 방식으로 (종이 위에) 구성할 수 있게 해주고, 이렇게 구성된 예술 장 같은 대상을 종교 장이나 정치 장 같은 다른 대상과 체계적으로 비교할 수 있게 해주며, 그리하여 잘못 설정된 문제들로부터 벗어날 수 있도록 해준다는 것이다(Bourdieu 2000a: 51~52). 한데 이러한 장점들은 모두 구체적인 연구 실천과의 관련 속에서만 빛을 발할 수 있는 것이기도 하다.

그렇다면 '사회학적 자기 성찰'과 '실천적 지식의 구성'이라는 부르디외 사회학의 가장 큰 교훈을 배반하지 않으면서 장이론을 상대하는 길은, 그것을 특정한 대상의 연구에 실제로 적용시키는 방법밖에는 없는 것일까? 아마 그럴지도 모른다. 하지만 이 적용이 부르디외가 구축한 이론에 역사적·경험적 자료를 기계적으로 대입시키거나 단편적으로 대립시키면서 그 유효성을 검증하거나 기각했다고 자부하는 소박한 경험주의의 수준에 머무르지 않으려면, 우리는 먼저 부르디외의 작업을 실용적인 정신 속에서 이론적으로 검토해보아야 한다. 부르디외가 칸트의 말에 빗대어 누누이 강조하듯, "경험연구 없는 이론은 공허하고, 이론 없는 경험연구는 맹목적이다"(Bourdieu 1988b: 774~75). 그런데 경험연구에 목적과 방향과 의미를 부여하는 이론은 (적어도 사회과학에서는) 실증적인 테스트를 통해 쉽사리 확증되거나 기각될 수 있는 가설들의 단순한 총체가 아니다. 그것은 철학적 가정들과 정치적 선택, 그리고 때로는 경험적 검증을 넘어서는 순전히 논리적인 차원의 전제와 해석 들을 어쩔 수 없이 포함하게 마련이다. 단적으로 그는 자신의 가장 철학적인 저작일 『파스칼적 명상』에서 "자신의 과학적 선택들에 불가피하게 끌어들일 수밖에 없었던 '인간'에 대한 관념"을 밝히고자 한다는 목적을 명시한 바 있다(Bourdieu 1997a: 17).

이렇게 볼 때 연구자의 사회적 존재 조건과 그로부터 파생되는 스콜라적 오류에 대한 부르디외의 정당한 비판이 그의 사회학에 대한 이론적 탐구 자체를 몰아내는 조급한 주문呪文으로 변질되어서는 곤란하다. 진지하고 철저한 이론적 성찰은 부르디외의 연구에 나타난 사유 방식을 "창조적이고 독자적이며 새로운 생산 행위 속에서 다시 활성화"시키기 위한 가능 조건을 이룰 수 있을 것이기 때문이다. 이 장에서 나는 장이론을 실천적으로 전유하기 위해 이론적 고민과 보완이 필요한 쟁점들을 상세하게 검토한 후, 실제 연구의 방법론 차원에서 실용적이고 성찰적인 태도가 갖는 중요성 또한 환기시키고자 한다.

활용상의 쟁점들

경험적 현상이나 구조의 분석에 장이론을 적용하려면 어떻게 해야 할까? 부르디외는 문화 생산 장의 사례를 들어 장 분석의 구체적인 절차를 제시한 적이 있다(Bourdieu 1971a: 15~16; 1991b: 4~6). 그것은 필수적이며 상호 연관된 세 계기를 포함한다. 첫째, 문화 생산자들이 지배계급의 구조 내에서(혹은 출신이나 조건상 지배계급에 속해 있지 않은 경우, 그 구조에 대해서) 점하고 있는 위치의 분석이다. 이는 문화 생산 장을 권력 장 안에 자리 매겨야 한다는 뜻이다. 둘째, 문화 생산 장의 고유한 내적 구조와 기능 작용, 변동의 법칙에 대한 분석이다. 이는 특정한 시기에 문화적 정당성을 확보하기 위해 경쟁하는 개인이나 집단들이 점하는 위치들 간의 객관적인 관계 구조를 규명하는 것이다. 셋째, 장 내부의 행위자들 특유의 하비투스에 대한 분석이다. 달리 말해 행위자들이 장 안에서 가지는 위치와 궤적이 어울려 빚어내는 성향 체계를 포착해야 한다는 말이다. 그들의 사회적 출신과 교육 배경은 어떠한지, 그들이 장에 어떻게 진입했는지, 자신의 위치에 어떻게 가치를 부여하는지, 장이 생산자들에게 제공하는 보상은 무엇인지 등등이 구체적인 분석 대상이 된다.

부르디외의 지침은 장 분석의 커다란 원칙들을 제시하고 있지만, 실질적이고 세부적인 문제들은 언급하고 있지 않으며, 특히 활용상의 난점들까지 고려하고 있지는 않다. 하지만 다음과 같은 쟁점들은 더 나은 연구를 위해서라도 실제적으로나 이론적으로 깊이 있는 검토를 필요로 한다. 첫째, 장이라는 개념의 인식론적 지위와 이를 구체적인 대상에 적용시키고자 할 때 부딪히게 되는 난점. 둘째, 장이 생산 조건과 소비자를 외부화시킨 채 생산자의 장으로 축소되는 경향. 셋째, 문화 산물의 소비, 전유, 수용에 대한 장이론의 계급 중심적 접근 방식. 넷째, 담론의 내적 힘과 구조를 발화자의 사회적 위치로 환원시키는 장이론의 설명 방식. 다섯째, 장의 자율성 개념이 지니는 규범적 함의. 서로 일정하게 얽혀 있는 이 문제들을 차례로 논의해보도록 하자.

장의 경계, 장들의 관계

부르디외의 다양한 경험연구에서 장 개념의 인식론적 지위와 용법이 언제나 일관된 것은 아니다. 그것은 오랫동안 상당히 이질적인 대상들에 적용되어왔다. 우선 부르디외가 문학 장이나 과학 장, 관료제 장 등을 말할 때, 장은 사회적 분업의 증가와 전문화된 활동 영역의 부상에 따른 근대 세계의 다원성과 관련되며 역사적 구체성을 부여받는다. 그러므로 우리는 예컨대 문학 장의 발생을 따져볼 수 있고, 그 자율화와 변화 과정을 추적해볼 수도 있다. 그런데 그가 언어 장을 이야기하거나 장으로서의 가족, 신문사, 연구소, 기업 등에 관해 말할 때, 장의 개념적 지위는 달라진다(Bourdieu 1994a; 1996a; 1997b; 2000b). '표준어 시장'을 분석하는 데 이용된 언어 장이라는 표현은 언어라는 대상의 특수성을 고려하지 않은 채 장 개념을 무리하게 일반화시킨 용례로 보이고, 여러 집합체들과 장의 동일시는 차라리 은유에 가깝다. 이렇게 해서 장의 역사적 성격은 종종 사라져버리고, 이 개념은 "실재적인 것은 관계적인 것"이라는 원칙 아래 "[사회학적] 대상을 구축하는 양식의 개념적 속기술"로서의 의미와 보편적인 적용 가능성을 부여받는다(Bourdieu 1992a: 72, 200). 부르디외가 장을 실재 또는 사유 양식으로 다루는 두 가지 방식 사이에서 계속 동요하고 있다고 고백한 이유가 아마도 여기에 있을 것이다(Bourdieu 1994c: 326). 하지만 (서로 다른 구성원들이 소유한 자본의 양과 구조를 둘러싼) 물질적·상징적 세력 관계와 그것을 보존하거나 변형하기 위한 투쟁이 그 내부에 존재한다고 해서, 우리가 가족이나 농업 연구소, 국영 시멘트 기업을 문학 장이나 과학 장과 동등한 성격의 장으로 취급할 수 있을까? 만일 그렇다면 예컨대 장으로서의 가족 안에서 그 구성원들이 추구하는 고유한 자본은 무엇일까? 이러한 난점들을 의식한 탓인지, 부르디외는 이 집합체들이 "하위장"이라거나 "장처럼 기능한다"는 어법을 쓰기도 한다. 내가 보기에 첫번째 표현은 여전히 부적절하며, 두번째 표현은 맞기는 해도 혼란을 불러일으킬 소지가 많다는 점에서 유의해야 한다.

장 개념의 초역사적인 용법은 그 안에서 모든 사회적 맥락을 해소하고자 하는 부르디외의 무리한 욕심에서 나온 것으로 평가받는다 (Fabiani 1999: 75~78; Lahire 1999: 37~39). 이는 또 그의 이론 안에 조직이나 기관, 제도 등을 적절히 다룰 수 있는 도구가 없다는 사실과도 무관하지 않을 것이다. 부르디외가 출판 기업이라든지 정부위원회 같은 특정한 집합체를 분석할 때, 장이론의 관련 개념들(하비투스, 자본, 전략)을 그대로 끌어오는 이유도 이에서 비롯된다(Bourdieu 1999a; 2000a). 하지만 장이론의 쓸모를 제대로 살리기 위해서는 그 적용 대상의 한계를 명확히 해야 할 필요가 있을 것이다. 부르디외가 여러 연구에서 그렇게 했던 것처럼, 구체적으로 장 개념은 '고도로 분화된 근대사회의 특정한 실천 영역들'에 제한적으로 적용되는 편이 낫다는 뜻이다. 온갖 사회적 맥락에 대해 무차별하게 장이론의 틀로 접근하는 것은 개별 상황과 상호작용 관계, 집합체들의 고유성과 이질성을 간과함으로써 인간 행위의 다양한 성격과 의미를 무시하는 결과를 가져올 수 있기 때문이다. 예를 들어 가족이나 아마추어 집단, 자원봉사 조직을 장이론의 관점에서 자본 추구를 위한 경쟁이 벌어지는 세력 관계의 공간으로 이해할 경우, 우리는 그곳에서 이루어지는 활동의 목적과 속성을 정치 장이나 문학 장에서의 활동과 (근거 없이) 동일시하거나, 적어도 그에 부합하는 차원으로만 축소시켜 분석할 가능성이 높아진다. 이는 사회적 삶의 논리를 일면적으로만 파악하는 오류로 이어질 수 있을 것이다.

모든 사회적 맥락을 장으로 환원시키지 않는다는 것은, 근대적 실천 영역으로서 장이 그 내부에 포함하는 것과 포함하지 않는 것을 성찰함으로써 장이론이 보여주는 것과 보여주지 않는 것을 정확히 인지하는 일이기도 하다. 한정적 용법의 장 개념은 주로 공적·직업적 활동을 포착하며, 그 가운데서도 특히 상징자본(권위와 명성)을 주된 내기물로 삼는 영역을 연구 대상으로 구축한다. 바꿔 말하면 사적인 행위, 비非직업적 실천, 상징자본이 걸려 있지 않은 활동은 장이론의 분석 범위에서 벗어날 확률이 크다는 것이다. 그리하여 공적인 무대 바깥의 이른바 '일상생활'에서 펼쳐지는 사소하고 일시적인 상호작용, 비공식적이거나 제도화되지 않은 활동, 사회적 지위가 낮은 일 등은 이론적 시야로부터 빠져나가는 일종의 경험적 잉여로 남는다(Lahire 1999: 34~35). 또한 장의 행위자 범주에는 직업이 없는 인구, 아마추어, 하층계급 등이 들어가지 않을 개연성이 높아진다. 예컨대 부르디외는 문학 장에서 아마추어들의 비직업적 생산 활동이 이데올로기적 분위기를 만들어낸다는 차원에서 중요하다고 지적하지만, 그것을 문학 장 전체의 분석 안에 어떻게 유기적으로 통합시킬 수 있는지 설명하지도, 스스로 그러한 작업을 시도하지도 않는다(Bourdieu 1984c). 또한 그가 출판 장을 분석하면서 중심에 놓는 행위자들은 출판사 사장이나 편집자, 작가 들이지, 사무원이나 인쇄공 같은 관리직·생산직 노동자층이 아니다(Bourdieu 1999a). 더욱이 같은 문맥에서 유의할 것은 직업을 갖지 않은 채 가사노동에 종사하면서 상징자본이 획득되고 투자되는 게임의 바깥에 있는 다수의 여성이 장이론의 대상에서 체계적으로 누락될 수 있다는 점이다(Bourdieu 1998a: 26~27 참조). 그렇다면 우리는 장이론이라는 안경을 통해 '권위 있는 직업 활동에 종사하는 남성 행위자들'만을 주로 바라보게 될 위험성을 보완할 방안에 대해 고민하거나, 최소한 그 한계를 진지하게 인식해야 할 것이다.

장 개념을 제한적으로 활용하면서 경험연구를 하고자 할 때, 제일 먼저 부딪히게 되는 난점은 장의 경계를 설정하는 문제이다. 사실 장의 분화와 자율화라는 관념은 상이한 활동들 간의 뚜렷한 분리라는 환상을 만들어낸다. 하지만 이는 어떤 분석 수준에서는 분명히 관찰 가능할지 몰라도 모든 경우에 그런 것은 아니다. 더욱이 장이 언제나 투쟁 상태이고 그 투쟁이 주로 장의 경계를 정하거나 변경하는 문제와 긴밀히 연루되어 있다면, 고정된 장의 경계를 설정하기란 원론적으로 불가능할지도 모른다. 그럼에도 장의 경계를 막연하게라도 상정하지 않은 채 경험연구의 대상을 구축할 수는 없을 터이다. 그렇다면 그것은 어떤 기준에 의해 정해질 수 있는가? 이와 관련해 부르디외는 다음과 같이 말한 바 있다.

장의 경계는 경험적 탐구에 의해서만 결정될 수 있을 뿐이다. 장이 언제나 암묵적인 혹은 제도화된 '진입장벽'을 포함할지라도, 장의 경계는 아주 드물게만 법적 형식(예컨대 정원 제한)을 띤다.

우리는 장을 그 내부에 장의 효과가 행사되는 공간으로 생각할 수 있다. 그래서 이 공간을 가로지르는 어떤 대상에 벌어지는 일은 문제가 되는 대상의 내재적 속성만으로는 설명되지 않는다. 장의 한계는 장의 효과가 멈추는 지점에 자리한다. 따라서 각각의 경우마다 통계적으로 추적 가능한 이 효과가 쇠퇴하거나 사라지는 지점을 다양한 방법으로 측정하려고 노력해야 한다. 경험적 연구 작업 속에서 장의 구성은 자유로운 결정 행위에 의해 이루어지지 않는다. 예컨대 나는 미국의 어떤 주나 프랑스의 어떤 도의 문화단체들(합창단, 연극단, 독서 클럽 등)의 총체가 장을 구성한다고 보지는 않는다. 〔……〕 다만 〔대학이나 신문 같은〕 각각의 소세계를 연구할 때 비로소 우리는 그것이 구체적으로 어떻게 구성되었는지, 어디서 멈추는지, 누가 그것의 일부이고 누가 아닌지, 그리고 그것이 실제로 장을 이루는지를 알 수 있다(Bourdieu & Wacquant 2014/2015: 179~80).

사실 이 답변은 모호하며 동어반복적이다. 장의 경계를 정하지 않은 상태에서 장의 효과를 어떻게 따질 수 있겠는가? 그러니 같은 질문을 조금 바꿔서 말해보자. 장에 속하는 행위자와 기관을 판별할 수 있는 구체적인 기준은 무엇인가? 이에 대한 부르디외의 설명은 덜 모호하지만 여전히 동어반복적이다. 어떤 장 내부에서 특정한 행위자의 존재는 "그가 장의 상태를 변형시킨다 — 혹은 그를 빼내면 많은 변화가 생긴다 — 는 사실"로부터 추론될 수 있다는 것이다(Bourdieu 2000a: 61). 이 동어반복적 논의는 어쨌든 부르디외가 사회학적 대상으로서 장을 구성하는 방식에 대해 몇 가지 힌트를 준다는 점에서는 나름대로 유용하다.

하나의 장을 분석하기 위해 그는 일단 공적·직업적 활동 부문에 대한 기존의 분류 체계를 그대로 취하는 데서 출발한다. 권력 장 정도를 제외하면 나머지 장들의 범위와 구획은 상식적인 수준을 크게 넘어서지 않는다. 즉 정치 장, 종교 장, 경제 장, 문화 생산 장 등이 있고, 다시 문화 생산 장의 하위장으로서 문학 장, 예술 장, 저널리즘 장이 설정되는 식이다. 이 하위장들은 또 소설 장, 음악 장, 신문 장 등의 고유한 하위장들을 내부에 가질 수 있고, 이러한 구획은 이론상 끊임없이 되풀이될 수 있을 것이다. 하지만 그 역시 일반적인 통념의 수준을 크게 벗어나지 않는데, 이는 경제 장의 각 하위장이 "우리가 일상적으로 산업 '부문'이나 '분야'라고 일컫는 것에 상응"한다는 부르디외의 명시적인 언급 속에서 다시 한 번 확인된다(Bourdieu 2000a: 236).

다음으로 그는 장에 속해야 하는 행위자군과 빠져야 하는 행위자군을 가려낸다. 예를 들어 부르디외는 우리가 정치 장을 연구하고자 할 때, 언론인과 여론조사 전문가 들을 행위자 범주에 포함시켜야만 한다고 주장한다. 그들이 정치 장에서 상당한 효과를 생산하기 때문이라는 이유에서이다(Bourdieu 2000b: 61). 정치인과 언론인의 영역을 분리시키는 일반적인 분류법에 상당히 어긋나는 이 같은 접근은 사실 자의성과 모호성을 피하기 어려운 것으로 보인다. 언론인들이 막강한 정치적 영향력을 행사하는 현실 속에서, 우리는 그들이 원래 정치 장의 구성원이었다고 볼 수도 있고, 아니면 저널리즘 장과 정치 장의 세력 관계가 변화했다고 볼 수도 있다. 그런데 이 둘 중 어떤 시각을 가지는가에 따라 장의 범위와 경계는 물론, 정치 현실에 대한 사회학적 해석과 가치판단 역시 크게 달라진다. 더욱이 다양한 장이 서로 밀접한 관계를 맺고 있기 때문에, 부르디외가 제시하는 '행위자 영향력'을 장들의 경계를 구획하는 기준으로 적용하게 되면 혼선이 불가피해진다. 예컨대 저널리즘 장을 구성하기 위해 정치인이나 지식인 들을 포함시켜야 하고, 과학 장을 구성하기 위해서는 관료나 기업가 들을 포함시켜야 하는 것이다. 이런 식으로 과연 특정한 장의 경계를 잘 획정할 수 있을까?

장의 경계를 설정하고 나서야 우리는 어떤 장과 다른 장을 구별할 수 있고, 다시 장들 간의 관계에 관해서도 말할 수 있게 된다. 따라서 장의 경계 획정이 까다롭고 막연한 문제라면, 장들의 관계 설정 또한 마찬가지일 수밖에 없다. 문제를 일으키는 대표적인 사례가 바로 넓은 의미의 언론과 경제이다. 상징자본과 관계된 공적·직업적 실천 영역이 장이론의 주된 분석 대상이 된다는 사실은 언론 활동이 지닌 중요성을 돋보이게 한다. 상징자본의 축적은 공적 가시성에 의해 직접 영향받게 마련인데, 근대 이후 그것은 결국 언론 활동에 의해 크게 좌우되며 그 정도역시 점점 더 심해지고 있는 것으로 보이기 때문이다. 경제를 위시한 사회 각 부문에서 홍보나 광고, 마케팅의 역할이 부각되는 것이나, 부르디외가 '저널리즘의 지배력'을 논하는 것 또한 이러한 맥락에서일 것이다. 최근에는 20세기 중반 이래 정치, 예술, 과학 등 다양한 사회 영역에서의 활동이 점점 더 미디어의 논리를 따라 이루어진다는 '미디어화mediatization' 개념까지 나와 있는 상황이다(박홍원 2016 참조). 그렇다면우리는 언론(혹은 미디어)과 사회 다른 부문과의 관계를 독립된 장들 간의 관계라는 차원에서 접근해야 할까, 아니면 대부분의 장이 그 안에언론인들을 포함한다고 보아야 할까? 혹은 복수의 장들을 가로지르는미디어의 심급을 별도로 설정해야 할까?[1]

경제는 또 다른 성격의 문제들을 제기한다. 근대 이후, 특히 자본주의 체제 아래서 경제는 사회의 전 영역과 관계를 관통하는 토대라 할

---

1) 이는 저널리즘 장(혹은 미디어 장)의 내적인 독자성과 사회공간에서 미디어가 포괄적으로 행사하는 상징권력이라는 두 가지 관점 사이의 충돌 내지는 어정쩡한 부조화를 낳는다. 이러한 문제에 직면해 미디어 연구자 닉 콜드리Nick Couldry는 '미디어 메타자본media meta-capital' 개념을 제안한다(Couldry 2003). 그는 부르디외가 국가의 기능을 메타자본으로 정의한 데 착안해서, 미디어 역시 국가와 마찬가지로 광범위한 문화 생산 장 내에서 작동하는 상징자본을 규정하고 게임의 규칙을 결정하는 데 핵심적인 역할을 수행한다는 주장을 내놓는다. 그에 따르면 미디어 메타자본은 이중적으로 작동한다. 그것은 한편으로 상이한 장들에서 내기물이 되는 자본을 정의하는 데 영향을 미치고, 다른 한편으로는 사회 세계에 대한 지배적 표상과 이해 방식을 정당화한다는 것이다. 이러한 개념화는 저널리즘 장의 독자성과 별개로, 미디어가 전체 사회공간에서 발휘하는 상징권력의 일반적인 효과를 포착하기 위한 하나의 접근을 보여준다.

수 있다. 어떤 부문이든 그 생산물에 경제적 가치를 부여하고 상품화하기 때문이다. 부르디외가 거의 모든 문화 생산 장이 경제자본과 상징자본의 양극을 축으로 분화되고 위계화된다고 본 이유도 이 점에 있을 것이다. 한데 이와 관련한 이런저런 의문이 떠오르는 것도 사실이다. 우리는 예컨대 문화 생산 장 내부에 상업적 이익을 추구해 대규모 생산을 도모하는 하위장이 있다고 가정하는 대신, 사회의 기층에 놓이는 경제장을 상정해놓고서 다시 그 하위장으로 (문화 범주에 들어가지 않는 산업들과 대비되는) '문화산업 장'을 개념화할 수도 있을 터이다. 부르디외가 말하는 문화 생산 장 내의 제한 생산 부문들은 이를테면 '예술 장'의 이름으로 한데 묶어놓고서 말이다. 그런데 이렇게 접근하는 경우, 문화 생산에 대한 분석의 초점과 내용은 아마도 상당히 달라질 것이다. 영화 장이 통상 상업영화/예술영화의 하위장들로 구분된다면, 영화 산업 장은 제작, 배급, 상영 등 여러 부문별 하위장으로 구분될 수 있다. 전자의 대상 구성이 상업영화계와 예술영화계 사이의 거대한 분할과 위계화 그리고 '영화'라는 문화 형식의 정의를 둘러싼 투쟁을 집중적으로 조명하게끔 만든다면, 후자의 구성은 각 하위장 내부의 기업 위계, 하위장들 간 불평등한 세력 관계와 그로 인해 나타나는 제작 과정상 특징을 주목하도록 이끌 것이다. 장이론의 문제의식 아래서 첫번째 방식의 접근이 선호되는 것은 사실이지만, 두번째 대안의 구상이 아예 불가능한 것은 아닐 터이기에 선택은 그리 간단치 않다. 문화의 상업화와 산업화가 지배적인 현실에서 어쩌면 두번째 접근이 더 큰 분석적 이점을 지닌다고 볼 수도 있을 것이다.

한 가지 확실한 것은 이와 같은 여러 의문점을 고려할 때, 장 개념은 명목론적으로 적용될 수밖에 없다는 점이다. 객관적으로 독립된 실재로서 개개의 장이 존재하고, 이들의 총합이 곧 전체 사회공간을 구성할 수 있다는 식의 관념은 성립하기 어렵다. 다만 우리는 장 개념을 연구 활동 속에서 매번 적절한 분석 대상을 재단하기 위해 이용할 수 있다. 다양한 관심에 따라 다양한 방식으로 '종이 위에서' 구성된 장들(예컨대 정치 장, 미디어 장, 지식 장)은 '현실 속에서' 그 경계가 아주 분명한 것도 상호 배제적인 것도 아니며, '종이 위에서' 서로 일정하게 겹쳐질 수 있을지언정 말끔하게 합쳐져 하나의 총체를 형성할 수는 없는 것이다. 이렇게 해서 우리는 장이론을 통해 사회가 독자적인 실체라는 19세기 사회학이 남겨준 낡은 유산인 "해로운 가정"을 버리고, "다중적 사회관계라는 대안적 관념"에 좀더 가까이 다가서게 된다(Tilly 1984/1998: 46~54). 부르디외는 사회공간을 실질적으로 국민국가와 동일시하며 그 내부의 장들을 주로 연구했지만, 국제적 관계까지 장 개념을 확장·적용할 수 있는 이론적 여지 또한 열어놓았다. 그러한 맥락에서 특히 최근에는 초국적 장이나 전 지구적 장에 관한 논의가 활발히 나오고 있는 형편이다(Go 2008; Heilbron 2002; Sapiro 2010). 이러한 상황은 장 개념을 명목론적으로 유연하게 이용할 수 있는 잠재력을 한층 두드러지게 만드는 동시에, 사회 세계에 대한 대안적 개념화의 가능성 또한 내다보게 만든다.

생산자의 장

문화예술 장에 대한 부르디외의 분석은 근본적으로는 '창조' '개인적 재능' '문화적 가치의 보편성'이라는 이데올로기를 공격하는 데 초점이 맞춰져 있다. '창조'에는 '생산'과 '투쟁'을, '개인적 재능'에는 '하비투스'와 '자본'을, 그리고 '문화적 가치의 보편성'에는 '일루지오'와 '독사'라는 개념을 체계적으로 대치시키면서, 그는 지배의 상징적 기반을 해체하고자 한다. 이 작업은 사르트르로 상징되는 주체 중심주의와 레비-스트로스로 대표되는 구조주의의 변증법적 지양이라는 이론적 야심을 내포한 것이기도 하다. 그래서인지 부르디외의 분석 속에서 행위자는 위치와 이해관심, 자본과 하비투스로 분해되면서도, 장 안에서 특정한 전략을 구사하며 투쟁하는 주체로 계속 남아 있다. 이는 부르디외가 의식적이고 합리적이며 반성적인 주체를 가정하는 인간학적 주관주의나, 행위자를 구조의 단순한 담지자로 취급해버리고 마는 구조주의의 오류에서 벗어나고자 한 노력의 결과일 것이다. 그런데 문제는 다른 데 있다. 장 안에 행위자라고는 주로 생산자만 보인다는 것이다.

장이론은 무엇보다도 문화 산물의 생산의 계기에 주목한다. 이때 생산자 범주는 작품 자체의 생산자(작가, 예술가)뿐만 아니라, 작품의 가치에 대한 신념의 생산자(출판사, 비평가, 아카데미)까지 망라한다. 이는 장이론적 접근의 명백한 장점이자, 경제주의적 접근과의 중요한 차이점이기도 하다. 부르디외는 예술 작품을 일종의 물신으로 이해해야 한다고 본다. 예술 작품은 그것을 예술 작품으로 인지하고 인정하게 만드는 집단적 신념에 의해서만 가치를 부여받은 상징적 대상으로 존재할 수 있기 때문이다. 경제주의는 문화 생산 장에 특수한 경제와 그 기반이 되는 특수한 신념을 보지 못한다. 반면 장이론은 이른바 "신념의 생산" 속에서 작품에 의미와 가치를 부여하는 문화 매개자들 전체를 분석 대상의 일부로 구성하는 것이다(Bourdieu 1977d). 그런데 이러한 장점에도 불구하고, 부르디외의 경험연구들에서 문화예술 장이 '생산자의 장'으로 축소되는 경향을 띤다는 사실은 다분히 문제적이다. 이는 장이론에서 문화 산물의 '생산 조건'과 '소비자'라는 두 가지 중요한 요소가 체계적으로 외부화되고 있음을 시사하기 때문이다.

먼저 부르디외의 실제 분석에서는 기술이나 법, 정책 등과 같은 문화 산물의 전반적인 생산 조건에 대한 고려가 매우 드물게 나타난다. 하지만 적어도 근대 이후 대다수 국가에서는 문화예술 장의 행위자들이 하비투스와 소유 자본에 따라 움직이는 것만은 아니다. 기술 발전이나 제작·유통 관련 법규, 지원 제도 등이 행위자들의 실천의 조절에 핵심적인 역할을 한다. 새로운 기술의 도입과 확산(이를테면 유화 물감, 전기통신, 영사기, 디지털 미디어 등의 발명과 활용), 각종 법률의 신설과 폐지, 규제 및 진흥 정책의 시행과 변경 등은 때로는 해당 장의 구조 전체를 변화시킬 수도 있다. 기술 의존성과 산업화 정도가 높고 국가의 정책적 개입 또한 적지 않은 20세기 이후의 문화예술 장에 있어서는 더욱 그렇다. 이를 인정한다면 기술, 법, 정책을 단순히 외적 요인으로 간주하면서, 그 영향력을 장의 자율성/타율성이라는 관점에서 접근하는 것이 과연 온당한 일일까? 그것들은 오히려 장의 내부에서 장을 구조화하는 기본적인 힘으로 다루어져야 하지 않을까?

구체적인 예를 들어 설명해보자. 프랑스 저널리즘 장에 대한 부르디외의 연구에서는 각종 관련 법이나 행정기구, 미디어 정책 들에 관한 언급이 전혀 눈에 띄지 않는다. 대학 장이나 과학 장에 대한 연구에서도 사정은 마찬가지이다. 분석의 전면에는 오로지 특수한 상징자본을 축적하기 위해 서로 경쟁하는 행위자들의 위치, 출신 계급, 하비투스, 전략적 실천 등이 펼쳐질 따름이다. 물론 장이론이 원칙적으로 법과 제도를 분석 요인으로부터 배제한다고 단언할 수는 없다. 하지만 실제 분석에서 그것들이 중요하게 다뤄지지 않는 양상이 자주 드러난다면, 이론 틀의 중심에서 빠져 있는 탓이라고 보아야 한다.[2] 그런데 행위자들의 실천을 제약하고 구조화하는 요인이 '보이지 않는 구조' 못지않게 '보이는 법과 제도'라는 상식을 떠올려보면, 이는 중대한 허점이 아닐 수 없다. 문제는 여기서 그치지 않는다. 법과 제도에 대한 고려 없는 분석으로부터 실천적인 개선의 대안을 끌어내기는 어렵기 때문이다. 이는 부르디외 사회학이 '재생산'이나 '결정론'의 이미지와 쉽게 결부될 수 있는 이유 가운데 하나일 것이다. 위치공간이나 하비투스의 변형보다는 법이나 제도의 개정이 상대적으로 더 수월하고 행위자들의 실천을 변화시키는데에도 훨씬 효율적일 수 있다고 한다면, 장이론은 생산 조건의 외부화라는 문제점으로 말미암아 중요한 정치적 전망 하나를 시야에서 놓치고 있는 셈이다.

장이론에서 소비자가 고려되는 방식 또한 비판적인 검토가 필요하다. 부르디외는 장을 생산자의 공간처럼 기술하기도 하고(문화예술 장과 과학 장), 때로는 생산자와 소비자가 모두 포함되는 공간으로 묘사하기도 한다(정치 장과 종교 장). 전자의 경우 소비자는 사회공간(혹은 계급 관계의 장)에 존재하는 외재적 요인으로 다루어지는데 반해, 후자의 경

---

2) 경제 장의 사회적 구조에 관한 부르디외의 연구는 이 점에서 다소 예외적이다(Bourdieu 2000b). 여기서 그는 1970년대 프랑스 우파 정부의 신新주거보조정책이 성립된 과정과 그에 따른 개인주택 시장의 형성을 상세하게 분석한다. "다른 어떤 장보다도 경제 장을 더욱 사로잡고 있는 국가는 매 순간 그것의 존재와 지속, 특징적인 세력 관계의 구조에 이바지"하는데, 이는 "어느 정도 상황에 따른 상이한 '정책들'을 통해서" 이루어진다는 것이다(Bourdieu 2000b: 25). 이러한 설명은 그가 제도와 정책을 분석에 포함시킨 이유가 마치 경제 장의 특수성 때문인 듯한 인상을 준다. 이 역시 부분적으로는 진실일 테지만, 사실 더 근본적인 이유는 1990년대를 전후해 국가에 대한 부르디외의 이론적·정치적 관심이 훨씬 더 커졌기 때문으로 보인다. 어쨌든 부르디외의 논리를 그대로 따른다면 국가와 장의 관계, 즉 국가에 대한 장의 자율성 정도에 따라 정책에 대한 주목도 또한 달라질 수밖에 없다. 따라서 한국 사회처럼 역사적으로 강력한 국가가 구축되어 거의 모든 사회 부문에 막강한 영향력을 행사하는 곳에서는 법과 정책에 대한 분석이 각별한 중요성을 띤다고 말할 수도 있을 것이다.

우 소비자는 문제가 되는 장의 내재적 요인으로 여겨진다. 이러한 차이는 각 장의 특수성에 대한 부르디외의 가정과도 무관하지 않다. 일단 정치 장이나 종교 장에 소비자로 참여하기 위해서는 많은 문화자본이 필요치 않은 반면, 문화예술 장이나 과학 장에 소비자로 참여하려면 상당 수준의 문화자본이 필수적이다. 그러므로 부르디외는 이들 장의 소비자층이 대체로 권력 장과 겹친다고 본다. 더욱이 장이 발전하고 자율화될수록 게임은 생산자들 간 내적인 투쟁의 논리에 의해서만 지배되는 경향이 심해지고, 일종의 "폐쇄 효과effet de fermeture"가 발생한다(Bourdieu 2000b: 58). 그 결과 생산물의 소비는 점차 생산자 시장의 소관이 되는 것이다. 예를 들어 고도로 자율화된 예술 장이나 과학 장의 제한 생산 부문에서 소비자는 곧 생산자(동료 예술가나 과학자)이기도 하다. 그렇지 않아도 제한적인 소비자층이 생산자층과 거의 같아지는 셈이다.

하지만 정치 장이나 종교 장의 경우, 이런 식의 진화는 근본적인 한계가 있다. 생산자층과 소비자층은 결코 포개질 수 없으며, 결정적으로 생산자들 간 투쟁에서 마지막 패를 쥐고 있는 변수는 소비자층이기 때문이다. 부르디외에 의하면 '미추'를 논하는 예술 장이나 '진위'를 다투는 과학 장과는 달리, 정치 장이나 종교 장은 세계관에 '선악'의 원리를 부과하는 투쟁에 연루되는데, 여기서 승패는 대중을 실질적으로 얼마나 동원할 수 있는지에 달려 있다. 즉 작가나 수학자가 장 내부의 경쟁에서 이기기 위해서는 일반인이 아닌 능력 있는 자기 동료들의 인정만이 요구되며 또 그것만으로 충분하지만, 정치가나 종교인은 아무리 자율화된 장에서라도 성공의 준거를 지지자의 수와 지지의 강도에 둘 수밖에 없다(Bourdieu 2000b: 62~63). 그러므로 각 장의 특수성이 연구 대상의 구성에서 소비자를 다르게 취급하도록 이끈다는 것이다.

이와 같은 원칙이 논리적 타당성을 갖는다 하더라도, 부르디외가 수행한 구체적인 장 분석에는 언제나 생산자들이 중심에 놓이는 반면, 소비자는 과도하게 외부화되거나 주변적으로만 다루어진다는 인상을 지우기 어렵다. 부르디외는 사회적 수요에 의존적인 장들(경제 장이나 행정 장도 이 계열에 속할 것이다)에서 소비자의 역할이 갖는 중요성을 강조하면서도, 예컨대 1970년대 프랑스 주거보조정책의 변화 논리를 (시민사회의 불만과 요구라는 차원은 감안하지 않은 채) 순전히 행정 장의 내부 역학 관계 위에서 포착한다. 그는 또 프랑스인들이 드러내는 개인주택 소유 욕구를 '원초적 성향' 내지 '이미 존재하는 성향'의 표현으로 기술하면서, 다른 대상에게로 다시 방향 지어야 할 원초적이고 비합리적인 무언가로 간주한다(Bourdieu 2000a: 38, 78, 113).[3] 문화예술 장에 대한 논의에서도 부르디외는 소비자를 생산 장에 대해 적극적인 역할이나 반작용을 하지 못하고, 위치의 구조적 상동성에 따라 거의 자동적인 반응만을 보이는 집단처럼 취급한다. 하지만 그 자신이 언급한 바 있듯, 문화예술 장의 소비자층이 작품과 생산자 집단의 구성 과정에서 적극적인 기능을 수행할 수 있다면, 그 자리를 이론틀 안에 좀더 유기적으로 통합시킬 수 있어야 할 것이다.[4]

---

3) 1977년 프랑스 우파 정권의 발레리 지스카르 데스탱 대통령은 개인별 주거보조정책을 도입한다. 그와 함께 이전의 공공 임대주택에 대한 국가 지원금 제도는 개인의 주택 보유를 장려하는 지원금 제도로 변화했다. 부르디외에 따르면 이는 국가가 사회적 책임을 방기하는 신자유주의적 정책의 일종이었고, 공공 임대주택의 세입자층과 개인주택 소유자층 간의 사회적 분리, 그리고 임대주택 단지가 많은 외곽 지역의 슬럼화라는 부정적 효과를 낳았다.

4) 부르디외는 프랑스 문학 장의 형성기에 소비자층의 개입이 작품과 생산자 집단을 구성하는 데 중요했다고 지적한다. "시장의 제재로부터 벗어나는 아방가르드 문학은 공중 내에 아방가르드가 있을 때에만 구성될 수 있다. 19세기에 결국 도제, 학생, 보헤미안 들이 없었다

'생산자만의 장'이라는 문제의 연장선상에서 덧붙여둘 만한 쟁점은 기업 행위자와 관련된 것이다. 부르디외가 주로 분석한 지식 장과 문학 장 등에서 상징 생산자들은 개인으로서 활동하고 경쟁하며, 자기 생산물에 개인 저자로서의 흔적을 남긴다. 그런데 문화예술 부문의 산업화는 그 장의 중심 행위자를 상당 정도 개인에서 기업으로 옮겨놓았다. 이러한 상황에서 부르디외는 개인의 실천을 분석하기 위해 고안된 개념 도구들을 그대로 기업에 확대 적용시킬 수 있다고 믿는 것 같다. 그는 프랑스 출판 장에 대한 연구에서 그와 같은 기업 분석의 사례를 상세히 보여주며, 경제 장에 관한 논의에서는 심지어 "기업들의 인지구조"를 이야기하기도 한다(Bourdieu 1999a; 2000a: 244). 장이론의 개념들이 기업 행위자들의 탐구에도 나름대로 쓸모 있다는 점을 부정할 수는 없다. 하지만 과연 개인과 기업의 전략과 실천을 언제나 동일한 분석 수단들로 동등한 수준에서 다룰 수 있는지, 또 조직으로서 기업이 개인 행위자와 갖는 차이점들을 연구에서 어떻게 감안해야 할지에 대해서는 보충적인 검토가 요구된다(이상길 2006 참조).

소비, 전유, 수용

부르디외가 문화예술의 소비자 문제를 도외시한 것은 아니다. 그는 오히려 『구별짓기』를 통해 사회학 역사상 가장 방대하면서도 정교한 문화 소비 분석을 내놓았다고 인정받는다. 이 책에서 그는 문화 생산자의 공간과 소비자의 공간 사이에 구조적인 상동성이 있다고 주장한다.

면 아마 아방가르드 운동도 절대 일어날 수 없었을 것이다. 이 아방가르드 공중은―특히 상징적인 그러나 매우 중요한―지원과, 타협을 가로막는 통제 내지 검열을 동시에 가져다준다"(Bourdieu 1985c: 181~82).

달리 말해 특정한 작품 혹은 생산자 유형과 공중 유형 간에 상응 관계가 있다는 것이다. 문학 장의 경우, 장 내에서 지배적인 생산자들이 생산해낸 작품들(예컨대 순수소설)은 계급 관계의 장에서 지배적인 위치에 있는 부르주아지에 의해 주로 수용되고, 피지배적인 생산자들이 생산해낸 작품들(예컨대 통속소설)은 대체로 중하층계급에 의해 수용되는 식이다. 사실 부르디외는 권력 장 안에 있는 소비자들과 문학 장 내 생산자들 간의 확실한 구조적 상동성과는 달리, 전체 계급 관계의 장과 문학 장 사이의 상동성은 불완전하게 구축된다고 보는데, 이는 대개의 경우 권력 장에서 문화예술의 고객층이 충원되기 때문이라는 것이다(Bourdieu 1992a: 347~49). 어쨌거나 그는 '정당한 문화재화biens culturels légitimes의 소비'(독서, 연극, 영화 관람, 음악 감상, 미술관이나 도서관 방문 등)에서 드러나는 계급적 편차를 통계적으로 확인하고, 이를 바탕으로 생산자/예술(장르)/소비자의 사회적 위계가 서로 뚜렷하게 조응한다고 주장한다(Bourdieu, Boltanski, Castel & Chamboredon 1965; Bourdieu, Darbel & Schnapper 1966; Bourdieu 1979).[5]

상동성에 '구조적'이라는 수식어가 붙는 이유는 의식적인 상호작용의 소산이 아니기 때문이다. 부르디외에 의하면 "신문처럼 겉으로 보기엔 가장 타율적인 문화 생산 기업의 경우에도, 수요에 대한 부응은 생산자와 소비자 간 교류의 산물이 아니다. 생산공간(제공된 생산물)과, 배타적이진 않을지라도 특권적인 소비자들의 공간인 권력 장 사이의 상응성 때문에, 문화 생산 장에서 객관적 경쟁 논리는 각 범주의 생산자들

---

5) 부르디외가 『구별짓기』를 통해 제기하고 입증한 이 명제는 이후 '(구조적) 상동성 가설'로 일컬어지면서 여러 국가에서 검증연구와 학술적 토론의 대상이 되었다(이상길 2016c; Peterson & Kern 1996 참조).

이 의식적인 조정의 추구 바깥에서 권력 장 내부의 상동적 위치에 있는 점유자들의 기대에 부합하게끔 조정된 산물들을 제공하게 만든다." 바꿔 말해보자. 만일 우리가 아주 쉽게 생산 장 내 상이한 위치들을 그에 상응하는 공중으로 특징지을 수 있다면, 그것은 "작품과 그 공중 사이의 만남이 대부분 [계산되지 않았다는 의미에서] 우연의 일치"이기 때문이다(Bourdieu 1984c: 14). 이 우연의 일치는 심지어 가장 타율적인 축에서조차 고객의 기대에 대한 의식적인 추구라든지, 주문 혹은 수요의 제약에 의해 결코 완전히 설명되지 않는다. 그것은 생산공간 안에서 점유된 위치들과 그에 관련된 입장, 그리고 지배 분파와 피지배 분파의 대립이 있는 권력 장인 소비공간 내 위치들(부차적으로는 지배계급과 피지배계급의 대립과 더불어 계급 관계의 장 내 위치들) 사이의 상동성으로부터 나온다.

그렇다면 문화예술의 소비 실천에 대한 부르디외의 논의는 이처럼 추상적이고 무의식적인 성격을 띠는 구조주의적 논리에 멈춰 있는 것일까? 구조적 상동성의 명제는 소비자들이 수행하는 전유와 수용의 복잡성을 무시한 채 제기된 것일까?(Lahire 1999: 48~51). 만일 그렇게 단정 짓는다면 섣부르고 일면적인 판단에 불과할 것이다. 부르디외가 소비 실천을 계급구조와 연결 지어 체계적으로 파악할 수 있는 논리를 나름 대로 정교화했기 때문이다. 그는 우선 사회 구성원들의 소비가 특정한 전략적 가치를 지니는 대상 쪽으로 향하게 된다고 지적한다. 이때 가치는 사회 세계의 계급적 분리를 반영하는 분류 체계 속에서 규정되기에, 소비를 통해 상징적 차원에서 계급투쟁이 일어난다(Bourdieu 1973b). 이러한 맥락에서 문화재화를 소유하고 수집하는 '물질적 전유'와 문화재화 관련 담론을 생산하고 지식을 축적하는 '상징적 전유'가 크게 구분된다. 전자는 지배계급 내 지배 분파인 부르주아지에 의해, 그리고 후자는 피지배 분파인 지식인들에 의해 채택되는 경향이 있다. 즉 부르주아지는 문화 산물에 대해 과시적이면서도 물질적인 취득 성향을 보이고, 지식인들은 금욕적이면서도 상징적인 취득 성향을 나타낸다는 것이다.

부르디외에 의하면 문화재화의 활용이나 감상과 그로부터 뽑아낼 수 있는 이윤은, 문화재화의 전유 수단인 경제자본과 상징자본의 분배 구조 내에서 각 계급(분파)이 놓여 있는 위치에 달려 있다. 나아가 부르디외는 이 전유 방식들 사이의 투쟁과 그로부터 발생하는 차별화 효과에 주목한다. 예컨대 부르주아지는 물질적 전유를 진정한 애호의 표식이자 순수한 취향의 표현으로 만들면서, 순전히 상징적이기만 한 (지식인들의) 전유 양식을 부차적인 것으로 취급한다. 반면 지식인이나 예술가 같은 문화 생산자들은 전체적인 취향 체계를 변화시키는 초월 전략이나 변위 전략을 구사한다. 전유는 모두 배타성을 추구하는데, 상징적 전유의 경우 그 방식의 독특성에서 배타성이 생겨난다. 따라서 문화 생산자들은 중요하지 않다고 여겨져 온 대상을 예술 작품으로 구성하는 식의 모험을 즐긴다. 예를 들면 공포영화나 과학소설 혹은 키치 등에 철학적 의미와 문화적 정당성을 부여하는 경우가 그럴 것이다. 이러한 차별적 소비 방식은 소비 대상 자체를 새롭게 변모시킨다(Bourdieu 1974b: 18~23).

수용미학이나 문화연구 전통이 중시해온 수용은 부르디외식으로 말하면 상징적 전유와 해독을 포괄하는 개념이 될 터이다. 이와 관련해 그는 두 가지 명제로부터 분석의 실마리를 풀어나간다. 첫째, 어떠한 문화 산물에든 장의 역사와 생산자가 부과한 문화적 약호code culturel가 내재하며, 수용은 바로 이러한 약호의 해독을 뜻한다는 것이다. 둘째,

"메시지의 성격—종교적 예언, 정치 연설, 광고 이미지, 기술적 사물 등—이 어떻든 간에, 수용은 그것을 수용하는 사람들의 지각·사유·행위 범주에 의존한다"는 것이다(Bourdieu 1968a: 594). 이렇게 본다면 문화 산물의 수용이란 "작품이 요구하는 약호와 개인적 능력 간 편차의 함수"라고 할 수 있으며, 이때 개인적 능력은 "적합한 사회적 약호를 숙지한 정도"에 의해 정의된다(Bourdieu 1971b: 1370). 이러한 사회학적 지각 이론은 우리가 아무런 사전 지식이나 별다른 능력 없이 어떤 문화 산물을 '한눈에' 직관적으로 이해할 수 있다는 믿음을 해체한다. 부르디외에 따르면 "충분한 즉각적 '이해'란 인식되지 않은 해독 행위인데, 이는 오직 해독 행위를 가능하게 하는 문화적 약호를 관찰자가 즉각적이며 완전하게 (계발된 능력이나 성향의 형식으로) 숙지하고 있고, 그것이 지각된 작품을 구조화하는 문화적 약호와 어우러지는 특별한 경우에만 가능하며 또 효과적이다"(Bourdieu 1968a: 589). 예를 들어 마네 Édouard Manet의 「올랭피아」가 19세기 프랑스 미술 장의 역사와 그에 대한 작가 개인의 인식 및 감각 그리고 예술적 의도를 표현한다면, 그 작품이 줄 수 있는 감흥은 관람자가 그것을 감상하며 의식적·무의식적으로 동원할 수 있는 약호가 얼마나 풍부하고 정교한가에 좌우된다. 그러한 약호는 단순히 조형적·미학적인 수준의 기호체계만이 아니라 작가의 전기, 미술사, 사회적 맥락 등에 대한 정보와 지식을 광범위하게 포함한다.

이처럼 장이론은 수용의 다원성을 무시하지 않으며, 수용이 작품에 내재된 의미 구조에 의해 일방적으로 결정된다고 보지도 않는다. 다만 그것은 상이한 수용 양상들을 수용 능력 및 수단의 불균등한 사회적 분포와 연계시켜 설명한다는 점에서 특징적이다. 이는 문화 산물의 상징적 전유와 해독이 매우 다양한 방식으로 일어난다 해도, 그 양상들이 우연하거나 무질서하지 않으며 일정한 계급적 유형화가 가능하다는 주장으로 이어진다. 수용을 결정짓는 요인이 개인의 하비투스와 문화자본이라면, 그것을 구조화하는 것은 바로 출신 계급과 교육이기 때문이다. 이러한 논리의 연장선상에서 부르디외는 계급별로 정당한 문화적 약호에 숙련되어 있는 정도가 다르며(지식인과 부르주아지의 숙련도가 가장 높은 반면, 노동자와 농민 계급은 가장 낮다), 그 결과 동일한 문화 산물에 대해서조차 상이한 수용 경험을 하게 된다고 지적한다. 그런데 부르디외에게 중요한 것은 이러한 계급별 수용의 다양성을 단순히 확인하고 기술하는 일이 아니라, 그 과정에서 일어나는 구별짓기의 역학을 드러내고 그것을 통해 가해지는 상징폭력을 비판하는 일이다.

장이론은 소비자의 전유와 수용 문제에 대해 나름대로 세밀하고 체계적인 접근을 제공하지만, 몇 가지 결함 역시 드러낸다. 첫째로 그 접근이 지배 문화의 규범을 문화 산물에 대한 수용과 해독의 평가 기준으로 삼는다는 것이다. 이러한 관점에서 그것이 특히 예술 작품의 감상 능력에 대한 논의에 기초해 있다는 점은 자못 의미심장하다. 부르디외가 보기에 예술 작품은 '제대로 읽히기 위해' 정당한 문화적 약호의 동원을 객관적으로 요구한다. 그러므로 민중계급이 예술 작품을 감상하지 못하고 잘못 해독하거나 회피하면서 일종의 '즉자적 미학'에 머무른다면, 그것은 지배 문화에 대한 자발적이고 의식적인 '거부'나 '저항'이라기보다는 상징적 전유 수단의 '결핍'에 따른 불가피한 결과라는 것이다(Bourdieu 1971b: 1371). 그런데 사회적으로 가장 공인된 문화 산물인 예술 작품의 약호와 해독 규범을 준거로 내세우며 그것을 벗어나는 '부적절한' 수용이 곧 문화적 능력의 결여 내지 빈곤을 의미한다고 본다면, 이는 기존의 문화적 정당성 체제만을 당연시하는 지배 중심주의에 사로잡혀 있다고 비판받을 만하다(Grignon & Passeron 1989: 116~19).

물론 부르디외의 논의는 지배 문화의 정당성이 자의적인 것에 불과한데도 그렇지 않은 양 오인되면서 피지배계급에게 상징폭력을 행사하는 현상의 비판에 목적이 있는 것이 사실이다. 하지만 상이한 계급들 간 문화적 능력의 차이를 '관찰'하고 '인정'하면서 이루어지는 그의 비판은 역설적이게도 두 가지 문제를 방기하고 있는 것처럼 보인다. 즉 특정한 차이의 관찰이 문화적 정당성과 위계질서에 대한 지배적 관점 위에서 실행된다는 것, 나아가 그러한 차이의 인정이 지배적 관점을 암묵적으로 승인하고 강화하는 효과를 생산한다는 것 말이다.[6] 예컨대 하필 (만화나 주간지가 아니라) 고전소설의 독해 능력에서 나타나는 계급적 차이에 대해 기술하는 작업은 그 자체로 '고전소설'이 문화적으로 더 중요하고 훌륭한 작품이라는 전제를 깔고 있다. 그것의 독해력을 기준으로 각 계급의 문화적 능력을 논한다는 것은 학교에서 가르치는 정당한 문화,

---

6) 이는 문화비평가들이 문화를 비판하기 위해 그것을 대상화함으로써, 그들이 비판하려는 (게다가 자본주의 경제가 부추기는) 대상화의 논리에 다시 기여한다는 아도르노의 언급과도 공명한다(Adorno 1955/2004: 7~29). 부르디외가 이러한 '이론 효과'에 대해 전혀 의식하고 있지 않았다고 말할 수는 없다. 다만 그는 그것이 결국 전달 방식의 문제이며, 사회학적 글쓰기의 통제를 통해 해소될 수 있다고 믿었던 것 같다. 그는 이렇게 토로한다. "쓰는 사람이 그가 쓴 것에 대해 갖는 거리를 어떻게 표시할 것인가? 이는 사회학적 글쓰기의 커다란 문제들 가운데 하나이다. 내가 만화는 열등한 장르라고 말할 때, 사람들은 내가 그렇게 생각한다고 이해할 수 있다. 따라서 나는 현실이 그렇지만, 내가 그렇게 생각하는 것은 아니라고 동시에 말해야만 한다. 내 텍스트들은 독자가 왜곡하고 단순화하지 않도록 하기 위한 표시들로 가득하다"(Bourdieu 1987a: 67). 이는 그의 글쓰기가 반드시 그 자신이 원하고 의도한 대로만 읽힐 수는 없다는 반론을 즉각적으로 불러일으킬 법하다. 아마도 더 근본적인 문제는 사회학적 현실주의를 중시하는 그의 시선이 지배적인 정당성 기준 너머의 지평을 바라보지 못함으로써, 잠재적 대안의 존재나 실현 가능성에 대해 논의할 여지를 별로 열어놓지 않았다는 데 있을 것이다.

이미 지배적인 지배계급의 문화를 축으로 문화적 차이에 가치를 매기고 평가하는 일이다. 그것은 이를테면 속담의 활용이라든지 민담에 대한 지식과 이해력을 문학적 역량의 척도로 세우지 않는다는 뜻이며, 나아가 그러한 가능한 대안을 현재 비공식적·비정통적이라는 이유로 배제한다는 뜻이다. 그렇기 때문에 부르디외에게 '빈곤한 자들의 문화'는 '빈곤한 문화'로 간주될 수 있으며, 『구별짓기』에서 민중계급 문화의 분석은 (부르주아지나 중간계급 문화의 분석에 비해) 양적으로도 매우 적고 '결핍'과 '박탈'로 인한 "필연성의 선택"으로 특징지어질 수 있는 것이다. 같은 맥락에서 부르디외는 독자성을 가지는 민중문화는 존재하지 않는다고 주장한다(Bourdieu 1980b: 15). 하지만 이것이 과연 얼마나 적실성 있는 주장인지, 그 속에 프랑스적 특수성은 없는지 등의 문제에 대해서는 훨씬 더 많은 논의가 필요할 것이다.

둘째, 장이론적 접근에는 문화적 약호의 복합성에 대한 고려가 충분하지 않다. 문화적 약호는 문화 산물의 유형과 장르에 따라 특이성을 띠게 마련이다. 예컨대 문학작품의 약호와 음악 또는 미술 작품의 약호는 동일한 수준에서 이해되기 어렵다. 기의가 비교적 분명한 언어적 기호와 그렇지 못한 음악적 혹은 도상적 기호를 조직하는 약호들은 그 속성에서 차이가 있기 때문이다. 영화나 방송 프로그램, 디지털 게임의 경우, 약호들의 성격과 작용 양태는 한층 복잡해진다. 또한 로맨스 소설이나 코미디 프로그램처럼 사회적 공인도가 낮은 장르라고 해서, 그것을 해독하는 데 필요한 문화적 약호가 다른 장르에 비해 상대적으로 단순 명료할 것으로 가정해선 곤란하다. 상이한 문화예술 유형과 장르가 원용하는 약호의 차별성은 자연히 그것을 수용하는 데 필수적인 능력과 수단, 습득 방식의 차별성으로 이어진다. 예를 들어 문학작품의 수용에 요구되는 해독 능력이 방송 프로그램의 수용에 요구되는 능력과 같지 않으며, 어떤 개인이 전자의 능력이 탁월하다고 해서 후자의 능력 역시 그럴 것이라고 가정하기는 어렵다. 또 그러한 능력의 습득은 공식 교육체계 이외의 폭넓은 사회적 맥락과 제도(미디어 환경, 또래 집단, 학원, 동호회, 온라인 네트워크 등)를 통해 이루어지는 것이다. 문화적 약호의 복합성에 대한 이해는 구체적인 상황에서 나타나는 문화 산물의 수용 양상들이 계급별 소비에 대한 사회학자의 선험적 가정보다 훨씬 더 다양하고 복잡할 수 있음을 알려준다. 그런데 이질적 문화 산물의 소비를 그 약호와 수용 양상의 독특성 속에서 포착하지 않고, 계급 차원에서 유형화된 소비자들의 취향 체계와 해독 능력을 기계적으로 대입시켜 재단해버린다면, 문화적 소비 현상에서 개인적·집단적 변이와 그 사회적 의미를 정교하게 파악하는 데 장애가 될 것이다(이상길 2016c; Lahire 2004 참조).

셋째, 장이론적 접근은 문화예술의 소비가 지니는 복합적인 함의를 구별짓기 기능으로 환원시켜버리는 경향이 있다. 이 접근에 따르면 소비는 어떤 대상의 획득을 위해 전략적으로 방향 지어지는 행위인데, 그 대상의 가치는 사회적 약호에 의해 규정된다. 이때 사회적 약호는 계급 분화를 반영하는 한편, 개인과 대상의 관계는 상징자본을 확보하기 위한 도구적 차원으로 축소된다. 이렇게 해서 장이론적 접근은 "소비의 반영 이론"에 불과하다는 비판이 가능해진다(Alexander 2000: 109). 과연 소비를 분류하고 평가하는 사회적 약호가 계급 분화를 그대로 반영하는지, 또 표준적인 대중문화 상품이 일반화되고 예술의 사회적 가치와 의미가 변화한 오늘날에도 문화예술의 소비를 통한 차별화가 계급 투쟁의 중대하고 선명한 쟁점인지에 대해서는 더 많은 경험연구를 통한 논증이 요구될 터이다. 그와 더불어 한 가지 잊지 말아야 할 것은 문화 산물의 소비 실천이 단순히 구별짓기의 의도와 기능으로만 되돌려질 수 없다는 점이다. 그것은 의미 작용을 매개로 사회적 소통과 공통 경험의 구성, 그리고 개인적·집단적 정체성 구축과 같은 효과를 발생시킨다. '문화culture'의 라틴어 어원 'colere'가 뜻하는 '재배' '경작'에 가까운 교양 함양과 교육의 차원은, 문화예술의 소비가 '자기에 대한 자기의 관계' 혹은 '주체 형성'이라는 견지에서도 사회학적으로 진지하게 고려될 필요가 있음을 일깨워준다(이상길 2014a; Lahire 2004: 669~94 참조).[7]

위치, 담론, 권력

장이론이 문화 산물의 분석에서 구조주의나 속류 마르크스주의와 단절하고 생산자의 자리를 복원시켰다면, 이러한 특징은 담론을 다루는 방식에서도 일관성 있게 드러난다. 부르디외는 개별 작품의 내적 구조와 약호에 대한 기호학이나 형식주의의 분석이 작품의 사회적·역사적 조건을 간과할 뿐만 아니라, 특히 작품이 다른 작품들과의 변별

---

7) 급진적인 비판이 문화를 허위와 동일시함으로써 그 해방적 가능성마저 봉쇄해버리는 우를 범할 수 있다는 아도르노의 지적은 아직까지도 유효한 경고로 귀담아들을 만하다(Adorno 1951/2005: 66~68). 그는 같은 맥락에서 "문화에 대한 베블런의 공격"을 "실증주의와 역사유물론의 아말감"이라고 비판하면서 이렇게 쓴다. "야만적 문화에 대한 참된 비판은 야만적으로 그 문화를 비방하는 데 만족할 수 없을 것이다. 참된 비판은 문화 없는 노골적 야만 상태를 [비판 대상인] 그 문화의 목적이라 규정하고 거부해야 하며, 단지 야만 상태가 이제 거짓말을 하지 않는다는 이유만으로 조야하게 그 야만 상태에 문화에 대한 우월성을 부여해서는 안 될 것이다"(Adorno 1955/2004: 99). 랑시에르는 부르디외를 비판한 편저 『사회학자의 제국』에 아도르노의 베블런 비평을 번역·수록하는데, 그 이면에 자신을 아도르노에, 부르디외를 베블런에 등치시키는 수사학적 전략이 자리 잡고 있음은 물론이다. 마치 부르디외가 마르크스의 입을 빌려 발리바르를 비판했던 것처럼 말이다(Bourdieu 2001a/2014: 379~400; Rancière ed. 1984: 145~65).

적 관계 속에서만 의미를 생산한다는 사실을 잊고 있다고 비판한다. 이러한 망각은 푸코에게서 단적으로 드러난다. 부르디외가 보기에 푸코는 (러시아 형식주의자들이 말한 '상호텍스트성' 혹은 기호학자들이 이야기하는 '의미론적 장'과 유사한) '전략적 가능성의 장'이라는 개념을 끌어들여, '관계의 우위성'이라는 구조주의의 정식을 가장 엄격하게 작품 분석에 적용시킨 저자이다. 그러나 작품들이 상호 의존적인 관계를 맺고 있으며 공통된 준거틀 속에서 기능한다는 사실의 발견에도 불구하고, 푸코는 "장 내부 개별 담론의 설명 원리를 '담론 장' 바깥에서 보기를 거부한다"(Bourdieu 1993a: 179). 이렇게 해서 그는 "작품 생산자와 소비자 들의 관계 안에 뿌리박고 있는 대립과 적대를 '관념의 천상'으로 올려 보낸다"는 것이다. 푸코와 달리 부르디외는 담론 장 바깥에서 개별 담론의 설명 원리를 발견한다. 그는 다음과 같이 주장한다. "'작품에 대한 작품의 작용'은 작가들의 중개를 통해서만 일어날 수 있다. 그리고 그들 전략의 형식과 내용은 특수한 게임 구조 속에서 작가들이 점유하고 있는 위치와 관련된 이해관심에 빚지고 있다"(Bourdieu 1992a: 279~80; 또한 이상길 2015a 참조).

담론 이해를 둘러싼 푸코와 부르디외 사이의 대립선을 명확히 긋는 것은 부르디외의 논지에 담긴 상호 연관된 가정들을 부각시켜줄 수 있다는 점에서 나름대로 쓸모가 있다. 그것은 '위치로 인한 이해관심에 따라 발화하는 생산자'와 '입장으로서의 담론'이라는 가정들이다. 이들 간에 직접적인 연관성이 설정됨으로써, 어떤 담론이나 작품, 문화 산물의 근본 속성은 생산 장 내 특정한 위치에서 그에 기인하는 이해관심에 얽매인 생산자가 다른 생산자들과의 관계 속에서 취하는 입장에 의해 결정된다는 논리가 성립한다. 그러므로 "과학적 분석은 두 관계의 집합,

즉 변별적 입장으로서 취해진 작품이나 담론의 공간과 그 생산자들이 점유하는 위치공간을 서로 연결시켜야만 한다"(Bourdieu 1988c: xvii). 부르디외에 의하면 이러한 작업은 위치공간과 입장공간 사이의 놀라운 구조적 조응을 보여줄 터이다. 즉 "(표현된 내용 못지않게 형식, 스타일과 표현 방식 들의 공간으로서 이해되는) 입장공간과 생산 장 내 저자들이 점유하는 위치공간 사이에 거의 완벽한 상동성이 있다는 가정"이 더해지는 것이다(Bourdieu 1988c: xvii). 부르디외는 이 가정을 19세기 문학 장의 구조에 대한 탐구라든지, 68혁명 시기 교수들의 정치적 태도와 학문 장 내 위치의 관계에 대한 분석 등을 통해 확인한다.

담론에 대한 장이론적 접근이 딛고 있는 몇몇 전제는 '사회적 존재가 의식을 결정한다'는 유물론적 상식 덕분에 자연스럽게 받아들여지기 쉽지만, 반드시 견고한 논리적 지반으로 보이지는 않는다. 일단 우리는 "위치에 의해 결정되는 관점, 이해관심, 시각의 원리"라는 부르디외의 가정에 의문을 표할 수 있다(Bourdieu 1989a: 8). 위치와 이해관심, 입장 사이에 그토록 분명한 인과관계가 성립하는 것일까? 과연 문화 생산자는 장 내에서 자신의 이해관계에 따라서만 지각하고 판단하고 말하고 글 쓰는 것일까? 그와 같은 개연성이 매우 크다는 사실을 인정한다 하더라도, 꼭 그렇지만은 않을 수 있다는 가능성은 여전히 남는다. 더욱이 이 가능성은 상당히 중요한데, 그것을 바탕으로 해서만 도덕이나 대의명분, 가치 규범, 혹은 인정욕구에 의해 때로는 자기 이해관계에 배치되는 실천을 하는 행위자 상이 떠오를 수 있기 때문이다. 담론이나 작품의 핵심을 (변별적) 입장으로 요약·환원할 수 있다는 가정 또한 재고해보아야 한다. 장이론적 접근은 모든 담론 형식을 보수, 진보, 반동 등의 정치적 입장이라든지, 자연주의, 상징주의 등의 예술 사조나 유파 같은 뚜렷하지만 빈약한 특성들로 축소시키는 경향을 드러낸다(Lahire 1999: 46~47). 그렇다면 우리는 (철학과 예술 작품까지 포괄하는) 담론을 다루는 이러한 방식이 담론의 형식성, 복잡성, 불투명성을 지나치게 경시하고 있지는 않은지 질문할 수 있을 것이다.

더욱이 담론공간과 위치공간의 구조적 상동성이라는 가정은 자칫하면 계급 결정론으로 전락해버릴지도 모르는 위험을 늘 안고 있다. 물론 부르디외는 자신의 모델을 다양한 유형의 상속 자본이 개인의 위치를 결정하고, 그것이 다시 입장을 결정한다는 류의 기계론적 사고방식으로 간주해서는 안 된다고 역설한 바 있다(Bourdieu 1984c: 20). 문화 생산자가 자기 입장을 세우는 과정은 그렇게 단순하거나 자동적이지 않다. 특정한 장의 행위자로서 그는 장 내부의 구조적 압력과 제약, 가능성을 암묵적으로 받아들이는데, 이때 가능한 입장들의 구조 또한 그에게 주어진다. 문화 생산자는 자신의 사회적 출신과 연계된 성향 체계, 그리고 장 내 위치에 따른 이해관심과의 관련 속에서 어떤 가능성들을 지각하고 선택 또는 거부한다. "대부분의 경우, 이것은 완전히 무의식적인 과정을 통하여 일어난다(게임에 대한 감각으로서 하비투스는 어떠한 계산도 배제하며 또 우회한다)"(Bourdieu 1993a: 189). 장 안에 잘 자리 잡으면, 그는 구별을 추구하지 않으면서도 다른 이들과 입장이 구별되기에 이른다. 이처럼 "사람들이 종종 그렇게 믿는 것과 달리, 사회적 출신은 일련의 단선적이고 기계적인 결정 요인들의 원리가 아니다. 즉 아버지의 직업이 〔문화 생산자의〕 점유된 위치를 결정하고, 그것이 다시 입장을 결정해버리는 식은 아닌 것이다. 우리는 장의 구조, 특히 제공된 가능성의 공간을 통해 가해지는 효과를 간과할 수 없다. 이 효과는 주로 밀려들어 오는 신참자들의 양적·질적 특성과 관련된 경쟁의 강도에 좌우된다"(Bourdieu 1992a: 357). 정리하자면 위치공간과 입장공간의 조응은 인구학적인 변화, 가능성의 장, 행위자들의 궤적과 하비투스 등에 의해 복잡하게 매개된다는 것이다.

하지만 다양한 개념적 완충장치들에도 불구하고, 부르디외의 모델은 실제 분석에서 계급 결정론으로 귀결될 여지가 있다. 가능성의 장 개념은 총체적이고 추상적인 수사학의 수준에서만 기능하기 쉽고, 궤적과 하비투스 개념은 사회적 출신의 결정력을 오히려 강하게 환기시키기 때문이다. 한 가지 예를 들어보자. 2차 세계대전 이후 프랑스의 철학 장 안에서 두드러졌던 실존철학자들과 과학철학자들의 구조적 대립을 기술하면서, 부르디외와 파스롱은 공통의 고등교육을 받은 이 철학자들이 지적 기획이나 생애에서 서로 대조적이었던 이유로 "그들의 사회적·지리적 출신상의 차이 말고는 다른 설명 원리를 볼 수 없다"고 단언한다(Bourdieu & Passeron 1967: 211). 이러한 시각은 『호모 아카데미쿠스』까지 쭉 이어진다. '사회학적 분석'과 '통계적 개연성'의 이름 아래 나타나는 이 완곡한 계급 결정론이 어떤 함의를 지니는지에 관해서는 좀 더 숙고해볼 필요가 있을 터이다. '담론의 계급적 기원'이라는 사회적 사실을 확인함으로써 우리가 얻을 수 있는 행위자 상과 정치적 전망은 과연 무엇일까? 그것은 혹시 '이기적이며 자계급 중심적인 주체,' 그리고 '보편적·도덕적 정치 원리의 불가능성'이라는 아포리아로 우리를 몰고 가는 것은 아닐까?

장이론적 접근이 담론분석에서 드러내는 몇몇 결함은 부르디외가 담론의 고유성을 간과하고 있다는 근본적인 문제로부터 비롯하는 듯하다. 그는 담론의 힘이 담론 안이 아니라 담론 바깥에 있다고 본다. 즉 담론이 표상하는 제도의 권력이야말로 담론이 행사하는 힘의 진정한 원천이라는 것이다. 그에 따르면 "언어의 권위는 바깥에서 온다. 〔……〕 언어는 고작해야 이 권위를 재현하고, 표현하고, 상징화한다." 따라서 "상징 교환이 순수한 커뮤니케이션 관계로 환원되고 메시지의 정보 내용이 커뮤니케이션 내용 속에서 소진되는 것은 추상적이고 인위적인 실험 상황같이 예외적인 경우일 뿐이다. 말의 권력은 대변인이 위임받은 권력 이외의 다른 것이 아니다. 그리고 대변인의 말—즉 서로 분리될 수 없는 담론의 내용과 말하는 방식—은 기껏해야 증언, 특히 그에게 위임된 권한을 보증하는 증언일 뿐이다"(Bourdieu 1982a: 105).

이러한 주장은 '담론적인 것'과 '담론 외적인 것'이 명확히 구분된다는 전제 위에서만 가능하다. 그런데 부르디외가 마치 담론 외부의 객관적 결정 요인인 듯 제시하는 '위치' '이해관심' '계급' '실천'조차 실은 '담론적인 것'의 개입을 통해, 혹은 그 안에서 '구성'되는 것은 아닐까? 부르디외가 담론에 의해 '표상'되고 '대리'된다고 간주하는 어떤 제도나 기관, '대변인'의 권위가 담론에 선험적이고 독립적으로 존재할 수 있는 것일까? 담론의 힘은 결코 그 외적 조건 속에서 완전히 해소될 수 없다. 만일 그럴 수 있다면 과학 담론은 과학자라는 제도적 권위를 부여받은 자의 담론이자 과학 아카데미 안에서 생산된 담론에 불과할 것이며, 그것의 설득력은 오로지 과학자와 과학 아카데미의 권위에 달려 있을 것이다. 그런데 사실 그와 같은 권위는 '정확한' 과학 담론을 통해서 축적될 수 있는 것이 아닐까? 물론 우리는 특히 푸코 이래로 과학 제도의 권위가 순전히 과학 담론의 내적 속성에만 토대를 두고 있지 않음을 잘 안다. 하지만 그렇다고 해서 그 권위를 온전히 제도의 효과로만 되돌려 파악할 수 있다고 믿는다면, 이는 또 다른 극단의 오류를 범하는 일이 될 것이다.

부르디외가 과학 장에 부여하는 예외적 지위는 위치, 담론, 권력의 관계라는 문제가 그 자신에게도 선명하게 정리되어 있지 않다는 점을 일깨워준다. 예컨대 사회학 장을 분석하면서 그는 그 안에서 "근본적으로 모순된 두 가지 논리"가 동시에 작용하고 있다고 지적한다. 사유의 힘이 그것을 진실로서 수용하는 집단의 권력에 주로 의존하는 정치 장의 논리와, "스피노자가 이야기하는 '진실된 관념의 내적 힘'만을 알고 인정하는" 과학 장의 논리가 그것이다(Bourdieu 1991c: 376). 나아가 그는 이렇게 주장한다. "과학 커뮤니케이션의 이상적 형태는 정치 커뮤니케이션과 다음과 같은 점에서 다르다. 즉 논쟁, 문제, 해답에 주어진 무게가 그 지지자들 특유의 사회적 힘에 달려 있지 않다는 것이다(이를테면 그것은 지지자의 수에 좌우되지 않는다. 즉 과학적 논쟁은 물리적 대결 수단이나 다수결 원칙에 의해 판결되지 않는다). 과학 커뮤니케이션은 ──이는 장이 자율적일수록 더 진실인데──명제와 절차가 논리적 정합성 및 관찰된 증거와의 일치라는 규칙에 얼마나 잘 부합하는가에 달려 있다"(Bourdieu 1991c: 376).

그렇다면 부르디외가 스피노자를 빌려 말하는 '진실된 관념의 내적 힘'이란 대체 무엇일까? 어떤 담론이 '과학적'이기 위해 명제와 절차에 부과되는 일정한 규칙들은 어디에 그 기반을 두고 있는 것일까? 그것들은 어떻게 획득될 수 있는 것일까? 담론의 내적 힘(과학성)과 그 토대를 둘러싼 이러한 의문점들은 단지 과학철학의 소관일 따름이라는 듯, 부르디외는 더 이상의 해명 없이 곧장 담론의 과학성 확보에 이바지할 수 있는 '사회적 조건들'에 관한 논의로 넘어가버린다. 하지만 장이론적 접근이 담론을 좀더 적절하고 풍부하게 다루기 위해서는 그 '구성적 힘' 혹은 '상대적 자율성'에 대한 섬세한 인식이 요구된다. '담론적인 것'이

'담론 외적인 것'과 어떻게 상호 규정적으로 작동하면서 실재를 구성하는 권력 효과를 생산하는지, 언제나 물질적이고 사회적인 기초 위에 존재하는 담론이 어떻게 독자적인 층위를 형성해서 행위자들에게 고유한 효력을 발휘하는지 고민해야 한다. 한데 장이론이 그러한 인식에 유용한 수단을 제공한다고 보기는 어렵다. 그것은 수용자와 담론이 만나면서 생겨날 수 있는 전유와 해독 가능성의 폭을 제한하는 만큼이나, 생산자가 담론을 만들어낼 때 취할 수 있는 거리를 축소시킨다. 이 과정에서 하비투스와 구조적 상동성 같은 개념은 결정적인 역할을 담당한다. 반면 그가 종종 쓰는 (정신분석학적) '승화'나 '상징적 연금술' 등의 모호한 용어는 장이론의 내부에 생산자로부터 상대적 자율성을 지니는 담론 생산의 메커니즘을 규명할 수 있는 분석적 도구가 빠져 있음을 시사한다.

자율성의 의미

장이론적 접근은 상징적 지배구조에 대한 비판적 분석에만 머무르지 않는다. 그것은 역사적 진보를 위해 장이 지향해야 할 더 나은 상태에 대한 암묵적이지만 강력한 요청을 포함한다. 이와 관련된 핵심 개념이 바로 '자율성'이다. 그런데 주의해야 할 것은 자율성 개념이 서술적인 동시에 규범적인 이중성을 띤다는 점이다. 즉 그것은 장의 특정한 발전 과정과 상태를 기술하는 용어인 한편, 장이 도달해야 할 일종의 바람직한 목표처럼 설정되기도 한다. 그리하여 부르디외는 『예술의 규칙』에서 19세기 중반 이후 프랑스 문학 장과 미술 장의 형성을 자율화 과정으로 서술하는가 하면, 과학 장과 문화예술 장에 관한 여러 글에서는 이 장들이 더 큰 (상대적) 자율성을 확보함으로써 우리가 학문적·미학적 진전을 이룰 수 있다고 주장한다. 뒤의 것은 장 분석에서 우리가 암묵적으로 취하게 되는 일종의 규범적 입장이기도 하다. 그런데 문제는 자율성 개념의 가치 중립적이거나 가치 관여적인 용법에 모두 불분명한 구석이 적지 않다는 사실이다.

먼저 기술적인 용어로서 자율성은 그 동력과 과정, 특성이 명확하게 제시되어 있지 않다(Fabiani 1999: 87~88). 이는 『예술의 규칙』에서 상세하게 분석된 프랑스 문화예술 장의 사례만 보더라도 분명히 드러난다. 그 예에서 자율화 과정의 진행은 "교육받은 인구의 증가에 따른 새로운 공중의 출현"이라는 장 외부의 변화에 기인한 것도 같고, 세속적 권력에 맞서는 영적 권력으로서 상징 노동의 전문화 때문인 것도 같고, 보들레르Charles Baudelaire나 플로베르 또는 마네 같은 장 내부의 '입법자' 덕분인 것도 같다. 어쩌면 두세 가지 요인의 결합이 빚어낸 결과라고 볼 수도 있을 것이다. 그런데 장들의 분화가 모든 사회에서 나타나는 사회학적 원리라면, 역사적 우연이나 맥락적 특수성을 넘어선 일반적 조건들과 메커니즘에 대한 설명이 있어야 할 일이다. 그 공백을 "지배의 경로들이 그렇듯이, 자율성의 경로들 역시 알 수 없는 것은 아닐지라도 복잡한 것"이라는 언명이 온전히 메워줄 수는 없기 때문이다(Bourdieu 1992a: 81). 더욱이 부르디외는 19세기 후반이야말로 프랑스 문학 장이 그 이후에 결코 넘어서지 못한 자율성에 이르렀던 순간이라고 기술하면서도, 왜 그 이후로는 자율화가 더 진척되지 못했는지, 그것이 국가적 특수성인지 아니면 장의 보편적 특징인지에 대해서는 별다른 해명을 내놓지 않는다(Bourdieu 1992a: 304, 357). 그는 또 장의 역사가 실제로 역전될 수 있다고 주장하면서, 20세기 중반 이후 대기업의 후원과 미디어의 영향력 아래 예술 장의 자율성이 위협받는 상황에 심각한 우려를 표한다(Bourdieu 1992a: 461~72). 하지만 장의 자율성이 내적으로 극대화된 상태에서 기업과 미디어라는 (부패) 요소에 의해 그토록 쉽게 위협받는 이유는 무엇일까? 만일 장의 자율성이 지속적으로 쟁취되어야 하는 속성이라면, 비非축적성을 전제해야 한다. 한데 이는 "상대적 자율성을 지닌 이 역사의 생산물들은 축적성의 형태를 띤다"든지, 특수한 상징자본이 장 안에 많이 축적될수록(이는 장의 역사와 어느 정도 비례할 텐데) 장의 자율성 역시 커진다는 이론적 명제와 부합하지 않는다(Bourdieu 1992a: 337).

규범적인 개념으로서 자율성 또한 몇몇 의문점을 남긴다. 일단 부르디외가 말하는 자율성이 무엇에 '맞선' 것인지 문화 생산 장의 경우를 들어 살펴보자. 그것은 무엇보다도 문화 생산 장 바깥의 두 가지 세력 범주에 대한 것으로 개념화된다. 하나의 범주가 다른 장들, 특히 정치 장과 경제 장이라면, 또 다른 범주는 외부화된 일반 소비자층이다. 정치 장이 정치적 검열이나 압력, 이데올로기의 강제 등을 통해 문화 생산 장의 자율성에 영향력을 미친다면, 기업 주체들의 전문화된 활동 영역으로서 경제 장은 주로 광고나 후원 등 재원의 통제를 통해 영향력을 행사한다. 생산 장에 외부화된 일반 소비자층은 약간 복잡한 성격을 띤다. 한편으로 그것은 시장으로서, 생산 장 내부에서 상업성과 경제자본을 추구하는 축(대규모 생산의 하위장)이 득세할 수 있는 기반을 제공하며 문화 생산 장이 경제 장의 논리에 취약하게끔 만든다. 다른 한편 일반 소비자층은 (전문가들의 학문적·미학적 판단과 대비되는) '대중성'(즉 더 많은 인구의 선택과 지지)이라는 생산물 평가의 기준을 제공함으로써, 문화 생산 장이 일종의 정치 장처럼 기능하도록 이끈다. 그러므로 문화 생산 장이 더 많은 상대적 자율성을 가져야 한다고 부르디외가 주장할 때, 그는 지식과 예술을 비롯한 다양한 문화 산물이 정치적 압력과 이데올로기, 대기업의 경제적 통제로부터 자유롭게 생산되고, 상업성이나 대중성이 아닌 동료 생산자와 전문가 들의 고유한 판단 기준에 의해 인정받는 상태를 이상화하는 셈이다. 이는 문화 생산 장의 진입장벽이 점점 높아지고 (다른 생산자들을 주 소비층으로 삼는) 제한 생산의 하위장이 발전하는 상황으로 구현된다. 학문적·예술적 진보는 이러한 하위장에서, 그에 고유한 상호 경쟁과 인정, 교차 통제의 역학을 기초로 해서만 가능해진다.

이때 두 가지 문제가 제기될 수 있다. 첫째, 부르디외가 문화 생산 장이 여타 장들에 대해 자율적이 되기를 주문하면서도, (행정 장들의 총체인) 국가에 대해서는 의존적인 상태를 지지한다는 점이다. 바꿔 말하면 그는 국가가 시장의 실패를 보완하고 전위적인 창작과 연구를 지원하기 위해 문화 생산 장에 적극적으로 개입해야 한다고 역설한다(Bourdieu & Haacke 1994: 77~78). 같은 맥락에서 그는 또 경제 장이 완전히 자율화되기보다는 국가에 의해 통제되는 편이 더 바람직하다고 언급한다(Bourdieu 2000a: 271~80). 이러한 주장이 특정한 역사적 단계에 이르러 보편성과 공공 이익을 실현하는 기구로 성립한 사회적 국가를 상정한 것이라 하더라도, 국가의 관여가 야기할 수 있는 각종 현실적 부작용을 감안하지 않는다는 위험성은 부인하기 어렵다. 둘째, 부르디외가 문화 생산 장이 소비자층으로부터 자율적인 상태를 옹호한다는 점이다. 그런데 유의해야 할 것은 과학과 예술 이외의 장들(가령 정치 장, 종교 장, 경제 장 등)에는 이러한 논리가 동등하게 적용되지 않는다는 사실이다. 부르디외는 일반 소비자층에 대한 생산 장의 자율성을 부정적인 의미를 담아 종종 '폐쇄성'으로 표현한다.[8] 그리하여 예컨대 정치 장이 전문 정치인들만의 내부자 게임으로 변모하는 폐쇄 경향은 신랄한 비판의 대상이 된다(Bourdieu et al. 1993: 941). 반면 저널리즘 장에 대한 논의는 자율성과 폐쇄성 개념의 미묘한 차이를 암시한다는 점에서 흥미롭다. 부르디외가 정보 생산이 언론인들끼리 특종 경쟁처럼 변화하는 폐쇄성을 비판하는 동시에, 저널리즘 장이 경제 장으로부터 더 많은 자율성을 확보해야 한다고 주장하기 때문이다(Bourdieu 1996a).

그렇다면 자율성과 폐쇄성은 어떻게 구분되는 것일까? 일단 자율성 개념이 어떤 장이 다른 장들과 맺는 관계라는 측면에서 주로 쓰인다면, 폐쇄성 개념은 동일한 장 내 생산 부문과 소비 부문의 관계 측면에서 주로 쓰이는 것처럼 보인다. 부르디외는 원칙적으로 각 장이 다른 장들에 대해 자율성을 가지는 상태를 긍정적인 것으로 표상하는 반면, 장 내부의 생산 장과 소비 장의 관계에 대해서는 양자의 분리가 (긍정적인) 자율성으로 여겨질 수 있는 경우와 (부정적인) 폐쇄성으로 여겨질 수 있는 경우를 구분한다. 그는 각 장의 내기물이 고유한 속성을 지니며, 그에 따라 소비자층으로부터 독립성이 바람직한 장과 그렇지 않은 장이 나누어진다고 인식하는 듯하다. 이와 관련해 정치 장의 특성에 대한 부르디외의 지적은 시사적이다. 그에 의하면 "정치는 사상을 위한 투쟁인데, 아주 특수한 유형의 사상, 즉 사상-힘idées-forces을 위한 투쟁

---

8) 이 개념은 폐쇄적 사회관계에 대한 베버의 논의로부터 나온 것으로 보인다. 베버는 어떤 집단이 자기보다 열등한 것으로 규정한 여타 집단에게 공식적·비공식적으로 기회를 배제하면서 특권이나 이익을 독점하는 현상을 폐쇄라는 용어로 기술했다(Weber 1968/1997: 174~78). 베버주의 전통에서는 이 논의를 발전시켜 사회 불평등 현상의 발생 메커니즘을 분석하는 데 적용한다. 예를 들면 사회적 집합체들이 특정한 재화의 독점을 통해 자기들의 특권과 자원 획득 기회를 유지 또는 강화하기 위해 이용하는 전략으로서 '사회적 폐쇄'를 개념화하고, 자원 독점과 제도적 통제를 위한 투쟁에 주목하는 것이다(Alexander 2000: 95).

이다. 그것은 (사람들에 대한) 동원력으로 기능하면서 힘을 주는 사상이다"(Bourdieu 2000b: 63). 부르디외는 정치가 사회 세계에 대한 시각 원리를 생산하고 부과하는 상징투쟁에 참여한다는 특수성 때문에 그 소비자들로부터 결코 완전히 자율화될 수 없다고 주장한다. 정치의 생산 장에서 일어나는 투쟁은 소비자 대중의 지지와 동원에 의해 최종 승패가 갈린다는 특성을 지닌다는 것이다.

하지만 어떤 생산 장이 소비 장에 대해 완전한 자율화가 불가능하다는 진술과 그러한 자율화가 바람직하지 않다는 가치 판단은 엄연히 별개의 것이다. 전자로부터 후자가 도출될 수 있는 것도 아니다. 더욱이 사상-힘을 위한 상징투쟁에 연루되어 있는 장이 비단 정치나 종교 장만은 아니다. 사회과학 장, 심지어 예술 장까지도 모두 소비자 심급이 중요한 상징투쟁에 연루되어 있는 것이다. 일반 대중의 더 많은 지지와 소비는 사회과학 연구나 예술 작품에도 큰 의미를 지니며, 이는 생산물의 사회적 가치와 의의에 대한 논쟁에서 언제나 핵심 쟁점을 구성한다. 그런데 왜 소비자층에 대한 이들 생산 장의 자율성은 그토록 옹호되며, 더 많은 고객을 적극적으로 추구하는 상업화는 타락의 징후로서 그토록 비판받는 것일까? 정치와 종교가 제시하는 '선악의 원리'와 과학이 구현하는 '진위의 원리,' 예술이 추구하는 '미추의 원리'가 제각기 독자성을 지니기 때문일까? 만일 그렇다면 왜 '좋고 나쁜 것'은 일반인들이 판단할 수 있고 또 '민주적으로' 그래야 하는 반면, '옳고 그른 것' '아름답고 추한 것'은 그럴 수 없고 나아가 그래서는 안 되는가 하는 질문에 답할 수 있어야 한다. 그것이 학문과 예술에서의 엘리트주의에 대한 사회학적 변호에 불과하다는 비난을 듣지 않으려면 말이다.

이러한 지적은 다시 부르디외의 인식론과 사회과학관 전반에 대한 문제 제기로 나아갈 수 있다. 그의 시각에서 전체 사회공간은 일상적 담론, 지배적 세계관, 연구자와 연구 대상의 사회적 위계 등을 통해 사회과학 장의 자율성을 저해하는 외적 요인들의 총체로서 재현된다(Bourdieu 1991c: 377). 하지만 그가 과학적인 대상 구성에서 상식과 단절해야 할 필요성을 누누이 강조하면서도 때로는 일상적 직관과 공감이 갖는 중요성을 확인했듯이, 사회과학 연구는 그 주체와 과정과 효과의 모든 차원에 걸쳐 사회 세계에 깊이 뿌리내리고 있다(Bourdieu & Wacquant 2014/2015: 323~30). 그렇다면 사회과학의 소비 장에 대해 생산 장이 얼마나 또 어떤 식으로 독립적이어야 하는지, 그것이 무슨 근거로 폐쇄성이 아닌 자율성으로 인정받을 수 있는지에 대해 더 많은 논리적 해명이 필요할 것이다. 하지만 그는 사회과학 지식의 내재적 취약성과 불완전성을 언급할 뿐 그 사회적 함의에 대해 상세히 탐색하지 않으며, 사회과학 지식의 '사회적 수요'와 '사회적 활용'이라는 문제에 대해서도 모호한 자세를 취한다(Bourdieu 1997b: 65~72).

방법론의 문제: 실용주의와 성찰성

부르디외는 인용되기보다는 이용되어 마땅한 저자이다. 그 자신 역시 그가 발전시킨 장이론이 하나의 연구 프로그램으로서 새로운 조사 연구들을 자극하고 촉진하길 기대했다. 그는 특히 장이론이 관계적 사유, 역사적 사유, 비교적 사유를 가능하게 해준다고 역설했다. 장 개념을 통해 사회 세계를 사유한다는 것은 눈앞에 보이는 것(개인이나 집단 같은 행위자들, 그리고 이들의 상호작용)만 보지 않으며, 보이지 않는 객관적 관계 구조를 본다는 것이다. 그 구조야말로 행위자들의 현 상태와 경험 내용, 상호작용의 형식까지도 규정하기 때문이다. 장 개념을 통해 사유한다는 것은 또한 특수한 사회적 소우주의 가장 독특한 역사적 세부 사항들(개인들의 성향 체계와 궤적, 집단적 믿음, 투쟁과 공모 등등)까지 파고들 수단을 마련하는 것이다. 그것은 또 종교, 예술, 정치 등 현상적으로 다른 대상들을 그 구조와 기능 작용의 유사성 속에서 접근하는 것이며, 체계적인 비교를 통해 일반 이론의 가능성을 확보하는 것이다(Bourdieu 1982b: 39~42).

그런데 장이론의 시각과 개념 도구들을 사회과학 연구에 제대로 이용하기 위해서는 부르디외의 사유가 지닌 문제의식, 장점과 단점, 가능성과 한계를 명확히 이해하는 과정이 함께 이루어져야 한다. '거장의 이름'에 대한 맹목적 물신숭배나 냉소적 거부에 빠지지 않고, 부르디외가 "베버를 넘어서기 위해 베버에 맞서 베버를 이용"하듯 부르디외를 이용할 수 있으려면, 그를 '거장으로 만든 것'에 대한 냉정한 계산과 적절한 평가가 필수적이기 때문이다(Bourdieu 1988b: 780). 특히 우리가 한국 사회의 현실을 대상으로 한 구체적인 연구 속에서 단순히 장이론의 기본 명제들을 되풀이하는 수준 이상으로 논의를 진전시킬 수 있으려면, 그 전제와 맹점 들에 대한 치밀한 검토가 선행되어야 한다. 부르디외가 구축한 장이론이 관계론적 시각과 초역사적 불변항들의 유기적 구성을 제시하는 데 중점을 두는 것은 사실이다(Bourdieu 1993b: 272~73). 하지만 그렇다고 해서 그 이론이 20세기 후반의 프랑스 사회라는 경험적 발생 맥락으로부터 완전히 자유로울 수는 없을 터이다. 그 맥락이 가능한 사유의 지평을 제약할 수 있다는 관점에서, 나는 장이론의 비판적 활용을 위해 우리가 성찰해보아야 할 몇 가지 이론적 쟁점을 제기했다.

정리하자면 장은 현실에서 그 경계를 확정하기 모호한 만큼이나 대상의 재단과 구성이 비교적 자유로운 개념이다. 하지만 그것으로 한층 적절한 분석이 가능한 사회생활의 영역이 있는 것으로 보인다. 상징자본을 주된 내기물로 삼는 공적·직업적 활동 부문이 그것이다. 따라서 사회생활의 상이하고 다양한 층위를 모두 장이론의 틀로 해부하려는 시도는 (부르디외의 오랜 야심에도 불구하고) 가급적 신중하게 이루어져야만 한다. 장이론이 제공하는 개념들은 장 내부의 개인 생산자들의 실천에 분석의 초점을 맞추는 경향이 있다. 그 한계를 보완하기 위해 이론 틀 안에 생산 조건과 소비자를 체계적으로 고려하려는 노력이 요구된다. 특히 소비자의 전유와 수용 양상이 드러내는 창조적 잠재력을 간과하지 않으려면, 그것을 계급적인 유형들로 섣불리 환원시키고자 하는 유혹에 생생하고 풍부한 현장기술지로 맞서야 할 것이다. 담론이 실재에 대해 갖는 구성적 힘과 상대적 자율성을 섬세하게 해석할 수 있는 개념적 도구들 또한 절실하다. 장이론적 접근이 규범적인 수준에서 역설하는 자율성의 미덕은 특히 예술 및 사회과학의 존재 양식과 관련해 그 정치적 함의가 재고되어야 한다. 이러한 문제들을 잠정적으로나마 해결해가며 대상을 구축하고 실제 연구를 진행해가는 과정에서, 우리는 기호학, 수용미학, 비판이론, 문화연구, 일상생활의 사회학 같은 이론적 자원들의 성과를 진지하게 검토하고 장이론과의 새로운 대화 내지 접점을 모색해볼 필요가 있을 것이다. 이와 같은 작업은 논리적이고 추상적인 수준에서 이루어지지만, 경험과의 실제적인 대결을 통해 더욱 온전한 의미를 획득할 수 있을 터이다. 그것을 우리 학계의 집단적인 과제로 남겨둔 채 나는 대결의 무기, 즉 방법론에 관한 간단한 언급으로 이 장을 맺고자 한다.

부르디외가 장에 대한 여러 연구 속에서 이용하고 있는 방법들은 각종 사회통계와 설문조사의 (이차) 분석, 대응분석,[9] 현장기술지, 참여관찰, 심층 인터뷰, 담론분석, 역사연구 등으로 매우 다양하다. 그런데 그러한 자유로운 활용 이면에는 어떤 일관된 정신이 자리 잡고 있는 것으로 보인다. 그것은 바로 개방성과 위반으로 특징지어지는 '방법론적 실용주의,' 그리고 '방법론적 성찰성'이다. 부르디외는 자신이 철학과 인류학을 공부하고 사회학자가 되었기 때문에 여러 가지 연구 기법을 사회학에 투입할 수 있었고 언제나 방법론적 다신주의多神主意를 추구해왔다고 말한 바 있다(Bourdieu 2003a: 196). 이러한 맥락에서 그는 "이런저런 연구 방법의 당파적 거부에 대한 절대적 거부"를 주장하며, 연구 목적과 이론적·실천적 문제의식에 맞게 다양한 방법을 때로는 혁신적으로 사용할 것을 권유한다(Bourdieu 1989a: 10). 물론 여기에 어떤 원칙이 없는 것은 아니다. 예를 들면 그는 장의 구조를 통계적으로 구축하기 위한 방법으로 대응분석을 선호하는데, 그것이 사회 세계에 대한 자신의 철학에 부합하는 '관계 중심적' 데이터 분석 기법이라는 이유를 든다. 그는 또 이러한 대응분석 결과를 참여관찰이나 심층 인터뷰 같은 여러 질적 방법으로 보완하는데, 이는 위치공간의 객관적 기술에 행위자들의 주관적 경험과 활동에 대한 이해가 더해져야 사회 세계의 이중

---

9) '대응분석correspondence analysis'은 프랑스의 '데이터 분석 학파'가 발전시킨 요인 분석의 일종이다. 그것은 통계학의 관계 중심적 활용을 위한 도구를 정련했다고 평가받는다. 대응분석은 명목척도 항목을 분석하는 데 쓰이는데, 세 개 이상의 변수들을 분석하는 경우에는 '다중대응분석multiple correspondence analysis'이라고 한다. 대응분석의 특징은 여러 변수들 간 상대적 연관성을 기하학적 공간 위에 시각화해 나타낼 수 있다는 것이다. 변수들 간 거리가 가까울수록 패턴이 비슷하거나 관련성이 크다는 의미인데, 그 성격을 명확히 규정할 수는 없다. 부르디외는 다중대응분석이 사회를 공간적으로 사유하는 자신의 관점에 부합하는 통계 기법을 제공한다고 보았다(Lebaron & Le Roux eds. 2015: 43~58).

적인 실재성을 적절히 파악할 수 있다고 보기 때문이다(Lebaron & Le Roux eds. 2015 참조).

한편 부르디외는 진정한 과학적 엄격성의 조건이란 특정한 방법의 관례적인 적용이 아니라 "기법과 절차에 대한 성찰적 비판"이라고 지적한다(Bourdieu 1989a: 10). 일례로 그는 『구별짓기』에서 특정한 태도나 행동과 관련된 통계를 단순히 빈도분석의 수준에서만 보여주면서, 어떤 집단의 특성을 기술하는 제한적인 목적으로만 쓴다. 그런데 이는 행위자들에게 그러한 태도나 행동의 이유에 대한 답을 듣더라도, 그것을 바탕으로 한 진정한 인과분석이 불가능하다는 인식에서 비롯한다. 즉 실천의 발생 원리는 장과 하비투스 사이의 구조적이고 무의식적인 논리에 있기에, 행위자 스스로 자기 행동의 진짜 원인을 말할 수는 없다는 것이다. 다른 예로 부르디외는 『세계의 비참』에서 면접자와 친분이 있는 면접 대상자를 선정하고 인터뷰 내용을 거의 아무런 편집 없이 책에 통째로 싣는 등, 방법론 교과서의 원칙들로부터 벗어난 파격적인 형식을 실험한다. 이러한 시도에는 인터뷰 상황에서 면접자-피면접자의 불평등한 능력이 만들어내는 상징적 억압이나 검열 같은 부정적 효과를 최대한 통제하고, 고통에 대한 주관적 발화를 생생하게 드러내려는 의지가 담겨 있었다(Bourdieu et al. 1993: 905~909).

부르디외의 방법론적 선택과 실험이 모든 작업에서 늘 타당하고 적합했다고 말할 수는 없을 것이며, 그 자체로 언제 어디서나 성공적인 결과를 보증한다고 주장할 수도 없을 것이다. 다만 그가 방법론을 대하는 방식이 매우 시사적이라는 것만은 부정할 수 없다. 부르디외는 방법론을 문제의식에 철저히 종속시키는데, 이는 그가 연구의 관점과 주제에 생산적으로 부합하는 선에서라면 때로는 이질적인 방법들조차 유연하게 절충시켜 활용하는 데서 잘 나타난다. 그는 방법론을 과학성의 가장 중요한 기준으로 물신화하는 방법론주의를 기각하는 한편, 표준화된 사회과학 방법들의 전제와 한계를 자기 이론틀 안에서 급진적으로 성찰하고자 했다. 적어도 이러한 실용적·반성적 태도만큼은 부르디외가 실제 연구에서 작동시킨 방법들을 우리가 어떻게 평가하든, 또 장차 장 이론을 어떤 식으로 변형시켜 이용하든 관계없이 의미 있는 교훈으로 되새겨야 할 터이다.

6장 비도덕적 사회와 도덕적 인간

이기적 개인들의 투쟁공간

부르디외가 그려내는 세계상이 지나치게 편협하다는 지적은 이미 오래전부터 있었다. 그의 사유에서 사회관계는 거시적인 수준부터 미시적인 수준에 이르기까지 힘의 관계로만 점철되어 있다는 것이다. 그가 어디에나 즐겨 대입하는 지배자-피지배자의 이분법이나 상징폭력 같은 개념은 그러한 평가의 확고한 증거처럼 여겨졌다. 한편 그가 전제하는 행위자관이 주류 경제학의 '합리적·이기적 개인'이라는 지적 역시 되풀이되어왔다. 자본, 시장, 이윤, 이해,[1] 전략 등 그가 경제학에서 빌려온

---

1) 부르디외는 '이해intérêt' 개념을 객관적 부분(어떤 대상에서 주체에게 중요한 것)과 주관적 부분(주체가 중요한 대상에 대해 느끼는 관심과 흥미)으로 나누고, 경제적 차원에서 상징적 차원으로까지 확장한다. 그리하여 예컨대 (월급이나 부동산에 대한) 경제적 이해에도 객관적 부분과 주관적 부분이 있으며, (철학이나 미술에 대한) 상징적 이해 역시 마찬가지이다. 여기서는 이 개념을 문맥에 어울리게 '이해' '이익' '이해관계' 등으로 쓰거나 번역하고, 부르

몇몇 용어는 그러한 비판을 뒷받침하는 예로 자주 거론되곤 했다. 즉 부르디외 이론에서 사회란 개인이 다양한 유형의 자본을 축적하고 극대화하기 위해 다른 이들과 경쟁하고 투쟁하는 공간으로 나타난다는 것이다. 이 두 가지 상은 사실 서로 연결된 것이다. 평자들의 이러한 지적 뒤에는 당연하게도 사회란 그런 곳만은 아니며, 인간 또한 그런 존재만은 아니라는 인식 혹은 은밀한 힐난이 깔려 있다.

몇몇 단도직입적인 비평의 예를 들어보자. 사회학자 라코넨Keijo Rahkonen은 부르디외가 사회와 인간을 모두 권력의지로 본다고 주장한다. 부르디외는 "문화의 게임에 출구는 없다"고 단언하면서 사회를 "누구든 관여하지 않을 수 없는 투쟁인 상징권력의 전쟁터"로 그려낸다는 것이다(Rahkonen 1996: 284). 사회학자 하워드 베커Howard Becker는 자신의 '예술 세계' 개념과 부르디외의 '예술 장' 개념을 비교하는 인터뷰에서 다음과 같이 말한다. "부르디외는 예술이 만들어지는 사회적 배치─그가 장이라고 이름붙인 것─가 많은 사람들이 함께 무언가를 만드는 곳이라기보다 물리학의 세력 장인 양 묘사했다. 장 안의 주요 실체들은 힘, 공간, 관계, 그리고 이용 가능한 양이 다른 권력을 쓰면서 전략을 발전시키는 (상대적인 권력에 의해 특징지어지는) 행위자이다. 장 안에서 행동하는 사람들은 살이 있고 피가 도는 복합적인 인간이 아니라, 경제학자들이 말하는 호모 이코노미쿠스 스타일의 캐리커처

디외식의 의미를 강조해서 쓸 때는 대개 '이해관심'을 사용했다. 또 부르디외의 용어 가운데 경제적 이해관계로부터의 탈피를 나타내는 'désintérêssement'은 '무사무욕'이라고 옮겼고, 이 무사무욕으로 표현되는 태도인 'générosité'는 '아량'이라고 번역했다. 이 단어에는 그 외에도 용기, 자기희생, 고결함, 후한 인심, 관대함, 이타성 등의 여러 뜻이 있다. 부르디외가 비슷하게 쓸 수 있는 'altruisme'이라는 추상적 용어 대신 'générosité'를 쓰는 이유는 이 단어가 지니는 다양하고도 구체적인 의미 때문으로 보인다.

에 가깝다. 이들은 이론이 그럴 것이라고 제안하는 대로 행동하기 위해 그들이 가져야만 하는 최소한의 능력만을 얻은 존재이다. 그들의 관계는 경쟁과 갈등에 기초한 지배 관계에 한정된 것처럼 보인다"(Becker & Pessin 2008: 374). 한때 부르디외의 제자이기도 했던 미셸 라몽Michèle Lamont은 이후 부르디외 사회학과 일정하게 단절한 자신의 지적 이력을 되돌아보는 에세이에서 이렇게 쓴다. "내 자신의 인생 경험 때문에, 나는 즐거움, 호기심, 공동체와 인정의 필요성이 인간 행동의 강력한 동력이라고 믿고 있다. 이는 확실히 권력에 대한 추구와 권력 장들 내에서 자기 위치의 최대화라는, 부르디외가 특권화하는 동력만큼이나 강력한 것이다"(Lamont 2010: 128~41).

부르디외 사회학에 대한 이러한 시각은 사회과학에서의 '경제모델' 또는 '공리주의'에 대한 비판으로까지 확장된다. 프랑스에서 사회과학의 반反공리주의 운동을 주도하는 알랭 카예Alain Caillé가 대표적이다. 그가 보기에는 다양한 사회과학 담론을 지배하는 "이해관계의 공준"이 있다. 그것은 행위자의 행동을 '자기 이익의 충족'이라는 관점에서 설명하는데, 행위자가 보편적으로 고려에 넣는 이 이익은 관찰자에 의해 계산 가능하다고 가정한다. 이를테면 방법론적 개인주의와 마찬가지로, 부르디외 사회학 역시 이러한 공준에 바탕을 두면서 시장 교환의 보편성을 상정하고 경제적 이해관계의 우선성을 강조한다는 점에서 공리주의적이라는 것이다(Caillé 1984).

비판자들의 시각에서 보자면, 사회와 행위자에 대한 부르디외의 편협한 관점은 이론적 결함으로만 그치는 것이 아니다. 그것은 실천적 전망을 가로막는 정치적 오류로 이어진다. 부르디외에게 종종 따라붙는 결정론, 비관주의, 냉소주의 등의 꼬리표는 이와 무관하지 않을 터이다. 모든 인간관계가 권력으로 환원될 뿐인 사회라면 우리는 그것의 '더 나은' 모습, '더 바람직한' 상태를 상상하기 힘들고, 오로지 자기 이익에 따라서만 행동할 뿐인 사람들이라면 그들에게서 '역사 진보'의 동력을 발견하기 어렵기 때문이다. 예컨대 정치학자 올리비에 몽쟁Olivier Mongin 은 부르디외에게 "지배는 '초월적인 범주'"이며 결국 "정치적인 것에 대한 개념화는 없다"고 평가한다. 그에 의하면 "민주주의가 이중적으로 분리 — 국가와 사회의 분리, 또 (우리가 계급투쟁이라고 부르는) 사회 내부에서의 갈등 — 에 기초한다면, 사회학자〔부르디외〕는 극복 불가능할 정도로 근본적인 분리(지배 과정)의 세계를 연출한다. 분명히 분리는 있는데, 적어도 사회학자의 담론에 따른다면, 위와 아래 사이에 최소한의 정치적 관계조차 만들어내기가 불가능하다"(Mongin 1998: 66). 정치학자 황태연 또한 부르디외가 "본질적으로 상이한 행위들, 도구적 행위, 전략적 행위, 규범적 행위, 연출적 행위, 소통적 행위 등이 다양하게 전개되는 '사회적 세계'를 순전히 무의식적인, 즉 **정신없는** '전략적 행위'의 게임 세계〔……〕로 축소"시킨다고 비판하면서, "자신의 사회 비판적 의도가 근거할 수 있는 규범적 기초를 이론 영역에서 제거"해버리고 있다고 주장한다. 그는 강권이나 강점, 물신 권력과 다른, 개인들 간의 자발적인 연대로부터 나오는 소통 권력 또한 엄연히 존재한다는 점을 강조한다. 민주적 '정당성'을 갖춘 이 소통 권력은 오직 소통 행위에 의해서만 구축되고 재생산되는데, 부르디외는 사람들 사이의 수평적인 소통 행위에 고유한 "구조 초월적 대항 권력의 비판적 보복력을 전혀 고려치 않고 있다"는 것이다(황태연 1992: 252, 256).

부르디외의 사유에서 사회가 근본적으로 불평등한 위계 구조이자 권력 갈등의 장소로 나타난다는 지적은 타당한 것으로 보인다. 부르디외와 생전에 긴밀한 협력 관계를 유지했던 사회학자 바캉은 부르디외 사회학의 특징으로 '반反이원론적' '성찰적'이라는 점과 함께 '투쟁 중심적'이라는 점을 든다. 그에 따르면 부르디외에게 "모든 사회 세계는 끝도 한계도 없는 경쟁의 장소이며, 바로 이 경쟁에 의해서 또 경쟁 속에서 사회적 존재의 동력이자 내기물인 차이가 결정된다"(Wacquant 1996: 88). 바캉이 보기에 이는 어떤 사회적 행위 영역이든 지배구조의 심층적인 영향 아래 있다고 여겼던 베버나 마르크스의 사유와 부르디외 사회학 사이의 공통분모라 할 수 있다. 이러한 투쟁 중심적 사회관은 여러 장점과 현실적 분석력을 지니지만, 그럼에도 불구하고 특히 정치적 전망과 관련해 모종의 한계를 가진다는 사실도 부인하기 어렵다. 더욱이 부르디외 또한 그 점을 명확히 의식하고 있었던 것으로 보인다. 그는 자신의 사회 이론 안에서 비폭력적인 사회관계나 이타적 행위자, 무사무욕한 행위를 일관성 있게 설명하기 위해 적지 않은 이론적 노력을 기울였다. 이 장에서 나는 그러한 시도를 비판적으로 검토하면서, 그가 다다른 논리적 궁지가 어떤 것이었는지, 그 연원은 과연 무엇이었는지 살펴보려 한다.

'우애'라는 비좁은 해방구

부르디외는 사회공간과 장이라는 두 개념을 기초로 사회를 객관화한다. 우선 그는 계급이 아닌 사회공간의 실재론을 주장한다. 이때 사회공간은 철저하게 구조주의적(혹은 관계 중심적) 관점에서 이해된다. 즉 사회공간이 개인의 의지나 표상과는 독립적으로 존재하는 객관적인 위치들 간 관계의 체계라는 것이다. 이 위치구조를 규정하는 기본 원리는 사회적인 희소 재화(다양한 유형의 권력 또는 자본)의 불평등한 분포이다. 달리 말해 사회공간은 위치공간이며 개개의 위치는 자본의 양과 구성 비율, 궤적에 따라 변별성을 지닌다. 이 공간 안에서 특정한 위치를 점유하는 행위자들은 개인 혹은 가족 단위로 자본 축적을 통한 계급 위치의 재생산, 나아가 상승 이동을 위해 노력하며 다양한 전략을 구사한다. 한편 그들의 일상생활은 불평등한 권력/자원(여러 유형의 자본)을 가지고 자신의 '시각과 구분의 원리'와 하비투스에 따라 서로 평가하고 평가받는 과정이다. "재화나 서비스의 모든 불균등한 분포는 상징체계, 즉 구분되는 표시 체계로서 지각되는 경향이 있다"(Bourdieu 1978a: 17). 그리하여 불평등하게 배분되어 있는 물질적 자산의 객관적 차이는 사람들이 주관적으로 구축하는 현실의 표상 속에서 "인지된 차별성"으로 전환되는 것이다.

부르디외가 묘사하는 생활 세계는 이렇듯 사회공간과 분류 체계의 객관적인 질서를 기초로 한다. 그 결과 행위자가 사회 내 자신의 존재 양식을 당연하고 자연스럽게 받아들이는 것은 그 자체로 구조적인 상징폭력의 작용으로 이해된다. 그가 다른 사람들과 일상생활에서 갖는 미시적인 상호작용 역시 끊임없이 (위치의 차이에 바탕을 둔) 차별성의 감각 속에서 이루어진다. 예컨대 소규모 자영업자인 나는 자본가인 그에 비해 더 적은 경제자본과 문화자본을 가지고 있다. 내가 쓰는 물건, 내가 사는 집, 내가 먹고 말하고 옷 입는 방식, 나의 생활양식은 그에게 (거의 무의식적으로) 다른 것, 실은 '열등한' 것으로 지각된다. (공식적·비공식적 교육을 통해 문화적인 위계 기준을 공유하는, 즉 구조적인 상징폭력의 희생자인) 나는 그의 평가에 동조하며, 그의 앞에서 움츠러들거나 때로는 얼굴이 붉어지기도 한다. 그와 나, 가해자와 피해자 사이의 공모 위에서 상징폭력은 부드럽게 행사되며, 이는 신체 속에 각인된다. 부르디외는『구별짓기』(1979)에서 계급 간 생활양식의 차이와 차별화, 이를 둘러싼 상징폭력을 체계적으로 분석하며,『말하기의 의미』(1982)와『언어와 상징권력』(2001)에서는 커뮤니케이션 관계,『남성 지배』(1998)에서는 젠더 관계에 집중해 사회공간 안에서 가장 자연스럽고 대등한 것처럼 보이는 관계를 구조화하는 미묘한 권력 메커니즘을 드러낸다. 사실 부르디외 사회학의 가장 큰 매력은 누구나 쉽사리 공감할 수 있는 이러한 '미시권력의 폭로'에 있는지도 모른다.

사회 내 특정한 소세계에 대해 접근할 때, 부르디외는 장이라는 개념을 끌어온다. 장은 특정한 행위 영역(문학, 미술, 종교, 과학 등)이자 그것과 연계된 내기물로서 특정한 (상징)자본을 가진다는 점에서 사회공간과는 다소 차이가 있지만, 기본적인 구성 원리는 별반 다르지 않다. 장 개념의 핵심 또한 불평등한 자원(자본)을 가진 행위자들이 내기물을 둘러싸고 벌이는 경쟁과 갈등, 투쟁에 있기 때문이다. 장은 무엇보다도 사회적 힘과 투쟁의 구조화된 공간인 것이다. 부르디외는 장과 유사한 여타 경쟁 개념——'제도'(예컨대 문학 제도), '공동체'(예컨대 과학자 공동체), '전문직'(예컨대 전문직으로서 변호사)이나 '세계'(예컨대 예술세계)——을 여러 차례 비판하고 기각하는데, 그것들이 모두 갈등적이고 위계화된 권력관계의 공간을 마치 조화롭고 평등하며 결속력 있는 장소인 양 제시한다는 이유에서이다.[2] 그는 같은 문맥에서 알튀세르의

---

2) 전문직 개념에 대한 부르디외의 비판 논리는 제도나 공동체, 세계와 같은 여타 개념들에 대해서도 마찬가지로 적용 가능할 것이다. "'전문직'은 과학 언어에 무비판적으로 반입되어왔으며 그 안으로 전체 사회적 무의식을 끌어들이는 민간 개념이다. 그것은 무엇보다 사회적 구성

'기구'(이데올로기적 국가기구와 억압적 국가기구)조차 변화와 역사의 동력인 내부 투쟁을 간과하는 기능주의적 개념일 따름이라고 공격한다. 부르디외에 따르면 장은 그에 속하는 행위자들이 서로 더 많은 자본을 차지하거나 아예 독점하기 위해 경쟁하고 투쟁한다는 사실로부터 그 동력을 얻는다. 불평등한 권력관계와 그에 따른 끝없는 투쟁은 궁극적으로 자기 이익을 극대화하고자 하는 행위자로서의 인간관으로부터 나오는 것이다. 부르디외의 사회관은 이처럼 상이한 장들에서 특수한 유형의 자본을 둘러싸고 벌어지는 이해관심에 기반한 투쟁의 논리로 특징지어진다. 그렇다면 과연 부르디외의 사회 이론에서 권력으로부터 면제된 관계가 드러나는 부분은 없을까? 사회공간을 가로지르는 미세한, 때로는 은폐된 세력 작용과 지배를 집요할 정도로 들춰내고 또 해부하는 부르디외이지만, 그렇다고 해서 동등한 관계와 자유의 가능성을 완전히 배제하지는 않는다. 대화 상황과 남녀 관계에서 관철되는 상징폭력에 대한 논의에서 그는 두 가지 실마리를 제공한다.

첫째, 위계 구조 내부의 아주 작지만 '평평한' 공간이 있다. 『말하기의 의미』에서 부르디외는 소쉬르의 구조언어학과 비트겐슈타인Ludwig Wittgenstein의 일상언어 철학, 그리고 오스틴John L. Austin의 언어행위 이론을 결합시키면서 언어의 사회적 활용에 주목한다. 그는 언어 시장의

물, 역사적으로 이루어지는 집단 구성과 집단 **재현**의 **사회적 산물**이다. 이 재현이 바로 이 집단의 과학에 은밀히 들어온 것이다. 그와 같은 이유로 이 '개념'은 아주 잘, 보기에 따라서는 너무도 잘 작동한다. [⋯⋯] 전문직 범주는 어떤 의미에서 진실이기에는 '너무나 실제적'인 실재를 지칭한다. 그것이 정신적 범주와 사회적 범주를 동시에 포착하고 있기 때문이다. 한데 그 범주는, 예컨대 '변호사'라는 '전문직'을 경쟁과 투쟁의 공간으로 만드는 모든 종류의 경제적·사회적·인종적 차이와 모순을 삭제하거나 폐기함으로써만 사회적으로 생산되는 것이다"(Bourdieu & Wacquant 2014/2015: 383~84).

은유를 가져와, 모든 발화 행위가 가지는 가격과 이윤 형성의 메커니즘을 분석한다. 언어 시장에서의 발화 행위는 언제나 발화 주체들 사이의 권력관계 안에서 이루어지며 그것을 실현시킨다. "언어적 교환 관계인 커뮤니케이션 관계는 상징권력 관계이기도 한데, 거기서 발화자들 간 혹은 그들 각각이 속한 집단 간 세력 관계가 현실화된다"(Bourdieu 1982a: 14). 그런데 그에 따르면 이러한 언어 시장의 통일성은 결코 전면적이지 않다. 그 결과 "피지배자들은 사생활 공간 내 친한 이들 사이에서 가장 공식적인 〔언어〕 시장들에 적용되는 가격 형성 법칙이 중지되는 시장을 발견할 수 있다." 바꿔 말하자면 "동질적인 상대들 간 사적인 교환"에서는 정당하지 않은 언어 생산물(예컨대 욕설, 은어, 비속어)일지라도 차별화와 가치 부여의 논리로부터 벗어난 범주들에 따라 평가받는다는 것이다. 이때 언어 시장의 공식 법칙은 "실질적으로 위반되기보다는 잠정적으로 중지된" 상태이며, 따라서 피지배자들은 이런 식의 '솔직하게 내키는 대로 편하게 말하기'가 허용되는 상황을 벗어나는 순간 공식적인 기준에 다시 적응해야만 한다(Bourdieu 1982a: 66~67).

둘째, 일종의 '예외상태'로서 '순수한 사랑(!)'이 있다. 부르디외에게 젠더 관계는 상징폭력이 가해지는 가장 중요하면서도 근본적인 지점이다. 그런데 그는 이를 전면적으로 분석하는 『남성 지배』의 마지막 부분에 덧붙인 「지배와 사랑에 관한 추신」에서, 사랑 혹은 우정의 경험에 관해 논하며 "힘과 세력 관계의 중지 가능성"을 말한다. 이는 "지배가 지배되는 혹은 무효화되는 것처럼 보이는 일종의 기적적인 휴전"이다. "계산과 폭력과 이해관계의 차가운 바다" 위에 떠 있는 "사랑이라는 '마법의 섬',"이 닫혀 있으며 완벽하게 자치적인 세계는 "상호 인정"의 공간이다. 그것은 "충만한 **호혜성**에 바탕을 둔 관계의 정립이 가능하게 만드는 비폭력의 세계"이자 "행복을 주는 행복에 기초한 탈도구화된 관계를 가능하게 만드는 **무사무욕**의 세계"이기도 하다. 이 상호 인정은 "인정의 추구와 그에 연결된 지배욕이 야기하는 상징권력을 위한 투쟁의 중지"에 기초해 있다(Bourdieu 1998a: 117, 118). 부르디외에 의하면 사랑은 내가 타자를 그 자체로서 인정하고, 그 타자 역시 나를 그렇게 인정하면서 각자가 스스로의 모습을 발견하는 관계이다. 이 서로 완벽히 반영하는 관계 가운데서 우리는 이기주의와 이타주의, 주체와 객체의 이분법을 넘어서 융합과 합일의 상태까지 이를 수 있다. 지속적이고 비도구적인 관계인 사랑의 궁극적인 형식은 자신의 증여, 자기 신체의 증여에 있다. 이는 무관심하고 상호 교환 가능한 행위자들 간에 일시적이고 도구적인 관계를 생산하는 노동시장에서의 교환과는 완전히 상반된다. 순수한 사랑은 물론 매우 드물고 내적으로 취약하며 이기주의적 계산으로의 회귀 또는 단순한 일상화 효과에 의해 끊임없이 위협받는다. 하지만 어쨌든 그것은 충분히 존재한다는 것이다(Bourdieu 1998a: 117~18).

　부르디외의 선의와 현란한 수사학에도 불구하고, 이러한 두 가지 가능성, 즉 아리스토텔레스적인 우애philia의 관계가 우리를 지배의 미로에서 벗어날 출구로 이끌어주는 실마리가 될 수 있을지는 의심스럽다. 부르디외의 논리를 그대로 따른다 해도, 우선 대등한 언어 교환은 사적이고 폐쇄적인 상황에서 일시적이고 소극적으로 일어나는 현상일 따름이다. 그것은 마치 아주 잠시 나타났다 사라져버리는 신기루와도 같아서, 우리가 평등한 관계와 소통, 연대의 잠재력을 그 위에 기초할 수는 없을 듯하다. 게다가 "사회적 근접성과 친밀성이 '비폭력적' 커뮤니케이션의 두 가지 주요 조건을 보장한다"면, 상이한 계급이나 직종 간 지배와 폭력의 현실은 여전히 거의 헤어날 수 없는 사회적 숙명처럼 여겨진다(Bourdieu et al. 1993: 907). 부르디외의 사랑 예찬은 우리를 한층 난감한 지경으로 몰아넣는다. 그가 즐겨 쓰는 논법을 그에게 고스란히 되돌려주자면, 이 담론에는 사랑이라는 맹목적인 열정, 예외적인 상호 인정 상태의 '사회적 가능 조건'은 무엇인가에 대한 질문이 빠져 있다. 그리하여 이러한 일상적인 질서와의 단절이 단번에 성취되는 것이 아니라 끊임없는 작업에 의해 성취되는 것이라는 그의 말은 공허하게 울린다. 『남성 지배』에서 부르디외는 가장 비가시적이면서도 효과적인 상징폭력의 작용이 여성들 자신의 '운명에 대한 사랑amor fati,' 즉 지배와 지배자에 대한 사랑에서 나타난다고 역설하는데, 그렇다면 순수한 사랑은 어떻게 해서 그러한 사랑이 아닐 수 있을까? 그것은 가부장제 아래 이미 강력하게 젠더화된 상태로 주어져 있는 사랑에 대한 지배적 내러티브와 연애 수행의 문화적 각본들로부터 어떻게 벗어날 수 있을까? 부르디외는 이러한 질문들에 대해 구체적인 답을 주지 않는다.

그렇다면 정말 그의 사유 안에서 행위자는 자기 이익만을 추구하고 이를 위해 투쟁하는 존재 이상으로 개념화될 수 없는 것일까? 사회공간이나 장에 대한 개념화가 이처럼 전부 불평등한 권력과 지배 관계, 그리고 자기 이익을 극대화하려고 경쟁하는 행위자들의 실천 논리에 기반을 두고 있으니, 우리는 부르디외가 사회를 '이기적인 개인들의 투쟁공간'으로 편협하게만 바라본다는 평자들의 지적에 동조해야 하는 것일까? 그의 이론에 연대, 애정, 무사무욕, 도덕의 자리는 없는 것일까? 이는 혹시 그가 '호모 이코노미쿠스'라는 인간관과 '이해관계의 공준'으로부터 벗어나지 못했기 때문인 것일까?

공리주의에 반대하며

사실 부르디외가 '호모 이코노미쿠스'식의 인간관을 가지고 있다는 비판은 조준을 잘못한 감이 있다. 그가 1960년대에 내놓은 알제리 관련 저작들에서부터 2000년 펴낸 『경제의 사회적 구조』에 이르기까지 일관되게 신고전파 경제학의 인간관을 비판해왔기 때문이다. 그는 주류 경제학이 상정하는 호모 이코노미쿠스가 "이론가의 머리를 한 실천가"인 "일종의 인간학적 괴물"이며, 지식인 중심주의 탓에 생겨나는 "스콜라적 오류"를 가장 잘 보여주는 예에 불과하다고 신랄하게 공격한다(Bourdieu 2000a: 256). 한마디로 '경제적 인간'은 '자본주의적 인간homo capitalisticus'을 보편화한 산물에 지나지 않는다. 「경제적 하비투스의 형성」이라는 알제리 관련 논문의 제목은 그가 지닌 문제의식을 단적으로 요약한다(Bourdieu 2008: 237~61). 즉 경제적 합리성은 다른 모든 합리성을 포괄하거나 대체할 수 있는 것이 아닐뿐더러, 특수한 역사적·사회문화적 조건 아래 만들어지는 것이다. 부르디외가 주창하는 실천이론은 경제적 실천을 포함하는 다양한 실천들의 경제를 규명하려는 시도이다. 이때 "실천은 좁은 의미의 경제적 이해관계에 복종하지 않으면서도 경제적 논리에 따를 수 있다"고 전제되며, "경제 이론이 기술하는 경제는 온갖 경제 세계, 즉 내기물과 그것에서 발생하는 희소성, 그리고 그것에 걸려 있는 자본의 종류에 의해 구분되는 투쟁의 장들 가운데 특수한 하나의 사례이다"(Bourdieu 1980a: 85, 86).[3] 자신의 지적 이

---

3) 부르디외는 주류 경제학의 이론이 경제 이외의 다른 영역들에서 나타나는 실천 일반에 적용

력 내내 부르디외는 경제의 기초를 설명하기 위해 문화 논리를, 또 문화의 기능 작용을 설명하기 위해 경제 논리를 가져오는 이중 전략을 수행한 바 있다. 그가 경제 모델에 의거해 사회적 행위자의 실천을 공리주의적 관점에서만 이해하고 있다는 비판은, 많은 경우 그러한 이중 전략을 피상적으로 인지한 데서 비롯한 오해의 측면이 강하다. 그는 이러한 시각에서 자기 이론을 적극적으로 변호하며, 나아가 '도덕적 인간'의 문제를 재고한다.[4]

이해 개념의 확장

우선 부르디외가 '경제적 인간'이라는 관념을 낳은 공리주의를 어떻게 이해하고 또 비판했는지 살펴보자. 그에 따르면 공리주의는 두 가지

되기에는 지나치게 편협하고 의도적이며 계산적인 합리성 개념에 의존한다고 비판한다. "주류 경제학은 실천이 기계적 원인들 또는 효용을 극대화하려는 의식적인 의도와는 다른 원리를 가질 수 있으면서도, 내적인 경제(살림살이) 논리에 복종한다는 사실을 무시한다. 실천은 경제, 즉 내적 이성을 가지는데, 이는 경제적 이성으로 환원될 수 없다. 실천의 경제는 엄청나게 다양한 기능과 목적을 준거로 규정될 수 있기 때문이다. 무수한 행위 형식들을 기계적인 반응이나 의도적인 행동으로 환원시키는 것, 그것은 분별력 있긴 하지만 사리를 따진 계획이나 의식적인 계산의 산물은 아닌 모든 실천의 규명을 불가능하다고 치부하는 것이다"(Bourdieu & Wacquant 1992: 95). 그럼에도 부르디외는 경제학적 개념들을 빌려와서 다양한 장들의 특수한 경제 논리를 규명하는 일반 이론을 구성할 수 있다고 주장한다. "장들의 경제에 대한 일반 이론은 각각의 장 안에서 자본, 투자, 이해관심과 같은 개념들과 가장 일반적인 메커니즘이 취하는 **특수한 형식**을 기술하고 규정할 수 있게 해준다. 그럼으로써 그것은 경제주의를 비롯해서 물질적 이해관계와 금전적 이윤의 최대화를 위한 추구만이 가치 있다고 인식하는 온갖 유형의 환원론을 피할 수 있게 해준다"(Bourdieu 1985a: 20).

4) 이와 관련한 글들로 「불편하게 만드는 과학」(1980, 『사회학의 문제』[1980]에 재수록), 「경제학자들에게 답한다」(1984, 『말한 것들』[1987]에 「사회학자의 이해관심」이라는 제목으로 재수록), 「무사무욕한 행위는 가능한가?」(1988), 「도덕의 역설적 토대」(1991, 둘 다 『실천이성』[1994]에 재수록), 「브뤼셀의 즉흥 연설」(1993) 등이 있다. 1989년부터 1991년까지의 콜레주드프랑스 강의록인 『국가에 대하여』(2012) 또한 '공적인 것'과 '보편적인 것'에 관한 풍부한 성찰을 담고 있다.

원리 위에 서 있다. 첫째, 행위자가 자기 행위의 목적을 의식한 상태에서 최소 비용으로 최대 효과를 얻기 위해 행동한다. 둘째, 행위자의 동기부여 요인은 모두 경제적 이익과 관련된다. 이러한 원리들 위에서 공리주의는 (사회관계를 간과한 채) 행위자 중심적인 분석을 수행하며, 이론의 논리를 실천의 논리와 혼동하고, 효용 계산과 이해관계의 사회적 발생이라는 문제 제기에 실패한다(Bourdieu 2000a: 11~12). 부르디외는 '경제적 이익의 극대화를 추구하는 타산적인 행위자'라는 공리주의적 인간관과 단절하면서도, 실천의 내적 논리와 규칙성을 설명하기 위해 두 방향의 이론적 작업에 집중한 듯 보인다. 하나는 이해 개념을 경제주의적인 관점으로부터 탈피해 재정의하는 것이고, 다른 하나는 하비투스, 전략 등의 개념을 통해 '의식'과 '계산'의 차원 너머에서 실천을 이해하는 것이다.

그렇다면 이해관계에 대한 재개념화는 어떻게 이루어졌을까? 일단 부르디외는 자신이 쓰는 이해관계 개념이 경제학적 통념, 즉 "비역사적이고 자연적이고 보편적이며 사실 자본주의 경제가 발생시키고 전제하는 이해의 무의식적 보편화에 지나지 않는 애덤 스미스Adam Smith의 자기 이익"과는 아무런 상관이 없다고 강조한다(Bourdieu 1980b: 33). 이러한 전제 위에서 그는 경제적 이해관계의 개념을 역사화·상대화하는 동시에, 모든 사회 영역에 확장해 이용할 수 있는 개념으로 변화시킨다. 부르디외가 보기에 경제적 이해타산의 논리는 경제적 소우주(즉 경제 장)의 역사적 구성에 따라 발생한 것이다. 그러므로 그것을 사회의 모든 장에 적용시키려는 시도는 경제 장에 특유한 법칙을 일반화하는 일종의 경제주의라 할 수 있다. 그런데 이러한 경제주의는 사회 세계가 점진적으로 분화하고 자율화하는 과정에서 생겨난 소우주들이 제각기 고유한 법칙과 특수한 규범을 지니는, 즉 상대적 자율성을 지니는 장소라는 점을 고려하지 못한다.

이제 부르디외는 이해관계의 개념을 좀더 근본적인 차원에서 재규정하며 그 의미를 확장시킨다. 그는 이해관계 개념이 고전 철학자들이 '충족이유율principe de raison suffisante'이라고 불렀던 것과 관련된다고 지적한다. 즉 행위자들은 아무것이나 하지 않고, 제멋대로 움직이지 않으며, 이유 없이 행동하지도 않는다는 것이다. 사회학은 행위자들에게 행동의 이유가 있다는 전제를 가진다. 그렇다고 해서 그들이 합리적이라는 것도 아니다. 그들은 반드시 합리적이지는rationaliste 않을지라도 언제나 분별 있게raisonnable 행동한다. 부르디외가 보기에 그 분별력은 이해관심으로부터 나온다. 이때 이해관심intéressé 개념은 '안에 있기' '참여하기'라는 의미의 라틴어 어원 'inter-esse'의 의미를 매개로, 장에서의 게임에 대한 심리적인 관여, 관심, 흥미라는 속성을 강하게 부여받는다 (Bourdieu 1994a: 152). 그리하여 부르디외는 사회 세계의 그 어떤 것이라도 이해관심으로 나타날 수 있으며, 사람들은 어떤 것에든 이해관심을 가질 수 있다고 주장한다. 다만 이러한 이해관심은 초역사적인 본성으로부터 선험적으로 연역할 수 있는 것이 아니라, 사후적이고 경험적으로만 인식할 수 있는 역사적 구성물일 따름이다. 그러므로 우리는 각각의 장에서 나타나는 이해관심의 구체적인 내용과 그 생산의 사회적 조건들을 규명해야 한다.[5]

---

5) 부르디외는 경제 장에서 발생하는 경제적 이해관계도 이러한 원칙에서 예외가 아니라고 본다. 그것 역시 역사적 구성물일 뿐, 자연적이고 보편적인 본성은 아니라는 것이다. 예컨대 프랑스 노동자들의 경제 행위를 설명하기 위해서는 경제적 이해관계의 정의 안에 사법제도의 상태 (소유권, 노동권, 단체협약)뿐만 아니라, 이전 투쟁에서 얻어진 권리와 이익의 의미까지 포함시켜야 한다. 즉 경제적 이해관계에서조차 순전히 물질적·금전적인 이익만이 아닌 문화적·

하나의 이해관심이 아니라 시간과 장소에 따라서 가변적인, 거의 무한 정한 이해관심들이 있다. 내 식으로 말하자면, 장들이 있는 만큼 이해관심들이 있다. 이때 장이란 특수한 제도와 고유한 작용 법칙들을 가지고 역사적으로 구성된 게임의 공간을 말한다. 상대적 자율성을 가지는 전 문화된 장의 존재는 특수한 내기물 및 이해관심의 존재와 상호 관련되어 있다. [……] 역사적 산물로서 모든 장은 그것의 작동 조건인 이해관심을 발생시킨다. 이것은 경제 장에 있어서도 마찬가지이다. 고유한 법칙들에 따르는 이 장은 독자적인 역사에 연결된 특수한 공리를 갖춘 상대적 자율성을 지니는 공간으로서, 이해관심의 특별한 형태를 생산한다. 그런데 이는 가능한 이해관심 형태들의 총체 속에서 한 가지 특수한 예일 뿐이다. 사회적 마법은 거의 무엇이든지 이해관심이 걸린 것으로 구성할 수 있으며, 그것을 투쟁의 내기물로 정초할 수 있다(Bourdieu 1984b: 24, 26).

이와 같은 인식을 바탕으로 부르디외는 "이해에 대해 빈약한, 즉 경제주의적인 정의"를 기각하고, 사람들이 무사무욕하다고 여기는 실천 대부분이 "이해에 대한 다른 정의의 이름 아래" 실제로는 특수한 이해관심에 따라 이루어진다고 주장한다(Bourdieu, Casanova & Simon 1975: 21). 예를 들면 예술 장이나 과학 장, 행정 장에서는 경제적인 이해관계의 부정과 거부에 이해관심을 가진다는 것이다. 경제 장에 대해 자율성이 큰 영역으로 갈수록 물질적 이해관계로 환원할 수 없는 이해

사회적·법적 이익이 고려되어야 하는 것이다(Bourdieu 1987a: 125).

관심이 중요해지며, 경제적 타산을 뛰어넘어 무사무욕해지는 한에서만 (예컨대 '예술을 위한 예술') 장에 고유한 이해관심에 부합할 수 있는 가능성이 높아진다. 엄밀한 공리주의적 계산이 '비非경제적인 것'에 연루된 실천을 제대로 설명하지 못하는 반면, 확장된 정의는 그럴 수 있게 해주는 셈이다. 그것은 또 문학, 종교, 과학, 예술, 철학 등의 문화 생산이나 정치, 사회운동 같이 지식인들과 연관된 활동이 마치 어떠한 이해관계로부터도 초연한 것처럼 표상되는 상황과도 단절할 수 있게 해준다.

확장된 정의가 무엇보다도 기존의 이해관계 개념에 상징적 차원을 더했다는 점에 유의해야 한다. 즉 부르디외가 새롭게 끌어낸 특수한 이해관심들(과학적, 종교적, 문학적, 철학적 등등)은 거의 대부분 상징적 이해관심의 변형태라 할 수 있다. 이는 이해관계의 재개념화가 경제적인 것/상징적인 것의 대립축을 기반으로 이루어졌으며, 그동안 경제적인 것에 한정해 쓰여온 이해관계 개념을 상징적인 것의 차원까지 확대·적용하는 데 핵심이 있다는 의미이기도 하다. 새로운 이해관심 개념이 복수의 자본 개념과 맞물려 있다는 점 또한 주목할 필요가 있다. (경제자본만 있는 것이 아니라) 각 장에 고유한 자본이 있으며, 그로부터 파생되는 (경제적 이해관심 이외의) 고유한 이해관심이 있다는 논리가 이렇게 성립한다. 이해관심 개념이 상징적 층위를 대상으로 적용 범위가 확장되었다는 것은 자본 개념 또한 주로 특수한 상징자본들(과학자본, 종교자본, 문학자본, 철학자본 등)을 중심으로 다원화되었다는 뜻이다. 상징자본은 다른 사람들의 인식과 인정에 기초한 (인지적 기반을 가진) 자본을 가리킨다. 어떤 형식의 자본이든 장의 객관적 구조를 체화한 행위자들의 분류틀, 지각과 평가 범주에 의해 승인받았을 때 상징자본으로 작동한다. 부르디외에게 이해관심의 재개념화는 자본의 재개념화와 결합해 있었으며, 이는 모두 상징적인 것 혹은 비경제적인 것의 작동 논리를 해명하려는 시도의 연장선상에 있었던 셈이다.

신체의 무의식적 논리

확장적 재정의의 과정을 거친 뒤에도, 이해관심 개념은 그것이 일반적으로 지니는 경제적이고 계산적인 함의 때문에 부르디외의 이론을 둘러싼 적잖은 비판을 낳았던 것이 사실이다. 게다가 부르디외 역시 개념으로서 그것이 갖는 몇몇 이점에도 불구하고, 자신이 말하고자 한 바를 정확하게 표현하지 못한다는 회의적인 입장에 서기에 이른다. 마침내 그는 경제주의적·공리주의적 오해를 피하고 엄밀한 의미를 전달하기 위해 이해관심 개념을 점차 일루지오로 대체하고, 이를 투자, 리비도 같은 용어들로 보완해나간다. 부르디외가 보기에 사회적 인간이라면 게임에 참여하지 않을 도리가 없다. 그것은 가장 근원적인 '인간 조건'이다.[6] 그런데 사회적 게임은 사람들이 그 게임 자체가 의미 있으며, 그것에 걸려 있는 내기물이 가치 있다고 인정하는 한에서만 가능해진다. 이 근본적인 믿음이 없다면, 그는 게임에 아예 참여하지 못하거나 아니면 게임 도중에 바깥으로 떨어져 나갈 터이다. 그러므로 사회적 게임의

---

6) 부르디외에게 사회적 게임은 그 자체로 인간의 존재 조건이자 존재 의미의 원천이기도 하다. 콜레주드프랑스 취임 강연에서 그는 다분히 하이데거 같은 어투로 이렇게 말한 바 있다. "목적fin으로 받아들여질 수 없는 종말fin인 죽음에 운명 지어져 있는 인간은 존재 이유가 없는 존재이다. 바로 사회가, 그리고 사회만이 존재 이유와 존재 증명을 나누어준다. 사람들이 '중요하다'고 말하는 사건이나 위치를 생산하면서, 사회는 사람들이 스스로에게나 타인에게나 '중요하다'고 평가하는 행동과 행위자 들을 생산한다. 객관적으로나 주관적으로 그들의 가치를 보증받고, 그리하여 무관심과 무의미를 모면한 인물들 말이다. [……] 파스칼은 신 없는 인간의 비참을 이야기했다. 임무도 사회적 공인도 없는 인간의 비참. 사실 뒤르켐과 더불어 '사회, 그것은 신이다'라고까지 말하지 않더라도, 나는 이렇게 말할 것이다. '신, 그것은 다만 사회일 따름이다'"(Bourdieu 1982b: 51~52).

가능 조건은 게임과 내기물의 가치에 대한 집단적인 믿음, 곧 부르디외의 용어로는 일루지오라 할 수 있다(Bourdieu & Wacquant 2014/2015: 175~76).[7] 확장된 이해관심의 개념으로 그가 궁극적으로 답하고자 했던 질문이 "사회적 게임은 어떤 조건들 아래서 가능한가"였다면, 일루지오는 이해관심과 동일한 수준의 답변으로 기능한다.

태초에 **일루지오**, 게임에 대한 애착, 게임에 사로잡힌 누구나 가지는 믿음, 게임에 대한 이해관심, 게임 안에서의 이해관심, 가치의 정초, 경제학적이고 정신분석학적인 의미에서의 **투자**가 있다. 제도는 그 자체로 자의적인 게임의 정초, 그리고 게임에 의해 취해지는 성향의 구성으로부터 떼어놓을 수 없다. 그 게임에 의해 우리는 그것의 토대를 시야에서 놓치며, 바로 그렇게 제도의 필연성을 승인한다. 존재한다는 것은 안에 있다Esse est interesse는 것이다. 그것은 속한다는 것이며 사로잡혀 있다는 것이다. 한마디로 그것은 참여한다는 것이며 중요성에 따라 이해관심을 갖는다는 것이다. 넓은 의미에서 이해관심은 **객관적인 부분**, 즉 어떤 사물이나 사람 또는 상황 속에서 누군가의 흥미를 끌고 중시하도록 만드는 부분이 있고, **주관적인 부분**, 즉 누구든 관여되었고 감정이 움직인다고 느끼는 부분이 있다. 게임에 들어가는 사람은 그 안에 무언가를 투여하고 가치를 두며 그것을 '소중하다'고 여긴다. 그래서 그 누구든 행동하고 반응한다. 경제 논리가 필요로 하는 계산의 측면에서 사유

---

7) 부르디외에 따르면 공리주의적 계산의 논리는 특히 계산이 그 대상으로 삼는 가치의 형성을 설명하지 못한다. 즉 사람들이 왜 어떤 것을 가치 있다고 여기면서 그에 대해 이해타산을 추구하는지 해명하지 못하는 것이다. 반면 장이론은 예컨대 예술 작품을 경제적 계산과 거래의 대상이 되는 일종의 가치로 구성하는 메커니즘이 무엇인지 질문하고 일루지오의 생산에 대해 탐구할 수 있게 해준다(Bourdieu 2000a: 서론).

하려는 경향이 일반화되면서, 우리는 이해관심이 아량으로 표현되는 **무사무욕**에 대립될 뿐만 아니라, 트위들 디Tweedle Dee건 트위들 덤Tweedle Dum이건 '모두 마찬가지'라는 식의 아무런 차이도 가려내지 못하고 아무런 선호도 보이지 않는 **무관심**disinterest과 대립한다는 것을 잊게 된다. 따라서 우리는 경제적 이윤 추구에 자극을 받아 사리사욕을 따지거나 그에 관심을 보이지 않으면서도, 내기물로 걸려 있고 문제가 되는 무언가에서 이해관심을 발견할 수 있다. 이것이 라 로슈푸코François de La Rochefoucauld가 아량, 무상 증여, 용서의 원천이 일종의 이해관심이라고 일깨울 때 거듭 말한 것이다(Bourdieu 1983c: 1).

나아가 부르디외는 행위자와 게임 사이에 일종의 서로 물고 물리는 관계가 있다는 사실을 놓치지 않는다. 행위자가 특정한 내기물을 두고 벌어지는 어떤 게임에 들어가려면, 그 전에 이미 그 게임과 내기물이 중요하다는 감각이 어느 정도 있어야 한다는 말이다. 물론 그 감각은 게임 속에서, 게임을 수행하면서 더욱 강화되어갈 것이다. 부르디외가 경제학과 정신분석학의 이중적 의미로 사용하는 투자 개념은 바로 그러한 감각을 겨냥한다.[8] 그에 의하면 투자란 "어떤 내기물을 제시하는 게임 공간(장)과 이 게임에 적응된 성향 체계(하비투스) 간 관계에서 발생

---

8) 부르디외는 '투자/투여investissement' 개념에 경제학적 의미와 함께 정신분석학적 의미 역시 중첩시켜 사용한다. 그 개념은 프로이트가 원래 경제학에서 빌려온 것으로 알려져 있으며, 정신분석학에서는 "어떤 심리적 에너지가 표상이나 표상군, 또는 육체의 일부분이나 대상 등에 달라붙는 것"으로 정의된다. 부르디외가 이 개념을 기본적으로 자본, 이윤, 생산 등 다른 경제학적 은유들과의 관계 속에서 이용한다는 점을 고려해, 여기에서는 투여보다는 투자로 번역한다. 다만 『정신분석사전』의 편집자들이 이 개념을 "리비도적인 에너지의 측정 가능한 부하"보다는 질적으로 구분되는 감정, 지향성, 가치-대상 같은 현상학적 언어로 해석하고 있다는 점은 특기해둘 만하다(Laplanche & Pontalis 1997/2005: 491~94).

하는 행동 경향이자 게임과 내기물에 대한 감각으로, 게임에 참여하고 이해관심을 두고 사로잡히려는 경향과 적성을 함축한다." 그것은 "사회적인 것의 두 가지 구현물, 즉 제도에 의해 사물 속에 실현된 사회적인 것과 체화에 의해 신체 속에 실현된 사회적인 것 사이의 일치의 역사적 효과"이다(Bourdieu 1980b: 34~35). 한마디로 우리는 우리에게 중요하고 흥미로운 게임을 점점 더 중요하고 흥미롭다고 받아들이게 될 개연성이 크다는 것이다. 왜냐하면 우리의 머릿속과 몸속에 게임이 감각의 형태로 일정하게 각인되어 있기 때문이다. 한편 부르디외는 이해관심의 원천이 생물학적 리비도에 있다고 가정한다. 즉 그 '미분화된 충동'이 사회화 과정을 통해 특수한 리비도인 이해관심으로 구성된다는 것이다.

투자나 리비도 같은 정신분석학 용어들의 지원과 더불어, 일루지오 개념은 이해관심이라는 기표에 불가피하게 따라붙는 경제학적 그림자를 걷어내는 동시에, 그 기의에 인간학적 위광을 두른다. 더 중요한 것은 일루지오가 이해관심 개념의 몇몇 단점을 교정한다는 데 있다. '게임'이라는 뜻의 라틴어 단어 'ludus'를 어근으로 포함하는 개념인 일루지오illusio는 착각, 오인이라는 의미를 통해 이해관심의 자의적이고 가변적인 속성을 부각시킨다. 그것은 이해관심이 단순히 개인 내면의 심리적인 차원에 놓이는 것이 아니라, 장에 연원을 둔 집단적인 성격을 띠고 제도와 담론을 통해 표현된다는 것을 일깨워준다. 일루지오에 대해 개인은 장 안에서의 위치에 따라 제각기 다른 관계를 맺는다. 이처럼 확장된 이해관심과 일루지오 개념은, 부르디외로 하여금 분화된 사회 영역에 고유한 내기물과 그에 입각한 사람들의 특수한 활동이 자본주의 체제 아래서조차 경제 논리와 일정하게 거리를 두고 일어나는 현상을 깊이 있게 기술할 수 있게 해준다.

한편 부르디외는 실천에 대한 경제주의적·공리주의적 설명 논리를 피하기 위해 일루지오 외에도 하비투스, 전략 등의 개념에 의존한다. 그에 따르면 이것들은 호모 이코노미쿠스나 방법론적 개인주의가 전제하는 데카르트주의의 행위철학과 단절한 성향 중심적 인간관을 깔고 있다 (Bourdieu 2002e: 28). 이 인간관의 핵심은 행위 이유에 대한 해명을 위해 신체의 무의식적 논리를 끌어들인다는 점이다. 언어와 의식 이전에, 그것들로는 통제 불가능한 일종의 습성, 하지만 상황에 맞게 창조적으로 변용 가능한 습성인 하비투스가 사회화 과정을 통해 신체에 새겨진다. 한편 전략은 게임 경험을 통해 얻어진 신체적 감각의 발현으로서 장의 내재적 필연성, 즉 게임의 논리에 대한 실천적 장악이다. 스포츠 선수의 경기력에 대한 비유는 아마도 이에 대한 가장 효과적인 설명 방식일 것이다. 이를테면 테니스 경기장 안의 선수는 공이 어디로 떨어질지 '감을 잡고' 달려가 적절한 대응 태세를 '순발력 있게' 취한다. 이는 의식적인 계산에서 나온 행동이라고 보기는 어렵지만, 오랜 훈련 과정을 거쳐 '몸에 밴' 감각으로는 가장 성공적일 것이라고 여겨지는 행동일 터이다. 이러한 전략 개념은 예컨대 그것을 합리적 계산이나 윤리적·정서적 동기가 이끄는 개인적이고 의식적인 선택과 동일시하면서 집단적 규범 및 제약과 대립시키는 용법과는 명확히 구분된다(Bourdieu 1987a: 76~80).

부르디외가 보기에 전략 혹은 실천감각은 장과 하비투스의 존재론적 공모 관계로부터 비롯한다.[9] 주관적 실재 구성의 수단인 '지각과 평가

---

9) 부르디외에 따르면 '존재론적 공모'는 현상학(특히 후기 하이데거와 메를로-퐁티)에 연원을 둔 용어이다. 그는 주체와 사회 세계의 관계를 의식-환경 간의 기계적 인과성이 아닌, 존재론적 공모의 관계로 사유해야 한다고 주장한다. 그가 보기에 주체의 역사는 대상의 역사 속에

의 실천적 도식'을 체화한 사회적 행위자들은 자신이 속한 장에 적절한 실천감각을 가진다. 그들은 실천의 목표를 의식적으로 설정할 필요도, 효용을 의식적으로 계산할 필요도 없다. 예를 들어 성공을 위해 무사무욕이 요구되는 게임에서도, 그들은 '자연스럽게' 무사무욕한 방식으로 그들의 이해관심에 부합하는 행동을 할 수 있다. 이처럼 부르디외는 의식의 기투나 합리적 계산에 의해서가 아니라, 체화된 도식에 따라 다소 자동적이고 즉각적으로 일어나는 실천의 메커니즘에 주목한다. 그것은 객관적 구조나 주관적 의식의 어느 한쪽이 아닌, 그 둘이 만나는 신체의 어두운 심연 속에 놓인다. 그 신체는 역사적이고 사회적으로 구성된 것이며, 그 논리는 의식 이전, 의식 너머에 있다는 의미에서 무의식적인 것이다.

무사무욕한 행위의 사회적 기원

상징적 이해관심, 일루지오, 하비투스, 전략, 실천감각 등은 경제주의와 공리주의는 물론 의도론 대 목적론, 의지주의 대 기계론, 객관주의 대 주관주의와 같은 양자택일의 함정에 빠지지 않고 실천의 메커니즘을 탐구하려는 부르디외의 노력을 잘 보여준다. 그렇다면 이제 우리는 그 이론 내에서 '이타적 행위자' '도덕적 인간'을 사유할 수 있게 된 것일까? 부르디외는 경제적 이해관계를 탈피한 행위(대가를 바라지 않는 증여와 기부는 가장 일반적인 사례일 것이다)가 어떻게 가능한지에 대해

서 스스로를 발견한다. 주체와 대상은 서로를 비추는 것이다. 동일한 역사가 깃들어 있는 주체와 대상은 서로에게 속하고 서로를 소유한다. 왕과 궁정, 주교와 수도원, 사장과 기업처럼 성향과 위치는 근본적이고 존재론적인 상호 관여와 개입의 관계에 놓인다. 이는 특정한 세계를 당연시하고 그 안에서 잘 어울리며 편안해하는 주체의 수용적 태도를 낳는다(Bourdieu 1980c: 6~7).

다음과 같은 설명을 내놓는다. 물론 '계산된 무사무욕'이 있을 수 있다. 이는 이해타산의 극복을 보여주려는 타산적인 의도에 따라 이루어지는 행위일 것이다. 하지만 정말로 무사무욕한 하비투스도 존재할 수 있다. 이른바 노블레스 오블리주를 실천하는 귀족계급처럼, 교육을 통해 덕성 있는 행동을 체화시킨 주체들의 경우가 그렇다. 이들이 특정한 장이나 상황 속에서 행동할 경우, 그것과 하비투스의 관계에 따라 '열정'이나 '자발성'의 방식으로 무사무욕한 행위를 수행할 수 있는 것이다. 그리하여 부르디외에게 덕성의 가능성이라는 문제는 어떤 세계를 가능하게 만드는 사회적 조건들의 문제로 귀결된다. 그 안에서 무사무욕의 성향이 형성될 수 있고, 일단 형성된 성향이 그것을 계속 강화할 수 있는 객관적 조건들에 노출되는 세계 말이다. "만일 무사무욕이 사회학적으로 가능하다면, 이는 무사무욕의 경향을 갖는 하비투스와 무사무욕이 보상받는 세계의 만남에 의해서만 가능하다. 이런 세계들 가운데 가장 전형적인 것은 가족, 그리고 모든 가정 내 교환경제와 문학 장, 예술 장, 과학 장 등 문화 생산의 여러 장들이다. 이 소우주들은 경제 세계를 지배하는 근본 법칙의 전도 위에서 형성되며, 그 안에서 경제적 이해관계의 법칙은 정지된다"(Bourdieu 1994a: 164).

일단 여기서 부르디외가 말하는 무사무욕이 '경제적 이해관심으로부터의 탈피'를 가리킨다는 점을 명확히 해두자. 그는 이해관심의 개념을 상징적인 차원까지 확장했지만, 무사무욕 개념은 경제적인 차원의 이해관심에만 대립시키며 제한적으로 사용한다. 아마도 '사회적 인간'이라면 상징적 차원까지 포함하는 모든 이해관심으로부터 벗어나는 일은 불가능하다는 인식에서일 것이다. 부르디외에게 무사무욕은 상징적 이해관심의 지향이기도 하다. 이렇게 보자면 무사무욕한 행위의 가능성에 대해 자문할 때, 그는 결국 상징자본의 추구, 상징 교환의 경제가 어떻게 이루어지는지를 해명하는 셈이다. 그 경제의 대표적인 장소들은 가족, 문화 생산 장, 그리고 국가이다. 그것들은 각기 어떻게 작동하는가?

부르디외는 무사무욕의 사회적 가능성을 구체적으로 논하기 위해 먼저 가족의 예를 언급하는데, 이는 다소 의외이다. 가족이 시장과 대립하는 신뢰와 증여의 장소이자 경제 세계의 일상적 법칙이 중지되는 세계라는 식의 통설은 가족이 가족에 대해 가지는 '이상화된 가족 담론'에 불과하다고 그가 통렬히 비판한 바 있기 때문이다(Bourdieu 1994a: 136~37). 더욱이 그의 이론에서 가족이 "재생산 전략들의 주요 주체"라면, 그 전략과 그에 따른 각종 투자는 실질적으로 가부장 중심으로 수행되며 다른 가족 구성원들은 그에 대한 조력자나 희생자 등의 역할을 맡을 수밖에 없다(Bourdieu 1994a: 141). 이른바 '남성 지배'의 현실 속에서 젠더에 따른 역할 편향 역시 뚜렷할 것이다. 여성은 보조적이고 부수적이며 희생적인 위치에 놓일 개연성이 크다는 말이다. 그는 가족을 '순수한 사랑'의 일상화된 교류가 일어날 수 있는 공간으로 구상하는 듯하지만, 정작 그의 사회학적 논의에서는 충분한 논리적 근거를 발견하기 어렵다. 가족을 문화 생산 장이나 국가와 동일선상에 놓고서 다루는 태도 역시 문제시될 수 있다. 부르디외는 상징자본을 둘러싼 경쟁이 벌어지는 장이라는 관점에서 세 장소가 유사성을 띤다고 보지만, 가족이 다른 장들에 비해 지니는 특수성을 온전히 고려하지 못한다는 인상을 준다. 그런데 가족 내에서 '순수한 사랑'이 중요한 내기물이 되고 또 희박한 가능성이나마 실제로 구현될 수 있다면, 이는 생물학적 혈연을 연합의 토대로 삼는 소수의 성원들이 일상적이고 비공식적이며 감정적인 교환을 끊임없이 수행하는 장소라는 특성과도 결코 무관하지 않을 것이다. 이 같은 특성은 문화 생산 장이나 국가와는 분명히 차별화되는 부분일 터이다.

문학, 예술, 과학 등의 문화 생산 장은 부르디외가 이론적으로나 경험적으로 가장 많이 연구한 대상이자 "집합적인 승화 작업"을 가장 확실하게 발견한 소세계이기도 하다. 그 장에서는 경제적 이익에 연연하지 않은 채 상징적 이해관심에 매달려 상징자본을 독점하기 위해 경쟁하는 행위자들이 마침내 더 숭고한 예술, 더 위대한 과학을 성취하기에 이르기 때문이다. 문화 생산 장의 참여자들은 그들이 경제적 이득에 초연하다는 점을 입증함으로써 상징적 이윤을 거둘 수 있다. 이는 어떤 이들에게는 "그들 자신을 초월하는, 혹은 적어도 그들의 의도와 〔경제적〕이익을 넘어서는 행위나 작품을 생산하기 위한 유인 요소"로 작용한다. 그리하여 부르디외는 다음과 같이 단언한다. "역사는 종종 특별한 이해관심의 맹렬한 투쟁을 수단으로 어떤 사회 세계들을 생산하지 않고서는 초역사적 보편성을 생산할 수 없다. 이 세계들은 그 역사적 작동 법칙이 발휘하는 사회적 연금술 효과를 통해 특수한 이해관심의 대결로부터 승화된 보편적인 것의 정수를 뽑아내는 경향이 있다"(Bourdieu 1985a: 23~24).

국가에 대한 부르디외의 논의는 보편적인 것이 성취되는 메커니즘의 또 다른 동력을 드러낸다. 즉 문화 생산 장에서 미학이나 과학의 발전이 더 많은 상징자본을 축적하기 위한 행위자들 간 치열한 경쟁의 산물이라면, 국가에서 공익의 실현은 '보편화의 이윤'에 따른 '경건한 위선'의 성과라는 것이다. 부르디외는 우선 사람들이 보편적인 것을 따르는 데서 상징이윤을 얻을 수 있다는 사실을 거의 보편적으로 관찰할 수 있다고 주장한다(Bourdieu 1994a: 164). 설령 단순히 겉으로 시늉만 낸다 할지라도 보편에 대한 추종은 어느 사회에서나 보편적으로 그 가치를 인정받는다는 말이다.[10] 이는 사람들이 거창한 말, 공식 담론, 대의명분을 있는 그대로 받아들이는 양하는 '경건한 위선'의 논리로 이어진다. 그 결과 "보편화는 정당화의 보편적 전략"으로 기능할 수 있으며, 이는 보편적인 것에 대한 이해관심을 낳는다(Bourdieu 1994a: 241). 이러한 맥락에서 모든 집단의 규범이나 형식에는 '가식적으로라도' 보편화하려는 시도가 나타나게 되고, 그것을 다시 보편의 기준에 비추어 비판하려는 노력이 덕성과 이성의 진보를 가져온다. 예를 들어 어떠한 집단도 이

---

10) 부르디외는 이 보편의 범위에 '일반 이익' '공식적인 규칙' '집단적 이상' 등을 포함시킨다. '공식적인 규칙'이 더 큰 상징자본을 가지고 더 보편적인 것으로 받아들여진다는 사실은 그가 카빌리 지방에서 현지조사 작업을 통해 확인한 것이다. 이 지역의 원주민들은 결혼 의례 과정에서 표상적인représentatif 친족 관계와 통상적인usuel 친족 관계를 구분하며 활용하는데, 이 과정에서 전자는 공식적인 것으로 내세워지며 상징이윤을 발생시킨다. 표상적인 친족관계는 계보도의 관례적인 규범에 의해 규정되며 단일하고 고정적이다. 통상적인 친족 관계는 그것을 이용하는 이들과 경우에 따라 그 경계와 정의가 가변적이다. 결혼 과정에서 표상적 친족 관계와 통상적 친족 관계의 대립은 공식적인 것 대 비공식적인 것, 집단적인 것 대 개별적인 것, 공적인 것 대 사적인 것, 의례 대 전략의 이분법과 연계된다. 구조주의 인류학은 아랍-베르베르 사회에서 평행사촌혼이 주어진 규칙으로 받아들여지며, 전형적인 결혼 유형으로 자리 잡고 있다고 보았다. 그런데 부르디외가 실제로 조사한 사례들에서 평행사촌혼은 기껏해야 5~6퍼센트밖에 나타나지 않았다. 부르디외는 원주민들이 통상적 친족 관계에 따라 결혼을 성사시키지만, 평행사촌혼이라는 표상적인 친족 관계에 기대어 그것을 미화한다는 것을 밝혀낸다. 그들은 규칙에 복종하는 만큼이나 그것을 조작하고 조정하고 이용하기에, "친족 관계의 규칙보다는 결혼 **전략** 혹은 친족 관계의 **사회적 활용**"이 더욱 중요해진다(Bourdieu 1987a: 76). 공식적인 결혼 요구(청혼, 혼담)에 앞서 사람들이 공식적으로는 모르는 척하는 접촉과 은밀한 거래나 타협이 상속, 계보, 지참금, 고부 관계 등과 관련된 규칙을 둘러싸고 일어난다. 이는 집단의 대표성이 가장 적은 인물인 노파, 중매쟁이, 떠돌이 여성 등이 담당한다. 사람들은 자기 집안의 물질적·상징적 이익을 최대화하는 방향으로 결혼 상대를 선택하면서도, 공식적인 계보도의 모호성을 이용해 그 결혼이 평행사촌혼인 양 가장함으로써 전통과 규범을 존중한다는 상징적 부가 이익마저 챙긴다. 표상적이고 공식적인 친족 관계는 사회 세계에 질서를 부여하고 그것을 정당화하는 기능을 갖는다(Bourdieu 2000c; 또한 이상길 2014b; 2014c 참조).

기적인 목적을 대놓고 부과하지 못하며, 승리를 위해서는 보편의 외양을 써야만 한다. 집단은 자기 이익을 일반 이익과 혼동하도록 만들어야 하는데, 이는 보편적인 대의를 진전시키려는 이들과 최소한의 공통분모를 이룬다. 나아가 우리는 보편화 전략의 위선, 그 이면의 계산이나 불완전한 현실을 고발하면서도 보편화의 이윤을 얻을 수 있다. 비판은 그것이 원용하는 논리적이고 윤리적인 보편 원리의 인정을 함축하기 때문이다. 그리하여 부르디외는 "보편적인 것에 대한 이해관심과 보편화의 이윤은 두말할 나위 없이 보편적인 것을 향한 진보의 가장 확실한 동력"이라고 주장한다(Bourdieu 1994a: 241).

이 원리가 가장 선명하게 드러나는 장이 바로 공공 이익, 일반 이익, 집단 전체의 이익을 지향하고 실현해가는 국가이다. 행정 장에 속해 있는 행위자들, 즉 공직자들은 사익을 '몰래' 비공식적으로만 추구한다. 위반을 감추려는 이와 같은 행동 속에는 공적 가치에 대한 인정이 있다. 공식적인 것은 공적인 것이다. 그것은 국가가 스스로에 대해 가지는 이미지이며, 국가가 주장하는 관념과 국가 스스로에 대해 제시하는 표상이자 재현이다. 국가는 공식적인 진실 속에서 스스로를 인식하며, 따라서 자신에게 언명한 의무를 인정해야만 한다. 또 공직자들은 국가로부터 의무의 언명을 위임받은 사람으로서 행동해야 한다. 그들은 공식적인 것에 부합해야만 하는 것이다. 정치적 위임 안에는 공식적인 것에 대한 일종의 암묵적 계약이 있는데, 공직자가 사익을 '대놓고' 추구하면 부정하고 파렴치한 사건이라는 감정을 불러일으키는 이유는 바로 그 때문이다. 공익과 무사무욕이라는 직업적 의무는 공직자의 역할을 구성하는 기반이 되고, 국가는 그러한 역할의 수행을 강제하는 집합적 신념의 공간이 된다(Bourdieu 2012: 83~87). 이처럼 부르디외는 국가가 보편성을 구현해가는 메커니즘에서 인간 집단의 '경건한 위선'과 공식화 논리, 그리고 그 이면에서 작용하는 '보편화의 이윤' 원리를 분명하게 확인한다. 이 개념들은 사람들이 일반적으로 어떻게 해서 덕성 있는 행동을 하게 되며, 그럼으로써 공공선이나 일반 이익을 성취하기에 이르는지 설명한다. 이러한 맥락에서 그는 사람들이 갖는 도덕적 리비도의 근간에 보편화의 이윤이 자리 잡고 있다고 주장한다(Bourdieu 1994a: 244).

부르디외는 도덕적 인간의 문제를 자기 이론틀 안에서 해명하기 위해 상징적 이해관심을 추구하는 행위가 이루어지는 이유를 묻고는, 그것이 사람들에게 일반적으로 높이 평가받기 때문이라는, 즉 상징적 이익을 가져다주기 때문이라는 답을 내놓은 셈이다. 그 이익은 아마도 상징적인 것이 경제적인 것에 반反하기 때문에 생겨나는 것이며, 보편적인 것(집단적인 것, 공식적인 것)이 개별적인 것(개인적인 것, 비공식적인 것)을 초월하기 때문에 발생할 터이다. 그런데 부르디외는 그 사회학적 근거를 상세히 토론하는 대신, 이러한 원리를 어떤 사회에서나 흔히 관찰 가능한 인류학적 상수로 취급한다. 사실 '경제적인 것과 상징적인 것의 대립'이라든지 '보편적인 것, 공식적인 것, 집단적인 것의 상징적 우위'라는 공리는 부르디외가 카빌리 지방에 대한 현지조사 결과를 일반화한 것이다.[11] 그런데 그의 주장대로 자기 이익을 희생하는, 그리하여 타

---

11) 부르디외의 카빌리 사회 연구는 행위자들이 규칙에 맞지 않게 행동하면서 마치 규칙을 따르는 척하거나, 아니면 구체적인 이해관계를 위장하기 위해서만 그것을 따른다는 사실을 알려준다. 이는 각종 명예 의례에서도 잘 나타난다. 카빌리 사회에서 명예는 아주 중요하게 여겨지며, 경제적 이해관계와 연결 지을 수 없거나 도리어 직접 대립하는 것처럼 보인다. 결혼, 소나 토지의 과도한 구매, 피의 복수, 각종 원조와 증여를 통해 원주민은 탐욕과 거리가 먼 명예로운 사람으로 스스로를 드러낸다. 그런데 부르디외는 이 명예 의례가 대개 아주 구

자를 위하는 일에 일정한 상징이윤이 뒤따른다는 사실이 도덕적 행위의 가장 큰 동력이라면, 그는 어느 틈에 자기 이익의 최대화를 추구하는 공리주의적 행위자의 본성론으로 되돌아온 것이 아닐까? 그것이 하비투스와 같이 실천을 의식 이전의 상태에 놓고 설명하려는 개념들에 의해 보완된다고 하더라도 말이다.

부르디외는 무사무욕한 행위의 사회적 기원에 대한 자기식의 이해를 바탕으로 "이성과 도덕의 현실 정치"를 주창하기에 이른다. 그것은 사람들이 보편과 덕성을 추구함으로써 이익을 얻는 세계를 정초하는 작업이다(Bourdieu 1994a: 243). 그런데 이는 원칙적인 주장으로서 타당할지 몰라도, 실제로는 지독히 비현실적이라는 비판을 면하기 어렵다. 그것에는 어떤 무리한 전제가 뒤따르기 때문이다. 즉 그러한 세계는 행위자가 개인적인 이익을 포기함으로써 얻는 보편화의 이윤이 원래 예상된 개인적 이익에 비해 '최소한 못하지는 않도록' 보장해주는 고난이도의 함수를 제도적으로 구현하거나, 아니면 무사무욕한 하비투스의 철저한 체화를 통해 그런 계산이나 상황에 크게 구애받지 않고도 덕성을 실천하는 행위자를 육성할 수 있어야만 한다. 만일 우리가 (전자에 요구되는) 철저하게 공리주의적인 주체를 상정하지 않는다면 결국 후자에 내기를 걸 수밖에 없을 텐데, 경제의 지배력이 그 어느 때보다도 강고한 후기 자본주의사회에서 무사무욕한 하비투스의 구성은 (끊임없는 교육과 제재, 그리고 상징자본의 가치 격상을 통한다 하더라도) 어떻게 가능할

체적이고 경제적인 이해관계를 위장한다고 본다. 그 의례를 통해 쌓은 가문의 신용은 적절한 순간에 무임 노동이나 일손으로 돌려받을 수 있다. 이러한 명예와 경제적 이해관계의 연계성 속에서 사람들은 (최소한 무의식적으로) 명예 의례를 생산하며 또 유지한다(Bourdieu 1972: 14~44; 또한 이상길 2014b; 2014c 참조).

지, 또 얼마나 현실적인 대안이 될 수 있을지 의심스럽다.

경제학적 유비와 철학적 존재론

부르디외는 주류 경제학의 호모 이코노미쿠스와 공리주의적 인간관을 비판하면서 실천 논리를 해명할 수 있는 새로운 이론을 발전시켰다. 그것은 확장된 이해관심 개념에 상징자본, 하비투스, 전략과 같은 개념들이 결합하는 식으로 구체화되었다. 그는 자신의 실천이론을 바탕으로 비도덕적 사회에서 어떻게 '도덕적 인간'이 가능해지는지 또한 설명하고자 했다. 그런데 이러한 부르디외의 시도가 과연 충분히 성공적이었다고 평가할 수 있을까? 몇몇 논평자들은 부정적인 대답을 내놓는다. 그가 이해관심 개념을 역사화·다원화함으로써 경제주의를 피해가고자 했음에도, 결국에는 상징적 이익까지 포괄해 효용을 극대화하는 인간이라는 전제를 벗어나지는 못했다는 것이다(박정호 2012; 박정호·현정임 2010 참조). 이제 "물질적이든 비非물질적이든 이해관계를 충족시키는 어떤 대상[자본]의 무한한 축적에 열중하는" 부르디외의 인간관 그 자체가 문제시된다(Caillé 1994: 57). 이와 관련해 악셀 호네트의 비판은 자세히 검토해볼 만하다.

호네트는 부르디외의 이론이 "인류학적 구조주의의 공리주의적 변형"으로, 실천의 동인은 "효용 극대화"에 주어진다고 단언한다. "부르디외의 사회 이론과 문화분석의 기초에는 사회적 행위에 대한 공리주의적 개념이 있다"는 것이다(Honneth 1986: 56, 57, 58). 이는 부르디외가 레비-스트로스의 구조주의에 맞서 실천이론을 정립하면서 생겨난 편향이라 할 수 있다. 호네트에 따르면 부르디외는 카빌리 지역에 대한 현지조사에서 "인류학자들이 부족사회의 질서를 연구하기 위해 초점을 맞추는 상징적 구성물 역시 〔원주민들에 의해〕 효용 극대화의 관점에서 수행된 사회적 활동으로 개념화해야 한다는 가정" 아래 연구를 진행한다 (Honneth 1986: 56). 그리하여 부르디외는 원주민들이 실재를 질서 짓기 위해 이용하는 분류 체계를 (구조주의처럼) 인간 정신의 자동적인 논리의 산물이 아니라, 사회집단의 효용 지향적인 전략의 결과로 간주한다. 그는 상징적 실천을 경제적 실천과 분석적으로 동일한 수준에 놓고서, 사회적 위계 내 위치와 권위 경쟁의 전략으로 해석하는 행위 이론을 제출한다. 친족과 같은 사회집단들은 자기 위상을 증진시키기 위해 경제적 축적에 열을 올릴 뿐만 아니라, 상징적 분류 체계를 이용한 투쟁에도 적극적으로 나선다는 것이다. 그리하여 예컨대 친족 분류를 능란하게 처리해 존경받는 선조를 자기 계보로 끌어들이는 데 성공한 집단은 부족 공동체 내에서 지위를 높일 수 있다.

물론 부르디외는 공리주의적 관점을 벗어나기 위해, 어떤 행위가 의식 이전의 수준에서 하비투스가 빚어내는 전략에 따라 일어난다고 주장한 바 있다. 하지만 호네트가 보기에는 구조주의적 분석에 행위자 항을 복원하기 위해 '무의식적 전략'이라는 개념을 동원함으로써, 부르디외는 도리어 공리주의적 관점을 끌어들이는 우를 범한다. 사회집단의 지각과 평가 도식에서 무의식적으로 자기 위치에 기초한 효용 계산이 일어난다고 전제하기 때문이다. 사회적 주체는 자신이 속한 집단의 하비투스 안에 집적된 효용의 관점에서 행동하며, 전략의 진원지인 하비투스는 무엇보다도 효용 계산이 자동적으로 조화롭게 이루어지는 장소로 나타난다. 호네트는 『구별짓기』에서 이러한 부르디외식 공리주의 명확한 실례를 발견한다. 부르디외가 기술하는 계급 특유의 생활양식은 사회적 위치에 따른 효용 계산의 문화적 구현이라 할 수 있다. 모든 사회집단과 그 구성원들이 드러내는 이 위치 의존성은 계급 조건이 어떤 성향을 '결정'한다든지, 또는 계급 조건에 성향이 문화적으로 '적응'한다는 식의 기능주의적인 가정을 포함한다. 그런데 호네트는 부르디외식의 일반화된 효용 개념의 틀로는 왜 모든 사회집단들이 '구별짓기'를 위해 서로 경쟁해야만 하는지, 왜 어떤 집단들은 역사적 변화에 맞서면서까지 자기들 취향 문화와 생활양식을 고집하는지 이해할 수 없다고 지적한다. 즉 모든 사회집단이 효용들 간 무게를 잰 뒤에, 현 사회에서 가장 지배적인 생활양식에 자기들의 일상 문화를 적응시키지는 않는다는 것이다. 호네트가 보기에 우리는 사회집단들이 고유한 생활양식을 단지 계급 위치를 개선하기 위한 수단으로서가 아니라 "가치 복합체의 상징적 표현"으로 본다고 가정해야만 더 나아갈 수 있다 (Honneth 1986: 64).

이러한 시각에서 어떤 집단의 생활양식과 관련된 투쟁의 핵심은 그 것이 상징적으로 표상하는 가치들에 대한 사회적 인정에 있다. 부르디외는 그러한 인정이 경제적 재화와 같은 방식으로 얻어질 수 있다고 간주함으로써, 모든 사회적 갈등 형식을 사회적 자원의 배분을 둘러싸고 이루어지는 것으로 환원시킨다. 하지만 호네트에 의하면 기성의 사회 질서가 특정한 집단의 생활양식이 구현하는 가치와 규범에 대해 부여하는 인정은 그 집단이 축적한 부나 재화, 지식의 양에 달려 있지 않다. 그것은 사회 안에서 일반화되고 제도화될 수 있는 가치의 관념들과 전통에 달려 있는 것이다. 그러므로 호네트는 경제적 질서와 사회적 질서, 경제적 위치의 분포와 사회적 명예의 분포, 경제적 투쟁과 도덕적-실천적 투쟁 사이에 분명한 구분이 필요하다고 본다. 전자에는 이익과 효용이 중요하지만, 후자에는 타자들의 규범적 승인이 중요하다. 인정의 결여는 행위자에게 부정적인 도덕 감정을 유발하고, 이는 사회적 투쟁에 참여하는 도덕적 동기를 제공할 수 있다. 호네트가 보기에 우리는 이러한 논리를 통해서만 공리주의로부터 탈피한 도덕사회학적 실천 원리를 구상할 수 있다(Honneth 1986; 또한 Fraser & Honneth 2003/2014 참조).

요아스Hans Joas와 크뇌블Wolfgang Knöbl 또한 호네트와 유사한 논지의 비판을 제시한다. 부르디외가 전통적인 공리주의를 공격하면서 다다른 지점은 아이러니하게도 신新공리주의라는 것이다. 공리주의의 한 분파인 신공리주의는 경제적 효용이 일부 행동만을 설명할 수 있기 때문에, 그 개념을 '선호'라는 중립적인 용어로 대체한다. 그것은 또 상이한 행동 유형을 구분하지 않으며, 다양한 선호를 실현하기 위한 행위자의 시도에만 초점을 맞춘다. 행동은 결국 원하는 것을 획득하려는 것이기에 설명하기 쉬우며, 행동의 유형론은 불필요하다고 보는 것이다. 요아스와 크뇌블이 보기에 부르디외의 실천이론은 이러한 신공리주의적 입장에 가깝다. 그것은 하비투스 개념을 통해 행위자가 명확한 의식과 계산 위에서 합리적으로 행동한다는 논리를 피해가지만, 공리주의와 마찬가지로 사람들이 의식적으로든 무의식적으로든 언제나 자기의 이해관심 혹은 선호만을 추구한다고 전제한다. 장 안에서 사회화된 행위자들은 장의 규칙을 이해하고 적절히 행동하는 법을 배우며 게임을 성공적으로 수행하는 전략을 내면화한다. 이 전략의 목적은 장 내의 자기 위치를 유지·상승시키는 데 있다. 이렇듯 장이론은 행위자들이 자기 이익을 구현하기 위해 벌이는 투쟁이 장의 역사적 변화를 가져오는 동인이라고 간주한다. 그런데 요아스와 크뇌블은 우리가 행위자들의 자유의 여지를 고려할 수 있어야 하며, 하비투스가 설정한 경계 내에서 행동의 유연성과 다양성을 설명할 수 있어야 한다고 지적한다. 이러한 맥락에서 이들은 행동에 대한 편협한 공리주의적 개념화에 맞서, 상이한 실천의 폭넓은 스펙트럼을 조명하는 일종의 행동 유형론이 필요하다고 주장한다. 예를 들면 하비투스가 열어놓은 가변적인 행위의 선택지들 안에서 규범적·정서적 행동 유형 또한 하나의 역할을 수행한다고 개념화되어야 한다는 것이다(Joas & Knöbl 2011: 13~21).

사실 부르디외는 1970년대 초부터 이미 "무사무욕하거나 무상이라고 자처하는, 따라서 경제로부터 벗어나 있는 것들을 포함한 모든 실천들을 물질적 혹은 상징적 이윤의 최대화를 지향하는 경제적 실천으로 취급할 수 있는 **실천의 경제에 대한 일반 과학**"을 주창한 바 있다(Bourdieu 2000c: 375). 그의 행위 이론이 이러한 기조 위에서 발전했다는 점을 고려하면, 카예나 호네트, 요아스와 크뇌블 등의 비판은 충분히 일리가 있다. 그럼에도 부르디외가 자신을 공리주의자라고 공격하면서 효용의 동기와는 다른 규범적 동기, 경제적 행위와는 다른 가치 추구 행동 유형을 설정해야 한다고 주장하는 비판자들의 논지를 얼마나 수긍할 수 있을지는 의문이다. 아마도 그는 사회적 행위를 상이한 유형들로 분류하는 (베버에서 하버마스까지 이르는) 다분히 '독일적인' 전통의 이 논의가 성향 체계에 따른 '실천의 모호한 논리'를 제대로 파악하지 못하는 스콜라적 시선의 산물이라고 여겼을 법하다. 성향 중심적 행위철학의 시각에서는 의도나 동기 유형의 형식적인 구분이 큰 의미가 없으며, 도구적·전략적 행동과 규범적·표현적 행동의 구별 또한 인위적인 것에 불과하다. 현실에서 이루어지는 실천은 그러한 분류가 불가능하고 무의미할 만큼 복합적이고 통일적인 성격을 띠기 때문이다.

달리 말하면 아량 있는 행동, 일련의 교환을 개시하는 (외양상의) 증여의 원리에는 고립된 개인의 (계산적이든 아니든) 의식적인 의도가 있는 것이 아니라 아량이라는 하비투스의 **성향**이 있으며, 그것은 분명한 고의가 없이도 상징자본의 보존 혹은 증대를 겨냥한다. 명예 감각과 마찬가지로 〔……〕 이러한 성향은 의도적인 교육에 의해서 얻어지거나 〔……〕 그러한 성향이 논란의 여지없는 실천 법칙이 되는 소우주에 일찍부터 오래도록 드나들면서 얻어진다. 상징재화 경제의 논리에 맞추어진 성향을 가진 자에게 아량 있는 행동은 자유와 미덕의 선택, 다르게 행동할 수 있는 가능성을 고려하며 숙고한 끝에 이룬 자유로운 결정의 산물이 아니다. 그것은 '해야만 하는 단 하나의 것'으로 나타난다(Bourdieu 1997a: 231).

부르디외가 보기에 이타적이거나 무사무욕한 행위조차 그 동인은 불분명하게 나타난다. 그것은 의식적인 지향과 선택의 결과라기보다는 행위자의 성향 체계가 상황에 맞게 이끌어낸 반응에 가깝다. 따라서 중요한 것은 그 의도나 동기, 행동 유형을 세부적으로 구분 짓는 일이 아니라, 실천의 다면성과 복잡성을 기술하고 그 사회적 효과를 탐구하는 일일 터이다. 과연 부르디외의 실천이론이 비물질적일지언정 이익의 극대화 지향성을 여전히 전제한다는 점에서 (신)공리주의의 혐의로부터 여전히 자유롭지 않은지, 아니면 그 지향성이 합리적이거나 타산적거나 의식적이지 않다는 점에서 공리주의의 혐의를 걷어낼 수 있는지 여부는 이쯤에서 논쟁거리로 남겨두기로 하자. 다만 여기서 나는 '자기 자본을 보존 혹은 증대하려는 성향'이 주창자와 비판자 들 모두 동의할 수 있는 부르디외 실천이론의 가정이라면, 그 가정이 어떤 연원을 가지고 있는지에 시선을 돌려보고자 한다. 이와 관련해 우리는 경제학적 유비의 문제, 그리고 그와 연관된 형이상학적 존재론이라는 문제를 제기해볼 수 있다.

부르디외가 자기 사유를 구축하는 과정에서 경제학적 개념들을 광범위하게 활용했음은 잘 알려진 사실이다. 그 점에는 베버와 마르크스의 영향이 함께 작용한 것으로 보인다. 일단 그는 종교 분석에 경제학 개념들(경쟁, 독점, 공급, 수요 등)을 적용한 베버의 선례를 뒤따르는 데 이중의 이점이 있다고 본 것 같다. 하나는 평범한 경제학 용어일지라도 사회학에서 쓰일 경우, 관념론적 개념들(동기, 열망 등)과 단절 효과를 생산할 수 있다는 것이다. 다른 하나는 경제학 개념들이 경제 장과 상이한 복수의 장들에 여전히 유효한 일반적 속성들을 파악할 수 있게 해준다는 것이다. 동시에 부르디외는 장이론이 "겉보기와 달리 일정하게 숙고된 경제학적 사유 양식의 이전transfer에 아무것도 빚지고 있지 않다"고 강조한다(Bourdieu 1985a: 19). 그것과 주류 경제학의 유일한 공통분모는 몇몇 단어들일 뿐이라는 것이다. 부르디외에 따르면 장이론의 진정한 기반은 경제학적 사유 양식에 의해 제한받지 않는다. 경제학 개념들의 이용이 연구 대상의 구성을 규정하기보다는, 반대로 대상의 구성이 경제학 개념들의 이전을 주도하기 때문이다. 그와 같은 예로 부르디외는 언어의 사회적 활용에 대한 분석을 든다. '상황'이라는 모호하고 공허한 개념과 단절함으로써, 우리는 언어 교환의 관계를 발화자(집단)들의 문화자본 및 언어자본 간 관계에 따라 구조화된 시장으로서 볼 수 있게 된다는 것이다(Bourdieu 1985a: 19~20).

한편 부르디외가 자기 이론의 구성에 경제학 용어들을 체계적으로 동원한 데에는 경제적 심급의 결정성이라는 마르크스주의적 인식 역시 적잖은 영향을 미친 것으로 보인다. 가령 상징적 이해관심이 물질적·금전적·구체적·즉각적 이득과 무관한 것처럼 나타난다고 해서, 부르디외가 그것을 경제적 이해관계와 완전히 절연시키는 것은 아니다. "근본적으로는 용어의 일차적 의미에서의 이해관계, 이를테면 경제적 이해관계의 검열되고 완곡화된 형식인 특수한 이해관심들"이라는 표현에서도 드러나듯, 그는 상징적 이해관심의 심층에 경제적 이해관계가 있다는 가정을 완전히 놓아버리지는 않는다(Bourdieu, Casanova & Simon 1975: 21). 이는 "경제자본이 모든 다른 유형의 자본들의 근원에 있다"는 시각과도 관련되는 것으로, 자본주의사회에서 경제 장이 갖는 결정력을 인정하는 것이다(Bourdieu 1986b: 252; 또한 Bourdieu 1980a: 57 참조). 이러한 관점에서 경제학적 개념들로 상징적인 것의 논리를 설명하려는 시도는 나름대로 정당성을 띠게 된다.[12]

부르디외가 쓰는 용어들만을 근거로 그의 이론이 경제 모델에 기초해 있다고 쉽사리 낙인찍을 수는 없다. 다만 우리는 그 용어들이 이론에

---

12) 부르디외가 보기에 상징자본은 종종 경제자본으로 태환 가능하며, 상징적 투자나 이해관심은 특히 장기적인 관점에서 보면 경제에 의해 객관적 보상이 주어질 확률이 매우 크다. 다른 자본들의 원천을 제공하는 경제자본이 상대적으로 축적과 전환이 쉽고 빠르게 이루어질 수 있어 유동성이 높다는 특성을 지니기 때문이다. 그런데 이러한 태환의 원리는 경제적 이해와 상징적 이해 간의 경계를 상당히 흐려놓는 까다로운 문제를 낳는다. 어떤 행위자가 경제자본으로의 궁극적인 전환을 염두에 두고서 상징적 이해관심을 추구하는 경우, 이를 과연 상징적 이해관심이라고 말할 수 있을까? 다양한 유형의 상징자본이 경제자본으로 (점점 더 쉽게) 태환될 수 있는 상황 변화 속에서(권위 있는 문학상에 따라붙는 거액의 상금, 국제 학술지 논문에 수여되는 경제적 인센티브, 스포츠 대회 수상자의 광고 출연 등), 결국 상징자본의 추구는 경제자본으로 에둘러가는, 혹은 상징자본과 경제자본 모두를 획득하려는 효율적인 방편으로 여겨질 수 있지 않을까? 확장된 이해관심 개념은 자본들 간의 태환이라는 개념과 결합함으로써, 이전에는 별개의 것으로 구분되었던 상징적 영역을 의도치 않게 경제적 영역으로 다시 환원시키는 효과를 가져온다.

어떤 인식론적·수사학적 효과를 생산하는지 따져볼 필요가 있다. 부르디외는 연구 대상의 엄밀한 구성 작업이 일정하게 요청하는 수준에서만 경제학적 사유 방식을 활용할 따름이기에 아무런 문제가 없다고 주장하지만, 경제학적 개념들의 이전 자체가 연구 대상의 인식과 구성 면에서 발생시키는 상호작용 효과가 엄연히 있을 터이기 때문이다. 일례로 부르디외는 언어학에서의 상황 개념을 비판하면서 그것을 시장 개념으로 대체하지만, 그럼으로써 동시에 다양한 연관 개념들(언어자본, 이윤, 가격 형성 법칙 등)을 끌어들인다. 시장이라는 경제학적 유비는 결국 언어 교환이 벌어지는 '상황'에서 행위자가 맞서야 하는 새롭고 돌발적이거나 예측 불가능한 부분을 고려하기 어렵게 만들고, 이는 다시 언어 실천을 법칙적이고 자동적인 것으로 간주하는 편향으로 이어지기 쉽다.

유사한 문제를 우리는 자본 및 그것을 둘러싼 관련 개념들에서 발견할 수 있다. 부르디외는 자본을 권력과 동일시하면서 "희소 재화 및 그와 연관된 이윤들의 전유 능력"으로 정의한다(Bourdieu 1978a: 18). 이때 자본은 경제학적 은유 내지 유비라 할 수 있다.[13] 그것은 체계적으로 쓰일 경우 탁월한 발견적 미덕을 발휘할 수 있고, 특정한 현상에 대한

---

13) 부르디외의 자본 개념이 마르크스주의와 확연히 다르다는 데 유의해야 한다(황태연 1992; Desan 2013; Fabiani 2016: 3장). 마르크스주의에서 자본은 잉여가치를 낳는 가치이고, 잉여가치는 임금노동자에 대한 착취를 통해서만 발생하므로, 자본은 노동력 상품을 매개로 해서만 존재한다. 즉 자본은 비록 화폐, 기계, 공장 등 물질적인 형식을 지니지만, 특정한 역사적 사회구성체에 속하는 생산관계를 드러낸다. 하지만 부르디외는 자본주의 체제의 역사적 성격을 의식하면서도, 생산관계에 대한 비판적 분석으로 나아가지는 않는다. 그가 말하는 자본은 분배와 소비의 사회관계 속에서만 정의되는 것이다. 더욱이 부르디외에게 자본 유형 간 차이(가령 경제자본은 인격적이고 집중적인 상호작용을 요구하는 문화자본이나 사회관계자본과는 축적 과정이 다르며, 따라서 그 사회적 효과 역시 상이할 수 있다)나 자본 간의 태환율 등은 여전히 더 탐구되어야 할 과제로 남아 있다(Bourdieu 1980a: 57).

새로운 이해와 경험 자료의 축적에 기여할 수 있다. 하지만 그것은 연구 대상을 그 고유한 틀 안에서 관성적으로 부적절하게 이해하게끔 이끌 위험성 또한 지닌다. 한 예로 어떤 대상들(책, 학위, 교양)이 경제자본과 몇몇 속성——그것을 이용해서 (상징적인) 이윤을 취할 수 있다든지, 새로운 (문화) 상품을 생산할 수 있다든지, 상속이 가능하다든지 등—— 을 공통으로 갖는다는 이유로 문화자본이라고 이름 붙일 수 있다. 사실 문화 산물이나 실천은 화폐나 경제자본과는 달리 안정적인 등가성을 띠지 않으며, 수용자들의 해석으로부터 자유롭지도 않다. 그런데 일단 문화자본이라는 이름이 붙고 나면, (경제)자본의 어떤 특성이 문화적 대상이나 행위, 현상의 모호한 부분들에까지 무반성적으로 확장·적용될 가능성이 생겨난다. 있는 그대로의 대상에 대한 새로운 관찰과 서술이 필요한 곳에 자본이라는 은유의 내재적 속성이 별다른 주의 없이 투사될 수도 있다는 뜻이다. 이는 개념들을 유기적이고 일관성 있게 연결시켜야 할 필요성 때문에 일정하게 요구되기도 한다. 이를테면 문화자본은 일군의 경제학적 개념(이윤, 축적, 태환, 재생산 등)과 결합해 일종의 문제틀을 부과하게 되는데, 이는 문화예술의 교육, 학습, 감상, 소통 같은 과정을 '투자' '이윤 창출' '축적' '태환' '재생산' 등 사회적 활용과 기능의 차원으로만 환원시킴으로써 다른 방식의 이해 가능성을 제약하는 효과를 발생시킨다(김종엽 2008 참조).[14]

부르디외가 전제하는 (물질적·상징적) 효용 극대화의 인간상 또한 이러한 경제학 개념들의 연쇄 속에서 나온다고 볼 수 있을 것이다. 이를테

---

14) 학문적 은유가 인식에 미치는 영향이라는 비슷한 문제의식에서 파스롱은 '소유'의 경제학적 은유들(자본, 재화, 전수 등)이 '체화를 통한 문화 전유'의 사회적 효과를 충분히 인식하는 데 방해가 될 수 있다고 지적한 바 있다(Passeron 1982: 576).

면 장이론에서 모든 사람은 상대적인 차이는 있지만 일정한 자본을 보유하고 있다는 점에서 자본가라 할 수 있다. 이들은 장 내에서의 자본(권력) 축적을 위한 경쟁('맥스웰의 장' 같은 물리학적 유비를 통해 자연법칙처럼 제시되기도 하는)에 사로잡혀 있다. 그런데 경쟁과 축적을 객관적 과정으로 인식하는 마르크스주의와 달리, 부르디외는 그것을 개인의 주관성과 긴밀하게 연관 지어 설명하는 쪽을 택한다.[15] 여기에는 일정한 자율성을 갖는 존재로서 주체가 구조의 재생산에 기여하는 부분을 강조하려는 의지가 들어 있을 것이다. 어쨌거나 그 결과 개인은 자본주의적 생산관계의 담지자보다는, 자기 자본의 (확대)재생산을 목적으로 하는 전략을 구사하는 행위자로 나타난다. 자신의 주관성과 행위를 통해 객관적인 사회관계의 작동에 개입하는 이 행위자는 이제 축적을 향해 질주하는 인물이 된다. 게다가 부르디외는 상이한 유형의 자본들이 엄격한 등가성의 법칙에 복속되며 서로 태환 가능하다고 주장하는데, 이는 장이론의 행위자를 한층 더 축적 지향적인 인간형으로 각인시킨다(Bourdieu 1972: 243). 즉 사회적 행위자의 활동들은 모두 다양한 자본의 증가, 감소, 변환과 체계적으로 연관되는 연속적 실천으로 여겨지고, 이는 마침내 자본 축적에서의 성공이나 실패라는 결과로 평가될 터

---

15) 이 부분은 부르디외의 자본이나 자본가, 축적 개념이 마르크스주의적 개념들과 어떤 차이와 간극을 갖는지 대비시켜가며 이해할 필요가 있다. 마르크스에게 자본은 사물이 아닌 과정, 더 정확히 말하자면 가치의 자기 확장 과정, 즉 잉여가치의 생산 과정이다. 사회 안에서 자본으로 작동하는 것은 화폐나 상품의 저장물 전체(즉 사회적 부)가 아니다. 자본은 화폐와 사용가치를 전환해 돈을 벌고 잉여가치를 생산하기 위한 순환 속에 투입함으로써 형성된다. 달리 말하면 돈을 벌고 잉여가치를 생산하는 사회적 부만이 자본인 것이다. 또 자본가는 그들 사이에 존재하는 경제적 관계의 인격화된 형상일 따름이다. 그들은 자유롭고 치열한 경쟁을 통해 '축적을 위한 축적'이라는 정언명령에 종속된다. 그런데 마르크스에게 이 '축적을 위한 축적'은 사회적 메커니즘의 효과이자 자본주의적 생산의 내적 법칙이며, 개인의 의지나 성향과는 무관한 객관적·독립적 과정으로 묘사된다(Harvey 1982: 20~29).

이기 때문이다.

무의식적으로 자기 이익과 효용을 극대화하고 그럼으로써 계속 각종 자본을 축적하고자 하는 이 인간형은 형이상학적 존재론에서 그 최종적인 정당성을 구한다. 이 대목에서 주목할 만한 개념이 스피노자 철학에서 나온 '코나투스conatus'이다. 사회학자 스티브 풀러Steve Fuller에 따르면 코나투스는 '시도하다' '무언가 하다'라는 뜻을 가진 라틴어 동사 'conari'의 과거분사로서 '생애 궤적'이라는 말로 대체 가능하다. 그것은 아리스토텔레스부터 뉴턴을 비롯한 과학혁명기의 철학자들까지 이르는 오랜 전통 속에서 많은 학자들에 의해 쓰였는데, 대체로 '물리적 신체의 관성적 운동'과 '자기 보존을 향한 삶의 일반적 경향'이라는 두 가지 의미를 띠었다(Fuller 2008: 171~72). 부르디외는 몇몇 저작에서 코나투스 개념을 이용하면서 "사회질서가 존재 속에서 지속되려는 경향성"으로 정의한 바 있다(Bourdieu 1997a: 181). 구체적으로 말하자면 그 것은 "사회적 행위자가 의식하거나 의도할 필요도 없이 자신의 사회적 정체성을 구성하는 속성/자산들을 유지하거나 증대시켜 재생산하려 애쓰도록 이끄는, 특정한 층의 사회적 위치와 연계된 성향과 이해관심의 조합"이다(Bourdieu 1984a: 230). 부르디외에 따르면 "사회적 게임은 역사를 가지며, 그리하여 게임 참여자들의 의식과 의지에 독립적인 내적 역학의 장소, 일종의 **코나투스**의 장소가 된다. 이 **코나투스**는 객관적 확률의 구조, 더 정확하게는 자본과 관련 이윤 기회의 분포 구조를 재생산하는 경향이 있다." 그가 보기에는 여기에서 "계승의 질서"라고 말할 만한 라이프니츠식의 시간 논리가 나타난다. 권력과 특권을 전수하고 상속하는 규칙들이 작용하면서 사회적 재생산이 이루어지는 것이다. 객관적 개연성의 규칙적인 분포로서 사회질서는 그러한 논리 아래서 영속할 수 있다(Bourdieu 1997a: 255~56).

부르디외가 특히 가족과 관련해 코나투스를 원용하는 이유는 이러한 맥락에서이다. "가족은 모든 권력과 특권을 가지고서 자기 존재를 지속시키려는 경향, 즉 스피노자적인 의미에서 일종의 **코나투스**에 의해 활성화되는 신체(**법인체**)이다. 그것은 **재생산 전략들**, 즉 출산 전략, 결혼 전략, 상속 전략, 경제 전략, 그리고 특히 교육 전략의 원리에 있다"(Bourdieu 1994a: 39). 이처럼 코나투스는 시간 속에서 가족 단위로 계속 이어지는 일종의 관성적이고 필연적인 실천의 진원지 역할을 한다. 그것은 "가족이나 가구가 분열 요인들에 맞서, 특히 가족 통일성을 기초하는 속성/자산을 위한 경쟁에 내재적인 분열 요인들에 맞서 자체적인 통일성을 지속시킴으로써 스스로 영속하려는 충동"이다(Bourdieu 1994a: 195). 이 충동 혹은 무의식적 욕망은 가족 수준에서 출현하는 계급적 재생산 전략의 동력으로 기능한다. 다른 집단들에서도 마찬가지로 작동하는 이 코나투스는 사실 신체와 사회 세계(혹은 하비투스와 장)가 서로 조응하는 방식에서 나온다. 신체는 세계를 상속받는다. 즉 상속물(세계)이 상속자(신체) 안에 깃들어 있기에 상속자는 상속물에 잘 맞춰진다. 이렇게 상속자와 상속물이 서로 소유-소속의 이중적 관계를 맺고 있을 때, 사회질서는 자연스럽게 이어진다. 그리하여 "상속에 잘 맞춰진, 상속받은 상속자는 **원할** 필요가 없다. 그러니까 [자신이] 잘 맞춰진 것, 상속과 그것의 보존 및 증대의 이해관계에 걸맞은 일을 하기 위해 숙고하고 선택하고 결정할 필요가 없는 것이다. 그는 자신이 하는 것, 자신이 말한 것을 알 수 없지만, 상속의 영속화 요구에 부응하지 않는 어떤 것을 할 수도 말할 수도 없다"(Bourdieu 1997a: 181).

부르디외에게 코나투스는 하비투스 개념과 유사한 위상과 기능을 갖

는 것으로 보인다. 그것은 행위자가 특정한 실천을 자연스럽게 하도록
이끄는 누적된 성향 체계를 가진다는 점을 부각시킨다. 또한 그러한 성
향 체계가 객관적 기회에 주관적인 기대를 적응시키는 방식으로 사회질
서의 유지에 기여한다는 점을 환기시킨다.[16] 그런데 이 개념의 가장 중
요한 기능은 아마도 '행위자들은 왜 사회공간 안에서 자기 자본을 유지
혹은 증대시키는 방향으로 나아가는가'라는 질문에 모종의 형이상학적
이고 심리학적인 답변을 제공해준다는 데 있을 것이다. 부르디외 스스
로 그것을 의식했는지는 모르겠지만, 코나투스가 자본 축적과 계급 재
생산의 두 주체라고 할 만한 개인과 (여러 유형의 자본이 보존, 축적, 재
생산되는 장소로서) 가족을 대상으로 논의되는 이유도 그 점에 있는 것
으로 보인다. 한마디로 부르디외에게 그것은 사회 세계 전체를 가로지
르는 무한한 투쟁의 비밀스런 원천이다.

확실히 내가 재생산 양식들에 관해 제시한 모든 내용의 전제는 권력
이, 스피노자처럼 말하자면 일종의 코나투스에 의해, 즉 스스로 영속하

---

16) 바캉은 부르디외가 이용하는 용어의 변화가 종종 중요한 분석적 정련과 변화를 암시한다
고 지적하면서, 그 예로 이해관심에서 일루지오로, 지배계급에서 권력 장으로, 문화자본에
서 정보자본으로, 하비투스에서 코나투스로의 이행을 지적한다(Bourdieu & Wacquant
2014/2015: 47). 풀러는 코나투스 개념이 특히 행위자성을 '순수한 과정'으로 다루면서, 다
양한 실천을 그러한 과정의 국면들로 나타나게 한다고 설명한다. 그가 보기에 부르디외는 이
개념의 두 가지 장점을 활용한다. 하나는 코나투스가 사람들에게 나중에 개인적인 생애 기
획으로 진화할 모종의 경향성을 부여한다는 것이다. 가족을 통해 주어지는 이 경향성은 유
전적이고 생물학적인 것 이상으로 문화적인 것을 포함한다. 또 다른 장점은 행위자가 사전
준비나 자기 언명과 무관하게 특정한 방식으로 행동할 수 있고, 다른 사람들에 의해 그런 능
력을 가진 것으로 인식될 수 있는 가능성을 열어준다는 것이다. 즉 이 개념은 사회관계의 장
속에서 작동하는 하비투스에 역동성을 부여하면서, 개인이 연루되어 있는 끊임없는 상호 정
향의 과정에 주의를 기울이게 한다(Fuller 2008: 177~78).

려는 경향성, 존재 속에서 지속되려는 경향성에 의해 활성화된다는 것이다. (이는 사회학을 할 때 우리가 사회 세계의 작동 방식을 이해하기 위해 명시적으로 인정해야만 하는 공리이다. 그것은 결코 형이상학적 원리 같은 것이 아니다. 우리는 일종의 권력, 일종의 자본을 소유한 사람들이 스스로 알든 모르든 그들의 권력과 자본을 영속시키거나 증대시키는 방식으로 행동한다고 가정할 수밖에 없다.) 사회체를 지탱하는 영원한 운동인 이 코나투스는 자본을 소유하는 상이한 신체들이 서로 대적하고 권력을 작동시키도록 이끈다. 이 권력 자체를 유지하거나 증가시키려는 투쟁 속에서 말이다(Bourdieu 2012: 419~20).

부르디외는 코나투스가 형이상학적 원리가 아닌 사회학적 공리로 받아들여지길 바라지만, 과연 그 둘이 간단히 분리될 수 있는 것일까? '경향성' '성향과 이해관심의 조합' '충동' '영원한 운동'과 같은 부르디외의 일련의 정의가 시사하듯, 코나투스는 사실 경험적 탐구나 검증이 불가능한 인간학적 전제에 가깝다. 부르디외는 사회 세계 안에서 다양한 자본의 극대화를 지향하는 인간상을 전제하면서, 그 논리적 근거를 마련하기 위해 철학적 존재론에 의지하고 있는 셈이다. 그러니 어쩌면 우리가 궁극적으로 문제 삼고 해부해보아야 할 것은 부르디외식 (신)공리주의 이면에 있는 이러한 존재론 자체의 기능과 성격, 그리고 타당성인지도 모른다.

다시 이론적 질문으로

부르디외는 문화 생산을 비롯한 다양한 비非경제적 영역에서의 인간 실천에 대한 분석에 경제학적 사유 양식을 도입함으로써, 공리주의적 인간관을 가지고 있다고 공격받아왔다. 또한 그러한 인간관은 사회공간에 대한 그의 지나치게 투쟁 중심적인 표상과도 무관하지 않다고 여겨졌다. 하지만 부르디외가 효용 극대화를 추구하는 합리적이고 계산적인 행위자라는 주류 경제학적 인간관에 대해 줄곧 비판적인 입장을 견지해왔던 점은 분명하다. 그는 이른바 '실천의 일반 경제에 대한 과학'을 정립하려는 이론적 야심 아래, 경제학적 개념들을 적극 활용하면서도 자기식으로 변형·확장하는 노력을 그치지 않았다. 이해관심과 자본, 태환 개념 등이 그러한 시도 속에서 새로운 의미를 부여받았고, 부르디외의 주장대로라면 공리주의적 인간관에 빠지지 않으면서도 실천의 논리를 설명하는 데 유용한 인식 수단을 제공했다. 하비투스, 전략과 같은 그의 고유한 개념들은 경제학에서 빌려온 용어들과 결합해 '분별 있는 행동'을 행위자의 주관적 의도나 경제적 이익에 환원시키지 않고 설명할 수 있는 가능성을 열어놓았다. 그는 '상징적 이해관심과 상징자본을 무의식적으로 추구하는 행위자' 상을 구축함으로써 '경제적 이해관계에 얽매여 있는 타산적 행위자'라는 관념을 피해갔던 것이다. 하지만 이렇게 해서 무사무욕한 행위의 메커니즘을 해명하고 보편적인 것의 성취 경로를 탐구한 부르디외의 해법이 공리주의의 혐의를 온전히 벗어난 것으로 보이지는 않는다. 그는 물질적이든 상징적이든 결국 효용의 극대화를 목표로 하는 행위자를 상정함으로써, 여전히 공리주의적 사유로부터 빠져나오지 못했다고 논박당했다.

이러한 논쟁 구도를 검토하면서, 나는 자본 축적 지향적인 부르디외의 인간관이 그가 이용하는 경제학적 유비와 관련 있으며 형이상학적 존재론의 뒷받침을 받고 있다고 지적했다. 이는 사회 이론 안에 여타 학문의 개념들을 이전할 때 발생하는 부수적 효과에 새삼 유의하게 만든다. 부르디외의 사례에서 보듯, 그것은 사유에 특정한 방향성을 부여하면서 미처 의도하지 않은 가정들을 추가하고 연구의 시각과 문제틀을 한정 짓는 것이다. 물론 부르디외의 주된 관심은 언제나 자기 이론을 경험적인 수준에서 작동시키는 데 맞춰져 있었다. 그는 이론적이거나 철학적인 문제를 종종 '스콜라적'이라고 규정하면서, 그것이 '이론을 위한 이론'의 현학적이고 자폐적인 토론만을 부추기는 현상을 우려한다. 그리하여 그는 이론이 그 자체의 사회적 존재 조건과 정치적 효과에 반성적일 것을 요구하는 한편, 이론 내부에서도 언제나 실용적인 이해관심에서 나오는 사회학적·정치적 질문을 제기할 것을 촉구한다. 이를테면 그는 『파스칼적 명상』에서 다음과 같이 쓴다.

아량과 무사무욕이 가능한가 하는 순전히 사변적이고 전형적으로 스콜라적인 질문을 정치적 질문으로 대체해야만 한다. 증여의 경제에서처럼 행위자와 집단이 무사무욕과 아량에 이해관심을 가지게 될, 아니 더 낫게는 보편적인 것에 대한 존중이라는 보편적으로 존중받는 형식과 관련된 지속적인 성향을 획득하게 될 소우주를 창조하기 위해 실행되어야 하는 수단이라는 정치적 질문 말이다(Bourdieu 1997a: 240).

이 주장은 과히 설득력 있게 다가오지 않는다. 『파스칼적 명상』보다

몇 년 앞서 나온 『실천이성』에 부르디외가 「무사무욕한 행위는 가능한가?」라는 글을 실었다는 사실은 접어두자. 다만 스콜라적 관점에 대한 부르디외의 경계가 그의 이론에 내재하는 어떤 아포리아들의 탐구를 방해하는 금지명령으로 기능해선 곤란하다는 점을 분명히 해두자. 철학자 지젝Slavoj Žižek이 즐겨 인용하는 이야기 가운데 이런 농담이 있다. 어떤 남자가 출장에서 일찍 돌아왔다가 자기 아내가 다른 사내와 바람피우는 현장을 목격했다. 아내가 당황해 소리쳤다. "당신, 왜 이렇게 일찍 집에 온 거예요?" 남자가 화를 내며 대답했다. "당신이야말로 지금 뭐하고 있는 거요?" 그러자 아내가 다시 소리쳤다. "화제 돌리지 말아요. 내가 먼저 질문했잖아요!" 그렇다. 어쩌면 문제는 이제 화제를 되돌리는 것이다. 부르디외를 따라 보편과 이성의 현실 정치를 실현할 수 있는 방법에 대한 정치적 질문으로 조급히 넘어가기 전에, 아니 최소한 그 질문과 더불어 사회 이론에서 과연 이타적 행위는 어떻게 가능한지, 도덕적 인간의 자리는 어디에 있는지 더 깊이 있게 자문해보아야 할 터이다. 아마도 그것은 아리스토텔레스적 우애의 상태가 아니라, 홉스적 경쟁agôn의 상태를 예외적인 것으로 만드는 급진적 사회 이론의 가능성을 탐색하는 작업이 될 것이다(김현경 2015 참조).

7장 언어, 상징폭력, 과학

언어와 권력

제자인 바캉의 표현처럼, 부르디외는 백과사전적인 사회학자였다. 종합적이면서도 독창적인 이론 체계를 구축했던 그는 평생 다루지 않은 대상이 거의 없다고 해도 과언이 아닐 만큼 수많은 사회학적 대상을 일관된 시각에서 분석했다. 철학, 역사학, 정치학, 경제학, 미학, 종교학, 과학, 법학 등 다양한 분야에서 그의 지적 유산과 영향력을 드러내고 또 되새기는 글들이 쏟아져 나오고 있는 이유도 그 때문일 것이다. 커뮤니케이션 분야 역시 예외는 아니어서, 부르디외와 관련된 이론적 논의와 경험적 연구들이 국내외에서 꾸준히 증가하고 있는 추세이다. 한데 그러한 작업은 주로 저널리즘과 미디어/문화연구에 집중되어 있다는 점에서 특징적이다. 즉 부르디외의 저서 『텔레비전에 대하여』나 『구별짓기』에 착안해 저널리즘 장의 역학 관계를 분석한다든지, 문화 소비의 차

별화 양상을 분석하는 식의 논문들이 주종을 이루는 것이다(강명구·
이상규 2011; Neveu 2007 참조).

사실 부르디외 사회학은 미디어나 문화 산물의 사회적 효과를 비판
적으로 탐구할 수 있도록 도와주는 수준을 넘어, 언어 교환을 비롯한
커뮤니케이션 현상 그 자체에 대한 새로운 사유를 자극하는 개념 도구
와 논쟁적 주장 또한 담고 있다. 그럼에도 부르디외의 언어관에 초점을
맞춘 연구들은 국내외에서 크게 눈에 띄지 않는다.[1] 부르디외 이론의
중심 개념 가운데 상당수(예컨대 상징폭력, 상징권력, 상징자본 등)가 명
시적으로 '상징'의 층위를 다루고 있으며 그가 저작 한 권을 사회학적
대상으로서 언어 분석에 온전히 바쳤다는 사실을 감안하면, 이는 의외
의 학문적 공백이 아닐 수 없다. 이 장에서 나는 부르디외의 언어관에
대한 본격적인 검토를 바탕으로 그러한 공백을 조금이나마 메워보고자
한다.

언어 문제에 관한 부르디외의 성찰은 그의 초창기 작업에서부터 이론

---

1) 영미권 학계에서의 다소 기이한 이 연구 부재 상황에 관해서는 미디어 사회학자 마일스John
Myles의 지적을 참고할 수 있다(Myles 2010: 1~2). 그나마 주목할 만한 국내외의 몇몇 연구
성과를 들어보면 다음과 같다. 톰슨John Thompson은 부르디외의 언어와 정치 관련 텍스트
들의 영역본을 편집하면서 요령 있는 소개문을 썼고, 이를 발전시켜 상징폭력 개념을 비판적
으로 분석한 논문을 발표했다(Thompson 1984). 한편 톰슨의 소개문은 프랑스어로 번역되
어 부르디외의 저서 『언어와 상징권력』의 해제로 실렸다(Thompson 2001/2014: 407~52).
버틀러Judith Butler는 일상적인 수행문들이 발휘할 수 있는 주체 구성의 정치적 효과에 대
한 부르디외의 이해 부족을 비판했고, 쾨글러Hans-Herbert Kögler는 부르디외의 언어사회
학이 기호학적 구조주의와 맺고 있는 이중적인 계승-극복의 관계를 지적하면서 그 생산적인
발전 방향을 모색했다(Butler 1999; Kögler 2011). 올리브지Stéphane Olivesi는 커뮤니케이
션 연구에 대한 부르디외 사회학의 기여를 긍정적으로 평가했다(Olivesi 2005/2007). 마일스
는 언어와 미디어에 관련된 부르디외의 논의를 개관하고 또 수정하면서, 그것이 다양한 미디
어에서의 언어분석에 어떻게 쓰일 수 있는지 보여주는 사례 분석들을 제시했다(Myles 2010).
국내에서는 부르디외의 언어 관련 논문집을 편역한 정일준(1995)이 서문 격으로 그의 언어사
회학을 소개하는 글을 내놓은 바 있다.

적이면서도 경험적인 방식으로 꾸준히 나타난다. 예컨대 교육사회학 저작으로 흔히 분류되는 공저서『상속자들』(1964)과『재생산』(1969)은 그와 관련된 1965년의 공동 연구 보고서 제목이 시사하듯 "교육 관계와 커뮤니케이션"을 문제틀의 핵심에 놓고 있다(Bourdieu, Passeron & Saint-Martin 1965 참조).『말하기의 의미』(1982)와 그 수정증보판인『언어와 상징권력』(2001)은 그의 언어사회학 관련 논문들을 집대성한 이 분야의 대표작이라 할 수 있다. 부르디외와 바캉의 대담 형식을 띤 저작『성찰적 사회학으로의 초대』(1992)는 한 장을 "언어, 젠더, 상징폭력"에 할애함으로써, 그 주제가 부르디외 이론에서 가지는 중요성을 부각시키기도 했다.

그런데 내가 보기에 부르디외의 언어관은 그의 이론에 내재하는 특징과 한계를 동시에 드러내 보여줄 수 있는 전략적 고리이기도 하다. 부르디외는 객관주의와 주관주의의 지양을 자신의 이론적 과제로 삼았는데, 이때 객관주의는 구조주의로 대표되며, 그러한 구조주의의 모델은 바로 언어학이 제공한 것이었다. 단적으로 그는 자신의 이론적 야심을 집대성한 저작『실천감각』(1980)의 1장을 객관주의 비판에 할애하는데, 이를 소쉬르와 촘스키Noam Chomski 등 언어학자들에 대한 비판으로부터 시작한다. 이는 언어에 대한 부르디외의 학문적 관심이 단순히 자기 이론 체계의 적용 대상을 하나 더 추가하는 데 그치지 않는, 좀더 깊숙한 인식론적 쟁점과 맞물려 있었다는 사실을 시사한다. 더욱이 언어까지 확장된 부르디외의 사회학적 관점은 언어와의 긴밀한 연관 속에서 발전한 상징폭력과 하비투스 개념으로 우리를 이끌고, 그 타당성을 근본적으로 성찰하게끔 만든다.

이 장에서 나는 부르디외 문제의식의 중심을 가로지르면서 여러 저작에 폭넓게 나타나 있는 그의 언어관에 대해 비판적으로 고찰해보고자 한다. 우선 첫번째 단계에서는 부르디외가 언어학자들의 '언어 중심주의'를 어떻게 공격하고 해체하는지 살펴볼 것이다. 이 과정에서 소쉬르와 촘스키, 그리고 오스틴에 대한 부르디외 비판의 논점을 짚어볼 것이다. 두번째 단계에서는 부르디외가 언어 현상을 사회학적으로 어떻게 분석하는지 검토한다. 우리는 언어 하비투스, 언어 시장, 언어자본과 같은 개념들로 이루어진 그의 언어사회학을 재구성하고, 특히 그것이 '이상적인 커뮤니케이션'의 가능성과 불가능성을 어떻게 파악하는지 따져볼 것이다. 세번째 단계에서는 기존 언어학에 대한 부르디외의 비판이 갖는 인식론적 취약성을 지적하고, 상징폭력 개념으로 요약 가능한 그의 커뮤니케이션관이 하비투스 개념의 한계와 문제로부터 자유롭지 않다는 점을 상세하게 검토할 것이다.

이러한 성찰에는 나름대로 현재적인 의미 또한 없지 않다. 각종 새로운 언어 현상이 우리 사회의 구조적·기술적 변동을 선명하게 드러내는 리트머스 시험지가 되고 있기 때문이다. 그 가운데 특히 두 가지 현상은 각별한 주목을 요한다. 우선 개인의 언어 역량은 이전보다 훨씬 더 강력한 공식 규범에 따라 정교하게 평가받기에 이르렀으며 진학, 취업, 결혼, 사교 등 사회생활의 온갖 영역에서 그 중요성이 커져가고 있다. 다음으로 새로운 미디어 플랫폼의 끊임없는 발전에 따라 커뮤니케이션 상황이 이전과 비교할 수 없을 정도로 다양하고 복합적인 성격을 갖게 되었다. 시공간의 제약에 별로 구애받지 않는 접속과 접촉이 일상화되면서 온라인 공간에서의 대인 커뮤니케이션과 소집단 커뮤니케이션이 전례 없이 활성화되고 있는 형편이다. 부르디외가 "사회적 삶이라는 추상적인 개념과 무관해 보이는 구체적인 언어 현상에 대해 독창성 있는 사회학적 시각을 제시"했다면, 그러한 언어사회학은 과연 변화하는 커뮤니케이션 상황에도 근본적인 적실성을 가질 수 있을까?(Thompson 2001/2014: 408) 만일 그렇지 않다면, 어떤 측면에서 '다시 사유하기' 혹은 '다르게 사유하기'가 필요할 것인가? 이 장을 통해 나는 이와 같은 질문들에 대한 답변의 실마리를 마련해보려 한다.

언어 중심주의 비판

언어학은 20세기 초반 이후 독자적인 근대 과학으로서의 기틀을 다져나갔다고 평가받는다. 그 과정에는 누구보다도 소쉬르와 촘스키의 기여가 결정적이었다. 부정적·소극적인 관점에서 부르디외의 언어관은 바로 이 두 거장의 언어학에 대한 비판적 성찰을 배경으로 삼는다. 즉 부르디외는 자신의 학문 활동 초반기인 1960~70년대에 사회과학에까지 상당한 영향을 미쳤던 구조언어학과 보편문법 이론을 반박하면서 언어에 대한 고유한 시각을 형성해갔던 것이다. 이는 그의 1982년 논문집 『말하기의 의미』와 20년 뒤의 수정증보판인 『언어와 상징권력』에서 분명히 나타난다. 이 책들에서 그는 언어학의 지성주의적 편향이라는 측면에서 소쉬르와 촘스키를 비판하면서 오스틴의 언어행위 이론에 다가가며, 다시 언어수행성의 제도적 조건을 강조하고 또 구체화함으로써 오스틴과 일정하게 단절한 자신만의 언어사회학으로 나아간다.

"언어학의 유일하고도 진정한 대상은 랑그langue이며, 이는 그 자체로서 그것만을 위해 고찰되어야 한다"(Saussure 1972: 317). 『일반언어학 강의』의 이 유명한 마지막 문장은 부르디외가 소쉬르와 그 이후의 구조

언어학을 비판하는 가장 핵심적인 논거가 된다. 『일반언어학 강의』에서 소쉬르는 랑그를 "언어능력의 사회적 산물인 동시에, 개인들이 이 능력을 수행할 수 있도록 해주기 위해 사회체가 채택한 필수적인 규약의 총체"로 정의하면서, 이러한 랑그에 해당하는 영역을 발견하기 위해 "말의 회로"를 재구성한 바 있다(Saussure 1972: 25, 27). 그것은 A와 B 두 사람이 대화하는 상황으로 그려진다. 두 사람은 서로 말하고 들으면서 동일한 청각 이미지를 전달하고 감지하며, 그로써 동일한 정신적 개념을 연상한다. 이를 통해 드러나는 랑그란 "파롤parole, 즉 발화의 실천을 통해 동일한 공동체에 속하는 화자들 안에 쌓인 보물이며, 각각의 뇌속에, 좀더 정확히 말해 개인들 전체의 뇌 속에 잠재적으로 존재하는 문법 체계"이다(Saussure 1972: 30). 소쉬르는 이러한 랑그의 정의가 언어 연구를 이른바 '외적 언어학,' 곧 랑그의 민족학, 정치사, 제도(학교, 교회 등)와의 관계, 지리적 확장과 분화 등에 초점을 맞춘 연구로부터 독립시킨다고 본다. 즉 "랑그는 자체의 고유한 질서만을 아는 체계"이며, 따라서 외적인 언어 현상의 연구가 생산적일 수 있지만 "그것들 없이는 내적인 언어 유기체를 알 수 없다는 말은 잘못된 것"이라는 주장이다(Saussure 1972: 40~43). 소쉬르에게 언어과학은 말하는 주체들 외부에 있는 객관적 규범 체계로서 랑그를 유일하고도 진정한 대상으로 가지며, 이러한 랑그를 연구하는 '내적 언어학'만이 진정한 언어학의 지위를 누릴 수 있을 뿐이다.

부르디외는 랑그와 언어과학에 대한 소쉬르의 개념화에서 사회학적 현실과 동떨어진 그릇된 추상화를 본다. 그에 따르면 구조언어학은 파롤과 '말하는 주체'를 무시한 채 랑그의 내적 논리와 체계만을 강조함으로써, 정작 언어 실천을 규정하는 가장 중요한 요인인 언어 생산과 이용의 사회적 조건은 간과하는 오류를 저지른다. 한편 부르디외는 촘스키의 언어 이론이 소쉬르의 언어 이론과 많은 점에서 차이가 있지만, 근본적인 공통점을 가지고 있다고 지적한다. 즉 촘스키는 문법적으로 완벽한 문장들을 자유롭게 생산할 수 있는 이상적인 화자의 기량을 '언어능력'으로 상정한다. 소쉬르와 촘스키는 이처럼 모두 동질적인 언어 공동체에 속해 있으면서 이 공동체의 공유재산인 언어를 마음대로 이용할 수 있는 이상적인 화자-청자를 가정한다는 것이다. 이러한 "언어 공산주의의 환상"에 기대어, 언어학자들은 발화를 사회적 맥락에서 분리시킨 채 순수하게 형식적인 관점에서 분석한다(Bourdieu & Boltanski 1975). 하지만 부르디외가 보기에 이 모델은 현실과 거리가 멀다. 언어공동체의 모든 구성원들이 동일한 언어를 말한다는 언어 공산주의의 가정은 계급 없는 사회라는 환상이나 다를 바 없다. 인간 종이 고유하게 가지는 언어능력은 있을지언정, 실제 그 능력의 사회적인 활용(언어 생산에서의 태도, 조음과 표현 스타일, 적절한 발화 순간의 선택 등)에는 엄청난 다양성과 차별성이 존재하기 때문이다.

부르디외에 의하면 현실적으로 나타나는 언어의 개인차, 성차, 지역차, 계층 차, 인종 차는 '동질적인 언어 공중'이나 '이상적인 화자-청자'가 일종의 '이론적 허구'에 불과하다는 사실을 가르쳐준다. 언어능력은 촘스키의 구상처럼 일정한 형식의 담론을 생산하는 특수한 언어적 자질로 되돌려지지 않는다. 그것은 단순한 기술적 기량만이 아니라, 화자의 사회적 인성을 이루는 온갖 자질에 관련되는 자격상의 기량이다(Bourdieu & Wacquant 2014/2015: 246). 이는 모든 발화자가 평등한 것도 아니고, 모든 언어적 발화가 동등하게 수용 가능한 것도 아니라는 말이다. 언어 자원이 사회 구성원들 사이에 매우 불평등하게 분배되어 있고 개개인이 보유한 자원의 가치가 권력관계 속에서 결정되는 상황에서, 말하기는 그저 의미 교환을 위한 '랑그의 국지적인 활성화' 혹은 '언어능력의 단순한 수행'일 수 없다. 그것은 상이한 능력을 가진 화자들이 제각기 지닌 언어 자원을 이용해 상징적인 이익을 얻고자 경합하는 권력투쟁이기도 한 것이다(Bourdieu 2001a/2014: 1부 1장).

따라서 부르디외는 언어학에 '발화자의 실천'이라는 관념을 다시 도입하고, 위계적으로 분리되어 있는 사회공간 내에서 이루어지는 이질적이며 가변적인 언어 생산에 주목해야 한다고 주장한다. 우선 그는 오스틴을 좇아 발화가 언어 외적 힘을 발휘할 수 있으며, 그 힘은 어떤 사회적 상황에서 어떤 위치에 있는 개인이 말하는가에 따라 다르게 실현된다는 점을 강조한다. 오스틴은 소쉬르나 촘스키와 달리 언어를 단순한 표현과 소통의 수단이 아닌, 행동과 권력의 수단으로 파악할 수 있게 해준다. 이는 그가 "문 좀 닫아주세요"라는 말처럼 실제 행위를 이끌어내는 '수행적 발화'를 개념화하고, 그것이 어떤 조건 아래 효력을 갖는지 자문한 데서 분명히 드러난다(Austin 1975/1992). 하지만 동시에 오스틴은 수행적 발화의 '적절성 조건'을 발화자의 적절성과 발화 내용의 적절성으로 환원시킨다. 그는 '발화 내적 수행력'의 원천으로 '관습적 절차' '발화자의 자격' 등을 언급하지만, 부르디외에 따르면 이러한 막연한 논의(혹은 어쩌면 논의의 회피)는 그 '적절성'에 대한 인정이 어떠한 권력관계 속에서 획득되고 유지되는지에 대해서는 상세히 탐구하지 않는다(Austin 1975/1992: 제3강의 참조). 예를 들어 "이 결혼이 성립했음을 선언합니다"라는 말은 '결혼식'이라는 의례의 맥락에서 '주례'라는 권위 있는 화자가 관행적 절차에 따라 발화하는 한에서 현실적인 힘을 가질 수 있다. 이때 주례라는 발화자는 한 명의 순전한 개인으로서가 아니라, (그를 대리인으로 내세운) 집단의 축적된 상징자본을 드러내 보이는 인물로서만 권위와 의미를 갖는다. 결국 수행적 발화의 효력은 그 말이 작동하기 위해 충족되어야 할 조건(시간, 공간, 행위자)을 규정하는 집단, 의례, 제도의 존재, 그리고 그것들이 승인하는 위세와 특권의 불평등한 배분과 떼어놓고 이해될 수 없다. 그러니까 우리는 '말의 힘'을 사유해야 하며, 그 힘이 '말 외부의' 사회 집단과 제도로부터 나온다는 사실을 잊지 말아야 한다는 것이다(Bourdieu 2001a/2014: 2부 1장).

같은 맥락에서 부르디외는 촘스키가 시사하는 바와 달리, '문법성'이 의미 생산의 필요충분조건은 아니라고 역설한다. 말은 무엇보다도 사회적으로 적절하고 수용 가능해야 하기 때문이다. 따라서 중요한 것은 결코 언어 그 자체가 아니라 그것이 말해지고 받아들여지는 사회적 맥락이다. 심지어 문법적으로 틀린 말조차 어떤 문맥에서는 적절하며 어떤 수용자들에게는 수용 가능하다. 예컨대 초현실주의 시가 그렇다. 그것은 일상적인 맥락에 있는 대부분 평범한 수용자들에게는 실소를 자아낼 테지만, 문학평론가들 사이에서는 열광적인 반응을 불러일으킬 수도 있는 것이다. 따라서 언어에 대한 진정한 과학이라면 "[언어적으로] 수용 가능한 것의 **절대적 상대성**"을 전제한 채, 어떤 문장과 그것이 수용될 수 있는 상황들 간의 관계 형태를 조사하고, 그러한 문장의 생산과 수용 가능성의 조건을 분석해야 한다(Bourdieu et al. 1977: 45). 이를테면 초현실주의와 그 작가, 그리고 그것을 평가하고 수용하는 비평가와 독자를 생산하는 사회적 조건에 대한 사회사가 필요한 것이다. 이렇게 해서 부르디외가 주장하는 언어에 대한 과학은 언어학이 아니라 사회학 혹은 (사회학의 한 분파로서) 언어사회학이 된다.

사실 주류 언어학 비판의 이러한 논점은 그 자체로 새로운 것은 아니다. 어떤 의미로 부르디외는 사회언어학자들, 그리고 그 자신도 슬쩍 지나치며 인용하는 마르크스주의 문학 이론가 바흐친Mikhail Bakhtin의 비평을 되풀이하고 있을 따름이다. 바흐친은 현대 언어학이 언어 활동의 흐름을 형성하는 실제 단위들인 발화 그 자체에 대한 접근을 결여하고 있다고 비판하면서, 이러한 발화의 연구는 그것을 언어적 상호작용의 흐름 안에 위치시켜야만 한다고 강조한다. "언어가 생명을 얻고 역사적으로 진화하는 곳은 언어 형태들의 추상적인 언어학적 체계나 화자의 개인적인 심리 속에서가 아니라 바로 여기, 즉 구체적인 언어적 의사소통 속에서이다"(Bakhtin 1973/1988: 132). 언어적인 담론은 자기 충족적인 것이 아니라 철저하게 사회적인 것으로, 그 담론을 발생시킨 사회 상황과 떼어놓고는 결코 이해할 수 없다. 바흐친은 또 언어가 화자들의 사회적·언어적 상호작용 속에서 실현되는 지속적인 생성 과정이며 발화의 구조 역시 순수하게 사회학적인 구조이기에, 언어 생성 과정의 법칙 역시 사회학적 법칙이라고 주장한다(Bakhtin 1973/1988: 136). 그가 보기에 언어 이론에는 해결해야 할 그 어떤 내재적이거나 본질적인 과제도 남아 있지 않다. 언어학은 곧 '사회학적 언어학'이어야 하며, 그 임무는 언어 현상 속에서 실현되는 발화자와 수신자 간 상호 관계의 특수한 형식을 이해하는 데 있는 것이다. 부르디외는 자신의 '실천이론'을 발판 삼아 바흐친의 이와 같은 주장을 사회학적으로 한층 구체화하게 된다.

언어학의 거장들에 대한 부르디외의 비판은 한마디로 그들의 언어 중심주의를 정면에서 겨냥하고 있다. 지성주의의 또 다른 판본인 언어 중심주의는 언어학자들에게 어쩌면 당연한 태도라고도 할 수 있겠지만, 부르디외가 보기에 결코 적절하지 않다. 언어는 철저하게 사회적인 현상이며, 따라서 사회적인 것 속에서 파악되어야만 한다. 만일 그렇게 하지 않는다면, 그것은 학자의 단순한 과학적인 책임 방기를 넘어 현실의 언어적인 지배구조를 승인하는 부정적인 결과를 가져온다. "이데올로기적 효과는 이론적 침묵 속에 새겨진다"는 부르디외의 언급은 그의 인식론적 입장과 '순수' 언어학에 대한 비판 지점을 명확히 드러낸다 (Bourdieu 2001a: 41). 그가『말하기의 의미』와『언어와 상징권력』에서 끈질기게 지적하는 것은 바로 언어의 사회적 성격에 대한 언어학자들의 '이론적 침묵'이며, 그에 따른 '이데올로기적 효과'인 셈이다.

언어 교환의 경제

부르디외 언어관의 가장 근본적인 명제는 "언어 관계는 언제나 상징적 세력 관계"라는 것이다(Bourdieu & Wacquant 2014/2015: 241). 곧 부르디외가 보기에는 아무리 간단한 언어 교환일지라도 그것을 수행하는 화자들 간의, 그리고 그들이 속한 집단 간의 역사적 세력 관계가 변형된 형태로 실현되는 과정이다. 그 관계는 설령 비가시적이라 하더라도 언어 교환 안에 언제나 현존한다. 이 논리대로라면 커뮤니케이션은 권력관계 구조 전체를 고려하지 않으면 그 메시지의 내용조차 이해 불가능하다. 부르디외가 언어 사용과 그 사회적 맥락 사이의 관계에 초점을 맞추는 상호작용론적 접근(예컨대 커뮤니케이션의 현장기술지)과도 어느 정도 비판적 거리를 두는 이유가 그 때문이다. 부르디외에 따르면 "작용과 상호작용을 직접적이고 즉각적인 가시성에 의해서만 이해할 뿐 그 이상을 파악하지 못하는 '상호작용론적' 접근은, 상이한 행위자들의 언어 전략이 언어자본의 분배 구조──이 구조는 교육제도에 접근할 수 있는 기회 구조를 매개로 계급 관계의 구조에 종속된다——내에서 그들이 점유하는 위치에 엄격히 종속되어 있다는 사실을 밝힐 수 없다. 그러므로 상호작용론은 표면적인 변화를 가로질러 차별적 편차의 구조를 재생산하며, 희소한 능력, 따라서 차별적인 능력의 소유와 결합된 상황의 이윤을 보전하는 심층적인 메커니즘에 대해서는 무지할 수밖에 없다"(Bourdieu 2001a: 74).

이러한 시각에서 그는 이른바 '실천의 일반 경제'의 한 사례로서 '언어 교환의 경제' 혹은 '언어의 구조사회학'을 주창한다. 그것은 "사회적 차이들의 구조화된 체계와 사회학적으로 유의미한 언어적 차이들의 구조화된 체계를 통합하는 관계"를 연구 대상으로 삼는다(Bourdieu 2001a: 58). 즉 그것은 구체적인 담론 생산 상황에서 미시적으로 관찰 가능한 언어적 불평등을 거시적인 권력구조와 체계적으로 연결 짓는다. 부르디외는 그러한 언어사회학의 골간을 이루는 개념들로 언어 하비투스, 언어자본, 언어 시장, 상징폭력 등을 제시한다. 언어 하비투스와 언어자본이 언어 생산의 개인적인 자원이자 원동력이라면, 언어 시장은 언어 생산물의 실현과 가치 평가가 이루어지는 장이자 제재와 검열의 체계라 할 수 있다. 상징폭력은 서로 불평등한 권력관계에 놓여 있는 발화자들 간 커뮤니케이션이 지니는 사회적 속성과 정치적 효과를 아우르는 용어이다.

하비투스, 언어자본, 언어 시장

언어를 무엇보다 구체적인 상황 속에서의 활동이자 실천으로 파악하는 부르디외는 그 근본적인 생성 원리를 하비투스로 규정한다. 하비투스란 실천을 발생시키는 개인의 성향 체계 및 행위 도식을 말한다.[2] 부르디외에 따르면 사회적 행위자가 언어에 대해 맺는 관계는 시간에 대한 관계, 신체에 대한 관계와 더불어 하비투스의 기층을 구성하는 차원 가운데 하나를 이룬다(Bourdieu 1980a: 122~25). 이는 언어 실천에 핵심적이다. "어느 누구도 **언어에 대한 관계**를 습득하지 않고는 결코 언어를 습득할 수 없다"고 말할 수 있기에 그렇다(Bourdieu & Passeron 1970/2000: 154).[3] 개인이 어린 시절의 가족 환경과 계급 조건 속에서 의식적·무의식적 학습과 경험을 통해 누적적으로 형성시켜가는 습성이 하비투스라면, 언어 하비투스는 특히 그 언어적 층위를 부각시킨 표현이다. 그것은 우리가 언어에 대해 갖는 흥미와 태도부터 일정한 발음 방식, 특정한 것들에 관해 발화하는 기질, 문법적으로 맞는 담론을 생성시킬 수 있는 기량, 이 기량을 현실화하는 데 적절한 발화 조건에 대한 감각 등까지를 통틀어 가리키며 언어 실천의 근간을 마련한다. 부르디외는 행위자가 언어를 배우면서 동시에 그 언어의 수용 가능성의 조

---

2) 부르디외는 구조주의를 매개로 과학으로서의 야망을 구체화한 주류 언어학과 인류학이 지성주의적 편향으로 말미암아 일종의 준칙주의를 드러낸다고 비판한다. 준칙주의란 언어학자나 인류학자가 규칙을 기반으로 사회 세계를 기술하고, 어떤 명시적인 규칙에 대해 언명하는 작업을 마치 사회적 실천의 생성 원리를 발견하고 실천을 충분히 고려한 것인 양 간주하는 경향을 가리킨다(Bourdieu 1987a: 94). 그는 우리가 준칙주의에 맞서 명시적인 규범으로서의 규칙règle보다는 실천의 규칙성régularité에 주목해야 한다고 주장하면서, 질문을 다음과 같이 변형시킨다. "행동은 규칙에 대한 복종의 산물이 아니면서도 어떻게 규칙적일réglées 수 있는가?"(Bourdieu 1987a: 81) 그에 따르면 실천의 규칙성을 생산하는 객관적 기반은 결국 사회적인 것의 내면화를 통해 신체에 새겨진 성향 체계이자 행위 도식인 하비투스이다. 하비투스가 개인들의 무수한 행동에 일정한 질서를 부여한다는 것이다.

3) 게다가 부르디외와 파스롱에 의하면 계급적 언어 차이의 가장 뚜렷한 원리 역시 언어에 대한 관계에 있다. 이를테면 부르주아 언어의 특징인 추상화, 형식주의, 지성주의, 절도 있는 완곡어법 등은 부르주아계급이 세계에 대해 맺는 관계인 고상한 거리 두기, 조심스런 여유, 멋부린 자연스러움 등의 언어적인 표현이다. 이는 민중 언어의 특징인 표현주의, 구체적인 사례에서 또 다른 사례로의 이동, 예시에서 비유로의 이동, 거창한 담론의 회피 등과 대립한다(Bourdieu & Passeron 1970/2000: 154~55).

건들(즉 그 언어가 어떠한 상황에서 보상받거나 제재받는지에 대한 판단력) 을 익힌다는 점을 각별히 강조한다. 규범에 맞는 언어를 말하는 데 필요 한 능력은 모든 사람에게 일반적이지 않은데, 이는 바로 언어 하비투스 의 작용이기 때문이다. 우리의 발화 행위는 정보 이익과 상징이윤을 극 대화하기 위한 의식적·합리적 계산에 따라 수행되지 않는다. 그것은 일 종의 '게임 감각'에 의거해 이루어진다. 그러니까 주어진 상황에서 자신 의 언어 생산물이 받아들여질 수 있을지, 또 어느 정도의 가치를 갖게 될지에 대한 예상 말이다. 개인이 특정한 언어 환경의 규칙과 오랫동안 관계 맺으면서 습득하게 되는 이러한 실천감각은 언어 생산물의 내적인 검열과 자동적인 교정을 가능하게 한다(Bourdieu 2001a/2014: 1부 2장).

물론 언어 실천을 규정하는 기본 요인이 단지 하비투스만은 아니다. 부르디외는 특히 약호화codification의 중요성을 부각시킨다. 그것은 다 양한 분야에서 실천적 상태로 작동하는 규칙들을 일관된 의도 아래 약 호로 체계화시키고 상징적인 질서를 부과하는 작업을 말한다.[4] 언어와 관련된 예를 들어보자. 우리 사회에서는 다른 사람과 만나고 헤어질 때 하는 특정한 말('안녕?' '잘 가!' 등)과 몸짓(고개 숙이기, 악수, 손 흔들기 등)이 정해져 있다. 글 읽기와 쓰기에 필요한 문법과 철자법의 통일 역

---

4) 주로 각 방면의 전문가들(여기에는 관료, 법률가, 언어학자, 인류학자 등)이 약호화를 실행한 다. 이를 통해 그동안 성향의 형식 속에 체화된 채 부분적인 일관성만을 가지고 있었던 개개 인의 분류 도식들은 객관화된 상태로 이행한다. 이를테면 문법은 랑그라는 언어 도식 체계를 거의 법적인 수준으로 약호화한 결과이다. 부르디외의 논리에 따르면 약호화 정도와 하비투 스의 결정력은 서로 반비례 관계에 놓인다. 즉 약호화 수준이 낮은 원시사회에서는 행동의 대 부분을 하비투스가 좌우한다. 그런데 구체적인 상황에 부딪혀 발현하는 하비투스는 유동성 과 즉흥성의 여지가 크기 때문에 세계에 대해 모호하고 불확실한 관계를 낳으며, 이는 예측 이나 통제가 불가능한 결과로 이어질 수 있다. 따라서 행위자들이 무릅써야 하는 위험의 정 도가 높을수록 실천은 약호화될 가능성이 커진다(Bourdieu 1987a: 96).

시 일정하게 이루어져 있다. 이렇게 언어 실천은 하비투스의 자발성에 자유롭게 내맡겨지기보다 약호에 따른 의례나 관습, 규칙에 의해 조절된다. 이는 관계 맺기나 의사소통이 실패할 위험성을 방지하고 사회 구성원들에게 '최소한의 커뮤니케이션'을 보장하기 위해 매우 중요하다.[5] 부르디외는 사회가 진화할수록 약호화 수준이 높아지는 경향이 있다고 보며, 역사적으로는 구술 문화에서 문자 문화로의 전환이 그 결정적인 전기로 작용했을 개연성을 암시한다(Bourdieu 1980a: 214~15). 사실 문자 체계의 등장은 그 자체가 구어를 약호화한 산물이라고도 볼 수 있다. 그 덕분에 다양한 상징 자원(종교, 철학, 예술, 과학 등)이 주관적인 기억이 아닌 객관적인 텍스트 속에 보존되기에 이르고, "문화자본의 시초 축적"이 일어났다(Bourdieu 1980a: 215). 그와 더불어 글쓰기와 읽기, 여타 해석 도구나 기법 같은 상징 자원의 전유 수단이 새로운 사회적 불평등의 원천으로 떠올랐다. 즉 개인의 언어 역량에 따라 사회 구성원들 사이에 상징 자원의 상이한 배분과 독점이 이루어지게 된 것이다.[6] 말하고 듣고 읽고 쓰는 개인의 기량은 점차 자본화하며, 객관화된

---

5) 부르디외에 의하면 모호한 것, 분류 불가능한 것을 명확하게 층 짓고 구분함으로써 커뮤니케이션을 가능하게 만드는 약호화는 '객관화'를 수반하는데, 이는 다시 연관된 효과들을 불러일으킨다. 즉 그것은 실천 도식을 모든 이들이 볼 수 있고 알 수 있도록 만든다는 의미에서 '공식화'이며, 이렇게 공적으로 드러난 대상에 대한 사람들의 합의를 확인한다는 의미에서 '인가' 효과를 낳는다. 또한 객관화는 대상에 정당하고 승인받은 형식, 달리 말해 모든 사람들 앞에서 공적으로 생산할 수 있는 형태를 부여하는 '형식화'의 가능성을 끌어들인다. 형식화는 대상을 명료화하고 합리화함으로써 계산과 예측, 논리적 통제를 촉진한다. 형식화는 상징적 효과 또한 가진다. 즉 형식을 갖춘 어떤 행위(예컨대 교육)나 담론(예컨대 법)은 보편성(이성, 도덕)의 외양을 띤다는 이유로 사람들로 하여금 권력을 권력으로서 인지하지 못한 채 수용하고 인정하게 만들고, 그로써 권력을 완전히 행사한다. 문법, 규범, 행동 수칙, 법령에서 보듯이 형식화는 명시적인 '규범화'를 정초하는 기반이 된다(Bourdieu 1987a: 98~103).
6) 부르디외에 따르면 문자 없는 사회에서 사람들은 자신이 속한 공동체의 상징 환경 전체로부터 교육받으며, 그 과정은 의식과 담론이 아닌 신체를 매개로 한 '실천적인 전수'로 특징지어

문화자본을 전유할 수 있는 일종의 밑천으로 작용한다. 즉 사회적 행위자는 자신의 언어 하비투스를 바탕으로 언어자본을 쌓아가며, 다시 이를 기반으로 (언어자본이 그 일부이기도 한) 문화자본을 축적해간다. 이와 같은 맥락에서 교육체계의 출현은 언어자본과 문화자본의 완전한 실현 조건을 구성하게 되었다. 학교를 위시한 교육기관들은 공식적인 언어 능력을 가르치고 또 측정하면서 체화된 문화자본의 정도에 따라 자격증이나 학위 등을 수여하게 되었고, 학력자본은 노동시장을 통해 경제자본으로 전환 가능한 자원으로 자리매김했다.

단어와 문법 등 '올바른' 언어에 대한 지식과 상황에 맞는 적절한 언어 구사력을 포괄하는 개념인 언어자본은 언어 시장 안에서 언어재화를 생산하고 또 상징이윤을 축적하기 위해, 즉 커뮤니케이션하기 위해 이용되는 자원이다. 부르디외에게 언어 시장 개념은 중층적으로 나타난다. 일단 그는 올바른(즉 정당한) 언어, 이른바 '표준어'가 통용되는 국민국가를 하나의 거대한 공식 언어 시장으로 간주한다.[7] 동시에 그는

진다. 교육은 이렇게 사람들의 신체적인 몰입과 관여, 감정 개입을 가져오며, 지식은 (구전설화나 노동요처럼) 체화된 상태로 존속한다. 그런데 구술 문화에서 문자 문화로의 이행은 문화 산물의 생산과 재생산에서 신체 활용상의 심층적인 변화를 수반한다. 문자 사회에서 교육과 지식은 신체로부터 벗어나 자유로워지는 것이다. 문자는 지식과 문화에 객체성을 부여하고, 과거로부터 전승된 상징 자원을 개인적 기억의 한계를 넘어 대상화된 형태로 보존하고 축적할 수 있게 해준다. 그리하여 교육은 더 이상 이전과 같이 신체의 총체적인 동원을 요구하지 않으며, 지식은 개인으로부터 분리되어 존재하기에 이른다. 문자 텍스트는 연속적이고 일회적인 담론을 공시적이고 지속적인 것으로 변형시킴으로써, 담론 생산자나 수용자가 그것을 객관화하고 논리적으로 통제할 수 있도록 만들었고 이성의 발전을 촉진시켰다(Bourdieu 1980a: 214~15). 문자 체계의 도입이 촉발한 이러한 역사적 과정과 그 사회적 효과에 대한 논의를 위해 부르디외는 잭 구디, 이언 와트Ian Watt, 에릭 해블록Eric Havelock 등의 연구에 의존한다.

7) 그 경계가 대개 국민국가와 합치하는 공식 언어 시장은 지난한 역사적 과정의 산물이자 정치적 투쟁의 소산이기도 하다. 언어적 통일은 국민국가의 형성과 함께 이루어졌으며, 이는 중앙의 지배계층의 언어가 공용어이자 표준어로 자리 잡고, 지방이나 하층계급의 기타 언어들은

온갖 미시적 대화 상황이 예외 없이 "발화자가 자신의 생산물을 내놓는 시장처럼 작동한다"고 주장한다(Bourdieu 1980b: 98~99). 모든 언어 교환 관계는 발화자 또는 발화 집단 들의 문화자본 내지 언어자본 간 관계 구조(불평등한 분포)에 따라 구체화된 시장이라는 것이다. 두 사람 간의 일상적인 수다에서 학교 수업, 입사 면접, 공적인 모임, 방송 출연 등은 이제 모두 다 언어 시장에서 일어나는 언어 생산물의 교환으로 여겨진다.

이처럼 언어학이 '커뮤니케이션 능력'과 '상황 속의 상호작용'만 보았던 곳에서, 부르디외는 '언어자본'과 '언어 시장에서 가치를 평가받는 언어재화의 유통'을 본다. 발화자의 언어자본 투자를 통한 언어재화 생산은 한편으로는 언어 하비투스, 다른 한편으로는 상징이윤의 암묵적인 기대(언어재화의 실질적 수용 가능성과 예상 가치)라는 원리에 따라 이루어진다. 그러한 재화 또는 표현 스타일의 가치는 (결국 사회적 차이를 드러내는) 다른 언어 생산물들과의 경합 속에서 시장이 부과하는 가격 형성 법칙에 따라 매겨진다. 공식적인 언어 시장(예컨대 학교, 정치, 법률, 행정 등)일수록, 정당한 언어의 규범에 부합하는 언어재화가 더 높은 가격을 인정받는다. 언어 시장은 특정한 언어재화에 제재를 가하거나 더 많은 가치를 부여하는 식으로 검열을 행사할 수 있다. 그리하여 언어자본이 적은 피지배자들은 소극적으로 말하거나 자신의 언어를 교정하거나 불편해하는 등의 반응을 보이게 된다. 침묵은 이 시장을 구조화하는

방언, 소수어 등으로 평가절하당하는 과정으로 이어졌다. 부르디외는 프랑스의 역사적인 사례를 들어 단일한 공식 언어, 즉 '정당한 언어'가 정치적 통일성을 확보하기 위해 전략적으로 강제되었다는 사실을 지적한다. 이러한 언어 체계는 지배 효과를 생산한다. "동일한 언어공동체에의 통합은 언어적 지배 관계의 정초 조건이다"(Bourdieu 1982a: 28).

검열 효과의 극단적인 형식이다(Bourdieu 2001a/2014: 4부 2장).

부르디외가 일상적인 커뮤니케이션 상황을 기술하기 위해 가져오는 시장, 자본, 가격 형성 법칙과 같은 은유는 언어 교환이 단순한 메시지 전달 과정이 아니라, 상징적 세력 관계 속에서 일정한 이윤을 추구하며 일어나는 경제적 교환과 유사하다는 점을 강조하기 위한 것이다. 발화자가 생산하는 언어재화는 그 교환에서 나름대로의 가치를 부여받는다. 즉 그것은 긍정적으로 받아들여지거나 신뢰를 얻거나 다른 사람의 복종을 끌어내거나 조롱거리가 되거나 촌스럽다고 여겨진다. 커뮤니케이션 행위는 평등한 이들 간의 동일한 언어능력을 전제하는 상징적 교류가 아니다. 그것은 발화자들 간, 또 그들이 속한 집단들 간 세력 관계를 현실적으로 작동시키고 재생산하는 권력관계이다. 언어적인 상호작용으로서 커뮤니케이션은 언어에 의해, 언어 속에 새겨지는 사회관계의 장소인 것이다.

부르디외의 언어사회학은 언어적 차이의 구조를 사회적 차이의 구조와 체계적으로 연계시키고자 한다. 그러한 시각에서 언어능력은 자연스러운 것이 아니라 사회적으로 결정된 것이며, 따라서 보편적이고 동질적이기보다는 특수하고 이질적인 것이다. 행위자들 간 언어능력의 편차는 사회적 차이를 표출하는 동시에 기초한다. 우리는 우리가 말하는 방식, 언어 역량에 의해 사회적으로 구별된다. 정당한 언어능력을 생산하는 데 핵심적으로 개입하는 두 가지 요인은 가족과 교육체계이다. 어떤 행위자들(주로 중상층계급)은 가정 안에서의 대화와 상호작용을 통해 정당한 언어에 자연스럽게 친숙해지지만, 어떤 행위자들은 그렇게 되지 못한다. 하지만 교육체계는 모든 이들에게 정당한 언어의 명시적인 규칙을 의도적으로 주입한다. 그리하여 행위자들 간에 정당한 언어의 규범에 기초한 지배-피지배 관계가 형성된다는 것이다.[8] 통시적으로 국민국가의 정치적 역학에 의해 이루어진 언어 시장의 통일은 공시적으로는 교육체계에 의거해 유지되는 셈이다. 공식 언어 시장에서 정당한 언어에 대한 숙달 정도는 언어자본을 구성하며 차별화의 이윤을 생산한다. 한 개인이 보유한 다량의 언어자본은 다른 사람들과 신뢰, 협력, 연대 관계를 쉽게 구축할 수 있게 해주고, 나아가 학업이나 직무상의 성공 가능성을 높여준다. 행위자들은 제대로 의식하지 못하지만, 부르디외가 보기에 언어 실천은 이렇게 해서 지배-피지배 관계의 재생산에 기여하는 핵심 요인이 된다.

이상적인 커뮤니케이션의 불/가능성

부르디외의 사회학적 언어관은 제아무리 미시적인 수준의 언어적·비非언어적 상호작용일지라도, 그 심층에서는 언제나 미묘한 권력 행사와 차별화 메커니즘으로부터 자유로울 수 없다는 논리로 이어진다. 이는 그의 상징폭력 개념에서 집약적으로 드러난다. 상징폭력은 간단히 말하자면 사회적 행위자의 공모와 더불어 그에게 행사되는 폭력이다. 이러한 정의를 통해 부르디외가 특히 강조하는 바는 상징적인 차원에서 가해지는 폭력은 그 여부가 주체에게 강제되는 여러 결정 요인들 못지않게 주체 자신에게도 달려 있다는 것이다. 이와 같은 '공모'는 이른바 '오인-인정'의 메커니즘을 통해 이루어진다(Bourdieu 1978a; Bourdieu &

---

8) 부르디외와 파스롱에 따르면 개인은 유년기 교육을 통해 실천적으로 언어를 습득하게 되는데, 이 과정에서 형성된 언어에 대한 관계는 이후 상징적으로 습득하게 되는 학교 언어에 대한 관계 역시 좌우한다. 바꿔 말하면 가정 언어와 학교 언어 사이의 거리가 가까울수록 학교 언어의 습득이 쉬워진다는 뜻이다(Bourdieu & Passeron 1970/2000: 155~58).

Wacquant 2004 참조). 존 톰슨이 정확하게 지적했듯이, 상징폭력 개념은 "커뮤니케이션 관계와 권력관계 사이의 구분에 대한 거부를 전제"하면서 "커뮤니케이션 안에 감춰진 채 그것을 통해 행사되는 지배 형식"을 가리킨다(Thompson 1984: 58). 부르디외에게 교육 커뮤니케이션은 젠더 관계와 더불어 상징폭력의 가장 대표적인 사례연구 대상을 제공한 바 있다(Bourdieu & Passeron 1970/2000; Bourdieu, Passeron & Saint-Martin 1965 참조).

간단한 예로 교수 A와 학생 B가 만나 이야기하는 상황을 떠올려보자. 고급 브랜드의 멋진 옷차림새를 하고서 정확하고 세련된 언어를 구사하는 부르주아지 출신의 교수 A와 대화하면서 민중계급 출신의 학생 B는 그렇지 못한 자기가 어쩐지 열등하다고 느끼며, 따라서 자기 발음을 고치고 문법을 배워야겠다고 결심한다. 부르디외의 시각에서 보면 이때 일종의 상징폭력이 행사된다. 대화 상황에서 B는 A의 말에 당연히 귀 기울여야 한다고 믿고 그 말이 중요하다고 여긴다. 사실 그 말의 권위는 A의 권위로부터 나오며, A의 권위는 다시 A가 속해 있는 부르주아지의 권력, 그리고 교수-학생 관계를 규정하는 교육제도의 권력으로부터 나온다. 하지만 그러한 힘의 원천(A의 소속 계급, A의 학력자본과 그것을 부여한 국가, 학위 취득에 유리했던 A의 사회적 출신 배경 등)은 망각되는 것이다. 한편 B는 '멋진' 차림새, '정확하고' '세련된' 언어를 나름대로 인지하며 판단하고 있지만('인식하는 주체'), 그 기준 자체가 철저하게 '자의적'이라는 점, 그 '자의적'인 기준의 부과와 내면화와 적용이 불평등한 세력 관계를 기반으로 이루어졌다는 점을 모르거나 잊고 있다. '멋진' 차림새, '정확하고' '세련된' 언어의 기준은 역사적으로나 사회적으로 변해왔으며, 앞으로도 그럴 것이다. 하지만 이 상대적이고

자의적인 기준은 지배계급에 유리한 방향으로 위계화되어 마치 절대적이고 당연한 것인 양 가르쳐지며 또 그렇게 받아들여진다. B가 자신의 계급 조건과 생활 세계 속에서 습득한 '지각과 평가 도식'을 통해 세상을 지각하고 판단하기 때문이다. 그 도식은 B에게 너무나 자연스럽게 체화되어 있어 그 자체를 의문시하지 않게끔 만든다. 한데 그것은 사실 가정과 계급 환경과 학교에서의 의식적·무의식적 교육과정을 통해 B에게 주입된 것이다. 그리고 그 교육과정은 불평등한 계급 관계를 일정하게 반영한다.

부르디외에 의하면 사회적 존재로서 인간은 세계를 바라보는 틀(정신구조)을 자기가 속한 세계(좁게는 계급) 속에서, 그 영향 아래 구축해나간다. 이 과정에서 사회구조와 인지구조 사이에 자연스럽고 즉각적인 '일치' 내지 '조화'가 생겨나는데, 이는 행위자가 사회 세계의 진정한 성격(절대적인 자의성)을 인식하지 못한 채 세상사를 당연히 여기도록, 있는 그대로 받아들이도록 만든다. 그리하여 지배구조는 "세계에 대한 독사적 수용"을 통해 피지배자들의 자발적인 협력 속에서 재생산되는 것이다(Bourdieu & Wacquant 2004: 272). 하비투스의 효과를 매개로 그들은 그들 자신을 대상으로 삼는 폭력에 공모한다. 하비투스는 상징폭력의 산물이자 그 효력의 조건이다. 이렇게 보자면 우리가 아무런 비판적인 문제의식 없이 살면서 대화하고 생각하고 행동하는 자체가 우리 자신도 모른 채로 상징폭력에 끊임없이 희생당하고 있는 형국인 셈이다. 결국 상징폭력은 사회적 삶의 가장 심층적인 차원에서 벌어지는 광범위한 폭력이라 할 만하다. 이러한 사회학적 관점에서 '자유롭고 평등한 커뮤니케이션,' 그리고 이를 통한 '(정치적·과학적·심미적) 이성의 구현'은 불가능하지는 않을지라도 매우 지난한 과제로 등장하지 않을 수 없다. 사실 '자유롭고 평등한 커뮤니케이션을 통한 이성의 구현'은 플라톤 이래 하버마스에 이르기까지 서양철학사의 오랜 이상이었다. 언어와 상징폭력에 대한 부르디외의 논의는 그러한 이상에 대한 사회학적 반박이기도 하다. 이는 부르디외의 하버마스 비판 속에서 더욱 선명하게 드러난다.

하버마스는 18세기 유럽 국민국가의 형성 과정에서 그와 함께 떠오른 각종 시민 문화의 제도(신문, 잡지, 카페, 살롱 등)를 부르주아 공론장bürgerlich Öffentlichkeit으로 형상화한 바 있다. 그에 따르면 대인 커뮤니케이션(대화, 토론)과 매스 커뮤니케이션(신문, 잡지, 책 등)이 결합하고 공중에 의한 이성의 공적 활용이 더해져서 탄생한 공론장은, 다양한 이해 집단과 사회 세력 들 사이에 정치적인 합의가 이루어지는 공통 공간으로서 근대 민주주의의 기초를 구성한다(Habermas 1990/2001). 하지만 부르디외는 이러한 하버마스의 역사적 기술이 "합리적인 합의를 끌어내는 데 적합한 공공 토론이 정초되기 위해 채워져야만 하는 사회경제적 조건에 대한 질문"을 감추며 억압하고 있다고 주장한다(Bourdieu 1997a: 80). 그는 공공 커뮤니케이션의 이상과 관련된 하버마스의 논의가 칸트와 루소로부터 내려오는 정치철학의 변이형이라고 지적하면서, 그러한 사상을 실제 역사적 경험과 대결시켜야 한다고 강조한다. 한데 현실적으로는 성별, 교육 수준, 소득 수준 같은 요인들에 따라 어떤 개인이 명확한 정치적 의견을 가질 수 있는 확률이 달라지고, 정치 장에 접근할 수 있는 가능성 또한 달라진다. 더욱이 "논증의 힘은 힘의 논증에 맞서서 거의 효과적인 적이 없었고" "커뮤니케이션의 사회적 관계에는 언제나 지배가 현존한다"(Bourdieu 1997a: 80). 이와 같은 시각에서 보자면 하버마스는 상징권력의 사회학이 경험연구를 통해 발견하는 현실을 도외시하면서, 정치적 세력 관계의 문제를 마치 커뮤니케이션 관계의 문제인 양 환원시켜버리는 셈이다. 부르디외는 대화 상황을 구성하는 보편적 요소에 대한 하버마스의 관심에서 드러나는 이상화는 "사실상 커뮤니케이션 관계로부터 권력관계를 지워버리는, 그리하여 후자가 미화된 형태로 스스로를 실현하도록 해주는 효과를 갖는다"고 신랄하게 비판한다(Bourdieu 2001a: 41).

그렇다면 이상적인 커뮤니케이션, 즉 사회적 결정 요인들로부터 자유롭고 평등하며 합리적인 커뮤니케이션은 전적으로 불가능한 기획일까? 물론 꼭 그렇지만은 않다. 부르디외에 따르면 언어 교환이 곧장 권력 행위가 되는 잠재성은 반드시 발현되지 않을 수도 있다. 이는 가족 또는 친구들 간의 경제적·상징적 교환 같은 이른바 아리스토텔레스적인 우애 관계라든지 동질적인 상대들끼리의 사적인 관계에서 가능하다(Bourdieu & Eagleton 1992: 116). 이때 언어 시장의 공식 법칙은 잠정적으로 중지되며, 상징폭력 역시 일시적으로 중단된다. 하지만 부르디외는 재빨리 "이러한 경우들에서조차 지배 행사의 거부는 겸양 전략의 일부이거나 폭력을 더 높은 수준의 부정과 위장으로 끌어올리는 방식, 오인 효과를 강화하고 그럼으로써 상징폭력의 효과를 강화하는 수단일 수 있다"고 덧붙인다(Bourdieu & Wacquant 1992: 145). 이러한 논리대로라면 자유롭고 평등한 커뮤니케이션은 설령 가능하더라도 지극히 예외적이며 한정된 상황에서만 일어날 수 있다. 유사한 하비투스와 비슷한 정도의 언어자본을 갖춘 사람들 간의 사적인 대화가 그 이념형이 될 터인데, 그나마 지속적이고 안정적으로 유지되기는 어려운 것으로 여겨진다. 또 그것은 하버마스의 기대처럼 상호주관적 합의와 합리성을 생산하는 언어적 토대로 그려지지도 않는다.

부르디외가 커뮤니케이션을 통한 이성의 진보를 발견하고 또 예기하는 영역은 다름 아닌 학계이다. 우선 그는 "진리의 생산을 가능하게 만드는 커뮤니케이션의 사회적 형식이 출현하는 역사적 조건이 있다"고 주장한다(Bourdieu 1987a: 44). 그것은 바로 과학 장의 형성 과정과 맞물린다. 특히 높은 수준의 자율성에 도달한 과학 장에서는 행위자들이 그 장의 내적 법칙에 따라야만 성공할 수 있는 가능성이 높아진다. 그 법칙이란 진리를 하나의 '가치'로서 인정하고 일정한 시기의 합리성을 규정하는 방법론적 규준들을 존중하면서, 이전의 과학 투쟁에서 축적된 각종 도구와 수단들을 활용해 진리 탐구를 목적으로 경쟁하는 것이다. 부르디외에 따르면 "과학 장은 이기기 위해 이성으로 무장해야만 하는 게임이다"(Bourdieu 1987a: 44). 과학 장은 어떤 규범적인 명령에 의거해서가 아니라, 자체의 고유한 논리에 의해서 특수한 커뮤니케이션 형식(경쟁적 토론, 비판적 대화, 상호 평가와 교정)을 생산하고 촉진한다. 이는 궁극적으로 지식의 축적과 오류의 통제를 북돋우는 경향이 있다. 달리 말해 과학 장 내의 합리적 커뮤니케이션은 과학적 이성을 실현하는 기반이 된다는 것이다.

부르디외는 과학 장이 다른 장들과 마찬가지로 권력과 자본의 집중, 독점, 세력 관계, 이기주의적 이해관계, 갈등이 있는 사회 세계이지만, 동시에 **"다른 관계 아래서는** 약간은 기적 같은 예외적 소우주, 즉 이성의 필연성이 구조와 성향의 현실 속에 상이한 정도로 제도화되어 있는 소우주"라고 역설한다(Bourdieu 1997a: 131). 이 '다른 관계'란 과학 장에서 정초되고 보장되는 사회적 커뮤니케이션(예컨대 학술회의의 발표와 토론, 학술지의 논문 심사와 평가)으로서, 경쟁 체제가 효과적으로 부과하는 "상호 통제로서의 보편화 메커니즘"이기도 하다(Bourdieu 1997a:

132). 과학적 논리는 이처럼 적절한 규제에 따라 이루어지는 토론과 논쟁, 합리적 교환 관계 속에 새겨져 있다. 그것은 행위자들이 보편적인 것(이성, 진리, 미덕 등)을 내기물로 삼아 그것의 실현에 특수한 이해관계를 가지는 투쟁의 장소인 과학 장의 효과이다(Bourdieu 1997a: 146). 부르디외는 커뮤니케이션을 통해 진리에 도달하기 위한 방안으로 담론의 규범적이고 이상적인 형식 요건들이 아니라, 학문적 상호 경쟁과 교차 통제를 자극하는 과학 장의 사회적 제도화에 초점을 맞춘다. 어쨌거나 부르디외가 보기에 사회 세계에서 "하버마스가 언급하는 왜곡되지 않은 커뮤니케이션은 언제나 예외"이며, "우리는 이 왜곡되지 않은 커뮤니케이션을 예외적인 조건들이 충족될 때 각별한 노력을 기울여야만 성취할 수 있다"(Bourdieu & Eagleton 1992: 116).

언어에 관해 과학적으로 말한다는 것

부르디외의 언어사회학은 하나의 연구 프로그램으로서 고유한 체계와 효용성을 가진다. 이는 부르디외 자신이 '순수 철학 담론'의 발생과 구조를 해부한 저작 『하이데거의 정치적 존재론』에서 명백히 보여준 바이며, 그와 지적인 친연 관계에 있는 학자들이 생산하는 수많은 언어 관련 작업들에서 잘 드러나는 바이기도 하다. 하지만 그렇다 하더라도 부르디외의 언어사회학이 논리적 비판으로부터 아예 면제될 수 있는 것은 아니다. 오히려 연구 프로그램의 발전적 운동을 위해서는 그러한 계기가 필수적일 터이다. 생산적인 비판을 지향하는 접근이 크게 두 방향에서 가능하다. 하나는 실제 경험 사례에 대한 연구 행위 속에서 이론을 현실과 대결시켜가며 그 문제점을 도출하고 수정을 제안하는 것이다. 다른 하나는 그 이론에 내재하는 인식론적·개념적 단점과 한계를 검토하고 개선을 모색하는 것이다. 나는 여기서 후자의 접근법을 취하고자 한다. 그 주된 논점은 부르디외가 주류 언어학을 공격하면서 가정하는 과학에 대한 입장, 그리고 커뮤니케이션을 상징폭력으로서 개념화하는 방식에 깔린 몇몇 전제를 근본적으로 재고하는 데 있다.

과학 담론과 대상 구성

언어학자들에 대한 부르디외 비판의 중심에는 언어 현상이 사회적 사실이기에, 언어학 역시 사회과학이어야 한다는 주장이 놓여 있다. 즉 언어학의 과학성은 언어라는 대상을 자율화하고 그 내적 논리를 특권화함으로써가 아니라, 철저하게 사회학화함으로써 확보될 수 있다는 것이다. 부르디외는 언어학자들이 실용적·정치적 기능이 소거된 자족적인 기호 체계로 언어를 대상화하면서 가정하는 인간상인 "호모 링귀스티쿠스home liguisticus"를 비판한다(Bourdieu & Boltanski 1975: 18). 이 상상적 인간형은 언어를 실생활에서 말하고 행동하는 데 쓰는 것이 아니라, 분석하고 해석해야 할 예술 작품처럼 다루는 존재로 제시된다. 또 그것은 순수하고 완전한 경쟁이 이루어지는 언어 시장에서 정보 이익과 상징이윤을 최대화하려는 목적을 가지고 규칙(공통의 약호)에 따르면서 자신의 언어 생산과 가격을 자유롭게 결정할 수 있는 주체인 양 가정된다. 이 비현실적 인간상은 언어학자들이 그들의 특수한 사회적 위치와 관점을 아무런 반성 없이 '인간 일반'에 투사한 산물이라는 점에서, 주류 경제학의 '인간학적 괴물'인 '호모 이코노미쿠스'에 비견할 만하다.

'호모 링귀스티쿠스'에 대한 비판은 궁극적으로는 그러한 대상을 창조해낸 관점, 달리 말하면 '스콜라적 관점'을 겨냥하고 있다. 부르디외는 오스틴에게서 빌려온 이 개념을 통해 지식인들의 현학적이고 관조적인 거리 두기, 그리고 '모델의 사물'을 '사물의 모델'로 오인하는 습성에 가차없는 공격을 가한다.[9] 바로 그러한 관점이 의도되지 않은 이데올로기적 효과를 발생시킨다는 이유에서이다. "언어학자들은 이미 구성된 대상을 이론에 통합한다. 그러면서 이 대상을 구성하는 사회적 법칙들을 망각한다. 망각은 아니더라도 아무튼 그것의 사회적 기원을 감춘다"(Bourdieu 2001a: 41). 소쉬르나 촘스키가 각각 랑그와 보편문법을 말할 때, 일정한 방법론적 단절과 추상에도 불구하고 공식 언어, 지배 언어, 국가 언어에 기초한 '사회적으로 정당한 담론'을 암묵적인 모델로 삼는다. 그리하여 그들의 이론은 '정당한 담론'에 내재하는 법칙을 언어 실천의 보편적인 규범으로 변화시키는 것이다. 부르디외에 의하면 이는 '정당한 것'과 '정당하지 않은 것'에 대한 사회적인 규정이 요구하고 또 정초하는 언어 시장의 폭력적 통일, 그리고 정당한 언어능력의 습득을 위한 사회경제적 조건의 불평등이라는 문제를 가린다.

그런데 우리는 (이론이 발생시키는 이데올로기적 효과, 그 성격과 중대성, 파급 범위와 같은 문제는 제쳐놓더라도) 언어학의 '잘못된' 대상 구성에 대한 부르디외의 비판이 과연 얼마나 타당한 것인지에 대해 의문을 제기해볼 수 있다. 언어학, 경제학, 인류학 등 다양한 분과 학문은 과학적인 분석에 요구되는 고유한 대상을 구성하기 위해 일정한 추상화 과

---

9) 예컨대 부르디외에 따르면 구조언어학은 "명료화 가능성의 논리적 질서 속에" 스스로 자리하는 한에서만 '랑그의 생산물로서의 파롤'이라는 시각을 생산할 수 있다(Bourdieu 1980c: 52). 즉 역사적이고 비가역적인 실제의 시간에서 파롤은 언제나 랑그에 선행하지만, 논리적이고 가역적인 모델의 시간에서는 랑그가 파롤에 선행하는 것이다.

정이 불가피하다고 본다. 그러나 부르디외는 어떤 대상에 대한 '더욱 완전한' 정의가 가능하며, 그러한 정의는 (분과 학문의 좁은 시야나 이해관심에 맞춘 협소한 재단이 아니라) 대상의 사회적 측면을 최대한 포괄하고 총체화해야 한다는 입장에 선다. 이는 부르디외가 1976년 가을 언어학자들과 가진 토론회에서 한 말 속에 뚜렷이 드러난다. 그는 언어학에서의 '능력'과 '상황' 개념을 비판하면서, "('손상되었다'는 의미에서의 추상적인 정의에 대비되는) 확장된, 혹은 더 낫게는 완전한 정의"를 그것에 부여해야 한다고 주장했던 것이다(Bourdieu et al. 1977: 45). 그의 주요 과녁은 바로 '대상을 손상시키는 추상'이며, 그러한 추상이 함축하고 있는 이데올로기, 즉 '논리의 사물'을 '사물의 논리'와 혼동하는 지성주의, 그리고 그 원천이 되는 지식인의 자계급 중심주의이다. 부르디외는 어떤 대상의 '사회적인 차원'을 통합한 '총체적인' 구성 작업이 가능하고 또 바람직하다고 믿는다. '과학적인' 언어 연구의 대상은 언어 실천과 언어의 사회적 활용이어야 한다는 그의 주장은 이러한 신념에 바탕을 두고 있다. 그런데 이는 과연 인식론적으로 얼마나 정당화될 수 있을까?[10]

---

10) 물론 부르디외가 사회학적 관점을 절대화한다고 단정적으로 말할 수는 없다. 그는 '과학적 사회학'의 기반을 객관화와 성찰성에 둔다. 그는 특히 사회학적 이성의 원칙으로서 성찰성을 강조하면서 사회학의 사회학을 주창했다. 부르디외는 이렇게 주장한다. "마르크스는 때때로 다음과 같은 점을 암시했다. 즉 어떤 개인들은 사회공간에서 그들에게 할당된 위치로부터 스스로를 완전히 해방시키는 데까지 이르러서, 이 공간을 전체로서 이해할 수 있고 그들의 시각을 구조에 아직도 갇혀 있는 자들에게 전수할 수 있다고 말이다. 그런데 사실 사회학자는 그러한 절대적 시각을 자처하지 않으면서도, 역사적 소여의 총체성을 생생하게 포착할 수 있는 자신의 작업이 생산하는 표상이 범속한 시각들에 대해 갖는 초월성을 확언할 수 있다. 게임에 연루된 행위자들의 부분적이고 편파적인 관점도 아니고 신과 같은 관찰자의 절대적인 관점도 아닌 지점에서 취해지는 과학적 시각은 가장 체계적인 총체화를 표상한다. 그것은 인식 수단들의 주어진 상태에서 역사적 자료와 총체화 작업의 가급적 완전한 객관화를 대가로 성취될 수 있을 것이다. 그로써 과학적 시각은 칸트가 말했던 **상상적 초점**focus imaginarius, 즉 그로부터 완성된 **체계**가 주어질 장소로 이르는 노선의 실제 지점을 표시한

결국 '종이 위에서' 이루어지는 연구 대상의 구성은 연구자의 시각과 분석 수준에 따라 얼마든지 다양할 수 있으며, 동시에 결코 완벽할 수 없다. 그렇다면 더 완전한 대상 구성이 있는 것이 아니라, 언제나 부분적이고 어느 정도는 상호 보완적인 대상 구성, 혹은 서로 통약 불가능한 이질적인 대상 구성이 있다고 말할 수 있지 않을까? 이를테면 구조언어학은 언어사회학이 보지 못하는 부분을 가시화하고 또 분석하면서 언어사회학을 보완한다거나, 아니면 구조언어학과 언어사회학은 제각기 언어 현상의 이질적인 양상들을 조명하고 있다는 식으로 말이다. 부르디외가 말하는 (대상을 훼손하는) '추상'이 반드시 유해하다거나 무의미하다고 간주하기도 어렵다. 바흐친은 주류 언어학이 가정하는 "규범적으로 동일한 형태들의 안정적인 체계"로서의 언어는 단지 "과학적인 추상"일 따름이며 언어의 구체적인 실재와는 일치하지 않는다고 지적하면서도, 동시에 그 추상이 "어떤 특정한 실용적·이론적 목적과의 관련 속에서 생산적일 수 있다"는 단서 달기를 잊지 않았다(Bakhtin 1973/1988: 136).[11] 이러한 시각에서 소쉬르, 촘스키, 오스틴의 논리를

다. 하지만 고유하게 과학적인 의도는 그 초점을 어떤 실천의 이상(혹은 규제 이념)으로서밖에는 생각할 수 없다. 그 실천이 그곳에 즉각 도달하려는 오만을 부리지 않기 때문에, 점점 더 가까워지기를 희망하는 수밖에 없는 것이다"(Bourdieu 1984a: 47~48).

11) 사실 1968년의 공저서 『사회학자의 직능』에서 부르디외는 소쉬르가 언어학의 대상으로 랑그를 구성한 것에 대해, 갈릴레오가 근대 물리학의 대상을 계량 가능한 관계 체계로 설정한 것이나 뒤르켐이 사회적 사실을 사물로 취급한 것에 비견할 만한 "방법의 결단"으로 높이 평가한 바 있다(Bourdieu, Chamboredon & Passeron 1968: 52). 물론 이러한 상찬이 잠정적인 것에 지나지 않는다고 볼 수도 있다. 부르디외는 구조주의와 그것이 체계화시킨 관계 중심적 사유 양식의 기여를 '일부' 인정하면서도, 그것이 결국 과학적 사회학의 구축을 위해 변증법적으로 지양해야 할 하나의 계기에 불과하다고 인식하고 있었기 때문이다. 하지만 부르디외의 '구성주의적 구조주의'가 과연 말의 정확한 의미에서 구조주의의 '지양'인 것인지, 이러한 '지양'을 통해 구조주의는 더 이상 쓸모없고 의미 없는 방법론으로 전락했는지, 사회 분석 패러다임들의 다원적인 공존과 경쟁을 인정하고 또 존중해야 하는 것은 아닌지 등과

내재적으로 검토해보면, 우리는 주류 언어학에 대한 부르디외의 비판에 선뜻 동의하기 어려워진다.[12]

예컨대 소쉬르는 언어의 사회적 성격을 부인하지 않는다. 그러기는커녕 그는 '개인적인 파롤' 대 '사회적인 랑그'라는 이분법 위에서 랑그의 사회성에 주목한다. 다만 이때 소쉬르가 중시하는 특성은 부르디외의 관심사와는 사뭇 다르다. 소쉬르에 따르면 "랑그는 개인 외부에 있는 언어의 사회적인 부분으로서 개인 혼자서는 그것을 창조할 수도 변화시킬 수도 없으며, 공동체 구성원들 간의 일종의 과거의 계약 덕분에만 존재"하고, "어느 누구의 뇌 속에서도 완전하지 않으며, 대중 안에서만 완벽하게 존재"한다는 점에서 사회적이다(Saussure 1972: 30~31). 뒤르켐의 영향을 받은 것으로 여겨지는 이와 같은 개념화는 발화 주체들 외부에서 그들에게 객관적으로 부과되는 규범 체계라는 언어의 속성을 무엇보다도 강조한다. 이는 주어진 언어공동체 내에서 모든 이들이 동일한 기호를 통해 대체로 동일한 관념을 재현한다는 사실로 우리의 주의를 이끈다. 소쉬르는 또한 기호 체계의 내적인 정합성과 포괄성, 즉 자율성

같은 질문들 역시 가능할 것이다.

12) 부르디외와 비교적 긴밀한 관계를 맺고 있었던 언어학자 피에르 앙크르베Pierre Encrevé는 『말하기의 의미』의 출간이 언어학자들 사이에서 별로 좋은 반응을 얻지 못했다고 회고한다. 당시 언어학자들이 보기에 부르디외가 한 일은 랑그가 "사회적 제도"라는 소쉬르의 공허한 기술의 내용을 채운 데 불과했다. 랑그의 사회적 변이 양상은 언어학자들에게 이미 잘 알려져 있었으며, 사회언어학자들은 이 현상에 대해 많은 연구를 축적하고 있었다. 부르디외의 분석은 이른바 '공통어'의 내적인 변이들이 발화자의 하비투스에 따라 달라지며, 문화재화의 조작을 독점하는 심급들(특히 교육체계)에 의해 어떻게 이용되는지를 보여주는 것이었다. 그 심급들은 '자의적으로' 지배 언어를 정당화하고 피지배자들의 언어는 평가절하한다는 것이다. 하지만 1980년대 초 촘스키의 영향 아래 이미 인지 중심적이고 보편주의적인 관심사에 집중하고 있던 주류 언어학의 관점에서 볼 때, 부르디외식 '언어 교환의 경제'는 순전히 외재적인 문제 제기로 비쳤을 따름이다(Encrevé 2003: 261~62).

을 확인하면서 단어와 사물, 언어기호와 지시 대상 사이의 관계 문제를 다시 정식화한다. 즉 개별 단어나 문장이 현실 세계의 개별 대상이나 사건을 반영 또는 재현하는 것이 아니라, 오히려 기호의 전체 체계 내지 랑그의 전체 장이 실재 자체에 조응한다는 것이다. 현실 세계에 어떤 조직적 구조가 존재한다 해도, 그에 대응하는 것은 체계적인 언어의 총체일 따름이다. 이는 우리의 이해가 일대일 식의 토대를 가지기보다는 하나의 전체에서 다른 전체로 진행된다는 뜻이다(Jameson 1972/1985: 28).

한편 촘스키의 궁극적인 관심은 스스로 천명하듯 인간 정신의 작동 방식에 대한 탐구에 있다. 그가 보기에 '언어 역량'은 다른 동물들에게 없는 인간 고유의 능력이며, 모든 사람들에게 공통적으로 나타나는 말 그대로 보편적인 능력이다. 이 능력은 가르쳐지는 것이 아니며, 대체로 인간의 내적인 생물학적 본성에 의해 결정된다. 언어 사용 능력은 생물학적 기반을 가지는 것이지, 백지상태에서 출발해 생후의 경험과 훈련으로 비로소 습득 가능해지는 것이 아니라는 말이다. 물론 그것이 발전할 수 있도록 자극하는 더 나은 사회적 환경이 있을 수 있지만, 그렇다고 해도 원래 정해져 있는 방식으로 발전하도록 도와줄 따름인 것이다(Chomski 1988: 171~74). 따라서 촘스키에 의하면 언어학 이론의 임무는 실제적인 '언어수행'의 기반이 되는 '언어능력'의 일반적인 특징을 발견하는 데 있다. 그리하여 그는 언어능력에 영향을 주는 여러 가지 요소들을 제거한 상태로 그것을 이상화해서 연구한다.[13] 그가 탐구하는

---

13) '언어능력'이라는 개념은 어떤 언어를 알고 있는 사람이 극히 제한된 수의 규칙을 바탕으로 무수한 언어수행을 반복할 수 있고, 자신이 들어서 이해한 문장을 재생산하거나 무한히 많은 새로운 문장을 이해하고 만들어낼 수 있다는 원리에서 출발한다. 언어능력은 생성문법

보편문법은 인간의 모든 언어가 생물학적인 필연성에 의해 갖는 요소나 속성인 원리, 조건 및 규칙의 체계를 가리킨다. 촘스키는 그것이 변형 규칙들의 표출 능력을 제한해줌으로써 가능한 변형문법들의 범위를 한 정시켜주는 역할을 한다고 가정하며, 이러한 문법적 능력이 화용적 능력과는 구분된다고 본다. 그는 정신의 본원적 능력이 창조한 '추상적인 인지구조'로서 언어에 초점을 맞추면서, 구체적인 언어 사용이나 언어 행동 또는 언어 기능이 언어구조에 영향을 준다고 보는 경험주의나 기능주의를 비판한다(Chomski 1975: 23).

　마지막으로 오스틴은 의미를 가지는 '발화 행위locutionary act,' 어떤 것을 말하는 가운데 어떤 힘을 가지는 '발화 수반 행위illocutionary act,' 어떤 것을 말함으로써 어떤 효과를 성취하는 '발화 효과 행위 perlocutionary act'를 구별하면서, 종국에는 진술문(자신과 무관한 사실을 지시하는 발화)과 수행문(스스로 행위를 구성하는 발화) 사이의 엄격한 이분법을 흐려놓는다. 그는 모든 발화 행위는 진술문/수행문의 구분과 관계없이 발화의 목적과 의도, 맥락이 중요하다는 점을 역설하고, 발화 수반 행위의 분류(판정 발화, 행사 발화, 언약 발화, 행태 발화, 평서 발화) 와 그 성격 및 기능의 기술을 통해 진/위, 가치/사실이라는 '맹목적 물신'을 해체한다(Austin 1975/1992: 184). 이렇게 오스틴은 진술문과 수행문의 대립을 상대적인 정도 차이의 문제로 변화시키면서 암묵적으로 논리실증주의를 반박한다. 부르디외는 오스틴이 (하버마스가 그렇듯이) 담론의 힘을 그것이 통용되는 제도적 조건 안에서가 아닌 담론 자체에

규칙들의 무의식적인 적용으로서, 심층구조에서 표층구조를 생성시키거나 혹은 그 반대의 경우를 가능하게 해준다(Chomski 1975).

서 찾으려 하며, 상징체계에 대한 형식주의적 분석에만 몰두한다고 비판한다. 하지만 발화 수반력의 적절성 조건을 상세하게 탐구하지 않았다는 이유로 그가 사회적 맥락의 문제를 간과했다고 단언할 수는 없는 노릇이다. 또한 언어 행위에 대한 그의 유형화가 설령 언어의 힘을 언어 내적으로 해명하려는 시도의 소산이라 하더라도, 그 노력이 사회학적으로 무의미하다고 단정하기도 어렵다. 그것은 예컨대 언어가 이데올로기와 주체의 구성에 어떻게 작용하는지를 분석하는 데 실질적인 도움을 줄 수도 있기 때문이다(Reboul 1980/1994: 3장; Butler 1999 참조).

부르디외의 비판 대상이었던 세 저자는 제각기 언어학적 대상 구성의 다른 예를 제공하고 있다. 소쉬르가 언어의 사회적 성격을 중시하면서도 그것을 부르디외와는 다른 수준에서 개념화하고 있다면, 촘스키는 인간의 경험적인 언어 활용이 아닌 인간의 생물학적 언어능력을 다룸으로써 부르디외와는 언어 연구의 목적과 대상 범위를 아예 달리 하고 있다. 한편 오스틴은 언어 행위에 내재한 힘을 인식하고 그 기능 작용의 논리를 추상화하는 데 집중할 뿐, 그 힘의 제도적 원천과 구체적인 작동 조건은 사회학자의 연구 대상으로 남겨두고 있는 경우이다. 그렇다면 우리는 이렇게 질문해볼 수 있을 것이다. 소쉬르가 부각시키는 언어의 사회적 성격이 부르디외가 강조하는 면모(예컨대 성별, 인종, 학력 수준, 소득 수준 등에 따른 언어능력과 활용 양상의 차이)에 비해 덜 중요하거나 가치 없는 것일까? 더군다나 '사회적인 것'을 '언어적인 것'에 대한 배타적 외부성으로 상정하지 않는다면 말이다(Butler 1999 참조). 소쉬르가 랑그의 추상화를 통해 드러낸 언어의 집합적·자율적 속성에 대한 고려 없이 부르디외가 중시해 마지않는 '상징적인 것'의 층위를 드러낼 수 있을까? 부르디외의 언어사회학은 인간의 보편적이고 생물학적인 언어능력을 겨냥한 촘스키의 탐구를 대체하거나 무효화시키는 것일까? 그것은 언어 행위의 성격과 유형에 대한 오스틴의 언어학적 분석 없이 지탱될 수 있을까? 두서없이 떠오르는 이 의문들에 대한 우리의 대답은 부정적이다. 문제는 그러한 언어학 논의들이 가지는 나름대로의 의미와 성과를 사회학적 연구 프로그램에 어떻게 생산적으로 접합시킬 수 있는가에 있지, 부르디외식으로 그것들을 지성주의 혹은 언어 중심주의 비판의 이름 아래 송두리째 기각하는 데 있지는 않을 것이다.

　언어학자들의 대상 구성과 그 바탕에 있는 스콜라적 관점에 대한 부르디외의 공격은 '총체적 과학으로서의 사회학'이라는 특수한 입장을 공유하지 않는다면 설득력을 얻기 힘들다. 그것은 '모든 것이 사회적'이기에 사회학적 접근만이 온전한 대상 구성을 보증하는 총체적 시각을 확보해준다는 가정에 기초해 있다. 그 가정은 더 우월한 대상 구성 방식에 대한 확고한 판단 기준, 그리고 비非사회학적 접근의 이데올로기적 악영향에 대한 정치적 비난을 동반한다. 그런데 어떠한 담론의 '과학성'을 보장해주는 가장 중요한 특징 가운데 하나가 스스로의 적용 범위와 한계에 대한 성찰적 자의식이라고 한다면, 전체적·배타적 관점에서 진리를 독점하려는 사회학주의의 야심은 과학의 덕목으로부터 한참 멀리 떨어져 있는 셈이다. 이에 대한 문제의식은 우리가 인문사회과학에서 과연 '과학'이란 무엇이며 어떤 의미를 가지는지, 또 특정한 연구 프로그램으로의 합의나 통일이 인식론적으로 가능한 기획인지 하는 질문으로까지 발전할 수 있을 것이다.[14]

---

14) 이와 관련해 부르디외의 푸코 비판을 반박하는 역사학자 폴 벤느의 논의, 그리고 부르디외가 자신에게 가한 비판을 재비판한 레비-스트로스의 논의를 참조할 만하다. 먼저 벤느는 푸코가 어떤 "사유의 습관들" 혹은 담론 그 자체에만 주의를 기울였을 뿐, 대립적인 이해관

상징폭력으로서의 커뮤니케이션?

부르디외는 커뮤니케이션을 일종의 상징폭력으로 특징짓는다. 이때 커뮤니케이션은 좁은 의미의 언어적 메시지 교환 과정만이 아니라, 그에 따르는 다양한 비언어적 메시지의 작용 과정을 전체적으로 아우른다. 유의할 것은 상징폭력 또한 사회적 행위자가 사물, 담론, 행위, 제도와 맺는 관계 모두를 포괄하는 용어라는 점이다. 상징폭력은 행위자가 사회적으로 형성된 자신의 지각 및 이해 도식에 내재하는 역사적 자의성을 인식하지 못한 채, 그 도식이 발생시키는 사회 세계의 정상성에 대한 감각을 무비판적으로 수용할 때 공모하게 되는 폭력을 가리킨다. 앞서 예로 든 바 있는 교수 A와 학생 B의 대화 상황의 경우, 우리는 A의 옷차림(사물)부터 언어적 담론 내용과 형식, 발화 행위 자체, 그리고 문화자본(제도)까지를 망라하는 다차원적인 층위에서 B에게 상징폭력이 행사된다고 말할 수 있다. 이는 그것들이 자연스럽거나 정당하거나 우

계 같은 이면의 동인에 대해서는 논의하지 않고 있다는 부르디외의 비판을 언급하며, 그 동인에 대한 분석은 푸코가 역사학자나 사회학자 들에게 미루어둔 과제일 뿐이라고 주장한다(Veyne 1995: 212). 한편 레비-스트로스는 부르디외가 결혼 규칙이라는 그의 개념을 비판하면서 전략 개념을 끌어들이는 데 대해 다음과 같이 논평한다. "사실 규칙도 있고 전략도 있다. 전략이 규칙을 뒤죽박죽으로 만들 수 있겠지만, 또 마찬가지로 일정한 시대 한 사회에서 개인들이 이용하는 전략이 규범에 따르지 않은 적은 거의 없다. 문제는 현재의 지식 상태에서 특정한 연구를 위해 **어떤 관찰 수준이 가장 득이 되는지를** 아는 일이다. (그러한 관찰 수준은) 이것일 수도 있고 저것일 수도 있고 아니면 동시에 둘 다일 수도 있다. 더 일반적인 견지에서 나는 '이것'과 '저것' 사이에서 강요되는 선택이 이른바 '사회과학' 또는 '인문과학'에서 과학이 그저 이름뿐이라는 점을 증명한다고 본다. 진정한 과학에서 관찰 수준들은 서로를 배제하지 않는다. 그것들은 상호 보완적이다. 우리는 아직 이러한 성숙의 단계에 이르지 못했다"(Lévi-Strauss & Éribon 1988: 145). 부르디외는 푸코나 레비-스트로스를 형식주의적이라고 비판하는 반면, 푸코를 옹호하는 벤느나 자기변호에 나선 레비-스트로스는 모두 과학 담론의 상대적인 실재 구성 형식(분석 수준의 다양한 재단 가능성)을 인정할 것을 요구한다. 벤느는 그 다양성이 이른바 인문사회과학의 숙명이라고 보는 반면, 레비-스트로스는 미성숙의 반영이라고 본다는 차이는 있지만 말이다.

월하다고 여기는 B 자신의 인식/몰인식을 매개로 삼는다.[15) 여기서 우리는 상징폭력 개념과 관련된 몇 가지 문제들과 마주하게 된다.

우선 다양한 수준에서 이루어지는 상징폭력은 크게 '(좁은 의미의) 커뮤니케이션'을 통한 폭력과 '의미 작용'을 통한 폭력의 두 유형으로 구분 가능하다. 달리 말하면 대화 상황의 경우, 발화자들의 명시적인 의도에 따른 언어기호의 실제적인 약호화와 해독 과정이 있을 테고, 이과정에서 언어적 담론 내용과 형식에 대한 의미의 공유와 그에 따른 폭력이 일어날 수 있다. 예를 들어 A가 B의 학습 태도를 평가하고 B가 그권위를 당연하게 받아들인다면, 이는 커뮤니케이션을 통한 폭력이 될것이다. 이 경우 B는 명시적이고 의도적인 의미를 전달받게 되며, 그로인해 상징적인 타격(자존감에 대한 상처, 낙인)을 입게 된다. 하지만 이담론 생산 과정에 개입하는 비언어적 요소들(교수 A의 옷차림, 발화 행위의 정당성, 그가 가진 문화자본의 권위 등)은 암시적이며 비의도적인 의미

---

15) 따라서 우리는 상징폭력을 언어폭력과 혼동하지 말아야 한다. 상징폭력이 '상징'폭력인 이유는 그것이 물리적이거나 가시적이지 않으며 인식과 의미 생산의 차원에서 저질러지기 때문이지만, 동시에 그리고 무엇보다도 폭력으로서 지각되지 않기 때문이다. 예를 들어 교수 A가 학생 B에게 쌍욕을 해댄다면 이는 분명히 언어폭력이지만, B가 그러한 언어폭력을 폭력으로 여기지 않고 당연한 것으로 받아들일 때에만 상징폭력이 된다. (역으로 B가 그 욕의 정당성을 인정하지 않고 일종의 폭력으로 간주한다면, 그것은 엄밀한 의미에서 상징폭력이라고 말하기 어렵다.) 상징폭력은 그것이 본질적인 정당성을 갖고 있지 않다는 점을 피해자가아예 인식하지 못하거나, 그 '임의적인' 정당성을 '자연적인' 것으로 오인함으로써 승인하기때문에 폭력인 것이다. 따라서 상징폭력이 단순히 언어를 통해 가해지는 것만은 아니다. 오히려 그것은 현상학에서 이야기하는 '세상에 대한 자연적 태도' 일반을 가리키며, 우리가 기존의 권력관계와 불평등 구조를 당연시할 때, 그리하여 지배 세력과 같은 관점에서 특정한속성, 대상, 사물, 행동 등을 사회적으로 '열등하다'고 여길 때 나타난다(홍성민 2000: 4장; Bourdieu & Wacquant 2004; Terray 1996 참조). 상징폭력에서 오인 작용이 핵심적인 이유는 그 때문이다. 그것은 문화적 자의성을 필연성·자연성으로 '착각'한다는 점에서 오인이며, 그러한 오인의 주체가 자신이 오인하고 있다는 사실 그 자체와 오인이 발생하는 원인에대해 '무지'하다는 점에서 오인이다.

를 산출한다. 이는 B가 실제로 상징폭력을 경험하는지 여부를 외부의 관찰자-연구자가 명확히 판단하기 곤란하며, 그러한 판단의 불확실성 정도가 언어적 담론을 통한 상징폭력에 비해 매우 높아진다는 말이기도 하다. 이를테면 A의 '고급' 브랜드 옷차림을 B가 어떻게 인지하는지에 대해서는, 선험적으로 전제되는 문화적 위계 관계의 구조에 따라 그 의미가 추론될 따름이다. '부르주아지'가 입는 '고급' 브랜드에 더 큰 문화적 가치가 부여되는 의미 작용 체계가 있으며, 다른 사람들이 일반적으로 그렇게 하듯이 B 또한 그것을 정당한 것으로 받아들여 그 브랜드의 의미를 이해할 것이라는 가정이 뒤따른다는 것이다(Bourdieu 1978a 참조). 발화 행위나 문화자본에 대한 B의 평가도 마찬가지 방식으로 파악될 것이다.

부르디외는 자본 분포의 사회적 차이에 기반을 둔 의미의 관계 체계가 그 자체 의심의 여지없이 받아들여지고 정당성을 인정받는 한 '폭력'이라고 역설하면서, 이러한 차별화 '형식'의 작동 메커니즘을 규명한다. 그가 기술하는 '오인-인정'의 과정은 바로 어떠한 사례에서나 동일하게 작동하는 상징폭력의 기본 메커니즘이다. 유념해야 할 것은 부르디외 자신이 되풀이 강조하듯, 상징폭력은 그것을 감지하도록 미리 조율된 하비투스, 즉 특정 상태에 있는 하비투스를 전제한다는 사실이다. 한데 이러한 하비투스는 부르디외의 논의 속에서 '단일한 지배적 가치 기준'을 '과잉 내면화'[16]한 사회적 주체성으로 나타난다는 문제점을 내포한

---

16) 여기서 '과잉 내면화'라는 표현은 부르디외의 오인 개념에 대한 비판적 평가와도 관련이 있다. 존 톰슨은 지배 질서의 재생산이 외적으로 관찰된다고 해서, 그것이 반드시 사회 구성원들의 광범위한 합의(혹은 복속)에 근거해 이루어진다고 볼 이유는 없다고 주장한다. 나아가 그는 '조화로운' 재생산이라는 이미지를 논리적으로 뒷받침하는 개념 장치의 하나인 '오인'이 행위자가 의식의 차원에서 지배 질서와 맺을 수 있는 관계의 다양성을 사상해버리는 경

다. 이는 물질적 차이와 체계적으로 연계된 언어적·문화적 위계질서의 구조가 객관적으로 현존하며, 행위자는 이를 깊숙이 체화하고 있다는 하비투스 개념의 가정들과도 맞물린다. 이는 다시 일상생활의 모든 영역에 전면적으로 관철되는 지배, 그리고 개인이 사회화된 사회적 존재인 이상 현실적으로 극복되기 어려운 지배라는 관념을 낳는다.

언어 시장의 역학과 관련된 부르디외의 분석은 하나의 단적인 예를 제공한다. 그에 따르면 "상황이 공식적일수록, 또한 언어 생산물의 수용자들이 공식적인 상황의 제약 바깥에서도 지배적 표현 양식의 정당성을 인식하고 인정하는 성향을 띨수록, 지배적인 언어능력은 특수한 시장에서 자체적인 생산물에 가장 유리한 가격 형성 법칙을 부과할 수 있고 그에 상응하는 상징이윤을 획득할 수 있는 언어자본으로서 기능할 기회를 더 많이 갖는다"(Bourdieu 2001a: 81). 그러니까 정당한 말의 규범에 실제로 부합하는 시장, 즉 공식적인 시장일수록 정당한 언어능력 보유자들의 지배력이 커진다. 이는 바꿔 말하면 비공식적인 시장일수록, 그리고 강력한 권한을 가진 언어자본의 소유자들이 상황을 지배하는 정도가 약할수록, 가격 형성 법칙은 피지배 언어 하비투스의 산물에 덜 불리하게 작용한다는 뜻이다. 그런데 부르디외는 곧장 이러한 상황이 "자유의 외딴 섬"이며 극히 예외적이라고 덧붙인다. 이는 "민중적 언어능력은 공식 시장에 직면할 때 궤멸하다시피 한다"는 주장으로 이어진다(Bourdieu 2001a: 83). 친한 사람들끼리만 있거나 아주 편안한

향이 있다고 지적한다(Thompson 1984). 부르디외의 단순화된 후설 독해에 대한 마일스의 예리한 비판은 톰슨의 논지를 뒷받침한다. 그에 따르면 부르디외는 후설 현상학에 크게 의지해 개인 의식을 이해하면서도 정작 독사와 성찰성의 이원론에 머무름으로써, 후설 현상학이 포착하는 더욱 복잡한 의식 층위들의 스펙트럼을 무시했다는 것이다(Myles 2004).

사적 성격의 자리일 때를 제외한다면, 우리는 언어 시장의 상호 평가라는 제약으로부터 결코 자유로울 수 없으며 그 평가는 언제나 지배적인 기준에 따라 이루어진다는 것이다.

이는 이른바 언어 시장이 단일한 규범을 중심으로 안정적으로 통일되고 그러한 규범을 행위자들이 철저히 내면화하고 있는, 그리하여 쉽게 변화시키거나 다른 것으로 대체하지 못하는 상태를 가정해야만 성립 가능한 논리이다. 그런데 언어 시장이라는 은유가 우리에게 제공하는 이미지와 달리, 구체적이고 가변적인 다양한 언어 교환 상황들이 공식/비공식, 지배/피지배 등의 명확한 이분법이 적용 가능한 비교적 확고한 통일성 위에서 작동하는지는 자못 의심스럽다. 또한 행위자들의 하비투스가 그러한 시장의 전일적 규범에 부합하는 지각과 평가와 행위 도식을 지속성 있게 내면화하고 표출하는지 역시 의문에 붙여보아야 한다.[17] 이는 부르디외 사회학의 성과를 간과하지 않으면서도, 문화

---

17) 사실 부르디외의 언어사회학적 접근은 어빙 고프먼식의 상징적 상호작용론, 그리고 그로부터 발전해온 커뮤니케이션의 현장기술지에 대한 비판을 깔고 있다(Bachmann et al. 1981 참조). 그 접근은 미시적인 수준의 상호작용이 가지는 의미와 중요성을 인정하면서도, 상호작용의 주체인 행위자들을 결코 구조와 별개의 독립적인 존재인 양 다루어선 안 된다고 주장한다. 국지적인 언어 상황에서 이루어지는 행위자들의 상호작용일지라도, 결국 구조(언어 시장) 내 그들의 위치와 하비투스에 따른 함수이기 때문이다. 부르디외는 우리가 구체적인 상황을 고려해야 하지만, 메를로-퐁티의 말마따나 추상에 다시 추상을 몇 개 더한다고 구체가 되는 것은 아니라고 지적한다. 한데 부르디외식 접근에서 상황의 구체성은 화자들의 위계화된 사회적 위치구조를 가리킨다. 또한 행위자들은 특정한 사회경제적 조건 아래 습득한 성향 체계인 하비투스로 되돌려진다(Bourdieu et al. 1977). 그리하여 부르디외의 논의는 구조와 개인, 위치와 성향 간의 변증법을 수사학적으로 강조하면서도, 종국에는 구조 환원론 내지 구조 결정론으로 회귀해버리는 혐의가 짙다. 이와 관련해 볼탕스키의 다음과 같은 비판은 시사적이다. 즉 우리가 하비투스 개념을 '강하게' 쓴다면, 그것이 '상황'이라는 문제와 적절하게 결합하기보다 아예 그것을 흡수해버리는 경향이 있다는 것이다. 우리가 다양하고 상이한 상황에 나름대로의 유연성과 창조성으로 대처하는 행위자를 보는 대신, 자신의 하비투스에 새겨진 도식을 활성화하는 행위자만을 보면서 그가 예측 가능한 방식으로 행동

적 위계 구조의 복잡성과 다중심성에 주목하고 '사회구조와 하비투스의 즉각적 일치'라든지 '오인'과 같은 개념을 비판적으로 전유할 것을 요구한다. 그러한 시각에서 언어를 포함한 문화적 가치의 위계 체계는 강력한 단일성과 응집성을 지니고 있기보다, 상황에 따르는 일정한 균열과 부정교합, 다원성과 유동성으로 특징지어진다. 또 개인 행위자는 상황 속에서 어느 정도 유연하게 이용 가능한 복수의 믿음 체제와 행동 논리를 가지는 존재로 나타난다(Lahire 1998 참조). 이러한 이론적 대안을 체계화할 때, 우리는 상징폭력의 편재성과 사회적 효과를 과장하지 않을 수 있을 것이며, 나아가 커뮤니케이션을 상징폭력으로 환원함으로써 '규범의 정치'의 가능성을 최소화한 채 '과학의 정치'에 호소하게 되는 딜레마로부터도 벗어날 수 있을 것이다.

상징폭력에 대한 부르디외의 논의는 하비투스의 '강한' 용법에 기댈 뿐만 아니라, 커뮤니케이션의 메시지 그 자체보다 일종의 메타메시지처럼 작용하는 메시지 외적 요인들에 초점을 맞춘다. 그리하여 분석의 전면에는 어떤 권위를 가진 누가 말하는지, 또 어떤 수용자를 대상으로 어떤 맥락에서 말하는지가 실제 말해진 내용보다 훨씬 중요한 요소로 떠오른다. 언어 하비투스, 언어자본, 언어 시장은 그러한 면모를 잘 드러내는 개념들이 아닐 수 없다. 이는 부르디외가 결국 언어 실천과 그 외적 조건들에 대한 설명만이 메시지 자체에 대한 적절한 이해를 가능하게 한다고 보기 때문일 것이다. 언어 실천과 그 외적 조건들이 결국 메

한다고 간주한다면, 행위라는 질문 자체가 사라져버린다. 상황 속에 있는 행위자가 맞서야 하는 "불확실성의 부분" "무언가 새로운 것이 도래할 가능성, 즉 사건적 차원"을 제거한다면 행위에는 남는 것이 없다(Boltanski 2003: 159~60). 볼탕스키의 비판은 부르디외가 실천 상황의 구체성을 복원하기 위해 끌어들인 위치구조와 하비투스 개념이 오히려 상황의 우발성, 가변성, 비결정성이라는 문제를 외면하거나 억압할 수 있다는 지적일 터이다.

시지의 내용과 형식을 규정하기에, 그것들에 대한 탐구가 메시지 자체에 대한 분석을 대체 내지 해소할 수 있다는 것이다. 이는 공시적·구조적·내재적 관점을 취하는 순수 언어학에 맞서 역사적·사회경제적·외재적 결정 요인들에 우위를 두는 부르디외의 기본적인 언어관을 반영한다.

물론 부르디외는 메시지와 메시지 외적 요인들이라는 두 차원을 체계적으로 연계시켜야 한다고 주장한다. 하지만 실제로 그의 논의에서 그러한 접합 관계는 명확하게 드러나지 않는다. 이를테면 부르디외가 보기에 대화 상황에서 문제가 되는 것은 대화자들의 언어적 능력(즉 정당한 언어와 표현 스타일에 대한 숙달 정도)과 그들의 사회적 능력/권한(성별, 나이, 인종, 사회경제적 지위 등)이라는 두 가지 능력 사이의 객관적 관계이다. 그런데 이 둘은 언어 교환 과정에 관여하는 주요인들이기는 하지만, 말하는 내용 그 자체와는 직접적인 연관성을 갖고 있지 않다. 언어 외적 요인들의 메타메시지적인 의미 작용이 어떤 메시지의 신뢰도나 수용 가능성에 영향력을 미칠 수는 있지만, 진리값이나 타당성 자체에까지 영향을 미친다고 간주하기는 어려운 것이다. 그런데 메시지를 다룰 때조차, 부르디외는 그 형식과 표현 스타일에 집중할 뿐 그 내용을 분석에 고려하지는 않는다(Bourdieu 2001a/2014: 3부 참조).

더욱이 메시지를 근본적으로 등한시하는 사회학적 태도는 일상생활에서 커뮤니케이션이 수행하는 기능에 대한 심층적인 이해를 가로막을 수도 있다. 그 가운데 정보적·지시적 기능과 친교적 기능은 특히 문제적이다.[18] 지시 대상과 맥락에 대한 정보 제공은 적어도 공식적으로는

---

18) 언어학자 로만 야콥슨Roman Jakobson은 커뮤니케이션의 구성 요소를 맥락, 발화자, 수신

커뮤니케이션의 가장 대표적인 기능이라 해도 과언이 아닐 것이다. 한데 부르디외는 교육 커뮤니케이션에 대한 연구들에서 주장하듯이, 그러한 정보 제공이 상징폭력과 결코 분리될 수 없는 과정이라는 데 방점을 찍는다. 설령 그렇다 하더라도 정보 습득과 지식 축적이라는 사실성의 가치, 그리고 그것이 갖는 개인적·사회적 의미가 완전히 사라지는 것은 아닐 터이다. 커뮤니케이션의 그러한 기능과 의의는 과학 장에서 이루어지는 학문적 진보를 구상하기 위해서도 필수적인 전제 요건이 아닐 수 없다. 하지만 상징폭력 개념은 이를 적절히 담아낼 수 있는 틀이 될 수 없는 것처럼 보인다.

한편 일상적인 커뮤니케이션 활동은 거의 대부분 도구적이기보다는 그 자체가 목적이 된다는 특성을 지닌다. 즉 접촉하고 교류하는 상태가 그 당사자들에게 고유한 정서적 충족감을 주는 친교적 기능이 중요한 것이다. 그런데 이미 하비투스의 형태로 주어져 있는 '커뮤니케이션 전제들'의 결정적 역할을 강조하는 부르디외에게, 커뮤니케이션 실천 자체가 생성시킬 수 있는 '교감'은 큰 의미가 없거나 하비투스들 간의 조화를 매개 삼아 '미리 예정된 대로' 나타나는 요소에 지나지 않는다(Olivesi 2005/2007: 5장 참조). 즉 정감적 소통은 하비투스가 서로 잘 맞고 어울리는가에 따라 적어도 거의 대부분 이미 결정되어 있는 것이

자, 메시지, 접촉, 약호의 여섯 가지로 구분하고, 각각에 대응하는 상이한 기능을 제시한 바 있다. 맥락에는 사실성의 가치를 갖는 지시적 기능이, 발화자에는 진정성의 가치를 갖는 표현적 기능이, 수신자에는 정당성의 가치를 갖는 역능적 기능이, 메시지에는 미적 가치를 갖는 시학적/수사적 기능이, 접촉에는 예절의 가치를 갖는 친교적 기능이, 그리고 약호에는 정확성의 가치를 갖는 메타언어적 기능이 각각 대응한다는 것이다. 이러한 여섯 가지 기능은 또한 '왜 말을 하는가'라는 질문에 여섯 가지 방식으로 답할 수 있게 해준다. 야콥슨은 하나의 메시지에도 여러 기능이 있을 수 있지만, 메시지들이 상이한 위계를 갖기 때문에 중요한 것은 가장 우세한 기능이라고 주장했다(Jakobson 1963: 209~48).

다. 같은 맥락에서 상이한 하비투스와 언어자본을 가진 사람들 간의 커뮤니케이션은 대개 상징적으로 폭력을 주고받는 과정에 불과할 따름이다. 그렇다면 사회적 차이가 있는 발화자들 간에 '커뮤니케이션을 통해' 정감적 교류를 할 수 있는 여지는 거의 남지 않는 셈이다. 언어의 수행적 힘은 부르디외의 논의에서 기존의 지배 관계를 보강하는 역할만을 할 뿐, 그것을 변형시키거나 권력관계 너머의 우애, 연대, 평등을 낳는 원천으로 여겨지지 않는다. 하지만 커뮤니케이션 전제들이 커뮤니케이션 과정 그 자체를 조건 짓는다는 입장이 그 반대의 잠재력을 완전히 배제하는 것이 아니라면, 우리는 커뮤니케이션 실천을 매개로 발화자들이 자기 하비투스의 이질성과 부조화를 변화시키는 연금술은 과연 어떠한 사회적 환경과 조건 아래서 가능한지 질문해야 할 것이다.

새로운 언어사회학의 전망

부르디외의 언어관은 다른 대상들(철학, 경제, 법, 문학, 과학 등)에 대한 그의 논의와 유사한 논리적 전개 과정을 보여준다. 그는 일단 학문 담론을 경험과 대결시키면서, 전자의 추상적이고 비현실적인 성격을 신랄하게 비판한다. 나아가 그러한 성격이 지식인의 존재 조건에서 비롯한 특수한 시각, 이른바 스콜라적 관점에 근원을 두고 있다고 주장한다. 그가 보기에 우리가 연구하는 모든 대상은 사회학적 시각과 분석틀 없이 결코 '완전하게,' 따라서 '과학적으로' 구성될 수 없는 것이다. 언어는 언어학이 추상화하고 이상화시켜 다루는 것과 달리, 실제로는 불평등한 능력을 가진 개인들이 아주 구체적인 상황 속에서 생산해내는 다양한 차이와 변이의 집합이다. 따라서 그는 언어에 대한 과학적 연구를 위해 언어사회학적 관점을 취할 것을 요청한다.

이러한 맥락에서 부르디외는 자신의 사회학적 개념 도구들과 이론을 언어 현상에 적용시킨다. 그리하여 언어 활동의 체계적인 분석은 하비투스, 언어자본, 언어 시장 등의 용어를 통해 이루어진다. 이와 같은 탐구는 언어 교환이 커뮤니케이션 관계 이상으로 권력관계이자 지배 관계라는 결론으로 이어진다. 상징폭력은 이러한 주장을 압축시킨 개념이다. 커뮤니케이션이 모든 사회생활의 일상적이고 미시적인 기초를 형성한다는 사실을 감안하면, 부르디외의 주장은 결국 사회관계에 대한 갈등 중심적·투쟁 중심적 시각을 부각시킬 수밖에 없다. 그가 전체 사회 영역에서 권력과 지배, 갈등과 투쟁을 발견하는 이유도 그와 무관하지 않을 것이다. 사회공간의 소우주를 구성하는 여러 장(경제 장, 문학 장, 과학 장, 예술 장, 종교 장 등)은 제각기 상이한 자본을 축적하고 독점하기 위한 행위자들 간 치열한 경쟁으로 특징지어진다. 물론 부르디외가 예외의 가능성을 완전히 부인하는 것은 아니다. 그는 가족, 친구, 연인 관계, 그리고 과학 장에서 드러나는 '흔치 않은' 교환에 주목한다. 그럼에도 그의 기본적인 논점은 커뮤니케이션이 사회관계를 구조화하는 불평등한 권력관계의 메커니즘과 별개의 것이 아니라는 사실을 강조하는 데 있다.

부르디외의 언어관이 커뮤니케이션의 근본 특성에 대한 인식의 지평을 확장시켜준 것은 분명하다. 그는 특히 사회 세계를 바라보는 거시적이고 비판적인 전망 속에 커뮤니케이션 연구를 어떻게 위치시키고 유기적으로 통합할 수 있는지 하나의 본보기를 보여준다. 그의 이론이 실제 다양한 경험연구의 틀로 기능할 수 있으며, 생산적인 기여를 해왔다는 점 또한 높이 평가할 만하다. 하지만 그렇다고 해서 그의 이론이 지닌 논리적 결함과 문제점 들을 그냥 지나칠 수 있는 것은 아니다. 그 가운데서 나는 부르디외의 주류 언어학 비판과 사회학적 언어관이 제기하는 두 가지 쟁점을 비판적으로 성찰해보고자 했다. 한 가지는 '총체적 과학'으로서 사회학의 위상에 대한 인식이었으며, 다른 한 가지는 상징폭력으로서 커뮤니케이션에 대한 개념화였다. 사회학주의의 오류에 빠지지 않으면서 지성주의를 비판하고 극복할 수 있는 인식론적 대안은 없는지, 또 하비투스 개념에만 의존하지 않으면서 커뮤니케이션의 권력을 해부하고 그 해방적 효과까지 탐색할 수 있는 방법은 없는지 하는 고민이 그러한 문제 제기의 바탕에 깔려 있다. 이는 다시 언어와 커뮤니케이션을 구체적인 현실 속에서 맥락화하는 생산적인 연구 작업들과 결합해야 할 것이다.

이와 관련해 나는 우리 사회의 변모하는 커뮤니케이션 정경이 부르디외 언어사회학의 현실 적합성과 수정 필요성을 동시에 드러낸다는 점을 간단히 지적해두고자 한다. 우선 언어자본 혹은 커뮤니케이션 자본의 역할이 여러 사회 영역에서 중심적인 것으로 부상했다는 사실에 주목해야 한다(Gumperz & Cook-Gumperz 1982; Neveu 1994 참조). 다양한 커뮤니케이션 상황을 통제하고 지배하는 개인의 능력, 다른 이들과 관계 맺고 소통하고 설득하는 역량은 이제 권력과 자원의 획득에 결정적인 관건을 이룬다. 경제구조와 노동 세계의 변동과도 밀접한 연관을 맺고 있을 이러한 변화는 취업이나 진학을 할 때 면접의 중요성이 점증하는 추세 속에서 단적으로 나타나며, 일상생활의 풍경 역시 새롭게 바꿔놓고 있다. 이를테면 글쓰기와 말하기 교육 및 관련 전문기관의 증가라든지, '프리젠테이션' 문화의 일상화 등이 그렇다. 영어의 더욱 높아진 상징자본으로서의 위상 역시 그와 무관하지 않을 것이다(최샛별 2003 참조). 이는 우리 사회에서 일어나고 있는 언어(자본)의 규범화와 계급적 분화, 그리고 사회적 활용에 대한 연구 관심을 촉구하는데, 부르디외의 언어사회학은 그러한 작업에 더할 나위 없이 적절한 이론적 토대를 제공한다.

반면 다양한 커뮤니케이션 테크놀로지의 발전과 광범위한 수용은 부르디외 언어사회학의 근간을 이루는 상징폭력과 하비투스 개념을 재고하게 만드는 면이 있다. 부르디외가 강조하는 비언어적 커뮤니케이션(발화자들이 외모나 몸짓, 옷차림 등을 통해 서로의 사회적 기호를 식별하고 평가하며 하비투스의 일치 여부를 판단하는 과정)은 많은 부분 가시성의 문제와 직접적으로 연계되어 있다. 즉 그것은 면대면 상황에서 서로 본다는 행위에 의해 좌우된다. 그런데 테크놀로지의 발전은 그러한 가시성의 차원을 급격히 변화시켜왔다(Lee 1999 참조). 예컨대 텔레비전이 보장하는 가시성은 면대면의 가시성과 질적으로 다르다. 또한 인터넷이나 사회관계망서비스SNS, 유튜브Youtube 등의 일반화와 더불어 기존의 시각적 가시성이 변형을 겪거나 더 이상 큰 의미를 지니지 않는 커뮤니케이션 양식 또한 확장되고 있다. 이러한 상황에서 '커뮤니케이션 전제'로서 하비투스가 갖고 있는 영향력이라든지 상징폭력의 작동 양상을 부르디외식으로 가정하기란 쉽지 않아 보인다. 더욱이 커뮤니케이션이 기본적으로 사회화의 통로라는 점을 감안하면, 이러한 디지털 커뮤니케이션 양식의 일반화와 그에 따른 '가시성 체제'의 변동은 하비투스의 구조와 형성 과정에도 큰 변동을 가져오고 있다는 추론 또한 가능하다. 그렇다면 우리 사회의 변화하는 커뮤니케이션 맥락을 기반으로 언어사회학의 이론적 논의와 경험적 분석이 더 활발히 이루어져야 한다. 부르디외의 언어사회학이 현재 새로운 의미를 더할 수 있다면, 그러한 연구의 발전에 하나의 중요한 출발점을 제공할 수 있기 때문일 것이다.

사실상 문명, 문화, 종교, 그리고 정치적 조직을 가져온 것은 이질적인 말, 곧 외국어였다. [⋯⋯] 항상 외국의 군사력이나 조직과 함께 들어온 이질적인 말, 또는 그와 반대로 젊은 정복 민족이 정복한 오래되고 더 강력한 문화[⋯⋯]의 토양 속에서 만난 이질적인 말, 바로 이러한 이질적인 말이 갖는 거대한 조직화의 역할은 이질적인 말이 여러 민족의 역사적인 의식의 심층 속에서 권위, 권력, 신성, 진리라는 관념과 유착하게 했고, 그러한 관념을 오로지 이질적인 말의 방향으로 향하게 했다.

— 미하일 바흐친, 『마르크스주의와 언어철학』*

프랑스의 사회주의 및 공산주의 문헌은 지배계급인 부르주아지의 억압 아래서 생겨났으며 그 지배에 대한 투쟁을 글로 표현한 것이다. 이 문헌이 독일에 들어온 것은 독일의 부르주아지가 이제 막 봉건적 절대주의에 맞서 투쟁하기 시작했을 때였다. 독일의 철학자들, 얼치기 철학자들 및 문필 애호가들은 이 문헌에 열렬히 매달렸지만, 이러한 저술들이 프랑스로부터 독일에 들어올 때 프랑스의 생활 조건도 함께 들어온 것은 아니라는 사실을 잊어버리고 있었다. 독일의 상황에서 프랑스의 문헌은 직접적인 실천적 의의를 모두 잃어버린 채, 순전히 문헌으로서의 겉모습만을 띠게 되었다. 이 문헌들은 인간 본질의 실현에 관한 한가한 사변으로 보일 수밖에 없었다. [⋯⋯] 독일 문필가들의 모든 저작은 오로지 새로운 프랑스 사상을 자신들의 낡은 철학적 양심과 조화시키거나, 좀더 정확히 말하자면 자신들의 철학적 관점에서 프랑스 사상을 병합하기 위한 것에 불과하였다. 이러한 병합은 일반적으로 외국어를 전유하는 것과 똑같은 방법, 즉 번역을 통해 이루어졌다.

— 카를 마르크스 · 프리드리히 엥겔스, 『공산당선언』*

3부

수용의 단층

* 미하일 바흐친, 『마르크스주의와 언어철학』, 송기한 옮김, 서울: 한겨레, 1988, p. 104.
** 카를 마르크스·프리드리히 엥겔스, 『마르크스·엥겔스 저작선』, 김재기 엮고 옮김, 서울: 거름, 1988, p. 74.

8장 이론 읽기의 탈식민화 전략으로서
부르디외의 읽기 이론

이론 읽기의 이론

1981년 동시대 프랑스 사회학을 영미권에 소개하는 텍스트 선집의 서문에서 사회학자 찰스 레머트Charles Lemert는 두 지역 학계의 차이에 대한 흥미로운 관찰을 내놓는다. 그에 따르면 "[영미권에는] 때때로 학생들에게 잘 쓰기를 가르치고 장래의 선생들에게 잘 가르치기를 가르치는 모종의 시도가 있다. 하지만 독자들에게 잘 읽기를 가르치려는 조직적인 시도는 거의 없다. 최근까지도 우리는 프랑스인들과는 대조적으로 읽기의 일반 이론에 거의 주의를 기울이지 않았다"(Lemert 1981: 4). 그가 '읽기의 일반 이론'이라는 다소 거창한 용어로 정확히 무엇을 말하고자 했는지는 불분명하다. 어쨌든 레머트는 프랑스 지식인들이 얼마나 읽기의 덕목을 중시하는지, 얼마나 모든 것을 잘 읽고 싶어 하고 그자신 또한 잘 읽히기를 바라는지, 또 그 때문에 생겨나는 프랑스 사회학계와 그 생산물의 특수성이 무엇인지 상세히 설명한다. 프랑스 사회학 텍스트들을 제대로 이해하기 위해서는 무작정 읽으려 들기에 앞서 '어떻게 읽어야 할 것인가'에 대해 성찰할 필요가 있다는 이유에서이다. "따라서 내가 이미 말한 것을 되풀이하자면, 장에서 텍스트로, 문학 정치에서 저자로 읽어가라. 다시 말하자면 요령 있게 읽도록 주의하라. 너무 많이 당연시하려는(우리가 하는 일과 다를 바 없어 보인다는 식으로), 혹은 반대로 너무 빨리 거부하려는(연관성이 있기에는 너무 이상하다는 식으로) 유혹에 저항하라"(Lemert 1981: 27~28).

사실 텍스트의 깊이 있는 이해에 나름대로의 읽기 방법에 대한 고민과 주의가 요구된다는 명제 자체가 특별히 새로운 발견일 수는 없다. 다만 레메트의 지적이 우리 눈길을 끄는 이유는 그러한 읽기 방법 내지 전략(혹은 그의 표현을 빌리자면 '읽기의 일반 이론')이 (문학 텍스트들이 아닌) 사회학 텍스트들을 통한 서구 내부의 지적 교류에서도 절실하다고 주장하기 때문이다. 이는 달리 말하면 미국 학계와 프랑스 학계의 학문적 소통도 결코 쉽거나 자연스럽게 이루어지지 않는다는 것, 사회학 텍스트들도 더 잘 읽힐 수 있고 또 그래야 한다는 것, 이를 위해서는 단순한 텍스트 번역을 넘어 '이론 읽기의 이론'을 매개로 한 문화 번역이 긴요하다는 것 등을 의미한다. 물론 이러한 주장의 이면에는 다시 두 가지 전제가 깔려 있다. 하나는 어떤 사유의 표현으로서 텍스트가 그 생산 조건의 복합적인 흔적을 담고 있다는 것, 다른 하나는 프랑스 사회의 지식 생산 조건이 다양한 면(가령 파리 중심의 지식인 사회, 지적 유행과 개인적 스타일의 중요성, 도제식 엘리트 교육체계, 권위적이고 폐쇄적인 출판과 비평 제도 등)에서 독특하다는 것이다.

우리 인문사회과학계에서는 1990년대 초부터 '외국 이론의 수입'에 대한 포스트식민주의적 관점의 반성 담론이 등장해 상당한 공감과 호응을 불러일으킨 바 있다. 그럼에도 그 이후 현재까지 '프랑스 이론'을 포함한 외국 이론에 대한 수요나 소비가 크게 줄었다고 보기는 어렵다. 아니, 어쩌면 지식 장의 전 지구화 경향 속에서 이론 수입은 훨씬 더 늘어났으며 훨씬 더 빠른 속도로 이루어지고 있다고 말할 수 있을지도 모른다. 포스트식민주의적 비판 이후 이를 그저 당연한 현상으로 받아들일 수 없다면, 우리에게 현실적으로 필요한 것은 국제적 지식 유통 과정에 작용하는 불평등한 권력관계와 그 정치적 효과에 대한 원칙적 비판을 넘어서는, 좀더 실질적인 '이론 읽기의 이론' 혹은 '외국 이론 읽기'의 전략이 아닐까? 그런데 그러한 문제에 관해서는 우리 학문의 탈식민 담론이 활발히 전개된 지 상당한 시간이 지난 지금까지도 제대로 된 탐구가 이루어진 적이 없는 듯하다. 이 장에서 나는 부르디외의 이론을 하나의 참조점으로 삼아 그러한 전략을 모색해보고자 한다. 이 작업은 '부르디외를 어떻게 읽어야 하는가'라는 질문으로부터 시작해, 그의 여러 텍스트로부터 '이론 읽기의 이론'을 끌어낸 뒤, 이를 바탕으로 외국 이론 읽기의 포스트식민적 방법론을 제시하는 순서로 이루어진다. 이러한 논의의 바탕에는 지적 생산의 주변성을 극복하기 위해서라도, 역설적이지만 외국 이론 읽기/쓰기의 작업이 매우 중요하며, 그것이 '방법적으로' 이루어져야 할 필요가 있다는 주장이 자리한다.

과학에 대한 신념과 그 근원

문체의 문제, 혹은 문제로서의 스타일. 부르디외의 글을 처음 접하는 독자라면 무엇보다도 그의 까다롭고 특이한 문체에 먼저 질려버릴 것이다. 그의 문장은 대개 길다. 어떤 때는 단 한 문장만으로도 책의 반 쪽을 훌쩍 넘겨버릴 정도이다. 길이만 문제가 되는 것은 아니다. 새로운 개념과 전문용어 들로 가득한 그의 문장은 건조하면서도 복잡하기 이를 데 없다. 사정이 이렇다 보니 부르디외의 글은 프랑스에서조차 읽기 어렵기로 악명 높다. 파스롱과 같이 쓴 『재생산』 같은 책을 두고서는 "이왕이면 라틴어로 쓰였더라면 더 좋았을 뻔했다"며 비아냥거리는 어조의 서평이 나올 정도였다(Prost 1970: 860). 그런데 유의해야 할 점은 그의 이러한 스타일이 나름대로 분명한 철학을 그 밑에 깔고 있다는 사실이다. 이 철학은 부르디외 사회학의 어떤 전제들과도 직결되어 있기에 좀 더 꼼꼼히 따져볼 필요가 있다.

부르디외는 기회 있을 때마다 자신의 문체를 적극적으로 변호해 마지 않았다. 그 논지는 대체로 이렇다. 우선 그는 세상이 복잡하고 구조화·위계화되어 있기에, 그러한 세상에 대한 정확한 기술 역시 복잡하고 구조화·위계화된 문장에 의존할 수밖에 없다고 주장한다. 사회학 담론은 그것이 다루는 문제가 요구하는 만큼 복합적이 될 수 있고 또 그래야만 한다는 것이다. 사회학자는 복잡다단한 현실을 포착하면서도 중요한 부분을 강조해야 하고, 자기 관점을 드러내는 동시에 자신이 연구 대상과 맺는 관계를 보여주어야 한다. 즉 그는 독자들에게 사회학 담론이 실재 그 자체가 아니라 실재의 과학적 구성이라는 점을 알려주어야 한다. 이러한 요구들을 충족시키는 문장은 어렵고 복잡할 수밖에 없다는 것이다(Bourdieu 1987a: 66~68).

게다가 부르디외에 따르면 글을 읽기 쉽게 만들기 위해 상식에 의존하거나 논리를 도식화하거나 기술적인 전문용어의 엄밀성을 포기하는 선택은 위험하기 짝이 없다. 사람들이 실재를 구성하는 핵심 수단이 바로 담론이라면, 사회 세계를 단순화하는 담론의 생산은 실재를 특정한 방식으로 조작하는 일이나 다를 바 없으며, 결국 그러한 거짓 자명성과 확실성, 당연한 믿음 위에서 작동하는 지배를 강화하는 효과를 낳기 때문이다. 하기야 단순하고 분명한 언어로 '만인의 상식'에 호소하는 전략은 보수 담론의 주특기가 아니던가. 사회학자는 자신의 담론이 현실을 왜곡하고 단순화하거나, 또는 그러한 방식으로 지배 세력에 의해 오용되지 않도록 최대한 주의를 기울여야 한다. 이는 고전적인 문장의 이상에 부합하는 단순 명료한 언어가 아닌, 엄밀하고 통제된 언어를 추구하는 글쓰기를 통해서만 실현 가능하다. 그러니 부르디외에게는 설령 문장이 조금 무거워지더라도, 개념의 정의와 원리를 끊임없이 확인하고 세부 논리를 교정하며 뉘앙스를 살려주는 노력이 훨씬 중요한 셈이다 (Bourdieu 1980b: 38~39).

자기 문체에 대한 부르디외의 변론이 얼마나 설득력 있는지에 대해서는 논란의 여지가 있다.[1] 다만 그 내용에 이 사회학자 특유의 문제의식

---

1) 문체에 대한 부르디외의 자기성찰은 과학 담론의 "통시간적 현재 시제le présent omnitemporel" 가 갖는 의미를 꼼꼼히 되짚는『호모 아카데미쿠스』의 1장과 인터뷰 내용의 전달을 고민하는『세계의 비참』의 결론 부분에 가장 선명하게 나타나 있다(Bourdieu 1984a: 49~51; Bourdieu et al. 1993: 920~25). 그의 문체는 여러 학자에게 다양한 반응을 불러일으켰다. 부르디외의 사유를 비판하는 저작을 쓴 두 사회학자 자넨 베르데스-르루와 나탈리 에니크는 그의 문체에 대한 평가에서 상당히 의견을 달리한다. 즉 베르데스-르루는 부르디외의 문체가 무겁고 무미건조하며 인공적이라고 혹평한 반면, 에니크는 그것이 건조하지만 명확하고 종종 매력적이며 고등사범학교 출신다운 수사학을 구사한다고 언급한다(Verdès-Leroux 1998: 14~20; Heinich 2007: 30). 부르디외의 문체는 영미권 학자들에게 거의 알레르기적인 거부감을 자극하기도 했다. 사회학자 리처드 젠킨스Richard Jenkins는 그것이 프랑스 학계의 과도한 수사학적 글쓰기 전통 및 개인적인 차별화의 추구가 결합한 결과라고 비판한다. 흥미롭게도 부르디외는 이러한 지적에 대해 통렬하게 반박한 바 있다. 젠킨스의 시각은 영미권의 학교 제도가 요구하는 '단순한 스타일'에 대한 아무런 반성 없이, 자민족 중심적인 편견과 무지,

이 선명하게 드러나 있다는 점만은 누구도 부인하기 어려울 것이다. 그 문제의식이란 계급 지배가 언어를 통해서도 이루어진다는 것이며, 그 진실을 폭로하는 '과학적 사회학'의 언어는 일상언어와 단절해야만 한다는 것이다. 부르디외에 따르면 "사회 세계와 관련해서, 일상언어의 일상적인 활용은 우리를 형이상학자로 만든다"(Bourdieu 1987a: 70). 우리가 현실을 상징적으로 구성하는 과정에서 이용하는 일상언어가 실은 기성 질서의 불평등한 권력관계를 추인하고 자연화하는 효과를 생산한다는 것이다. 그러므로 과학은 일상언어와 단절한 개념들의 정확하고 체계적인 사용을 통해 '당연한 것'으로 주어진 세계상에 저항해야만 한다. 사회 세계에 대한 유물론적 인식을 가로막고 통념의 지배에 순치시키는 일상언어의 폭력, 그에 맞서는 유일한 방어 무기로서의 과학, 즉 오염된 일상언어 대 살균된 과학 언어의 끝없는 투쟁.

이때 부르디외가 옹호하는 과학은 일상언어와의 단절 못지않게 자기 성찰성을 주된 특징으로 삼는다. 과학적인 사회학의 담론은 스스로 특수한 인식론적·사회적 조건들 아래서 구성된다는 사실을 인식하면서

그리고 반지성주의를 그대로 노출하고 있다는 것이다(Jenkins 1992: 162~72; Bourdieu & Wacquant 2014/2015: 280~82). 나는 부르디외가 복잡하긴 해도 정확하고 명료하며 우아한 문체를 가지고 있다고 생각한다. 그의 글에는 불필요한 비유나 과장된 수사, 논리의 비약이 거의 없는 반면, 단어의 어원과 다의성을 이용한 의미 있는 말장난, 절묘한 모순어법, 지적인 유머 감각과 아이러니가 곳곳에서 번득인다. 물론 그 길고 복잡한 문장 구성에 익숙해지기 위해서는 적지 않은 시간과 인내가 요구되는 것이 사실이지만 말이다. 부르디외는 자신의 문체를 소설가 프루스트Marcel Proust에 슬쩍 견준 적이 있다(Bourdieu 1987a: 66). 나로서는 이런 자평이 얼마나 적절한지 판단할 능력은 없지만, 적어도 그가 웬만한 소설가 못지않게 스타일 있는 저자라는 점에는 기꺼이 동의할 수 있다. 다만 텍스트의 의미 작용 과정에서 발생할 수 있는 독자들의 오해와 오용 가능성을 최대한 통제하려는 그의 욕망은 때로 지나친 강박관념의 소산으로 비쳐진다. 그의 문체가 사회 세계의 복잡성을 담보할 수 있는 최선의 방식인지에 대해서도 당연히 논쟁의 여지가 있다. 후기 저작으로 갈수록 그의 문체가 저자 자신의 주관성을 좀더 많이 드러내는 단문형으로 변화해갔다는 점도 특기해둘 만하다.

자기 관점까지도 객관화하는 담론이다. 또 사회학자는 자기 담론이 가질 수밖에 없는 권력을 충분히 의식하면서, 그 오용 가능성을 통제하기 위해 노력을 기울이는 '과학자'이다.[2] 이러한 시각에서 부르디외는 '비과학적인' 지식인 담론들에 가차 없는 비판의 화살을 날렸다. 그 과녁은 좌파, 우파에 관계없이 '지배 이데올로기의 생산'에 이바지하는 각종 학술 담론, 저널리즘 담론을 망라했다. 그뿐인가? 학문적 위계의 맨 꼭대기에 자리 잡고 있는 '영원한 철학' 역시 공격 대상에서 예외가 아니었다. 칸트와 하이데거를 비롯해 사르트르, 레비-스트로스, 알튀세르, 데리다, 발리바르Étienne Balibar, 동즐로Jacques Donzelot에 이르기까지 쟁쟁한 철학자들이 부르디외의 비판으로부터 자유로울 수 없었다. 과학의 기치 아래 지식사회의 점령에 나선 '사회학자의 제국'에 맞서, 랑시에르가 날선 대응을 선언할 정도였다(Rancière ed. 1984). 하기야 정치철학자 페리와 르노는 부르디외의 사유를 두고 자기반성 없는 독단이자 반증 불가능한 과학으로 스스로를 구성해내는 '프랑스식 마르크스주의'

---

2) 이러한 견지에서 부르디외의 1981년 콜레주드프랑스 취임 강연 제목이 『강의에 대한 강의』였다는 점은 다분히 시사적이다. "담론 행위 속에서 스스로 성찰하는 담론"이기를 자임한 이 강연에서 그는 "권위를 가지고 말한다는 것이 무엇인지 권위를 가지고서 말하기 위해 권위 있는 위치를 이용하는 역설적인 시도"를 감행한다(Bourdieu 1982b: 8, 56). 이 강연은 '말의 힘'에 대한 부르디외의 집요한 문제의식과 더불어, 그의 사회학이 접속하고 있는 두 갈래의 지적 전통을 일깨워준다. 한 갈래는 언어, 담론, 텍스트, 구조 등의 이름으로 '상징적인 것'의 층위를 발견하고 분석했던 (포스트)구조주의 전통이다. (그러니 1970년과 1976년에 각기 콜레주드프랑스에 들어간 푸코와 바르트의 취임 강연 제목이 『담론의 질서L'Ordre du discours』와 『강의Leçon』였다는 사실 또한 단순한 우연만은 아닐 것이다. 『담론의 질서』에서 푸코가 담론과 권력이 결합하는 방식들을 논의했다면, 『강의』에서 바르트는 언어의 파시즘적 성격을 분석했다.) 또 다른 갈래는 바슐라르와 캉길렘이 대표하는 인식론적 과학사의 전통이다. 이것은 영원한 운동 속에서 스스로를 끊임없는 위기에 처하게 만드는 과학이 곧 이성의 역사적 실현 과정이며, 이는 "'다시re'의 철학, '아니오non'의 철학"으로 나타난다는 초합리주의의 입장을 지지한다(Bachelard 1972: 21, 50).

라며 비난한 바 있다(Ferry & Renaut 1985/1995).

철학 담론에 대한 부르디외의 비판은 구체적인 대상에 따라 조준점들이 조금씩 달랐다. 하지만 일관된 초점 역시 분명히 존재한다. 강단 철학의 전통에 내재하는 '스콜라적 관점'이 바로 그것이다. 스콜라적 관점이란 현실의 시간적·경제적 제약으로부터 벗어나 어떤 대상을 사유하는 데서 생겨나는 특수한 시각을 말한다. 부르디외의 지적 스승이었던 바슐라르식으로 표현하자면, 학교의 부산물인 "잘 만들어진 머리"의 사유인 셈이다(Bachelard 1967: 15). 이는 학문의 사회적 기초이자 이성 발전의 역설적인 원동력일 수 있지만, 여러 가지 인식론적 오류를 낳는 근원이 된다. 이를테면 삶의 현실과 동떨어진 질문들에 집착하게 만든다거나, 경험과 무관한 이론주의적 이론의 공허한 메타담론을 부추긴다거나 하는 식으로 말이다(사실 바슐라르는 "잘 만들어진 머리는 불행하게도 닫힌 머리"라고도 말했다). 저자와 텍스트를 곧잘 물신화하는 철학의 관성 또한 그러한 스콜라적 태도와 무관하지 않을 것이다. 이러한 문제를 극복하기 위해 부르디외는 스콜라적 편향에서 비롯하는 잘못된 이분법들(이론/실천, 구조/개인, 객관주의/주관주의, 거시/미시 등)의 지양, 사유의 정신적·사회경제적 가능 조건에 대한 성찰과 객관화, 그리고 무엇보다도 경험에 근거한 연구를 강조한다. 그렇지 않은 담론이라면, 제아무리 '정치적으로 올바른' 입장을 내세운다 해도 그의 사정 없는 비판을 피해갈 수 없었다.

이는 과학과 이성을 등치시키면서 자연과학에 대한 철학의 지체, 철학의 게으름을 맹렬히 질타한 바슐라르의 시각을 떠올리게 만든다. 예를 들면 부르디외는 1970년대 프랑스 좌파 지식인들이 '기초 마르크스주의'가 제공하는 "비판의 자동언어"를 구사했을 따름이라고 공박한다.

지적인 토템이나 다를 바 없는 그 언어는 몇 가지 단순한 개념들로 사회 세계의 모든 것을 말할 수 있게 해주면서 이론의 하늘에서 공회전했다는 것이다(Bourdieu 1980b: 37~38). 같은 맥락에서 그는 프랑크푸르트학파의 "총체화하는 이론의 귀족주의"와 "경험연구의 부엌에서 손을 더럽히지 않으려는 조바심"을 비판하고, 알튀세르주의자들의 "'과학적 실천' 없는 과학" "자료 없는 유물론"을 문제시한다(Bourdieu 1987a: 30; 2001a: 396). "철학과 실제 세계 연구 간의 관계는 수음과 섹스 사이의 관계와 같다"는 『독일 이데올로기』의 유명한 경구를 짓궂게도 마르크스주의자들에게 되돌려준 꼴이다. 부르디외가 진정한 과학 정신과 거리가 멀다고 여기는 담론에 어떠한 태도를 취했는지 가장 잘 보여주는 사례는 아마도 『구별짓기』와 관련된 논란일 것이다. 이 책의 '민중문화' 분석에 내재하는 한계와 결점에 대한 이론적 비판이 쏟아지자, 그는 책이 나온 지 몇 년 뒤 일종의 반박성 논문을 발표하면서 다음과 같은 제목을 단다 ─ 「'민중적'이라고 하셨나요?」(Bourdieu 2001a/2014: 109~29). 이 제목에 담긴 미묘한 뉘앙스, 이른바 '좌파 지식인들'에게 보내는 조소와 야유를 어떻게 모르는 체할 수 있을까. 민중을 정말 아시나요? 실제의 민중을, 혹시 연구는 해보셨나요? 아니 사실 '민중'은 당신들이 주로 상대방을 공격하기 위해서나 끌어오는 범주, 당신들이 반쯤 상상적으로 만들어낸 담론적 구성물이 아니던가요?

때로는 거의 편집증처럼 여겨질 정도인 엄밀하고 정확한 언어에 대한 부르디외의 집착, 경험연구 위에서만 작동하는 반성적 과학에 대한 그의 신념은 어디로부터 온 것일까? 그것에는 물론 이론적인 논거가 있다. 부르디외에 따르면 "사회 세계는 말을 놓고 벌이는 투쟁의 장소이다. 말이 중요한 이유 ─ 또 종종 폭력적인 이유 ─ 는 그것이 대개 무언가를 하기 때문이며, 말──더 일반적으로는 표상[……]을 변화시키는 것은 이미 사물을 변화시키는 것이기 때문이다. 정치의 중심 문제는 말이다"(Bourdieu 1987a: 69). 말을 다루는 데 지식인의 근본 활동이 있다면, 이 주장은 어떤 지식인이라도 정치의 도떼기시장 한복판에 자리한다는 의미가 될 것이다. 지식인은 세계를 구성하는 상징권력을 행사한다. 이러한 권력이 계급 지배와 사회적 투쟁의 핵심에 있는 만큼, 지식인은 자신이 권위를 가지고 말하거나 글을 쓸 때 과연 무엇을 하고 있는지, 실재에 제대로 근거를 두지 않은 말하기와 글쓰기의 정치적 효과는 대체 무엇인지 비판적으로 성찰해야만 한다. 부르디외에 의하면 제아무리 위대한 철학자라고 하더라도 이러한 의무를 피해갈 순 없다.

그런데 과학에 대한 부르디외의 결벽적인 추구, 그리고 철학 담론에 대한 평가절하의 이면에는 이론적인 요인 못지않게 감정적인 근원 또한 없지 않았다. 전자가 어떤 지향, 의무, 추구의 적극적인 형식 속에서 드러났다면, 후자는 거부, 부인, 회피라는 부정적인 형식을 띠었다. 달리 말해 부르디외가 수행한 과학주의적 관점에서의 철학 비판은 당대 프랑스 지식사회의 지배적인 풍조에 대한 그의 깊은 혐오감과 맞물려 있었다는 것이다. 부르디외 자신의 해명에 따르면, 그 감정은 프랑스 남서부 지역 외진 시골 마을의 말단 공무원 집안에서 성장한 그의 사회적 배경과도 무관하지 않다. 탁월한 학업성적을 보인 그는 도시의 상급 학교들에 진학하면서 자신이 어렸을 때 배웠던 사투리를 포함해 감성, 교양, 가치 등 많은 것을 버리고 또 바꿔야만 했다. 부르디외는 거의 대부분이 대도시의 상류층 출신이었던 동급생들 틈바구니에서 자신이 겪었던 이질감을 여러 차례 토로한 바 있다. 이는 그에게 "미묘한 형태의 사회적 인종주의"에 대한 체험이었으며, 스스로 자신이 계속 이상하다고 여겨야만 하는 상황에서 동급생들과 다르게 보고 느낄 수 있는 능력을 지니게 되었다는 것이다(Bourdieu & Wacquant 2014/2015: 341).

세계 안의 자기 자리를 불편하고 낯설어할 수밖에 없던 경험, 사회적으로 낙인찍힌 소수자 혹은 주변인 들이 공유하는 이 경험은 그로 하여금 스콜라적 관점의 존재를 인식하고 또 거부하도록 이끌었다. 사실 사회 세계에 대한 고고한 거리 두기를 전제하는 이 관점과 친하려면 일정한 조건이 충족되어야 한다. 즉 생계의 압박으로부터 벗어난 여유 있는 환경에서 성장해 세상을 관조할 만한 성향을 가져야 하고, 주로 그러한 사람들끼리 모여 공간적·정신적·사회적으로 일종의 "스콜라적 유폐 상태"에 있는 학교와 학계에서 "편안한 마음"을 가질 수 있어야 하는 것이다(Bourdieu 1997a: 52~53). 하지만 부르디외는 "난 결코 내가 지식인으로서 존재한다는 사실을 진정으로 당연하다고 느껴본 적이 없다"고 단언한다(Bourdieu 1997a: 16).[3] 이 말에는 자계급으로부터 이탈

---

3) 부르디외 말년의 저작『파스칼적 명상』에 나오는 이 고백은 다음과 같이 이어진다. "나는 언제나 내 사유 속에서 이 [지식인이라는] 지위와 연계되어 있을 수 있는 것─이를테면 철학적 지성주의─을 모조리 내쫓기 위해 노력했다. 난 내 안의 지식인을 좋아하지 않는다. 내 글에서 반지성주의처럼 들릴 수 있는 부분은 특히나 갖은 노력에도 불구하고 내 안에 남아 있는 지성주의 혹은 먹물 근성에 겨눠진 것이다. 내 자유에도 한계가 있다는 사실을 진심으로 인정하지 못하는 습성, 나 역시도 갖고 있는 지식인들의 이 전형적인 습성처럼 말이다"(Bourdieu 1997a: 16). 이와 같은 부르디외의 고민이 아주 오랜 연원을 가진 것이라고 거듭 강조할 필요가 있을까?『파스칼적 명상』보다 15년여 앞서 출간된 인터뷰의 한 대목은 그러한 사실을 명확히 드러낸다. "내가 제기하는 대부분의 질문은 우선─대답은 많이 가지고 있지만 실상 질문은 거의 가지고 있지 않은─지식인들에게로 돌아간다. 그것은 아마도 지식인 세계에서 내가 **이방인**으로 존재한다는 느낌에 근원을 두고 있을 것이다. 내가 이 세계를 문제시하는 까닭은 이 세계가 나를 문제시하기 때문이다. 사회적 배제라는 단순한 감정을 훨씬 넘어서는 아주 심층적인 방식으로 말이다. 나는 결코 지식인으로서 내 존재를 당연하다고 느끼지 못한다. 난 '정말 내가 있어야 할 자리에 있는 것처럼 편안하다'고 느끼지 못한다. 난 정당화될 수 없는 특권처럼 여겨지는 것[즉 지식인으로서의 존재]에 대해 뭔가 되갚아야 할 것이 있다고─그런데 누구에게? 나도 모르겠다─느낀다"(Bourdieu 1980b: 76).

해 지식인 사회로 끼어든 자의 복합적인 감정이 배어 있다. 어쩔 수 없이 주변 동료들과는 다른 자기를 계속해서 의식해야 하는 소외감, 더불어 자신이 멀리서 바라보며 이상화했던 소세계〔즉 지식사회〕의 현실에 대한 실망감. 그에 따르면 이 '불편한 기분'은 고등사범학교 시절 철학을 공부한 그가 결국 사회과학으로 전향한 이유 가운데 하나가 되었다. 그는 "반드시 무의식적이지만은 않게, 특히 내 '선택들'은 대개 분명히 말해지지는 않았던 거부와 지적인 반감 속에서 나타났다"고 술회한다 (Bourdieu 2004a: 12). 그 저항 의지는 구체적으로는 철학의 어떤 형식들, 즉 우선은 그의 학문적 수련기인 1950년대 당시 프랑스의 지식 장을 지배하고 있던 실존주의와 주체 철학을 향했으며, 1960년대 이후에는 구조주의 그리고 마르크스주의와 각종 급진 좌파 철학을 향했다. 저널리즘의 강한 영향력 아래 재생산되어온 프랑스의 사회학적 에세이 전통 역시 그의 경멸 대상이었다.

한마디로 그의 철학 비판은 자기들만의 소세계에 갇혀 현실과는 거리가 먼 공허하고 현학적인 담론만을 생산하는 파리의 부르주아지 출신 지식인들에 대한 혐오감의 또 다른 표현이었던 셈이다. 그런데 실존주의자로부터 마르크스주의자에 이르는 이 '호모 스콜라스티쿠스homo scholasticus' 또한 세상을 변화시키기 위해 '참여'하고 '이론적 실천'을 수행하는 지성이 아니었나? 냉정하게도 부르디외는 "정치적 개입을 통해 실제 세계와 만나려는 〔지식인들의〕 감상적이고 일시적인 시도" 속에서 오히려 스콜라적 관점의 거리 두기가 더 잘 드러난다고 본다. "그 시도의 무책임한 유토피아주의와 비현실적 급진성은 그것이 여전히 사회 세계의 현실을 부정하는 역설적인 방식이라는 점을 증명한다"는 것이다 (Bourdieu 2004a: 21). 중요한 것은 이런저런 정치적인 입장 취하기 그 자체가 아니다. 그 입장이 실질적인 힘을 발휘할 수 있으려면, 현실에 대한 정확한 이해와 분석에 바탕을 두고 있어야 한다. 과학적으로 올바른 것이 정치적으로도 올바르다. '비과학적인' 담론은 그 정치적 노선의 급진성과 상관없이 정치적으로 해롭다. 이런 맥락에서 부르디외는 자신의 목표가 다른 지식인들이 함부로 말하지 못하게 만드는 데 있었다고까지 회고한다.[4] 제대로 연구하지 않는 자, 차라리 침묵할 것.

이론주의를 넘어서

그러니 부르디외에 관해 말하기란 어렵다. '말의 힘'에 대한 부르디외 사회학의 기본적인 문제의식에 동의하면서, 더욱이 지식인으로서의 자기 존재에 대한 그의 '불편한 감정'에 공감하면서 그에 관한 순전히 이론적인 글을 쓰기란 난감한 일이다. 그의 사유는 그것에 '관해' 말하려는 독자의 의욕을 미리부터 좌절시키며 계속 앞으로 나아간다. 그것은 이론-해석적 유형의 말하기의 관성에 배어 있는 지성주의와 먹물 근성에 대한 근본적인 반성을 요구하며, 경험연구를 통한 과학적 실천을 촉

---

4) 부르디외는 이렇게 말한다. "내 목표는 사람들이 사회 세계에 관해 아무 소리나 지껄여대지 못하도록 만드는 것이다. 언젠가 쇤베르크Arnold Schoenberg는 그가 작곡하는 이유가 사람들이 더 이상 작곡할 수 없도록 하는 데 있다고 말했다. 나는 사람들, 특히 발언하고 대변하는 사람들이 사회 세계와 관련해 더 이상 음악인 양하는 소음을 생산할 수 없게 만들기 위해 글을 쓴다"(Bourdieu 1980b: 18). 이 인터뷰 이후 20여 년이 지난 뒤에도 부르디외는 비슷한 발언을 약간은 집착적으로 되풀이한다. "나는 다른 사람들에게, 하지만 특히 나 자신에게 침묵을 강요한다. 나는 존 케이지John Cage의 한마디를 떠올린다. 사람들이 그에게 물었다. '당신은 왜 음악을 하십니까?' '다른 사람들이 그것을 하지 못하게 하려고요.' 나는 내가 쓴 것 가운데 일부는 수많은 사람을 입 다물게 만들기 위한 것이었다고, 그들이 더 이상 말할 수 없도록 만들기 위한 것이었다고 생각한다"(Bourdieu 2004d: 40).

구한다. 우리가 설령 부르디외식의 과학관에 찬동하지 않는다 하더라도, 무엇보다 현실을 사유의 텍스트로 삼아야만 한다는 그의 주문마저 외면하기는 힘들다. 그 안에는 지식인의 특권을 오용해선 안 된다는 도덕적 요청의 무게감이 실려 있기 때문이다. 게다가 '부르디외에 의하면' '부르디외의 시각에서는' 등과 같은 문구로 가득 찬 글을 적어나갈 미래의 저자들에게 그는 이미 다음과 같은 질문을 내놓은 바 있다.

> 우리는 "푸코가 보기에는" "푸코에 따르면" "푸코가 말했듯이"로 시작하는 숱한 문장을 들어왔다. 무엇 때문에, 누구를 위해 그러한 표현들이 말해지는 것일까? 〔……〕 우리는 그〔푸코〕에게 봉사하는가, 아니면 그를 이용하는가? 우리는 일종의 물신주의, 별로 푸코적이지 않은 푸코주의에 굴복하고 있지 않은가?(Bourdieu 1996c: 13)

'우리'의 구체적인 맥락 안에서 약간의 성찰성을 발휘한다면, 문제는 더욱 복잡해진다. 우리 학계가 학문의 탈식민화를 위한 본격적인 노력에 시동을 건 지도 이미 20여 년이 훌쩍 넘었다. 그런 와중에 외국 이론의 수입과 활용은 학술 정치의 민감한 현안 가운데 하나로 떠올랐다. 그 결과 서구에서 온 '최신 이론의 보따리 장사'야말로 우리 학계의 '대외 종속성,' 나아가 '식민성'을 강화하는 주범으로 공격받은 바 있다. 한국 사회와는 다른 역사적 배경 아래 발전한 외국 저자들의 이론적 사유를 마치 보편적인 것인 양 무조건 받아들이고 무분별하게 적용하는 행태, 아니 아예 그 수준에도 이르지 못한 채 그에 관한 소개와 해석만을 끝없이 되풀이하는 행태야말로 전형적인 '식민지 지식인'의 그릇된 습성이 아니겠느냐는 비판이 일상화되었다. 외국 이론에 관

한 우리의 '이론적' 논의는 '스콜라적 관점'뿐만 아니라 '식민지적 관점'
까지 경계해야 하는 셈이다. 그렇지 않아도 부르디외는 미국이 전 세계
에 부과하고 있는 "제국주의적 이성"에 대해 맹렬한 공격을 가한 바 있
다(Bourdieu & Wacquant 1998).[5] 우리 입장에서야 프랑스라고 해서 비
슷한 혐의로부터 자유롭다고 말할 수는 없다. 그렇다면 대체 부르디외
를 가지고 무엇을 할 것인가? 그를 상대하면 상대할수록 지적 종속의
상황을 악화시키는 서구 제국의 학자로 아예 제쳐두어야 할까? 아니면
그의 이론을 한국 사회의 실제 문제들에 적용해 그 적실성과 한계를 따
져보는 방식의 연구만이 우리에게 남은 최선의 탈출구인 것일까?

부르디외의 것을 부르디외에게로. 그의 문제 제기를 실마리 삼아 나
온 논의인 만큼, 일단 그에게로 되돌아가 먼저 하나의 단순한 사실에
주목해보자. 철학 담론의 폐쇄성과 이론주의적 이론 연구의 문제점을
신랄하게 논박했지만, 그렇다고 해서 부르디외가 철학과 이론에 대한
탐구를 게을리했던 것은 아니다. 그는 끊임없이 철학 책들을 읽고 이론
적 논문들을 썼다. 어느 누구의 철학 못지않게 이론적인 그의 사회학에
는 수많은 철학자, 이론가 들과 가진 대화와 대결의 흔적이 뚜렷이 남
아 있다. 친구 파스롱이 그를 가리켜 "완성된 사회학자"이기에 앞서 무
엇보다 "'비범한' 철학자"였다고 회고할 정도로 말이다(Passeron 2004:
94). 그가 즐겨 쓴 표현처럼 만일 사회학이 '격투기'라면, 그 격투 상대
는 현실뿐만 아니라 철학과 이론이기도 했다. 그가 남긴 저작 전체에 이

---

5) 미국이 세계 사회과학계에서 행사하는 영향력을 비판적으로 분석한 「제국주의적 이성의 간
지에 관하여」는 1999년 영국 학술지 『이론, 문화, 사회Theory, Culture & Society』에 번역·
게재되었고 커다란 반향과 논란을 불러일으켰다. 2000년 『이론, 문화, 사회』는 이 논문에 대
한 여러 학자들의 반응과 토론을 담은 특집호(17권 1호)를 편집했다.

를 뒷받침할 만한 증거는 널려 있다.[6] 게다가 부르디외는 공허한 이론주의만큼이나 맹목적 실증주의 역시 지양해야 할 지적 편향이자 오류로 보았다. 그에게 스콜라적 이론과 실증주의 방법론은 가짜 대립을 통해 공생하는 "인식론적 쌍"에 불과하다(Bourdieu 1988b: 774~75). 따라서 우리는 다른 이들을 "억압 혹은 거세하기 위해 경험에 준거를 두라고 요구하는 검열관들"을 경계하고, "자기들이 모르는 것을 해서는 안 된다고 말하기 위해, 또 자기들의 한계를 남들에게도 강요하기 위해 자기 변호의 실증주의 방법론을 지지하는 원한의 인식론"을 기각해야 한다는 것이다(Bourdieu 1987a: 48). 사회학적 실천에서도 부르디외는 경험에 대한 이론의 인식론적 우위를 강조한다. 가장 기초적인 관찰과 자료 수집조차 의식적이고 체계적인 이론적 원칙들로 무장되어 있을수록 더 과학적이라는 것이다. 동시에 그는 "이론적 분석이 심화될수록 관찰 자료에 더욱 가까워진다는 확신"을 드러낸다(Bourdieu 2002a: 9). 그는 또 과학적인 사회학을 위해 "전통적 이론들과 맺는 전통적인 관계"와 단절하라고 주문한다. 그것이 우리에게 부과할지도 모르는 문제틀, 사고 도식, 전제 들로부터 벗어나려는 노력이 요구된다는 주장이다(Bourdieu, Chamboredon & Passeron 1968: 43~47, 83). 부르디외의 논지를 한마디로 요약하자면, 사회학자가 이론주의와 실증주의의 이분법을 넘어서

---

6) 에니크는 여기서 부르디외 사회학에 특징적인 '이중 담론'의 한 예를 본다. 그는 부르디외가 상반되는 두 입장을 함께 주장하면서 적대적인 용도로 써먹는 수사학을 자주 구사했다고 공격하는데, 구체적으로 '모순'(단순한 논리적 자가당착), '이중부정'(자신의 관점은 A와 ~A의 단점을 극복하고 있는 동시에 A와 ~A의 장점은 보존 내지 종합하고 있다는 논변), '이원화'(타자는 탈신비화, 자신은 이상화시키는 논법), '반反수행성'(남들에게는 해선 안 된다고 말한 일을 자신은 하기)의 네 유형을 든다(Heinich 2007: 165~73). 철학의 문제점을 공격하면서 누구보다도 철학자들을 즐겨 인용하는 부르디외의 태도는 에니크가 드는 반수행성의 한 가지 증거이다.

이론적 야심을 잘 구성된 경험적 대상에 투여해야 한다는 데 있다. 하지만 어떻게? 이론을 어떻게 읽어야 생산적일 수 있을까? 이론과 '탈스콜라적' '탈식민적' '탈전통적' 관계를 맺으려면 대체 어떻게 해야 하는 것일까?

실용적 관계 맺기

부르디외가 이러한 문제에 관해 본격적인 논의를 펼친 적은 없다. 하지만 그는 자신이 철학과 이론을 상대하는 방식을 '실용적 관계 맺기'로 특징지은 바 있다. 여기저기 흩어져 있는 그의 언급들을 종합해보면, 실용적 관계 맺기에는 세 가지 요소가 필수적이다. 우선 '능동적 활용'이라는 요소이다. 즉 우리는 저자 혹은 텍스트와 "어려운 상황에서 일손을 거들어달라고 부탁할 수 있는" "작업 동료" 같은 관계를 맺어야 한다(Bourdieu 1987a: 40). 이는 이를테면 '~주의자'로서의 정체성을 거부하고, "자신의 (연구) 대상을 구성하기 위한 규칙을 끌어내려는 목적으로" 이론을 읽는 것이다(Bourdieu 1996c: 14).[7] 그 정신은 부르디외의 다음과 같은 말 속에서 단적으로 드러난다.

---

7) 부르디외는 마르크스주의자, 베버주의자, 뒤르켐주의자와 같은 분류의 꼬리표가 과학적이기보다는 정치적이고 종교적인 분할 원리일 뿐이라고 비판한다. 예컨대 누군가를 뒤르켐주의자라고 명명하는 일은 실상 그에 관한 정보는 거의 주지 않으면서 단지 논쟁적인 의도로 이루어지는 꼬리표 붙이기의 논리일 따름이며, 상대방을 부정적 본질 안에 가둠으로써 낙인찍는 인종주의의 논리와 동일하다. 또한 우리는 전형적인 의미의 뒤르켐주의자가 되지 않으면서도 얼마든지 뒤르켐의 정신에 충실할 수 있다. 그리하여 우리 상황에서 성찰성을 발휘해 뒤르켐식으로 뒤르켐에 대해 질문해볼 수도 있을 것이다. 학계에서 토템과 같은 선조들은 누구이며 어떻게 투쟁의 대상이 되는지, 그들의 학문적 유산이란 무엇인지, 그 유산은 정통과 이단 사이에 어떻게 분배되어 있는지 등등에 관해서 말이다(Bourdieu 1987a: 39; 1993d: 199~200).

나는 우리가 마르크스와 더불어 마르크스에 반대하거나, 뒤르켐과 더불어 뒤르켐에 맞서서 생각할 수 있고, 물론 마르크스, 뒤르켐과 함께 베버에 맞서거나 또는 그 반대로도 생각할 수 있다고 본다. 과학은 이런 식으로 이루어진다(Bourdieu 1987a: 63~64).

그런데 이것이 그저 단순한 절충주의가 된다면 곤란할 것이다. 실용성이란 반드시 이론적 노선과 더불어 취해야 하는 미덕이기 때문이다. 예를 들면 부르디외는 바슐라르, 캉길렘으로 이어지는 '과학사적 인식론'의 틀 안에서 사회과학 인식론을 세우고자 하는데, 이를 위해 뒤르켐, 베버, 마르크스라는 고전적인 세 저자를 한데 끌어모은다. 사회이론의 차원에서는 서로 충돌하는 이 사상가들이 정작 인식론의 차원에서는 공통분모가 크다는 통찰이 이를 가능하게 한다(Bourdieu, Chamboredon & Passeron 1968). 부르디외는 또 각각 '상징체계' '상징생산' '상징을 통한 지배'에 주목한 이 세 사상가의 논의를 조합해 상징권력의 이론, 나아가 장이론을 정교화한 바 있다(Bourdieu 2001a/2014: 185~95; Brubaker 1985). 이러한 그의 시도들은 능동적 활용의 구체적인 전범을 보여준다.[8]

능동적 활용은 실용적 관계의 또 다른 요소인 '물신 해체'와 짝을 이룬다. 물신 해체는 다시 두 가지 층위에서 논의될 수 있다. 하나는 저자

---

8) 이러한 맥락에서 부르디외는 '성찰적 절충주의'를 표방한다. 이는 다음과 같은 언명에 명확히 제시되어 있다. "**나는 성찰적인 절충주의**reflexive eclecticism**를 수행한다.** 내게는 마르크스에서 베버를 거쳐 뒤르켐에 이르기까지 온갖 곳에서 재료를 '빌려오는' 것이 반드시 모순은 아니다. 이 모든 것이 어떤 이론적 응집성으로 이끄는 한에는 말이다. 그러한 응집성은 오늘날 탈근대주의자들에게 '전체주의적'이라고 질책받는다. 게다가 이러한 '절충주의'는 되는 대로 한다는 의미는 아니다"(Bourdieu, Schultheis & Pfeuffer 2011: 118).

나 텍스트를 물신 숭배의 대상으로 삼지 않고, 연구에 투입할 "생산적인 자본"으로 다루는 것이다. 이를 위해 부르디외는 우리가 문화에 대해 약간은 "야만적인" 관계, 즉 그것에 매혹당하고 경배하고 열광하기보다는 더 많은 이해관심을 거는 진지한 관계를 가져야 한다고 말한다(Bourdieu 1987a: 41). 다른 하나는 저자나 텍스트를 독자적이고 고립된 실체로서가 아니라 특정한 맥락에서 생산된 사회적 노동의 결과로 이해하는 것이다. 이러한 탈물신적 태도들은 사실 서로 밀접하게 연계된 것이기도 하다. 특히 후자는 외국 이론의 일방적인 수입국 처지에 있는 우리에게는 더욱 절실한 과제가 아닐 수 없다. 부르디외가 지적하듯 사상의 국제적 유통 과정에서 저자나 텍스트는 대개 맥락과 함께 이전되지 못하는데, 바로 그러한 상황에서 물신화의 가능성은 더욱 커지기 때문이다(Bourdieu 2002b: 4). 우리는 텍스트 내에서 어떤 개념이나 주장, 연구 결과가 지시하는 맥락, 그것들이 나오게 된 외적 맥락을 제대로 읽지 못하며, 그것을 다시 '이론화'해 받아들이면서 추상적·보편적인 논리 체계로 만드는 것이다. 텍스트를 그 자체 자족적인 것으로 간주하면서 다른 어떤 것도 참조하지 않는 '내적 독해'는 아마도 19세기 초의 독일 낭만주의 철학자 셸링Friedrich Schelling 시대까지 거슬러 올라가는, 근대의 역사적 발명품일 따름이다(Bourdieu & Chartier 1985: 270). 그러한 독해는 텍스트를 생산 장의 맥락에서 탈구시킨 채 수용 장의 맥락에만 연결시킴으로써 비현실화하고, 보편적이며 영원한 것으로 만든다. 이렇게 보면 물신 해체의 과업은 결국 어떤 이론을 그것이 생겨난 지적 전통, 사회적 배경과 더불어 꼼꼼히 읽고 재해석하며 새로운 연구의 자양분으로 삼는 과정을 통해 성취될 수 있는 셈이다. 여기에 지식 생산의 사회적 조건에 관한 사회과학적 지식의 축적은 중요한 기여를 할 수 있을 것이다. 『호모 아카데미쿠스』나 『하이데거의 정치적 존재론』에서 부르디외가 수행한 작업이 시사하듯이 말이다.

실용적 관계 맺기의 마지막 요소는, 아마도 가장 근본적인 수준에 놓이며 탈물신화 작업과도 긴밀하게 맞물릴 '사유 범주의 역사화'라 할 수 있다. 부르디외는 "철학이나 문학 텍스트에 적합한 해독 이론의 기반은 **'이중의 역사화'**"라고 말한다(Bourdieu 1992b: 38). 이는 한편으로는 저자, 다른 한편으로는 메시지에 내재하는 이해 범주들을 역사화해야 한다는 말이다. 즉 저자가 반성하지 않은 채 이용하는 개념들과 데이터를 가능하게 만든 분류 체계들이 역사적으로 형성되었고, 그러므로 상대적인 범주라는 점을 인식해야 한다는 것이다(Bourdieu 1995a: 117; 1999b: 18).[9] 이중적 역사화를 위해 그는 사유의 수단들을 생산하는 핵

---

9) 부르디외가 말하는 '이중적 역사화'의 구체적인 예를 두 가지 들어보자. 첫째로 그는 사회과학에서 자주 되풀이되는 '이해 대 설명'의 대립을 문제시한다. 그에 따르면 이 대립은 19세기 독일에서 자연과학이 부상할 때 인문과학이 자신의 특수성을 주장하기 위해 만들어낸 것이다. 이는 엄밀한 형식화나 수학화에 맞서 직관을 옹호하는 방식이었다. 이제 '이해 대 설명'은 모든 국가의 사회과학에서 거의 무의식적인 사유 범주가 되어버렸고, 이는 통일적 인식론의 구축에 장애물로 작용한다(Bourdieu 1992b: 41). 둘째로 부르디외는 '다문화주의' '전 지구화' '인종' '최하층계급' 등이 미국 사회의 특수한 역사적 맥락에서 만들어진 매우 보수적인 개념인데도 불구하고, 마치 보편적이고 과학적인 문제인 것처럼 다른 사회들에게까지 전파되고 부과되는 현상을 비판한다. 그가 보기에 이러한 유행 현상의 이면에는 미국의 대학과 정치경제적 싱크탱크들, 그리고 미국 의존적이면서 자국 저널리즘의 영향을 강하게 받는 이론 수입자들의 객관적 공모 관계가 자리 잡고 있다(Bourdieu & Wacquant 1998; 2001). 그에 따르면 "국경을 넘나드는 사유의 이주가 어쩔 수 없이 탈역사화를 가져오며, 이것이 [사유의] 현실성 상실과 그릇된 보편화를 낳는 요인들 가운데 하나라면, [……] 사회 세계에 관한 사유의 발생을 탐구하는 진정한 역사가 이 사유의 국제적 유통을 규정짓는 사회적 메커니즘에 대한 분석과 결합할 때, 바로 그것만이 다른 영역에서와 마찬가지로 여기에서도 자기주장을 펴는 학자들이 미리 별다른 [인식론적] 경계 없이도 논증에 이용하는 도구들을 더 잘 통제할 수 있도록 해줄 것이다"(Bourdieu & Wacquant 1998: 118). 부르디외 인식론의 기본 원칙이 '과학적 사실은 인식론적 단절을 통해 쟁취되고 이론을 통해 구성되고 체계적으로 확증된다'는 데 있다면, 이러한 역사화는 미리 구성된 사회적 범주들과 인식론적으로 단절하는 방법이기도 하다(Bourdieu 1992b: Bourdieu, Chamboredon & Passeron 1968 참조).

심 기구인 교육체계에도 관심을 기울여야 하며, 그에 대한 국가별 연구가 필요하다고 지적한다(Bourdieu 1992b: 38~40). 나아가 우리는 발신자뿐만 아니라 수신자(우리 자신)의 이해 범주 또한 역사화해야만 한다고 덧붙일 수 있을 것이다. 이를테면 '삼중의 역사화'인 셈이다. 우리는 모두 특수한 지적 전통 안에 갇혀 있는 지방민들이지만, 동시에 (아마도 그렇기 때문에) 지적인 자민족 중심주의에 빠질 위험을 가지고 있다. 한데 우리가 사유하기 위해 이용하는 수단, 즉 개념, 범주, 서열 등등은 역사적으로 특수한 것이며 사회적으로 구성된 것이다. 이 점을 언제나 의식하고 그 한계를 성찰하지 않으면 안 된다. 부르디외식으로 말하자면, 이렇게 역사화하는 시각이야말로 역사를 벗어나고 상대주의를 피해 더 보편적인 것에 다가갈 수 있는 유일한 방법이다. 이는 수입된 이론들과 관련해서라면 더 큰 의미를 지닐 것이다. 어떤 저자나 텍스트의, 나아가 (그것을 읽으면서 이해한다고 여기는) 우리 자신의 사유 구조와 범주, 분류틀 자체를 끊임없이 반성적으로 사유하는 일이 관건인 것이다. 그런데 바로 이것이 철학(활동)이 아니면 무엇이겠는가? 과학에 기여하는 철학 말이다.[10]

---

10) 부르디외 사회학이 철학과 맺는 관계는 상당히 복잡한데, 그 대체적인 영향에 대한 부르디외 자신의 해명은 악셀 호네트 등과 가진 인터뷰 및 『자기분석에 대한 초고』에서 찾아볼 수 있다. 또한 철학에 대한 부르디외의 관점은 논문 「사회과학과 철학」에 잘 정리되어 있다. 그 글에서 그는 사회학적 분석이 결코 철학에 대한 공격은 아니며 사회학은 철학으로부터 많은 것을 얻을 수 있다고 주장하면서, 카시러에 대한 쿠르트 레빈Kurt Lewin의 상찬을 상기시킨다. 부르디외가 자신의 사회학과 철학이 맺는 관계를 이론적인 수준에서 전면화한 저작은 물론 『파스칼적 명상』이다. 이 책은 기존의 철학들에 대한 대안을 제출하기보다는 그 맹점들을 제시한다는 의미에서 부정철학이며, 알튀세르가 말한 비철학non-philosophie에 가깝다. 알튀세르에 따르면 마르크스, 레닌, 그람시의 사유는 모두 이론적 헤게모니의 기능을 가진 기존의 철학 형식 안에서 생산되지 않고, 새로운 철학적 존재 형식들에 자리를 내주는 사유라는 점에서 비철학으로서의 철학을 구현한다(Althusser 1994: 177).

지적 생산양식의 이해

철학과 이론에 대해 실용적인 관계를 맺으라는 부르디외의 권유가 다소 일반적인 원칙론의 성격을 띤다면, 자기 저작의 '바람직한' 수용 여건을 따지는 그의 텍스트 「지적 작업의 사회 발생적 이해를 위하여」는 좀더 구체적인 외국 이론 읽기의 방법론을 암시한다. 그 글은 1989년 부르디외가 시카고에서 영미권 학자들이 자신의 사회학을 주제로 연 학술회의에 참여한 이후, 이 회의의 발표 논문들을 엮은 『부르디외: 비판적 관점Bourdieu: Critical Perspectives』(1993)에 결론 격으로 실은 논평이다. 이 텍스트에서 그는 자기 저작을 외국의 독자들이 어떻게 오해하는지, 왜 그런 일이 발생하는지, 그리고 자기 사회학을 제대로 이해하려면 어떻게 읽어야 하는지 등의 문제들에 관해 논의한다. 이는 사상의 초국적 유통 과정에서 생겨나는 문제들을 폭넓게 검토하기 위한 하나의 실례로서 성격을 띤다.

우선 부르디외는 자기 저작이 외국에서 수용될 때 크게 두 가지 양상이 나타난다고 지적한다. 하나는 논리의 진화 과정이 시간순으로 재구성되고 파악되기보다 (저작 번역의 시차 등과 같은 이유로) 무질서하게 뒤섞이는 것이며, 다른 하나는 개념이나 이론이 부분적이고 파편적으로 받아들여지고 쓰이는 것이다. 그는 이 두 방식이 모두 "적절한 읽기"의 전제가 되는 지적 생산양식의 이해를 건너뛰는 오류를 저지르고 있다고 비판한다. 더불어 그는 자신의 지적 기획을 가능하게 만든 인식론적·사회적 조건들에 주목해야 한다고 말한다. '정신의 창조물'에 대해서라면 우리는 언제나 **"사회 발생적 관점"**을 채택해야 한다는 것이다 (Bourdieu 1993b: 264). 이러한 맥락에서 부르디외는 특히 자기 저작의 이론적 차원과 경험적 차원을 따로 떼어놓고 보아서는 안 되며, 또 '외견상의 대상'과 '진짜 연구 대상'을 혼동해서도 안 된다고 강조한다.

이론적 차원과 경험적 차원을 따로 취할 수 없다는 부르디외의 말에는 몇 가지 함의가 있다. 먼저 그가 경험연구 속에서, 경험연구를 위해서 새로운 개념 도구들을 생산했으니만큼, 이론을 잘 이해하기 위해서는 그것이 구체적인 분석 과정에서 어떻게 쓰이고 작동하는지를 함께 파악해야 한다는 것이다. 동시에 그는 분석 대상이 된 사례들을 단순히 현상적인 차이 수준에서 이해하지 말고, 그 아래의 불변항들을 포착해야 한다고 역설한다. 예컨대 1970년대 프랑스의 부르주아계급이 바흐를 감상하고 테니스를 쳤던 데 비해, 2000년대에는 피아졸라를 들으며 골프를 즐긴다고 해서 '현실이 변화했다'고 섣불리 결론지으면 곤란하다. 동시대 프랑스와 다른 나라, 이를테면 미국이나 일본과의 비교에서도 마찬가지다. 핵심은 여전히 부르주아계급이 다른 계급들과 차별화된 취향을 추구하고 또 가진다는 것이며, 그러한 취향이 계급 간 상징적인 경계 만들기에 이용된다는 것이다. 실체론적 관점이 아닌 관계론적 관점에서 본다면, 우리는 시기나 장소에 따르는 현상적 차이를 넘어서서 사회공간과 상징공간의 구조적 메커니즘 자체를 파악하고 또 토론할 수 있다. 그러한 차원에서 다른 시대, 다른 국가를 가로지르는 역사적·사회적 비교가 의미 있게 되고, 보편적 타당성을 얻는 개념이 나올 수 있는 것이다(Bourdieu 1994a: 15~35).[11]

---

11) 이러한 관점에서 부르디외는 다음과 같이 주장한다. "역사적 사례에 대한 분석을 통해 나는 내가 연구한 것과 상이한 상황들에서 수행되는 또 다른 경험분석을 위한 프로그램을 제공한다. 그것은 생성적 읽기, 그리고 잘 구축된 특수한 사례로부터 일반화하는 이론적 귀납으로의 초대라 할 수 있다. 이런 식으로 […] 프로그램을 갖게 된 이라면, 그는 다른 시점, 다른 장소에서 불변항들을 찾으면서 조사를 되풀이해야 한다. 내 연구 결과의 '프랑스적' 특수성을 비판하는 사람들은 정작 중요한 것은 연구 결과가 아닌, 그것이 나오게 된 과정이라는

한편 외견상의 연구 대상과 진짜 연구 대상을 구분하는 문제와 관련해 부르디외는 『예술 사랑』의 예를 드는데, 이를 『중간 예술』까지 확대시켜 논해보자. 1965년의 공저서 『중간 예술』은 프랑스 사회의 다양한 집단이 새로운 미디어인 사진을 어떻게 인식하고 이용하는가를 다루며, 1966년의 공저서 『예술 사랑』은 유럽 몇몇 국가의 미술관 공중이 어떻게 구성되어 있으며 그에 따라 방문 횟수는 또 어떻게 달라지는지를 다룬다(Bourdieu, Boltanski, Castel & Chamboredon 1965; Bourdieu, Darbel & Schnapper 1966). 두 책 모두 표면적으로는 특정한 시점, 특수한 대상에 대한 경험연구인 셈이다. 그런데 부르디외에 따르면 연구의 진정한 목표는 이론적으로 구성된 관찰 자료를 가지고 '미학적 성향 및 능력의 발생과 구조'라는 질문을 제기하는 데 있었다. 말하자면 그는 '예술적 지각의 사회학'을 정립하기 위해 그러한 작업을 수행한 것이다. 유의할 점은 부르디외에게는 이 예술적 지각의 사회학이 더 큰 이론적 기획의 일부였다는 사실이다. 궁극적으로 그가 '실천적 지식' 혹은 '감각적인 것'의 특수한 논리를 규명함으로써 새로운 실천이론을 정초하려는 야심을 갖고 있었기 때문이다. 의식적 판단, 합리적 계산의 수준이 아닌, 아마도 그 아래에 놓여 있는 인지 작용들에 기초한 활동으로서의 실천이 그것이다. 부르디외에게 예술적 지각은 거의 신체적인 차원에서 작동하는 실천 논리를 구체적으로 탐구할 수 있게 해주는 훌륭한 분석 대상을 제공했던 셈이다(Bourdieu 1993b: 265~67).

부르디외의 이러한 주장이 자기 작업에 대한 사후적인 정당화, 혹은

점을 보지 못한다. [……] 잘 구축된 특수한 사례는 더 이상 특수한 것이 아니게 된다. 그리고 당연하게도 누구나 그것을 작동시킬 수 있어야 한다"(Bourdieu 1991d: 255).

짜맞추기식 해석은 아닌지 의심의 눈길을 보낼 필요는 없다. 그가 『중간 예술』과 『예술 사랑』의 발간을 전후해 발표한 글들이 부인할 수 없는 증거를 제시하고 있으니 말이다. 이미 『중간 예술』의 서문에서 그는 상당히 정교화된 하비투스 개념을 발전시키고 있으며, 이는 그가 1967년 파노프스키의 『고딕건축과 스콜라철학』을 프랑스어로 번역·출판하면서 책 말미에 부친 「후기」에서 더욱 심화된 형태로 나타난다. 그는 또 1968년 「예술적 지각의 사회학 이론 개요」, 1969년 「미학적 지각의 사회학」, 1971년 「미학적 성향과 예술적 능력」과 같은 일련의 논문을 발표했고, 1972년에는 (초고가 1960년대에 이미 완성되었던) 『실천이론 개요』를 출간하기에 이르렀다(Bourdieu 1967; 1968a; 1969; 1971b; 1972).[12]

자기 사회학이 외국에서 수용되는 방식에 대한 부르디외의 비판적

---

12) 부르디외는 『학생들과 그들의 학업』(1964), 『상속자들』(1964), 『교육 관계와 커뮤니케이션』(1965), 『재생산』(1970) 같은 교육에 관한 공저서들 역시 겉으로 드러난 대상과 실제 대상 사이에 간극이 있다고 주장하는데, 이에 대한 그의 설명은 다소 불분명하다. 아마도 그는 상징폭력 이론, 나아가 새로운 국가 이론이 자신의 진정한 연구 대상이었다고 주장하는 듯하다. 이들 저작에서 부르디외와 파스롱은 학생들의 학업 성취도가 출신 계급에 따라 달라지며, 이는 가정교육을 통한 문화자본의 전수라는 요인이 작용한 결과임을 보여준다. 공식 학위의 배분은 실상 상속된 문화자본과 나란히 간다는 것이다. 그런데 학교교육은 기회의 평등이라는 형식을 통해 정작 이러한 불평등을 감추는 기능을 수행한다. 이처럼 학교 체계는 사회질서의 재생산과 그 정당화에 핵심적인 역할을 담당한다는 것이 이 책들의 요지이다. 그런데 부르디외는 이 책들이 상징폭력, 그리고 그 정당한 독점체로서의 국가 개념을 재정립하고 있다는 데 다시 방점을 찍는다. 즉 학교는 사회구조에 맞춰진 정신구조와 언어적·문화적 성향을 주입한다. 그러한 정신구조와 성향은 국가 영토의 경계 안에서 정당한 것으로 승인받는 것이다. 객관적 구조와 주관적 구조 사이의 이와 같은 일치야말로 학교 제도, 그리고 그것을 매개로 국가가 행사하는 상징권력의 바탕에 있다. 부르디외에 따르면 국가는 마치 "상징자본의 중앙은행"처럼 기능하는데, 그 자본 할당의 권력은 교육기구가 가지는 특수한 인증 권력, 곧 학위 안에 자리한다. 근대사회 이래 학위는 귀족의 작위나 다를 바 없다는 것이다(Bourdieu 1993b: 267~68). 그렇다면 『상속자들』, 『재생산』 등의 저작은 1970년대 후반 이래 상징권력과 상징자본에 대한 그의 지속적인 이론화 작업, 그리고 『국가 귀족』을 위시한 국가 관련 연구들과의 연관 속에서 읽을 수 있을 것이다.

성찰은 우리 논의에 몇 가지 시사점을 던져준다. 먼저 그가 자기 이론이 '적절히' 읽히고 '충실히' 이해받기를 바랐으며, 그 방식은 프랑스의 지적·사회적 맥락 속에서 저작 전체 사유의 연쇄와 변화를 시간순으로 따라가는 식이었음을 확인해두자. 이는 어찌 보면 전통적인 철학이나 문학작품 읽기의 방법과 별반 다르지 않다. 개별 작품을 텍스트적·상황적 관계망 가운데 배치하고 그 의미를 재구성하기가 그것이다. 물론 부르디외의 경우 텍스트적 문맥을 사회적 배경에 종속 내지 환원시켰으며, 장 개념으로 재정의된 이 배경에 대한 과학적 분석을 요구했다는 측면에서 전통적인 인문학의 독서법과는 일정한 차이가 있다. 하지만 현실에서 모든 독자가 모든 독서를 언제나 그런 식으로 엄밀하게 진행할 수 없다는 점을 감안하면, 그나마 그의 제안에 가깝게 읽는 길은 전체 작품을 연대기적으로 꼼꼼히 읽어가면서 사회학적 맥락화에 좀더 많은 주의를 기울이는 방식이 될 것이다.[13]

다음으로 부르디외가 '이해'와 '오해'를 분명히 구분하면서, 자기 저작에 대한 '오해'를 피하고 싶어 했고, 이를 위해 '더 잘' 읽어야 한다고 권유했음을 기억하자. 이때 '더 잘' 읽는다는 것은 독자가 그의 지적 기획 전체를 이해하고, 그것을 통해 각 저서와 논문의 이론적 논점을 분명히 파악한다는 뜻이다. 그렇게 되는 한에서 경험연구들은 몇 겹의 이론적 문맥 안에 다시 위치지어지고 재해석될 수 있을 것이며, 학문적 토론과 비판의 최종 대상은 지적 기획 그 자체가 될 것이다. 우리와 같은 수입

---

13) 부르디외 역시 실제로는 이런 식의 읽기를 수행하고 있다는 점은 『과학의 과학과 성찰성』에서 그가 과학사회학의 기존 논의들을 정리하는 방식을 통해 알 수 있다. 그는 한편으로 이 전통의 "인지적 스타일"을 구성하는 동시에, 다른 한편으로 그것이 역사적 조건, 시대적 분위기와 맺고 있는 관계를 제시하고자 애쓴다(Bourdieu 2001b: 25).

국/수용자의 시각에서 보면, 결국 부르디외의 '바람직한' 독해는 중요한 작업들을 모두 읽고, 거시적이고 총체적인 시야 속에서 그 논리의 진화 과정과 이론적 야심을 파악하는 일이다. 이는 개개의 경험연구를 하나의 가능한 사례로서 자리매김하며, 그것에 쓰인 개념들을 현실 대응적 수준이 아닌 기능적인 수준에서 전유할 수 있도록 해줄 것이다. 그리하여 예컨대 문화자본 같은 개념은 특정한 문화 활동이 단순히 (외국에서처럼) 한국에서도 문화자본으로 작용할 수 있는지 여부가 아니라, 어떤 다른 고유한 요소와 차원을 갖는지, 또 계급 개념의 재구성과 어떻게 연계될 수 있는지에 대한 논의를 이끌어낼 수 있을 것이다(조은 2011; 최샛별 2006 참조). 나아가 이러한 이용과 토론은 우리가 부르디외의 이론을 상대하는 방식 역시 그의 개념과 문제틀을 한국 사회의 현상에 단순히 적용·검증하는 식으로만이 아니라, 그의 중층적인 질문과 (외견상의 대상 뒤에 가려진) 실제 대상을 탐구하는 식으로 확장시켜줄 것이다.

이론문화의 확장

이론을 읽고 이론적인 글을 쓰는 일 자체가 곧장 지식인의 상징폭력으로 환원되지는 않는다. 우리가 이론과 실용적인 관계를 맺을 때, 이론적 노동은 과학적인 실천의 일부가 된다. 그런데 그 '실용적인 관계 맺기'란 이론을 정형화된 사회과학 학술 논문의 '논의의 배경'이나 '기존 문헌 검토' 안에 편입시켜 관례적인 방식으로 요약·정리해 제시하는 작업을 가리키는 것이 아니다. 부르디외 자신도 주류 사회학계의 이론적 자판기에 새로운 진열 상품 하나를 추가하는 역할 따위에는 큰 관심이 없었을 것이다. 오히려 그는 기성 사회과학의 제도, 담론, 사유의 관행을 근본적으로 비판한다. 그것이 사회학, 인류학, 역사학 등 학문 분과의 인공적인 분리와 (사실은 적대적 공생 관계에 있는) 잘못된 인식론적 대립쌍들(객관주의 대 주관주의, 구조주의 대 현상학, 양적 접근 대 질적 접근 등) 위에서 작동하면서 이것들을 계속 재생산하고 있다는 것이다. 부르디외가 보기에 주변적이며 비정통적인 흐름들이 사회과학계에 일으키는 분열이야말로 통합적·성찰적 사회과학으로 나아가는 중요한 계기가 된다. 그가 영미권 학자들에게 "위기 만세!—사회과학의 이단을 위하여"라고 외쳤던 이유이기도 하다(Bourdieu 1988b: 773~74). '전통적인 방식으로' 전통적인 이론들을 소비하기보다 오히려 그 작동 방식을 개념적·논리적·사회적 수준에서 깊이 있게 이해하고 사회 세계에 대한 비판적-경험적인 연구에 투자할 수 있도록 내면화하는 것, 이것이 바로 스콜라적 관점에서 탈피해 이론과 실용적인 관계를 맺는 방식일 터이다. 이를 위해서는 사회 발생적 관점에서 이론을 제대로 읽을 수 있어야 한다. 그렇게 논리적인 검토와 비판, 새로운 자료의 통합을 거치면서 이론은 근본적인 문제 제기에 직면하게 되고 다시 운동·발전하기에 이를 것이다.

우리 상황에서 이론 읽기, 이론적 글쓰기는 부르디외가 말하는 이론 문화의 지평을 확장하는 의미가 있다. 이론문화란 연구 과정에서 실용적인 도움을 얻기 위해 우리가 참조할 수 있는 저자들을 일러주고 이론적인 연장통을 마련해주는 지식 체계를 가리킨다. 그 중심에는 과거로부터 내려온, 혹은 외국에서 들어온 저작들이 있다. 부르디외식으로 보면 이론문화란 한 사회의 학문 장 내에 축적된 문화자본이다. 그것은 저역서, 논문, 교과서 등으로 '객체화된 형태,' 학회, 연구소, 커리큘럼, 교육 프로그램 등으로 '제도화된 형태,' 그리고 실제 연구자들 안에 '체화된 형태'(이론적 교양) 속에 존재한다. 이렇게 국가별로 축적된 문화자본의 차이는 각 사회 특유의 학문 풍토로 이어지며 과학 발전의 차이를 낳는다.[14] 부르디외는 이러한 이론문화의 주요 기능이 연구자가 특정한 시기의 과학 발전에 적절한 입장들의 공간, 혹은 이론적 장을 고려할 수 있도록 해주는 데 있다고 주장한다(Bourdieu 1987a: 40~42). 이론문화는 물론 국가 간의 학술적 교류가 텍스트부터 연구자까지 다차원적으로 이루어지고 있는 지금 상황에서 훨씬 더 유동적인 성격을 띨 것이다. 한 사회에서의 논의가 다른 사회로 빠르게 수입/수출되는가 하면, 다양한 초국가적 지점들에서 여러 사회의 연구자들이 만나 학술회의와 세미나를 열고 토론을 벌이기도 하는 것이다.

---

14) 국가별 학문 장의 독자성은 그 고유한 역사의 산물이다. 그것은 이론문화에서 '수출'이나 '이식'이 어려운 구성 부분들을 통해, 혹은 외국 저자, 텍스트, 이론에 대한 독특한 이해와 재현을 통해 명확하게 드러난다. 간단한 예를 두 가지만 들어보자. 먼저 가스통 바슐라르와 조르주 캉길렘이 대표하는 '과학사적 인식론'은 오랫동안 프랑스 고유의 학문적 전통으로 자리잡아왔다. 그것은 알튀세르, 푸코, 부르디외를 위시한 20세기 중반의 수많은 프랑스 지식인들에게 지대한 영향을 끼쳤음에도 불구하고, 영미권을 비롯한 외국에 체계적으로 번역되거나 소개되지 못했고 '프랑스 이론'의 국제적 유통에서 일종의 '누락된 문맥'이 되었다. 한편 사회학자 어빙 고프먼의 국가별 수용 사례는 동일한 외국 저자가 일국적 이론문화 안에 상이한 방식으로 편입되는 현상을 잘 보여준다. 고프먼은 구조기능주의가 득세하던 1960년대 미국 사회학계에서 이른바 시카고학파의 전통을 잇는 상징적 상호작용론 계열의 핵심 연구자로 여겨졌다. 그는 미국 사회학과 비판적 거리를 두고 있던 프랑스 사회학계에서 1960년대 말부터 1970년대 초반에 걸쳐 (부르디외의 주도 아래) 주요 저서들이 집중적으로 번역·소개되었으며, 1990년대까지 거의 모든 저작이 번역되었다. 고프먼은 미시사회학의 새로운 지평을 개척한 저자로 사회과학자들에게 광범위하게 수용되었을 뿐만 아니라 종종 사르트르, 푸코, 부르디외 같은 저자들과의 비교 속에서 이해되었다. 반면 한국의 경우 제도적으로나 학문적으로 미국 사회학의 강력한 영향 아래 놓여 있었음에도 불구하고, 고프먼은 1980년대 말부터 최근까지 고작 세 권의 저작이 거의 10년에 한 권씩 번역 또는 재번역되는 식으로 수용되어왔을 따름이다(김봉석·오독립 2014). 저서의 번역 관련 자료만을 가지고 논의하기에는 분명히 한계가 있지만, 적어도 그것은 세 국가의 이론문화 내에 고프먼의 작업이 통합되어 있는 정도나 방식, 맥락이 매우 다르다는 사실을 시사하기에는 충분하다. 나아가 고프먼의 저작이 대학의 교과과정에서 어떻게 얼마나 교육되는지, 그것이 광범위한 지적 교양의 일부를 구성하는지, 연구자들에게는 어떤 이론적 문맥 속에서 읽히고 쓰이는지와 같은 변수들은 각국의 사회과학 장에서 산출되는 연구에도 당연히 적지 않은 영향을 미칠 것이다.

그런데 우리는 이 이론문화가 이중의 층위를 가진다고 볼 수 있다. 그 표층에는 특정한 주제(예컨대 예술 생산자 연구)와 관련해 나와 있는 각종 관점, 시각, 접근법 등이 있다. 이들에 대한 지식은 연구자가 과학 장에 진입할 수 있는 자격을 부여하며, 그 이론들과의 관계 속에서 자기 입장을 세울 수 있도록 도와준다. 부르디외에 따르면 이 이론적 공간에 대한 사전 이해는 매우 중요하다. 그 안에서 잘못된 이분법들이 생겨나며, 따라서 인식론적 오류를 피하기 위해서라도 그 구조를 제대로 파악해야 한다는 것이다(Bourdieu 1988b: 780). 그런데 내가 보기에는 이러한 '표층의 이론문화' 말고도 '기층의 이론문화' 역시 존재한다. 그것은 연구자의 인간관과 세계관을 조건 짓는 인식의 틀로서, 철학이나 ('사회'를 바라보는 기본 시각이라는 넓은 의미에서) '일반' 사회과학으로 이루어진다. 이때 이론은 가설을 생성시키는 조작적 개념들의 가건물이라기보다는, 차라리 연구에 투자되는 철학적 소양 혹은 사회학적 지식에 가깝다.[15) 우리가 주목해야 할 점은 그와 같은 기층의 이론문화가 대개

15) 이와 관련해 부르디외가 이론을 이중적인 차원에서 접근한다는 점을 지적할 필요가 있다. 그는 명시적으로는 이론을 연구 노동의 실행을 이끄는 프로그램이라고 정의한다. "'이론'은 연구 프로그램으로서 '이론적 토론'이 아닌 실천적 수행을 요청한다. 실천적 수행은 이론을 반박 혹은 일반화한다"(Bourdieu 1991d: 255). 부르디외는 이처럼 경험-실증적 절차와 긴밀하게 얽혀 있는 사회과학 이론을 바람직한 것인 양 제시하는데, 여기에는 명확히 말해지지 않은 부분이 있다. 즉 이 연구 프로그램은 어떻게 구성되며 그 재료는 과연 무엇인지 하는 것이다. 나는 부르디외에게 '구체적인 연구 프로그램으로서의 이론' 말고도, 그것을 구성하기 위해 필수 불가결한 '지적 생산수단으로서의 이론'에 대한 또 다른 관념이 있으며, 후자는 바로 '철학'과 동의어라고 본다. 부르디외는 연구 과정에서 '검증의 논리' 못지않게 '발견의 논리'를 중시하며 이 두 가지가 서로 떨어져 있지 않다고 강조하는데, 사회과학에서 발견을 낳는 '창조 기술'은 특히 철학 공부를 통해 얻어질 수 있을 것이다(Bourdieu, Chamboredon & Passeron 1968 참조). 이는 부르디외가 실제로 자기 이론을 구축하는 과정을 검토해보면 분명히 드러난다. '사회학적 지식 이론' '상징권력 이론' '실천이론' 등을 '창조'하기 위해 그는 기존 이론들을 비판적으로 종합하거나 변증법적 의미에서 지양하는 형식을 취한다. 이때 그가 상대하는 '기존 이론들'은 뒤르켐, 베버, 마르크스, 프로이트 같은 고

'주어져 있다는' 것이며, 많은 부분 어떤 질문들을 갖기에는 너무 어린 나이에 교육과 학습의 형식 속에서 부과된다는 것이다(이러한 맥락에서 교과서의 중요성은 아무리 강조해도 지나치지 않다). 한 사회의 연구자가 성장하는 과정에서 자연스럽게 배우고 접하게 되는 기층의 이론문화는 그가 실질적인 연구의 시점에서 문제를 인식하고 제기하고 개념화하고 해결해나가는 데 의식적·무의식적인 참조점이 된다. 결국 플라톤이나 칸트, 뒤르켐이나 베버, 혹은 마르크스나 푸코를 '잘 안다는 것'은 필요할 때 그들을 이용할 수 있는 힘이 커진다는 뜻이다. 이처럼 이론문화가 우리가 사유할 수 있는 범위, 연구를 위해 써먹을 수 있는 저자와 지식

전적 사상가들이라든지 후설, 비트겐슈타인, 사르트르, 메를로-퐁티, 레비-스트로스 같은 철학자들의 사유라는 공통점을 지닌다. 이는 아마도 부르디외가 구체적인 사회이론들이 결국 특정한 철학의 변이형이며, 따라서 그 철학 자체에 대한 비판이야말로 여러 상이한 이론을 한꺼번에 정리할 수 있게 해주는 효율적인 방편이라고 간주하기 때문일 것이다. 예를 들어 그는 실천이론의 정립을 목적으로 주관주의와 객관주의를 동시에 지양하고자 하는데, 이 과업은 사르트르와 레비-스트로스에 대한 비판을 통해 이루어진다. 사르트르의 초주관주의를 비판함으로써 그는 상징적 상호작용론, 민속방법론, 합리적 행위 이론 등을 더불어 기각했다고 주장하며, 레비-스트로스의 구조주의를 비판함으로써 알튀세르 및 그 아류의 비판 이론들을 함께 격퇴했다고 자처한다. 이러한 부르디외의 방법이 과연 얼마나 정당한지의 문제는 또 다른 검토를 요할 것이다. 주체 철학, 반성철학, 혹은 구조주의에 대한 그의 요약은 과연 적절한 것일까? 사르트르(혹은 레비-스트로스) 비판이 그 사회학적 변이형들에 대한 비판을 진정으로 대신할 수 있을까? 그는 자신이 상대하는 여러 이론들을 충실히 이해하고 있을까? 참고로 파비아니Jean-Louis Fabiani는 민속방법론에 대한 부르디외의 비판이 부분적인 독해에서 기인한다고 공박한 바 있다(Fabiani 2001). 여기서 핵심은 부르디외가 연구 프로그램으로서의 이론을 구축하기 위해, 그와는 약간 성격이 다른 이론적 자원인 철학을 동원하고 참조하며 또 비평하고 있다는 사실이다. 이는 사회과학 이론이 지니는 한 가지 특징, 즉 그 비판과 검증이 순전히 경험-실증적인 차원으로 환원될 수 없다는 속성을 암시한다. 연구 프로그램으로서의 이론은 철학들을 재료로 삼아, 또 기존 철학들에 대한 비판을 매개로 구성되는 것이다. 그렇게 생산된 이론은 일정 부분 철학이기도 하다. 이는 부르디외가 자신의 바람과는 무관하게 종종 '사상가' '철학자'로 다루어지는 이유일 것이며, 반대로 푸코를 비롯한 몇몇 철학자가 사회과학에서 커다란 영향력을 행사하는 이유이기도 할 것이다.

의 경계를 설정해준다면, 그 지평의 확대는 중대한 의의를 지닌다.[16] 읽기가 "문학적·철학적 생산물들을 문화[교양] 혹은 제2의 천성인 하비투스로 변환시키는 결정적 계기"라면, 외국 이론 읽기, 나아가 외국 이론에 관한 이론적 글쓰기는 우리 연구자들이 교양의 체화된 형식과 논문, 책 등의 객체화된 형식으로 외국의 이론문화를 전유하는 수단이다(Bourdieu 1983a: 46). 그것은 표층의 이론문화를 풍부하게 만들 뿐만 아니라, '학문적 무의식'처럼 기능하는 기층의 이론문화를 갱신함으로써 더 나은 경험연구를 낳는 데 크게 이바지할 수 있다.

이론 수용의 정치와 규범적 읽기 전략의 옹호

그런데 부르디외가 제안하는 전략만이 이러한 외국 이론 읽기/쓰기 작업에 대한 정답인가 하는 의구심은 여전히 남는다. 이 대목에서 우리는 부르디외식 '이론 읽기의 이론' 역시 그가 위치한 역사적·사회적 맥락의 산물이라는 사실을 되새겨보아야 한다. 그것은 또한 여러 가지 면에서 '규범적'이라는 특징이 있다. 먼저 부르디외는 이론 읽기에서 일정한 유형의 이론을 전제하는 듯한 인상을 준다. 이를테면 과거로부터 현재까지 잘 이어져온 학문적 전통 속에서 자신의 시각을 구축하고, 시간의 흐름에 따라 그것을 누적적으로 발전시켜나가는 '서양' 연구자의

---

16) 부르디외가 표층의 이론문화와 기층의 이론문화를 이용하는 방식은 『실천감각』과 『과학의 과학과 성찰성』에 구체적으로 잘 나타난다. 그는 『실천감각』에서 방대한 철학적 전통에 대한 지식을 이론적 자원으로 삼아 하비투스 개념을 끌어내며, 『과학의 과학과 성찰성』에서는 과학사회학의 이론들을 검토한 뒤 그 가능성의 공간 안에 자신의 과학 장 이론을 자리매김한다.

이론 유형 말이다. 게다가 그와 같은 이론은 선별의 대상이 된다. 즉 부르디외가 보기에 모든 이론이 읽고 논의할 만한 가치가 있는 것은 아니라는 뜻이다. 그렇다면 어떤 이론이 선택되어야 하는가? 그 기준에 관해 부르디외가 명확하게 말한 적은 없다. 하지만 그는 대체로 '더 나은' 이론, 더 근본적이고 독창적이며 포괄적인 이론에 대한 상을 가지고 있는 것으로 보인다. 이는 그가 이성의 간지를 통한 과학 장의 누적적인 발전, 이렇게 해서 얻어진 지식의 일정한 보편성을 주장한다는 데서 알 수 있다(Bourdieu 1976a; 2001b). 그의 이러한 지식관은 사실 과학주의와 유럽 중심주의의 혐의를 벗어나기 힘들다. 그것은 어쩌면 프랑스의 엘리트 학교에서 그와 동료들이 받았을 체계적인 '서양 고전' 교육과정의 거울상인지도 모른다. 우리는 그러한 교육 아래 깔려 있는 서구적 정전화의 논리를 비판하고 지식의 특수성과 맥락 구속성을 역설하면서도, 동시에 부르디외의 읽기 전략을 전면적으로 수용할 수 있을까?

더욱이 부르디외식 '이론 읽기의 이론'은 '적절한 읽기'를 전제한다. 이는 어떤 사유에 대한 '제대로 된 이해'와 '오해'를 구별하면서 '저자'가 독자들에게 부과하는 의미를 충실히 읽기, 때로는 저자 자신도 미처 알지 못했던 저자에 관한 주변 지식들까지 동원해가며 재구성하는 읽기야말로 '제대로 된 이해'를 이끌어낼 수 있다고 본다. 그리하여 예컨대 바캉은 미국에서의 부르디외 수용을 검토한 뒤, "사회 이론과 같은 지적 생산물은 언제든지 가급적 그 원래 '맥락'과 더불어 수출되어야 하며, 생산자, 중개자, 소비자 사이의 객관적 관계 속에 자리 잡은 편향성, 친화성, 중개 이해들이 빚어내는 왜곡을 충분히 고려한 채 수입되어야 한다"는 결론을 내리기에 이른다(Wacquant 1993: 247). 이것이 얼마나 현실적인 처방인지 하는 질문은 아예 제쳐두더라도, 우리는 그 앞에서 부르디외의 입장이 지닌 한계를 암시하는 여러 의문점들을 떠올릴 수 있다. 사회과학 책을 문학이나 철학 책처럼 자구와 의미 하나하나를 꼼꼼히 따져가며 읽어야 할까? 그것은 정교한 주해를 요구하는 '경전'이라기보다는 요리 책이나 다이어트 책과 다를 바 없이 실천의 지침이 되는 '실용서'에 가깝지 않을까? 또 저자가 바라는 대로 읽는 것만이 잘 읽는 길일까? 그렇다면 과연 사회과학의 과학성이란 무엇일까? 과학의 이론이란 창시자와 무관하게 연구자들에게 다양하게 활용되면서 자기 발전과 교정 과정을 거치는 것 아닌가? 무엇보다도 한 가지 근본적인 질문이 솟아난다. 부르디외의 '읽기 이론'이 전제하는 '이해'와 '오해,' '올바른' 해석과 '잘못된' 해석의 구분이 과연 타당한 것일까? 이 마지막 질문은 좀더 자세히 따져볼 필요가 있다.

부르디외의 구분은 예술 작품의 수용에 대한 그의 연구들과도 맥을 같이한다. 이론과 예술 작품 모두에서 그는 공공연하게 '올바른 이해' '올바른 해석'을 설정한다. 이때 '올바르다'는 형용사는 '저자의 창작 의도에 맞게' '작품에 저자가 담아놓은 의미에 부합하게'와 같은 뜻을 갖는다. 부르디외에게 커뮤니케이션은 발신자가 자신의 의도에 맞게 상징체계(메시지)를 생산하고, 수신자는 자신의 지각과 이해 범주에 따라 그것을 해독하는 과정이라 할 수 있다. 그런데 적절한 해독에 필요한 수신자의 지적 수단과 능력이 (계급적으로) 불균등하게 계발·분포되어 있다는 데서 수용의 다양성과 차별성이 나온다(Bourdieu, Darbel & Schnapper 1966: 118~19 참조). 이를테면 이브 클라인Yves Klein의 청색 모노크롬 회화는 그것을 '읽어낼' 만한 지식과 감식안을 갖춘 관람객에 의해서만 '제대로' 수용된다. 그만큼의 문화자본이 없는 이에게 그것은 감흥을 주기는커녕 '형편없거나' '골치 아프거나' 아예 '아무런 의미 없는' 대상으로만 여겨질 따름이다. 부르디외의 이러한 논리가 틀렸다고 할 수는 없다. 더욱이 예술 작품처럼 모호하고 풍부한 의미 작용을 지향하는 상징체계가 아닌, 정확한 의미 전달을 목표로 하는 사회과학 저작들의 경우 '적절한 해석'과 '부적절한 해석'의 차이는 명확할지도 모른다.

그럼에도 이러한 구분이 저자/작가에게 일정한 특권을 부여하고 있다는 점을 부인하기는 어렵다. 바꿔 말하면 이는 부르디외가 의미 구성 과정에서 텍스트와 독자가 차지하는 역할을 상대적으로 간과하고 있다는 지적이다.[17] 한데 구조주의 이후 (혹은 후기의 롤랑 바르트와 더불어) 우리는 의미가 고정된 실체가 아닌 유동적 과정이며, 작가의 의도 속이 아닌 독자들의 텍스트 읽기, 다시 읽기, 다르게 읽기 속에 존재한다는 사실을 안다. 저자/작가는 독자들의 의미 창출을 제한하는 권력도, 특권적 지위도 갖고 있지 않은 것이다(Barthes 1973; Bayard 2007/2008; Eco et al. 1992 참조). 또한 "내면의 책," 즉 "독자와 모든 새로운 글 사이에 개입하여 알게 모르게 독서를 가공하는 이 신화적이고 집단적인 비개인적 표상들 전체"가 독서 과정에 끊임없이 작용한다면, 저자 못지않게 수용의 구체적인 맥락이 의미 생산에 핵심적이며 불가피한 요소로 떠오른다(Bayard 2007/2008: 118).

이러한 논리를 '외국 이론 읽기'에 적용하면, 부르디외식 시각의 '규범

17) 철학자 피에르 마슈레Pierre Macherey는 스콜라적 이성에 대한 부르디외의 비판을 검토하면서, 그가 자주 쓰는 저자auctor/독자lector의 구분이 저자의 창조성과 독창성을 지나치게 강조하는 한편, 독자의 수동성과 불모성 역시 지나치게 부각시키고 있음을 지적한다(Macherey 2010: 124~32). 이 점은 부르디외가 『호모 아카데미쿠스』의 영역본에 부친 서문에서도 잘 드러난다. 그는 외국 독자들이 범하게 될 오독의 가능성과 그 구조적 요인들을 열거하면서, '적절한 읽기'를 구체적으로 처방하고 주문한다(Bourdieu 1988c: xv~xvi).

성'이 명백해진다. 즉 그의 예단이나 우려와는 달리, 외국 이론들에 대한 '탈맥락화된' 읽기, 저자의 '원래' 의도에서 벗어난 오독, 엉뚱하거나 부적절한 적용이 반드시 부정적인 결과만 낸다고 볼 수 없는 것이다. 이론의 '여행'은 생산자의 입장에서야 (본래의 생산 조건에서 벗어났다는 의미에서) '탈맥락화'지만, 수용자의 입장에서는 (새로운 조건 속으로 들어와 배치되는) '재맥락화' 아닌가? 상이한 역사적·사회적 맥락에서 생산된 이론들이 발생의 시간순이나 배경과 관계없이 수용되고 축적되고 때로 무질서하게 조합되는 현상은, 이론적 혼종성을 낳고 전혀 예기치 못한 지적 창조로 이어질지도 모를 일이다. 이론의 발전이 누적적·선형적으로만 이루어질 필요는 없다. 그러한 사고는 오히려 서구에서 만들어진 근대적 지식 체제의 이상화된 이미지를 우리 사회에까지 무비판적으로 투영한 결과일 수 있다. '창조적 배반' 또는 '창조적 오독'이라는 표현은 그것이 무책임한 해석을 정당화하는 멋들어진 변명 수준에만 머물지 않는다면, 이론 읽기에 대한 규범적 처방이 미처 보지 못하는 새로운 가능성의 영역을 간파할 수 있게 해준다. 그렇다면 혹시 '오독의 자유방임'이야말로 서구와 다른 우리 사회에 더욱 적합한 이론 수용 정책이라고 말해야 하지 않을까?

부르디외식 읽기 전략이 내포하는 한계점들과 그것이 자아내는 풀리지 않는 질문들에도 불구하고, 우리는 그것을 큰 틀에서 지지할 수 있을 것이다. '학문의 국제정치'가 주변국의 창조성을 고양하는 방향으로만 진행되지 않기 때문이며, 설령 그렇게 된다 할지라도 적지 않은 복합적 효과를 수반하기 때문이다. 이는 우리 입장에서 '이론 수입'의 문제가 언제나 예민한 이슈일 수밖에 없는 이유일 것이다. 지식의 국제적인 유통은 결코 자유롭고 평등하며 조화로운 교환 과정이 아니다. 국가 간 정치경제적·상징적 세력 불평등은 학문적 '중심'과 '주변'의 불균형한 역학으로 드러나게 마련이다(홍성민 엮음 2008 참조).[18] 학문의 '종속성' 과 '식민화'에 대한 되풀이되는 비판은 '문화 제국주의'의 개연성에 대해 수입국 내부자 집단 일부가 갖게 되는 심리적 불안감을 반영한다. 이 불안감이 기우에 지나지 않는다고 누가 단언할 수 있을 것인가?[19] 물론 지

---

18) 우리 학계가 외국 학계들과 맺고 있는 구조화된 관계의 성격에 대한 규명은 중요한 연구 과제이지만, 본격적으로 시도된 적은 없는 것으로 보인다. 대부분의 비판적 연구자들은 이를 암묵적으로 종속이론이나 제국주의론 같은 마르크스주의 정치경제학적 관점의 연장선상에서, 혹은 그 유비 위에서 이해하는 듯하다(김현경 2006). 부르디외의 경우 장이론의 시각에서 "세계 사회학 장의 가능성"이라든지 "제국주의적 이성의 간지"를 논의하며 국가별 학문 장들의 관계와 국제적인 지식 유통의 문제를 다룬 바 있지만, 시론적인 수준에 머물렀다는 한계를 지닌다(Bourdieu 1991c; Bourdieu & Wacquant 1998). 그가 두 논문에서 제시한 분석 원리들은 학문 장이 형성 이후 언제나 국제적이었다는 것, 각국의 학문 장들 사이에 구조적 상동성이 존재한다는 것(예컨대 중심국 사회학계의 [피]지배 세력은 주변국 사회학계의 [피]지배 세력과 그 이해관심을 같이하며 선택적 친화성을 드러낸다), 그리고 지식 부문을 포괄하는 '문화 제국주의'가 작동한다는 것 정도이다. 이는 장이론이 장들 간의 국제적인 접합이라든지 '초국적인 것'의 층위를 어떤 식으로 포착할 수 있는지 하는 문제가 부르디외에게도 그리 정교화되지 못한 상태로 남아 있었음을 시사한다(이상길 2006). 장이론의 분석틀을 일국적인 수준을 넘어 초국적이며 전 지구적인 수준까지 확장시키려는 노력은 특히 문화예술, 국제 관계, 법, 교육, 탈식민 이론 등 여러 분야에서 2000년대 이후 활발히 이루어지고 있다(Buchholz 2016; Go 2008; Madsen 2006; Marginson 2008 참조). 이 과정에서 장이론을 비판적 정치경제학과 접합시키려는 시도 또한 나타난다. 일례로 사회학자 하일브론은 국가들 간 번역과 지식 교류 현상을 연구하면서, 장이론과 세계체제론을 결합한 '문화적 세계체제cultural world-system' 개념을 제안한 바 있다. 그는 20세기 후반 이후의 '전 지구화'를 그 이전의 '국제화'와는 질적으로 다른 경향으로 구분하고, 장들의 전 지구화와 더불어 문화의 생산과 유통이 미국-유럽이라는 양극의 중심, 다수의 반半주변, 광범위한 주변을 가지는 중심-주변 구조core-periphery structure 속에서 일어난다고 주장한다(Heilbron 1999; 2014).

19) 부르디외에 따르면 "문화 제국주의는 종족이나 젠더 지배와 마찬가지로 **상징폭력**의 한 형식으로서 복속을 강요하는 **강제적인 커뮤니케이션** 관계에 의존한다"(Bourdieu & Wacquant 2001: 2). 예컨대 미국이 특수한 역사적 경험에서 생겨난 자기 사회의 모델을 보편적인 것으로 인정하고 승인하게끔 다른 나라 사람들에게 부과할 때, 특수성을 보편화하는 상징폭력으로서의 문화 제국주의가 나타나는 것이다. 따라서 미국식 경제·사회관을 필연적이고 보편적인 역사 발전 과정인 양 포장하는 신자유주의의 선전술은 전형적인 문화 제국주의의 사례인 셈이다.

식의 확산과 수용이 순전히 지배-피지배 관계의 효과 차원에서만 논의될 수는 없다. 하지만 사회 환경과 학문 전통, 그리고 (영어 헤게모니 아래에서) 언어의 이질성은 외국 이론 수용상의 불가피한 선별과 편향, 일정한 변형을 가져오며, 수용 집단 내부에서 정당한 수입자/해석자의 지위를 독점하려는 상징투쟁을 야기한다. 그 와중에 이론에 대한 단편적인 해석과 유행성 소비열, 기계적 적용과 현학적 활용, 소모적인 논쟁과 절충주의가 나타나는 것이다. 이론은 현실을 비판적으로 재구성하는 데 적절하게 이용되기보다는, 일시적으로 명멸하는 현상들에 재빠르게 응용되었다가 내버려지거나, 수사학을 위해 파편적으로 동원되거나, 기존 이론들의 더미 위에 별 의미 없이 누적된다.

이처럼 많은 연구자들에게 새 외국 이론이 제공하는 '구별짓기의 효과'만이 적극적으로 전유되는 상황에서, 생산적 담론을 빚어내는 '수용의 연금술'을 지식사회의 집단적 수준에서 기대하기란 몹시 어려운 일이다. 그렇다고 '혼종을 통한 창조'의 이 미약한 가능성을 한 개인의 탁월한 재능이나 '행복한 우연'의 작용에 내맡긴 채 막연히 기다릴 수도 없을 것이다. 그러기에는 학문적 종속과 식민화의 위험성이 너무도 실감 나는 현실로 우리에게 늘 존재한다(김종영 2015; 진태원 2014 참조). 더욱이 '무질서한 읽기'와 '생산적인 오독'에 대한 예찬은 '이론적 유행'을 추종하면서 상징자본을 축적하는 전략에 유리하게 작용함으로써, 오히려 이론의 단기적 수입-폐기라는 악순환을 강화할 수 있다. 과도하게 상상된 수입국/수용자의 능동성과 주체성은 결국 현 상태의 비가시적인 권력 질서를 옹호하고 정당화하면서, 지식 이전 과정에서 엄연히 작동하는 불평등과 그 부정적 효과라는 문제를 가리게 될 것이다.

그러므로 우리 입장에서 외국 이론의 수용이 여러모로 불가피하며 어떤 의미에서는 필수적이라고까지 판단한다면, '오독의 자유방임 정책'보다는 '적절한 읽기의 전략'이 이론의 문제 설정을 더 적극적으로 전유하고 그 적용을 심화시킬 수 있는 탈식민적 방안으로 보인다. '적절한 읽기'가 외국 이론의 단순한 소개에만 치중하는 신종 '서학西學' 혹은 '해석을 위한 해석'에 집착하는 '훈고학' 수준에 머물러야 할 필연성은 어디에도 없다. 그것은 사실 서구 이론을 다른 사회적 맥락 안에서 '순수하게' 재현하거나 복원하려는 시도와도 아무런 관계가 없다. 그러한 시도는 어차피 불가능성의 영역에 놓인다. 또한 '적절한' 읽기는 좁은 의미에서의 '정확한' 텍스트 읽기로 환원될 수 없고 그래서도 안 된다. 이론 읽기/쓰기 역시 다른 텍스트들의 읽기/쓰기와 마찬가지로 부득이한 오해와 오독을 포함하는 넓은 의미의 '문화적 번역/오역' 과정이기 때문이다. 핵심은 어떤 번역의 유일한 권위를 주장하는 데에도, 번역의 무한정한 자유를 주창하는 데에도 있지 않다. 텍스트의 존재 자체는 가능한 해석의 장을 제한하며, 따라서 우리는 잠정적으로 '더 적절한' 해석에 관해 이야기할 수 있다. 또 지적 교류와 문화적 번역 과정은 그 자체로 텍스트의 구성 원리(예컨대 저자의 지적 기획, 이론의 문제틀과 개념들)가 일종의 "역사적 초월성"으로서 일정하게 소통 가능하다는 전제를 깔고 있다(Bourdieu 1993b: 266). 이렇게 보자면 실용적인 이해관심 속에서 생산자, 메시지, 수용자의 인식 범주 자체를 역사적 반성과 사회학적 성찰의 대상으로 삼으면서 이루어지는 읽기는, ('커뮤니케이션 가능성의 조건'이라 할 수 있는) 최소한의 보편성·공통성 위에서 외국 이론을 구체적인 우리 현실의 역사성·특수성과 결합시키는 새로운 지식 생산의 기틀을 놓는다. 결국 읽기의 적절성은 이론의 지적·사회적 생산 맥락에 대한 이해와 수용 맥락의 현실을 바탕으로 한 '비판적 문제의식' 위에 자리 잡는 셈이다.

그렇다면 부르디외식 읽기의 방법론은 무차별한 이론적 혼성화 혹은 오독의 자유방임 전략보다 효율적인 탈식민화의 수단이 될 수 있을 것이다. 여기에는 그것이 지나치게 규범적인 제재의 잣대가 아닌 실천적 지침 정도로 기능해야 하며, '적절한 읽기'가 집단적으로 이루어지기 위한 제도적 여건이 갖추어져야 한다는 전제가 따라붙는다. 즉 어떤 외국 이론을 '적절하게' 읽고 쓰는 작업이 내적 독해와 텍스트 중심주의에 함몰되지 않도록 경계하고, 학계 내의 일부 집단(예컨대 외국 유학파)에게만 보장된 특권적인 활동이 되지 않도록 만들어야 한다는 것이다. 중요한 저작들의 꼼꼼한 번역은 이를 위한 일차적이면서도 필수적인 조건이다. 그것이 제대로 충족되지 않을 경우, 부르디외식 전략은 외국 이론의 해독에 유리한 능력을 갖춘 이들이 개인 연구자에게 '부실한 읽기'의 책임을 전가하고 규범적인 비난을 가하면서 자신의 상징자본을 강화하는 방편으로 전락할 위험성이 없지 않다. 이와 관련해 또 하나 필요한 것은 외국 이론 수용을 둘러싼 상징투쟁에 대한 사회학적 자기분석이다. 국내 학계에서 '이론적 식민성'에 대한 우려와 '지식 수입상'에 대한 비판이 실제로 어떤 집단의 수사적 장치로 사용되는지, 누구에게 어떤 규율 효과를 갖는지, 반대로 외국 이론 읽기/쓰기의 중요성에 대한 강조는 누구에게 실질적인 이익 또는 제약을 가져다주는지를 이해하고 성찰한다면, 전략의 지속적인 갱신에도 유용한 일이 될 것이다.[20]

---

20) 외국 이론 수용의 학술 정치를 '국내파'/'유학파'의 세력 갈등이라는 단순한 관점에서 파악해서는 안 된다. '국내파'라고 해서 반드시 이론 수입을 비판하는 것도 아니고, '유학파'라고 해서 이론 수입을 일방적으로 옹호하는 것도 아니다(김현경 2006: 128). 1990년대 이후 유행한 '프랑스 이론'의 예를 들자면, 오히려 '국내파' 연구자들에 의해 소개와 번역이 주도되었다 해도 과언이 아닐 것이다. 이론적 식민성에 대한 비판이라든지 외국 이론의 적극적인

외국 이론 읽기/쓰기의 또 다른 가능성을 향하여

다시금 강조해야 할 것은 탈식민적 지향에도 불구하고 혹은 그와 무관하게, 우리 사회에는 새로운 이론 수입이 계속해서 이루어지고 있으며 학문적 유행 현상 역시 예전이나 다를 바 없이 크게 완화되지 않고 있다는 사실이다. 이는 물론 이론적 신상품에 이해관심을 가진 분파가 학계 내부에 여전히 존재하기 때문일 것이다. 하지만 그러한 분파가 프랑스, 독일, 영국 등 어느 사회에나 있다는 점을 감안한다면, 문제는 수출 없이 불균형하게 지속되는 수입의 흐름이 지배-종속 구조로 고착되

수입은 오히려 그것을 실천한 연구자가 자신이 속한 기존의 전공/학문 체제에 도전하는 하나의 의미 있는 전략으로 선택한 측면도 있다. 즉 유학 경력과는 관계없이, 외국 이론에 대한 주석이 지배적인 철학계의 연구자이기에 '기지촌 지식인' 공격에 나설 수도 있고, 미국식의 실증적 경험연구만을 특권화하는 사회학계의 연구자이기에 프랑스제 이론 수입에 열을 올릴 수도 있다는 것이다. 바꿔 말하면 이론 수용을 둘러싼 연구자들의 상이한 입장과 전략은 단선적으로 재단하기 어려운, 여러 변수들이 작용한 이해관심의 산물로 바라볼 필요가 있다. 전체적으로 볼 때 1980~90년대 국내에서 마르크스주의와 프랑스 이론을 열성적으로 수입하고 이용한 연구자들은 미국이나 유럽에서 교육받았다기보다는 학문 장 내에서 피지배적 위치에 있는 신진 비주류 세력이었다는 공통점을 지닌다. 그들이 수용한 그 이론들은 또한 정치경제적 기득권 세력의 이해관심에 부합하는 지식 생산에 비판을 가하고 학문적 지배 체제에 균열을 내는 데 활용되었다. 이는 어떤 연구자의 해외 유학 여부가 그 자체로 긍정적이거나 부정적인 의미를 부여받을 수는 없으며, 그가 국내 학문 장 내에서 차지하는 위치와의 관련 속에서만 학문의 대외 종속성을 강화하거나 약화시키는 변수로 작용한다는 의미이다. 게다가 그가 수입하는 이른바 '서구 학문' 역시 통일성을 가지는 무언가로 표상되어서는 곤란하다. 그것은 오히려 내적인 분할과 경쟁, 상이한 위계 등으로 특징지어지는 다양한 이론과 패러다임 들의 복합체이기에, '어떤' 서구 학문을 수입하는가의 문제 역시 간과되어서는 안 된다. 이는 해외 유학생들의 양적 증가라든지 서구 학문의 수입을 학문의 대외 종속성 증가와 단순히 등치시키는 논리가 자칫 위험할 수 있음을 암시한다. 학문 장을 규정하는 지속적인 투쟁 과정 속에서 어떤 유학생들은 국내 학문의 독자성을 주장하고 방어하는 역할을 자임하기도 하고, 또 어떤 서구 이론들은 (서구 학문을 포함하는) 지적 기득권 체제와 지배 세력을 공격하고 변화를 이끌어내기 위한 효과적인 무기로 활용될 수 있기 때문이다.

지 않고 우리의 이론문화에 긍정적으로 작용하게끔 만드는 전략일 것이다. 부르디외식 읽기 방법론이 지닌 근본적인 문제점에도 불구하고, 내가 그것이 우리에게 유용할 수 있다고 보는 이유이다. 이와 더불어 지적해두어야 할 것은 이론 수입 과정에서 흔히 나타나는 두 가지 '이념형적 태도'의 비효율성이다. 한편으로 한국 사회의 특수성을 역설하면서 수입 이론 자체를 무조건 거부하거나 백안시하는 태도가 있다면, 다른 한편에는 이론을 '실용적으로' 대한다는 명분 아래 즉각적·단편적 경험과 사실들에 적용·검증하는 데에서 그치는 태도가 있다. (아마도 학문 장 안에서의 특정한 위치와 관계되어 있을) 이 두 태도는 모두 이론에 대한 이론적인 논의 자체를 비난하거나 평가절하한다는 공통점을 지닌다. 그런데 여기에는 위험성이 적지 않다.

첫번째 태도는 이론문화의 필요성과 수입을 통한 발전 가능성을 부정한다. 하지만 '이론 없는' 경험연구들의 축적과 '자생 이론'의 계발이라는 전략이 인식론적으로 성립할 수 있는지 의문이다. 설령 그렇다 하더라도, 그것이 이루어지기까지의 장기간 동안 이론 수입의 현실은 경험연구와의 대립을 촉매제로 더욱 심화될 수 있다. 사회의 지식 생산 장전체의 수준에서 본다면, '이론 수입'과 '경험연구'가 서로 연계되지 않은 채 '자료 없는 이론'과 '개념 없는 실증'의 관행을 촉진시킬 수 있는 것이다.

두번째 태도는 이론에 대한 실용적 관계를 좁은 의미로 파악한다. 즉 외국 이론이나 그 특징적인 개념들(예컨대 신화, 이데올로기적 국가기구, 문화자본, 생권력, 탈주, 상상계, 예외상태 등)을 한국 사회의 이런저런 현상들에 직접적으로 대입시켜 논의하고, 그런 식으로만 이론의 맥락화된 활용, 나아가 '토착화'가 이루어진다고 보는 것이다. 이론적 모자이크, 패치워크, 브리콜라주 등이 그러한 전략을 뒷받침하는 안내자로 등장한다. 개념의 쓸모가 그것 없이는 인식할 수 없었던 것을 인식할수 있게 해주는 데 있기에, 이러한 태도 자체가 잘못되었다고 말하기는어렵다. 하지만 이는 대부분 개별적인 수준의 개념에만 초점을 맞춘 나머지, 그것이 실은 다른 개념들과의 유기적인 관계와 정합적인 논리 속에서 의미를 얻게 된다는 점을 망각한다. 또 상이한 지적 전통, 인식론적 전제로부터 나온 여러 이론을 '무차별적으로' 접목시키는 과정은 이질적이며 비非등가적인 이론들을 흡사 보완적이며 등가적인 것인 양 변환시켜버린다. 이처럼 특정한 이론에 내재하는 문제의식과 한계가 다른이론에 의해 곧바로 보충·대체되는 형식 속에서, 이론들의 재빠른 수입과 소비는 학문적 진보로 오인되며, '새 것'의 유행은 일정한 정당성의근거를 부여받는다. 이는 수입 이론을 생산적인 자본으로 전환하지 못한 채 그 상징적 배당금만을 챙기는 관행으로 이어질 수 있다.

이 두 가지 태도가 특히 문제적이라면, '공리공론'만이 아닌 또 다른양식의 이론 읽기/쓰기가 가능하다는 점을 감추기 때문이다. 이는 기존이론의 수정이나 새로운 이론 생산을 저해함으로써 결국 학문적 주변성을 강화시키는 경향이 있다. 한 가지 예를 들어보자. 우리는 과학 장의 자율성 확보가 과학 발전에 핵심적인 요인이라는 부르디외의 주장을 알고 있다. 그는 자율성을 측정하기 위한 구체적인 지표들을 제시하기도 했다. 그렇다면 그 지표들을 이용해 한국 사회학 장이 얼마나 자율적인지 측정하고, 그 낮은 자율성의 정도가 한국 사회학의 수준 향상을 가로막는 원인이라고 진단할 수 있을 것이다(선내규 2010 참조). 하지만 이론 연구는 이를 좀더 나아가게 만들 수 있다. 자율성은 다른 장과의 관계 속에서만 이해될 수 있는 개념이다. 그렇다면 사회학 장이 다른 장에 대해 (상대적인) 자율성을 가진다는 것은 무엇을 의미하는지, 그러한 자율성의 성취를 통한 과학 발전은 궁극적으로 무엇을 지향하는지 역시 질문해야 한다(정수복 2015b; 정태석 2016 참조). 사회학의 '자율성'이 과연 어떻게 얼마나 가능한지, 또 정말 바람직한 가치인지에 대한 고민 없이 자율성 테제를 그대로 받아들인다면, 이로써는 부르디외 이론의 경험적 반복과 재생산에 이를 수 있을지 몰라도 그 비판적 전유와 지양까지는 기대할 수 없다. 사회과학 연구와 그에 대한 사회적 수요 사이의 긴장 관계가 단순히 학문 장의 상대적 자율성이라는 명제 속에서 다 해결된 것처럼 가정할 수는 없기 때문이다. 달리 말하면 부르디외 이론을 역사적 맥락과 경험이 다른 우리 사회에 적용해보는 작업뿐만 아니라, 부르디외 이론의 전제들에 대한 비판적 성찰 역시 필요하다는 말이다. 이 두 가지 작업은 별개로 이루어질 수도 있고, 한 연구 속에서 통합적으로 이루어질 수도 있을 것이다. 사실 경험연구에서도 수입 이론의 적용이 기계적인 반복에 머물지 않으려면 논리적인 검토와 분석이 절실하다. 자생 이론이든 토착화된 이론이든 그러한 노력 없이는 발전하기 힘들다. 그것은 기존 이론 및 외국 이론의 한계에 대한 인식과 문제 제기, 그리고 그것에서부터 또 다른 출발을 요구한다.

역설적이지만 지식 생산의 주변성을 극복하기 위해서라도 외국 이론 읽기/쓰기의 작업은 매우 중요하다.[21] 우리는 부르디외와 '더불어' 생

---

21) 우리 학계의 서구 의존성을 극복해야 할 과제로 여기기보다, 어차피 학문 장의 서구 주도적인 전 지구화가 불가피한 추세라는 현실 인식 아래 우리 스스로 적극적인 장 내 편입과 국제적 경쟁의 전략을 택해야 한다는 입장도 있을 수 있다(김경만 2015 참조). 사실 공통어로서의 영어에 기반을 두고 작동하면서 '보편적 학문'의 이념을 주장하고 부과하는 이른바 '세계 학계'(미국과 유럽이 주도하는 국제 학회, 국제 학술지, 명문 대학과 연구소, 거대 출판사 등을 중심으로 하는)의 구심력은 특히 학문적 성과 기준의 국제적인 표준화 압력(공인된 유명

각하면서도, 그를 잘 써먹고 또 넘어서기 위해 그에 '관해서도' 생각해야 한다. 이론 수입과 그에 따른 읽기/쓰기 활동이 학계 안에서 생산하는 정치적 효과를 최대한 통제할 수 있다면, 그것은 연구자들이 자신에게 주어진 이론적 공간에 새겨진 제약과 싸우고 그 너머로 나아가는 데 기여할 수 있을 것이다. 그러기 위해서는 그들이 실용적인 관점에서 (수입) 이론과 진지하고 깊이 있는 관계를 맺을 수 있는 여건 마련이 절실

학술지 목록, 논문 인용 지수, 대학 순위 평가 등)이 빠르게 진행되면서 점점 더 강력해지는 추세에 있다. 그럼에도 각 국가의 지역어에 바탕을 둔 특수한 학문적 전통과 교육체계, 그리고 사회과학의 경우 '고유한 사회 현실 그 자체'가 구성하는 연구 조건들을 함축하는 일국 단위의 자율적 학문 장이 갖는 원심력 또한 여전히 무시할 수 없다. 이에 더해 지역적·권역별 학문 장(유럽, 남미, 동아시아 등)이 다극적인 국제화의 축으로 새롭게 떠오르고 있다는 사실 역시 유의해야 한다. 여러 국가의 학문 장들이 공통의 문화적·학문적 전통과 지리적 근접성, 정치경제적 이해관계 위에서 일종의 지역적 클러스터를 이루는 것이다. 그러한 초국적인 성격의 지역적 학문 장들은 상이하고 다양한 연구 주제와 패러다임을 중심으로 작동하면서 서로 경쟁하고 영향을 주고받는 소우주들로서 존재한다고 볼 수 있다. 이러한 시각에서 지식사회학자 하일브론은 학문 장의 구조를 국지적local 층위, 국가적national 층위, 초국적인 지역/권역transnational regional 층위, 전 지구적global 층위로 구분하고, 학문 장의 전 지구화 현상을 이해하려면 각 층위에 대한 구체적 연구와 더불어 그것들 간 상호 관련성의 변화를 탐구해야 한다고 주장한다(Heilbron 2014). 이는 학문 장의 전 지구화 추세를 곧장 단일한 '전 지구적 학문 장'의 성립으로 간주해서는 안 되며, 더더군다나 '보편적인 지식'의 권위 아래 각 국가의 학문 장들을 위계적으로 통합할 수 있는 이상적인 형태로 상정해선 안 된다는 함의를 띤다. 이는 자연과학이나 공학에 비해 인문사회과학의 경우 특히 두드러진다고 할 수 있는데, 인문사회과학 내에서도 다시 개별 분과 학문의 '(이른바!) 과학성,' 연구 전통, 문제 설정, 국제적 개방성 등에 따라 차이가 있을 수밖에 없다(예컨대 경제학 대 역사학). 부르디외는 통상 '국제성'이 문화 생산 장의 상대적 자율성을 증진시키고 평가 기준을 객관화하는 데 유리하게 작용한다고 보았지만, 이러한 일반 원리가 국제화 단계의 모든 국면에서 모든 분야의 장에 동일하게 적용되기는 어려울 것이다. 더욱이 중심국들의 강력한 언어적·정치적 헤게모니와 경제적 이해관계를 기반으로 작동하는 현재의 전 지구화 추세가 어떠한 사회적 조건 아래서 문화 생산의 보편성을 촉진하는 국제화에 수렴할 수 있는지 하는 문제는 별도의 면밀한 검토를 요한다. 이는 결국 인문사회과학 분야의 전 지구적 장과 국가적 장에서 학문적 수월성 평가 기준상의 간극이 발생하는 경우 전자를 당연하게 우월시하거나 특권화할 수 없다는 말이며, 따라서 학문 장의 전 지구화 추세에 대한 대응 전략을 일률적으로 상정할 수 없다는 말이기도 하다.

하다. 부르디외의 저작에서 뽑아낼 수 있는 읽기 전략은 개인적 차원에서 학문의 탈식민화를 실천하는 데 도움이 될 수 있을 것이다. 하지만 그 못지않게 제도적·집단적 차원의 노력도 필수적이라는 점을 잊어서는 안 된다. 인문사회과학 번역에 대한 폭넓은 공공 지원, 이론 연구에 대한 상징적 보상(인정)의 강화, 인문학 지식을 교육 과정에 체계적으로 투입함으로써 이론적 자원으로 전환하는 방안 등은 그 실질적인 예가 될 것이다. 나아가 수입 이론의 잘 읽기와 잘 쓰기를 넘어서, 이렇게 생산된 지식이 어떻게 활용되며 문화에 어떤 영향을 미치는지에 대한 연구 관심 역시 중요할 터이다(Mani 1990: 25). 이는 지식의 장소성과 위치성을 고민하면서 '그들'의 지식과 맥락이 지닌 식민적 권위를 쉼 없이 문제 삼고, '우리' 내부의 식민성을 끊임없이 성찰하며 '경계사유'를 창조해가는 작업이기도 하다(Mignolo 2000/2013: 후기 참조).

9장 부르디외의 번역과 수용, 혹은 '이론은 어떻게 여행하는가?'

옮겨지는 텍스트, 유목하는 이론

이론문화와 연구 노동에 대한 체계적인 성찰—인식론적 반성(인식 가능성의 조건, 방법론, 과학성의 가능성과 한계)과 사회학적 반성(학문 제도의 특성과 효과)—은 학문 발전의 기초라 할 수 있다. 그것은 특히 근대 학문 자체를 외국으로부터 들여왔고, 아직까지도 외국에서 생산된 지식에 많은 영향을 받고 있는 우리 사회와 같은 곳에서는 더욱 각별한 의미를 지닌다. 즉 외국 사상의 수용에 대한 사회학적 연구는 우리 학문이 진보하기 위한 중요한 전제 조건인 것이다. 하지만 그러한 연구는 아직까지도 초보적인 수준에 머물러 있는 것으로 보인다. 사실 인문사회과학에서 외국 학자와 저작의 수용은 체계적인 분석의 대상이 된 적이 별로 없다. 외국 사상의 국내 수용은 통사적인 관점에서 어느 정도 성과가 있는 것이 사실이지만, 그나마 근대 학문 수입 초기가 주로 연구되었을 뿐, 1980년대 이후의 시기에 대한 본격적인 연구는 거의 없다고 해도 과언이 아니다. 최근에 푸코와 들뢰즈, 하버마스, 포스트 모더니즘 등의 수용에 대한 연구들이 간헐적으로 나왔을 따름이다(김 현경 2009; 나종석 2011; 백승우 2002; 이광래 2003; 채웅준 2017; 허경 2010 참조). 이러한 문제의식 아래 나는 이 장에서 외국 사상의 수입 메 커니즘, 특히 번역 실천에 대한 사회학적 분석의 중요성을 제기하고 부 르디외의 사례를 구체적인 분석 대상으로 삼고자 한다.

부르디외가 생전에 출간한 40권 가량의 저작은 30여 개 외국어로 번 역되었다. 그가 쓴 논문들 역시 많은 수가 국제 학술지들에 번역·소 개되었으며, 그러한 작업은 아직도 진행 중이다. 그렇다 보니 외국 학 계에서는 부르디외 사상의 국가별 수용과 관련해서도 상당한 연구 성 과가 쌓이고 있다. 이는 많은 경우 부르디외가 제시한 성찰적 사회학 의 문제틀 안에서 지식의 국제적 유통 과정과 학문 장의 내적·외적 역 학에 주목해 이루어졌다. 그리하여 미국, 영국, 독일, 이탈리아, 스페 인, 러시아, 핀란드, 호주, 중남미, 아랍 등 다양한 지역에서의 부르디 외 수용에 관한 연구 논문들이 2000년대 들어 계속 나오고 있는 상황 이다(Mauger ed. 2005: 3부; Robbins ed. 2016 참조). 특히 이탈리아의 온라인 사회과학 학술지 『소시올로지카Sociologica』는 2008년과 2009 년 두 차례 "사회학 사상의 국제적 유통: 피에르 부르디외의 경우The International Circulation of Sociological Ideas: The Case of Pierre Bourdieu"라는 심포지엄의 논문들을 출간함으로써 그러한 추이에 결정적으로 기여한 바 있다.

이 같은 논의의 연장선상에서 우리는 한국의 지식사회가 부르디외를 어떻게 수용했는지 역사적·사회학적 분석을 시도해볼 수 있을 것이다.

한 예로 사회학이나 언론학, 인류학과 같은 개별 분과 학문의 지식 생산물에 부르디외 사상이 어떤 영향을 미쳤는지 살펴볼 수 있을 것이다. 다른 외국 사례에 대한 작업들이 축적된 만큼 국가별 비교연구도 가능할 것이고, 국내에 수용된 다른 외국 저자들, 이를테면 하버마스, 푸코, 들뢰즈, 데리다 등과의 비교분석도 흥미로울 것이다. 이것들은 그 자체로 중요한 연구 주제를 구성한다. 하지만 이 장에서는 이 중요한 만큼이나 어렵고도 방대한 과제를 뒤로 미뤄놓은 채, 부르디외 저작의 국내 번역 문제에만 집중하려 한다.

외국 학자의 저작 번역에 대한 분석은 예컨대 사회학이나 정치학, 문화연구 같은 특정한 분야에서 그와 관련된 논문의 생산이나 피인용 정도에 대한 분석과는 또 다른 차원의 의의를 지닌다. 저작 번역은 학문적 지식이 광범위하게 전파되는 과정의 중심에 있다(박지영 2009; 2011 참조). 국내에서 어떤 외국 저자의 원서 읽기는 애당초 그 분야의 소수 전문가들이나 하게 되는 일이다(부르디외처럼 비영어권 저자라면 그나마도 원서 읽기가 매우 드물게만 가능하다). 그 저자에 관한 논문이 국내 학술지에 실리더라도 같은 분야의 동료 학자들로 제한된 유통 회로를 벗어나기 쉽지 않다. 하지만 번역서가 나오게 되면 사정이 달라진다. 번역서는 다양한 분야 연구자들의 이목을 끌 수 있으며, 분과 학문의 장벽을 넘어서 여러 영역에 걸친 영향력을 행사할 수 있다. 나아가 그것은 논문과 달리, 학계나 대학 제도 안의 전문 연구자 집단만이 아닌 '교양 있는 일반 독자층'에 지식을 널리 전달할 수 있고, 때로는 언론인과 같은 문화 매개자들을 통해 사회정치적인 의제 설정에도 기여할 수 있다. 달리 말해 번역서는 특정한 저자의 사유 체계가 사회학 장과 같은 개별 학문 장을 넘어서 여러 학문 장(예컨대 철학 장, 문학 장, 언론학 장 등)

을 가로지르도록 만드는 한편, 학자들 이외에도 좀더 광범위한 지식 생산자 집단과 독자층, 나아가 출판 장과 미디어 장까지를 아우르는 지식 장의 구성과 재생산에도 의미 있는 역할을 하는 것이다.

번역서는 탈식민적인 외국 이론 읽기에도 중요한 가치를 지닌다. 인문학과 달리, 사회과학 분야에서 이론은 저작과 분리되어 수용되기 쉽다. 예컨대 부르디외의 저작이 번역되어 있지 않아도 그의 이론은 쉽게 알려질 수 있으며, 부르디외의 저작을 읽지 않고도 그의 이론은 쉽게 이용될 수 있다(고 여겨진다). 이는 사회과학이 마치 자연과학과 비슷하게 특정한 개인 저자나 그의 저작으로부터 유리된 이론을 생산한다는 '과학주의'의 관념을 바탕에 두고 있기에 가능한 일이다.[1] 그리하여 저작의 수용 리듬과 이론의 수용 리듬은 일반적으로 일치하지 않는다. 그런데 저작 없는 이론의 수용은 이론을 사회적 맥락은 물론 텍스트적 맥락에서조차 추출함으로써 고도로 추상화시키고, 특수한 발생 맥락을 사상시킴으로써 마치 어떤 맥락에나 적용 가능한 것처럼 '보편화'하는 효과를 낳는다. 저작이 담고 있는 복잡한 경험적 분석, 지적 논쟁에 대한 의식과 개입, 때로는 지나치거나 모자란 논증, 정치적·사회적 논의 맥락 등으로부터 개념과 이론적 명제 들을 뽑아내고 적용 범위를 잠재적으로 극대화함으로써, '이론'은 저작과 달리 과학의 대명사가 된다. 번역을 통한 저작의 전유는 그러한 이론의 텍스트적 원천을 환기시키고 나아가 그 텍스트의 생산 맥락을 환기시킴으로써, 이론을 보편의 천상에서 특수와 구체의 지상으로 끌어내리고 '논리의 현실' 못지않은 '현실의 논

---

1) 아마도 이는 인문학과 달리 사회과학의 고전적인 저작들이 잘 번역되지 않는 중요한 이유 가운데 하나일 것이다. 사회'과학'은 저자나 저작으로부터 궁극적으로 분리 가능한 추상적·보편적 이론 체계를 그 존재 증명으로 삼는다.

리'와 적극적으로 대결시키는 계기를 마련한다.

부르디외는 사회학자이면서도 1990년대부터 국내에 본격적으로 소개되기 시작한 다른 프랑스 철학자들(푸코, 데리다, 료타르, 들뢰즈, 보드리야르 등)과 유사하게 다양한 분야에 광범위한 지적 영향력을 행사하고 있는 사상가이기도 하다. 게다가 그는 인류학자 콜로나Fanny Colonna의 지적처럼 식민지 알제리에서 발견한 약자의 지독한 박탈 경험으로부터 지배 이론을 발전시켰는데, "그 이후 이론이 일반화의 힘을 얻어갔고 아마 불행하게도 저작 그 자체보다 더욱 큰 성공을 거두었던" 저자이다(Colonna 2009: 63). 나는 이 장에서 그의 저작 번역을 조건 지은 사회적 맥락과 특성을 파악함으로써 우리 지식사회 전반에 걸쳐 부르디외의 사유가 어떤 형식으로 자리 잡게 되었는지, 그 과정에서 어떤 변형과 편향이 생겨났는지를 살펴보고자 한다. 이는 포스트식민 상황에서 학문적인 저작을 매개로 이루어지는 불평등한 국제 커뮤니케이션의 한 양상을 보여줄 것이다. 이러한 분석을 바탕으로 나는 지식 수입과 생산의 탈식민화 정치를 위해 저작 번역과 관련된 어떤 고민들이 요구되는지 논의해보고자 한다.

부르디외 번역의 사회학적 성찰

이 장에서 내가 시도하는 분석의 기본 축은 번역 실천에 대한 사회학적 접근이다. 사실 번역의 문제를 텍스트 중심적인 시각에서가 아니라 그 가능성의 사회적 조건이라는 관점에서 다루는 문제틀은 서구의 번역연구 내에서도 비교적 최근에 부상한 것이다(Heilbron & Sapiro

2002; Wolf & Fukari eds. 2007). 비교문학의 한 분과로서 번역은 대체로 문헌학 및 해석학적 방법을 원용하여 연구되어왔다. 이러한 전통적인 번역연구에 전환점을 가져온 것은 포스트식민주의와 문화연구라고 할 수 있다. 포스트식민주의와 문화연구는 번역의 사회적 맥락과 지식의 국제적 이전 과정에 주의를 돌리고, 번역 과정에서 작용하는 문화적 불평등과 권력관계, 헤게모니의 문제를 제기했다. 그리하여 포스트식민 번역연구는 번역이 특정한 문화들의 우월성을 구축하는 비대칭적인 문화 교환 형식이라고 주장한다. 언어와 문화 들 사이에 필연적으로 존재하는 권력관계 때문에, 어떤 언어로 쓰인 텍스트가 다른 언어로 옮겨지는 과정은 그 자체 '문명화'의 과정인 동시에 '식민화'의 과정이기도 하다. 번역은 단순히 단어나 텍스트를 옮기는 문제가 아니라 문화를 옮기는 문제이며, 그러한 번역의 이면에는 권력관계와 이데올로기가 작동한다는 것이다. 번역은 이렇듯 불균등한 권력을 가진 언어와 문화가 교섭하며 투쟁하는 공간이 된다. 그것은 또 포스트식민 단계에서 피지배 언어-문화가 헤게모니적 언어-문화를 수용·전유하고, 때로는 그에 저항하는 다면적인 과정이기도 하다(Venuti 1998). 포스트식민 번역연구와 유사한 문제의식을 공유하면서, 1990년대 번역연구에는 이른바 '사회적 전환' 혹은 '사회학적 전환'이 도래한다(강지혜 2012; 김봉석 2017; Heilbron 1999). 번역사회학의 관점에서 번역은 더 이상 단순한 언어의 치환 작업이 아니라 상이한 사회적 맥락을 횡단하는 실천이자 그 속으로 텍스트를 이전하는 '문화 번역'이다. 이러한 시각에서 번역연구의 중심은 번역 실천을 둘러싸고 그것을 규정하는 사회적 관계와 조건 들에 대한 탐색으로 이행한다. 그 결과 번역자를 포함한 수많은 행위자와 중개자, 번역 관련 정책과 제도, 지식 담론의 흐름과 출판 산업의 메커니

즘 등 번역의 다양한 사회문화적 조건들이 중요한 분석 대상으로 떠오른다.

사회문화적 실천으로서의 번역

새롭게 등장한 번역사회학의 패러다임은 특히 '텍스트와 그 변형에 대한 해석적 접근,' 그리고 '초국가적 출판 시장에서의 경제적 교환에 대한 분석'과 이중적으로 단절한다. 대신 그것은 번역이 생산되고 유통되는 사회관계의 총체를 분석 대상으로 취한다. 문화재화의 초국가적 유통의 조건, 즉 국제적인 문화 교환 공간의 구조, 이 교환에 영향을 미치는 정치적·경제적 제약들의 유형, 다양한 중개자들, 그리고 수입국에서 일어나는 수입과 수용 과정 등이 그 연구의 중심에 놓인다 (Heilbron & Sapiro 2007). 이는 문화연구와 사회학의 이론적·방법론적 성과를 동원하고 결합시키는 학제적 성격을 띤다. 그러한 연구의 자원들 가운데서도 특히 주목받는 것이 부르디외 사회학이다. 여러 연구자들은 부르디외 사상의 핵심 개념과 문제의식이 번역사회학의 구성에 유용한 도구를 제공한다는 점을 이론적인 프로그램의 구성이나 실제 경험연구를 통해 강조한 바 있다(Casanova 2002; Gouanvic 2007; 2010; Wolf & Fukari eds. 2007 참조). 장, 하비투스, 일루지오 등등의 개념이 번역을 사회문화적 실천으로서 분석하는 데 유용하게 적용될 수 있다는 것이다. 그리하여 서구 학계에서는 전문 출판 장이나 번역 장, 번역자의 하비투스에 관한 연구들이 계속 나오고 있는 상황이다. 이는 대개 지식 이전의 불평등한 조건과 과정, 그 속에서 작동하는 권력과 이데올로기를 비판적으로 조명하는 '사상의 국제적 유통'이라는 문제틀 속에서 이루어진다. 번역 흐름의 정치경제적·사회적·상징적 차원을 분석하면서, 그것이 전 지구적·일국적 출판 장의 구조, 행위자, 세력관계 안에 어떻게 편입되어 있는지를 주목하는 것이다.

그런 의미에서 부르디외의 두 논문 「출판에서의 보수 혁명」(1999)과 「사상의 국제적 유통을 둘러싼 사회적 조건」(2002)은 번역사회학의 문제틀을 정초하는 데 핵심적인 기여를 했다고 평가해도 과언이 아닐 것이다.[2] 앞의 논문에서 부르디외는 문학을 중심으로 한 출판 장 내부의 경쟁 구조, 위치와 하비투스에 따른 출판사들의 상이한 이해관심과 전략 등을 분석함으로써 번역의 물적 기반과 조건, 중개자 집단을 이해하는 기틀을 마련한다(Bourdieu 1999a). 또한 뒤의 논문에서 그는 국제적 지식 교환에 오해를 발생시키는 구조적 요인들이 작용한다는 주장을 내놓는다. 수출된 텍스트가 그 맥락(본래의 생산 장) 없이 유통되고 그것의 수용자들이 상이한 생산 장(즉 수용 장)에 편입되어 있다 보니, 심

---

2) 「출판에서의 보수 혁명」은 출판 장 분석과 번역사회학에 유용한 착상들을 담고 있다(이상길 2006; Sapiro 2008 참조). 「사상의 국제적 유통을 둘러싼 사회적 조건」은 1989년 10월 30일 프라이부르크 대학의 프랑스센터 개관 기념 강연문이다. 장 개념이 애당초 1960년대 중반 프랑스의 출판 장에 대한 경험연구를 통해 제시되었듯이, 사상의 초국적 흐름에 대한 문제의식 역시 부르디외에게는 매우 오래전으로 거슬러 올라간다. 그 가장 초기의 것으로는 아마도 1975년 6월 5일 "마그레브Maghreb에서의 민족학과 정치학"이라는 콜로키움에서 발표한 「사회학적 생산의 사회적 조건: 식민사회학과 사회학의 탈식민화」(『사회학의 문제들』에 「사회학자들의 사회학을 위하여」라는 제목으로 재수록)를 들 수 있을 것이다. 그 밖에도 「보편적인 것의 제국주의의 두 가지 형태」(1992), 「제국주의적 이성의 간지에 관하여」(1998) 등은 초국가적인 지식 이전과 그 정치적 효과에 대한 부르디외의 문제의식을 잘 드러내준다. 부르디외의 동료 연구자들의 작업 역시 중요하다. 1970년대 부르디외 동료 연구자들이 『악트』에 실었던 글들, 특히 볼탕스키의 「국제적 철학 교환에 관한 노트」와 미카엘 폴락Michael Pollak의 「폴 라자스펠드, 과학적 다국적기업의 창건자」 역시 부르디외의 문제의식과 긴밀하게 관련되어 있다(Boltanski 1975; Pollak 1979). 바캉의 글 「미국에서의 부르디외: 대서양 건너편 사회 이론의 수입에 관한 노트」는 부르디외 사상의 국제적 유통에 관한 연구의 물꼬를 텄다(Wacquant 1993). 이 문제의식은 부르디외의 사후인 2002년 『악트』의 144호 특집 "번역: 국제적 문학 교환"과 145호 특집 "사상의 국제적 유통"에서 부르디외 동료와 제자들의 공동 작업 형태로 이어지며, 그 밖에도 다양한 단행본 작업을 낳는다.

각한 오해가 발생한다는 것이다. 부르디외는 이처럼 외국 저작의 의미와 기능이 그것이 생산된 원산 장champ originaire 못지않게 수용 장에 의해서도 크게 규정된다는 점을 강조한다. 그에 따르면 어떤 텍스트가 원산 장에서 지녔던 의미와 기능은 수용 장에서 종종 완전히 무시된다. 또 텍스트의 국제적 이전은 일련의 사회적 처치 작업을 통해 이루어진다. 그 과정에는 '선정'(누가 무엇을 번역·출판하는가?), 일종의 '상표 달기'(출판사, 기획 총서, 번역자, 해설자 등), '읽기'(텍스트에 대해 수용 장의 문제틀과 지각 범주를 작동시키기)가 포함된다(Bourdieu 2002c: 4~5).

부르디외의 이러한 논의는 번역 문제가 지닌 중요성을 살펴보는 데도 유용하다. 물론 외국 사상의 도입과 수용이 번역자 같은 직접적인 중개자보다는 교수, 연구자, 언론인 등과 같은 간접적 중개자들에 더 많이 의존한다고 볼 수도 있다. 이 간접적 중개자들은 수용 장에서 사상의 해석을 책임지면서, 장 안에서의 자기 위치와 궤적에 따라 사상을 선별적으로 다시 전유한다. 특히 이 외국 사상이 참조 체계 및 언어적·스타일적 특성 면에서 수용 장과 거리가 멀면 멀수록, 달리 말해 그 '번역 가능성'이 문제적일수록 해석자 혹은 간접적 중개자들의 역할이 중요해진다는 것이다(Jacquemond 2010: 570). 이러한 주장은 나름대로 일리가 있지만, 번역의 두 가지 중요성을 상대적으로 간과하고 있는 것으로 여겨진다. 우선 원전의 번역이 다양한 해석에 대한 일정한 교차 통제를 가능하게 하며 새로운 통찰을 열어주는 통로라는 것이다. 수용 장에서 간접적 중개자들은 해석의 정당성을 독점하기 위한 투쟁을 벌이는데, 번역은 투쟁에 직접 참여하진 않지만 그것을 관전하고 평가할 수 있는 행위자들을 훨씬 확대하게 된다. 또한 번역 자체는 어떤 수용 장에서 이루어지는 '가장 완전한 읽기'이며, (암묵적으로) 가장 강력한 정당성을 주장하고 또 누릴 수 있는 해석 방식 가운데 하나라 할 수 있다. 더욱이 간접적 중개자들의 해석은 번역과 별개로 이루어지지 않으며, 오히려 번역을 통해 활성화되는 실천이기도 하다. 프랑스어처럼 교육체계의 제도적 편향에 의해 영어 등의 중개어나 국역본이 없이는 원전을 읽을 수 있는 독자들이 많지 않은 경우, 번역의 역할은 훨씬 더 중요해지는 것이다.

부르디외 사상의 초국가적 유통

부르디외 저작 번역의 사례 연구에는 '객관화하는 주체의 객관화'를 주창하는 부르디외의 성찰적 사회학에 사회학적 성찰을 되돌려주겠다는 의지가 있다. 부르디외의 수용 가운데서도 저작 번역에 초점을 맞춘 작업으로는 두 연구가 주목할 만하다. 하나는 부르디외의 전 세계적인 번역·유통 현황을 개관한 사피로Gisèle Sapiro와 부스타만테Mauricio Bustamante의 연구이며, 다른 하나는 아랍권에서의 번역 문제를 따져본 문학연구자 리샤르 자크몽Richard Jacquemond의 연구이다(Jacquemond 2010; Sapiro & Bustamante 2009). 이 연구들은 특히 우리 상황을 비교적 시각에서 파악하는 데 중요한 참조점을 제공한다는 미덕을 지닌다.

먼저 사피로와 부스타만테에 따르면, 1958년부터 2008년까지 부르디외 저작 가운데 37권이 34개 언어로 42개국에 번역되었으며, 번역 권수는 총 347권에 달한다. 20권 이상의 저작이 번역된 중심 언어는 독일어, 스페인어, 영어, 포르투갈어, 이탈리아어 순이다. 사피로와 부스타만테 연구의 중요 결과는 다음과 같다. 첫째, 부르디외의 저작은 시간이 갈수록 점점 더 많이 외국어로 번역되었다. 여기에는 특히 1990년대 중반 이후 본격화된 부르디외의 정치 참여가 중요한 역할을 한 것으로 여겨진다. 1980년까지 부르디외의 저작은 9개국에서만 번역·출간되었는데, 이 수는 1981~95년 사이에 26개국으로 증가했고 이후 42개국으로 늘어났다. 이러한 번역·소개 과정에서 특히 초기에는 (부르디외의 직간접적인 외국인 제자들을 중심으로 한) 중개자들의 역할이 컸다. 둘째, 책의 번역 시차가 감소하면서 후기 저작으로 갈수록 점점 더 빠르게 번역되었다. 원저가 1996년 출간되어 이후 여러 나라에서 급속히 번역된 『텔레비전에 대하여』는 일종의 전환점이 되었다. 1996년 이후에는 원저와 번역서 출간 연도 사이의 시차가 평균 8.5년에서 3년으로 줄어들게 된다. 셋째, 부르디외 사회학의 수용은 초기에는 특정 분야(교육과 문화사회학)에 한정되어 부분적으로 이루어지다가, 점차 저작 전체에 대한 통합적 수용으로 무게중심이 이동하게 되었다. 넷째, 부르디외 수용의 틀 역시 학문 장에서 지식 장으로 확장된 경향이 있다. 즉 부르디외는 초창기 교육과 문화사회학 분야의 전문가로 국제적 명성을 얻다가, 중요한 사회 이론가로서의 위치를 확보하게 되었고, 1996년 이후에는 신자유주의에 맞서 투쟁하는 공공 지식인이자 '세계적 석학'으로 인식되고 있으며, 점점 '고전적 저자'로 공인받고 있는 중이라는 것이다(Sapiro & Bustamante 2009).

한편 자크몽은 모로코, 리비아, 이집트, 시리아 등 아랍 4개국에서 나온 부르디외 번역을 집중적으로 연구했다. 그에 따르면 1960~80년대 이른바 '황금기'의 프랑스 사회과학의 성과물에 대한 아랍어 번역은 1980년대에야 비로소 시작되었다. 대체로 20년의 시차가 있었던 셈이다. 또 부르디외의 수용은 푸코나 바르트에 비하면 매우 더디고 수고스럽게 이루어졌다. 자크몽은 그 이유를 사회학이 철학이나 문학연구에 비해 자율성은 낮고 정치권력에 더 밀착해 있는 상황에서, 기존 질서에 비판적인 외국 사상의 수용에 둔감했던 탓으로 해석한다. 아랍권에서 부르디외 저작은 1986~2009년에 24년간 22권이 번역되었다. 이 가운데 거의 절반이 1995~2002년, 즉 참여 지식인으로서 부르디외의 명성이 최고조에 달한 시기에 이루어졌다. 그 이후로는 번역의 리듬이 더 느려졌다. 아랍권의 번역은 부르디외의 주저들보다는 논문과 강연 모음집 및 말년의 참여적 텍스트들을 중심으로 나타난다는 점에서 특징적이다. 자크몽은 이를 '선별적' '교육적' '투쟁적' 수용으로 요약한다. 아랍어 번역 전략에서는 외국어를 적극적으로 수용하고 '번역 투'를 살려 아랍어를 '근대화'하려는 전략과 아랍식 문장으로 '토착화'하려는 전략 사이에 기본적인 대립이 있었다. 또 부르디외의 아랍어 역자들은 마르크스주의 운동이나 정치 활동에 관여한 전력이 있다는 점에서 공통적이었다. 그들은 마르크스주의 분석틀을 갱신·보완하거나 전 지구화 반대 운동에 연대할 수 있는 개념 도구를 부르디외에게서 찾고자 했다는 것이다. 자크몽은 이를 아랍권 국가들에서 사회과학 장의 상대적인 자율성이 낮기 때문에 벌어진 현상으로 풀이한다(Jacquemond 2010). 우리는 이 두 연구들의 몇몇 발견점을 비교의 준거로 참조하면서, 국내에서 부르디외 번역의 양상과 그것이 함축하는 사회적·학술 정치적 의미들을 탐색해보고자 한다.

국내에서 1980년대 말 1990년대 초 즈음 시작된 '부르디외 번역'이라는 사회문화적 실천을 제대로 이해하기 위해, 우리는 그것을 당시의 제도적·담론적 맥락 속에 자리매김해야만 한다. 그 맥락을 부르디외에 기대어 '장'으로 정의한다면, '부르디외 번역'에 대한 이해란 번역 실천을 국내 학술 장, 나아가 지식 장의 상태와 관련지어 포착한다는 뜻이다. 그런데 일정한 자율성을 가지는 장은 외부의 이해관계와 영향력을 그대로 '반영'하기보다 재번역·재구조화한다. 부르디외는 이를 '굴절'이라는 용어로 표현한 바 있다. 이러한 비유를 이어받아, 우리는 한 장에서 다른 장으로 사상이 유통되는 와중에 굴절이 일어난다고 말할 수 있을 것이다. 굴절은 장이 지닌 상대적 자율성의 산물이자 지표이다. 그러므로 부르디외 번역 실천에 대한 이해란 결국 부르디외 저작이 국내 학술 장과 지식 장에 옮겨지면서 어떠한 굴절을 겪었는지 파악하는 작업이 된다. 이때 굴절은 단순히 특정한 텍스트가 한 언어에서 다른 언어로 바뀌면서 일어나는 정보의 손실, 뉘앙스의 차이, 문맥의 변이 등만을 가리키지 않는다. 그것은 텍스트가 겪는 물질적 존재 양식상의 변형부터 해석적 참조 체계의 이동, 새로운 논쟁 구도와 지적 위계 체제로의 편입, 그리고 이 모든 것의 결과인 의미 지평과 효과의 변화까지 포함한다.

주의해야 할 점은 이때 굴절이 규범적인 개념 아닌 기술적인 개념이라는 것이다. 텍스트의 이전은 어떤 경우에도 불가피하게 일정한 굴절을 수반한다. 이는 지리적·공간적 이전뿐만 아니라 역사적 이전에도 해당된다. 설령 동일한 장 내일지라도 시간적으로 다른 상태에 진입한 텍스트(예컨대 후대에 고전으로 전승된 텍스트)는 장이 변화했는데 그것은 변하지 않은 채 남아 있다는 바로 그 사실 때문에 변화한다. 그러므로 역사적·지적·문화적 전통이 아예 상이한 국가의 장으로 들어간 외국의 텍스트가 굴절을 겪는 것은 당연한 일이다. 곧 굴절은 가치판단이 가해져야 할 '왜곡'이라기보다는, 이해를 위해 상세히 기술되어야 하는 '변환'일 뿐이다. 그것은 맥락의 변화에 따른 텍스트 원형의 변화, 즉 텍스트의 실질적인 변화와 불변성으로 인한 변화를 모두 아우르는 말이다. 번역되어야 할 텍스트의 '원형' 또한 다양한 변형의 존재 그 자체, 그리고 다른 방식의 존재 가능성을 말하기 위해 전제되는 가상의 중심일 따름이다. 그렇다면 국내 부르디외 저작의 번역과 수용은 과연 어떤 맥락 속에서 이루어졌으며, 또 어떤 굴절의 양상을 나타냈을까?

원서에서 국역본으로—부르디외 저작의 여정

사피로와 부스타만테는 전 세계적인 차원의 부르디외 번역과 유통에 대한 연구에서 한국어 번역서 수는 15권으로, 한국어는 일본어, 중국어, 그리스어 다음으로 아홉번째인 준semi-중심 언어 가운데 하나라고 지적한다. 그런데 내가 검토한 바에 따르면, 이들이 집계한 기간까지 국내에 출간된 부르디외의 번역서는 모두 21권 19종이었다. 2008년 이후 출간된 번역서가 두 권이기 때문에 2017년 말 현재 총수는 23권 21종이다.[3] 아마도 사피로와 부스타만테 논문의 데이터에서는 1990년대 초반 정식 저작권 계약 없이 출간된 책들이 빠진 것으로 보인다. 그런데 우리의 재집계를 바탕으로 한다면, 2008년을 기준 연도로 잡아도 한국은 세계에서 여섯번째로 부르디외의 저작을 많이 번역한 국가이며, 한국어는 부르디외 번역서가 20권 이상 나온 '중심 언어'에 속한다. 〈표 1〉은 부르디외 저작의 국역본 현황을 몇몇 항목별로 정리한 것이다.

---

3) 한국어로 번역되면서 『구별짓기』는 두 권, 『세계의 비참』은 세 권으로 분권되었으나 이는 모두 한 권으로 간주했다. 또한 같은 책의 부분 번역본과 완역본이 나와 있는 경우에는 당연히 2책 1종으로 계산했다. 『사진의 사회적 정의』와 『중간 예술』, 『혼돈을 일으키는 과학』과 『사회학의 문제들』이 그러한 사례들이다. 한편 부르디외의 글이 다른 저자들의 글과 함께 실린 편역서의 경우, 부르디외 번역서에 포함시키지 않았다. 그러한 사례들로는 『프리바토피아를 넘어서』(2001), 『경계를 넘어 글쓰기』(2001), 『사회자본: 이론과 쟁점』(2003), 『세계화 이후의 민주주의』(2005), 『인민이란 무엇인가』(2014), 『페미니즘과 섹시즘』(2018) 등이 있다.

〈표 1〉 부르디외 저자의 국역본 현황(2017년 12월 말 기준)

연번	역서 출간 연도	번역서 제목	원서 제목	원서 출간 연도	출간 시차	원서 분량	해당 분야	번역자 이름	번역자 전공 및 제도적 위치	'역자의 글' 유형	출판사 (총서명)	기타
1	1989	사진의 사회적 정의	중간 예술: 사진의 사회적 활용에 관한 에세이(공저)	1965	24년	361쪽	예술사회학	한경애	사회학 박사과정	후기 겸 해제	눈빛 (눈빛 영상 읽기 총서)	원서 부분 번역(2장)
2	1994	혼돈을 일으키는 과학	사회학의 문제들	1980	14년	277쪽	사회 이론	문경자	불문학 박사과정	후기	솔 (일상총서)	논문 한 편 번역 제외, 해설 논문과 인터뷰 추가
3	1995	자본주의의 아비투스: 알제리의 모순	알제리 60: 경제구조와 시간구조	1977	18년	123쪽	경제인류학	최종철	사회학 박사, 비전임 교원	후기	동문선 (문예신서)	
4	1995	상징폭력과 문화재생산	말하기의 의미: 언어 교환의 경제	1982	13년	244쪽	언어사회학, 문화사회학	정일준 (공동 조역)	사회학 박사과정	서문 겸 해제	새물결 (문화신서: 을 수 대문인 우리 시대의 세물게 문화)	영어 편역본 편집, 번역 점

번호	번역서명 (연도)	원서명 (부제)	원서 연도	기간/쪽수	분야	최종역자	역자 직위	후기 겸 해제	출판사 (총서)	비고
5	1996 구별짓기: 문화와 취향의 사회학 (상/하)	구별짓기: 판단력의 사회적 비판 (상/하)	1979	17년 670쪽	문화사회학	(공동 조역)	사회학 박사, 비전임 교원	후기 겸 해제	새물결 (21세기 총도서: 우리 공의 미래)	원서 두 권으로 분권 (2005년 제간)
6	1998 텔레비전에 대하여	텔레비전에 대하여	1996	2년 95쪽	저널리즘, 미디어사회학	현택수	사회학 박사, 전임 교원	후기 겸 해제	동문선 (문예신서)	
7	1999 강의에 대한 강의	강의에 대한 강의	1982	17년 56쪽	사회 이론	현택수	사회학 박사, 전임 교원	후기 겸 해제	동문선 (문예신서)	제1권 『세계 사상』에 초역 분재
8	1999 예술의 규칙	예술의 규칙: 문학 장의 발생과 구조	1992	7년 481쪽	문화사회학	하태환	불문학 박사, 비전임 교원	없음 (해설 논문 번역으로 대체)	동문선 (문예신서)	해설 논문 번역 수록
9	2000 (1) / 2002 (2,3) 세계의 비참 (1,2,3)	세계의 비참 (공저)	1993	7년 948쪽	사회 비판	김주경	불문학 박사과정 수료, 전문 번역가	없음	동문선 (문예신서)	공저, 원서 세 권으로 분권
10	2000 재생산	재생산: 교육체계 이론을 위한 요소들 (공저)	1970	(공)30년 279쪽	교육사회학	이상호	경제학 박사, 비전임 교원	후기	동문선 (문예신서)	공저

번호	연도	제목	원저 연도	원제	쪽수	분야	역자	역자 배경	후기/해제	출판사
11	2000	남성 지배	1998	남성 지배	2년 142쪽	젠더사회학	김용숙, 주경미	불문학 박사	없음	동문선(문예신서)
12	2001	파스칼적 명상	1997	파스칼적 명상	4년 316쪽	철학, 사회 이론	김웅권	불문학 박사	후기	동문선(문예신서)
13	2002	과학의 사회적 사용	1997	과학의 사회적 사용	5년 77쪽	과학사회학	조흥식	정치학 박사, 전임 교원	후기 겸 해제	창비
14	2003	맞불 2	2001	맞불 2	2년 109쪽	사회비판	김교신	불문학자, 전문 번역가	없음	동문선(문예신서)
15	2004	맞불	1998	맞불	6년 125쪽	사회비판	현택수	사회학 박사, 전임 교원	후기 겸 해제	동문선(문예신서) 저자와 역자의 대담 수록
16	2004	사회학의 문제들	1980	사회학의 문제들	24년 277쪽	사회 이론	신미경	불문학 박사, 비전임 교원	없음	동문선(문예신서)
17	2004	중간 예술	1965	중간 예술: 사진의 사회적 활용에 관한 에세이(공저)	39년 361쪽	예술사회학	주형일	사회학 박사, 전임 교원	후기 겸 해제	현실문화연구 공저
18	2005	나는 철학자다	1988	하이데거의 정치적 존재론	17년 123쪽	지식사회학	김문수	철학 박사과정	후기 겸 해제	이매진(이매진테스트)

19	2005	실천이성: 행동의 이론에 대하여	1994	실천이성: 행동의 이론에 대하여	11년 252쪽	사회 이론	김웅권	문학 박사, 비전임 교원	후기	동문선 (문예신서)	
20	2005	호모 아카데미쿠스	1984	호모 아카데미쿠스	21년 297쪽	지식사회학	김정곤, 임기대	불문학 박사, 전임 교원 과 비전임 교원	후기	동문선 (문예신서)	
21	2008	자기분석에 대한 초고	2004	자기분석에 대한 초고	4년 142쪽	지식사회학	유민희	불문학 박사, 비전임 교원	없음	동문선 (문예신서)	
22	2014	언어와 상징권력	2001	언어와 상징권력	13년 472쪽	언어사회학	김현경	인류학 박사, 비전임 교원	서문	나남 (한국연구재단 학술명저 번역총서)	
23	2015	성찰적 사회학으로의 초대	1992 (2014)	성찰적 사회학으로의 초대	23년 600쪽	사회 이론	이상길	사회학 박사, 전임 교원	후기	그린비 (트랜스 소시올로지)	공저서, 공저자의 관련 텍스트 및 번역자의 용어 해설 부록 수록

이 표를 중심으로 먼저 부르디외 번역서들의 몇몇 특징을 개관해보도록 하자. 단행본의 형식으로 처음 부르디외가 번역된 것은 『사진의 사회적 정의』로 1989년의 일이다. 이 책은 『중간 예술』의 제2장을 문고본 형식으로 발췌 번역한 것이다(『중간 예술』의 완역본은 2004년에 비로소 나왔다). 이후 5년 뒤인 1994년 『사회학의 문제들』이 약간의 체재 변형을 거쳐 『혼돈을 일으키는 과학』이라는 제목으로 번역되었다. 1995년에는 『말하기의 의미』의 영어본을 편역·중역한 『상징폭력과 문화재생산』이 나왔고, 『자본주의의 아비투스』가 완역되었다. 1996년에는 드디어 그의 주저인 『구별짓기』가 상하권으로 출간되기에 이른다. 부르디외 번역서는 1994~2005년 사이에 1997년을 제외하고는 최소 1권, 최대 3권이 매년 꾸준히 나왔으며, 특히 2000년대 초반에 집중적으로 나왔다고 볼 수 있다. 2005년 이후에는 다시 출간이 없다가 2008년에 『자기분석에 대한 초고』가 나온 뒤, 이후 오랜 공백기를 거치고 2014년과 2015년에 비로소 후속 출간이 이루어졌다. 〈표 2〉에 분명히 드러나듯이, 부르디외 저작의 번역은 1990년대 중반 이후 본격화되었다가, 1998~2005년에 전성기를 맞았다고 할 수 있다. 그즈음인 2000년 9월 부르디외가 대산문화재단 초청으로 '서울국제문학포럼'에 참가한 바 있고, 2002년에 타계했다는 사실을 상기해야 한다. 이러한 사건들과 그에 따른 신문 보도 등 사회적 관심의 증가는 번역 출판을 촉진시킨 자극제가 되었을 것이다.

〈표 2〉 연도별 부르디외 저작의 국역본 출간 추이[4]

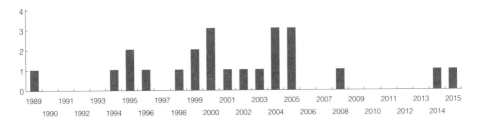

　　원서 출간과 번역 출간의 평균 시차는 13.9년이었는데, 흥미롭게도 부르디외의 한국 방문과 사망을 전후한 1998~2003년에는 대부분 10년 미만의 시차를 나타냈다. 구체적으로는 9권 가운데 영미권 교육사회학계에서도 고전의 반열에 올라 있는 『재생산』과 콜레주드프랑스 취임 강연문인 『강의에 대한 강의』를 제외하면, 7권이 10년 미만이었고 평균 시차는 4년여에 불과했다. 이즈음은 부르디외의 명성이 세계적으로도 절정에 이르렀던 시기인데, 이 무렵 출판된 책들은 페미니즘, 철학, 신자유주의와 전 지구화 반대 등에 관한 이론적 혹은 정치적 저작이 주종을 이루었다. 2014년에는 『상징폭력과 문화재생산』의 원본 격인 『말하기의 의미』의 증보판인 『언어와 상징권력』이 출판되었고, 2015년에는 영미권에서 부르디외 사회학의 전체적인 면모를 조망하기에 가장 적합한 책으로 평가받았던 『성찰적 사회학으로의 초대』가 출판되었다. 정확한 판매 부수의 통계자료는 없지만, 부르디외 번역본 가운데 특히

---

4) 『구별짓기』는 1996년 상하 두 권이 출간되었고, 『세계의 비참』은 2000년에 1권, 2002년에 2, 3권이 출간되었다. 하지만 여기서는 『구별짓기』와 『세계의 비참』을 한 권으로 계산했고, 따라서 『구별짓기』는 1996년, 『세계의 비참』은 2000년에 나온 것으로 집계했다. 또한 『구별짓기』는 2005년 개정 신판이 나왔으나 이를 출간 숫자에 새롭게 반영하지는 않았다.

많이 팔린 저작은 『구별짓기』와 『텔레비전에 대하여』로 보인다. 저작권 없이 급하게 출간되었던 『구별짓기』는 '새물결'에서 2005년 정식 저작권 계약을 한 개정 신판을 냈고, 『텔레비전에 대하여』는 2006년 4쇄를 출간했다. 전자의 경우 부르디외의 대표작 중의 하나라는 점이, 후자의 경우 대중적인 주제에 비교적 쉬운 내용과 부담 없는 분량이라는 점이 긍정적으로 작용한 결과인 것으로 여겨진다.

번역서 만들기

부르디외 번역서들의 특징을 살펴보면 체재상의 변화와 제목의 변형 내지 생략이 일단 눈에 띈다. 수입 초창기에 나온 『혼돈을 일으키는 과학』은 『사회학의 문제들』을 번역한 책이지만, 어느 정도 편역서의 성격을 지니고 있다. 즉 역자가 뚜렷한 이유를 밝히지 않은 채 한 편의 논문을 제외했고, 대신 부르디외 사회학을 소개하는 로익 바캉의 글과 부르디외의 인터뷰를 추가했기 때문이다.[5] 『상징폭력과 문화재생산』은 아예 영어 편역서를 재편집한 중역본이었다. 이 책은 1991년 존 톰슨이 편집한 영역본에서 정치 장에 관한 논문 두 편을 빼고, 영역본 서문 대신 (거의 동일한 내용의) 부르디외에 관한 톰슨의 해설 논문을 실었다. 국역본 편집자는 영역본이 프랑스어 원본 『말하기의 의미』에서 두 편의 논문을 빼고 다섯 편의 글을 새로 넣었으며, 일역본은 프랑스어 원본을

---

5) 누락된 글은 포스트식민 알제리 사회에서 과학적 사회학은 그 가능 조건에 대한 사회학적 성찰로부터 출발해야 한다는 내용의 강연문 「사회학자들의 사회학을 위하여」였다. 하필 이 논문이 빠진 것은 의아한 일인데, 지식 체계의 대외 종속성이라는 면에서 알제리와 비슷한 처지에 있는 한국 사회가 부르디외 사회학을 가장 '부르디외적인' 방식으로 이용하려면 어떻게 해야 하는지 영감을 주는 글이기 때문이다.

그대로 따르고 있다는 점을 밝혔다(정일준 1995: 38).[6] 이러한 '편역서' 체재는 다른 국가들에서도 수입 초기에 많이 나타난 형식이었다(Sapiro & Bustamante 2009: 19). 부르디외의 저작에 낯선 자국의 독자들이 비교적 쉽게 입문할 수 있도록 짧은 호흡의 논문들을 선택·편집하는 방식이 선호되었던 것이다. 이 방식에는 부가적인 장점 또한 없지 않았을 것으로 여겨진다. 하나는 편역이 특정한 저작의 저작권 문제를 피해가기 위한 방편이 될 수도 있다는 것이다. 다른 하나는 수용 장의 지식 수준이나 현실 적합성을 고려한 편역의 선별 과정이 '토착화'의 토대로 기능할 수 있다는 것이다.

제목은 책의 판매에 상당한 영향을 끼치기에 외국에서도 출판사나 역자의 개입이 두드러지게 작용하는 부분이다(Bourdieu & Wacquant 1998 참조). 부르디외 국역본의 경우, 수입 초창기 번역서들에서 제목의 변용이 집중적으로 나타난다. 원제가 『사회학의 문제들』인 『혼돈을 일으키는 과학』은 상업적으로 호소력 있으면서도 번역서가 속한 총서(새로운 사유 흐름을 소개하는 '입장총서')의 취지에도 어울리는 제목으로 변화했다.[7] 원제 『알제리 60: 경제구조와 시간구조』의 번역본은 『資本主義のハビトゥス: アルジェリアの矛盾』이라는 일역본 제목을 빌려와 『자

---

6) 프랑스어 원본에서 빠진 글은 부르디외가 발리바르(를 통해 간접적으로 알튀세르)를 비판한 「무게 잡는 담론」이었다(Bourdieu 2001a/2014: 379~400 참조). 그것은 부르디외가 당시 프랑스에서 지배적이었던 구조주의적 마르크스주의자들에 대해 얼마나 비판적인 거리를 취하고 있었는지 잘 보여준다. 그러므로 이 글이 (영역본을 거쳐) 국역본에서 누락된 것은 그 구체적인 경위야 어떻든, 부르디외 이론과 알튀세르식 마르크스주의 사이의 노골적인 대립 양상을 가리는 결과를 낳았다고 말할 수 있을 것이다.

7) 『혼돈을 일으키는 과학』은 그 책에 실린 논문 "Une Science qui dérange"에서 따온 제목인데, 이는 사실 '불편하게 만드는 과학' 정도의 의미를 지닌다(2004년 『사회학의 문제들』 완역본에서는 "난처하게 만드는 학문"으로 번역했다). 우리말로는 원제보다도 왠지 더 멋있고 거창한 뉘앙스를 띠는 제목으로 변신한 셈이다.

본주의의 아비투스: 알제리의 모순』이 되었는데, 일본식 번역어 '하비
투스'는 한국식 번역어인 '아비투스'로 변화했다. 이 책은 또 서문에 "구
조와 아비투스"라는 부제를 달았는데, 원서에는 없는 것을 새로 덧붙인
것이다. 이는 부르디외의 핵심 개념을 강조하고 인지시키고자 하는 계
산의 결과로 보인다. 한편 부르디외의 저작 『말하기의 의미』는 영어로
편역되면서 『언어와 상징권력』이라는 제목을 달았는데, 이는 다시 우
리말로 옮겨지면서 『상징폭력과 문화재생산』이라는 제목으로 바뀌었
다. 여기에서는 좀더 '센' 제목으로 책의 상업성을 높이려는 출판사/번
역자의 계산과 더불어, '폭력'과 '재생산'이라는 핵심어를 매개로 부르디
외의 저작을 기존의 마르크스주의적 문제틀에 편입시키려는 의지가 드
러난다. 같은 출판사에서 나온 『구별짓기: 문화와 취향의 사회학』은 원
서의 부제가 "판단력의 사회적 비판Critique social du jugement"이다. 이는
이 책이 취향 판단에 대한 사회학적 분석이자, 근본적으로 (미학적 경험
의 보편성과 무상성을 주장하는) 칸트의 『판단력 비판』을 겨냥한 철학적
내기라는 점을 암시한다. 이 점은 특히 『구별짓기』에 후기로 실려 있는
「'순수' 비평에 대한 '통속적' 비판을 위하여」에서 분명히 나타난다(참
고로 영역본 제목은 『구별짓기: 취향 판단의 사회적 비판Distinction: A Social
Critique of the Judgement of Taste』이다). 하지만 국역본의 부제는 『구별짓기』
라는 주제목만으로는 알아차리기 어려운 책의 성격을 평이하게 설명하
고, 그 해당 학문 영역을 지정하는 데 초점이 맞춰져 있다. 초창기의 이
러한 제목 변형은 국내 학계에서 부르디외 사회학이 어느 정도 소개된
이후로는 점차 사라진다. 원제목을 문자 그대로 충실하게 번역하게 되
는 것이다. 다소 딱딱한 전문서의 분위기를 풍기는 『하이데거의 정치적
존재론』이라는 원제가 (다소 어리둥절하게 느껴지는) 『나는 철학자다』

라는 우리말 제목으로 바뀐 것이 거의 유일한 예외이다. 다만 부제를 생략하는 관행은 체계적으로 이루어지고 있다.

부르디외 저작 번역에 관여한 역자들의 수는, 한 명이 여러 권을 번역한 경우와 한 권을 공역한 경우 등을 감안해 계산하면 모두 21명이다. 역자들의 전공과 제도적 위치상으로 보자면, 프랑스어문학 전공자와 인문사회과학 관련 전공자가 양대 집단을 이룬다. 즉 프랑스어문학 전공자가 10권, 인문사회과학(사회학, 정치학, 경제학, 언론학, 철학, 인류학) 전공자가 13권의 번역을 맡았다. 박사 학위가 없는 역자의 경우, 전문 번역가를 포함해 모두 6권의 번역을 수행했는데, 그 가운데 학위 과정에 있는 학생들은 특히 부르디외 수용 초기인 1995년까지 집중되어 있었고, 이후에는 주로 박사 학위가 없는 전문 번역가들이 몰려 있었다. 또 수입 초에 나온『상징폭력과 문화재생산』과『구별짓기』의 경우 초역이 공동 작업으로 이루어졌다고 역자들이 밝히고 있는데, 이는 일종의 세미나 집단이 분담해서 번역하는 형식이었던 것으로 추정된다. 사회과학을 전공한 프랑스 유학파 연구자들(한경애, 최종철, 현택수, 조홍식, 주형일, 김현경, 이상길)은 모두 10권의 저작을 번역했다.

23권 가운데 10권의 번역서에 일종의 '해제식 역자의 글'이 달려 있었는데, 모두 사회과학 관련 전공자들이 집필했다. 간단한 후기식 글조차 없는 경우도 6권이나 되었다. (그 가운데 한 권인『예술의 규칙』의 경우, 역자는 후기를 대신해『마가진 리테레르Magazine littéraire』에 나온 짧은 분량의 부르디외 해설 논문을 번역해 실었다.) 지적해두어야 할 것은 원서의 분량이 100쪽 안팎으로 얇고 일반 독자들을 대상으로 한 팸플릿 성격의 책에 오히려 상당히 길고 상세한 '역자 해제'가 붙어 있는 사례가 많았다는 점이다. 이는 후기가 어려운 책의 내용을 풀어서 소개하는 기능 못지않게, 단행본으로서 일정한 '분량'을 채우기 위한 쓰임새를 겸하지 않았나 하는 의구심을 품게 만든다.

출판사로는 '눈빛' '솔' '새물결' '동문선' '창비' '현실문화연구' '이매진' '나남' '그린비' 등이 번역에 관여했는데, 전체 번역 저작의 절반 이상인 14권이 '동문선'에서 출간되었다. 부르디외가 소개되기 시작할 무렵 그의 저작을 번역·출간한 국내 출판사들은 비교적 다양했으며, 당시에는 비교적 신생의 주변적인 인문사회과학 전문 출판사라는 공통점이 있었다. 부르디외 저작이 포함된 총서 역시 유럽 인문사회과학 저자들 위주의 총서라는 성격을 띠었다. 그런데 1998년 이후로는 '동문선'에서 거의 독점적으로 부르디외의 저작 대부분을 번역·출간하게 되었다.[8] 이는 한국이 세계무역기구WTO에 가입하고 그 여파로 1990년대 중반부터 국제적인 기준에 따른 저작권 보호 환경이 만들어지면서 생겨난 변화이다.[9] 이전까지는 저작권 계약 없이 출판하던 인문사회과학 출판사들의 관행이 더 이상 지속될 수 없는 상황에서, '동문선'이 재빨리 부르디외 저서 대부분의 저작권을 구입했던 것이다. 그 결과 부르디외의 책은 주저들을 대개 '동문선'이 출간하고, '동문선'에서 (아마도 상업성 등을 고려해) 저작권을 사지 않은 몇몇 저서를 다른 출판사들이 펴내는 식의 구조가 정착된다. 이는 1990년대 후반 이래 부르디외의 수입에 결국

---

8) '동문선'은 부르디외 이외에도 푸코, 바르트, 크리스테바 등 많은 프랑스 인문학자들의 저작권을 확보하고서 저작을 번역·출간하고 있다.

9) 한국이 WTO 체제 아래 들어가면서 출판 시장에도 큰 변화가 일어난다. 저작권법이 WTO 기준에 맞추어 개정된 것이다. 그리하여 1995년 1월 1일 이전 간행한 번역서는 1999년 12월 31일까지만 허락이나 보상 없이 이용(간행) 가능하고, 그 이후에는 허락 없이 이용 가능하지만 보상을 청구하게 되면 보상을 하도록 했다. 또 1995년 1월 1일 이후 간행한 것은 1996년 6월 30일까지만 원저작자의 허락이나 보상 없이 이용 가능하고 그 이후에는 저작권자의 허락을 받아야만 하게 되었다(김종수 1996).

저작권을 확보한 일개 출판사의 특성과 역량이 불가피하게 큰 영향을 미치게 되었다는 의미이기도 하다.

수입 중개자들의 부상

부르디외 번역이 본격화한 1990년대는 무엇보다도 형식적인 민주화와 문화산업의 발전으로 특징지어진다. 한데 번역 실천과 관련해 우리는 당시 학계와 출판계의 변화에 각별히 주목할 필요가 있다. 1980년부터 시행된 졸업정원제로 증가한 젊은 고학력층, 특히 석사 이상의 학위 과정에 들어간 넓은 의미의 '신진 연구자 집단'은 1987년 정치 민주화의 심정적·논리적·실천적 지지자들이었을 뿐만 아니라, 학계에서는 잠재적인 비주류 세력, 그리고 출판 시장에서는 새로운 저/역자층이자 독자층을 구성하였다(정민우 2013). 이들은 오랫동안 군부독재 체제에 기생 내지 순응해온 인문사회과학계의 지배적인 학풍에 첨예하게 대립하면서, 학문의 공급자 시장을 확대하는 전략을 구사했다. 달리 말해 기존의 주류 학문이 수용하지 않았던(또는 못했던) 여러 비판적 지식 체계를 학문 장과 지식 장 내의 투쟁 과정에서 적극적으로 끌어들였던 것이다. 그리하여 마르크스를 비롯해 마르크스주의자와 유럽 사상가 들이 문학, 철학, 사회학, 정치학, 언론학 등에 유입되기에 이르렀으며, 이들은 점차 '참조 가능한 저자'로서 정당성을 확보해갔다.

사실 비판적 지식 체계의 수용은 애당초 실천적 정치운동의 일환이었으며, 학계 내부보다는 전체 사회공간을 대상으로 한 계몽과 변혁 활동의 의미를 강하게 띠고 있었다. 그러나 민주화가 진행되고 지식인과 운동가 세력의 일부가 기성 제도권 학계에 안착하면서, 그것은 학술운동으로서의 성격을 강화하게 되었다. 현실 사회주의가 몰락하는 1980

년대 말에서 1990년대 초의 상황은 비주류 신진 연구자 집단의 관심과 학문적 무게중심이 정통 마르크스주의보다는 신좌파 내지 수정 좌파의 사상에 쏠리도록 만들었다. 이러한 상황에서 특히 영미권 문학연구와 문화연구에 의해 이미 공인된 프랑스 사상의 수입은 안정적으로 새로운 상징이윤을 낳으며 학계 내에서 광범위한 독자층과 지지 세력을 확보할 수 있는 선택지가 되었다. 비주류 연구자들은 당시에 그다지 활성화되어 있지 않은 분야별 전문 학술지보다는 신문, 비평지, 인문학 잡지 등 '비학술적' 제도를 기반으로 활동했고, 다양한 비판적 외국 서적을 활발하게 번역했다. 1980년대 말 새롭게 등장한 인문사회과학 출판사들은 그 중요한 물적 기반이 되었다(양은경 2006 참조). 부르디외 저작의 번역·출간 역시 이러한 배경 위에서 일어난 사건이었다.

일단 부르디외라는 생소한 프랑스 사회학자의 이름이 국내 학계에 본격적으로 알려지기 시작한 것은 1990년대 초 무렵으로 보인다. 1991년 교육사회학과 계급사회학, 문학사회학 분야에서 동시에 부르디외 사회학을 논하는 텍스트들이 나왔다(김기석 1991; 윤정로 1991; 오생근 1991). 여기서 재생산 이론 및 제도 비평의 대표 주자로 논의된 부르디외는 1993년 문학비평가 오생근에 의해 "철학적 사회학의 대가"란 이름 아래 소개되었다. 문학평론가 김현이 바슐라르나 지라르René Girard, 푸코 등의 수용 초기에 단행본 연구서를 낸 사례에서도 알 수 있듯이, 프랑스 사상의 수입은 언어적·문화적 장벽 때문에 특히 1990년대 중반까지는 많은 부분 프랑스 문학 연구자들에 의해 주도된 면이 있다. 1990년대 이르러 부르디외가 높은 대중적 명성을 누리게 되고 1992년에는 『예술의 규칙』 출간을 통해 문학사회학 분야에서 위상을 확고히 한 상황은, 그에 대한 국내 프랑스 문학 연구자들의 관심을 끄는 데도 기여했을 것으로 보인다. 재미있는 사실은 오생근의 소개 글이 극우 보수 월간지 『한국논단』의 '현대의 사상'란에 실렸다는 것이다. 하지만 이러한 단발성의 (아마도 우연한) 매개를 거친 뒤, 부르디외는 『한겨레신문』과 이 신문 문화부 출신의 기자-작가였던 고종석을 통해 대중적인 소개 과정을 본격적으로 거친다(고종석 1996). 이 신문의 독자층은 상대적으로 젊고 진보 성향이 강한 비주류 지식인층(출판인을 포함하는), 대학생, 화이트 칼라 중산층이었다.

수입 초기인 1990년대 부르디외의 저작을 번역·출간한 발행 주체는 모두 규모가 그다지 크지 않은 신생 출판사들이었다. '눈빛'은 1988년 미술평론가 이영준이 사장 겸 편집위원을 맡고 정진국, 여균동 등이 합세해 세운 출판사로 사진, 미술을 중심으로 한 시각예술에 특화되어 있었다.[10] '눈빛' 관계자들의 비판적 정치 성향과는 별개로, 부르디외 번역인 『사진의 사회적 정의』가 포함된 총서는 특정한 이념적 지향성보다는 '영상연구'라는 전문 주제와 관련되어 있었던 것으로 보인다. 이와 달리 1990년대 초 본격적인 부르디외 번역의 물꼬를 튼 '솔'과 '새물결'은 출판사나 총서의 성격에서 분명한 정치적 지향을 가지고 있었다.

1990년 문학평론가 임우기가 창립한 '솔'은 기본적으로 김지하, 박경리, 이문구, 김윤식 등 저명한 문인들의 작품과 『삼국지연의』 『금병매』 『서유기』 등 동양 고전에 중점을 두면서도, 다양한 국내외 사상가들의 선집을 제공하는 '입장총서'를 간행한다.[11] 부르디외를 처음 전면적으로 소개하는 이 총서는 철학자 김진석과 문학비평가 정과리가 편집

---

10) 정명진, 「눈빛 출판사의 첫 책, 북녘 사람들」, 『중앙일보』, 2003년 10월 11일.

11) 김민아, 「문단에 출판사 중심 새 '문학집단'」, 『경향신문』, 1994년 10월 19일 및 솔출판사 홈페이지의 소개 글(http://www.solbook.co.kr/company/intro.html) 참조.

위원으로 참여했는데, 간행 취지문을 통해 '마르크스주의 이후'의 사상적 모험을 주장하고 있다는 점에서 의미심장하다. 실상 그 글에 마르크스주의가 직접 거론되지는 않는다. 하지만 문맥상 그것이 마르크스주의(그리고 좌파 운동권 집단)를 겨냥하고 있음을 알아채기란 어렵지 않다. "모든 가치가, 모든 이념들이 무너지고 있다"는 선언으로 시작하는 취지문은 '대폭발' '혼란' '붕괴' '잔해' '위기'와 같은 수사를 동원하면서 결국은 "요 원한에 찬 이분법과 저 변증법의 제국주의"의 몰락을 진단하고 "저주받은 사생아들에게서 이른바 '수정주의'의 낙인을 떼어낼 때"라고 역설한다. 그 사상적 동반자로 총서에 편입된 저자들이 부르디외를 비롯해 알튀세르, 보드리야르, 데리다, 들뢰즈, 바르트, 라캉, 세르Michel Serres 등이었던 셈이다. ('입장총서'에는 프랑스 저자들 외에도 그람시, 레이먼드 윌리엄스, 에드워드 P. 톰슨, 위르겐 하버마스, 에른스트 블로흐Ernst Bloch 등의 유럽 저자들과 백낙청, 김우창, 김윤식, 김지하 등 한국 저자들의 선집이 함께 기획되어 있었다.)

'새물결' 역시 유사한 노선 위에서 부르디외를 전유한다. 1989년 창설된 '새물결'은 원래 급진적 변혁 이론의 보급 기지를 자처하면서『세계공산주의운동』1·2권,『선전선동론』같은 책을 발간했던 출판사이다. 그런데 1993년부터 본격적으로 기획을 맡은 문학평론가 조형준에 의해 출판사의 일정한 방향 전환이 이루어졌다. 그는 당시 출판계 최초의 문화 관련 총서인 '문화신서: 우리시대의 문화'를 기획해 움베르토 에코Unberto Eco, 그람시, 푸코 등의 저작을 번역했고, '21세기 총서: 우리 공동의 미래'를 기획해 앤서니 기든스, 울리히 벡 같은 중도좌파 계열 지식인들의 책을 펴냈다.[12] '새물결'이 발간한 부르디외의 저작들은 바로 이 두 총서에서 각각 한 권씩 나왔다. 이처럼 초창기 부르디외의 번역·

소개는 출판사를 중심으로 한 일종의 새로운 '사상운동'과도 같은 면모가 있었다. 그리고 그 운동은 사실 기존 운동권 이념의 주축이었던 마르크스주의와 거리를 두고 때로 맞서는 '중도좌파' 내지 '수정주의 좌파'의 성격을 띠었다.

1985년 창립된 '동문선'의 경우는 출판 장에서의 위치나 성향이 조금 더 특수하다. 앞의 세 출판사의 경우 발행인이나 편집인이 모두 문화자본과 사회관계자본이 많은 학계·문화계 출신의 인물에 속한다면, '동문선'의 발행인 신성대는 한국해양대학 부설 해양전문학교를 졸업하고 3등 기관사로 일하다가 그저 "돈이 된다는 주위의 권유 때문"에 출판사를 시작한 인물이기 때문이다. 그는 소설가 이외수의 베스트셀러들을 출판해 자본을 축적하다가, '일본 출판계에 대한 문화적 부러움'으로 동서양 고전 명저를 번역하는 인문서 시장에 뛰어들게 된다.[13] 그렇게 동문선은 1988년 '문예신서'를 시작하고, 저작권법이 발효된 1990년대 중반 이후 그 카탈로그에 많은 수의 프랑스 저자들을 채워 넣는데, 부르디외는 그들 가운데 대표적인 저자로 자리 잡는다. 동문선이 프랑스 인문학서 번역으로 출판사의 특화를 꾀하려 한 정황은 1990년대 후반 "프랑스 철학과 사상 흐름을 집중 조명하는 인문학 잡지"를 표방한 계간 『세계사상』을 창간했던 데서도 분명히 나타난다. 창간과 거의 동시에 터진 금융위기 탓에 결국 단명하고 말았던 이 잡지는, 창간

---

12) 「'책의 힘'으로 새물결 이룬다: '새물결' 출판사의 조형준 기획실장」, 『출판저널』, 196호, 1996년, p. 26; 최영창, 「한국의 출판기획자 (18): '새물결' 조형준 주간」, 『문화일보』, 2001년 6월 20일.

13) 이영미, 「[이 사람이 사는 이야기] 인문서 시리즈 전문 출판사 동문선 대표 신성대씨」, 『국민일보』, 2002년 11월 11일; 최진환, 「인문출판 20년 동문선 신성대 사장」, 『한국일보』, 2004년 2월 3일.

호부터 부르디외의 논문들을 번역·게재하고 한 호는 아예 부르디외 특집으로 꾸미는 등 부르디외의 수용에 나름의 몫을 다했다고 평가할 만하다.[14] 동문선은 이외에도 파트리스 보네위츠Patrice Bonnewitz의 『부르디외 사회학 입문Premières leçons sur la sociologie de Pierre Bourdieu』(2000)과 루이 팽토Louis Pinto의 『부르디외 사회학 이론Pierre Bourdieu et la théorie du monde social』(2003) 등 프랑스에서 나온 부르디외 사회학 개설서 두 권을 번역·소개함으로써 부르디외 저작의 소비를 측면에서 지원했다.[15]

'불란서제 담론'의 형성

1990년대 국내에는 프랑스 사회학이 본격적으로 도입되기 시작했다. 여기에는 민문홍, 정수복, 최종철, 박재환, 이기현, 현택수 등 그 무렵 프랑스에서 사회과학을 전공하고 귀국한 연구자들이 중요한 중개자 역할을 했다. 1990년에 먼저 레몽 부동의 『무질서의 사회학적 위치La Place du désordre』가 민문홍에 의해 번역되었고, 1992년 피에르 앙사르Pierre Ansart의 『현대 프랑스 사회학Les Sociologies contemporaines』이 정수복에 의

---

14) 『세계사상』은 인문 지식의 이른바 '고급스런 통속화haute vulgarisation'를 수행하는 프랑스 잡지인 『마가진 리테레르』와 계약을 맺고 다양한 기사를 독점 전재했다. 1997년 여름 창간호 특집으로 "미셸 푸코와 그 효과"를 꾸미고 별책부록으로 『사유의 열정: 프랑스 지성사 30년』을 내면서 출발한 『세계사상』은 가을호에 "정신분석을 위하여"를, 겨울호에 "부르디외와 그 사회학의 세계"를, 그리고 종간호가 된 1998년 봄호는 "차이의 정치학: 페미니즘의 다양한 목소리"를 특집으로 꾸몄다. 부르디외는 이 잡지 네 호에 걸쳐 비중 있게 다뤄졌는데, 1, 2호에는 그의 콜레주드프랑스 취임 강연문인 『강의에 대한 강의』의 초역이 나누어 실렸고, 4호에는 논문 「남성 지배」의 번역이 실렸다. 한편 3호의 부르디외 특집에는 프랑스의 서평 전문지 『크리티크Critique』의 부르디외 특별호 논문 대부분이 번역되었고, 『세계사상』 주간의 부르디외 인터뷰가 게재되었다(박재환 1997).
15) 팽토의 해설서 번역은 2000년 서울을 방문한 부르디외가 자기 사회학의 보급을 위해 국내 출판사에 직접 권유함에 따라 이루어진 것으로 알려져 있다.

해 번역·출간된다. 특히 앙사르의 책은 프랑스 사회학계의 주요 문제들과 연구 경향을 정리한 교과서적 저작으로, 당시 프랑스 사회과학계에 대한 지식이 거의 없던 국내 지식사회에 일종의 지적인 지도 구실을 해 주었다. 또한 프랑스 유학파인 정수복은 이 책에 별도로 실은 「현대 프랑스 사회학의 지성사」라는 긴 해설을 통해 프랑스 사회학을 본격적으로 소개했다. 1994년 알랭 투렌의 『탈산업사회의 사회 이론: 행위자의 복귀 _Le Retour de l'acteur_』가 조형 번역으로 간행되고, 1995년 같은 저자의 『현대성 비판 _Critique de la modernité_』이 정수복과 이기현의 공역으로 출판되었다. 1994~95년은 부르디외의 역서들이 세 권 나온 시기이기도 하다. 이 무렵에는 또 프랑스 유학파인 이기현, 최종철, 현택수 등에 의해 부르디외 사회학을 개관하는 논문들이 집중적으로 나오기도 했다 (이기현 1994a; 1994b; 1994c; 1995; 최종철 1994; 현택수 1994).

앙사르는 이른바 '프랑스 사회학의 4대 학파'를 '발생론적 구조주의' '방법론적 개인주의' '동태적 사회학' '기능주의적-전략적 접근'으로 정리하면서, 각 분파의 대표자로 부르디외, 부동, 알랭 투렌과 조르주 발랑디에 Georges Balandier, 그리고 미셸 크로지에 Michel Crozier를 꼽은 바 있다. 이 가운데 부동, 부르디외, 투렌이 국내에 번역되기 시작했던 것이다. 앙사르가 책 말미에서 새로운 연구 경향의 하나로 든 일상생활의 사회학과 그 주창자들 역시 소개되었다. 1994년 박재환을 비롯한 일상성·일상생활연구회는 『일상생활의 사회학』을 편역하는데, 여기에 앙리 르페브르, 미셸 마페졸리 Michel Maffesoli 등 프랑스 사회학자들의 논문이 번역·게재되었다. 이후 르페브르의 경우 『마르크스의 사회학 _Sociologie de Marx_』(1988), 『현대세계의 일상성 _La Vie quotidienne dans le monde moderne_』(1990), 『모더니티 입문 _Introduction à la modernité_』

(1999)이 계속해서 출간되었고, 마페졸리의 경우 『현대를 생각한다 *La Contemplation du monde*』(1997)가 출간되었다. 한편 르페브르와 마페졸리처럼 일상성에 주의를 기울이며 철학과 사회학에 걸쳐 있던 학자인 보드리야르 역시 영미권 학계에서 '포스트모더니즘'의 대표적인 사상가로 인기를 끌었는데, 그 영향 아래 국내에서도 저작이 활발하게 번역되었다. 즉 그의 주요 저서들을 우리말로 옮긴 『소비의 사회*La Société de consommation*』(1991), 『기호의 정치경제학 비판*Pour une critique de l'économie politique de signe*』(1992), 『시뮬라시옹*Simulacre et simulation*』(1992), 『섹스의 황도』(1993), 『생산의 거울*Le Miroir de la production*』(1994), 『아메리카*Amérique*』(1994), 『유혹에 대하여*De la séduction*』(1996), 『사물의 체계*Le Sytème des objets*』(1999)가 연이어 출간되었던 것이다. 이렇게 1990년대에는 동시대 프랑스 사회학계의 중심 저자들의 저작이 부분적이고 무질서하게나마 소개된 셈이다.

여기서 우리는 부르디외의 수입이 프랑스 철학과 사회학의 수입이라는 두 흐름의 교차점에 있었다는 사실을 기억해야만 한다. 1980년대 말에서 1990년대 초는 국내에 '프랑스 이론'이 쏟아져 들어온 때이다. 알튀세르, 푸코, 들뢰즈, 료타르, 데리다, 라캉 등 프랑스 철학자들의 해설서와 저작 번역이 잇따랐다(김현경 2009; 나종석 2011; 채웅준 2017). 프랑스 이론들은 이른바 '포스트모더니즘' '포스트구조주의' '포스트마르크스주의' 등 각종 '포스트주의'라는 '미국산 포장지'에 싸여 빠르게 수입되었는데, 마르크스주의의 퇴조를 가속화시키는 동시에 그로 인한 비판적 지식 체계의 공백을 메우는 구실을 했다(김성기 1996; 진태원 2014; Cusset 2003 참조). '포스트'의 꼬리표를 단 문학연구와 문화연구의 새로운 조류는 부르디외 수용에도 우호적인 기반이 되어주었다. 고

전적 계급 이론과 경제결정론을 지양하고 문화의 사회적 의미를 재평가
하려는 시도가 촉발되었던 것이다.[16]

프랑스 사회학은 그 와중에 '사상' 혹은 '이론'이라는 이름 아래 포괄
적인 '불란서제 담론'의 일부로 편입되었다. 국가적 전통, 생산 조건, 스
타일 때문에 생겨난 프랑스 사회학의 '이론적' '철학적' 때로는 '문학적
(에세이적)' 특성이 이러한 과정을 촉진시켰음은 분명하다. 그런데 이는
프랑스 철학과 사회학이 거의 비슷한 시기에 수입된 정황과 맞물리면
서, 둘 사이의 차별성을 없애거나 뒤섞어버리는 '경계 흐리기 효과'를 낳
았다. 프랑스 철학이 무엇보다도 '사회'철학화되었다면, 그리하여 철학
연구자들보다 사회과학 연구자들의 더 많은 관심을 끌고 그 안에서 빠
르게 제도화될 수 있었다면, 프랑스 사회학은 또 사회'철학'화되었고,
그리하여 훨씬 더 이론 중심적인 시각에서 수용되기에 이른다. 국내에
쏟아져 들어온 이른바 '불란서제 담론'은 이처럼 '사회 이론화된 철학 담
론'과 '철학화된 사회학 담론'의 혼합물이었던 셈이다. 부르디외의 번역
과 수용 역시 이와 같은 추세로부터 자유롭지 않았다.

국내에서 부르디외는 비슷한 시기에 수입된 프랑스 저자들, 특히 푸
코, 보드리야르 등과의 유사성 속에서 '권력' '일상' '문화'를 핵심어로
이해되었고, 이는 넓게는 마르크스주의를 넘어서 비판적 사유의 기획
을 지속하는 한 방편이기도 했다. 그는 일상생활과 문화 속에서 작동하
는 미세한 권력과 상징적 차별의 메커니즘을 통해 후기 자본주의사회

---

16) 영미권에서도 포스트모더니즘 열풍과 문화연구의 제도화는 부르디외 수용에 중요한 요인
으로 평가된다(Robbins 1989; Sallaz & Zavisca 2007). 부르디외 주요 저작 대부분을 영
역한 리처드 나이스Richard Nice는 영국 문화연구의 본산인 버밍엄 대학 현대문화연구소
CCCS의 연구원으로 있었다.

의 계급구조가 어떻게 재생산되는지 비판한 학자로 인식되었던 것이다. 1990년대 중반까지 정치 자유화와 경제 호황 속에서 본격적으로 이루어진 대중문화의 확산, 문화산업의 발전, '신세대 문화'의 부상 등은 이 비판 담론의 적절한 현실 맥락을 구성했다. 부르디외와 다른 저자들 간의 차이 역시 의미 있게 받아들여졌다. 부르디외는 ('역사'로 우회하는 푸코와 달리) 자기 연구로 후기 자본주의의 핵심 쟁점들에 직접 맞서왔으며, 그러기 위해 ('이론'만을 밀어붙이는 보드리야르와 달리) 방대한 경험 자료의 양적·질적 분석을 시도했다는 차별성을 지닌다. 그는 또 두 저자와 달리 '통합적인' 이론 체계를 구축하고 그것을 실증연구와 탁월하게 결합시킨 학자이기도 하다. 이는 많은 연구자들에게 부르디외가 지닌 고유한 매력으로 여겨졌고, 후에 부르디외가 주류 사회과학계 내에서 정전화된 저자로 자리 잡는 데 결정적인 영향을 미쳤을 것으로 보인다. 역으로 부르디외가 푸코나 보드리야르에 비해 '자유로운' 이용이 쉽지 않은, 개념적 엄밀성과 이론적 체계성을 요구하는 저자라는 점은 최소한 학술적인 차원에서 그의 광범위한 활용을 가로막은 요인으로 꼽힐 만하다. 이 점에는 대부분 가독성이 엄청나게 떨어지는 부르디외 번역본들 역시 큰 역할을 했을 것이다.

번역자의 위상과 역할

번역자는 외국 저자나 사상의 수용에 핵심적인 역할을 담당하는 행위자라 할 수 있다. 그런데 아랍권의 부르디외 번역을 검토한 자크몽은 이 지역에서 번역자의 위상이 영미권이나 유럽 지역과 다르다는 점을 지적한다. 그에 따르면 아랍권의 번역 대부분은 역자나 감수자의 해제와 용어 해설, 때로는 아주 많은 각주를 단다. 물론 서구에서도 번역서에 해제가 달리는 경우는 있지만, 그러한 해설자가 역자와 동일한 경우는 드물다. 해설자는 대개 관련 분야의 전문가로서 일종의 감수와 더불어 해제를 작성한다. 또 아랍권에서는 역자나 감수자 이름이 일반적으로 표지에 저자 이름과 함께 실리는데, 이는 대개 속표지에만 나오는 영미권이나 유럽의 관행과는 매우 다르다. 자크몽이 보기에 표지에 역자의 이름을 싣는 행위는 역자가 문화 장에서 나름대로 상징적인 지위를 가지는 반면, 아주 미약한 경제적 보상을 받는 현실(아랍권 역자들이 번역으로 받는 보수는 기껏해야 영미권 역자들의 절반, 대개는 5분의 1 정도에 불과하다)과 관련된다. 아랍권의 번역자는 번역을 통해 유명해질 수도 있는데, 이는 서구에서는 거의 불가능한 일이다(Kalinowski 2002 참조). 또 번역자는 직업적 명성을 통해 책의 판매에 도움을 주기도 하고 번역의 질, 나아가 번역된 책 자체의 질을 보장하기도 한다. 더욱이 그는 책을 선정해 출판사에 번역을 제안할 수도 있다. 여기에는 역자의 교육적인 기획과 지적·투쟁적 의도가 뒤섞인다(Jacquemond 2010: 569~70).

역자의 위상과 역할에 대한 자크몽의 지적이 아랍권 국가들만이 아닌 국내의 상황에도 그대로 적용될 수 있다는 점은 매우 흥미로운 사실이다. 이는 아마도 포스트식민적 지식 생산의 조건을 반영하는 일반적 현상일 것으로 여겨진다. 그런데 이러한 역자 관련 관행상의 차이를 곧장 서구 중심적인 가치판단의 대상으로 삼아서는 안 될 터이다. 즉 서구가 '정상적'이며 우리도 서구처럼 변화해야 한다는 주장으로 나아갈 문제는 아니라는 것이다. 서구의 관행에는 일단 서구 언어들(즉 헤게모니적 언어 내지 중심 언어 들) 간의 번역이 더 활발했던 역사적 전통이 깔려 있을 것이고, 언어와 문화, 지식 체계상의 일정한 동질성과 공통분모, 그리고 정치적·문화적 권력관계상의 상당한 형평성이 작동하고 있을 것이다. 하나의 중심 언어(예컨대 프랑스어)에서 다른 중심 언어(예컨대 영어)로의 번역은 주변 언어(예컨대 한국어)로의 번역에 비해 언어, 문화, 지식 상의 이음매가 잘 안 느껴지는 자연스런 봉합이 가능하다. 또 이와 같은 '자연화'는 외국의 저작을 타자로서 인정하지 않은 채 자국의 규범과 자문화의 질서 안에 편입시키려는 '번역의 제국주의' 이데올로기와도 무관하지 않을 터이다. 어쨌든 중요한 것은 서구와 국내의 번역 과정에서 역자가 차지하는 위상과 역할의 차이를 인식함으로써, 그것이 구체적으로 어떤 맥락에서 어떤 권력 효과를 생산해내는지 파악하는 일이다.

우선 우리는 부르디외의 번역에 관여한 역자 21명 가운데 전임 교원의 수는 모두 6명으로 극히 적다는 점에 주목할 수 있다. 그나마 이들 가운데 두 명은 비전임 교원과 더불어 공동으로 번역을 수행한 경우이다. 번역자들 가운데 전임 교원의 수가 적은 데는 몇 가지 구조적인 이유가 있다. 먼저 전임 교원의 입장에서 보자면, 경제적으로나 상징적으로 보상이 매우 적은 번역 작업에 선뜻 나서기 어렵고, 그럴 필요성 또한 크게 느끼지 못하기 때문일 것이다. 전임 교원의 임용과 재계약에 연구 논문 생산의 비중이 점점 더 커지고 있는 상황에서 번역에 대한 동기 부여는 더욱 어려울 것으로 예상 가능하다. 비전임 교원의 입장에서 보자면, 번역은 비록 대단하지는 않더라도 일정한 상징적·경제적 보상이 주어지고, 경우에 따라서는 어떤 외국 저자나 사상의 '역자-전문가'로서 평판을 구축할 수 있는 한국적 여건이 있기 때문에 유인 요소가 없지 않다. 더욱이 공인된 외국 사상을 매개로 학문 장 안에서 자기 입장이나 주장을 에둘러 내세우는 완곡화된 '전복 전략'이 가능하다는 점 또한 역자에게 긍정적으로 인식될 수 있다. 학위 과정 중에 있는 학생의 경우, 번역 자체가 자기 공부의 일환으로서 의미를 부여받을 수 있다는 장점이 더해진다. 부르디외 수용 초기에 박사과정 학생이라든지 대학의 정규직에 자리잡지 못한 박사에 의해 번역이 이루어진 데에는 이러한 요인들이 주로 작용했을 것으로 여겨진다.

그런데 이와 같은 상황은 저작권법의 발효와 그에 따른 새로운 출판 시스템의 등장과 더불어 조금 더 복잡해진다. 이제 출판사의 계산과 전략이 번역자 선정에 결정적인 변수로 개입하게 되는 것이다. 저작권 구입에 상당한 비용을 지출하고 일정한 기한 내의 출간을 계약하는 출판사 입장에서는 크게 두 가지 대안 가운데서 갈등할 수밖에 없다. 번역서의 완성도를 높이고 상징적인 공인을 받기 위해 프랑스어 해독 능력이 있는 학계의 관련 전공자(예컨대 프랑스에서 유학한 사회학 박사)에게 번역을 맡기거나, 아니면 무엇보다도 출간의 효율성(기한에 맞춘 번역, 문장의 독이성 등)을 기하기 위해 프랑스어문학 전공자나 전문 번역가에게 번역을 맡기는 선택을 해야 하는 것이다. 전자의 경우에는 특히 번역이 제대로 된 업적으로 인정받지 못하는 상황에서 당사자가 취하는 전략이 출판사의 전략과 조응해야 하므로, 그 여지가 상당히 좁은 편이라 할 수 있다. 실제로 이루어진 번역을 보면, 1998년 이후 출판된 부르디외 번역서는 몇몇 예외를 제외하면 대체로 사회과학 전공자나 전임교원의 경우 분량이 적은 주변적인 책들을 번역했고, 분량이 적지 않은 주저들은 프랑스어문학 전공자나 전문 번역가가 번역했음을 알 수 있다. 이러한 번역자 선정상의 편향은 결국 번역의 질에도 직접적인 영향을 미칠 수밖에 없다. 여기에는 기본적으로 영어 위주의 외국어 교육과 미국의 과도한 영향 아래 사회과학계가 재생산됨으로써 프랑스어 독해

능력이 있는 사회과학 전공자가 매우 적은 우리 학계의 구조적인 문제가 연구 논문 중심으로 업적을 산정하는 평가 시스템상의 문제와 중첩되어 있다.

번역자의 제시 전략

흔히 '서문' '후기' '해제' 등으로 나타나는 '역자의 글'은 '각주'와 함께 번역 텍스트에 대한 역자의 대표적인 개입 형식이자 번역이 "문화적 치환의 실천"이라는 점을 명확히 드러내는 계기이다(Simeoni 2000). 즉 그것은 번역 텍스트가 저자만이 아닌 역자의 것이기도 하며, 완벽한 문화적 치환이란 불가능한 과제라는 사실을 알려준다. 번역 텍스트의 저자와 겹쳐져 있던, 혹은 그 뒤에 숨어 있던 역자가 스스로를 분리시키며 등장하는 '역자의 글'이나 '각주'라는 '파라텍스트$_{paratexte}$'는 텍스트에 대한 역자의 권력이 가시화되는 공간이자, 원 텍스트와 번역 텍스트 사이 '이행의 지대'이다. 그것은 번역 작업의 한계를 나타내며, 번역이 결코 확립될 수 없는 규칙에 따르는 언제나 타협적인 글쓰기 게임이라는 점을 일깨워준다(Sardin 2007). 특히 '각주'가 번역으로부터 빠져나가는 부분, 번역에 저항하는 공백이나 결함, 번역 불가능성을 최대한 포착하려는 역자의 장치라면, '역자의 글'은 역자와 텍스트 사이의 긴장 관계를 드러내고 잠정적으로 해소하면서 해설과 논평을 통해 텍스트에 부가적인 의미를 부여하는 장치라 할 수 있다(Sanconie 2007). 이 장치를 통해 역자는 텍스트가 담고 있지 않은 맥락 정보, 예컨대 원산 장 속에서 텍스트의 위치, 번역 대상 텍스트와 다른 텍스트들과의 관계 등을 구성하고, 수용 장 내 텍스트 번역의 의의와 번역 작업 자체에 대한 성찰 등을 제시한다.

유의할 점은 이러한 '역자의 글'이 번역되는 외국 저자 및 저작의 상징자본을 역자가 일정하게 이양받을 수 있는 주된 통로라는 사실이다. 볼탕스키에 따르면 그것은 단순히 정보 제공용으로 보이는 언명조차 기본적으로는 그 아래 탄성을 감추고 있는 찬사라 할 수 있다. 그는 '해제'의 기능이 수입된 저자의 권위에 분명하게 가치를 부여함으로써 수입에 연계된 행위자(와 집단)의 가치를 고양시키는 데 있다고 주장하면서, 프랑스에서의 외국 철학자 번역본을 사례로 수입 주체의 외국 저자 '제시 전략'을 분석한 바 있다(Boltanski 1975: 191).[17] 이렇듯 해제를 '근본적인 찬사'이자 '상징자본 축적 전략의 일환'으로 보는 볼탕스키의 주장

---

17) 볼탕스키는 국제적 상징재 시장에서의 흐름이라는 관점에서 번역 문제에 접근하면서 철학자와 철학소philosophème의 수출은 수입자들이 속한 지식 장에서의 투쟁을 준거로 이해되어야 한다고 주장한다. 그는 또 역자 해제와 같은 제시 전략은 일종의 홍보PR 기법으로 다뤄질 수 있으며, 그 효율성은 그것이 실제 충족시키는 이해관계 기능을 얼마나 잘 은폐하느냐에 달려 있다고 본다. 해제의 전략은 특정한 학문 분야에서 수출국과 수입국의 사회적 위계 및 국제적인 지식 교환의 장 안에서 수출국과 수입국이 차지하는 위치, 그리고 각국의 장 안에서 저자와 번역자(혹은 해설자)의 위치에 따라 달라진다. 그 전략의 성공 가능성은 수입국 안에서 지식 이전에 이해관심을 가진 집단의 중요성이나 규모, 그리고 이러한 수입의 성공을 보장하기 위해 동원될 수 있는 상징자본에 좌우된다는 것이다. 볼탕스키는 하이데거, 하버마스, 오스틴 등 세 명의 외국 철학 번역서의 해제를 분석하면서 세 가지 다른 제시 전략을 구분한다. 그에 따르면 하이데거의 해설자는 하이데거가 이미 프랑스에서 잘 알려진 유명한 저자인 만큼 군소리 없이 '자기희생형' 서문을 쓴다. 거기에서는 불필요한 찬사 대신 침묵의 경배가 이루어지며, 해설자와 저자 사이의 개인적 관계에 대한 은근한 암시가 드러난다. 다음으로 하버마스는 당시 독일에서 유명했던 데 반해 프랑스에서는 거의 알려지지 않은 저자였다. 따라서 해설자는 하버마스의 사회적 가치를 보여주기 위해 국가적·철학적 정체성을 강조하는데, 이는 독일성에 대한 상징적 표시물(고유명사, 번역 불가능한 철학소 등)을 부각시키는 방식으로 나타난다. 해설자는 하버마스의 저작에 대해 권위 있는 상표 이미지를 뒷받침하는 독일 철학 전통의 위대성을 전유하는 것이다. 이렇게 해서 '표장형' 서문이 나온다. 마지막으로 오스틴의 경우 출신국이 철학적 교환에서 우월하지 않은 영국이므로, 일부러 기술적이고 중립적이고 교과서적인 내용 해설에 가까운 해제가 이루어지는 동시에 저자가 위대한 영국 철학자들의 계보에 속한다는 점이 강조된다. 이는 '거리 둔' 서문의 예라 할 수 있다(Boltanski 1975).

은 나름대로 계몽적이지만, 지나치게 기능 환원적이기도 하다. 하지만 적어도 역자의 글이나 해제가 역자의 상징이윤 축적에 우호적으로 작용할 수 있음은 사실이고, 또 역자가 그러한 글을 통해 번역되는 책이나 저자를 특정한 방식으로 규정하고 틀 지을 수 있다는 점에서 '역자의 글'에 드러나는 제시 전략의 특성은 분석할 만한 가치가 있을 것이다. 따라서 나는 볼탕스키가 말하는 정치적 기능뿐만 아니라, 텍스트의 문화적 이행공간으로서 '역자의 글'에 담겨 있는 수용 장 내 적응과 변용, 틀 짓기 방식을 드러내고자 한다.

〈표 3〉은 부르디외 번역서에 실린 '역자의 글' 담론이 어떻게 구성되어 있는지를 몇 가지 요소별로 살펴본 것이다.

부르디외 번역서에 실린 '역자의 글'은 크게 다섯 가지 차원으로 구성되어 있다.[18] 즉 역서의 텍스트 자체에 관한 것(서지학적 정보, 내용 요약), 저자에 관한 것(저자의 개념이나 이론 일반, 전기 사항, 저자의 학문이나 저작 생산의 제도적인 맥락), 역서의 텍스트 가치에 관한 것(번역의 의의, 한국적 맥락에서의 적용 가능성, 비판적 시각), 번역 자체에 관한 것(번역의 원칙과 어려움), 역자의 개인적 인간관계에 관한 것(저자와 역자의 관계, 주변 사람들에 대한 감사 인사)이다. 이 가운데 가장 많이 나타난 것은 역서의 내용에 대한 요약이었다. 저자의 개념이나 이론에 대한 간단한 소개 역시 '역자의 글' 절반 가량이 담고 있었는데, 이는 어느 정

---

18) '역자의 글'이라는 장르 안에서 '서문'과 '후기'는 기능적으로 구분 가능하다. 즉 배치의 의미상 서문은 앞으로 읽을 책의 소개이며, 후기는 이미 읽은 텍스트에 대한 논평이다. 또 일반적으로 서문은 역자의 존재와 개인성을 훨씬 더 강하게 드러내며, 책의 인상, 나아가 내용 해석을 일정하게 방향 짓는 역할을 한다. 하지만 실제로 부르디외 번역에 붙은 서문이나 후기는 이처럼 명확히 구분되는 기능을 부여받고 있지 않은 것으로 보인다. 따라서 나는 서문과 후기를 구태여 나누어 분석하지 않았다.

〈표 3〉 역서별 '역자의 글' 담론의 구성 요소

역서 연번*	1	2	3	4	5	6	7	10	12	13	15	17	18	19	20	22	23
역서에 대한 서지학적 정보	○	○	○	○	○	○	○				○	○	○	○	○	○	○
역서 내용 요약	○	○	○	○	○	○	○	○	○	○	○	○	○			○	○
저자의 개념과 이론 소개	○	○		○	○		○					○			○		○
저자의 전기 사항 소개						○	○			○	○	○					
저자의 학문이나 저작 생산의 제도적 맥락										○		○	○				○
저작의 가치에 대한 평가/번역의 의의			○	○					○	○	○		○		○	○	○
저작 내용이나 저자 이론의 한국적 적용 가능성				○	○	○					○			○			
저작 내용이나 저자에 대한 비판										○		○					○
번역상의 일반적 원칙						○	○					○				○	○
번역의 어려움	○	○			○			○	○			○	○	○	○		
저자와 역자의 개인적 관계					○	○	○				○						○
역자 주변인들 및 출판사에 대한 감사		○	○	○	○			○				○	○			○	○

* 역서 연번 2, 3, 10, 19, 20은 해제로 보기 힘든 간단한 역자의 글만 실려 있다.

도 자연스런 일이지만, 특히 초기의 번역서에 몰려 있었다. 반면 저자의 전기 사항에 대한 소개라든지, 저자의 학문이나 저작 생산의 제도적 맥락에 대한 논의는 거의 나타나지 않았다. 부르디외는 외국 사상의 해설자들이 그것을 대개 자기의 고유한 시각 혹은 수용 장에 새겨진 문제틀에 병합시켜 제시하며, 원산 장의 재구성 작업은 훨씬 어렵기 때문에 아주 드물게만 이루어진다고 지적한 바 있다(Bourdieu 2002c: 4). 국내 부르디외 번역서 역시 이러한 편향을 단적으로 드러내는 예인 셈이다.

나아가 한국적 맥락에서의 시사점이라든지 적용 가능성, 혹은 저자나 텍스트에 대한 최소한의 비판적 언급 또한 매우 드물게만 나타난다.

부르디외를 틀 짓기 위해 역자들이 주로 이용하는 수사는 '프랑스 사회학의 4대 거장' 가운데 한 명이라거나, 프랑스 최고의 지성을 상징하는 '콜레주드프랑스'의 교수, 프랑스의 대표적인 '참여 지식인' 등이었다. 흥미로운 점은 '역자의 글'에서 부르디외와 관련해 가장 빈번하게 언급되는 프랑스 지식인이 다름 아닌 사르트르였다는 것이다. 이는 사르트르가 구현한 '총체적 지식인' 상에 대해 부르디외가 매우 비판적이었다는 점을 고려하면 아이러니한 일이 아닐 수 없다. 그를 하필 사르트르와 연계시켜 제시하는 것은 단순한 '사회학자' 아닌 '실천적-철학자적 지식인'이라는 점을 강조하는 틀 짓기 방식으로 여겨진다. 한편 절반 이상의 '역자의 글'이 길고 복잡한 부르디외 문체로 인해 생겨난 번역상의 어려움을 토로했다. 심지어는 역자가 (비전공자로서) 스스로 번역의 자격을 갖추었는지를 회의하는 내용이 들어 있는 경우도 있었다. 반면 기본적으로 어떤 원칙을 가지고 번역을 진행했는지 밝힌 글은 매우 적었다. 이런 맥락에서 보자면, '역자의 글'이 텍스트의 낮은 가독성과 오류에 대한 일종의 자기변명 내지 자기 합리화의 기능을 수행할 가능성이 큰 셈이다. 당연한 일이겠지만, 저자와 역자 사이의 개인적인 관계(만남, 사사, 대화, 이메일 등)를 언급함으로써 저자의 권위를 역자와 역서에 전이시키고자 하는 전략은 프랑스에서 유학한 세 전공자에 한해서만 나타났다.

번역자들은 일반적으로 부르디외가 말하는 "위치의 비참"을 경험한다. 그것은 계급 전체의 객관적인 조건 때문이 아닌, 특권적이고 권위 있는 세계 내부에서 열등한 위치에 있는 사람들이 느끼는 고통을 말한다(Bourdieu et al. 1993: 11). 역자들은 대개 높은 문화자본과 학력자본을 갖추고 있지만, 학계와 출판계 사이에서 아주 적은 상징적·경제적 보상을 위해 많은 노력을 기울여야 한다(Kalinowski 2002). 더욱이 그들은 자신이 수입하는 이론 담론이 수용 장 내에서 적합성을 지니는지, 나아가 자신이 그러한 적합성의 조건을 생산해내는 방식으로 수입을 진행할 수 있는 능력이 있는지를 끊임없이 질문하고 또 정당화해야 한다. 이러한 요청은 포스트식민 조건에서 헤게모니적 언어-문화의 저작을 수입하는 사회의 경우 더욱 절실할 수밖에 없다. 전반적으로 볼 때 부르디외 국역본들에 실린 '역자의 글'은 볼탕스키가 분석한 프랑스의 외국 철학 번역서 해제와는 달리, 외국 저자의 상징자본을 역자 자신에게 이전하는 기능보다는 역서의 내용을 단순화·대중화하고 저자의 이미지를 일정하게 틀 짓는 기능이 더 큰 것으로 보인다. 이는 무엇보다도 대부분의 번역이 그 저자의 상징자본의 활용 가치가 낮은 비전공자나 전문 번역가에 의해 이루어졌기 때문일 것이다. 그럼에도 저자와 역자 이름이 나란히 실리는 국내 번역 관행이 기본적으로 상징자본의 일정한 이전 효과를 보장하는 것 또한 사실이다.

번역과 수용상의 굴절

지난 30여 년간 국내에서 부르디외 저작이 어떤 추이로 번역되어왔는지, 그 책들은 누가 어떤 조건 아래 번역했으며 어떤 물적 특성을 띠고 만들어졌는지, 그 과정에 관여한 중개자들은 누구이며 어떤 지적 흐름 속에서 나타났는지, 그리고 번역자들은 그 책들을 독서 공중에게 어떻게 제시했는지 등의 문제를 검토하는 일은 우리 지식 장의 특수성과 상대적 자율성을 보여준다. 부르디외의 저작은 이렇게 프랑스의 고유한 생산 맥락을 벗어나 한국 사회의 지식 장에 이전됨으로써 새로운 수용 맥락과 접합되었고 또 다른 인식과 이해의 가능성을 얻은 셈이다. 사실 이론의 모태이자 발원지로서의 저작은 사유의 빈틈과 균열, 저자가 망설이거나 고민하거나 간과하는 지점들을 독자에게 가감 없이 드러냄으로써 이론을 비판하고 창의적으로 활용할 수 있는 기회를 열어준다. 이론이 때로 그 저자나 저작으로부터 독립해 자율적인 진화와 변이 과정을 겪게 되는 것처럼, 저작 또한 결코 이론으로 완전히 요약되거나 환원될 수 없는 다층적인 텍스트로서 끊임없는 독해와 재독해, 그리고 그로 인한 변전의 운명에 놓이는 것이다. 그런데 우리 지식 장의 자율성은 부르디외의 저작을 구조적으로 일정하게 변형시키는 효과 역시 생산한다. 이는 주로 저자와 저작에 대한 특정한 수용 방식을 부과함으로써, 텍스트의 '오역 가능성'을 제도적으로 조장함으로써, 그리고 번역 대상 저작을 일정하게 선별함으로써 이루어진다.

이해의 준거틀로서 '마르크스주의'와 '참여 지식인'

1990년대 이후 '불란서제 담론'의 급속한 수입에는 (국내 주류 학계에 강력한 영향을 미치는) 영미권 학계의 프랑스 사상에 대한 승인이라는 국제적 상황과, 현실 마르크스주의의 몰락이 야기한 사상적 공백이라는 국내적 상황의 결합이 중요한 동력으로 작용했다. 그 결과 푸코나 들뢰즈와 같은 프랑스 철학자들의 수용이 일정하게는 마르크스주의 이론과 실천의 연장선상에서 이루어지는데, 부르디외의 경우도 크게 다르지 않다(채웅준 2017; 허경 2010: 441~42 참조). 초창기 부르디외의 번역·

수용은 마르크스주의를 강력한 이해의 준거틀로 호명하고 있으며, 이는 몇몇 역자의 해설에서 뚜렷이 나타난다. 문학 전공자인 『혼돈을 일으키는 과학』의 역자가 부르디외 사회학을 아주 평이하게 개괄하는 해설을 단 반면, 사회학 전공자인 『상징폭력과 문화재생산』과 『구별짓기』의 역자들은 부르디외 이론을 마르크스주의적 문제의식과 분석 도구의 비판적 확장으로 파악하면서 그것의 '현실 적합성' 여부에 주의를 기울인다. 예를 들어 1995년에 나온 『상징폭력과 문화재생산』의 역자는 "1990년대 들어 '문화'를 둘러싸고 다소 과열된 양상으로 전개되고 있는 무성한 논의가 사회의 문화적 재생산 또는 문화의 장으로 전이된 계급투쟁의 양상을 파헤치는 쪽으로 가닥이 잡히도록 하는 데 이 책이 나름대로 역할을 할 수 있기 바란다"고 쓴다(정일준 1995: 40). 또 1996년에 나온 『구별짓기』의 역자는 "광장에서 보이던 계급은 밀실로 숨어버렸을 뿐이다. 그래서 계급 담론들의 '숨바꼭질'은 여전히 포기할 수 없는 사회과학도들의 관심이 되어야 한다. 물론 새로운 방식으로! 부르디외의 『구별짓기』는 바로 이 '새로운 방식'의 한 모델을 웅변적으로 보여준다. 즉 〈'구름 위의 계급 담론'으로부터 '지붕 아래의 계급 담론'으로!〉이다"라고 적는다. 동시에 그는 "부르디외식의 분석을 너무 성급하게 한국의 문화 현실에 적용하려는 태도 역시 적잖은 위험을 내포하고 있다"고 지적하면서, 한국 사회의 계급 문화가 빠르게 형성 중이므로 당장의 적용보다는 "우리 사회 고유의 '장,' 자본들과 아비투스들의 역사적, 사회적 형성 및 재생산의 조건에 대한 연구가 반드시 선행되어야 할 것"이라며 거리 둔 태도를 취한다(최종철 1996: 902~903).[19]

---

19) 부르디외식 계급 문화 분석의 의의를 제시하고 프랑스와 한국 사회의 (계급 형성의) 차이를

'계급 문화 분석'이라는 각도에서 부르디외 사회학을 마르크스주의적으로 전유하려는 이러한 시각은 역자들에게는 전형적인 답지로 주어졌을 공산이 크지만, 이중적인 장점을 갖는 방안이기도 했다.[20] 즉 새로운 사유를 수입할 때, 그것과 기존 논의 맥락 사이의 연계성을 '적절한' 정도로 설정해주는 일은 '혁신'의 이익을 가져다주는 동시에 지나친 '단절'이 야기할 수 있는 몰이해와 수용 거부의 위험성을 덜어주기 때문이다. 수입자들은 익숙한 사유 체계와 새로운 사유 체계 양쪽으로부터 일정한 상징이윤을 확보하고, 광범위한 수용을 촉진할 수 있다. 부르디외 사회학의 경우에 하필 마르크스주의와의 연속선상에서 논의되었던 데에는, 부르디외 이론의 내적인 속성이나 역자들 개인의 입장 못지않게 당시 국내 수용 장의 지적 분위기가 강하게 반영된 것으로 보인다.

부르디외의 저작이 막 소개되기 시작할 무렵인 1995년에 일군의 프랑스 유학생에 의해 『68사상과 프랑스 현대철학』이 번역·출판되었다는 사실 또한 이 점에서 유의할 필요가 있다. 그 원전은 프랑스의 우파

강조한 뒤, 한국적 특수성에 대한 분석을 촉구하는 식으로 이어지는 이러한 논법은 그 뒤로도 조금씩 변주되어 나타난다. 2005년 번역·발간된 『호모 아카데미쿠스』의 서문 역시 하나의 사례라고 할 만하다. "이런 점에서 부르디외의 『호모 아카데미쿠스』는, 부르디외 특유의 문체적 난해함은 있지만 아직도 계급 담론에 익숙치 않은 우리 대학 사회에 대학적 계급 실체(교수들 직위, 교수와 직원 혹은 조교, 교수와 강사, 교수와 외래 교수와의 관계 등)는 물론 대학의 변화상을 파악해볼 수 있는 중요한 지표로 활용될 수 있을 것이다. 프랑스 대학 사회의 계급 문화가 그들이 내세우는 사회와 문화와 같이 투명한 모습을 보인다면, 한국 사회의 대학 계급은 아직은 걸러지지 않고 은폐된 문제들이 많이 내재되어 있다고 할 수 있다. 이는 시대적 고민을 안고 있는 대학이 좀더 성숙하기 위해 앞으로 노력해야 할 요소들이다."(김정곤·임기대 2005: 364~65)

20) 『중간 예술』의 후기처럼, '구조와 주체'라는 문제틀과 부르디외 이론을 연결 짓는 해설 역시 존재한다. 그런데 지식 장 일반보다는 사회학 장에 훨씬 더 직접적으로 호소하는 '구조와 주체'의 문제틀이 결국은 마르크스주의의 사회학화된 형식이자, 특히 영국의 사회학자 앤서니 기든스가 스콜라적으로 정전화한 질문이라는 점을 지적해둘 필요가 있을 것이다.

철학자 뤽 페리와 알랭 르노가 1985년에 발간한 논쟁적 팸플릿 『68사상La Pensée 68』이다. 프랑스에서도 상당한 논란을 불러일으켰던 『68사상』은 1970년대를 풍미했던 좌파 급진주의 사상에 반反민주적 가치가 깔려 있다는 비판을 전개하고 '주체의 귀환'을 그 대안으로 제시한다. 그 책에서 저자들은 부르디외를 푸코, 데리다, 라캉과 더불어 (민주주의에 대립하는) '반反주체 철학'의 선두주자로 꼽고, 그의 이론을 '프랑스식 마르크스주의'로 규정한다. 이와 같이 부르디외를 '철학화' '마르크스주의화'하는 접근은 물론 불가능하지는 않더라도 프랑스 내에서도 일반적이지는 않았고, 누구보다 부르디외 자신에 의해 부정된 방식이기도 했다.[21] 그런데 국내에서는 그러한 접근이 1980년대의 지적 전통과 부르디외 수입의 핵심적인 중개자 가운데 한 사람인 홍성민에 힘입어 오랫동안 영향력을 발휘한 것으로 보인다.[22]

---

21) 이는 부르디외가 마르크스주의로부터 아무런 영향을 받지 않았다는 의미는 아니다. 다양하고 이질적인 사유의 흐름을 끊임없이 종합하며 독자적인 사유 체계를 구축해간 스타일 때문에, 부르디외는 (때로는 상충되기까지 하는) '~주의자'의 꼬리표들로부터 자유롭지 못했다. 뒤르켐주의자, 베버주의자, 마르크스주의자, 구조주의자, 포스트구조주의자 등이 모두 그를 가리키는 수식어로 기능했고, 아직까지도 그렇다. 이러한 수식어들은 당연히 그러한 면모가 부르디외에게서 나타나기에 쓰일 수 있는 것이지만, 동시에 우리는 그것들이 도드라지게 보여주는 부분이 부르디외의 가장 중요한 혹은 독창적인 면모인지, 그것들이 가리고 있는 부분은 무엇인지, 나아가 그러한 '꼬리표 달기'의 학술 정치적 기능은 무엇인지 따져보아야만 한다. 부르디외는 '~주의자'라는 호칭이 종교적인 낙인이라고 일축했으며, 무엇보다도 학문 세계에서의 훈고학적 해석 게임이 지식인들의 자기 반성 없는 스콜라적 관점에서 비롯할 뿐이라고 주장한 바 있다. 프랑스 마르크스주의자들과 정치적으로나 학문적으로 줄곧 비판적인 긴장 관계를 유지해왔고 한때 가시 돋친 논전을 벌이기도 했던 그는 마르크스주의에 대한 입장을 묻는 『세계사상』 주간에게 다음과 같이 대답한다. "왜 나를 두고 마르크스주의를 운운하는지 이해할 수 없습니다. 어느 사회든지 계급 갈등은 항상 존재한다고 생각합니다. 그러나 내가 말하는 것은 마르크스가 말하는 것과는 전적으로 다릅니다"(박재환 1997: 270).

22) 『68사상과 프랑스 현대철학』의 한국어 번역을 주도한 홍성민은 부르디외 수입 초창기 「부르디외를 거꾸로 읽읍시다!: 『파스칼적 성찰』에 대하여」(1997), 「아비투스, 그 존재론적 의

486

2000년대에 들어서면서 부르디외 번역을 '참여 지식인'의 틀 안에서 제시하는 해설이 일반화된다. 우리는 그 배후에서 작용한 몇 가지 요인을 추론해볼 수 있다. 우선 부르디외가 1990년대 중반 이후 사회운동에 적극적으로 관여하면서, 세계적인 참여 지식인의 상징처럼 부상한 데 일차적인 원인이 있을 것이다. 하지만 그 못지않게 한국 사회에서 오랜 공공 지식인 이념의 전통이 1980년대 마르크스주의의 문제틀과 맞물리면서 생겨난 '실천적 지식인' 상의 호소력 또한 작용했을 것이다. 1997년 말 한국이 국제통화기금IMF 구제금융 체제에 진입하면서, 신자유주의와 전 지구화에 대한 비판 담론이 성행하게 된 것 역시 또 다른 중요한 요인이다. 하지만 이는 프랑스 사회학 담론이 철학 담론과 함께 '불란서제 담론'으로 쉽사리 통합되어버린 상황과 상승작용을 하면서, 부르디외 사회학의 '실천적 근원'을 간과하게 만드는 역설적 결과를 낳았다. 부르디외는 한편으로 구조와 행위자의 변증법적 이해를 도모하면서 사회에 대한 '거대 이론'을 구축한 '사상가'이자, 다른 한편으로는 신자유주의와 전 지구화에 반대하는 정치적 실천을 벌인 '참여 지식인'으로 간주되었다. '이론가'와 '실천적 지식인'이라는 이분법적 사고의 도식 안에서, 그의 이론이 '이론을 위한 이론' '추상적인 논리 싸움'의 산물이라기보다는 경험연구 속에서 제기된 문제들에 대한 해답을 구성해나가는

미: 부르디외 사회학을 철학화하기」(1997) 등을 발표하고, 2000년에는 『문화와 아비투스: 부르디외와 유럽 정치사상』을 출간하는 등, 국내에서 '사상가' 내지 '철학자'로서 부르디외를 형상화하는 데 핵심적인 역할을 담당했다. 물론 그는 편저서『지식과 국제정치』(2007)를 통해 부르디외의 이론을 한국적 맥락에서 활용하는 '지식 이전의 국제정치'라든지 '학자들의 정체성' 같은 주제에 대한 연구 관심 역시 시론 수준에서 촉구한 바 있으나, 지식 장 내의 수용자들은 대개 '푸코와 부르디외' '마르크스와 부르디외' 식의 문제 설정에 더 적극적으로 반응했던 것으로 보인다.

과정에서 나온 철저하게 '실천적인 이론'이라는 점, 그리고 그가 무엇보다도 과학적인 작업의 결과를 바탕으로 자신의 정치적 입장과 실천을 정당화하고자 했다는 점은 상대적으로 간과되었던 것이다.

1990년대 후반 이후 번역서들의 소개에 뒤이어, 부르디외에 관한 국내 학자들의 연구서와 해설서가 나왔다. 즉 1998년 현택수 등이 공저한 『문화와 권력: 부르디외 사회학의 이해』, 2000년 홍성민의 『문화와 아비투스: 부르디외와 유럽정치사상』, 2002년 양은경 등의 공저 『문화와 계급: 부르디외와 한국사회』, 2004년 홍성민의 『피에르 부르디외와 한국사회: 이론과 현실의 비교정치학』, 2006년 하상복의 『부르디외 & 기든스: 세계화의 두 얼굴』이 연이어 출간되었다. 하지만 이들 책에서도 부르디외 사회학의 '이론-실천적' 특징이 충분히 강조되고 전유되지는 못한 것으로 여겨진다. 부르디외가 이론과 실천을 통합한 지식인이었다면, 그가 이론가이면서도 현실 참여적인 면모를 드러냈기 때문이 아니라, 그의 이론이 현실에 대한 비판적인 문제의식과 연구 실천을 통해 생성되었고 그의 정치적 실천이 끊임없는 연구 실천을 통해 뒷받침되었기 때문이다. 그런데 국내 지식 장에서 부르디외는 줄곧 자신이 거부하고 또 혁신하고자 했던 바로 그 고전적인 분류틀, 즉 '이론가'와 '실천적 지식인'의 이분법 안에서 해석되고 수용된 셈이다. 즉 그는 '이론과 실천의 이분법'을 비판하고 지양한 지식인으로서보다는 이론과 실천을 '겸비'한 지식인으로 받아들여졌던 것이다.

오역 가능성이라는 제도적 효과

국내 지식 장의 구조적·제도적인 특수성은 번역 저작의 선별과 변형을 가져올 뿐만 아니라, 번역된 텍스트 자체에도 일정한 효과를 생산한다. 즉 숱한 오역과 부적절한 번역이 나타나는 것이다. 번역 텍스트의 폭넓은 수용과 생산적 이해를 가로막는 이 부작용은 무엇보다도 번역자의 적합성 문제와 관련되어 있다. 물론 동시대의 많은 프랑스 저자들이 그렇듯이, 부르디외도 사회학부터 철학, 인류학, 경제학, 문학, 역사학, 자연과학에 이르기까지 다양한 학문의 전통과 자원을 활용해 글을 쓴다. 게다가 그의 세밀한 경험연구는 그 대상이 되는 알제리나 프랑스 사회의 현실에 대한 상당한 지식 없이는 '정확하게' 옮긴다는 것이 불가능한 과제에 가깝다. 그러니 이 모든 필요조건을 충족시키는 능력과 자격을 가진 역자란 극히 드물 수밖에 없다. 하지만 그렇게까지 완벽하지는 않더라도, 사회과학 일반과 부르디외 사상에 대한 기본 지식은 프랑스어에 대한 지식만큼이나 부르디외 책을 번역하기 위해 요구되는 최소한의 덕목일 것이다.

그런데 현실적으로는 사회과학 일반이나 부르디외 사상에 문외한이면서 프랑스어 해독 능력만 갖춘 역자들이 다수를 차지하다 보니, 번역 텍스트상의 여러 문제가 생겨난다. 그 문제들에는 다양한 층위가 있는 것이 사실이다. 즉 아예 읽기가 불가능할 지경의 오류와 비문으로 가득 차서 역자의 무능력과 무성의, 출판사의 직무유기를 탓할 수밖에 없는 수준의 번역부터, 나름대로 충실하고 가독성이 높지만 좀더 미묘한 학문적 쟁점들을 불러일으키는 번역까지 있는 것이다.[23] 하지만 여기에

---

23) 이를테면 번역학에서 오랜 전통을 가지고 있으며 포스트식민주의와 맞물려 새롭게 부각된 '이국화' 대 '자국화' 전략의 논쟁이 있다. 번역가가 원천 텍스트의 이질적인 요소를 의도적으로 강조하는 번역 유형이 이국화라면, 원천 텍스트의 이질성을 최소화하고 가급적 투명하고 유창한 문체를 구사하는 번역 유형이 자국화이다. 포스트식민주의 번역학자 로렌스 베누티Lawrence Venuti는 이국화 전략이 영미 문화권에서 두드러진 제국주의적·자민족 중심적인 번역의 폭력에서 벗어날 수 있는 잠재력을 지닌다고 본다. 영미권의 자국화 번역은

서는 그것들을 하나하나 구분해가며 제각각 고유한 문제를 논의하기보다, 부르디외 사상에 대한 전반적인 이해가 없는 사회과학 비전공자가 저작을 번역하고, 그것을 둘러싼 전문가 집단의 비판적 검토와 토론이 없다시피 한 현실이 빚어내는 텍스트상의 문제를 살펴보려 한다.

논의의 초점은 개념(혹은 용어)의 번역에 맞추어진다. 이론은 한마디로 개념들 간의 기능적인 관계 체계라 할 수 있다. 따라서 부르디외 이론의 번역이란 일차적으로 그의 개념들을 적절한 우리말로 옮기는 일이다. 그러려면 우선 부르디외가 쓰는 개념들이 어떤 학문적 배경과 함의를 지니고 있는지 파악하고, 그 일반성(이미 있는 개념을 끌어와 널리 통용되는 의미대로 쓰는 경우)이나 특수성(기존 개념이나 일상어에 자기만의 고유한 의미를 부여하거나 새로운 용어를 만든 경우)을 살릴 수 있도록 등가적인 우리말 용어를 뽑아내야 한다. 이는 당연히 언제나 논란의 여지가 따르는 어려운 작업이지만, 그렇다고 적절성에 대한 평가가 완전히 불가능하지는 않다.

우리는 부르디외 이론을 구성하는 개념들을 몇 가지 유형으로 구분

외국 텍스트의 이질성, 타자성을 동질화함으로써 독자들이 문화적 타자 속에서 자기 문화를 나르시시즘적으로 발견하게 만든다. 반면 이국화 번역은 표준어와 문학 정전, 지배적 가치를 외국적인 것, 비표준적인 것, 주변적인 것들에 대해 열리게 만든다는 면에서 저항성을 갖는다는 것이다(김욱동 2011: 10장; Venuti 1998). 베누티의 주장은 영미권의 상황에서 충분히 설득력이 있다. 하지만 수많은 학술 번역 텍스트가 '의도치 않게' 이국화의 형식으로 존재하는 우리 사회에서 그 논리는 뒤집어 적용될 만하다. 즉 서구 텍스트의 이질성이 (불평등한 지적·정신적 권력관계 속에서) 그것의 힘과 권위를 맹목적으로 강화하기 십상인 한 국적인 맥락에서는 강한 자국화 전략이 도리어 유용하다는 것이다. 물론 그러한 전략이 동시에 지배 문화의 가치를 '소수화하는' 번역으로 이어질 수 있으려면, 더 많은 고민과 노력이 요구될 것이다. 특히 작은 출판 시장 규모와 산업의 영세성으로 인해 학술 번역의 원저자 선정 과정에도 '스타 시스템'이 강력하게 작용하는 우리 현실에서 번역자의 전략적 역할과 능력은 더욱 중요할 것이다.

해볼 수 있다. 한 가지 유형은 다른 학문으로부터 유래한 개념들이다. 분과 학문별로 하나씩 예를 들자면, '자본'(경제학), '존재론적 공모'(철학), '수행성'(언어학), '정당성'(정치학), '검열'(정신분석학), '이력 효과'(물리학) 등이다. 부르디외는 따옴표나 특별한 강조 표시 없이 이 용어들을 쓴다. 부르디외가 다른 학문의 기존 개념을 이용해 창조해낸 새로운 용어 또한 있다. 그와 같은 예로는 '문화자본' '사회분석' 등을 들 수 있을 것이다. 한편 흔히 이탤릭으로 표기되는 라틴어 혹은 희랍어 용어들이 있다. 하비투스habitus를 위시해 헥시스hexis, 에토스ethos, 코나투스conatus, 독사doxa, 일루지오illusio 등이 대표적인 예이다. 대개 철학에서 빌려온 이 개념들을 부르디외는 그 어원적 의미 또는 철학 전통에서의 의미를 복합적으로 담아내면서 사용한다. 마지막 유형은 특수한 의미가 주어진 상용어이다. 오인, 체화, 과학 등이 여기 속한다.

이와 같은 개념들로 이루어진 부르디외 이론의 번역을 위해서는 기존하는 개념들의 역어와 부르디외식 함축 의미에 대한 지식이 프랑스어에 대한 일상적인 감각과 더불어 동원되어야 한다. 한데 현실적으로 부르디외 개념들의 번역에는 그러한 고려가 드러나지 않는 경우가 허다하다. 몇 가지 사례를 들어보자. 먼저 다른 학문의 기존 역어, 그리고 유사한 다른 개념들과의 뉘앙스 차이를 무시한 경우가 있다. 'capital'과 'bien'이 '자산'으로 번역되는 것이 대표적이다. 그리하여 'capital symbolique'이 '상징적 자산'으로 번역되기도 하고, 'bien symbolique'은 '상징적 자산' '상징적 부' 등으로 번역된다. 한데 정치경제학에서는 이윤을 생산하는지 여부에 따라 '자본'과 '자산'을 구분하며, 부르디외 이론에서 '상징자본'은 '상징이윤'을 발생시킨다는 점을 감안하면, 'capital symbolique'에는 '상징자본'이라는 번역어가 더 적절하다.

'bien symbolique' 역시 사용이나 소비를 통해 상징적인 효용을 증가시킬 수 있는 온갖 문화 상품을 가리키는 것을 염두에 둔다면, '상징재' 혹은 '상징재화'라는 역어가 더 적합할 것이다. 'légitimité'는 '적법성' '합법성' '정통성' '정당성' 등으로 다양하게 번역된다. 여기서 단 하나의 번역어만이 정답이라고 말하기는 쉽지 않을 것이다. 다만 부르디외의 이 개념이 베버에게서 나온 것이라면, 기존의 정치사회학계에서 쓰인 번역어를 참조하고 검토해 가능한 한 용어상의 연속성을 기할 필요가 있다. 'légitimité'의 형용사형인 'légitime'이 부르디외 이론에서 언어나 문화 같은 명사를 수식해 'langue légitime' 'culture légitime'이라는 용어를 이룬다는 점도 참조할 만하다. '합법적 언어' '적법한 문화'라는 표현은 매우 어색하고, 그렇다고 어원이 같은 단어를 서로 다른 우리말로 옮기는 것도 명확한 의미 전달에 바람직하지 않기 때문이다. 또 'légitimité'가 법에 의존해서만 확보되는 것이 아니고 좀더 법적 의미가 강조되는 'légalité'(적법성)와도 구분되는 것이라면, '정당성'이 가장 적절할 터이다.

대부분 철학에서 비롯한 라틴어/희랍어 개념들은 사상의 '이국성'을 부각시키는 동시에 이른바 '번역 불가능성'의 문제를 제기한다는 면에서 흥미롭다. 그것들을 과연 우리말로 번역할 수 있는가, 나아가 그럴 필요가 있는가 하는 의문이다. 사실 부르디외는 라틴어·희랍어 용어를 경제학 용어와 마찬가지로 일정한 단절 효과 내지 소외 효과를 생산하기 위해 쓴다. 달리 말하면 그것은 프랑스인 독자들에게도 어떤 현상에 대한 통념을 낯설게 하면서 철학적으로 깊이 있고 풍부한 인식을 가져다준다는 것이다. 그렇다면 그것을 구태여 자연스런 우리말로 옮기려 들기보다는 라틴어·희랍어의 우리말 음 표기를 따라 쓰는 편이 나을 것으로 여겨진다. 이를테면, 'illusio'는 종종 '망상' '가상' 등으로 번역되는데, 부르디외가 그 말의 라틴어 어원 'ludus'(게임)를 암시하면서 자기 이론 안에서 이해관심intérêt과 같은 의미로 사용하며 'illusion'(환상)과는 구별하고 있다는 점 등을 감안하면 '일루지오'라는 역어가 더 무난하다고 볼 수 있다. 'habitus'는 좀더 특이한 사례인데, 초창기에 '아비투스' 혹은 '아비튀스'라고 번역되다가 지금은 '아비투스'로 통일되고 있는 듯하다. 이 개념은 희랍어 'hexis'의 라틴어 번역어이며, 오랜 철학적 전통과 다양한 쓰임새를 가지고 있다. 따라서 프랑스어식 음 표기인 '아비튀스'보다는 고전 라틴어 발음인 '하비투스'가 좀더 적절한 번역어일 텐데, 『혼돈을 일으키는 과학』과 뒤이은 초기 번역본들에서 교회식 라틴어 발음인 '아비투스'로 번역된 이래 대체로 그렇게 굳어져왔다. 영어, 독일어, 일어와도 다른 이 음 표기는 '한국적인 이국화'의 기묘한 울림을 자아낸다. 외국어 음 표기로 어원을 살리는 편이 나은 용어들 가운데 종종 '학구적 이성'으로 번역되는 'raison scholastique' 같은 예가 있다. 부르디외가 'scholastique'라는 형용사에 학교의 라틴어인 'schola,' 그것의 희랍어 어원인 'skholē'(여가)와 중세 유럽의 스콜라주의라는 의미를 복합적으로 담고 있으므로, '학구적 이성'보다는 '스콜라적 이성'이 더 나은 역어라고 말할 수 있을 것이다.

흔하게 쓰이는 평범한 용어이면서도 부르디외가 특수한 의미를 부여하는 개념들의 경우, 적합한 번역은 그의 이론에 대한 이해를 반드시 필요로 한다. 때에 따라서는 역어에 대한 부연 설명이 요구되기에 더욱 그렇다. 한 예로 부르디외의 영역자 또한 "번역가의 곤경을 집약해 보여주는 용어"라고 언급한 바 있는 'méconnaissance'는 '간과' '몰인식' '무시' '오인' 등으로 옮겨지는데, 'connaissance'(인식)나 'reconnaissance'

(인정)와 체계적으로 이어지며 정신분석학과도 연계되어 있는 개념이라는 점에서 학술적 의미와 다의성을 포함할 수 있는 역어를 고민하고 해설을 붙이는 편이 좋을 것이다(Nice 1976: xviii 참조). 부르디외 이론에 대한 지식이 부족해 생겨난 부적절한 역어로 'science' 'scientificité'를 무조건 '학문' '학문성'이라고 옮긴 예라든지, 'production de la croyance'를 '신념의 창조'라고 번역한 사례 등이 있다. 전자는 부르디외가 과학을 특권화하는 인식론을 바탕으로 사회학에 자연과학에 준하는 수준의 과학성을 부여하기 위해 노력했으며, 그 때문에 '과학주의'라는 비판까지 받았다는 사실을 무시한 번역 용례라 할 만하다. 또 후자는 문화예술 부문을 둘러싸고 있는 각종 신화(창조, 재능, 천부적 소질, 보편적 감상 능력 등)와 단절하기 위해 일부러 경제학 용어(생산)를 끌어들이는 부르디외의 의도를 간과한 채, 매끈한 우리말 번역어를 선택해 정작 용어의 본래 함의를 놓쳐버린 경우이다.

이제 역자가 부르디외의 이론에 대해 충분한 이해가 없는 상황이 어떻게 부적당한 개념 번역을 낳고, 그것이 어떻게 다시 문장들의 엉뚱한 오역으로 이어질 수 있는지『세계의 비참』에서 뽑아낸 하나의 구체적인 예를 통해 살펴보자.

우리는 여기서 **반사작용식** 방법réflexivité réflexe이라는 것을 제안해보고 싶은데, 그것은 질문자가 하나의 '직업'에다 사회학적인 '눈'의 초점을 맞추고, 거기에다 자신을 비춰보는 방법이다. 우리가 믿기로는 **현장 작업**, 곧 인터뷰를 이끌어가는 데 있어서는 오직 그 방법만이 사회구조의 영향력을 인식하고 통제할 수 있게 해준다. 자기 스스로 가설을 세워보려고 애쓰지 않고서 어떻게 가설들로 이루어진 학문을 한다고 말할 수

있을 것인가? (Bourdieu et al. 1993/2002: 1465)

이 글은 그래도 일부 부르디외 번역본들처럼 문장이 아예 해독되지 않는 수준은 아니지만, 정확한 의미 전달에는 실패하고 있다. 일단 원문은 다음과 같다.

Seule la réflexivité, qui est synonyme de méthode, mais une **réflexivité réflexe**, fondée sur un 'métier,' un 'œil' sociologique, permet de percevoir et de contrôler **sur le champ**, dans la conduite même de l'entretien, les effets de la structure sociale dans laquelle il s'accomplit. Comment prétendre faire la science des présupposés, sans travailler à se donner une science de ses propres présupposés? (Bourdieu et al. 1993: 904)

먼저 풀어 말하자면 이 대목에서 부르디외는 성찰성réflexivité이 곧 사회과학의 방법 그 자체와 다를 바 없으므로 마치 반사신경처럼réflexe 작동할 수 있도록 체화되어야 한다는 점을 강조한다. 이는 '몸에 밴' 직업적 능력과 솜씨를 가리키는 '직능métier'이나 '시선œil'이라는 표현에서 잘 드러난다. 성찰성은 사회과학자가 자신이 구사하는 방법(여기서는 심층 인터뷰)에 내재하는 전제들을 비판적으로 객관화하는 일이다. 부르디외는 자기 사회학이 모든 객관적 사회제도와 주관적 정신구조가 전제하고 있는 자명성을 분석하는 과학이라고 보는데, 그러한 과학이라면 자기 전제들présupposés 역시 다시 과학적 분석에 부치는 메타적 관점을 확보해야 한다는 것이다. 부르디외 사회학의 핵심 주장 가운데 하나와 맞물려 있는 이 문단의 번역은 따라서 대체로 다음과 같아야 명확한 의미 전달이 가능할 것이다.

방법과 동의어인 성찰성만이, 그것도 사회학적 '시선'에, '직능'에 기초한 **반사적 성찰성**만이 인터뷰 행위 중에 그 실행을 둘러싼 사회구조의 효과를 **현장에서** 인지하고 통제할 수 있게 해준다. 스스로의 고유한 전제들을 과학의 대상으로 삼으려 애쓰지 않으면서 어떻게 전제들에 대한 과학을 한다고 자처할 수 있겠는가?

이 간단한 검토의 목적은 부르디외 번역서 내에서 과연 어떤 번역어가 더 적절하고 또 어떤 것이 그렇지 못한지, 어떤 번역문이 더 낫거나 더 못한지를 따져보려는 데 있지 않다.[24] 다만 번역 텍스트상의 무수

---

24) 프랑스어문학 전공자들의 부르디외 번역이라고 해서 반드시 사회과학 개념이나 용어 번역의 적절성 문제가 있는 것은 아니라는 점을 지적해두자. 반대로 사회과학 전공자들의 번역이라고 해서 모두 훌륭한 것도 아니다. 현재 나와 있는 부르디외 번역 가운데는 오역 여부는 제쳐두고라도 순전히 비문 때문에 읽기가 거의 불가능한 책이 있을 정도이다. 또 인문사회과학 일반에 대한 역자의 기본적인 무지를 드러내는 번역, 예컨대 'philosophie du sujet'를 '주체 철학' 아닌 '주제 철학'으로 옮기는 식의 아주 적나라한 오역들도 드물지 않다. 사정이 이렇다 보니 사실 그 이상의 '고상한' 문제들을 제기하기도 멋쩍은 노릇이다. 부르디외의 전기 사항을 정확히 확인하지 않은 채 잘못된 사실을 적어놓은 사례도 눈에 띈다. 부르디외 저작에 대한 기초적인 정보조차 없이 『중간 예술』을 터무니없게도 『중세 예술』이라고 번역하거나, 부르디외가 쓴 논문을 다른 사람이 쓴 논문으로 바꾸어 적어놓은 경우도 있다. 조금 더 복잡한 저작 정보에 대한 알 수 없는 오류도 있다. 『하이데거의 정치적 존재론[나는 철학자다]』이 그 예이다. 이 책은 원래 1975년 『악트』에 같은 제목의 논문으로 먼저 실렸다. 이 장문의 원고는 이듬해 독일어로 번역되어 단행본으로 출간되었다. 1988년 프랑스에서 하이데거와 나치즘에 대한 논란이 한창일 때 부르디외가 그 책을 사소한 수정만 더해 프랑스어로 출판한 결과물이 바로 한국어로 번역된 저작이다(Sapiro & Bustamante 2009: 4). 그런데 한국어 역자는 이 책의 서지사항을 소개하면서 출처를 알 수 없는 잘못된 정보를 적고 있다. 즉 역자의 글에 따르면 "원래 이 글은 책으로 출판되기 10년 전, 부르디외가 독일의 막스 플랑크 사회연구소에 잠시 체류할 당시 독일어로 발표되었고, 이후 불어로 번역되어 『사회

히 많은 문제가 결국 구조적 효과이기도 하며, 이는 외국 이론의 비판적 해석과 수용에 중대한 장애물로 작용할 수밖에 없다는 점을 확인하려는 것이다. 번역이 제대로 되기 위해서는 그럴 만한 능력을 갖춘 역자가 번역을 맡아야 하고, 출판사 내부에서 일정한 여과와 교정이 수행되어야 하며, 번역의 적절성에 대한 학계 내부의 토론과 평가가 활성화되어야 할 것이다. 이 모든 단계는 우리가 외국 이론을 나름대로 이해하고 전유하는 집단적인 과정을 구성할 터이다. 그런데 그 각각의 계기마다 우호적인 여건들이 조성되어 있지 않다는 데 문제의 핵심이 있는 것이다. 영어 외의 외국어로 된 저작을 번역할 만한 학계의 연구자들은 소수에 지나지 않으며, 이러한 사정은 사회과학계의 경우 인문학계에 비해 더욱 나쁘다. 그들 역시 지금과 같은 대학/출판 체제 안에서 시간적·경제적 여유를 보장받지 못한다. 학술 출판사들 역시 전체 시장 규모가 작다 보니 전문화 수준이 낮고 노동조건이 열악하며 직원 편집자에 대한 보상 또한 적은 편이다.[25] 전공자에 의한 충실한 번역이 이루어지는

과학연구지*Actes de la recherche en sciences sociales*』(5~6호, pp. 109~56)에 게재되었다. 그때 제목은 「하이데거: 어떤 정교수Heidegger: Un professeur ordinaire」였다"(김문수 2005: 185). 역자는 상세한 서지 정보를 적고 있는데, 정작 논문의 실물을 확인하지는 않은 것으로 보인다. 논문 게재 잡지의 호수와 쪽수는 정확하지만, 논문의 제목은 물론 소제목 어디에도 '하이데거: 어떤 정교수'라는 표현은 없기 때문이다. 그 제목은 대체 어디에서 나온 것일까? 논문은 원서와 마찬가지로 「하이데거의 정치적 존재론」이라는 제목으로 발표되었다. 우리는 『실천이성』과 『나는 철학자다』의 번역에 대한 신랄하고도 설득력 있는 비평을 인터넷 서평가 로쟈(이현우)의 블로그에서 찾아볼 수 있다(http://blog.aladin.co.kr/mramor/925226 및 http://blog.aladin.co.kr/mramor/2054689 참조).

25) 국내 출판계에서 직원으로서 편집자의 사회적·경제적 지위는 일본 및 중국의 출판계에 비해서도 상대적으로 낮은 편이다. 유연전문화 과정의 도입으로 출판계에서 개별 편집자에게 요구하는 기술과 능력은 점점 많아지는데 반해, 그에 대한 처우는 별로 좋지 않다는 것이다. 또한 다른 문화산업 분야에 비교할 때 출판 산업에 대한 일반인들의 인식이 긍정적이지 않고 일의 성격이 비슷한 신문기자나 대학교수와 비교할 때 보상도 훨씬 못해서 출판계로 진출하려는 양질의 인력이 많지 않으며 직업 이동도 잦다(한주리 2009 참조).

데 필수적인 물적·제도적 기반이 학계와 출판계에 마련되어 있지 않은 만큼이나, 번역된 학술서에 대한 서평을 자극하고 촉진하는 메커니즘 또한 존재하지 않는다. 그렇다 보니 한 저자의 책이 20권 넘게 번역되고 연구되어왔음에도 불구하고 번역 용어상의 혼돈과 오역이 계속되고 있으며, 그에 대한 적절한 합의는 고사하고 토론조차 제대로 이루어지고 있시 않아 지식의 사회적인 공유와 주체적인 이해 가능성은 여전히 멀리 있는 것이다.[26]

아직 번역되지 않은 책들이 말해주는 것

수용 과정상의 '굴절'과 관련해, 마지막으로 부르디외 번역에서 '부재하는 것'의 문제를 짚어볼 필요가 있다. 부르디외 국역본의 목록에는 『자본주의의 아비투스』를 제외하고는 인류학적 저작의 번역이 거의 전무한 실정이다. 물론 1950년대 말에서 1960년대 초의 알제리 사회에 관한 현지조사를 바탕으로 한 저작들, 예컨대 『알제리 사회학』(1958), 『알제리의 노동과 노동자들』(공저, 1963), 『뿌리 뽑힘: 알제리에서 전

---

26) 이현우는 "부르디외 전공자의 부르디외 번역이 상식 이하라거나 크리스테바 전문가의 크리스테바 번역이 기대 이하라는 것이 우리의 번역 현실"이라고 지적하면서, 오역에 대한 분별과 비평이 필요한 이유로 두 가지를 든다. 첫째, 저작권 문제 때문에 일단 출간된 인문 번역서가 설령 오역투성이라고 하더라도 다른 역자에 의해 재출간될 가능성은 거의 없다는 것이다. 둘째, 인문학이 너무 어렵다고 포기하거나, 뭔지 모를 소리만 해댄다고 무시하는 분위기를 독자들 사이에 확산시킴으로써 인문학 자체를 희화화한다는 것이다(이현우 2009: 356~57). 덧붙여 말하자면 학계의 차원에서 좋지 않은 번역은 원서 번역의 의의를 아예 없애버리는 일이나 다름없다. 원서 번역은 외국 사상에 대한 오인이나 과잉 해석의 가능성을 일정하게 통제하는 효과를 가지며, 해석의 범위를 해설자의 시각에 가두어놓는 연구 논문과는 달리, 풍부한 해석 가능성을 열어놓으면서 새로운 통찰과 탐구를 자극한다는 장점이 있다. 그런데 오역과 비문으로 점철된 번역서들이 나오는 상황에서도 그것에 관한 검토와 비판과 통제가 제대로 이루어지지 않는 연구 문화에서라면, 외국 사상의 독자적인 수용과 이용을 기대하기 어려울 터이다.

통 농업의 위기』(공저, 1964)는 지나치게 전문적이고 시기적으로도 오래된 저작이며 국내 독자 일반에게 관심을 끌기 어려운 아프리카 사회를 다루고 있긴 하다. 하지만 이들 저작이야 그렇다손 치더라도 부르디외의 지적 기획과 이론화 작업을 가장 잘 드러내는 대표작인 『실천이론 개요』(1972)나 『실천감각』(1980), 『독신자들의 무도회』(2002) 역시 번역되지 않은 것은 상당히 문제적인 공백이라 하지 않을 수 없다.[27] 알제리와 프랑스 사회에 대한 세밀한 현지조사를 담고 있는 이 책들은, 뛰어난 저작이 대개 그렇듯이 '경험적 분석에 기초한 이론화 과정'이 탁월하게 나타나 있는 연구서들이다. 그런 점에서 부르디외의 어떤 '이론적' 저서보다도 더욱 명확하고 정교하게 그의 이론의 작동 방식을 실제 연구실천 속에서 잘 보여주고 있는 책들인 것이다. 이 책들이 번역되지 않고 있다는 것은 우리 지식 장의 구조적인 문제들(번역 저작 선정에서의 상업적인 고려, 역자 집단의 제한성, 전문가 내지 전공자 들의 책임 방기를 낳는 악조건 등)과 함께, 우리 학계의 부르디외 이용에서 드러나는 어떤 한계점을 되돌아보게 만든다.

1950년대 후반 이루어진 부르디외의 알제리 현지조사는 이후 그의 사회학적 작업에 중심이 되는 개념들과 문제의식을 크게 규정지었다고 할 수 있다(Bourdieu 2003a; Silverstein, Goodman & Forgarty eds. 2009). 특히 프랑스의 식민지였던 알제리가 자본주의적 근대화를 경험하는 과정에서 벌어진 문화 이식, 새로운 경제체제에 대한 식민지인의 적응 지체, 하층 프롤레타리아의 시간에 대한 태도와 경제 행위와

---

27) 영역본의 경우 『알제리 사회학*The Algerians*』은 1962년, 『실천이론 개요*Outline of a Theory of Practice*』는 1977년, 『실천감각*The Logic of Practice*』은 1990년, 『독신자들의 무도회*The Bachelors' Ball*』는 2007년에 각각 출간되었다.

의 관계, 그리고 독립혁명과 전쟁이라는 사회 변화의 문제를 부르디외가 적극적으로 대면하고 이론적으로 씨름했다는 사실은 그의 사상이 지닌 '포스트식민적' '경제인류학적' '변화 중심적' 면모에 주목하게 만든다. 자본주의의 지배구조와 그것이 빚어내는 고통에 대한 성찰, 주류 경제학의 잘못된 인간학적 전제에 대한 비판은 말년의 투사 부르디외 못지않게 (어쩌면 그보다 더) 초기의 인류학자 부르디외에게서 치열한 형태로 발견된다. 그의 논문 제목들을 빌려 말하자면, 「문명들의 충돌」(1959)과 「경제적 하비투스의 형성」(2003)은 문화, 예술, 취향, 교육 이전에 이미 부르디외의 오래된 주요 관심사였던 것이다. 역시 아직 번역되지 않은 그의 후기 저작 『경제의 사회적 구조』(2000)는 프랑스 신자유주의 경제정책의 근원과 부정적 효과를 1970년대 주택정책의 사례 중심으로 다루고 있지만, 그 근본적인 문제의식은 알제리에 대한 인류학 연구에 맞닿아 있다. 마찬가지로 『세계의 비참』(1993)은 『뿌리 뽑힘』과 그 문제의식에서 큰 유사성을 가진다. 그리하여 2000년대 초반 부르디외는 알제리 연구들이 자신의 가장 오래된 작업인 동시에 가장 현재적인 작업이라고 단언한 바 있다(Bourdieu 2003a: 40). 이렇게 볼 때 초창기 저작들에 대한 번역의 부재가 상대적으로 '문화 이론가' 부르디외, '사회비판가' 부르디외만을 도드라지게 만들고 있음은, 국내 지식장이 부르디외 수용 과정에서 빚어낸 일종의 굴절 현상이자 부르디외의 다양한 활용을 가로막는 아쉬운 지점이 아닐 수 없다.

학술 번역과 지식 수용의 교차로에서

지금까지 학술 번역과 관련된 비평은 주로 번역의 질이나 가독성에 대한 가치판단, 용어 선택의 적절성이라든지 이런저런 오역 등에 대한 지적에 머물러왔던 것이 사실이다. 이 장에서는 그러한 텍스트 중심적인 번역비평, 또는 번역과 출판 풍토에 대한 인상기적 비판을 넘어서, 번역 실천의 사회문화적 조건과 그 효과에 대해 부르디외의 사례를 중심으로 사회학적으로 접근하고 분석해보고자 했다. 개인 번역자의 실패로 여겨지는 것에 초점을 맞추는 번역비평가와 달리, 나는 "최종적 형태에 책임을 지는 것은 번역이라는 사건에 연루된 모든 이, 그리고 번역자를 이끈 **규범**"이라는 입장에서 "번역을 통제하는 보이지 않는 손들"을 파악하고자 했다(Robinson 1998; Simeoni 2000: 80). 그리하여 어떤 사상적·제도적 변화 속에서 부르디외 번역이 이루어져왔는지, 국내 지식장의 특수한 구조 속에서 출판사, 역자, 지식인 등 번역 과정에 개입하는 주요 행위자들의 위치와 속성으로 말미암아 부르디외 사상의 번역과 수용이 어떻게 굴절되어왔는지를 알아보고자 했다. 부르디외에 대한 특정한 이해 방식, 번역 텍스트상의 체계적인 오류와 오해와 부재는 그러한 굴절의 효과로 이해되었다.

국내의 부르디외 번역은 전 세계적인 흐름에서 그다지 벗어나 있지 않은 것으로 보인다. 즉 40권에 달하는 부르디외의 저작 가운데『구별 짓기』『재생산』『실천이성』등 몇몇 '고전적인' 저작은 수십 개국에서 번역되고 정전화된 한편, 적은 분량의 '정치적인' 텍스트들인『텔레비전에 대하여』『남성 지배』『맞불』등의 번역 역시 활발히 이루어졌다

(Santoro, Gallelli & Grüning 2018 참조). 국내에서도 비슷한 번역 추세가 나타나는 것이 사실이다. 하지만 번역 서적의 종수는 다른 국가들에 비해서도 아주 많은 반면에, 부르디외라는 저자의 제시 방식과 번역 대상 저작의 선정에서 일정한 편향성 또한 보인다. 이는 부르디외 사상의 폭넓고 깊이 있는 이해와 활용을 위해 점차 변화시켜나가야 하는 과제일 것이다. 부르디외의 번역을 둘러싼 지식 장의 구조와 외국 이론 수용 양상에 대한 성찰을 통해, 우리 사회과학계의 근본 문제를 새삼 확인하게 된다. 우리 외국어 교육이 지나치게 영어에만 치우쳐 있고 사회과학계가 미국 유학생들을 중심으로 재생산되는 상황에서, 유럽 등 다른 지역의 사회과학을 수용할 수 있는 여지는 매우 적다. 영어 이외의 언어를 읽거나 번역할 수 있는 문화자본을 갖춘 사회과학 연구자들의 수 역시 지극히 한정되어 있다. 이러한 여건에서 어문학 전공자나 비전공자가 주축이 되어 번역이 수행되고, 출판계와 학계에서 이를 검증하고 통제하는 메커니즘이 제대로 작동하지 않다 보니, 번역상의 문제점이 허다해도 그대로 방치되는 경우가 대부분이다. 그 결과 기껏 번역된 저서들도 읽히지 않거나 오해되는 일이 발생하는 것이다. 이는 다시 사회과학의 미국 편중성을 강화하며 이론문화의 빈곤을 가져온다. 부르디외 번역의 경우도 이러한 전체적인 구조의 악순환으로부터 자유롭지 않은 것으로 여겨진다.

어쨌거나 부르디외의 사례에서 드러나듯이, 저자의 높은 명성 덕분에 번역은 계속 이루어질 수 있다. 그런데 문제적인 번역은 독자들에게 책을 읽게 만들기보다는, 그 저자의 이름과 (역자 해제에 나타난) 저서의 개략적인 내용만을 되풀이해 유통시키도록 이끈다. 번역이 우리 사회과학계에 가져다줄 수 있는 장점, 즉 원전을 가지고 외국 사상을 면밀하게 검토하고 비판적으로 토론하며 그것으로부터 새로운 연구의 영감과 자극을 얻을 수 있다는 장점은 현실적으로 무력화되거나 무의미해진다. 그리하여 외국 저자는 그가 말하고 쓴 내용의 진리값에 의해서가 아니라 많은 번역서의 존재 자체가 증명하는 상징적 권위에 의해 주로 평가받기에 이른다. 그는 국내의 실질적 지식 생산의 주변부에 머무르면서도 이름만으로 상당한 권력을 행사하는 지위를 얻는다. 이러한 상황이 결국에는 포스트식민 조건에서 사상의 원산 장과 수용 장 사이의 비대칭적 권력관계 혹은 지배 관계를 유지시키는 데 기여한다는 것이 이 장의 기본적인 문제의식이자 결론인 셈이다.

끝으로 이 문제적 현실을 극복하는 데 도움이 될 만한 몇 가지 실천 방안을 제시하면서 이 장을 맺고자 한다. 먼저 학계에서 번역을 그 자체 의미 있는 연구 성과로 충분히 인정해주지 않는 것은 비단 우리 사회만의 특수성이라 할 수는 없다.[28] 다만 서구 학문의 수입이 활발하게 이루어지고 있고 그것을 고유한 방식으로 소화하고 비판하거나 토착화시키는 과제가 절실한 한국적 맥락에서, 번역 작업에 대한 인정과 평가는 서구보다 훨씬 더 적극적일 필요가 있을 것이다. 또한 번역자들에 대한 적절한 경제적 보상뿐만 아니라 상징적 보상을 해주는 분위기가 조성되어야 할 것이다. 번역본의 인용 빈도를 높이는 일이 그중 하나이다. 연구자가 원본을 읽고 인용을 하거나 기존의 번역을 수정해 인용을 하는 경우일지라도, 적어도 번역본의 존재를 표시해주고 독자들이 검토할 수

---

28) 프랑스의 문학 번역가 집단 역시 한국과 유사하게 기본적으로는 전문 번역가군과 대학 교원-번역가군으로 양분된다. 그런데 대학 교원의 경우 번역서가 연구 업적으로 인정받기는커녕, 연구자로서의 경력에 부정적이고 교수로서의 활동에 걸맞지 않는 것으로 인식되어 자신의 번역 작업을 숨기는 이들까지 있다(Kalinowski 2002: 52).

있도록 그 존재를 제시하는 것이 중요하다. 이는 단지 역자의 노고를 인정해주는 상징적 제스처에만 머물지 않는다. 그것은 기존의 번역 작업에 대한 인지도를 높여 독자 공중이 참고할 수 있게 할 뿐만 아니라, 많은 이들의 눈에 노출됨으로써 번역본의 오류를 검증하고 수정할 기회를 갖게 만들어준다. 여러 가지 경제적·제도적 이유 때문에 전공자들이 직접 번역하기 어렵다 하더라도, 최소한 전문 번역가나 비전공자에 의해 이루어진 번역을 감수할 수 있는 체제를 갖추는 일 또한 유익할 것이다. 학술 출판사의 영세성 때문에 그러한 조치가 불가능하다면, 국가에서 일종의 '학술번역감수위원회' 운영을 지원하는 것도 하나의 대안이다. 학술지의 서평란과 서평 전문지 또한 활성화시켜 번역서들에 대한 학계의 교차 점검이 이루어지도록 해야 한다.

물론 이러한 몇몇 실질적인 방안만으로 번역이 함축하는 학술 정치적 문제가 모두 해소되는 것은 아니다. 양질의 번역을 확보한다는 것이 곧 학문의 자율성과 현실 적합성, 탈식민성을 보장해주는 필요충분조건이 될 수는 없기 때문이다. 하지만 적어도 그것은 가장 기본적인 필요조건이라 할 수 있다. 근대 유럽의 '문필 공화국'이 애초부터 영토의 경계를 넘어서 형성되었듯, 한 국가의 지식 장은 다른 국가 지식 장들과의 교류 없이 독자적으로 존속할 수 없으며, 설령 그럴 수 있다 하더라도 결코 생산적인 결과를 낳을 수 없다. 그렇지만 지식사의 전개는 번역이 리쾨르가 말하는 식의 외국 사상에 대한 단순한 "언어적 환대"를 넘어서 지적·정신적 종속을 가져올 수 있다는 우려를 현실화한 것 또한 사실이다(Ricœur 2004 참조). 그러한 위험성으로부터 벗어나려면 외국 사상에 대한 명확하고 비판적인 이해가 요구되며, 이를 위해서는 번역이 외국 사상에 대한 집단적인 인식과 논쟁과 비평을 촉진하는 기반으로 기능하게끔 만들어야 할 것이다. 번역이 실제로 그렇게 작동하지 못할 경우, 그 결점과 한계를 교정하고 통제하려는 노력 또한 필요할 것이다. 즉 번역 실천에 대한 끊임없는 점검과 개선이 필수적인 것이다. 그러한 작업은 단지 번역 텍스트 차원에서뿐만 아니라 번역의 사회구조적 조건 차원에서도 이루어져야 한다. 외국 저자의 수입과 외국 저작의 번역이 단순한 '옮겨 쓰기'에 머물지 않고, 우리가 그들로부터 배운 것을 우리 현실에 맞게 '다시 쓰기,' 또 그들의 문제의식을 확장하고 소통하며 '이어 쓰기'로까지 발전해나가기 위해 번역 실천에 대한 자기 성찰은 긴요한 과제가 아닐 수 없다. 그것은 무엇보다도 학문의 탈식민성을 확보하기 위한 첫걸음이 될 것이다.

10장 포스트식민 상황에서 비판적 문화연구를 가르치기

지식과 태도로서의 문화연구

'포스트식민 상황에서 어떻게 '비판적 문화연구'를 가르치고 배울 것 인가?' 이 질문이 바로 이 장의 출발점이자 종착점이 될 것이다. 그러므 로 그것의 의미를 명확하게 해두는 일이 중요하다. 먼저 '비판적 문화연 구'라는 표현으로부터 시작해보자. 여기서 '비판적'이라는 형용사는 '우 리의 현재를 구성하는 권력관계에 맞서려는 의지의 지적·실천적 발현' 을 가리킨다(Foucault 1990/1995 참조). 문화연구가 그 발생에서부터 현 재에 이르기까지 언제나 비판적 학문이기를 표방해왔기에, 사실 문화 연구 앞의 '비판적'이라는 수식어는 일종의 군더더기라고 할 수 있다. 한 데 그러한 표현을 구태여 쓰는 이유는 우리가 '(제도화된) 지식으로서 의 문화연구'와 '태도로서의 문화연구'를 구분할 수 있으며, '지식으로 서의 문화연구'는 설령 그 내용이 아무리 급진적이라 하더라도 반드시

'비판적'이지는 않을 수도 있다고 보기 때문이다. 나는 문화연구의 교육이 궁극적으로 목표하는 바가 특정한 지식 내용의 전달과 주입 그 자체가 아니라, 비판적 태도의 함양에 있다는 데 문화연구자들이 기본적으로 동의할 것이라고 믿는다. '비판적 문화연구'라는 용어는 그 공통의 합의를 환기시킨다.

유의해야 할 점은 지식과 태도의 이념형적 구분이 나름대로 인식론적 유용성을 갖는다 해도, 현실에서는 그 경계가 훨씬 더 모호하고 불분명하다는 것이다. 지식과 태도는 상호작용하며 서로 영향을 주고받는다. 어떤 지식(예컨대 마르크스주의)은 비판적 태도를 낳는 경향이 있으며, 반대로 비판적 태도는 사람들을 종종 그에 부합하는 특정한 지식에 대한 학습으로 이끈다. 지식으로서의 문화연구와 태도로서의 문화연구는 서로 정적正的인 상관관계를 가질 수 있는 만큼이나 부적負的인 상관관계에 놓일 수도 있다. 지식이 증가하는 데 반해 태도는 도리어 약화된다든지, 지식이 아예 태도를 대체하거나 그 알리바이 노릇을 할 수도 있다. 우리가 지식과 태도의 이분법을 교육의 구체적인 맥락 속에 위치시키는 순간, 문제는 더욱 복잡해진다. 현재 문화연구는 다른 어느 곳에서보다도 대학교/대학원에서 활발하게 교육된다. 대학교/대학원은 문화연구 교육의 전부는 아닐지라도 가장 중요한 부분을 담당하는 기구라 해도 과언이 아니다. 문화연구가 이렇듯 학교에서 교육된다는 것은 그것이 하나의 학문 분과로 제도화되었다는 사실과 동전의 양면을 이룬다. 그러한 제도화는 문화연구에 대한 사회적 관심의 증가, 그리고 그에 이해관계가 맞물려 있는 연구자/교육자들의 학계 내에서의 오랜 투쟁의 결과물이기도 하다. 그런데 문화연구의 제도권 교육 편입은 그 수용자층을 안정적으로 확보하고 재생산할 수 있다는 이점만을 갖지 않는다. 그것은 '지식'으로서의 문화연구와 '태도'로서의 문화연구 사이의 괴리를 심화시킬 수 있다는 의도치 않은 위험성 역시 내포한다. 관행적인 학교교육이 커리큘럼으로 정형화된 일정한 지식의 전달과 학습으로 환원되는 성격이 강하기 때문이다. 이러한 상황에서 문화연구가 단지 차별적인 지식 상품('비판적' 속성은 그것의 구별짓기 효과에 가장 결정적으로 기여하는 요소일 텐데)의 일종으로서 비판적 의식 고양의 목적과 무관하게 물화된 채 소비될 개연성 또한 커진다.

결국 학교 제도 내에서 문화연구를 가르친다는 것은 근본적으로 '지식'의 교육을 어떻게 '태도'의 교육과 연계·발전시킬 수 있는가 하는 과제를 제기한다. 특정한 지식 내용의 전수와 습득은 문화연구에서도 그 자체로 당연히 중요한 일이다. 하지만 문화연구라는 '지식'은 '태도'와 '실천'을 통해 스스로를 지양하려는 계기를 그 내부에 포함하고 있다는 특수성을 지닌다. 달리 말해 그것은 비판적 인식 도구와 지적 생산수단들을 매개로 구체적인 현실 분석과 비평을 촉진하고, 그럼으로써 다시 그 기획과 내용을 변증법적 운동 속에서 발전시키고자 하는 것이다. 그러므로 문화연구자라면 과연 지식의 학습이 특수한 태도의 습득과 함께 가는지, 학교교육이라는 제도적 틀은 그것을 어떻게 허용하거나 때로 방해하는지, 그 과정에서 선생과 학생이 마주하는 장애물들은 무엇인지, 그것들은 (불완전하게나마) 어떻게 극복 가능한지 끊임없이 되묻지 않을 수 없다.

'문화연구 지식의 교육'과 관련해 '포스트식민 상황'은 학교 제도 못지않게 복합적인 맥락을 구성한다. 쉽게 짐작할 수 있다시피, 그것은 포스트식민주의의 문제의식으로부터 나온 표현이다. 포스트식민 상황이란 원어의 모호한 접두어(탈/후기post)가 시사하듯, 우리가 현재 식민주의로부터 완전히 탈피했다는 의미가 아니라, 형식적인 해방 이후에도 다양한 차원(특히 지식, 재현, 문화)의 식민 지배를 심층적으로 내재화하고 있다는 의미를 띤다. 나아가 그것은 식민주의 지속의 물적 조건에 대한 담론적 저항과 이탈이 필요하며 또 가능하다는 인식을 깔고 있다(이경원 2011: 1장; Sapiro, Steinmetz & Ducournau 2010 참조). 그런데 문제는 포스트식민주의의 관점을 급진화한다면, 영국을 원산지로 삼는 대문자 '문화연구the Cultural Studies'조차 우리가 지양해야 할 지적 식민 지배의 유산인 동시에 새로운 연장 수단일 수 있다는 사실이다. 따라서 '학교 제도 내의 문화연구 지식 교육'을 다시 '포스트식민 상황'과 연결지어 맥락화하는 작업은 다음과 같은 질문들을 함축한다. 우리가 포스트식민주의의 문제 제기를 일정하게 공유하면서도, '문화연구'의 이름 아래 중심국 이론을 가르치고 배운다는 것은 무엇을 의미하는가? 그러한 교육 과정은 비판적 태도와 어떤 관련을 맺고 있는가?

이 장에서 나는 부르디외 이론의 교육을 실제 사례로 삼아 이러한 문제들을 좀더 상세히 다루어보고자 한다.[1] 그 일차적인 이유는 내가 지난 15년간 대학원에서 가르친 '문화연구'(과목명이야 어떻든)의 중요한 부분을 일관되게 부르디외 사회학에 할애해왔기 때문이다. 때로 나는 부르디외의 저작을 한 학기 내내 강독하기도 했고, 문화연구(혹은 문화사회학)의 여러 주요 이론 가운데 하나로 가르치기도 했다. 부르디외의 이론은 그 과정에서 많은 학생들을 지적으로 자극했고, 상당히 열렬한

---

1) 부르디외의 이론은 어떤 면에 초점을 맞추는가에 따라 '구성주의적 구조주의' '실천이론' '상징폭력의 정치경제학' '상징 지배의 사회학' 등 다양한 명칭으로 불린다. 나는 주로 문화예술의 생산과 소비 양상을 체계적으로 파악하기 위한 개념들에 방점을 찍는 '장이론'으로 그것을 요약해 가르쳤다.

호응을 이끌어냈다. 적지 않은 학생들이 그것을 이용해 기말 보고서를 쓰거나 석사 논문을 작성했다. 반대로 그것은 학생들을 좌절시키거나 반발을 불러일으키기도 했다. 부르디외 이론을 제대로 감당하지 못한 채 논문 준비 단계에서 시행착오를 겪은 학생들 또한 적지 않았다. 나는 그 학생들과 단순히 수업 시간에만 만난 것이 아니라 대학원 전공 과정의 특성상 일상생활 속에서도 자주 접하면서 함께 이야기하고 생각을 나눌 수 있었다. 그들과의 교류 경험은 내게 지식으로서만이 아닌, 태도로서의 문화연구의 교육에 대한 고민과 반성을 가져다주었다. 어떤 의미에서 부르디외 이론의 교육이 내가 이 글을 쓰게 된 하나의 분명한 계기를 제공한 셈이다. 따라서 이 글에서 그 사례를 논의의 바탕으로 삼는 일은 자연스러워 보인다.

부르디외 사회학의 교육 사례에 초점을 맞추는 또 다른 이유는, 내가 보기에 그의 이론이 문화연구(나아가 비판 이론 전반)에도 적용 가능한 계몽/교육의 사회철학과 포스트식민의 지식사회학을 장착하고 있기 때문이다. 그 철학은 대체로 다음과 같다. 첫째, 부르디외는 (사회과학적) 학문 실천을 중시하는데, 그것이 계몽을 통해 피지배자들을 '특정한 방식으로'(즉 지배받고 억압받는 자신과 타자의 사회적 조건을 더 잘 아는 방식으로) 주체화할 수 있다고 믿기 때문이다. 둘째, 부르디외의 주체관은 철저하게 유물론적이다. 곧 그에게 주체란 성장기에 구축된 하비투스와 현재 자신의 계급 위치에 의해 말과 생각(지각과 평가 도식)이 근본적으로 규정되는 존재로 나타난다. 그러한 주체 형성 과정에서 가장 일차적인 동력이 가정(계급 환경)과 학교(공식적·제도적 계급 재생산 메커니즘)를 통한 교육과 사회화였던 만큼, 우리가 사회 변화와 진보를 위해 주력해야 할 전략적 지점 역시 바로 그곳이라 할 수 있다. 셋째, 이러한 맥락에서 지식인의 역할은 핵심적이다. 지식인은 집합적인 경쟁과 협력 속에서 (과학적) 지식 생산을 견인하는 한편, 그렇게 생산된 지식을 공중에게 널리 알리고 교육해야 하는 임무를 지닌다. 실제로 부르디외는 공공 지식인으로서 자신의 활동을 통해 이를 실천하고자 애썼다. 넷째, 부르디외는 실제 교육에서 피교육자들에게 특정한 이론 체계나 지식 내용을 주입시키기보다, 과학적 하비투스 내지 작업 방식을 체화시키는 데 강조점을 두었다. 사람들이 무엇보다도 '과학적 인식'의 '생성 원리'를 습득해야 한다는 것이다(Brubaker 1993; Lenoir 2006 참조). 그는 우리가 일상적인 언어와 범주 체계, 이데올로기에 침윤당한 각종 상식과 단절하고, 관계 중심적·성향 중심적 행위철학 위에서 사회 현실을 비판적으로 이해하며, 이러한 인식 과정까지도 다시 사회학적인 반성과 교정의 대상으로 삼음으로써 더 나은 (과학적) 지식에 점점 근접해 갈 수 있다고 보았다. 부르디외에 따르면 그렇게 획득되는 지식은 '현실주의적인' 사회 개혁과 변화의 기반을 제공한다. 따라서 중요한 것은 다름 아닌 사회학적 시선 혹은 태도의 교육이자 훈련이다. 다섯째, 부르디외는 불평등한 권력관계 속에서 이루어지는 지식 생산과 유통의 사회적 효과에도 각별한 주의를 기울였다. 그가 고안한 '지식 장'이나 '상징 폭력' '제국주의적 이성' 같은 개념들은 지식의 역사성과 맥락 구속성, 나아가 포스트식민 상황에 대한 그의 이론적 감수성을 잘 드러낸다. 그는 지식의 초역사성에 대한 믿음을 포기하지 않으면서도, 그것을 상대적 자율성을 지니는 지식 장에서의 역사적 투쟁이 가져오는 상대적인 성취로서 파악한다.

이상의 논의에서 '부르디외'라는 주어가 놓인 자리에 '문화연구자'(또는 '비판 이론가')를 대입한다 해도 크게 무리한 처사는 아닐 것이다. 부르디외가 제시하는 주장은 '과학'(역사 속에서 일정한 '보편성'을 띠는 지식)에 대한 확고한 신념 정도를 제외하면, 비판적 문화연구자들이 자신의 연구나 교육 실천 속에서 암묵적으로 전제하고 또 작동시키는 규제 원리와 별반 다를 바 없다.[2] 따라서 나는 이러한 목표를 지향하는 부르디외의 이론이 실제 교육/학습 과정에서 어떤 난점과 곤경에 처하는지, 또 어떤 예기치 못한 문제들을 빚어내는지 되돌아보는 작업이 문화연구의 비판적 교육학 전반에도 적지 않은 시사점을 가질 것으로 본다. 내가 각별히 집중하고자 하는 부분은 문화연구의 지식이 피교육자에게 그 지식에 대한 자기 성찰적 태도의 발전을 가져오는지 하는 것이다. 문화연구의 이론적 기반을 제공하는 다양한 학술 담론(마르크스주의, 비판 이론, 포스트모더니즘, '프랑스 이론,' 페미니즘, 포스트식민주의 등)은 지식을 구성하는 권력관계에 대한 예민한 감수성과 비판적 태도를 자극한다. 근대성 논의와 '권력/지식' 비판이라든지, '강한 객관성strong objectivity' 개념, '입장 이론standpoint theory' 등이 그 대표적인 예라 할 수 있다. 부르디외 역시 '성찰성' 개념을 통해 지식인이 '인식하는 주체'의 위치성, 그리고 인식 행위의 권력을 반성하고 통제하기를 강력히 요청한다. 그렇다면 그의 이론을 공부하는 학생-연구자들은 그의 이론에 대해 어떤 과정을 거쳐 성찰적인 시각을 발전시킬 수 있을까? 그 과정에

---

2) 물론 이론가로서 부르디외가 지니는 차별성을 전혀 무시할 수는 없다. 단적인 예로 생전의 부르디외는 영미권 문화연구에 대해 상당히 비판적인 태도를 견지했다. 그는 특히 문화연구에서 두드러지는 철학적 상대주의와 절충주의, 정치적 자원주의와 관념론적 급진주의 등에 예리한 공격의 화살을 날렸다. 그러한 부르디외를 문화연구 진영에서 주요한 이론적 참조점으로 전유하는 현상은 일면 자가당착적이라고 볼 수도 있다. 그럼에도 이 글에서 나는 부르디외를 하나의 사례로서 이용 가능한 비판적 문화연구 이론가로 논의한다. 이는 부르디외 사회학과 문화연구 사이의 학문적 차이와 대립보다는, 비판적 연구로서의 광범위한 공통분모에 더 주목한다는 뜻이다.

서 그들이 부딪히는 실질적인 문제점들은 어떤 것들일까? 이것들이 내가 이 장에서 초점을 맞추고자 하는 질문들이다.

구체적으로 이 글은 내가 지난 15년간 대학원 세미나를 통해 축적한 과제물 자료들, 그리고 교육자로서 내가 수행한 일들(수업, 논문 지도, 일상적 대화 등)을 바탕으로 씌어진다. 그렇다고 해서 이 글이 학생들의 수업 현장과 세미나 자료들에 대한 본격적인 문화기술지라든지, 나 자신의 교육 실천에 대한 체계적인 자기기술지를 지향하는 것은 아니다.[3] 이 장은 훨씬 더 소박한 수준의 시론, 즉 문화연구의 교육에 대한 집단적이고 포스트식민적인 성찰을 자극하려는 목적을 지닌 하나의 문제 제기에 지나지 않는다. 이러한 시도가 비록 개인적 경험의 한계와 주관적 가치판단의 편향성을 벗어나지 못한다 하더라도, 우리 문화연구자와 학생 들이 공유하는 어떤 복잡 미묘한 문제 지점들을 제대로 짚어낼 수 있다면, 교육 실천의 개선에 작은 몫이나마 기여할 수 있을 것으로 기대한다.[4]

---

3) 애초에 나는 세미나 자료들을 체계적으로 분석해보고자 했지만, 그 계획을 곧 포기할 수밖에 없었다. 작성자의 개인적·사회적 위치(계급, 젠더, 연령, 소유 자본, 전공), 텍스트 성격(발제문, 토론문, 감상문, 보고서, 논문)과 세부적인 생산 맥락(시기, 학교, 수업) 등에서 이질성의 폭이 큰 자료들을 타당성 있게 다루기 위한 방법을 마땅히 찾기 어려웠기 때문이다. 그러한 자료들의 작성 형식과 규칙을 설정하고 학생들과의 상호작용을 통해 생산 과정에 계속 개입한 나 자신의 교육자로서 우월한 위치와 권력과 영향을 객관화하고 평가하는 일 또한 거의 불가능한 과제로 여겨졌다. 따라서 이 글에서는 개개 과제물에 대한 별도의 인용이나 상세한 해석은 시도하지 않는다. 나는 단지 그것들이 가지는 최소한의 공통점(수업/학습 과정의 수단이자 결과)과 그것들이 드러내는 '있는 그대로의' 표면적·문자적 의미에 주목하고, 그 자료들을 매개로 이루어진 개인적인 교육 경험을 최대한 성찰적으로 반추하는 데 만족하고자 한다.

4) 부르디외는 지적 실천에 대한 끊임없는 자기반성이 그 자체로 과학적 사회 이론의 필수 불가결한 구성 요소라는 사실을 그 누구보다도 역설한 사회학자이기도 하다. 그런데 그가 주장한 성찰성은 지적·사회적 무의식에 대한 사회학적 해부에 기초하면서, 궁극적으로는 사회과학의 인식론적 안정성을 뒷받침하는 연구 공동체의 집단적 기획을 추구한다는 특징을 지닌다.

부르디외를 가르치고 배우기

『아프리카의 발명*The Invention of Africa*』(1988)이라는 저작으로 유명한 콩고 출신의 철학자 무딤베v. Y. Mudimbe는 이미 20여 년 전 부르디외의 주요 저작들을 논평하는 글의 일부를 할애해, 자신이 부르디외 이론을 가르친 경험을 간략히 기술한 바 있다(Mudimbe 1993).「부르디외를 읽고 가르치기」라는 제목의 그 논문에 따르면, 미국에서 10여 년 동안 유럽 철학, 특히 사르트르, 메를로-퐁티, 레비-스트로스를 가르친 무딤베는 1992년 듀크 대학교 대학원에서 처음으로 부르디외 세미나를 시도했다. 그는 부르디외 저작의 영역본 10여 권과 그 밖의 관련 인문학 서적들로 읽을거리 목록을 짰다. 수강생은 인류학, 철학, 비교문학 등의 전공자들이었다. 무딤베에 따르면 수깅생 수는 학기 초 35명에서 시작해 중반 이후 15명으로 급감했지만, 세미나 결과는 대체로 성공적이었다.

그는 세미나 과정에서 자신이 관찰한 몇몇 사실을 다음과 같이 기술한다. 예컨대 수강생들이 가장 좋아한 부르디외의 저서는『실천감각』이

이러한 시각에서 부르디외는 이른바 '탈근대' 인류학이 주창하는 '민족지적 성찰성'(텍스트 실천으로서 민족지의 속성이라든지 '민족지의 저자'로서 인류학자의 개인적 특성과 주관에 대한 자의식으로 특징지어지는)이 자칫 상대주의와 반反과학주의를 옹호하는 연구자 개개인의 '자기만족적 기획'으로 흐르고 말 위험성을 거듭 경고한 바 있다(Bourdieu & Wacquant 2014/2015: 88~104). 그의 논지에 일정하게 공감하면서도, 나는 그의 비판에 과도하게 논쟁적인 면이 있다고 생각한다. 즉 연구자의 주관적 성찰성이 '과학적 기획'에 대한 무분별한 거부로 이어지지 않고 학문 장과 연구 문화에 대한 객관적 분석을 곧장 대체해버리지 않는다면, 부르디외가 내세우는 성찰성과 충분히 보완적으로 양립할 수 있다고 보는 것이다. 우리가 '주관적·개인적 성찰성'과 '객관적·집단적 성찰성'이 반드시 선험적인 상호 배타성을 띤다고 전제해야 할 이유는 어디에도 없다.

나 『예술의 규칙』 같은 주저가 아니라 『달리 말하면*In Other Words*』이라는 소품(상대적으로 읽기 쉽고 짧은 논문, 대담, 강연 등의 편집본)이었다. 학생들은 당시 미국 대학에서 "지적 사건"으로 여겨진 부르디외에 큰 관심을 가지고 수강 신청을 했는데, 처음에는 부르디외 이론의 이해에 많은 어려움을 겪다가, 학기 중반을 넘어가면서부터는 나름대로 뛰어난 습득 능력을 드러냈다. 그들은 기말 보고서에서 부르디외 이론을 다양한 대상(남미 문학, 소련 경제, 중국 정책, 중동과 인도의 정치적 정체성 서사 등)에 성공적으로(그리고 비판적으로) 적용하는 성과를 거뒀다. 무딤베의 글에서 특히 주의를 끄는 대목은 수강을 중도에 포기한 학생들에 대한 그의 간략한 언급이다. 그에 따르면 이 학생들은 "개념적 장치와 도구 들"을 원했을 뿐, 부르디외의 기획에 대한 엄밀하고 체계적인 독해를 원하지는 않았던 이들이었다. 이 지적은 무딤베가 수업을 통해 가르치고자 했던 것이 무엇이었는지 암시한다는 점에서 흥미롭다. 즉 그는 부르디외의 이런저런 개념이나 이론보다는 지적 기획 자체에 대한 정확한 이해를 독려했으며, 그러한 교육이 학생들의 창조적 응용을 낳았다고 자평하고 있는 것이다. 무딤베의 글은 부르디외 이론의 교육 경험에 대한 흔치 않은 보고라는 점에서 의의가 있다. 하지만 그것이 교육 과정에 대한 상세한 정보와 비판적 자기 성찰을 결여하고 있다는 점에서는 한계 또한 뚜렷하다.

수업의 틀과 목표

무딤베의 세미나에 비하면 내 수업들은 좀더 다양한 틀 안에서, 제한된 전공생들을 대상으로 이루어졌다. 내가 대학원에서 개설한 과목들은 '커뮤니케이션 인식론' '미디어 문화연구의 이해' '문화예술의 사회학' '영상문화와 문화정치' '문화비평' 등으로 개설 연도나 학기에 따라 조금씩 달랐는데, 대개 여러 가지 문화(사회학) 이론을 공부하는 교과과정 중 하나로 부르디외 이론이 들어가는 식이었다. 부르디외의 저작만을 집중적으로 읽은 세미나는 모두 세 차례였는데, 두 번은 『구별짓기』, 한 번은 『실천감각』을 중심 텍스트로 놓고 연관된 책과 논문 들을 함께 읽었다. 대개는 내가 소속되어 있는 대학원의 전공 학생들을 대상으로 하는 세미나였기에, 수강생들은 주로 미디어/문화연구를 공부하는 학생들이었다. 외부에서 온 학생들도 언제나 소수 있었는데, 그들은 우리 대학원의 인접 전공인 예술 실기(영화, 디자인, 미디어아트) 전공생들, 그리고 사회학, 비교문학, 문화학, 신학 등의 기타 전공생들로 이루어졌다. 예술 실기 전공생들은 수업 제목에 이끌려 들어왔다가 너무 어렵다고 느껴 학기 초에 수강을 철회하는 경우가 종종 있었다. 반면 그밖의 전공 학생들은 강의 정보나 계획서를 미리 잘 숙지하고 왔기 때문인지, 중간에 수업을 그만두는 경우는 거의 없었다.

학생들이 한 학기 동안 소화해야 할 부르디외 관련 읽을거리의 분량은 당연한 말이지만 세미나 내내 부르디외를 주로 다루는가, 아니면 문화 이론의 일부로 두어 주 정도만 다루는가에 따라 정해졌다. 전자의 경우 많더라도 책 다섯 권 미만, 후자의 경우는 대개 논문 몇 편 정도였다. 논문의 경우 영역 논문들을 읽히기도 했지만, 책의 경우에는 우리말 번역본 위주로 읽혔다. 학생들의 수업 준비에 언어적 부담을 가중시키고 싶지 않았고, 실질적인 내용 이해가 일차적으로 중요하다는 개인적 판단에서였다. 단 한 번 부르디외의 영역본을 읽을거리에 포함시킨 적이 있었는데, 국역본이 없는 부르디외의 주저 『실천감각』을 강독 형식으로 진행한 세미나에서였다. 부르디외 국역본들의 경우, 번역의 질이 고르지 않고 심지어 오역투성이의 형편없는 책들도 많아 국역본의 선택이 학생들에게 반드시 도움이 되지 않을 수도 있다. 읽을거리의 선정은 이 점을 고려해 이루어졌다. 다행히도 문화연구 분야에서 널리 인용되는 주요 저작들(『구별짓기』『중간 예술』『예술의 규칙』 등)은 나름 대로 가독성이 높은 편이기에 독서 목록에 올리기 어렵지 않았다. 이와 더불어 내가 개인적으로 번역해 초고를 가지고 있던 『성찰적 사회학으로의 초대』를 입문 격의 읽을거리로 학생들에게 몇 차례 제공하기도 했다.

부르디외를 가르치면서 내가 늘 염두에 둔 목표는 크게 두 가지였는데, 바로 학생들에게 그의 이론을 이해시키는 것과 '(비판)사회학적 시선'을 내면화하도록 만드는 것이었다. 사실 이 두 목표는 별개의 것은 아니다. 누군가가 부르디외의 이론을 '제대로' 이해했는지 여부는 결국 그가 '사회학적 시선'을 얼마나 철저히 체화했는지에 따라 평가할 수 있기 때문이다. 이러한 평가 기준은 사실 부르디외 자신이 거듭 강조한 것이기도 하다. 자기 이론이 하나의 완결된 '산출물opus operatum'이 아닌 '작동 방식modus operandi'으로 받아들여지길 바란다고 부르디외가 되풀이해 말할 때, 그는 독자들에게 무엇보다도 '사회학적 눈'을 가진 자율적 주체로 서기를 요구하고 있다. 그러한 '사회학적 눈'은 "모든 것이 사회적"이라고 주장하는 부르디외 이론의 구조와 개념들에 대한 상세한 이해를 통해 더욱 강력하게 새겨질 수 있다. 따라서 내가 설정한 두 목표는 상호 보완적으로 맞물려 있는 것이기도 했다. 나아가 나는 학생들의 '사회학적 시선'이 궁극적으로는 자신들이 배우는 부르디외 이론으로 되돌려지기를 바랐다. 그것의 논리와 체계, 보편성과 타당성 주장, 그리고 그것이 교육되는 사회적·제도적 상황에 이르기까지 말이다.

언젠가 데리다가 말했듯, 이론에 대한 우정과 헌신을 표현하는 최상의 방식은 다름 아닌 배반일 것이다. 부르디외 이론은 그 자체에 사회학적 문제 제기의 시선을 돌릴 수 있는 가능성을 활짝 열어놓을 뿐만 아니라 심지어 성찰성의 이름 아래 그것을 적극적으로 부추긴다. 이론에 대한 배반(즉 부르디외 이론을 부르디외식으로 비판하며 읽기)은 부르디외에게 그에 대한 '충실성'을 증명하는, 역설적이지만 궁극적인 방책이다. 이것이 그가 예컨대 "베버와 더불어, 베버에 맞서서" 사유하자고 자주 권하는 이유이며, 우리가 부르디외 이론을 배우면서 '부르디외와 더불어, 부르디외에 맞서서' 사유해야 하는 이유이다. 그러한 사유야말로 더욱 창의적이고 생산적인 이론의 활용을 가능하게 할 것이다.

실제 교육 과정에서 이 목표들이 제대로 이루어졌는지에 대한 자가 진단은 쉽지 않으며 또 조심스러울 수밖에 없다. 내가 학생 개개인의 수행성을 확인하고 학점을 주는 방식으로 평가했다고 해서, 그것이 내 궁극적인 교육 목표의 달성 여부를 가늠하게 해주는 적절한 지표였다고 단언하기는 어렵다. 게다가 학생들의 성취도가 내 교수법이나 교육 내용과 떼려야 뗄 수 없는 관계에 있는 상황에서, 전자에 대한 평가는 후자에 대한 판단을 수반할 수밖에 없다. 그런데 내가 나 자신의 역할과 (어느 정도는 무의식적으로 진화해왔을) 입장을 관념적으로 미화하거나 사후적으로 정당화하지 않으면서 그러한 판단을 적절히 수행할 수 있을지 의문이다. 일단 나는 한 학기 동안 학생들이 수행하는 학습 과정과 단계별 반응에 대해 '교육자의 관점에서' 일종의 유형화를 제시해보고자 한다. 이는 교육 성과를 섣불리 판정하거나 효과를 일반화하기 위해서가 아니라 어떤 문제 지점들을 가시화하기 위해서이다.

교육의 성과와 평가

이론의 학습은 대개 강제와 더불어 출발한다. 교육에는 일종의 '시원적 폭력'이 있다. 그러니까 학생들은 그들이 어떻게 생각하는가와 관계없이, 일단 선생이 중요하다고 커리큘럼상에 부과하는 것부터 배우기 시작해야 한다. 부르디외와 파스롱이 일찍이 예리하게 논증했듯이, 교육을 통한 문화 전수에는 언제나 '자의성의 부과'가 작용하는 것이다 (Bourdieu & Passeron 1970/2000). 그러한 상징폭력은 교육의 불가피한 현실일 뿐만 아니라 어느 정도는 당위이기도 하다.[5] 사실 좋은 선생이라면 학생들에게 '그들이 배워야만 하는 것을 왜 배워야 하는지,' 즉 그것의 이론적·경험적 중요성을 충분히 설득하는 작업을 빼먹지 않을 터이다. 하지만 나는 여러모로 간단치 않은 그 우회 작업을 생략한 채(첫 주의 강의 개요 소개 시간에 이루어진 간략한 동어반복식 언급——"당신들이 배워야만 하는 중요한 이론이기에 가르친다"——을 제외하면), 학생들에게 일군의 문화연구 이론과 그 일부로서 부르디외 사회학을 곧장 가르쳤다. 그것은 학생들에게 별다른 이의를 불러일으키지는 않았는데, 통상 '수강 신청' 자체가 강의 계획을 그대로 수용하겠다는 일종의 '암묵적 계약'으로 여겨지기 때문으로 보인다. 더욱이 부르디외가 문화연구나 예

---

5) '훌륭한' 교육은 피교육자들이 마침내 자기 자신에게 부과된 자의성, 즉 상징폭력까지 성찰하도록 이끈다는 점을 덧붙여 말해두어야 한다. 한편 그 자의성은 학문 영역의 경우 "역사 속에서의 이성의 역설적 진보"라는 메커니즘에 기대어 정당화될 수 있다(Bourdieu 1976a). 달리 말해 학문 발전의 역사는 그 속에서 살아남은 인류 정신의 업적들, 이른바 '고전'들을 현재의 교육에 부과하는 정당성의 근거를 제공한다. 이러한 논리에 동의한다는 점에서 나는 이를테면 프레이리Paulo Freire의 비판적 교육학과는 일정하게 입장을 달리한다. 프레이리는 교육 내용과 주제가 피교육자와의 지속적인 대화를 통해 현실 속에서 생성되어야 한다고 강조한다. 그러한 노력의 의미와 필요성을 인정하면서도, 나는 학문 장에서 발전한 추상적이고 이론적인 주제들 또한 피교육자에게 중요한 것으로 부과될 수 있으며, 때로는 그래야만 한다고 생각한다(Freire 1968/2009 참조).

술사회학 분야의 핵심 저자로 비교적 널리 알려져 있기 때문에, 수강생들은 그의 이론을 배우는 데 대해 큰 거부감을 드러내지 않았다. 어떤 면에서 부르디외의 학문적 명성은 학생들의 지식욕(지적 차별성의 추구와 인정에 대한 욕구)을 자극하는 주요인의 하나로 작용하는 듯싶었다.

수강생들은 학부 강의, 개론서, 해설서 등을 통해 부르디외 이론의 개요를 미리 접했거나 알고 있는 경우도 있었지만, 그렇지 않은 경우도 적지 않았다. 이론의 학습이 주는 지적 각성은 특히 그 내용을 거의 몰랐던 초심자들에게서 강하게 나타났는데, 예술 실기 전공자들이 그 대표적인 예라 할 수 있다. 그들은 "발견" "희열" "신기함" "놀라움" 같은 표현을 써가며, 인식의 확장을 정서적인 감흥으로 경험했다. 그들이 부르디외 이론으로부터 그렇게 강렬한 인상을 받은 이유는, 감상문이나 수업 중의 토론 내용 등을 바탕으로 추론해보자면 무엇보다도 이론의 현실 적합성과 설명력 때문인 것으로 판단된다. 예술계의 작동 논리(예술노동의 성격, 예술가들 간의 경쟁, 학벌과 인맥의 중요성, 비평과 시상 제도의 특수한 역할 등)에 대한 부르디외 이론의 접근 방식이 그 세계의 실천 감각을 지니고 있는 그들에게 특히 호소력 있게 다가갔던 것 같다.

비단 이들뿐만이 아니라, 부르디외 이론을 개략적으로 또는 부분적으로만 알고 있던 수강생들이 그 전체적인 면모를 공부하면서 자신이 아는 사회적 사실, 정보, 상식 등과 연결지어가며 구체적으로 이해하는 경험은 적지 않은 지적 쾌감을 가져다주었던 것으로 보인다. 취향을 통한 구별짓기라든지, 문화자본·사회자본 등 다양한 자본 유형의 가치, 계급 재생산 전략으로서의 결혼, 출신 계급과 학력과의 상관관계, 계급 하비투스의 차이와 같은 이론적 주제들이 수강생들 스스로 감을 잡고 있거나 실제 겪어온 현실의 사회적 논리들과 접속하는 순간, 지적인 발화發火가 일어났던 것이다. 같은 맥락에서 수강생들은 다양한 개념과 이론 체계에 대한 지식을 어느 정도 갖추고 나면, 그것을 현실에 단편적으로 적용하는 단계에 들어서곤 했다. 자신이 아는 사실들을 이론적으로 표현하기 위해 그 지식을 써먹는 것이다. 차별화된 개념들(문화자본, 하비투스, 장, 구별짓기, 전략 등)이 그 과정에 쉽게 동원되었다(그것들은 특히 일상적 대화의 맥락 속에서는 '대학원생스러운' 현학적 말투라든지, 스스로의 학식을 '과시하는 동시에 자기 조롱하는' 농담을 통해 파편적이거나 탈맥락적인 소비의 대상이 되기도 한다).

하지만 다른 한편에서 수강생들은 금세 심화 학습상의 여러 난점에 직면했던 것으로 여겨진다. 정확한 텍스트 해독의 어려움은 그들이 발제나 논평에서 즉각적으로 실감하는 문제로 나타났다. 부르디외가 구사하는 문체가 매우 난해하다는 것, 그리고 그의 논리를 이해하는 데 필요한 배경지식이 턱없이 부족하다는 것이 주된 이유였다. 알제리 및 프랑스 사회에 대한 구체적인 조사연구들과 서양의 오랜 학문 전통을 생산적이면서도 논쟁적으로 종합한 부르디외의 이론을 그러한 지적 유산에 대한 교육을 받지 못한 학생들이 깊이 있게 독해하기란 힘든 일이다. 마찬가지로 프랑스 학문 장의 특수한 논쟁 구도와 경쟁 역학 속에서 진화해온 부르디외의 이론을 그와 같은 맥락에 대한 실질적 정보를 결여하고 있는 학생들이 폭넓게 이해하기란 쉽지 않은 일이다.

강의에서 교수가 보충적인 설명을 제공하더라도 그 결핍과 공백이 제대로 채워지기는 힘들었다. 그러한 문제는 일차적으로 교육자로서 나 자신의 지식과 이해에 내재하는 한계나 세미나 시간 운용의 제약 탓이 컸지만, 우리 지식 장에 축적된 문화자본의 빈약성 탓도 없지 않았다. 학생들이 우리말로 된 적절한 참고 자료들(번역본을 포함한)을 구해 읽기도 어려운 실정이었으니 말이다. 물론 이론의 '완전한 독해'란 일종의 스콜라적 환상에 지나지 않는다. 독자가 제아무리 방대한 배경지식을 구비한다 하더라도, 텍스트의 모든 의미의 결을 낱낱이 풀어헤치고 온전히 드러냈다고 장담할 수는 없다. 그러니 도달 불가능한 어떤 이해의 기준을 세워놓고, 그에 미치지 못한다고 내가 수강생들을 힐난하거나 수강생들이 스스로를 책망했던 것은 아니다. 다만 여기서 일단 지적해두고자 하는 점은 선생이나 학생 모두 일종의 (자기) 불만, 혹은 불안으로부터 자유롭지 못했다는 사실이다. 수강생들의 조사연구 경험은 간접적이나마 이를 잘 드러낸다.

세미나의 후반부에 수강생들은 대체로 이론을 이용한 경험연구를 수행할 기회를 가졌다(내가 과제물로 반드시 조사연구만을 요구한 것은 아니며, 학생들이 관심 있는 이론적 논의를 심도 있게 정리해보는 과제를 제안하기도 했다. 어떤 학기에는 수강생들이 자발적으로 팀을 짜서 부르디외 사회학, 그리고 계급 이론과 관련된 국내의 기존 연구들을 종합·검토하는 보고서를 공동으로 작성한 적도 있었다). 그들 가운데 일부는 기말 보고서로, 또 소수는 이후 학위논문의 틀로 부르디외의 이론을 이용했다. 부르디외 사회학은 경험연구의 이론적 배경으로 쓰이는 경우가 잦은 편인데, 그것이 다른 이론들에 비해 비교적 다양한 현실 적용에 용이한 개념 체계를 갖추고 있기 때문인 것으로 여겨진다. 이론과 현실적 문제의식의 체계적이고 창의적인 접합을 요구하는 조사연구의 작업은, 수강생들이 비판적 사유의 '작동 방식'을 얼마나 제대로 이해했으며 또 활용할 수 있는지를 자기 자신과 동료들, 그리고 교수에게 확인시키는 계기이기도 하다. 이 단계에서 학생들은 종종 시행착오를 범했다.

부르디외는 자기 이론의 '냉소적 활용'과 '임상적 활용'을 구분한 바 있다. 전자가 부르디외 사회학이 해부한 사회적 논리를 자기 전략의 조정이나 사적 이익의 추구를 위해 이용하는 것이라면, 후자는 자기 이해의 증진과 사회적 결정 요인들로부터의 자유를 위해 이용하는 것을 말한다(Bourdieu & Wacquant 2014/2015: 343). 약간 다른 차원에서 우리는 부르디외 이론의 '실질적 활용'과 '의례적 활용'을 구별해볼 수 있을 것이다. 전자가 이론의 체계적이고 방법적인 적용을 통해 새로운 사실의 발견이나 해석, 숨겨진 메커니즘의 해명에 다다르는 것이라면, 후자는 같은 개념이나 분석틀을 끌어오면서도 조사연구에 실제적인 도움을 얻기보다는 이론적 수사학의 효과만을 생산하는 것을 가리킨다. 두 번째 경우에 이론은 몸통과 제대로 붙어 있지 않은 채 외관상의 이유로 그저 얹혀 있는 머리와도 같다. 그것의 쓸모는 조사연구라는 몸의 움직임을 통솔하는 데 있는 것이 아니라, 학문적 정상성의 규범에 맞게끔 몸을 장식하는 데 있다. 학생들이 부르디외(나아가 문화연구 일반)의 이론을 이용할 때 미숙성을 단적으로 드러내는 부분은 그 지적 자원을 문제 풀이 과정에서 어떤 시점에, 어떤 형식으로 투입해야 할지 잘 모른다는 것이었다. 그러한 미숙성은 이론을 단순한 '지식,' 그것도 관례상 보고서나 논문의 맨 앞쪽으로 이미 그 자리가 정해져 있는 추상적 개념과 명제 들의 집합쯤으로 환원시키는 사고방식에서 비롯한다. 어떤 면에서 학생들에게서 자주 나타나는 이론의 '의례적 활용'은 문화연구가 교육을 통해 제대로 전수되지 않았다는 증거라 할 수 있다. 이론은 사실 (논문에서의 직접적인 언급이나 인용과 무관하게) 조사연구의 모든 단계에서 '시선-태도'의 형식으로 지속적으로 투입되어야 하는 자원일 터이기 때문이다.

수강생들이 이론을 나름대로 이용할 때에도, 자신이 관심 있는 현상에 이론적 개념들을 기계적으로 대입하는 수준에 머무는 경우가 많았다. 이를테면 미술계 내부의 여러 분파와 그들의 활동상의 차이를 이해하기 위해 '장'이나 '상징자본' '전략'과 같은 개념을 단순히 적용하는 것이다. 이러한 적용이 의미 있으려면, 왜 하필 그 대상을 그 개념을 통해 보려 하는지, 그럼으로써 생겨날 수 있는 장점과 단점은 무엇인지 등에 대한 지적 손익계산이 적절히 이루어져야 한다. 그러니까 왜 '미술계'가 아니라 '미술 장'이라고 말하는지, '명예'나 '권위' 혹은 '수상 경력'이 아니라 '상징자본'이라고 칭하는지, 어떤 행위를 '전략'으로 간주할 때 우리가 끌고 들어가게 되는 논리는 무엇인지 따져보아야 하는 것이다. 만일 우리가 미술계를 그 내/외부의 이질적인 이해관심을 지닌 행위자(집단)들의 경쟁과 투쟁 관계 속에서 파악한다면, '장'의 개념을 쓰지 않으면서도 '장이론적' 사유에 가까워진다. 반면 '장'의 개념을 쓰면서도, 장이론의 핵심인 관계론적 사유와 무관하게 특정한 행위 영역을 실체화하고 고립적으로 이해하는 방향으로 나아갈 수도 있을 것이다. 후자의 경우 장 개념은 사회 세계에 대한 비판적 접근에 실질적인 도움이 되기보다는, 상식적 관념을 현학적인 언어로 '번역'함으로써 화자의 상징이윤을 챙기는 이론적 수사학 이상의 쓸모를 지니지 못한다.[6] 수강생들이

---

6) 이러한 이유에서 부르디외는 자신의 개념들이 무엇보다도 "연구 프로그램, 과학적 지향성을 압축한 종합적이고 개관적인 표현"이자 "실용적인 과학 행위의 원칙"이라고 역설한 바 있다. 단적으로 그는 자기 세미나에서는 "장에 관해 말하지 않으며" "그 개념 안에 함축된 것을 실행할 따름"이라고까지 이야기한다(Bourdieu 1999b: 16). 부르디외는 이처럼 개념의 '정신,' 이론이 전제하는 어떤 에토스의 습득을 강조하는 동시에, 개념 활용에서의 일정한 자유의 행사 역시 중요하다고 주장한다. 언뜻 모순적으로 비칠 수도 있는 이러한 입장을 그는 개념에 대한 "존중을 갖춘 자유"라는 말로 종합한다. 그에 따르면 개념의 핵심을 잘 포착하기 위해서, 또 그 핵심을 보존하면서 자유롭게 활용할 수 있기 위해서 그것을 잘 알아야만 하며, "심화된 이론적 교양"을 갖추는 일이 필수적이다(Bourdieu 1999b: 17). 이는 그가 말하는 성찰적 절충주의와도 일맥상통하는 주장일 것이다.

부르디외의 이론을 내 기준(부르디외나 무딤베의 기준과도 별로 다르지 않을)에서 '잘' 썼다고 할 만한 경우가 그리 많지는 않았다. 이론의 적절한 활용 방식에 대한 내 언급과 제한적인 '지도' 또한 그들의 연구 실천을 효율적으로 인도하는 실질적인 원리로 작용하기에는 역부족이었다. 학생들은 아마도 여러 가지 이유(학습이 부족해서, 스스로의 지식에 확신을 가지지 못해서, 실제 연구 경험이 많지 않아서, 교수의 지도가 미흡해서 등)로 이론(의 정신)을 존중하면서도 자유롭게 이용하는 데 제약을 실감했을 법하다. 어쩌면 불과 한두 학기의 부분적인 이론 학습이 학생들에게 탁월한 연구 실천의 효과를 낳을 수 있기를 바라는 것 자체가 무모한 요구인지도 모른다. 게다가 이론의 의미 있는 '체화'는 실제 조사연구의 꾸준한 반복과 시행착오를 통해 이룰 수 있는 성취이기도 할 것이다.

선생의 입장에서 나는 수강생들이 단순히 부르디외의 몇몇 개념이나 이론 체계에 대한 지식을 갖추는 수준을 넘어, 그의 지적 기획을 심층적으로 파악할 수 있기를 기대했다. 그러한 이해야말로 그들의 비판적 태도를 가늠하는 척도인 동시에, 그것을 증진시키는 방법이라 여겼다. 여기에는 다음과 같은 암묵적 가정들이 깔려 있었다. 즉 학생들에게서 비판적 태도가 진정으로 작동한다면, 그것은 우선적으로 '자신의 공부'와 '공부하는 자신'을 향할 터이며, 이는 부르디외의 '지적 권위'에 대한 일차원적인 추종을 넘어서 그의 이론의 다양한 면모(발생 배경, 문제의식, 논리적 허점과 한계, 적정한 활용 범위 등)에 대한 분석적 탐문과 독창적 조사연구의 실천으로 나타나리라는 것이다. 또한 학생들이 부르디외의 이론을 심도 있게 이해한다면, 이는 다시 그들의 비판적 태도를 강화시킬 수 있으리라는 것이다. 한데 이러한 가정들은 확고한 실질적 근거를 갖춘 것이었다기보다, 일종의 인식 중심주의에 기초해 있는 내 직업 이데올로기의 산물이었던 것 같다. 그와 같은 성과를 실제 현실에서 거두기란 결코 쉽지 않았다.

이론의 하얀 얼굴

비판적 태도가 반드시 더 나은 지식으로 이어지지 않는 것처럼, 더 나은 지식이 필연적으로 비판적 태도를 가져오는 것은 아니다. 지식은 태도 형성에 유리한 조건을 마련할 수 있을지 몰라도, 그 자체로서는 필요조건도 충분조건도 아니다. 비판적 태도에는 지식 이외에 다른 절실한 원천들(예를 들어 행위자의 주변적 위치와 불평등 경험)이 있으며, 마찬가지로 지식의 부족 이외에도 훨씬 너 강력한 다른 방해 요인들(예를 들어 지배 이데올로기와 자본주의적 일상의 압박)이 있다. 하지만 그것들은 '교육 과정'을 통해 풀 수 있는 문제는 아니며, 이 장의 취지는 교육자와 피교육자가 최소한 인식 차원에서라도 개선의 실마리를 마련할 수 있는 문제 지점을 포착하려는 데 있다. 그러므로 숱한 중요한 문제들이 남아 있다는 사실을 인정한 채, 여기서 나는 이론 교육이 이론적 지식과 그 교육 맥락 자체에 대한 비판적이고 성찰적인 태도의 함양과 긴밀하게 결합하지 못하는 이유 가운데 한 가지만을 논의해보고자 한다. 그것은 바로 '외국의 사상적 대가'를 통해 비판적 문화연구를 공부하는 우리의 포스트식민 상황이라는 문제이다.

저자 또는 과학자

부르디외를 배운다는 것은 학생들의 입장에서는 '대가,' 특히나 '사상적 대가'를 공부한다는 것이다. 물론 부르디외 자신의 주장을 액면 그대로 받아들인다면, 이 말에는 약간의 모호성이 있다. 부르디외는 자기 작업을 사회과학의 집단적이고 익명적인 기획 속에 자리매김하고, 어떤 과학적 사유 방식(이른바 '구성주의적 구조주의')의 지평 속으로 기꺼이 사라지고자 하는 자의식과 수사학을 명확히 드러냈기 때문이다. 그런 의미에서 그는 '과학 공동체'의 일원인 '과학자'를 자임했다. 하지만 그가 정말 스스로 내세운 정체성에 걸맞은 모습으로 존재하고 활동했는지 여부는 논란의 여지가 있다(게다가 과학의 어떤 속성들 — 객관주의, 정치성, 상식과의 관계 등 — 에 대한 그의 입장은 연구자로서의 경력이 쌓여갈수록 조금씩 변해갔던 것으로 보인다). 이러한 맥락에서 자신의 사회학에 과학으로서의 지위를 부여하고자 노력했던 부르디외가 이론 구축이나 비판 대응의 방식에서는 '과학적 이론'의 통상적인 범주를 벗어나 있었다는 비평가들의 논평에 귀를 기울일 필요가 있다. 그의 시도와 주장은 훨씬 더 모순적이고 복합적인 양상을 띠고 나타났다는 것이다. 한때 부르디외와 긴밀한 협력 관계에 있었던 사회학자 그리뇽은 다음과 같이 지적한다.

이론은 과학적일수록, 그리고 익명적이고 집합적일수록 그 저자의 인격(상대적으로 교체 가능한)으로부터 떨어져 나오며, '과학자 공동체'에서 나오는 '교차 통제'와 '비판의 일반화된 교환'에 열려 있게 된다. [그런데] 개인적인 문학 혹은 철학 작품의 모델 위에서 고안되고 발전된 부르디외의 사회학은 방대하고 중복적이며 난해하다. 그것이 표현되는 언어는 일종의 양식화의 산물이다. 양식화는 그 언어를 〔부르디외의 것으로〕 즉각 인지 가능하도록 만드는 것을 겨냥하며(서명 효과), 학문 영역의 필요에 맞게 가공된 표준적인(형식적이기까지는 못하더라도) 언어의 이상으로부터 그만큼 비껴나게 한다. 그의 개념들은 단일한 의미로 정의되고 고정되는 일이 드물다. 그의 언어는 요약과 압축이 어렵도록 내버려둔다. 결국 우리는 학습에 의해서가 아니라 교리 전수에 의해서, 즉 그것을 다시 읽고 따라 하고 그 불가사의 속에 몰입함으로써 부르디외의 사회학, 아니 차라리 그의 사상에 대한 이해를 기대할 수 있다(Grignon 1998: 61).

그리뇽은 우리에게 부르디외 사회학이 '저자 개인'과 분리 불가능한 지식이라는 점을 일깨워준다.[7] 나아가 그는 그것이 저자 자신의 주장과 달리 어떤 면에서는 바르트나 보드리야르의 "자유로운 에세이주의"와 별반 구분되지 않는다는 비판을 내놓는다. 그러한 급진적 비판에 전적으로 동의하지 않는다 하더라도, 우리는 그리뇽이 예리하게 간파한 부르디외 이론의 개인성(그리뇽은 이를 비과학성과 연결시킨다)이 그것의 학습에 미치는 영향을 따져볼 수 있다. 즉 그 개인성은 특정한 이론에 저자의 이름과 결부된 '서명 효과'를 생산하면서 권위를 부여하고, 그러한 지식 체계의 습득과 활용에 상징이윤을 부가하는 독특한 매력을

---

7) 이와 비슷한 관점에서 철학자 페리와 르노는 부르디외의 이론에 대해 포퍼적 시각의 비판을 제출한 바 있다. 그들에 의하면 반증 불가능성, 논박 불가능성으로 특징지어지는 부르디외의 이론은 마르크스주의처럼 '비과학적인' 성격을 띤다(Ferry & Renault 1985/1995: 5장). 하지만 부르디외의 사회학이 포퍼식 인식론의 공간 안에 있지 않다는 사실이 곧장 그것의 비과학성을 의미한다고 말할 수는 없을 것이다. 프랑스의 과학사적 인식론의 전통을 계승한 부르디외 인식론의 특성과 함의에 대해서는 장차 좀더 상세한 비판적 검토가 요구된다.

더해준다. 반면 이러한 개인성은 이론의 비판적 평가와 누적적 발전을 학계 전체의 익명적이고 집단적인 전유 과정에 맡기기보다는, '최종적인 발언권을 쥐고 있는' 원저자의 의도와 '정답'에 부합하는 이해의 심화 과정으로 되돌리는 경향이 있다. 부르디외 이론의 경우, 그러한 잠재적 위험성은 두 가지 요인으로 인해 더욱 증폭되었다. 그것은 첫째로 부르디외 사회학의 총체적이며 체계적인 성격, 그리고 둘째로 부르디외 개인이 가졌던 강렬한 카리스마와 그 주변에 결집했던 강력한 연구자-추종자 집단을 가리킨다. 사회학자 로베르 카스텔은 전자에 대해, 나탈리 에니크는 후자에 대해 제각기 흥미로운 언급을 남긴 바 있다.

먼저 카스텔은 부르디외의 이론이 갖는 내재적 특성으로부터 지적 복종의 또 다른 원천을 발견한다.

> 부르디외의 사유는 강력한 사유이며, 강력하게 구조화된 사유이다. 그것은 사회 세계의 기능 작용에 대한 거의 보편적인 설명 원리를 쥐고서, 그것을 실질적으로 사회문제의 전 영역을 포괄하는 데까지 이르는 다양한 적용 속에서 전개시키려는 야심을 가진다. 그러한 건조물은 독립적인 연구와 혁신에 자리를 별로 남겨주지 않을 위험성이 있다. 그로부터 제자의 위치를 점하려는 유혹이 생겨난다. 제자의 지적 기획은 정통의 수호와 예시로 축소된다(Castel 2003: 354).

카스텔의 말처럼 부르디외의 이론은 그 학문적 층위, 주제 영역과 대상에서 일종의 포괄성과 체계성으로 특징지어진다. 그것은 인식론, 방법론, 행위철학적 시각으로부터 세세한 이론적 개념들에 이르기까지 사회 세계를 파악하는 일관된 관점을 통째로 제공하며, 거의 모든 문제에 일정한 답을 사전에 제시할 수 있는 보편적인 설명 논리를 장착하고 있다. 이러한 지식의 무게는 그 이용 양태를 '전부 아니면 전무'식의 학문적 시소 위에서 운동하게 만든다. 설령 그 이론틀을 총체적이고 체계적으로 현상 분석에 이용한다 하더라도, 그 논리로부터 벗어나 새로운 발견을 하기는 쉽지 않다. 부르디외의 강력한 몇몇 개념이 온갖 질문에 내놓을 수 있는 잠정적인 '답'과 '논리'는, 그 안에서 결코 빠져나갈 수 없는 미로처럼 독자를 곧잘 압도한다. 그리하여 마침내 독자는 "제자의 위치를 점하려는 유혹"에 쉽사리 굴복하기에 이르는 것이다.

한때 그의 제자였던 에니크가 보기에는, 일부 프랑스인 연구자들이 부르디외에게 보내는 열성적인 지지와 애착은 종교적이며 정신분석학적인 차원을 지닌다. 부르디외의 지적 명성과 성공의 요인들을 사회학적으로 분석한 에니크는 그 가운데 '종교적인 것의 층위'가 지닌 중요성을 환기시킨다(Heinich 2007: 1장). 즉 부르디외 개인의 '천재적인' 면모는 베버가 말하는 '카리스마적 지배'의 기반을 마련했고, 이는 다시 그 주위에 '밀교적' 혹은 '예언자적' 장치가 구축되는 결과로 이어졌다는 것이다.

그리뇽의 논의와 더불어 카스텔, 에니크의 지적은 부르디외 사회학을 우리가 잘 다루기 어려운 몇몇 이유를 알려준다. 그것들은 각각 이론 특유의 '저자성'과 '총체성,' 그리고 이론가에 대한 '지적 우상화'쯤으로 요약될 법하다. 서로 맞물려 있는 이 요인들은 다시 두 가지 단순한 사실을 일깨워준다. 우선 그것들이 비단 부르디외 사회학에만 적용되는 특징은 아니라는 점이다. 문화연구에서 가르치고 배우는 대부분의 이론들이 정도 차이는 있을망정 비슷한 속성을 공유하기 때문이다. 또 다른 사실은 부르디외와 같은 이론가들을 '제대로 상대하는' 일이 프랑스인 전문 연구자들에게도 쉽지 않은 과제라는 점이다. 이는 우리에게 부르디외 사회학의 학습과 활용이 어려운 까닭이 반드시 언어적·문화적 이질성만으로 되돌려지지 않는다는 뜻이기도 하다.

'대가'의 적절한 활용

1960년대에는 부르디외, 그리고 1970년대에는 푸코와 함께 작업한 적이 있는 카스텔은 개인적 경험을 토대로 "대가의 적절한 활용" 또는 "어떻게 대가와 함께 작업할 것인가" 하는 고민스런 질문에 나름대로의 답을 제출한 바 있다. 그에 따르면 "문제는 인간에 대한 경배 없이 작품에 대한 존경을 유지하는 적정한 거리, 그리고 비판의 실행을 배제하지 않는 작품의 이용법을 발견 혹은 정립하는 것"이다. 한마디로 대가의 작업에 대한 "비판적 존경"을 가지고 "그의 유산과 더불어 거리 두고 작업하기"가 핵심적이라는 말이다(Castel 1996: 37; 2003: 354~55). 대가의 이론적 개념들을 단순한 슬로건처럼 이용하지 않기 위해, 독자들에게는 그 이면의 문제의식을 비판적으로 이해하고 확장시켜 자기만의 고유한 언어를 구하려는 노력이 긴요해진다. 이는 사실 지난한 작업이기도 하다.

정통 안으로 들어갈 만한 심리학적 혹은 제도적 이유들에 더해, 난 우리가 성찰적이지 않은 방식으로 말을 빌려오면서 그렇게 한다고 생각한다. 푸코에게는 그의 사유의 골조를 이루는 유명한 용어들 ─'계보학' '고고학' '장치' '진리 체제' 등 ─이 있다. 그런데 이 용어들의 무게는 이런 질문들을 제기하게 만든다. 나는 푸코 저작 안에서 의미하는 바대로 그것들을 잘 이용했는가? 그것들은 (내가 말하고 싶은 것보다도) 푸코가 말하고자 한 것에 잘 부합하는가? 그 결과 '자기만의 말을 발견하려는' 노력을 생략한 채, 빌려온 옷을 입을 위험성이 커진다. 그리하여 1970년 대 초에 우리는 '감금'에 관한 푸코적 교의를 반복하는 수많은 학생들의 작업이나 텍스트를 읽을 수 있었다. 다른 이들은 예컨대 알튀세르의 '이 데올로기적 국가기구'와 더불어 같은 일을 했다. 오늘날 우리는 '배제'를 가지고 같은 짓을 한다(Castel 1996: 38).

연구자들이 '대가'의 지적 권위로부터 애써 자율성을 추구하고 또 획 득할 것을 촉구하는 카스텔의 주장은 타당하다. 어쩌면 그것은 포스트 식민 상황에서 외국 이론을 가르치고 배워야 하는 우리에게 더욱 절실 한 요청일지도 모른다. 그 요청에 진지하게 응대하려면 프랑스인 연구 자들이 지적한 부르디외 공부의 난점들을 우리의 구체적인 사례에 적 용해볼 필요가 있을 것이다. 이론의 저자성 내지 개인성이라는 문제는 그와 같은 작업의 시작점을 마련한다. 그리뇽의 비판이 적시하듯이, 부 르디외의 공식적이고 명시적인 지향에도 불구하고 그의 사회학은 '과 학적 이론'의 익명성과 집단성을 넘어서는 면모를 여실히 드러낸다. 이 는 그의 이론을 이른바 '인문학'과 '사회과학'의 사이-공간에 미묘하게 걸쳐 있도록 만들며, 그것의 수용에서도 사뭇 이질적인 흐름들을 낳는 원천으로 작용한다. 즉 부르디외 이론은 주류 '사회과학'의 지평 위에서 일종의 과학적 도구로 쓰일 수도 있고, 아니면 사회 세계에 대한 인문학 적 비판을 지원하는 해석적 자원으로 다루어질 수도 있다. 이를 다른 식으로 표현하면 부르디외는 '(사회)과학자'로 여겨질 수도, 아니면 '이 론가'(사상가 또는 철학자라는 의미에서)로 받아들여질 수도 있다는 뜻 이다. 그와 그의 이론을 어느 편에 놓는가에 따라 독해 방식과 쓰임새 역시 달라질 수 있다. 그런데 그와 같은 '위치 짓기'는 무엇보다도 분과 학문의 성격에 크게 좌우되는 것으로 보인다.

그리뇽(또는 페리와 르노)의 의심이 무색하게도, 부르디외의 이론은 실증적인 경험연구와 반증을 요구하는 여러 이론 가운데 하나로 다루어질 수 있다. 그것은 불가능한 일이 아닐 뿐만 아니라, 사실 영미권의 주류 사회학이 부르디외를 전유하는 일반적인 방식이기도 하다. 그리하여 예컨대 (원저자의 이름이 궁극적으로 중요하지 않은) '문화자본론'의 꼬리표 아래 정리된 부르디외의 이론은 다양한 대상을 연구하는 데 동원되며, 검증과 기각의 실증적 절차를 통해 그 일반화 가능성을 시험받는다. 그것은 (게리 베커Gary Becker의) '인간자본론'이나 (제임스 콜먼의) '사회자본론' 혹은 (리처드 피터슨Richard Peterson의) '옴니보어omnivore 가설' 등과 어깨를 나란히 한다(Becker 1996; Coleman 1988; Peterson & Kern 1996). 반면 문화연구 분야에서 부르디외의 사회학은 '문화자본론'이나 '재생산 이론' 등의 한 방향으로 특징지어지기보다는 다양한 확장적 활용 경향을 드러낸다. 그것은 대개 후기 자본주의의 특정한 사회 현상을 '비판적으로 읽어내거나' '두껍게 쓰기' 위해 대체 불가능한 개념적 보고(구별짓기, 문화자본, 하비투스, 상징폭력 등)로 여겨진다. 부르디외는 알튀세르, 그람시, 푸코, 라캉, 보드리야르, 르페브르, 세르토Michel de Certeau, 들뢰즈, 랑시에르, 아감벤Giorgio Agamben 등으로 끝없이 이어지는 문화 이론의 '대가들'과 한데 어울린다. 그는 개인의 이름이 크게 의미 없는 과학의 연구자이기보다는, 개성이 분명한 한 명의 저자 내지 사상가로 나타난다.

나는 수업에서 부르디외의 양면적 저자성을 절충적인 방식으로 제시하는 데 머물렀다. 이는 부분적으로는 부르디외의 입장에 내재하는 긴장(자기 이론의 '과학성'에 대한 공식적 주장과 '개인성'의 비공식적 표출)을 반영하고 있지만, 아마도 내 인식론적 입지가 명료하지 못한 탓(내가 문화연구에 대해 가지는 양가감정)이 훨씬 더 컸을 것이다. 더욱이 부르디외를 예술사회학의 틀 안에서 가르칠 때와 문화연구의 틀 안에서 가르칠 때 내 입장에 미묘한 차이가 무의식적으로 드러나기도 했다. 그리하여 내 수업에서 그는 때로는 예술사회학의 누적적 이론 발전 과정에서 중요한 전기를 마련한 한 명의 사회학자로, 때로는 문화연구에 기여한 독창적인 프랑스 사상가로 논의되었다. 선생의 의도와 무관하게, 수강생들에게는 부르디외가 주로 후자의 관점에서 인식되었던 것으로 보인다. 이는 국내 지식 장에서의 부르디외 수용의 역사, 특히 문화연구 분야에서 부르디외의 활용 방식이라는 전체적 맥락으로부터 떼어놓고 이해할 수 없다.[8] 부르디외라는 이름이 이미 우리 지식사회에서 '프랑스의 비판적 지식인이자 사상가'로서 나름대로의 위상을 확보하고 있으며, 학생들의 인식 역시 그러한 일반적 이해 방식으로부터 벗어나기 쉽지 않다는 뜻이다.

문화연구의 학습은 이처럼 학생들에게 부르디외를 비롯한 서구의 '사상적 대가들'을 상대해야 하는 과제를 안겨준다. 문화연구는 원저자-대

---

8) 부르디외는 1990년대 들어 구조주의 이후를 대표하는 비판적 사회 이론가들 중 한 명으로 우리 지식 장에 소개되기 시작했다. 그는 1990년대 중반에는 전 지구화와 신자유주의에 반대하는 '실천적 지식인', 그리고 1990년대 후반부터는 '문화사회학자'로서의 면모가 각별히 조명받는다. 이러한 과정에서 그의 이론의 주요 매개자들 역시 주로 국내와 유럽에서 수학한 다양한 전공자들로부터 미국에서 훈련받은 문화사회학, 지식사회학의 연구자들로 이행하는 양상을 드러낸다. 그러한 과정에서 분과 학문 내에서 벌어지고 있는 일종의 해석투쟁 역시 간과할 수 없다. 한국적 맥락에서 부르디외 개념을 적절히 활용하는 경험연구들을 수행한 바 있는 조은은 '문화자본과 계급 재생산'이라는 문제틀에 접근하는 방식을 둘러싼 (문화)사회학자들 간의 긴장과 갈등을 관찰하면서, 그러한 접근법상의 차이가 무엇보다도 학자들의 교육 배경과 유학 국가에 좌우된다고 지적한다(조은 2011 참조).

가의 '이름'이 강력한 권위로 작용하는 앎의 체계로서 특수성을 가지기 때문이다. 이와 관련해 학생들이 이론을 다룰 때, 무엇보다도 먼저 이론의 권력 그 자체에 향해야 하는 비판적 시선-태도가 실제로는 잘 작동하지 않는다는 점에 주목하지 않을 수 없다. 이는 그것이 '얼굴 있는' 이론, 게다가 '하얀 얼굴'의 이론이라는 사실과 결코 무관하지 않다. 물론 원칙적으로 '얼굴 있는' 이론이 그 자체로 반드시 문제라고 말하기는 어렵다. 이론의 얼굴은 오히려 이론의 역사성과 특수성, 그 한계와 책임을 일깨우는 자극이 될 수 있다. 그것은 또 '과학'의 속성과 의미, 역할에 대한 대안적 관념을 촉진하는 배경이 될 수도 있다. 하지만 적어도 부르디외를 가르치며 내가 경험한 현실은 그러한 원칙론적 기대로부터 한참 동떨어져 있었다 해도 과언이 아니다.

대다수 학생들은 주어진 이론을 무비판적으로 학습하고 그 권위와 타당성을 의심하지 않으면서, 우리 현실에 다소 기계적으로 적용하려 들기 일쑤였다. 이론을 비판하거나 기각하려는 학생들 역시 소수지만 없지 않았는데, 아쉽게도 우리 사회의 현상들에 대한 '파편적인' 참조와 인용을 통해 이론의 무용성을 서둘러 확인하려 애쓰거나, '유행이 지났다'("아직도 부르디외냐")는 간단한 이유로 이론의 가치를 거부해버리곤 했다.[9] 어떤 이론의 얼굴에 무조건 웃는 낯으로만 대하는 것만큼이나, 그 얼굴을 제대로 바라보지도 않고 고개를 돌려버리는 것 역시 근본적으로는 이론 교육의 의미를 무화시켜버리는 일이다. 언뜻 보

---

9) '느슨한' 이론 비판에서 '사회적 맥락'의 소환은 의례적으로만 이루어진다. 예를 들면 프랑스 사회와 한국 사회는 차이가 있으며 다른 사회에서 발생한 이론이니만큼 우리 사회에 '그대로' 적용되기는 어렵다는 식인 것이다. 이때 행해지는 직관적이고 단편적인 비교는 다만 '차이에 주목하라'는 일반론에 머무를 뿐, 각 사회의 특수성에 대한 치밀한 검토라든지 유사성에 대한 균형 있는 분석으로 이어지지 않는다.

아 상이한 두 반응은 '대등한 대화의 불가능성'을 전제로 한다는 점에서 의미심장한 공통성을 지닌다. 즉 두 경우 모두 부정하고 억압하는 것은 이론의 저자와 독자가 비대칭적 위치에서나마 서로 마주보고 나눌 수 있는 진지한 대화의 가능성인 것이다.

이론의 개인성이 행사하는 상징권력, 그리고 그에 대한 수용자들의 순응은 이른바 '북반구 이론'을 불평등하게 수입·소비하는 학문적 주변국에서 더욱 심하게 나타날 가능성이 높다(Connell 2007; Mignolo 2000/2013 참조). 주변국의 수용자들에게 북반구 이론의 학습은 그것의 '가치'와 '보편성'을 이면에 가정하고서 이루어진다. 그 원산지의 구체적인 맥락으로부터 떨어져 나온 이론은 추상적·일반적 성격을 한층 강화한다. 또 '대가'에 대한 지적 우상숭배는 그것이 '먼 나라' 사람, '중심국' 인물을 대상으로 삼는 경우 더 쉽게 생겨날 수 있다. 내가 가르친 대부분의 학생들은 부르디외의 '이름'을 돌파해나가며 이론의 의미와 쓰임새를 따져 묻기보다는, 나아가 그 '이름'과 이론의 수용 맥락을 되돌아보며 다시 이론의 이해와 활용에 투입하기보다는, 그 지식을 '주어진 그대로' 배워나가기에 바빴다. 이론의 문제의식을 깊이 있게 파악하고 그 위에서 '자기 말'을 암중모색해가는 일은 그들에게 결코 당면 과제도, 최종 목표도 아니었다. 아니, 그렇게 하기에 너무나 힘든 상황에 처해 있었다고 말하는 편이 더 정확할 것이다. 이는 오랫동안 받아온 교육 경험, 관행적인 학습 방법, 훈련과 사유 시간이 충분히 확보되기 어려운 공부 여건, 선생의 미숙한 지도, 선생과 학생 간의 불평등한 관계, 제한된 커리큘럼, 논문 작성 규범을 포함하는 대학원 제도의 구속과 같은 다양한 원인이 작용한 결과로 여겨진다.

대가에 대한 지적 복종은 이러한 일상적 교육 환경 속에서 지적 식민화의 토양을 발견한다. 가치 있고 보편적인 것이라는 전제 위에서 빠르게 이루어지는 권위 있는 서구 이론들의 유행, 그것들에 대한 공부가 가져다주는 일정한 상징적·제도적 보상과 그것을 통한 학생의 자기 만족, 이론을 끊임없이 맥락화하고 우리 현실과의 체계적인 연관 속에서 변환시키며 가치 부여하지 못하는 선생의 무능력, 이러한 문제들을 진지하게 고민하고 개선할 수 있는 여지를 제대로 허용하지 않는 고등 교육제도…… 이 모든 것이 문화연구를 공부하는 학생들로 하여금 자기 자신의 공부에 비판적 시선을 돌리지 못하게 가로막는 포스트식민 상황의 요체인 것으로 보인다. 이는 또 지식으로서의 문화연구가 태도로서의 문화연구와 분리된 채 겉돌게 만드는 중요한 계기인 것처럼 보인다.

외국 이론을 통한 우리 현실과의 대화

'문화연구 지식의 교육은 과연 학생들에게 비판적인 태도를 함양하고 있는 것일까?' 이 장은 이 간단하면서도 복잡한 의구심으로부터 출발했다. '만일 학생들이 문화연구의 지식을 그것이 근본적으로 요구하는 '비판적 태도'로까지 발전시키지 못한다면, 어떤 이유들 때문이며, 또 우리는 그에 어떻게 대응할 수 있을까?' 질문은 다시 이렇게 뻗어나갔다. '예를 들어 학생들은 자신이 배우는 지식에 자신이 배워야 하는 태도를 잘 적용시키고 있을까? 즉 그들은 자기 성찰적으로 교육받고 있을까? 만일 그렇지 않다면 왜일까?' 이 장은 애당초 이 질문들에 대한 충분한 답변이 가능하다는 견고한 믿음 위에서 쓰인 것은 아니다. 다만 여기서의 논의를 통해 나는 가능한 답변의 몇몇 요소를 자유롭게 탐색하고 또 성찰해보고자 했다. 내가 지난 15년간 부르디외의 이론을 교육한 경험은 하나의 실제 사례로서 그러한 시도의 근간을 마련해주었다.

비판적 태도에는 우리가 사회적인 위치와 궤적으로 인해 (자연스럽게) 갖게 되는 것 외에, 지식을 통해 얻을 수 있는 것도 있다. 한데 그러한 태도의 성취를 가늠하는 일차적 기준은 내가 보기에는 지식 생산에 대해 자기 성찰성을 얼마나 발휘할 수 있는가 하는 문제와 맞물린다. 사회 세계를 이름 짓고 범주화하고 정의하는 권력보다 더 근본적인 권력은 없으며, 비판적인 태도란 바로 그러한 권력에 지적으로나 실천적으로 맞서려는 의지에 기초하기 때문이다. 문화연구의 기획은 특히 그러한 태도를 주된 교육 목표로 삼는다(박진규 2013 참조). 그러므로 태도로서의 문화연구 교육을 평가하는 지표 가운데 하나는, 학생들이 자신의 공부와 상황에 얼마나 비판적이며 성찰적일 수 있는가에 달려 있다. 이는 포스트식민 상황에 대한 학생들의 예민한 자의식을 요구하며, 자신이 배우는 이론들을 그러한 맥락에 비추어 비판적으로 평가하고 독창적으로 활용하려는 시도를 요구한다. 그런데 실제 교육 경험을 반추하며 내가 깨닫게 된 사실은 그러한 태도의 전수와 습득이 제대로 이루어지지 못하고 있다는 것이다. 서구의 사상적 대가들의 이론을 끊임없이 수용하면서 피상적으로 학습하는 식의 문화연구 교육은 오히려 지적 식민성을 공고히 하는 결과를 낳는 것처럼 보인다. 그러므로 학생들이 자기 성찰성을 증대시키고 포스트식민 상황에 대한 인식으로 나아가도록 이끄는 방식의 이론 교육이 필수적인 것으로 여겨진다.

'서구 이론'의 수입과 유통이 비판적 태도로서의 문화연구를 저해하는 주요인 가운데 하나라면, 아예 우리가 포스트식민 상황에서 외국 이론 교육을 기각하고 새로운 경로를 모색해야 한다는 주장도 가능할 것이다. 실제 그러한 실험 또한 없지 않다. 비서구, 남반구의 이론적 유산을 발굴하고 일종의 토착화 전략을 펴는 경우가 한 예이다. 포스트식민주의 이론들은 그러한 노력을 자극하고 고취시킨다. 하지만 학문적 탈식민화에는 유일한 길이 있을 수 없으며, 다양한 전략들이 가능하다(Go 2013; Mignolo 2000/2013 참조). 이론적 모델과 실천적 의제에서 강조점이 다른 이 전략들 간에 일정한 역할 분담, 나아가 제휴와 연대가 이루어질 수도 있을 것이다. 이 점에서 나는 포스트식민주의의 문제의식을 공유하면서도 서구 이론과의 활발한 비판적 대화를 촉구하는 사회학자 마이클 부라보이Michael Burawoy의 입장에 공감한다(Burawoy & Holdt 2012). 부라보이의 논의는 호주의 사회학자 래윈 코넬Raewyn Connell이 '북반구 이론'에 가한 급진적 비판에 대한 응답으로 나온 것이다.

코넬은 중심국 이론의 정전들(마르크스, 베버, 뒤르켐)부터 동시대의 다양한 사회 이론들까지도 서구 식민주의의 유산으로 간주한다. 그것들이 남반구의 숱한 이론과 경험에 대해 침묵하거나 간과하면서도 보편주의를 주장하기 때문이다. 예컨대 코넬은 콜먼, 기든스, 부르디외가 제시하는 일반 이론을 '북반구성'의 관점에서 논박한다. 보편성을 주장하는 북반구(혹은 중심부)의 이론은 문제 설정(객관주의/주관주의 구분, 선형적인 역사 발전 등)에서 중심부적 시각을 드러내고, 식민지 지식인들의 논의나 이론을 배제하며, 이론의 기반이 되는 경험연구들에서 중심부 사회의 문제 위주로 식민지 경험들을 삭제한다(Connell 2007: 2장). 나아가 코넬은 이러한 비판에서 출발해 남미의 사회학자와 인류학자, 경제학자 또는 이란, 인도, 아프리카 등지의 사상가들의 논의를 새로운 이론적 참조점으로 복원한다. 북반구의 헤게모니에 대항하는 남반구 사회 이론의 대안적 기획을 밀어붙이는 것이다.

그런데 부라보이는 코넬의 의도를 존중하면서도, 그의 기획이 지니는 한계를 잊지 않고 지적한다. 그에 따르면 우리는 북반구의 지적 지배로부터 쉽사리 벗어날 수 없다. 게다가 그 지배의 상태는 겉보기보다 훨씬 더 복잡하다. 중심부와 주변부 사이에는 언제나 사회 이론의 순환·유통이 있어왔으며, 코넬이 선택한 '남반구 이론가들'조차 북반구에서 오랫동안 체류하거나 훈련받은 사람들이다. 이를테면 부르디외도 알제리에서의 경험에 크게 영향을 받았으며 알제리 지식인들과 긴밀한 지적 협력을 했다. 또한 북반구와 중심부는 내적 분리와 분열이 있는 불평등한 여러 지역들로 이루어진다. 마찬가지로 남반구와 주변부에서도 학문 영역 안에 국가 및 지역 간 분할과 갈등이 상존한다. 지적 헤게모니 역시도 단순한 남북 분리의 양상을 띠지 않는다. 부라보이가 주목하는 것은 상이하고 이질적인 사상 전통과 이론 들 사이의 '대화적 계기'가 갖는 중요성이다(Burawoy & Holdt 2012: 210~12).

오래전에 에드워드 사이드Edward Said가 지적했듯이, 이론이 여행할 때 그 의미는 급진적인 또는 보수적인 방향으로 변화할 수 있으며, 이는 비단 이론만이 아니라 수용 맥락에 의해 좌우된다. 사실 남반구 이론들이 북반구를 여행할 때, 그것들은 중심국 대학의 아가리 속에서 길들여진 나머지 종종 급진적 예각을 잃어버리고 만다. 이것이 시사하는 바는 다음과 같다. 즉 진짜 전투는 [북반구 이론들의] 군림하는 헤게모니에 **맞서서**가 아니라, 이 헤게모니를 새로운 맥락에서 전유하고 재정렬하고 재구축하는 **지형 위에서** 벌어진다는 것이다. 문제는 북반구 이론에 있다기보다는, 그것이 남반구에 왔을 때 우리가 그것을 가지고 무엇을 하는가에 있다(Burawoy & Holdt 2012: 212).

대안적 '남반구 이론' '아시아 이론' 혹은 '한국적 이론'의 구축이란 여러모로 간단치 않으며 어쩌면 인식론적 차원에서 애당초 불가능한 작업일지도 모른다. 그러기에는 식민자와 피식민자의 존재가 너무도 밀접히 연계되어 있다. 이는 역설적이지만 바로 포스트식민주의가 가르쳐준 교훈이기도 하다. 서구 이론에 대한 포스트식민주의적 비판은 서구 이론의 문제점과 불충분성을 급진적으로 드러내는 동시에, 그에 대한 의존과 활용의 불가피성 또한 알려준다. 따라서 부라보이가 보기에는, 가상적인 '남반구 이론'의 또 다른 전통을 발견하고 대안적 이론을 구축하려 애쓰기보다, 더 이상 북반구/남반구를 가리기 어려운 이론과 현실의 흐름에 관여하면서 전투적으로 대화하고 그것을 재작업하며 변형시키는 데 더욱 중요하고도 현실적인 과제가 있다는 것이다. 이러한 문제의식에서 그는 남아프리카의 사회학자 칼 폰 홀트Karl von Holdt와 함께 『부르디외와의 대화Conversations with Bourdieu』라는 책을 펴낸 바 있다(Burawoy & Holdt 2012).

이 책에서 부라보이는 부르디외와 여러 마르크스주의자 간의 상상적 대화를 구축하는데, 이에 대해 홀트는 남아프리카 사회의 다양한 실정과 현안을 들어 이론틀이 포괄하지 못하는 문제들을 지적하고 논의를 보충하거나 심화시킨다. 그렇게 해서 이 책은 여러 차원의 비판적 대화를 구현한다. 그것은 부르디외와 마르크스주의(그람시, 파농, 프레이리, 보부아르 등)의 대화이자, 부르디외와 부라보이의 대화, 부라보이와 홀트와의 대화이며, 궁극적으로는 북반구 이론과 남반구 현실의 대화이기도 하다. 그것은 또 우리가 서구 이론을 '통해' 현실과 대화할 수 있는 하나의 방법을 시사한다.

우리가 지적인 포스트식민 상황에 대한 비판적 태도 위에서 서구 이론의 문제의식을 이해하고, 그것을 때로는 공유하고 때로는 그 가능성과 한계(다른 맥락, 다른 위치에 있기에 더 잘 보일 수 있는 문제점들)를 드러내고 새로운 개념들을 발명하는 것이 중요하다. 이를 위해서는 이론을 복잡한 지형 위의 여행 속에 위치시키고 그 궤적을 주시하고 쫓아가면서, 그것이 수용 장을 어떻게 변화시키는지, 그러면서 그것의 내용과 힘과 파장은 또 어떻게 변화하는지 보아야 한다. 순수한 북반구 혹은 남반구의 이론이 더 이상 불가능하다면, 그것이 어떤 전통과 현실 속에서 발생했고 그 흔적을 어떻게 각인하고 있는지, 또 어떤 생산과 수용의 맥락 속에서 힘을 부여받으며 변화하는지 볼 필요가 있을 것이다.

남반구 이론으로부터 동떨어진 채 의미를 지니는 북반구 이론은 없으며, 남과 북을 돌고 도는 이론만이 있을 뿐이다. 최상의 비판 이론은 전 지구를 가로지르면서 스스로를 스스로에 맞서도록 돌려놓고 스스로를 변화시킨다(Burawoy & Holdt 2012: 217~18).

포스트식민 상황에 대한 비판적 인식이 우리가 서구 이론들을 상대하는 일을 훨씬 복잡하게 만든 것은 사실이지만, 그것들을 완전히 기각하거나 방기하도록 내버려두지 않는 것 또한 분명하다. 우리는 '제국주의적' 사회 이론 담론을 비판하고 그것을 동요시키거나 때로 붕괴시키기 위해서라도, 그 담론이 제공하는 '보편적' 범주들을 필요로 한다. 프롤레타리아트가 부르주아 지배를 비판하기 위해 보편주의적 평등의 담론을 전유해야 했듯이, 피식민자들 역시 식민자들을 비판하기 위해 식민자들이 생산한 범주와 담론 들을 변용하고 특수한 지역적 내용으로 채울 수 있다. 그것이 철학이든 사회학이든 인류학이든 아니면 정신분석학이든 말이다. 포스트식민 담론을 정초한 파농의 사례는 이를 단적으로 보여준다. 결국 포스트식민 상황을 첨예하게 의식할수록 서구 이론을 진지하게 상대하는 작업은 한층 긴요해진다. 단순히 이론의 무용성을 주장하기보다는, 그것을 지식 장의 중요한 성과물로서 인정하고 그 생산적인 이용을 고민하는 일이 요구되는 것이다.

 이러한 문제의식 위에서는 무엇보다도 '이론의 급진적 맥락화'가 교육을 위해 가장 시급한 전략적 과제일 것이다. 이때 급진적 맥락화는 크게 '사회학적 맥락화'와 '상호텍스트적 맥락화'로 구분 가능하다. 이 둘은 사실 서로 얽혀 있다. 이론의 텍스트성이란 그것의 사회성과 분리될 수 없기 때문이다. 사회학적 맥락화에는 이론이 발생한 거시적인 맥락(정치적·경제적·사회문화적 맥락 등)과 지식 장의 맥락이 있을 텐데, 이것들의 흔적이 바로 이론적 텍스트 안에 남아 있다. 또 이론들의 지적 전통과 담론 상의 특성 등은 상호텍스트적 맥락을 구성한다. 이와 같은 서구 이론의 급진적 맥락화는 이론의 이해를 위해서 중요하며, 동시에 '권위 있는 대가들'의 상대화와 도구화, 그리고 궁극적인 탈권력화를 위해서도 중요하다. 이론의 활용 역시 철저히 포스트식민적 문제의식과의 긴밀한 연관 속에서 이루어질 필요가 있다. 아마도 지식으로서의 문화연구가 비판적 태도로서의 문화연구의 함양에 기여할 수 있다면, 바로 이러한 조건들 아래서일 것이다. 물론 우리가 수입·전유하는 수많은 이론을 모두 급진적으로 맥락화하기란, 장기적으로 아예 불가능한 과제는 아니겠지만 결코 쉬운 일이 아닐 터이다. 핵심은 서구 이론을 대등하게 상대하는 비판적 시선, 성찰적 태도를 학생들이 체화할 수 있도록 한두 사례라도 체계적이고 방법적으로 교육하는 것이다. 그렇다면 지적 성찰성을 유달리 강조하는 부르디외 이론이야말로 그 최적의 사례 가운데 하나로서 유용한 가치를 지닐 수 있을 것이라고 나는 생각한다.

Bourdieu, P.(1958), *Sociologie de l'Algérie*, Paris: PUF.

────(1962), "Célibat et condition paysanne," *Études rurales*, 5/6, pp. 32~136.

────(1966), "Champ intellectuel et projet créateur," *Les Temps modernes*, 246, pp. 865~906.

────(1967), "Postface," in E. Panofsky, *Architecture gothique et pensée scolastique*, Paris: Minuit, pp. 133~67.

────(1968a), "Outline of a sociological theory of art perception," *International Social Science Journal*, 20(4), pp. 589~612.

────(1968b), "Structuralism and theory of sociological knowledge," *Social Research*, 35(4), pp. 681~706.

────(1969), "Sociologie de la perception esthétique," in *Les Sciences humaines et l'œuvre d'art*, Bruxelle: La Connaissance S. A., pp.

161~76, 251~54.

—— (1971a), "Champ du pouvoir, champ intellectuel et habitus de classe," *Scolies*, 1, pp. 7~26.

—— (1971b), "Disposition esthétique et compétence artistique," *Les Temps modernes*, 295, pp. 1345~78.

—— (1971c), "Genèse et structure du champ religieux," *Revue française de sociologie*, 12(3), pp. 295~334.

—— (1971d), "Le marché des biens symboliques," *L'Année sociologique*, 22, pp. 49~126.

—— (1971e), "Une interprétation de la théorie de la religion selon Max Weber," *Archives européennes de sociologie*, 12(1), pp. 3~21.

—— (1971f), "The thinkable and the unthinkable," *The Times Literary Supplement*, 15 October, pp. 1255~56.

—— (1972), *Esquisse d'une théorie de la pratique: Précédée de trois études d'ethnologie kabyle*, Genèva: Droz.

—— (1973a), "The three forms of theoretical knowledge," *Social Science Information*, 12, pp. 53~80.

—— (1973b), "Classes et classement," *Minuit*, 5, pp. 22~24.

—— (1974a), "Avenir de classe et causalité du probable," *Revue française de sociologie*, 15(1), pp. 3~42.

—— (1974b), "Les fractions de la classe dominante et les modes d'appropriation de l'œuvres d'art," *Information sur les sciences sociales*, 3, pp. 7~31.

—— (1975), "Le couturier et sa griffe: Contribution à une théorie de la magie," *Actes de la recherche en sciences sociales*, 1, pp. 7~36.

────(1976a), "Le champ scientifique," *Actes de la recherche en sciences sociales*, 2/3, pp. 88~104.

────(1976b), "Les conditions sociales de la production sociologique: sociologie coloniale et décolonisation de la sociologie," in *Le Mal de voir*, Paris: UGE 10/18, pp. 416~27.

────(1976c), "Les modes de domination," *Actes de la recherche en sciences sociales*, 2/3, pp. 122~32.

──── (1977a), *Algérie 60: Structures économiques et structures temporelles*, Paris: Minuit[『자본주의의 아비투스』, 최종철 옮김, 서울: 동문선, 1995].

────(1977b), "Sur le pouvoir symbolique," *Annales ESC*, 3, pp. 405~11.

──── (1977c), *Outline of a Theory of Practice*, Cambridge: Cambridge University Press.

──── (1977d), "La production de la croyance: Contribution à une économie des biens symboliques," *Actes de la recherche en sciences sociales*, 13, pp. 3~43.

──── (1978a), "Capital symbolique et classes sociales," *L'arc*, 72, pp. 13~19[「상징자본과 사회계급」, 이상길 옮김, 『언론과 사회』, 21권 2호, 2013, pp. 10~33].

──── (1978b). "La sociologie de la culture populaire," CRESAS, *Le Handicap socio-culturel en question*, Paris: ESF-Éditions, pp. 117~20, 125~26, 135~36.

──── (1979), *La Distinction: Critique sociale du jugement*, Paris:

Minuit[『구별짓기: 문화와 취향의 사회학』 상·하, 최종철 옮김, 서울: 새물결, 1995].

———(1980a), *Le Sens pratique*, Paris: Minuit.

———(1980b), *Questions de sociologie*, Paris: Minuit[『사회학의 문제들』, 신미경 옮김, 서울: 동문선, 2004].

———(1980c), "Le mort saisit le vif: Les relations entre l'histoire réifiée et l'histoire incorporée," *Actes de la recherche en sciences sociales*, 32/33, pp. 3~14.

———(1980d), "La sociologie est-elle une science?," Entretien avec P. Thuillier, *La Recherche*, 112, pp. 738~43.

———(1980e), "The production of belief: contribution to an economy of symbolic goods," *Media, Culture and Society*, 2, pp. 261~93.

———(1981a), "La représentation politique: Eléments pour une théorie du champ politique," *Actes de la recherche en sciences sociales*, 36/37, pp. 3~24.

———(1981b), "Préface," in P. Lazarsfeld, *Les Chômeurs de Marienthal*, Paris: Minuit, pp. 7~12.

———(1982a), *Ce que parler veut dire: L'économie des échanges linguistiques*, Paris: Arthème Fayard[『상징폭력과 문화재생산』, 정일준 엮고 옮김, 서울: 새물결, 1995].

———(1982b), *Leçon sur la leçon*, Paris: Editions de Minuit[『강의에 대한 강의』, 현택수 옮김, 서울: 동문선, 1999].

———(1983a), "Les sciences sociales et la philosophie," *Actes de la recherche en sciences sociales*, 47/48, pp. 45~52.

───(1983b), "The field of cultural production, or: The economic world reversed," *Poetics*, 12, pp. 311~56.

───(1983c), "The philosophical institution," in A. Montefiore (Ed.), *Philosophy in France Today*, Cambridge: Cambridge University Press, pp. 1~8.

───(1984a), *Homo academicus*, Paris: Minuit[『호모 아카데미쿠스』, 김정곤·임기대 옮김, 서울: 동문선, 2005].

───(1984b), "Réponses aux économistes," *Economies et Sociétés*, 18, pp. 23~32.

───(1984c), "Le champ littéraire: préalables critiques et principes de méthode," *Lendemains*, 36, pp. 5~20.

───(1985a), "The genesis of the concepts of 'habitus' and of 'field'," *Sociocriticism*, 2(2), pp. 11~24.

───(1985b), "The social space and the genesis of groups," *Theory and Society*, 14(6), pp. 723~44.

───(1985c), "'Littérature et para-littérature, légitimation et transferts de légitimation dans le champ littéraire: L'exemple de la science fiction (Entretien avec Y. Hernot)," *Science fiction*, 5, pp. 166~83.

───(1986a), "La science et l'actualité," *Actes de la recherche en sciences sociales*, 61, pp. 2~3.

───(1986b), "The forms of capital," in J. Richardson (Ed.), *Handbook of Theory and Research for the Sociology of Education*, New York: Greenwood Press, pp. 241~58.

───(1986c), "The struggle for symbolic order (An interview with A.

Honneth, H. Kocyba & B. Schwibs)," *Theory, Culture & Society*, 3(3), pp. 35~51.

———(1987a), *Choses dites*, Paris: Minuit.

———(1987b), "Esquisse d'un projet intellectuel: un entretien avec Pierre Bourdieu (par Claud DuVerlie)," *The French Review*, 61(2), pp. 194~205.

———(1987c), "Legitimation and structured interests in Weber's sociology of religion," in S. Whimster & S. Lash (Eds.), *Max Weber, Rationality and Modernity*, London: Allen and Unwin, pp. 119~36.

———(1987d), "What makes a social class? On the theoretical and practical existence of groups," *Berkeley Journal of Sociology*, 32, pp. 2~17.

———(1987e), "La révolution impréssionniste," *Noroît*, 303, pp. 2~18.

———(1988a), *L'Ontologie politique de Martin Heidegger*, Paris: Minuit[『나는 철학자다: 부르디외의 하이데거론』, 김문수 옮김, 서울: 이매진, 2005].

———(1988b), "Vive la crise! For heterodoxy in social science," *Theory & Society*, 17(5), pp. 773~87.

———(1988c), "Preface to the english Edition," in P. Bourdieu, *Homo Academicus*, Cambridge: Polity, pp. xi~xxvi.

———(1989a), *La Noblesse d'État: Grandes écoles et esprit de corps*, Paris: Minuit.

———(1989b), "The corporatism of the universal: The role of intellectuals in the modern world," *Telos*, 81, pp. 99~110.

—— (1991a), "Que faire de la sociologie? (Entretien avec J. Bass)," *CFDT Aujourd'hui*, 100, pp. 111~24.

—— (1991b), "The peculiar history of scientific reason," *Sociological Forum*, 5(2), pp. 3~26.

—— (1991c), "On the possibility of a field of world sociology," in P. Bourdieu & J. S. Coleman (Eds.), *Social Theory for a Changing Society*, Oxford: Westview Press, pp. 373~87.

—— (1991d), "Meanwhile, I have come to know all the diseases of sociological understanding (by Beate Krais)," in P. Bourdieu, J.-C. Chamboredon & J.-C. Passeron(1991), *The Craft of Sociology: Epistemological Preliminaries*, Berlin: Walter de Gruyter & Co., pp. 247~59.

—— (1992a), *Les Règles de l'art: Genèse et structure du champ littéraire*, Paris: Seuil[『예술의 규칙: 문학 장의 기원과 구조』, 하태환 옮김, 서울: 동문선, 1999].

—— (1992b), "Thinking about limits," *Theory, Culture & Society*, 9, pp. 37~49.

—— (1993a), *The Field of Cultural Production: Essays on Art and Literature*, New York: Columbia University Press.

—— (1993b), "Concluding remarks: For a sociogenetic understanding of intellectual works," in C. Calhoun, E. LiPuma & M. Postone (Eds.), *Bourdieu: Critical Perspectives*, Chicago, IL: University of Chicago Press, pp. 263~75.

——(1993c), "L'impromptu de Bruxelles," *Cahiers de l'école des sciences philosophiques et religieuses*, 14, pp. 33~48.

——(1993d), "Pour une histoire comparée des stratégies de reproduction," *Bulletin d'information de la mission historique française en Allemagne*, 26/27, pp. 130~42, 199~200.

——(1993e), "In praise of sociology: Acceptance speech for the gold medal of the CNRS"[「사회학을 찬미하다: 프랑스 국립과학연구원의 금메달 수상 연설」, 김홍중 옮김, 『한국사회학』, 47권 1호, 2013, pp. 1~14].

——(1994a), *Raisons pratiques: Sur la théorie de l'action*, Paris: Seuil[『실천이성: 행동의 이론에 대하여』, 김웅권 옮김, 서울: 동문선, 2005].

——(1994b), "Stratégies de reproduction et modes de domination," *Actes de la recherche en sciences sociales*, 105, pp. 3~12.

——(1994c), "Questions à Pierre Bourdieu," in G. Mauger & L. Pinto(1994), *Lire les sciences sociales 1989~1992*, Paris: Belin, pp. 311~32.

——(1995a), "Sur les rapports entre la sociologie et l'histoire en Allemagne et en France," *Actes de la recherche en sciences sociales*, 106/107, pp. 108~22.

——(1995b), "Il ne faisait jamais le philosophe: A propos de Georges Canguilhem," *Les Inrockuptibles*, 25, p. 12.

——(1996a), *Sur la télévision*, Paris: Raisons D'agir Éditions[『텔레비전에 대하여』, 현택수 옮김, 서울: 동문선, 1998].

───(1996b), "Physical space, social space and habitus," *Rapport 10*, Institutt for sociologi og samfunnsgeografi, Universitetet i Oslo.

───(1996c), "Qu'est-ce que faire parler un auteur? A propos de Michel Foucault," *Sociétés et représentations*, 3, pp. 13~18.

───(1996d), "Sociologie et démocratie," *Zellige*, 3.

───(1996e), "Intellectuals and the internationalization of ideas," *International Journal of Contemporary Sociology*, 33(2), pp. 237~54.

───(1997a), *Méditations pascaliennes*, Paris: Seuil[『파스칼적 명상』, 김웅권 옮김, 서울: 동문선, 2001].

───(1997b), *Les Usages sociaux de la science: Pour une sociologie clinique du champ scientifique*, Paris: INRA[『과학의 사회적 사용』, 조홍식 옮김, 서울: 창비, 2002].

───(1997c), "Défataliser le monde (Entretien avec S. Bourmeau)," *Les Inrockuptibles*, 99, pp. 22~29.

───(1998a), *La Domination masculine*, Paris: Seuil[『남성 지배』, 김용숙·주경미 옮김, 서울: 동문선, 2000].

───(1998b), *Contre-feux: Propos pour servir à la résistance contre l'invasion néolibérale*, Paris: Raisons d'agir[『맞불』, 현택수 옮김, 서울: 동문선, 2004].

───(1999a), "Une révolution conservatrice dans l'édition," *Actes de la recherche en sciences sociales*, 126, pp. 3~38.

───(1999b), "Réponses: débat avec Pierre Bourdieu," *Le Bulletin de la société d'histoire moderne et contemporaine*, 3/4, pp. 16~27.

────(1999c), "Le fonctionnement du champ intellectuel," *Regards sociologiques*, 17/18, pp. 5～27.

────(2000a), *Les Structures sociales de l'économie*, Paris: Seuil.

────(2000b), *Propos sur le champ politique*, Lyon: Presses universitaires de Lyon.

────(2000c), *Esquisse d'une théorie de la pratique*, Paris: Seuil.

────(2000d), "A contre-pente: Entretien avec Pierre Bourdieu," *Vacarme*, 14, pp. 4～14.

────(2001a), *Langage et pouvoir symbolique*, Paris: Seuil[『언어와 상징권력』, 김현경 옮김, 서울: 나남, 2014].

────(2001b), *Science de la science et réflexivité (Cours du Collège de France 2000~2001)*, Paris: Raisons d'Agir Éditions.

────(2001c), *Contre-feux 2: Pour un mouvement social européen*, Paris: Raisons d'agir[『맞불 2』, 김교신 옮김, 서울: 동문선, 2003].

────(2002a), *Le Bal des célibataires: Crise de La société paysanne en Béarn*, Paris: Seuil.

────(2002b), *Interventions, 1961~2001: Sciences sociales et action politique*, Paris: Seuil.

────(2002c), "Les conditions sociales de la circulation internationale des idées," *Actes de la recherche en sciences sociales*, 145, pp. 3～8.

────(2002d), "Sur l'esprit de la recherche (Entretien avec Y. Delsaut)," in Y. Delsaut & M.-C. Rivière, *Bibliographie des travaux de Pierre Bourdieu*, Paris: Le Temps des Cerises, pp. 175～239.

────(2002e), "Habitus," in J. Hillier & E. Rooksby (Eds.), *Habitus: A*

Sense of Place, Hampshire: Ashgate, pp. 27~34.

───(2002f), "Response to Throop and Murphy," *Anthropological Theory*, 2(2), p. 209.

───(2002g), "Wittgenstein, le sociologisme et la science sociale," in J. Bouveresse, S. Laugier, J.-J. Rosat (Eds.), *Wittgenstein, dernières pensées*, Marseille: Agone, pp. 345~53.

───(2003a), *Images d'Algérie: Une affinité élective*, Arles: Actes Sud.

───(2003b), "L'objectivation participante," *Actes de la recherche en sciences sociales*, 150, pp. 43~57.

───(2004a), *Esquisse pour une auto-analyse*, Paris: Raison d'Agir Éditions[『자기분석에 대한 초고』, 유민희 옮김, 서울: 동문선, 2008].

───(2004b), "L'objectivation du sujet de l'objectivation," in J. Heilbron, R. Lenoir & G. Sapiro (Eds.), *Pour une histoire des sciences sociales: Hommage à Pierre Bourdieu*, Paris: Fayard, pp. 19~23.

───(2004c), "Gender and symbolic violence," in N. Scheper-Hughes & P. Bourgois (Eds.), *Violence in War and Peace: An Anthology*, Malden, Massachusetts: Blackwell Publishing, pp. 339~42.

───(2004d), *Si le monde social m'est supportable, c'est parce que je peux m'indgner: Entretien avec Antoine Spire*, Paris: Editions de l'Aube.

───(2008), *Esquisses algériennes*, Paris: Seuil.

───(2012), *Sur l'état*, Paris: Le Seuil/Raisons d'agir.

───(2013a), *Manet: Une révolution symbolique*, Paris: Seuil/Raisons d'agir.

—— (2013b), "Séminaires sur le concept de champ, 1972~1975: Introduction de Patrick Champagne," *Actes de la recherche en sciences sociales*, 200, pp. 4~37.

Bourdieu, P. & Boltanski, L.(1975), "Le fétichisme de la langue," *Actes de la recherche en sciences sociales*, 4, pp. 2~32.

Bourdieu, P., Boltanski, L., Castel, R. & Chamboredon, J.-C.(1965), *Un Art moyen: Essai sur les usages sociaux de la photographie*, Paris: Minuit[『중간 예술』, 주형일 옮김, 서울: 현실문화연구, 2004].

Bourdieu, P. & Bourdieu, M.-C.(1965), "Le paysan et la photographie," *Revue française de sociologie*, 6(2), pp. 164~74.

Bourdieu, P., Casanova, A. & Simon, M.(1975), "Les intellectuels dans le champ de la lutte des classes," *La Nouvelle critique*, 87, pp. 20~26.

Bourdieu, P., Chamboredon, J.-C. & Passeron, J.-C.(1968), *Le Métier de sociologue: Préalable épistémologiques*, Paris: Mouton.

Bourdieu, P. & Chartier, R.(1985), "La lecture: Une pratique culturelle," in R. Chartier (Ed.), *Pratique de la lecture*, Paris: Payot, pp. 267~94.

Bourdieu, P., Darbel, A., Rivet, J.-P. & Seibel, C.(1963), *Travail et travailleurs en Algérie*, Paris: Mouton.

Bourdieu, P., Darbel, A. & Schnapper, D.(1966), *L'Amour de l'art: Les musées d'art européens et leur public*, Paris: Minuit.

Bourdieu, P. & Eagleton, T.(1992), "Doxa and Common Life," *New Left*

Review, 191, pp. 111~21.

Bourdieu, P. et al.(1977), "Table ronde: Linguistique et sociologie du langage," *Langue française*, 34, pp. 35~51.

Bourdieu, P. et al.(1993), *La Misère du monde*, Paris: Seuil[『세계의 비참』 1~3, 김주경 옮김, 서울: 동문선, 2000~2002].

Bourdieu, P. & Haacke, H.(1994), *Libre-échange*, Paris: Seuil.

Bourdieu, P. & Passeron, J.-C.(1964), *Les Héritiers: Les étudiants et la culture*, Paris: Minuit.

――(1967), "Sociology and philosophy in France since 1945: Death and resurrection of a philosophy without subject," *Social Research*, 34(1), pp. 162~212.

――(1970), *La Reproduction: Eléments pour une théorie du système d'enseignement*, Paris: Minuit[『재생산: 교육체계 이론을 위한 요소들』, 이상호 옮김, 서울: 동문선, 2000].

Bourdieu, P., Passeron, J.-C. & Saint-Martin, M. de(1965), *Rapport pédagogique et communication*, Paris: Mouton.

Bourdieu, P. & Sayad, A.(1964), *Le Déracinement: La crise de l'agriculture traditionnelle en Algérie*, Paris: Editions de Minuit.

Bourdieu, P. & Schultheis, F.(2001), 'Entretien sur Sartre,' *L'Année sartrienne: Bulletin du Groupe d'études sartriennes*, 15, pp. 194~207.

Bourdieu, P., Schultheis, F. & Pfeuffer, A.(2011), "With Weber against Weber: In conversation with Pierre Bourdieu," in S. Susen & B. S. Turner (Eds.), *The Legacy of Pierre Bourdieu: Critical Essays*,

London: Anthem Press, pp. 111~24.

Bourdieu, P. & Wacquant, L.(1992), *Réponses: Pour une anthropologie réflexive*, Paris: Seuil.

―― (1998), "Sur les ruses de la raison impérialiste," *Actes de la recherche en sciences sociales*, 121/122, pp. 109~18.

―― (2001), "Neoliberal newspeak: Notes on the new planetary vulgate," *Radical Philosophy*, 105, pp. 2~5.

―― (2004), "Symbolic violence," in N. Scheper-Hughes & P. Bourgois (Eds.), *Violence in war and Peace: An Anthology*, Malden, Massachusetts: Blackwell Publishing, pp. 272~74.

―― (2014), *Invitation à la sociologie réflexive*, Paris: Seuil[『성찰적 사회학으로의 초대: 부르디외 사유의 지평』, 이상길 옮김, 서울: 그린비, 2015].

* 부르디외 전체 저작 및 주요 논문의 서지 정보와 주요 개념에 대한 해설은 피에르 부르디외·로익 바캉의 『성찰적 사회학으로의 초대』(이상길 옮김, 그린비, 2015)에 실려 있다.

* 부르디외의 가장 완벽한 서지 정보는 하이퍼부르디외HyperBourdieu© WorldCatalogue 사이트(http://hyperbourdieu.jku.at/start1.htm)에서 찾아볼 수 있다. 부르디외의 '사후 신간들'은 물론이고, 각종 외국어로의 번역 정보 역시 꾸준히 추가·갱신하고 있는 이 사이트는 온라인상에서 접근 가능한 부르디외 의 텍스트들 역시 일부 제공한다. 프랑스에서 만들어진 부르디외 오마주 사이트 (http://pierrebourdieuunhommage.blogspot.fr/)는 부르디외 관련 연구와 저작, 자료들에 관한 포괄적인 정보를 제시한다.

참고문헌(일반 저작)

강명구·이상규(2011), 「이론과 현실 사이에서: 부르디외 이론의 적용과 변용, 혹은 생성」, 『언론과 사회』, 19권 4호, pp. 87~133.

강수택(2001), 『다시 지식인을 묻는다』, 서울: 삼인.

강지혜(2012), 「번역학에서의 '사회적 전환'에 관한 고찰: 제도적 번역을 중심으로」, 조의연 엮음, 『번역학, 무엇을 연구하는가: 언어적·문학적·사회적 접근』, 서울: 동국대학교 출판부, pp. 85~102.

고종석(1996), 「피에르 부르디외와의 대담」, 『이다』, 1호, pp. 310~27.

김경만(2008), 「사회과학에 대한 부르디외의 성찰적 과학사회학: 성과와 한계」, 『사회과학연구』, 16권 2호, pp. 42~74.

───(2015), 『글로벌 지식장과 상징폭력』, 서울: 문학동네.

김경일(1995), 「프랑스 근대 사회과학의 성립: 사회학과 역사학을 중심으로」, 『한국사회학』, 29권, pp. 245~69.

김기석(1991), 『문화재생산이론』, 서울: 교육과학사.

김덕영(2016), 『사회의 사회학: 한국적 사회학 이론을 위한 해석학적 오디세이』, 서울: 도서출판 길.

김동일(2010), 『예술을 유혹하는 사회학』, 서울: 갈무리.

──── (2016), 『피에르 부르디외』, 서울: 커뮤니케이션북스.

김문수(2005), 「옮기고 나서」, 피에르 부르디외, 『나는 철학자: 부르디외의 하이데거론』, 김문수 옮김, 서울: 이매진, pp. 185~91.

김봉석(2017), 「한국사회학에 대한 번역사회학적 연구 시론」, 『문화와 사회』, 24권, pp. 219~88.

김봉석·오독립(2014), 「미국 현대 사회학이론 수용과 번역 현황 개관」, 『사회와 이론』, 24호, pp. 153~219.

김성기(1996), 『패스트푸드점에 갇힌 문화비평』, 서울: 민음사.

김영민(1996), 『탈식민성과 우리 인문학의 글쓰기』, 서울: 민음사.

김영화(2012), 「한국의 문화자본 연구 동향 분석: 경험적 연구를 중심으로」, 『교육사회학연구』, 22권 4호, pp. 51~81.

김욱동(2011), 『번역의 미로』, 서울: 글항아리.

김정곤·임기대(2005), 「역자후기」, 피에르 부르디외, 『호모 아카데미쿠스』, 김정곤·임기대 옮김, 서울: 동문선, pp. 363~65.

김정근 엮음(2000), 『한국사회과학의 탈식민성 담론 어디까지 와 있는가』, 서울: 지식산업사.

김정환(2016), 「문화사회학과 실천의 문제: 실천적 전환을 중심으로」, 『문화와 사회』, 20권, pp. 289~336.

김종수(1996), 「〔WTO체제하의 저작권법: 출판〕 정책목표 수립과 환경조성이 시급하다」, 〔전자매체본〕 『문화예술』, 5월호(URL: www.arko.or.kr/zine/artspaper96_05/index9605.htm).

김종엽(2008), 「문화 개념의 역사적 변동과 지형: 문화 연구의 지향점 재검토를 위하여」, 『동향과 전망』, 72호, pp. 326~56.

김종영(2015), 『지배받는 지배자: 미국 유학과 한국 엘리트의 탄생』, 서울: 돌베개.

김현경(2006), 「한국의 지적 장은 식민화되었는가?」, 『비교문화연구』, 12집 1호, pp. 111~40.

─── (2009, 5월), 「푸코와 들뢰즈의 수용: 이론의 수입에 대한 고찰」, "연세대학교 국학연구원 제2차 사회인문학 포럼."

─── (2015), 『사람 장소 환대』, 서울: 문학과지성사.

김현준·김동일(2011), 「부르디외의 성찰적 사회학과 순수성의 정치: 사회학장의 자율성과 사회적 참여를 위한 사회학자의 이중적 상징투쟁」, 『사회과학연구』, 19권 2호, pp. 38~76.

나종석(2011, 5월), 「포스트모던 사상의 수용사와 학술담론/제도사 연구」, "연세대학교 국학연구원 HK사업단 학술대회 '한국 인문학의 소통과 탐색: 학제적 주제 수용과 방법론'"

박재환(1997), 「피에르 부르디외와의 인터뷰」, 『세계사상』, 3호, pp. 265~82.

박정호(2012), 「부르디외의 증여 해석: '사심 없음'의 경제적 정화淨化와 부정철학의 이중 효과」, 『경제와 사회』, 94호, pp. 209~41.

박정호·현정임(2010), 「부르디외의 예술사회학에 대한 비판적 검토: '상징적 재화의 경제'에 함축된 '예술의 주술·종교적 본성'과 '경제적 환원론'을 중심으로」, 『사회와 이론』, 16호, pp. 79~116.

박지영(2009), 「해방기 지식 장의 재편과 '번역'의 정치학」, 『대동문화연구』, 68호, pp. 423~80.

─── (2011), 「인문서의 출판과 번역정책」, 김재현 외, 『한국인문학의 형성』,

　　　서울: 한길사, pp. 421~56.

박진규(2013), 「미디어 문화연구의 정치적 기획으로서 학부교육: 토론식 교수법 개발 사례를 중심으로」, 『커뮤니케이션 이론』, 9권 1호, pp. 120~62.

박진우(2004), 「프랑스의 미디어 비평단체」, 한국언론재단 엮음, 『세계의 미디어 비평』, 서울: 한국언론재단, pp. 37~79.

박홍원(2016), 「탈정치화 시대의 미디어와 민주주의: 탈정치화 기제로서의 미디어화」, 『한국방송학보』, 30권 5호, pp. 5~42.

백승우(2002), 「번역의 정치: 하버마스의 수용과 다시 쓰기」, 서울대학교 언론정보학과 대학원 석사 학위논문.

선내규(2008), 「해방인가 상징폭력인가: 부르디외의 '성찰적 사회학'에 대한 비판적 고찰」, 『사회과학연구』, 16권 1호, pp. 532~76.

──── (2010), 「한국 사회학장의 낮은 자율성과 한국 사회학자들의 역할 정체성 혼란」, 『사회과학연구』, 18권 2호, pp. 126~76.

신미경(2003), 『프랑스 문학사회학』, 서울: 동문선.

양은경(2006), 『한국 문화연구의 형성』, 서울: 한국학술정보.

양은경 외(2002), 『문화와 계급: 부르디외와 한국 사회』, 서울: 동문선.

오생근(1991), 「문학제도의 시각과 위상」, 『현대비평과 이론』, 1호, pp. 48~61.

──── (1993. 5) 「철학적 사회학의 대가, 피에르 부르디외」, 『한국논단』, 45권, pp. 127~32.

윤정로(1991), 「계급구조와 재생산이론: 부르디외의 이론」, 서울대학교 사회학연구회 엮음, 『사회계층: 이론과 실제』, 서울: 다산출판사, pp. 40~52.

이경원(2011), 『검은 역사, 하얀 이론: 탈식민주의의 계보와 정체성』, 서울: 한
　　길사.

이광래(2003), 『한국의 서양 사상 수용사』, 서울: 열린책들.

이기현(1994a), 「사회적 상상의 복원 혹은 상징의 사회학」, 『사회비평』, 11호,
　　pp. 261~78.

──── (1994b), 「사회과학 방법론으로서 담론 이론과 담론 분석」, 『현대비평
　　과 이론』, 7호, pp. 75~93.

──── (1994c), 「부르디외의 문화비판이론」, 『민족예술』, 4호, pp. 89~96.

──── (1995), 「피에르 부르디외: 비판사회과학의 성찰성」, 『탈현대사회사상
　　의 궤적: 현대·탈현대의 지평 너머』, 서울: 새길, pp. 393~414.

이상수·이명진(2016), 「한국 사회에서 문화자본 연구의 가능성과 한계」, 『문
　　화와 사회』, 21권, pp. 339~80.

이상길(2006), 「미디어와 문화산업: 장이론의 맹점?」, 『언론과 사회』, 14권 4
　　호, pp. 70~100.

──── (2010), 「문화연구의 연구문화: 언론학계에서의 제도화 효과에 대한 성
　　찰」, 『민족문화연구』, 53호, pp. 1~63.

──── (2011), 「부르디외, 예술을 말하다」, 『인문예술잡지 F』, 2호, pp.
　　73~96.

──── (2014a), 「취향, 교양, 문화: 사회학주의를 넘어서」, 『문학과 사회』, 106
　　호, pp. 242~60.

──── (2014b), 「미시권력 대 미시저항: 부르디외와 세르토」, 『인문예술잡지
　　F』, 13호, pp. 69~109.

──── (2014c), 「안다는 것, 준다는 것, 믿는다는 것: 부르디외와 벤느」, 『인문
　　예술잡지 F』, 14호, pp. 83~146.

──(2014d), 「예속의 위험, 자유의 모험: 부르디외와 푸코 (1)」, 『인문예술 잡지 F』, 15호, pp. 51~65.

──(2015a), 「예속의 위험, 자유의 모험: 부르디외와 푸코 (3)」, 『인문예술 잡지 F』, 17호, pp. 76~97.

──(2015b), 「부르디외 사회학의 주요 개념」, 피에르 부르디외, 『성찰적 사회학으로의 초대: 부르디외 사유의 지평』, 이상길 옮김, 서울: 그린비, pp. 477~538.

──(2016a), 「계몽의 시각적 수사학: 『악트』의 성공담 혹은 성장담」, 『문학과 사회』, 115호, pp. 232~53.

──(2016b), 「반反예술의 문화, 반反미학의 미학: 대중문화와 예술의 관계에 관한 사회학적 노트」, 『쓺』, 3호, pp. 8~35.

──(2016c), 「취향사회학과 미디어/문화연구」, 김미경 외, 『커뮤니케이션학의 확장: 경계에서 미디어 읽기』, 서울: 나남, pp. 97~139.

이성용(2015), 「이론과 현실의 주객전도 바로잡기: 한국(비서구) 사회과학의 탈식민화와 새로운 패러다임 형성을 위한 이론화 방법론」, 『사회와 이론』, 26집, pp. 55~103.

이정우·김성기 외(1997), 『프랑스 철학과 우리 1: 현대 프랑스 철학을 보는 눈』, 서울: 당대.

이현우(2009), 『로쟈의 인문학 서재』, 서울: 산책자.

장미혜(2001), 「문화자본과 소비양식의 차이」, 『한국사회학』, 35권 3호, pp. 51~81.

정민우(2013), 「지식 장의 구조변동과 대학원생의 계보학, 1980~2012」, 『문화와 사회』, 15권, pp. 7~78.

정수복(1992), 「현대 프랑스 사회학의 지성사」, 피에르 앙사르, 『현대 프랑스 사회학』, 정수복 옮김, 서울: 문학과지성사, pp. 11~44.

─── (2015a), 『응답하는 사회학: 인문학적 사회학의 귀환』, 서울: 문학과지
    성사.

─── (2015b), 「김경만의 '지적 도발'에 대한 정수복의 '응답'」, 『경제와 사회』,
    108호, pp. 254~87.

정일준(1995), 「왜 부르디외인가? 문제는 '상징권력'이다」, 피에르 부르디외,
    『상징폭력과 문화재생산』, 정일준 엮고 옮김, 서울: 새물결, pp. 5~42.

정태석(2016), 「글로벌 지식장 논쟁과 사회(과)학의 의미」, 『경제와 사회』, 110
    호, pp. 411~17.

조은(2011), 「부르디외를 빌려도 될까요?: '월남가족'과 '월북가족'의 계급재생
    산에서 문화자본 읽기」, 『문화와 사회』, 11권, pp. 65~106.

조혜정(1992), 『(탈식민지 시대 지식인의) 글 읽기와 삶 읽기 1: 바로 여기 교실
    에서』, 서울: 또 하나의 문화.

지영래(2009), 『집안의 천치: 사르트르의 플로베르론』, 서울: 고려대학교출
    판부.

진태원(2014), 「'비판적 사유의 미국화'란 무엇인가?」, 『황해문화』, 85호, pp.
    211~30.

채웅준(2017), 「지식 수용과 번역의 사회적 조건: 들뢰즈 저작의 번역을 중심
    으로」, 『사회와 이론』, 31집, pp. 425~70.

최샛별(2003), 「한국 사회에서의 영어실력에 대한 문화자본론적 고찰: 대학생
    들의 영어학습실태와 영어능력자에 대한 인식을 중심으로」, 『사회과학
    연구논총』, 11권, pp. 5~21.

─── (2006), 「한국 사회에 문화 자본은 존재하는가?」, 『문화와 사회』, 1권,
    pp. 123~58.

최종철(1994), 「탁월화, 사회적 판단력 비판」, 김진균·임현진·전성우 엮음, 『사회학의 명저 20』, 서울: 새길, pp. 233~46.

───(1996), 「역자 후기」, 피에르 부르디외, 『구별짓기 하』, 최종철 옮김, 서울: 새물결, pp. 891~904.

하상복(2006), 『부르디외 & 기든스: 세계화의 두 얼굴』, 서울: 김영사.

하홍규(2013), 「사회이론에서 프래그머티즘적 전환」, 『사회와 이론』, 23집, pp. 49~74.

───(2014), 「실천적 전환에 대한 비판적 고찰: 기든스와 부르디외를 중심으로」, 『한국사회학』, 48권 1호, pp. 205~33.

한주리(2009), 「한국 출판편집자들의 사회적 지위에 대한 탐색적 연구: 중국, 일본, 한국의 사례를 중심으로」, 『한국출판학연구』, 35권 1호, pp. 425~63.

허경(2010), 「프랑스 철학의 우리말 번역과 수용: 미셸 푸코의 『성의 역사2: 쾌락의 활용』을 중심으로」, 『인문과학연구』, 26집, pp. 435~60.

현택수(1994), 「문학의 장과 아비튀스」, 『사회비평』, 11호, pp. 92~117.

현택수·정선기·이상호·홍성민(1998), 『문화와 권력: 부르디외 사회학의 이해』, 서울: 나남.

홍성민(2000), 『문화와 아비투스: 부르디외와 유럽정치사상』, 서울: 나남.

───(2004), 『피에르 부르디외와 한국사회: 이론과 현실의 비교정치학』, 서울: 살림.

───(2012), 『취향의 정치학: 피에르 부르디외의 『구별짓기』 읽기와 쓰기』, 서울: 현암사.

홍성민 엮음(2008), 『지식과 국제정치: 학문 속에 스며 있는 정치권력』, 서울: 한울.

홍성호(1995), 『문학사회학: 골드만과 그 이후』, 서울: 문학과지성사.

황태연(1992), 『환경정치학과 현대 정치사상』, 서울: 나남.

Adorno, T.(1951), *Minima Moralia*[『미니마 모랄리아』, 김유동 옮김, 서울: 길, 2005].

──(1955), *Prismen: Kulturkritik und Gesellschaft*[『프리즘: 문화비평과 사회』, 홍승용 옮김, 서울: 문학동네, 2004].

Alexander, J.(2000), *La Réduction: Critique de Bourdieu*, Paris: Cerf.

Althusser, L.(1994), *Sur la philosophie*[『철학에 대하여』, 서관모·백승욱 옮김, 서울: 동문선, 1997].

Angermuller, J.(2015), *Why There is No Poststructuralism in France: The Making of an Intellectual Generation*, London: Bloomsbury.

Ansart, P.(1990), *Les Sociologies contemporaines*[『현대 프랑스 사회학』, 정수복 옮김, 서울: 문학과지성사, 1992].

ARESER(1997), *Quelques diagnostics et remèdes urgents pour une université en péril*, Paris: Liber-Raisons d'agir.

Aron, R.(1962), "Preface," in P. Bourdieu, *The Algerians*, New York, NY: Beacon Press, pp. v~vii.

──(1983), *Mémoires*, Paris: Julliard.

Aron, R. & Bourdieu, P.(1962), "Centre de sociologie européenne," *Revue française de sociologie*, 3(3), pp. 325~28.

Austin, J. L.(1975), *How to Do Things with Words*[『말과 행위』, 김영진 옮김, 서울: 서광사, 1992].

Avril, Y.(1978), "Le pamphlet: essai de définition et analyse de quelques-uns de ses procédés," *Etudes littéraires*, 11, pp. 265~81.

Bachelard, G.(1949), *Le Rationalisme appliqué*, Paris: PUF.

——(1967), *La Formation de l'esprit scientifique*, Paris: PUF.

——(1971), *Épistémologie: Textes choisis*, Paris: PUF.

——(1972), *L'Engagement rationaliste*, Paris: PUF.

Bachmann, C., Lindenfeld, J. & Simonin, J.(1981), *Langage et communications sociales*, Paris: Hatier.

Bakhtin, M.(1973), *Marxism and the Philosophy of Language*[『마르크스주의와 언어철학』, 송기한 옮김, 서울: 한겨레, 1988].

——(1987), Freudianism: A Critical Sketch[『새로운 프로이트』, 송기한 옮김, 서울: 예문, 1998].

Barthe, Y. & Lemieux, C.(2002), "Quelle critique après Bourdieu?," *Mouvements*, 24, pp. 33~38.

Barthes, R.(1973), "Texte (Théorie du)", in R. Barthes, *Oeuvres complètes IV 1972~1976*, Paris: Seuil, 2002, pp. 443~59.

Baudouin, J.(2012), *Pierre Bourdieu: Quand l'intelligence entrait enfin en politique! 1982~2002*, Paris: Cerf.

Bauman, Z.(1989), *Legislators and Interpreters: On Modernity, Post-Modernity and Intellectuals*, London: Polity.

Bayard, P.(2007), *Comment parler des livres que l'on n'a pas lus?*[『읽지 않은 책에 대해 말하는 법』, 김병욱 옮김, 서울: 여름언덕, 2008].

Becker, G. S.(1996), *Accounting for Tastes*, Cambridge. MA: Harvard University Press.

Becker, H. S. & Pessin, A.(2006), "A dialogue on the ideas of 'world' and 'field'," in H. S. Becker, *Art Worlds*, Berkeley: University of California Press, 2008, pp. 372~86.

Bénatouïl, T.(1999), "Critique et pragmatique en sociologie: Quelques principes de lecture," *Annales HSS*, 2, pp. 281~317.

Benson, R.(2006), "News media as a 'journalistic field': What bourdieu adds to new institutionalism, and vice versa," *Political Communication*, 23, pp. 187~202.

———(2009), "Shaping the public sphere: Habermas and beyond," *American Sociologist*, 40, pp. 175~97.

Boltanski, L.(1975), "Note sur les échanges philosophiques internationaux," *Actes de la recherche en sciences sociales*, 5/6, pp. 191~99.

———(1990), *L'Amour et la justice comme compétence*, Paris: Métailié.

———(2003), "Usages faibles, usages forts de l'habitus," in P. Encrevé & R.-M. Lagrave (Eds.), *Travailler avec Bourdieu*, Paris: Flammarion, pp. 153~61.

———(2008), *Rendre la réalité inacceptable: A propos de "La production de l'idéologie dominante"*, Paris: Demopolis.

———(2009), *De la critique*, Paris: Gallimard.

Boltanski, L. & Chiapello, E.(1999), *Le Nouvel esprit du capitalisme*, Paris: Gallimard.

Boltanski, L. & Thévenot, L.(1991), *De la justification: Les économies de la grandeur*, Paris: Gallimard.

Boudon, R.(1986), *L'Idéologie ou l'origine des idées reçues*, Paris: Fayard.

Bourricaud, F.(1975), "Contre le sociologisme: une critique et des propositions," *Revue française de sociologie,* 16(1), pp. 583~603.

Bouveresse, J.(2003), *Bourdieu, savant & politique,* Marseille: Agone.

Bouveresse, J. & Roche, D. (Eds.) (2004), *La Liberté par la connaissance: Pierre Bourdieu, 1930~2002,* Paris: Odile Jacob.

Boyer, R.(2003), "L'anthropologie économique de Pierre Bourdieu," *Actes de la recherche en sciences sociales,* 150, pp. 65~78.

Broady, D.(1997), "The epistemological tradition in french sociology," in J. Gripsrud (Ed.), *Rhetoric and Epistemology,* Bergen: University of Bergen, pp. 97~119.

Brubaker, R.(1985), "Rethinking classical theory: The sociological vision of Pierre Bourdieu," *Theory and Society,* 14(6), pp. 745~75.

―――(1993), "Social theory as habitus," in C. Calhoun, E. LiPuma & M. Postone (Eds.), *Bourdieu: Critical Perspectives,* Chicago, IL: University of Chicago Press, pp. 212~34.

Buchholz, L.(2016), "What is a global field? Theorizing fields beyond the nation-state," *The Sociological Review Monographs,* 64(2), pp. 31~60.

Burawoy, M. & Holdt, K. V.(2012), *Conversations with Bourdieu: The Johannesburg Moment,* Johannesburg: Wits University Press.

Butler, J.(1999), "Performativity's Social Magic," in R. Shusterman (Ed.), *Bourdieu: A Critical Reader,* Oxford: Blackwell, pp. 113~28.

Caillé, A.(1984), "Du penchant utilitariste dans les sciences sociales," *Esprit, 89,* pp. 123~34.

────(1987), "Critique de P. Bourdieu: L'économisme," *Bulletin du MAUSS*, 22, pp. 107~54.

────(1994), *Don, intérêt et désintéressement: Bourdieu, Mauss, Platon et quelques autres*, Paris: La Découverte/MAUSS.

Canguilhem, G.(1947), "Maurice Halbwachs (1877~1945)," *Mémorial des années 1939~1945*, Paris: Les belles lettres, pp. 229~41.

────(1968), *Etudes d'histoire et de philosophie des sciences*, Paris: Vrin.

Casanova, P.(2002), "Consécration et accumulation de capital littéraire: La traduction comme échange inégale," *Actes de la recherche en sciences sociales*, 144(1), pp. 7~20.

────(2004), "La revue *Liber*: Réflexions sur quelques pratiques de la notion d'autonomie relative," in L. Pinto, G. Sapiro & P. Champagne (Eds.), *Pierre Bourdieu Sociologue*, Paris: Fayard, pp. 413~30.

────(2013), "Autoportrait en artiste libre, ou 'Je ne sais pas pourquoi je me suis mêlé à ça'," in P. Bourdieu, *Manet: Une révolution symbolique*, Paris: Seuil/Raisons d'agir, pp. 737~39.

Cassirer, E.(1973), *Langage et mythe: À propos des noms de Dieux*, Paris: Minuit[『언어와 신화』, 신응철 옮김, 서울: 지식을만드는지식, 2015].

Castel, R.(1996), "De l'usage des 'grands hommes'," *Sociétés & représentations*, 3, pp. 33~39.

────(2003), "Pierre Bourdieu et la dureté du monde," in P. Encrevé & R.-M. Lagrave (Eds.), *Travailler avec Bourdieu*, Paris: Flammarion, pp. 347~55.

Charles, Ch.(1990), *Naissance des 'intellectuels' 1880~1900*, Paris: Minuit.

Champagne, P.(2004), "Making the people speak: The use of public opinion polls in democracy," *Constellations*, 11(1), pp. 61~75.

Champagne, P. et al.(2004), *Pierre Bourdieu & les médias*. Paris: L'Harmattan.

Chapoulie, J.-M. et al. (Eds.) (2005), *Sociologues et sociologies: La France des années 60*, Paris: L'Harmattan.

Chomski, N.(1975), *Reflections on Language*, New York: Pantheon Books.

───── (1988), *Language and Problems of Knowledge*, Cambridge: The MIT Press[『언어와 지식의 문제』, 이통진 옮김, 서울: 한신문화사, 1994].

Clough, L. C.(1998), *Translating Pierre Bourdieu: Reverence and Resistance*, Ph. D. dissertation, University of Maryland, College Park.

Coleman, J. S.(1988), "Social capital in the creation of human capital," *American Journal of Sociology*, 94(Supplement), S95~S120.

Collier, P.(1993), "Liber: Liberty and literature," *French Cultural Studies*, 12, pp. 291~303.

Colonna, F.(2009), "The phantom of dispossession: From *The Uprooting* to *The Weight of the World*," in P. Silverstein, J. Goodman & P. Forgarty. (Eds.), *Bourdieu in Algeria*, Lincoln: University of Nebraska Press, pp. 63~93.

Connell, K. & Hilton, M.(2015) "The working practices of Birmingham's Centre for Contemporary Cultural Studies," *Social History,* 40(3), pp. 287~311.

Connell, R.(2007), *Southern Theory: The Global Dynamics of Knowledge in the Social Science,* London: Allen & Unwin.

Corcuff, P.(2000), *Philosophie politique,* Paris: Nathan Université.

Couldry, N.(2003), "Media meta-capital: Extending the range of Bourdieu's field theory," *Theory and Society,* 32(5/6), pp. 653~77.

Crignon, A.(2002, January), "La 'fureur légitime'," *Le Nouvel observateur,* p. 50.

Cusset, F.(2003), *French Theory: How Foucault, Derrida, Deleuze & Co. Transformed the Intellectual Life of the United States,* Minneapolis: University of Minnesota Press[『루이비통이 된 푸코?: 위기의 미국 대학, 프랑스 이론을 발명하다』, 문강형준·박소영·유충현 옮김, 서울: 난장, 2012].

──── (2010), "L'inversion des flux théoriques: vers un Gulf Stream intellectuel?," *Revue française d'études américaines,* 126, pp. 3~20.

Darras(1966), *Le Partage des bénéfices,* Paris: Minuit.

Defrance, J.(2005), "A l'école de la pratique sociologique," in G. Mauger (Ed.), *Rencontres avec Pierre Bourdieu,* Paris: Editions du Croquant, 2005, pp. 209~18.

Desan, M. H.(2013), "Bourdieu, Marx, and capital: A critique of the extension model," *Sociological Theory,* 31(4), pp. 318~42.

Descombes, V.(1986), "The ambiguity of the symbolic," *Theory, Culture & Society*, 3(3), pp. 69~83.

Dezalay, Y. & Garth, B. (2002). *The Internationalization of Palace Wars*[『궁정전투의 국제화』, 김성현 옮김, 서울: 그린비, 2007].

Donzelot, J.(2008), "Devenir sociologue en 1968: Petite topographie physique et morale de la sociologie en ce temps-là," *Esprit*, 344, pp. 47~53.

Dosse, F.(1992), *Histoire du structuralisme I, II*[『구조주의의 역사 1~4』, 이봉지·송기정 외 옮김, 서울: 동문선, 1998~2003].

──── (1995), *L'Empire du sens: L'humanisation des sciences humaines*, Paris: La Découverte.

Dubois, J.(1985), "Champ, appareil ou institution? (Note)," *Sociocriticism*, 2, pp. 25~29.

Ducourant, H. & Éloire, F.(2014), "Entretien avec Monique de Saint Martin," *Revue française de socio-économie*, 13, pp. 191~201.

Durkheim, E.(1999[1938]), *L'Évolution pedagogique en France*, Paris: PUF.

Durkheim, E. & Mauss, M.(1968), *De Quelques formes primitives de classification: Contribution a l''etude des représentations collective*[『분류의 원시적 형태들: 집단표상 연구에의 기여』, 김현자 옮김, 서울: 서울대학교출판문화원, 2013].

Duval, J., Gaubert, C., Lebaron, F., Marchetti & Pavis, F.(1998), *Le "Décembre" des intellectuels français*, Paris: Liber-Raisons d'Agir.

Elias, N.(1970), *Was ist Soziologie?*[『사회학이란 무엇인가』, 최재현 옮김, 서

울: 나남, 1987].

──(1991), *La Sociétés des individus*, Paris: Fayard.

Encrevé, P.(2002), "Changer les mots et les choses," *Les Inrockuptibles*, 323, p. 16.

──(2003), "La parole et son prix," in P. Encrevé & R.-M. Lagrave (Eds.), *Travailler avec Bourdieu*, Paris: Flammarion, pp. 257~66.

Encrevé, P. & Lagrave, R.-M. (Eds.) (2003), *Travailler avec Bourdieu*, Paris: Flammarion.

Eribon, D.(2011), *Michel Foucault*, Paris: Flammarion[『미셸 푸코, 1926~1984』, 박정자 옮김, 서울: 그린비, 2012].

Eco, U. et al.(1992), *Interpretation and Overinterpretation*, Cambridge: Cambridge University Press[『해석이란 무엇인가』, 손유택 옮김, 서울: 열린책들, 1997].

Escarpit, R.(1958), *Sociologie de la littérature*[『출판·문학의 사회학』, 민병덕 옮김, 서울: 일진사, 1999].

Fabiani, J.-L.(1999), "Les règles du champ," in B. Lahire (Ed.), *Le Travail sociologique de Pierre Bourdieu*, Paris: La Découverte, pp. 75~91.

──(2001), "L'Expérimentation improbable," in M. de Fornel, A. Ogien & L. Quéré (Eds.), *L'Ethnométhodologie: Une sociologie radicale*, Paris: La Découverte, pp. 277~96.

──(2008), "Le jazz a-t-il été un jour un art moyen?," in F. Gaudez (Ed.), *Les Arts moyens aujourd'hui: Tome 1*, Paris: L'Harmattan, pp. 125~38.

──── (2016), *Pierre Bourdieu: Un structuralisme héroïque*, Paris: Seuil.

Ferry, L. & Renaut, A.(1985), *La Pensée 68*[『68사상과 현대 프랑스 철학: 푸꼬, 데리다, 부르디외, 라깡에 대한 비판적 소고』, 구교찬 외 옮김, 서울: 인간사랑, 1995].

Foucault, M.(1972), "Les intellectuels et le pouvoir," in D. Defert & F. Ewald (Eds.), *Dits et écrits 2: 1954~1988*, Paris: Gallimard, 1994, pp. 306~15[「지식인과 권력: 푸코와 들뢰즈의 대화」, 미셸 푸코·둣치오 뜨롬바도리, 『푸코의 맑스: 우리는 어떻게 또 얼마나 다르게 생각할 수 있는가?』, 이승철 옮김, 서울: 갈무리, 2004, pp. 187~207].

──── (1977), "Entretien avec Michel Foucault," in D. Defert & F. Ewald (Eds.), *Dits et écrits 2: 1954~1988*, Paris: Gallimard, 1994, pp. 140~60.

──── (1985), "La vie: L'expérience et la science," *Revue de metaphysique et de morale*, 90(1), pp. 3~14.

──── (1990), "Qu'est-ce que la critique?: Critique et Aufklärung," *Bulletin de la société française de philosophie*, 84(2), pp. 35~63[「비판이란 무엇인가?: 비판과 계몽」, 이상길 옮김, 『세계의 문학』, 76호, 1995, pp. 99~144].

Fournier, M.(2002), "Reflections on the Legacy of Pierre Bourdieu," *The Canadian Journal of Sociology*, 27(4), pp. 577~81.

Fraser, N. & Honneth, A.(2003), *Redistribution or Recognition?: A Political-Philosophical Exchange*[『분배냐, 인정이냐?: 정치철학적 논쟁』, 김원식·문성훈 옮김, 고양: 사월의책, 2014].

Freire, P.(1968), *Pedagogy of the Oppressed*[『페다고지』, 남경태 옮김, 서울:

그린비, 2002].

Freud, Z.(1925), "Die Widerstände gegen die Psychoanalysem"[「정신분석
학에 대한 저항」, 『정신분석학 개요』, 박성수·한승완 옮김, 서울: 열린
책들, 1997, pp. 281~300].

Fritsch, Ph.(2005), 'Contre le totémisme intellectuel,' in G. Mauger (Eds.),
Rencontres avec Pierre Bourdieu, Paris: Editions du Croquant,
pp. 81~100.

Fuller, S.(2008), "Conatus," in M. J. Grenfell (Ed.), *Pierre Bourdieu: Key
Concepts*, Durham: Acumen, pp. 171~82.

Gaulejac, V. de(2001), "Sociologues en quête d'identité," *Cahiers
internationaux de sociologie*, 111(2), pp. 355~62.

Gingras, Y.(1995), "Un air de radicalisme: Sur quelques tendances
récentes en sociologie de la science et de la technologie," *Actes de
la recherche en sciences sociales*, 108, pp. 3~17.

──(2004), "Réflexivité et sociologie de la connaissance scientifique,"
in L. Pinto, G. Sapiro & P. Champagne (Eds.), *Pierre Bourdieu,
sociologue*, Paris: Fayard, pp. 337~47.

Go, J.(2008), "Global fields and imperial forms: Field theory and the
British and American empires," *Sociological Theory*, 26(3), pp.
201~29.

──(2013), "For a postcolonial sociology," *Theory & Society*, 42, pp.
25~55.

Gouanvic, J.-M.(2007), "Objectivation, réflexivité et traduction: Pour
une re-lecture bourdieusienne de la traduction," in M. Wolf

& A. Fukari (Eds.), *Constructing a Sociology of Translation*, Amsterdam: John Benjamins, pp. 79~92.

──(2010), "Outline of a sociology of translation informed by the ideas of Pierre Bourdieu," *MonTI*, 2, pp. 119~29.

Gramsci, A.(1971), *Selections from the Prison Notebooks of Antonio Gramsci*[『그람시의 옥중수고 2: 철학, 역사, 문화편』, 이상훈 옮김, 서울: 거름, 1993].

Grémion, P.(2005), "De Pierre Bourdieu à Bourdieu," *Études*, 402, pp. 37~53.

──(2008) "Les sociologues et 68: Notes de recherche," *Le Débat*, 149, pp. 20~36.

Grenfell, M.(2011), *Pierre Bourdieu: Agent Provocateur*, London: Continuum.

Grignon, C.(1996), "Le savant et le lettré, ou l'examen d'une désillusion," *Revue européenne des sciences sociales*, 103, pp. 81~98.

──(1998, October), "La raison du plus fort," *Le Magazine littéraire*, 369, pp. 61~63.

──(2002), "Comment peut-on être sociologue?," *Revue européenne des sociences sociales*, 123, pp. 181~225.

Grignon, C. & Passeron, J.-C.(1989), *Le Savant et le populaire: Misérabilisme et populisme en sociologie et en littérature*, Paris: Gallimard/Le Seuil.

Gros, F.(1994), "Foucault et la fonction de l'intellectuel," *La Pensée*, 299, pp. 79~86.

Gruel, L.(2005), *Pierre Bourdieu, illusionniste*, Rennes: PUR.

Guillory, J.(2000), "Bourdieu's refusal," in N. Brown & I. Szeman (Eds.), *Pierre Bourdieu: Fieldwork in Culture*, Lanham: Rowman & Littlefield, pp. 19~43.

Gumperz, J. & Cook-Gumperz, J.(1982), "Language and the communication of social identity," in J. Gumperz (Ed.), *Language and Social Identity*, Cambridge: Cambridge University Press, pp. 1~21.

Habermas, J.(1990), *Strukturwandel der Öffentlichkeit: Untersuchungen zu einer Kategorie der bürgerlichen Gesellschaft*, Frankfurt: Suhrkamp Verlag[『공론장의 구조변동』, 한승완 옮김, 서울: 나남, 2001].

─── (1992), "Further reflections on the public sphere," in C. Calhoun (Ed.), *Habermas and the Public Sphere*, Cambridge: The MIT Press, pp. 421~61.

Harvey, D.(1982), *The Limits to Capital*, Chicago: The University of Chicago Press[『자본의 한계』, 최병두 옮김, 서울: 한울, 1995].

Heilbron, J.(1999), "Toward a sociology of translation: Book translations as a cultural world-system," *European Journal of Social Theory*, 2(4), pp. 429~44.

─── (2002), "Échanges culturels transnationaux et mondialisation: Quelques réflexions," *Regards sociologiques*, 22, pp. 141~54.

─── (2011), "Practical foundations of theorizing in sociology: The case of Pierre Bourdieu," in C. Camic, N. Gross & M. Lamont (Eds.),

   Social Knowledge in the Making, Chicago: University of Chicago Press, pp. 181~205.

────(2014), "The social sciences as an emerging global field," *Current Sociology*, 62(5), pp. 685~703.

────(2015), *French Sociology*, Ithaca: Cornell University Press.

Heilbron, J. & Sapiro, G.(2002), "La traduction littéraire, un objet sociologique," *Actes de la recherche en sciences sociales*, 144, pp. 3~5.

────(2007), "Outline for a sociology of translation: Current issues and future prospects," in M. Wolf & A. Fukari (Eds.), *Constructing a Sociology of Translation*, Amsterdam: John Benjamins, pp. 93~108.

Heinich, N.(2007), *Pourquoi Bourdieu*, Paris: Gallimard.

────(2010), "What does 'sociology of culture' mean?: Notes on a few trans-cultural misunderstandings," *Cultural Sociology*, 4(2), pp. 257~65.

Héran, F.(1987), "La seconde nature de l'habitus: Tradition philosophique et sens commun dans le langage sociologique," *Revue française de sociologie*, 28(3), pp. 385~416.

Hirschhorn, M.(1988), *Max Weber et la sociologie française*, Paris: Harmattan.

Honneth, A.(1986), "The Fragmented world of symbolic forms: Reflections on Pierre Bourdieu's sociology of culture," *Theory, Culture & Society*, 3(3), pp. 55~66.

Jacquemond, R.(2010), "Les traductions arabes de Pierre Bourdieu," *Arabica*, 57, pp. 559~88.

Jakobson, R.(1963), *Essais de linguistique générale*, Paris: Minuit[『일반언어학 이론』, 권재일 옮김, 서울: 민음사, 1994].

Jameson, F.(1972), *The Prison-House of Language: A Critical Account of Structuralism and Russian Formalism*[『언어의 감옥: 구조주의와 형식주의 비판』, 윤지관 옮김, 서울: 까치, 1985].

Jenkins, R.(1992), *Pierre Bourdieu*, London: Routledge.

Joas, H. & Knöbl, W.(2011), "Between structuralism and theory of practice: The cultural sociology of Pierre Bourdieu," in S. Suzen & B. S. Turner (Eds.), *The Legacy of Pierre Bourdieu: Critical Essays*, London: Anthem Press, pp. 1~32.

Kalinowski, I.(2002), "La vocation au travail de traduction," *Actes de la recherche en sciences sociales*, 144, pp. 47~54.

Kauppi, N. & Swartz, D.(2015), "Global Bourdieu," *Comparative Sociology*, 14, pp. 565~86.

Kleinman, A.(1996), "Bourdieu's impact on the anthropology of suffering," *International Journal of Contemporary Sociology*, 33(2), pp. 203~10.

Kögler, H.-H.(2011), "Overcoming semiotic structuralism: Language and habitus in Bourdieu," in S. Susen & B. Turner (Eds.), *The Legacy of Bourdieu: Critical Essays*, London: Anthem Press, pp. 271~99.

Kuipers, G.(2011), "Cultural globalization as the emergence of a transnational cultural field: Transnational television and national media landscapes in four european countries," *American Behavioral Scientist*, 55(5), pp. 541~57.

Lahire, B.(1998), *L'Homme pluriel*, Paris: Nathan.

―――(1999), "Champ, hors-champ, contre-champ," in B. Lahire (Ed.), *Le Travail sociologique de Pierre Bourdieu*, Paris: La Découverte, pp. 23~57.

―――(2004), *La Culture des individus: Dissonances culturelles et distinction de soi*, Paris: La Découverte.

Lallot, J.(2005), "Pablo," in G. Mauger (Ed.), *Rencontres avec Pierre Bourdieu*, Paris: Editions du Croquant, pp. 25~30.

Lamont, M.(2010), "Looking back at Bourdieu," in E. Silva & A. Warde (Eds.), *Cultural Analysis and Bourdieu's Legacy: Settling Accounts and Developing Alternatives*, London: Routledge, pp. 128~41.

Lagasnerie, G. de(2011), *Sur la science des oeuvres*, Paris: Editions Cartouche.

Lane, J.(2000), *Pierre Bourdieu: A Critical Introduction*, London: Pluto.

―――(2006), *Bourdieu's Politics: Problems and Possibilities*, London: Routledge.

Laplanche, J. & Pontalis, J.-B.(1997), *Vocabulaire de la psychanalyse*[『정신분석 사전』, 임진수 옮김, 서울: 열린책들, 2005].

Latour, B.(1991), *Nous n'avons jamais été modernes: Essai d'anthropologie symétrique*, Paris: La Découverte[『우리는 결코 근대인이었던 적이 없다』, 홍철기 옮김, 서울: 갈무리, 2009].

―――(1994), *Le Métier de chercheur: Regard d'un anthropologue*, Paris:

INRA.

Le Sueur, J.(2001), *Uncivil War: Intellectuals and Identity Politics during the Decolonization of Algeria*, Philadelphia: University of Pennsylvania Press.

Lebaron, F.(2004), "Les modèles économiques face à l'économisme," in L. Pinto, G. Sapiro & P. Champagne (Eds.), *Pierre Bourdieu, sociologue*, Paris: Fayard.

Lebaron, F. & Le Roux, B. (Eds.) (2015), *La Méthodologie de Pierre Bourdieu en action: Espace culturel, espace social et analyse des données*, Paris: Dunod.

Lebaron, F. & Mauger, G. (Eds.) (2012), *Lectures de Bourdieu*, Paris: Ellipses.

Leclercq, C., Lizé, W. & Stevens, H. (Eds.) (2015), *Bourdieu et les sciences sociales: Réception et usages*, Paris: La Dispute.

Lee, S.-G.(1999), "Pour une analyse relationnelle de la messagerie télématique," *Sociétés*, 66, pp. 125~34.

Lemert, C.(1981), "Reading french sociology," in C. Lemert (Ed.), *French Sociology: Rupture and Renewal since 1968*, New York: Columbia University Press, pp. 3~32.

────(Ed.)(1981), *French Sociology: Rupture and Renewal since 1968*, New York: Columbia University Press.

Lenoir, R.(2006), "Scientific habitus: Pierre Bourdieu and the collective intellectual," *Theory, Culture & Society*, 23(6), pp. 25~43.

Lescourret, M.-A.(2008), *Pierre Bourdieu: Vers une économie du bonheur*, Paris: Flammarion.

Lévi-Strauss, C.(1950), "Introduction à l'œuvre de Marcel Mauss," in M. Mauss, *Sociologie et anthropologie*, Paris: PUF, pp. IX~LII.

Lévi-Strauss, C. & Eribon, D.(1988), *De Près et de loin*, Paris: Odile Jacob.

Lyotard, J-F.(1984), *Tombeau de l'intellectuel et autres papiers*, Paris: Galilée[『지식인의 종언』, 이현복 엮고 옮김, 서울: 문예출판사, 1993].

Macherey, P.(2010), "Bourdieu critique de la raison scolastique. Le cas de la lecture littéraire," in J.-P. Martin (Ed.), *Bourdieu et la littérature*, Paris: Cécile Defaut, pp. 113~41.

Madsen, M. R.(2006), "Transnational fields: Elements of a reflexive sociology of the internationalisation of law," *Retfaerd*, 29(3/114), pp. 29~41.

Mani, L.(1990), "Multiple mediations: Feminist scholarship in the age of multinational reception," *Feminist Review*, 35, pp. 24~41.

Marginson, S.(2008), "Global field and global imagining: Bourdieu and worldwide higher education," *British Journal of Sociology of Education*, 29(3), pp. 303~15.

Martel, F.(1998, October), "Analyse d'un 'revirement' politique," *Le Magazine littéraire*, 369, p. 68.

Marx, K. & Engels, F.(1977), *Etudes philosophiques*, Paris: éditions sociales.

Masson, Ph.(2005), "Premières réceptions et diffusions des *Héritiers* (1964~1973)," *Revue d'histoire des sciences humaines*, 13, pp. 69~98.

Mauger, G.(1995), "L'engagement sociologique," *Critique*, 579/580, pp. 674~96.

───── (2015), "Le style de pensée de Pierre Bourdieu," in C. Leclercq, W. Lizé & H. Stevens (Eds.), *Bourdieu et les sciences sociales: Réception et usages*, Paris: La Dispute, pp. 53~71.

───── (Ed.) (2005), *Rencontres avec Pierre Bourdieu*, Paris: Editions du Croquant.

Mayer, N.(1995), "L'entretien selon Pierre Bourdieu: Analyse critique de *La Misère du monde*," *Revue française de sociologie*, 36, pp. 355~70.

McCulloch, G.(2014), "Interdisciplinarity in action: The Centre for Contemporary Cultural Studies, 1964~2002," *Journal of Educational Administration and History*, 46(2), pp. 160~73.

Mignolo, W. D.(2000), *Local Histories/Global Designs: Coloniality, Subaltern Knowledges, and Border Thinking*[『로컬 히스토리/글로벌 디자인: 식민주의성, 서발턴 지식, 그리고 경계사유』, 이성훈 옮김, 서울: 에코리브르, 2013].

Mongin, O.(1998, October), "Les impasses du politique," *Le Magazine littéraire*, 369, pp. 65~67.

Moulin, R. & Veyne, P.(1996), "Entretien avec Jean-Claude Passeron: Un itineraire de sociologue," *Revue européenne des sciences sociales*, 103, pp. 275~354.

Mudimbe, V. Y.(1993), "Reading and teaching Pierre Bourdieu," *Transition*, 61, 144~60.

Myles, J.(2004), "From doxa to experience: Issues in Bourdieu's adoption of Husserlian phenomenology," *Theory, Culture & Society*, 21(2), pp. 91~107.

―――(2010), *Bourdieu, Language and the Media*, New York: Palgrave Macmillan.

Neveu, E.(1994), *Une société de communication?*, Paris: Montchrestien.

―――(2007), "Pierre Bourdieu: Sociologist of media, or sociologist for media scholars?," *Journalism Studies*, 8(2), pp. 335~47.

Nice, R.(1976). "Translator's note," in P. Bourdieu, *Reproduction in Education, Society and Culture*, London: Sage, pp. 15~18.

Nordmann, Ch.(2006), *Bourdieu/Rancière: La politique entre sociologie et philosophie*, Paris: Editions Amsterdam.

Onfray, M.(2002), *Célébration du génie colérique*, Paris: Galilée.

Olivesi, S.(2005), *La Communication selon Bourdieu: Jeu social et enjeu de société*[『부르디외, 커뮤니케이션을 말하다』, 이상길 옮김, 서울: 커뮤니케이션북스, 2007].

Ollion, E. & Abbott, A.(2016), "French connections: The reception of french sociologists in the USA (1970~2012)," *European Journal of Sociology*, 57(2), pp. 331~72.

Passeron, J.-C.(1982), "L'inflation des diplômes: remarques sur l'usage de quelques concepts analogiques en sociologie," *Revue française de sociologie*, 23(4), pp. 551~84.

―――(1992), *Le Raisonnement sociologique: L'espace non-popperien du raisonnement naturel*, Paris: Nathan.

────── (1999), "Présentation de Marseille à Richard Hoggart, et vice versa," in J.-C. Passeron (Eds.), *Richard Hoggart en France*, Paris: BPI, pp. 27~58.

────── (2003), "Mort d'un ami, disparition d'un penseur," in P. Encrevé & R.-M. Lagrave (Eds.), *Travailler avec Bourdieu*, Paris: Flammarion, pp. 17~90.

────── (2004), "Le sociologue en politique, et vice versa: Enquêtes sociologiques et réformes pédagogiques dans les années 1960," in J. Bouveresse & D. Roche (Eds.), *La Liberté par la connaissance: Pierre Bourdieu (1930~2002)*, Paris: Odile Jacob, pp. 15~104.

────── (2005), "Que reste-t-il des *Héritiers* et de *La Reproduction* (1964~1971) aujourd'hui?" in J.-M. Chapoulie, et al. (Eds.), *Sociologues et sociologies: La France des années 60*, Paris: L'Harmattan, pp. 35~64.

────── (2008), *Les Arts moyens aujourd'hui I*, Paris: L'Harmattan.

Peterson, R. A. & Kern, R. M.(1996), "Changing highbrow taste: From snob to omnivore," *American Sociological Review*, 61(5), pp. 900~907.

Pinto, L.(1999), *Pierre Bourdieu et la théorie du monde social*, Paris: Albin Michel.

Pinto, L., Sapiro, G. & Champagne, P.(2004), *Pierre Bourdieu sociologue*, Paris: Fayard.

Pollak, M.(1979), "Paul F. Lazarsfeld, fondateur d'un multinationale scientifique," *Actes de la recherche en sciences sociales*, 25(1), pp.

45~59.

Poupeau, F. & Discepolo, T.(2004), "Scholarship with commitment: On the political engagements of Pierre Bourdieu," *Constellations*, 11(1), pp. 76~96.

Prost, A.(1970), "Une sociologie stérile: 'La reproduction'," *Esprit*, 398, pp. 851~61.

Rahkonen, K.(1996), "Le goût vu comme une lutte: Bourdieu et Nietzsche," Soùétés, 53, pp. 283~97.

Rancière, J.(1983), *Le Philosophe et ses pauvres*, Paris: Fayard.

────── (Ed.) (1984), *L'Empire du sociologue*, Paris: La révolte logique.

Raphael, M.(1980), *Proudhon, Marx, Picasso*, London: Lawrence & Wishart Ltd[『프루동 마르크스 피카소: 예술사회학에 대한 세 가지 연구』, 편집부 옮김, 서울: 눈빛, 1991].

Reboul, O.(1980), *Langage et idéologie*[『언어와 이데올로기』, 홍재성·권오룡 옮김, 서울: 역사비평사, 1994].

Reed, I. A.(2013), "Theoretical labors necessary for global sociology: Critique of Raewyn Connell's *Southern Theory*," *Political Power and Social Theory*, 25, pp. 157~71.

Reed-Danahay, D.(2004), *Locating Bourdieu*, Bloomington: Indiana University Press.

────── (2009), "Bourdieu's ethnography in Béarn and Kabylia: The peasant habitus," in P. Silverstein, J. Goodman & P. Forgarty (Eds.), *Bourdieu in Algeria*, Lincoln: University of Nebraska Press, pp. 133~63.

Ricœur, P.(2004), *Sur la traduction*[『번역론: 번역에 관한 철학적 성찰』, 윤
성우·이향 옮김, 서울: 철학과현실사, 2006].

Robbins, D.(1989), "Bourdieu in England 1964~1977," *Higher Education
Policy*, 2(2), pp. 40~46.

───(2008), French production and english reception: The international
transfer of the work of Pierre Bourdieu. *Sociologica*, 2008, 2(2),
pp. 1~32.

───(2012), "La philosophie et les sciences sociales: Bourdieu,
Merleau-Ponty et Husserl," *Cités*, 51, pp. 17~31.

───(Ed.) (2000), *Pierre Bourdieu*, vol. 1~4, London: Sage.

───(Ed.) (2016), *The Anthem Companion to Pierre Bourdieu*, London:
Anthem Press.

Robinson, D.(1998), "The invisible hands that control translation,"
Quaderns: Revista de traducció, 1, pp. 83~87.

Rogers E. M.(1994), "Paul F. Lazarsfeld and mass communication effects,"
in *History of Communication Study: A Biographical Approach*,
New York: Free Press, pp. 244~315.

Sallaz, J. J. & Zavisca, J.(2007), "Bourdieu in american sociology,
1980~2004," *Annual Review of Sociology*, 33, pp. 21~41.

───(2008), "From the margins to the mainstream: The curious
convergence of Pierre Bourdieu and US sociology," *Sociologica*,
2(URL: www.sociologica.mulino.it/doi/10.2383/27721).

Sanconie, M.(2007), "Préface, postface, ou deux états du commentaire
par des traducteurs," *Palimpsestes*, 20, pp. 177~200.

Santoro, M.(2008), "Putting Bourdieu in the global field," *Sociologica*,
2(URL: www.sociologica.mulino.it/doi/10.2383/27719).

───(2011), "From Bourdieu to cultural sociology," *Cultural sociology*,
5(1), pp. 3~23.

Santoro, M. & Gallelli, A.(2016), "Bourdieu inside Europe: The european
circulation of Bourdieu's ideas," in D. Robbins (Ed.), *The Anthem
Companion to Pierre Bourdieu*, London: Anthem Press, pp.
145~78.

Santoro, M., Gallelli, A. & Grüning, B.(2018), "Bourdieu's international
circulation: An exercise in intellectual mapping," T. Medvetz & J. J.
Sallaz (Eds.), *The Oxford Handbook of Pierre Bourdieu*, Oxford:
Oxford University Press, pp. 21~67.

Sapiro, G.(2008), "Translation and the field of publishing: A commentary
on Pierre Bourdieu's 'A conservative revolution in publishing',"
Translation Studies, 1(2), pp. 154~66.

───(2010), "Globalization and cultural diversity in the book market:
The case of translations in the US and in France," *Poetics*, 38(4),
pp. 419~39.

───(2012), "Du théoricien du social à l'intellectuel global: La réception
internationale de l'oeuvre de Pierre Bourdieu et ses effets en
retour," in F. Lebaron & G. Mauger (Eds.), *Lectures de Bourdieu*,
Paris: Ellipses, pp. 373~89.

Sapiro, G. & Bustamante, M.(2009), "Translation as a measure of
international consecration: Mapping the world distribution of

Bourdieu's books in translation," *Sociologica*, 2/3(URL: http://www.sociologica.mulino.it/doi/10.2383/31374).

Sapiro, G., Steinmetz, G. & Ducournau, C.(2010), "La production des représentations coloniales et postcoloniales," *Actes de la recherche en sciences sociales*, 185, pp. 4~11.

Sardin, P.(2007), "De la note du traducteur comme commentaire: Entre texte, paratexte et pretexte," *Palimpsestes*, 20, pp. 121~36.

Sartre, J.-P.(1960), *Critique de la raison dialectique 1: Théorie des ensembles pratiques*, Paris: Gallimard[『변증법적 이성비판 1: 실천적 총체들의 이론』, 박정자·변광배·윤정임·장근상 옮김, 파주: 나남, 2009].

――― (1964), *Situation V: Colonialisme et néocolonialisme*[『상황 V: 식민주의와 신식민주의』, 박정자 옮김, 서울: 사계절, 1983].

――― (1972), *Plaidoyer pour les intellectuels*, Paris: Gallimard[『지식인을 위한 변명』, 박정태 옮김, 서울: 이학사, 2007].

――― (2013[1961]), *Qu'est-ce que la subjectivité?*, Paris: Les prairies ordinaires.

Saussure, F. de(1972), *Cours de linguistique générale*, Paris: Payot[『일반 언어학 강의』, 최승언 옮김, 서울: 민음사, 2006].

Seibel, C.(2005), "Une rencontre inédite entre statisticiens et sociologues au cours des années 1960~1970," in G. Mauger (Ed.), *Rencontres avec Pierre Bourdieu*, Paris: Editions du Croquant, pp. 35~42.

Schultheis, F.(2005), "Pour un espace décloisonné des sciences sociales européennes," in G. Mauger (Ed.), *Rencontres avec Pierre*

Bourdieu, Paris: Editions du Croquant, pp. 355~62.

Silverstein, P., Goodman, J. & Forgarty, P. (Eds.) (2009), *Bourdieu in Algeria*, Lincoln: University of Nebraska Press.

Simeoni, D.(2000), "Anglicizing Bourdieu," in N. Brown & I. Szeman (Eds.), *Pierre Bourdieu: Fieldwork in Culture*, Lanham: Rowman & Littlefield, pp. 65~86.

Singly, F. de(1998, October), "Bourdieu: Nom propre d'une entreprise collective," *Le Magazine littéraire*, 369, pp. 39~44.

Strauss, A.(1978), "A social world perspective," *Studies in Symbolic Interaction*, 1, pp. 119~28.

Susen, S. & Turner, B. (Eds.) (2011), *The Legacy of Pierre Bourdieu: Critical Essays*, London: Anthem Press.

Swaan, A. de(2001), *Words of the World: The Global Language System*, Cambridge: Polity.

Swartz, D.(1997), *Culture & Power: The Sociology of Pierre Bourdieu*, Chicago: University of Chicago Press.

Taylor, C.(1993), "To follow a rule⋯," in C. Calhoun, E. LiPuma & M. Postone (Eds.), *Bourdieu: Critical Perspectives*, Cambridge: Polity Press, pp. 45~60.

─── (2004), *Modern Social Imaginaries*, Durham: Duke University Press[『근대의 사회적 상상: 경제·공론장·인민 주권』, 이상길 옮김, 서울: 이음, 2010].

Terray, E.(1996), "Réflexions sur la violence symbolique: Autour de Pierre Bourdieu," *Actuel Marx*, 20, pp. 11~25.

Thompson, E. P.(1995), *The Poverty of Theory*[『이론의 빈곤』, 변상출 옮김, 서울: 책세상, 2013].

Thompson, J. B.(1984), *Studies in the Theory of Ideology*, London: Polity Press.

───(2001), "Préface," in P. Bourdieu, *Langage et pouvoir symbolique*. Paris: Seuil[「존 B. 톰슨의 해제」, 『언어와 상징권력』, 김현경 옮김, 서울: 나남, 2014, pp. 407~52].

Throop, C. J. & Murphy, K.(2002), "Bourdieu and phenomenology: A critical assessment," *Anthropological Theory*, 2(2), pp. 185~207.

Tilly, C.(1984), *Big Structures, Large Processes, Huge Comparisons*[『비교 역사사회학: 거대 구조, 폭넓은 과정, 대규모 비교』, 안치민·박형신 옮김, 서울: 일신사, 1998].

Touraine, A.(1992), *Critique de la modernité*[『현대성 비판』, 정수복·이기현 옮김, 서울: 문예출판사, 1995].

───(1994), *Qu'est-ce que la démocratie?*, Paris: Fayard.

Vandenberghe, F.(2006), "The age of epigones: Post-Bourdieusian social theory in France," in G. Delanty (Ed.), *Handbook of Contemporary European Social Theory*, London: Routledge, pp. 69~81.

Venuti, L.(1998), *The Scandals of Translation: Towards an Ethics of Difference*[『번역의 윤리: 차이의 미학을 위하여』, 임호경 옮김, 서울: 열린책들, 2006].

Verdès-Leroux, J.(1998), *Le Savant et la politique: Essai sur le térrorisme sociologique de Pierre Bourdieu*, Paris: Grasset.

Veyne, P.(1995), *Le Quotidien et l'intéressant*, Paris: Les Belles Lettres.

————(1996), "Celui-là n'a pas un bon coeur, que la gratitude fatigue: Pour notre ami Jean-Claude Passeron," *Revue européenne des sciences sociales*, 103, pp. 7~14.

————(2008), *Foucault, sa pensée, sa personne*[『푸코, 사유와 인간』, 이상 길 옮김, 서울: 산책자, 2009].

Vidal-Naquet, P.(2003), "Souvenir à bâtons rompus," in P. Encrevé & R.-M. Lagrave (Eds.), *Travailler avec Bourdieu*, Paris: Flammarion, pp. 91~96.

Vincent, H.(2013), "Space for cultural studies," *Cultural Studies*, 27(5), pp. 666~86.

Wacquant, L.(1993), "Bourdieu in America: Notes on the transatlantic importation of social theory," in C. Calhoun, E. LiPuma & M. Postone (Eds.), *Bourdieu: Critical Perspectives*, Cambridge: Polity Press, pp. 235~62.

————(1996), "Notes tardives sur le 'marxisme' de Bourdieu," *Actuel Marx*, 20, pp. 83~90.

————(2002), "The sociological life of Pierre Bourdieu," *International Sociology*, 17(4), pp. 549~56.

————(2004a), "Pointers on Pierre Bourdieu and democratic politics," *Constellations*, 11(1), pp. 3~15.

————(2004b), "Following Pierre Bourdieu into the field," *Ethnography*, 5(4), pp. 387~414.

————(2007), "Actes de la recherche en sciences sociales," in L. D. Kritzman (Ed.), *The Columbia History of Twentieth Century French*

Thought, New York: Columbia University Press, pp. 683~85.

────(2013a), "Bourdieu 1993: A case study in scientific consecration,"
Sociology, 47(1), pp. 15~29[「부르디외 1993: 학문적 성화에 대한 한
사례 연구」, 정철희·이태훈 옮김, 『한국사회학』, 47집 1호, 2013, pp.
15~34].

────(2013b), "Symbolic power and group-making: On Pierre
Bourdieu's reframing of class," *Journal of Classical Sociology*,
13(2), pp. 274~91[「상징권력과 집단형성: 피에르 부르디외의 계급 문
제 재구성에 관하여」, 이상길·배세진 옮김, 『언론과 사회』, 21권 2호,
pp. 34~69].

Weber, M.(1968), *Economy and Society Vol. 1*[『경제와 사회 1』, 박성환 옮김,
서울: 문학과지성사, 1997].

────(2008), *Stände, Klassen und Religion; Einleitung;
Zwischenbetrachtung; Vorbemerkung*[『(막스 베버) 종교사회학 선
집』, 전성우 옮김, 파주: 나남, 2008].

Watine, Th.(2002), "Pierre Bourdieu: Analyse de la construction d'une
légende médiatique," *Les Cahiers du journalisme*, 10, pp. 8~57.

Wolf, M.(2007), "Introduction: The emergence of a sociology of
translation," In M. Wolf & A. Fukari (Eds.), *Constructing a
Sociology of Translation*, Amsterdam: John Benjamins, pp. 1~36.

Wolf, M. & Fukari, A. (Eds.) (2007), *Constructing a Sociology of
Translation*, Amsterdam: John Benjamins.

출전

* '들어가며'와 1, 2장을 제외한 이 책의 다른 장들은 이전에 출간하거나 발표한 논문들을 수정·보완한 것이다. 그 글들의 원래 발표 제목과 출전은 다음과 같다.

3장:「피에르 부르디외의 사회학적 참여와 미디어 실천」,『한국언론정보학보』, 29호, 2005, 147~88쪽.

4장과 5장:「문화생산과 지배: 피에르 부르디외의 '장이론'에 대한 비판적 고찰」,『언론과 사회』, 9권 1호, 2000, 7~46쪽;「장이론: 구조, 문제틀, 그리고 난점들」, 양은경 외,『문화와 계급』, 서울: 동문선, 2002, 185~243쪽.

6장:「부르디외 사회이론에서 '도덕적 인간'의 문제」, 2011년 5월 비판사회학회 봄철 학술대회 집담회 발표 원고.

7장:「피에르 부르디외의 언어관에 대한 비판적 검토」,『문화와 사회』, 14권, 2013, 97~145쪽.

8장:「외국이론 읽기/쓰기의 탈식민적 전략은 어떻게 가능한가?: 부르디외로부터의 성찰」,『커뮤니케이션 이론』, 6권 2호, 2010, 118~55쪽.

9장:「학술번역과 지식수용, 혹은 '이론은 어떻게 여행하는가?': 피에르 부르디외의 경우」,『언론과 사회』, 19권 4호, 2011, 232~89쪽.

10장:「탈식민 상황에서 '비판적 문화연구'를 가르치기: 부르디외 이론의 사례」,『한국방송학보』, 29권 5호, 2015, 67~99쪽.

감사의 말

나는 1992년 여름부터 만 7년을 파리에서 유학 생활을 하며 보냈다. 그런데 한국 학계에서 그 시기는 포스트식민 담론이 성행하면서 서구 사상의 무분별한 수입에 대한 집단적 반성이 본격화된 때이기도 했다. 그 무렵 내가 이런저런 경로로 읽을 수 있었던 국내의 몇몇 관련 저작은 심각한 실존적 고민의 원천이 되었다. 우리 학문의 탈식민이라는 문제의식에 개인적으로 공감하는 바가 컸던 만큼이나, 서구 사상에 대한 내 관심과 유학생으로서 존재 양식은 파리 시절 내내 스스로 정당화하고 싶지만 그러기 쉽지 않은 골칫거리로 남아 있었다. 이 책은 당시 내가 피해갈 수 없었던 어떤 질문에 대한 뒤늦은 답변이다. 질문과 답변의 시차가 너무 커져버렸지만, 만일 그 질문이 우리 사회에서 여전히 유효하다면, 반드시 의도치는 않았던 이 시차가 답변을 조금이나마 더 가치 있게 만드는 데 기여했기를 바랄 뿐이다.

어쨌거나 이 책을 마무리하게 되니 나로서는 정말 오래 미뤄두었던 숙제를 끝마치는 기분이다. 기존에 발표했던 원고들을 다듬고 새로운 원고 몇 편을 보태는 일에 이토록 긴 시간이 걸릴 것이라곤 미처 상상하지 못했다. 앞으로는 좀더 부지런히 살아야겠다는 다짐을 해본다. 사실 책으로 꾸미면서 이전 원고들의 부족한 부분을 대폭 보완하고 최신 연구 성과들을 최대한 반영하고 싶었으나 충분히 그렇게 하지 못해 아쉬움이 크다. 적지 않을 오류들은 독자의 비판을 달게 받아가며 계속 수정해나가고자 한다.

책이 나오기까지 셀 수 없이 많은 분들이 직간접적인 도움을 주셨다. 그 가운데 몇몇 분에게는 이 자리를 빌려 조금이나마 감사의 마음을 전하고자 한다. 먼저 파리 유학 시절을 함께했던 친구들에게 고마움을 표하고 싶다. 김현경과 이호영은 그들 특유의 명민한 지성과 감수성으로 한참 부르디외에 빠져 헤매고 있던 내 우둔한 머리를 경쾌하게 일깨워주곤 했다. 홍성민 선배를 비롯한 인간과학연구회의 여러 동료들, 그리고 주형일, 전도신, 옥우석, 홍태영, 서용순과 나눴던 거창한 토론과 소소한 잡담은 고단한 유학 생활의 큰 활력소였다. 지금은 프랑스와 타이완에서 제각기 공무원이나 중견 연구자로 살아가고 있는 파스칼 포르탱Pascal Fortin, 야스민 마르실Yasmine Marcil, 친만이秦曼儀, 치우덜량邱德亮, 이들과 어울렸던 짧지 않은 시간은 내 파리 생활의 가장 행복했던 기억으로 남아 있다. 서로 만나 신나게 놀다가도 철학과 사회학, 역사학을 오가며 진지한 논쟁을 벌일 수 있었던 그들과의 관계가 아직도 가끔씩 그립다. 이 책 곳곳에는 유학 시절 부르디외를 함께 읽고 고민하고 때로 토론했던 이 모든 친구들의 흔적이 어떤 식으로든 배어 있을 것이다. 그들 덕분에 이 책을 쓸 수 있었다.

한국에 돌아온 뒤 내가 운 좋게 가르칠 수 있었던 전북대와 성균관대, 그리고 연세대 학생들에게도 감사 인사를 전한다. 그들과의 수업을 통해 내 모자란 생각을 좀더 키우고 가다듬을 수 있었다. 번거로운 원고 검토와 정리 작업을 성심껏 도와준 김선기, 정민우, 배세진, 최혁규, 채웅준에게는 특별히 고맙다는 말을 건네고 싶다. 이들이 치열하게 공부하며 살아가는 모습에서 늘 많은 것을 깨닫고 배운다. 같은 대학원의 윤태진 선생님과 이윤영 선생님께도 깊은 감사를 드린다. 그분들이 내게 늘 그렇듯이, 나도 그분들에게 언제나 편하고 든든한 동료일 수 있길 바란다. 같은 학계에서 동고동락해온 유선영, 이기형, 조항제, 백미숙, 김영찬, 이동후, 홍석경, 김세은 선생님, 그리고 활동 분야는 달라도 즐겁게 어울리며 함께 일해온 심보선, 김수환, 유운성, 조효원, 김진호, 백원담, 김현미, 김소영, 김현주, 백문임, 김태환, 정수복 선생님은 책의 출간을 오랫동안 기다려주시고 또 응원해주셨다. 이 책이 그분들의 따뜻하고 과분한 기대에 너무 못 미치는 결과물은 아니었으면 좋겠다. 이 책의 초안이 된 논문들을 열심히 토론하고 심사해주신 학계의 여러 선생님께도 진심으로 감사드린다. 이 책에 모자란 부분이야 당연히 내 책임이지만, 조금이라도 괜찮은 부분이 있다면 그것은 온전히 그분들 덕택이다.

학부와 대학원 시절의 은사이신 최정호 선생님께서는 내색은 안 하셨을망정, 불민한 제자의 첫 책을 누구보다도 손꼽아 기다리셨을 것이다. 그 변함없는 후의와 격려에 깊은 감사를 올린다. 예상치 못하게 도쿄에서 이 책의 초고를 마칠 수 있었다. 한 학기 동안 방문 교수로 머무르면서 조용히 공부에 전념할 수 있도록 배려해주신 게이오대 사회학 연구과의 이광호 선생님께 감사드린다. 그 소중한 기회가 아니었더라면 이 책은 여전히 미완의 상태로 내 머릿속과 컴퓨터 한 귀퉁이를 하염없이 뒹굴고 있었을 것이다. 문학과지성사의 편집자 김현주 선생님은 이 책의 원고를 놓고 나와 함께 고심하며 전체 체제부터 세세한 부분들에 이르기까지 유용한 조언을 해주셨다. 홍원기 선생님은 원고 전체를 꼼꼼히 검토하며 적잖은 오류를 바로잡아주셨다. 단순한 직업적 차원을 넘어선 두 분의 정성과 열의에 진심으로 감사드린다. 십년지기 주일우는 몇 해 전 이 책의 구상을 처음 듣자마자 흔쾌히 출간을 독려해주었다. 예정보다 한참 늦어졌지만 이 책이 그의 한결같은 신뢰와 우정에 작은 보답이 될 수 있길 바란다.

이제 고등학생이 된 딸 서연이가 언젠가 아빠의 일하는 모습을 보면서, 도대체 부르디외라는 사람이 무슨 얘기를 했느냐고 물어온 적이 있다. 미래의 어느 날 그 아이가 이 책을 읽고서 자기 질문에 대한 답을 흐릿하게나마 찾을 수 있다면 그보다 기쁜 일은 없을 것이다.

찾아보기

『68사상〔68사상과 프랑스 현대철학〕』
  (페리·르노) 485~86
68혁명, 68세대 52~53, 57, 59~62, 68,
  70, 82, 102, 123, 132, 278

ㄱ

『감시와 처벌』(푸코) 10
『강의』(바르트) 399
『강의에 대한 강의』(부르디외) 69, 399,
  458, 469
객관주의(↔ 주관주의) 67, 74, 115~17,
  139, 166, 197, 317, 345, 400, 420,
  423, 527, 539
객관화 22~23, 39, 69, 74, 79, 96, 99~
  102, 125, 132, 135~36, 246~47,
  299, 356~58, 370, 399~400, 437,
  448, 495, 513
『개입, 1961~2001: 사회과학과 정치적
  행동』(부르디외) 133~34, 136
게루, 마르샬 44
게임 13, 81, 116, 132, 143, 149, 174,
  207~11, 218, 241, 255, 259, 265,
  274, 277, 279, 287, 296, 298, 309~
  10, 312~17, 328, 336, 356, 366,
  370, 477, 486, 493
겔너, 어니스트 169
결정론 62, 133, 216, 264, 279~80, 297
  경제결정론 239, 241, 472
  구조 결정론 144, 381
『경제와 사회』(베버) 52, 191

『경제의 사회적 구조』(부르디외) 40, 72, 78, 306, 500

경제주의 229, 231, 262, 307~308, 310, 312, 316~17, 325

경제학 10, 17, 54, 57, 78, 81, 103, 167, 169, 191, 201, 210, 215, 228~29, 240, 295~96, 306~308, 313~15, 325, 331~34, 340~41, 343, 368~69, 429, 437, 462, 489, 491~92, 494, 500, 509, 539

「경제학자들에게 답한다」(부르디외) 307

『경험과 판단』(후설) 44

경험주의 60, 108, 120, 139, 224, 250, 374

계급 19, 22, 31, 41, 56, 59, 65, 70, 72, 80~83, 93, 97, 99~100, 102, 123, 125, 140, 142~43, 149, 151, 165, 179, 184, 195~97, 201~207, 219, 220, 222, 228, 232~33, 235, 237~42, 246~48, 251~52, 255, 263~64, 268~70, 272~75, 279~81, 291, 298~301, 304, 318, 326~27, 337~38, 349, 354~55, 358, 360, 362~63, 370, 388, 398, 402~403, 412, 415, 417, 419, 426, 465, 472~73, 481, 484~86, 510, 513, 520, 522, 534

　사회계급 196~97, 204~206, 222, 239

　지배계급 71, 82~83, 87, 107, 142, 179, 184, 202~203, 220, 222, 231, 237, 247~48, 251, 269~70, 274, 338, 363, 391

　피지배계급 83, 165~66, 180~82, 246~48, 269, 273

계몽주의 126, 181~82

『계몽주의 철학』(카시러) 103

『고대 노예제와 근대 이데올로기』(핀리) 158

고등사범학교 39, 41~43, 45, 48, 52~53, 80~81, 113, 116, 122, 135, 167, 191, 397, 404

『고딕건축과 스콜라철학』(파노프스키) 59, 157, 417

고셰, 마르셀 178

고종석 466

고프먼, 어빙 9, 59, 64, 158, 205, 381, 421

골드만, 뤼시앵 224, 243

골자크, 뱅상 드 166

공간 13, 26, 73, 83~84, 107, 112, 123, 132, 170, 194~95, 197~98, 203~204, 206, 210~11, 220, 230, 238, 240, 244, 248, 254, 256, 264, 267~69, 278~79, 292, 295~96, 300~303, 305, 310, 319, 322, 346, 351,

364, 370, 403, 415, 421~22, 437,
444~45, 451, 477, 479, 528, 532

가능성의 공간 15, 210, 215, 279, 424

사회공간 61, 174, 195~97, 199~207,
218~20, 222, 230, 245, 259, 261,
264, 289, 299~302, 305, 338, 350,
370, 386, 415, 464

입장공간 21, 210, 215, 240, 278, 280

위치공간 195, 201, 210, 215, 240,
245, 264, 278~80, 292, 300

과학/과학성 17, 23, 28, 34, 44~45,
54~55, 57~58, 62, 64~67, 69, 73,
75, 79~91, 96, 102~106, 109,
112~15, 117~19, 121, 124~26,
128~130, 132~36, 138, 140, 143~
45, 148~50, 152~56, 159~60,
165~66, 170~79, 181, 183, 186,
191, 196~97, 201, 207, 210~18,
220, 222, 224, 235, 238, 249~51,
253, 258~59, 263~65, 277, 280~
83, 286, 288~89, 293~94, 301~
302, 310~11, 318, 320, 329, 336,
340, 343, 347, 351, 353, 355, 357,
363, 366~71, 376~77, 382, 384~
87, 395~402, 405~406, 408~13,
421~22, 418~19, 424~26, 435~37,
439, 442, 459, 488~89, 491, 494~
96, 511~14, 524, 527~28, 532~35

『과학의 과학과 성찰성』(부르디외) 25,
36, 40, 79, 418, 424

『과학의 사회적 사용』(부르디외) 455

과학주의 57, 87~88, 133, 201, 402,
425, 442, 494, 514

「관점들의 공간」(부르디외) 75

『교양의 효용』(호가트) 158

「교육과 연구의 삼부회 조직을 위한 호
소」(유럽사회학연구소) 59

『교육 관계와 커뮤니케이션』(부르디외
외) 54, 417

교육문화사회학연구소 40, 60~62, 64,
119, 192

구디, 잭 59, 158, 358

구별짓기 19, 82, 97, 125, 204, 272,
275~276, 327, 430, 508, 520~21,
533

『구별짓기』(부르디외) 10~11, 40, 54,
65~66, 68, 71~72, 107, 123, 203,
267~68, 274, 293, 301, 326, 343,
401, 452, 454, 457~59, 461~62,
484, 501, 516~17

구이에, 앙리 45

구조주의 17, 46, 51, 82, 107, 111, 115,
117, 124~25, 133, 139, 156~58,
166, 191, 216, 224, 228, 231, 235,
240, 262, 269, 276~77, 299, 321,
325~26, 344~45, 355, 371, 399,

404, 420, 423, 427, 460, 470~71, 486, 509, 527, 534

『국가 귀족』(부르디외) 40, 71, 100, 107, 110, 123, 417

「국제적 철학 교환에 관한 노트」(볼탕스키) 446

권력 10, 21, 52, 59~60, 65, 67~71, 73, 77, 82~83, 100, 107, 117, 130, 134, 139~43, 145~56, 151~52, 155, 161, 166, 170~71, 175, 184, 186, 191, 195, 198, 200, 203, 210, 215~16, 220, 223, 228, 230~35, 237~38, 244~45, 247, 252, 257, 259, 268~69, 276, 280~84, 296~ 98, 300~305, 333, 335~339, 343~ 45, 350, 353~54, 357, 360~62, 364~66, 378, 385~87, 391, 395, 398~99, 402, 410, 417, 422, 427, 430, 434, 444~45, 449, 472, 475, 477, 490, 503, 506, 511~13, 535~ 36, 538, 543

궤적 15, 25, 33~34, 60, 91, 123, 201, 211, 214, 243, 252, 280, 290, 300, 336, 447, 538, 542

귀르비치, 조르주 54, 105

그라노베터, 마크 9

그람시, 안토니오 151, 413, 467, 533, 541

그리뇽, 클로드 37, 53, 55, 66, 113~14, 116, 120, 527~28, 530, 532~33

그린비(출판사) 456, 463

기능주의 63, 87, 194, 217, 230, 243, 246, 302, 327, 374, 421, 470

기든스, 앤서니 9, 92, 106, 467, 485, 539

기어츠, 클리퍼드 63, 169

『기호의 정치경제학 비판』(보드리야르) 471

긴즈부르그, 카를로 160

김동일 11

김진석 466

김현 465

ㄴ

나남(출판사) 456, 463

「나는 고발한다」(졸라) 139

「낮과 밤」(베자스) 166

『남성 지배』(부르디외) 75, 77~78, 110, 301, 303, 305, 501

「내일을 위한 시간」(다르덴 형제) 166

『노동사회학』(학술지) 120

노라, 피에르 157

「농민과 사진」(피에르 부르디외 · 마리-클레르 부르디외) 81

눈빛(출판사) 453, 463, 466

『뉴욕 서평지』(서평지) 161

『뉴욕 타임스』(신문) 72

뉴턴, 아이작 336

ㄷ

다라스 57

다르덴 형제 166

다르벨, 알랭 48, 50, 56~57, 119

다비, 조르주 112

단턴, 로버트 169

『달리 말하면』(부르디외) 515

담론 14, 19~21, 24, 38~39, 61, 66,
  71, 74, 78, 85, 87, 101, 129, 140,
  146, 149, 154~56, 175, 177, 179,
  181, 192, 195~96, 210, 245~46,
  236~37, 249, 252, 269, 276~83,
  289, 291~92, 297~98, 305, 315,
  319, 321, 349, 352, 354~55, 357~
  58, 367~69, 374, 376~79, 385,
  395~402, 404~405, 407~408, 419,
  430, 444, 450, 469, 472~73, 479~
  80, 482~85, 487, 509, 512, 542~43

『담론 비판』(마랭) 157

『담론의 질서』(푸코) 399

『더 타임스 리터러리 서플먼트』(신문)
  162

데리다, 자크 16~17, 42~43, 66, 71,
  164, 169, 399, 441, 443, 467, 471,
  486, 518

데스탱, 발레리 지스카르 266

데카르트, 르네 77, 174, 316

「데카르트의 (철학의) 원리의 일반 부분
  에 대한 비평」(라이프니츠) 45

『데카르트적 성찰』(후설) 77

델소, 이베트 120

「도덕의 역설적 토대」(부르디외) 76, 307

도스, 프랑수아 66

도식 87, 116, 204, 231, 233, 317,
  356~57, 377, 381, 396, 408, 487
  지각과 평가 도식 205, 231, 234, 326,
  363, 381, 510
  행위 도식 354~55, 381
  분류 도식 61, 204, 356

독사doxa 111, 133, 136, 138, 154,
  181, 227, 236, 261, 363, 380, 491

「독신 상태와 농민 조건」(부르디외) 51

『독신자들의 무도회』(부르디외) 25, 79,
  499

『독일 이데올로기』(마르크스·엥겔스)
  401

동문선(출판사) 453~56, 463, 468~69

동즐로, 자크 399

뒤르켐, 에밀 9~10, 16, 22, 26, 42, 52,
  58, 86, 100, 109, 112, 116~19, 139,
  149, 157~58, 160, 194, 228, 231~
  32, 235, 238, 243, 312, 371~72,
  409~10, 422~23, 486, 539

뒤샹, 마르셀 172

드레퓌스, 알프레드 139, 141

들뢰즈, 질 16~17, 71, 155, 440~41, 443, 467, 471, 483, 533

디마지오, 폴 9

딕슨, 케이스 168

ㄹ

라뒤리, 에마뉘엘 르루아 42

라몽, 미셸 37, 92, 122, 297

라보프, 윌리엄 59, 158

라이르, 베르나르 17

라이프니츠, 고트프리트 43, 45, 77, 336

라자스펠드, 폴 58, 63, 86

라캉, 자크 16~17, 156, 467, 471, 486, 533

라코넨, 케이요 296

라투르, 브뤼노 17, 84, 173~75, 178

랑누, 클레망스 51

랑시에르, 자크 88, 114, 276, 399, 533

랭동, 제롬 58, 158

레닌, 니콜라이 161, 413

레머트, 찰스 393~94

레비-스트로스, 클로드 17, 46, 51, 53, 67~68, 111, 156, 228, 235, 262, 325, 376~77, 399, 423, 514

레빈, 쿠르트 412

레스쿠레, 마리-안느 36

『렉스프레스』(주간지) 47, 65

로르동, 프레데릭 168

로브-그리예, 알랭 156

로빈스, 데릭 33

로저스, 에버렛 63

료타르, 장-프랑수아 16, 186, 443, 471

루만, 니클라스 106

르노, 알랭 88, 114, 399, 486, 528, 533

『르 몽드』(신문) 65, 162

르바롱, 프레데릭 17

르벨, 자크 156~57, 160

르페브르, 앙리 16, 105, 470~71, 533

르포르, 클로드 102

『르 피가로』(신문) 60

리드-대너헤이, 데버러 101

『리베라시옹』(신문) 155

『리베르』(서평지) 161~65, 170

리베, 장-폴 48, 50

리쾨르, 폴 178, 504

『린디체』(신문) 162~62

린치, 마이클 87

ㅁ

『마가진 리테레르』(학술지) 462, 469

『마네: 상징혁명』(피에르 부르디외·마리-클레르 부르디외) 81

마네, 에두아르 81, 100, 271, 284

마랭, 루이 17, 43, 157

마르쿠제, 헤르베르트 59

『마르크스의 사회학』(르페브르) 470

마르크스주의 17, 45, 56, 81, 86, 92~
94, 111, 114, 117, 140, 158, 181,
194~96, 201, 216, 222~24, 229,
238~39, 241~42, 244, 276, 332~
33, 335, 352, 399~401, 404, 409,
429, 433, 450, 460~61, 464~65,
467~68, 471~72, 483~87, 507,
512, 528, 541

『마르크스주의와 언어철학』(바흐친) 157,
391

마르크스, 카를 26, 44, 52, 58, 116~
18, 149, 194~96, 228, 232, 238,
243, 246, 276, 299, 331, 335, 370,
391, 410, 413, 422~23, 464, 486~
87, 539

『마리엔탈의 실업자들』(라자스펠드) 86

마일스, 존 344, 380

마트롱, 알렉상드르 157

마페졸리, 미셸 470~71

말디디에, 파스칼 120

말레르, 앙리 168

『말하기의 의미[상징폭력과 문화재생
산]』(부르디외) 69~70, 100, 301~
302, 345, 347, 353, 372, 457~59,
461~62, 484

『말한 것들』(부르디외) 36, 70, 307

『맞불』(부르디외) 76, 168, 501

『맞불 2』(부르디외) 76, 168

맥락화 80, 91, 146, 387, 418, 428, 434,
509, 537, 543

「맬서스주의의 종말」(부르디외·다르벨)
57

메를로-퐁티, 모리스 17, 44~45, 52,
117, 316, 381, 423, 514

메지에르, 장-클로드 159

메타meta 23, 69, 84, 113, 186, 223,
249, 259, 382~84, 400, 495

모네, 클로드 139

『모더니티 입문』(르페브르) 470

모랭, 에드가 105

모스, 마르셀 58, 68, 119, 157~58, 235

모제, 제라르 116

몽쟁, 올리비에 298

「무게 잡는 담론」(부르디외) 460

무냉, 조르주 156

무덤베 514~15, 525

무사무욕 142, 145, 148, 151, 175, 208,
296, 299, 304~305, 310~11, 314,
317~19, 322, 324, 329~30, 340~41

「무사무욕한 행위는 가능한가?」(부르디
외) 76, 307, 342

『무질서의 사회학적 위치』(부동) 469

『문학사회학』(에스카르피) 224

문화 생산 장/문화 장 18, 62, 72, 142~

43, 165, 175~76, 180, 185, 213, 216, 225~26, 230, 236~37, 240, 243~45, 247, 251~52, 257, 259~60, 262, 268, 285~86, 319~20, 437

문화연구 10, 66, 124, 270, 291, 343, 441, 444~45, 465, 471~72, 506~13, 515~17, 519, 523, 526, 530, 533~34, 537~38, 543

『문화와 계급: 부르디외와 한국 사회』(양은경 외) 11, 488

『문화와 권력: 부르디외 사회학의 이해』(현택수 외) 11, 488

『문화와 아비투스: 부르디외와 유럽정치사상』(홍성민) 11, 487~88

「문화적 유산의 상속」(부르디외) 57

물랭, 레몽드 157

물신 144, 250, 262, 290, 294, 298, 374, 400, 406, 410~12

「미국에서의 부르디외: 대서양 건너편 사회이론의 수입에 관한 노트」(바캉) 446

미디어 26, 38, 129~31, 136, 151~54, 165, 167~70, 180, 183, 187, 213, 220, 259, 261, 263, 275, 284~85, 343~44, 346, 416, 442, 515~16

「미래의 교육을 위한 제안」(콜레주드프랑스) 69

미켈, 앙드레 68

미테랑, 프랑수아 68~69, 136, 145

「미학적 성향과 예술적 능력」(부르디외) 417

「미학적 지각의 사회학」(부르디외) 417

민문홍 469

민주주의 75, 83, 85, 89, 130, 135, 137~38, 150, 169, 183~84, 298, 364, 486

민중 83, 149, 155, 168, 182, 202, 204, 248, 272, 274, 355, 362, 380, 401

「'민중적'이라고 하셨나요?」(부르디외) 401

ㅂ

바르트, 롤랑 68, 156, 399, 427, 449, 463, 467, 528

바슐라르, 가스통 17, 28, 44, 57, 82, 109, 112, 114~15, 126, 399~400, 410, 421, 465

바우만, 지그문트 98, 106, 186

바캉, 로익 17, 21, 72~73, 92, 160, 168, 203, 299, 338, 343, 345, 425, 446, 459

바흐친, 미하일 58, 157, 352, 371, 391

박재환 469~70

발랑디에, 조르주 105, 470

발레리, 폴 31, 91, 241

발리바르, 에티엔 276, 399, 460

방법론 49, 52, 55, 57~58, 63, 71, 105,

117, 120, 129, 166, 226, 251, 289, 291~94, 297, 316, 366, 369, 371, 395, 408, 414, 423, 432, 434, 439, 445, 470, 529

버틀러, 주디스 344

번스타인, 바실 59

베누티, 로렌스 489~90

베르그손, 앙리 17

베르낭, 장-피에르 68

베르데스-르루, 자닌 36~37, 68, 397

베버, 막스 16, 26, 45, 52, 58, 62, 71, 101, 116~18, 180, 187, 191, 194, 199, 222, 227~32, 234, 236, 238~40, 244, 287, 290, 299, 329, 331, 409~10, 422~23, 486, 492, 518, 530, 539

「베버 종교 이론의 한 해석」(부르디외) 230

베블런, 소스타인 276

베이트슨, 그레고리 59

베일, 에릭 44

베자스, 디디에 166

베커, 게리 533

베커, 하워드 296

베케트, 사뮈엘 86, 155

벡, 울리히 98, 106, 467

벤느, 폴 42~43, 68, 376~77

벤베니스트, 에밀 157

『변증법의 모험』(메를로-퐁티) 45

『변증법적 이성비판』(사르트르) 44

보네위츠, 파트리스 469

보두앵, 장 181

보드리야르, 장 16, 71, 136, 443, 467, 471~73, 528, 533

보들레르, 샤를 284

보들로, 크리스티앙 56

보부아르, 시몬 드 78, 541

보비오, 노르베르토 164

보스케티, 안나 92

보편의 조합주의 73, 145, 152, 187

보편적인 것 18, 73, 131, 141~42, 145~50, 152, 163, 170~73, 175~76, 179~80, 186~87, 307, 320~23, 340~41, 367, 406, 413, 429, 446, 537

「보편적인 것의 제국주의의 두 가지 형태」(부르디외) 446

「보편적인 것의 조합주의: 근대 세계에서 지식인의 역할」(부르디외) 187

「보편적인 것의 조합주의를 위하여」(부르디외) 73

볼락, 장 43

볼탕스키, 뤽 17, 37, 53~56, 61, 66, 80, 84, 102, 120, 156~58, 381~82, 446, 478~79, 482

부글레, 셀레스탱 112

부동, 레몽 17, 56, 58, 63, 87, 105, 120,
 469~70
부라보이, 마이클 539~41
부르디외, 로랑 81
부르디외, 마리-클레르 81
『부르디외 & 기든스: 세계화의 두 얼굴』
 (하상복) 11, 488
『부르디외 사회학 이론』(팽토) 469
『부르디외 사회학 입문』(보네위츠) 469
『부르디외: 비판적 관점』 414
「부르디외를 거꾸로 읽읍시다!: 『파스칼
 적 성찰』에 대하여」(홍성민) 486
「부르디외를 읽고 가르치기」(무딤베) 514
부르디외, 에마뉘엘 81
『부르디외와 사회과학』 10
『부르디외와의 대화』(부라보이·홀트) 541
부르디외, 제롬 81, 169
부르주아지(↔ 프롤레타리아) 31, 43, 45,
 99, 142, 149, 202, 268, 270, 272,
 274, 362, 379, 391, 404
부리코, 프랑수아 87, 105
부브레스, 자크 17, 136, 183
부스타만테, 마우리시오 448, 452
부아예, 로베르 215
분류 69, 134, 136, 204~205, 235, 258,
 275, 311, 326, 329, 345, 357, 374,
 409, 413, 488
 분류 도식 61, 204, 356

분류 체계 49, 132, 257, 269, 300,
 326, 412
불레즈, 피에르 68
「불편하게 만드는 과학」(부르디외) 307
뷔유맹, 쥘 44, 161
브로델, 페르낭 53, 158
브루베이커, 로저스 96~97, 229~30
「브뤼셀의 즉흥 연설」(부르디외) 307
블로흐, 에른스트 467
블루어, 데이비드 87, 89
비달-나케, 피에르 66, 68, 122
비앙코, 뤼시앵 43
『비참한 감옥』(바캉) 168
비트겐슈타인, 루트비히 89, 302, 423
비티그, 모니크 78
『뿌리 뽑힘: 알제리에서 전통 농업의 위
 기』(부르디외·사야드) 48~49, 53,
 498, 500

ㅅ

사르트르, 장 폴 17, 31, 43~46, 51, 67,
 73, 78, 98, 104, 111, 117, 131, 139,
 155, 184~85, 241~42, 262, 399,
 421, 423, 481, 514
『사물의 체계』(보드리야르) 471
사야드, 압델말렉 50, 120
사이드, 에드워드 540
「사상의 국제적 유통을 둘러싼 사회적

조건」(부르디외) 25, 446

『사진의 사회적 정의』(부르디외) 452,
457, 466

사피로, 지젤 17, 448, 452

사회분석 98, 103, 195, 371, 491

『사회 언어학』(라보프) 158

『사회 연구의 언어』(라자스펠드·부동) 58

『사회계급과 형태론』(알박스) 157

『사회과정의 분석』(라자스펠드 외) 58

『사회과학연구논집』(학술지)→『악트』

사회학 9~12, 14, 16~19, 21~28, 33~
38, 40, 42, 45, 47~55, 57~71, 73~
107, 109~17, 119~26, 128~35,
137~38, 143~46, 153~54, 156,
158, 160~61, 163~66, 169~71,
173, 175, 177~79, 181~87, 191~93,
205, 207, 216~17, 224~25, 227~28,
230~31, 235, 238, 243~44, 248~
51, 253, 257~58, 261, 264, 267,
271, 273, 275~76, 280, 282, 284,
288, 291~92, 296~99, 301, 309,
318~19, 323, 328, 331, 336, 339,
341, 343~46, 348, 351~52, 354,
361, 363~64, 368, 370~71, 375~
77, 381, 383, 385~87, 393~94,
396~99, 404~405, 407~408,
413~14, 416~19, 421~24, 429,
431~33, 435~37, 439~42, 443~45,

448~49, 453~56, 458~59, 461~
62, 464~65, 469~72, 476, 481,
484~85, 487~89, 492, 494~96,
499, 501, 509~13, 516~19, 522~
23, 527~34, 539, 541, 543

교육사회학 12, 39, 55~56, 61~62,
74, 106~107, 345, 449, 454, 458,
465

문화사회학 12, 17, 39, 55, 66, 71, 74,
106~107, 222, 230, 238, 244, 449,
453~54, 509, 516, 534

번역사회학 27, 444~46

언어사회학 344~47, 351, 354, 360,
367, 371, 375, 381, 385~89, 453,
456

예술사회학 62, 106, 191, 224, 230,
453, 455, 519~20, 534

『사회학연보』(학술지) 160

「사회학은 격투기다」(카를) 78

『사회학의 문제들』(부르디외) 67, 70,
307, 446, 452, 457, 459~60

『사회학자의 제국』(랑시에르 편저) 276

『사회학자의 직능』(부르디외 외) 57~58,
114, 116, 122, 371

「사회학적 생산의 사회적 조건: 식민사회
학과 사회학의 탈식민화」(부르디외)
446

사회학적 참여 26, 131, 133, 135, 137~

38, 145, 170, 175, 179, 183~84, 186~87

상대주의 23, 87, 146, 170, 178, 185, 413, 512, 514

상동성/구조적 상동성 107, 210, 218~20, 222, 224~25, 230, 240, 243, 248, 266~69, 278~79, 283, 429

『상속자들』(부르디외·파스롱) 39, 54~56, 58~59, 100, 156, 345, 417

상징 26, 36, 49, 60, 63, 73, 80, 141~44, 147~48, 152~54, 175, 189, 199~200, 205~206, 216, 221~23, 228, 231, 233~35, 237~38, 240, 242~43, 245~48, 253, 262, 267, 269~70, 272, 278, 281, 283~84, 293, 295, 311, 317~21, 323, 325~27, 330, 332, 334, 340, 344, 350, 353, 356~58, 360~61, 365, 378, 381, 398, 410, 415, 421, 423, 429, 435, 438, 445, 472, 474~76, 478, 481~82, 487, 491~92, 503~504, 509, 537

상징권력 70, 77, 117, 130, 134, 152, 171, 191, 231, 234~35, 238, 245, 259, 296, 301, 303~304, 344~45, 347, 353, 364, 402, 410, 417, 422, 461, 536

상징이윤 144, 147~49, 214, 320~21, 324, 329, 334, 356, 358~59, 368, 380, 465, 479, 485, 491, 524, 528

상징자본 50, 67, 75, 106, 129, 142~43, 149, 176, 191, 199, 205, 209~14, 220~21, 234~35, 237~38, 248, 255, 259~60, 263, 270, 275, 285, 291, 301, 311, 319~21, 324~25, 330, 332, 340, 344, 351, 388, 417, 430, 432, 478, 482, 491, 524

상징적인 것 77, 245, 311~12, 323, 332, 375, 399

상징체계 146, 204, 229~30, 232, 235~36, 238, 246, 300, 375, 410, 426~27

상징투쟁 142, 165, 167, 204, 213~15, 288, 430, 432

상징폭력 22, 26~27, 53, 61~62, 67, 69, 71, 77, 90, 97, 99, 111, 125, 152~53, 159, 191, 199, 203, 223~24, 244, 272~73, 295, 300~303, 305, 344~46, 354, 361~65, 368, 377~79, 382, 384~88, 417, 419, 429, 457~59, 461~62, 484, 511, 519, 533

상징혁명 81, 100, 213

상징형식 44, 157, 189, 228, 230, 232~33, 235

『상징형식으로서의 원근법』(파노프스키)

157

『상징형식의 철학』(카시러) 157

『새로운 경비견들』(알리미) 168

새물결(출판사) 453~54, 459, 463, 466~68

생글리, 프랑수아 드 122

생-마르탱, 모니크 드 53~55, 107, 120

『생산의 거울』(보드리야르) 471

샹보르동, 장-클로드 53~54, 56~57, 120

샹파뉴, 파트리크 137, 168

설, 존 158

성찰성 19, 22~25, 28~29, 36, 40, 69, 79~80, 83, 85, 88, 90, 92, 100~101, 111, 126, 179, 289, 292, 370, 380, 398, 406, 409, 418, 424, 495~96, 512~14, 518, 538, 544

성찰적 사회학 21~24, 83~85, 130, 132, 440, 448

『성찰적 사회학으로의 초대』(부르디외·바캉) 21~22, 35, 73~74, 122, 345, 456, 458, 517

성향, 성향체계 21, 39, 41, 43, 53, 67, 69, 82, 88~89, 96, 99, 105, 110, 114~17, 122, 125, 132, 135, 148, 155, 175, 191, 196, 198~99, 202~203, 208, 214, 217, 234, 241, 252, 266, 270~71, 279, 290, 313~14,

316~18, 327, 329~30, 335~36, 338~39, 341, 354~56, 366, 380~81, 403, 416~17, 466, 468, 511

『세계사상』(학술지) 454, 468~69, 486

「세계 사회학 장의 가능성」(부르디외) 25

『세계의 비참』(부르디외 외) 40, 72, 74~75, 123, 165~66, 293, 397, 452, 458, 494, 500

「세계의 지배자들이여, 당신들은 스스로 무슨 일을 하고 있는지 아는가?」(부르디외) 167

세르, 미셸 467

세르토, 미셸 드 533

세벨, 클로드 48, 50

『섹스의 황도』(보드리야르) 471

셸링, 프리드리히 411

『소비의 사회』(보드리야르) 471

『소시올로지카』(학술지) 440

소쉬르, 페르디낭 드 52, 192, 302, 345~507, 369, 371~72, 375

솔(출판사) 453, 463, 466

솔리다르노시치 68~69, 169

쇤베르크, 아널드 405

『수용소』(고프먼) 158

『순수현상학과 현상학적 철학의 이념들 2』(후설) 44

『숨은 신』(골드만) 224

슈나페르, 도미니크 56

슈워츠, 데이비드 93

슈츠, 알프레드 52

슐타이스, 프란츠 92

슘페터, 조지프 58

스미스, 애덤 308

스카치폴, 테다 160

스콜라적 관점/스콜라적 태도 13~14,
22, 67, 77, 111~14, 125, 249, 251,
306, 329, 341~42, 369, 376, 385,
400, 403~404, 407~409, 420, 427,
485~86, 493, 522

스타로뱅스키, 장 164

스토첼, 장 55, 105

스트라우스, 안젤름 216

스피노자, 바뤼흐 77, 103, 157, 182,
282, 336~38

『스피노자 철학에서 개인과 공동체』(마
트롱) 157

『슬픈 열대』(레비-스트로스) 46, 51

시라크, 자크 38

시몽, 클로드 155

『시뮬라시옹』(보드리야르) 471

시선 51, 81, 133, 205, 235, 248, 273,
329, 331, 495, 518, 523
  사회학적 시선 496, 511, 517
  비판적 시선 63, 535, 537, 544

『시장의 전도사들』(딕슨) 168

시쿠렐, 아롱 64, 160

식민성/식민지/식민적 19~21, 23, 46~
47, 50, 98, 166, 245, 406~407,
429~30, 432, 438, 443~44, 446,
499, 509, 538~39, 541, 543
  탈식민 20, 24~26, 28~29, 395, 406,
  409, 429, 431~33, 438, 442~43,
  446, 504~505, 539
  포스트식민 20, 27, 125, 172, 395,
  443~44, 459, 474, 482, 489, 500,
  503, 506, 508~13, 526, 532, 537~
  39, 541~43

「식민주의는 하나의 체계이다」(사르트르)
46

식수, 엘렌 79

신성대 468

신자유주의 38, 40, 76, 78, 93, 97, 132,
136, 161, 167, 177, 266, 429, 449,
458, 487, 500, 534

신체 45, 75, 82, 132~33, 146, 149,
181, 205, 245~46, 301, 304, 312,
315~17, 336~37, 339, 355, 357~58,
416

실존주의 43, 45, 404

실증주의 55, 58, 63, 86~87, 114, 158,
194, 276, 374, 408

『실천감각』(부르디외) 10, 25, 40, 49, 51,
65~68, 79, 111, 116, 345, 424, 499,
514, 516

실천이론, 실천론 40, 62, 67, 111, 117, 191~92, 306, 325, 328, 330~31, 352, 416, 422~23, 509

『실천이론 개요』(부르디외) 10, 48~49, 62, 66, 192, 229, 417, 499

『실천이성』(부르디외) 76, 307, 342, 497, 501

ㅇ

아감벤, 조르조 533

『아날』(학술지) 160

아도르노, 테오도어 59, 63, 273, 276

아롱, 레몽 17, 45, 51~56, 60, 64, 68, 98, 105, 112, 124, 160

아리스토텔레스 304, 336, 342, 365

『아메리카』(보드리야르) 471

「아비투스, 그 존재론적 의미: 부르디외 사회학을 철학화하기」(홍성민) 486~87

아카르도, 알랭 51

『아프리카의 발명』(무딤베) 514

『악트』(학술지) 40, 64~65, 70, 77, 158~61, 163~65, 446, 496

알렉산더, 제프리 106, 222, 230

알리미, 세르주 168

알박스, 모리스 45, 157

『알제리 60[자본주의의 아비투스]』(부르디외) 48, 457, 460, 498

『알제리 사회학』(부르디외) 47~48, 60, 498~99

『알제리 초고』(부르디외) 49

『알제리의 노동과 노동자들』(부르디외 외) 48~49, 53, 123, 166, 498

『알제리의 이미지』(부르디외) 49

알튀세르, 루이 17, 42, 61~62, 86, 108, 156, 217, 301, 399, 401, 413, 421, 423, 460, 467, 471, 532~33

앙사르, 피에르 469~70

앙크르베, 피에르 372

『야생 정신 길들이기』(구디) 158

야콥슨, 로만 383~84

약호 230, 270~72, 274~76, 356~57, 368, 378, 384

양은경 488

언어시장 253, 302~303, 346, 354, 358~59, 361, 365, 368~69, 380~82, 386

『언어와 상징권력』(부르디외) 70, 301, 344~45, 347, 353, 458, 461

언어학 17, 69~70, 81, 156, 158, 192, 302, 333, 345~53, 355~56, 359, 368~73, 375~76, 383, 385, 387, 491

에니크, 나탈 17, 37, 78, 397, 408, 529~30

에리봉, 디디에 36

에리티에, 프랑수아즈 78, 102

에스카르피, 로베르 224~25

에스타블레, 로제 56

에코, 움베르토 467

에토스ethos 82, 491, 524

엘리아스, 노르베르트 71, 115, 160~61, 207, 236

엘리트 41, 46, 100, 113, 115~16, 136, 145, 167, 181~82, 288, 394, 425

『엘 파이스』(신문) 162

엥겔스, 프리드리히 239, 391

여균동 466

『연기금, 뻔한 계략?』(로르동) 168

『예술 사랑』(부르디외 외) 39, 54, 56~57, 192, 416~17

『예술을 유혹하는 사회학』(김동일) 11

『예술의 규칙』(부르디외) 40, 72~73, 107, 141, 192, 283~84, 462, 465, 515, 517

「예술적 지각의 사회학 이론 개요」(부르디외) 417

오생근 465~66

오스틴, 존 302, 346~47, 350, 369, 371, 374~76, 478

오인(↔인정) 88, 152~53, 199~200, 234, 273, 315, 361, 365, 369, 378~79, 382, 435, 491, 493, 498

「올랭피아」(마네) 271

올리브지, 스테판 344

와트, 이언 358

요아스, 한스 328~29

울프, 버지니아 77

『위험에 빠진 대학을 위한 긴급한 진단과 처방』(ARESER) 170

윌리엄스, 레이먼드 160, 467

유럽사회학연구소 34, 39, 52~56, 59~61, 66, 107, 119, 123~24, 157, 163

『유럽사회학지』(학술지) 120

유물론 119, 228~31, 239, 276, 278, 389, 401, 510

유토피아적 현실주의 114

『유혹에 대하여』(보드리야르) 471

『은행과 그 고객』(부르디외 외) 54

『의미와 표현』(설) 158

이기현 469~70

이단 67~68, 133, 135~36, 138, 155, 178, 211~12, 214, 222, 237, 409, 420

이데올로기 71, 88, 95, 109, 114, 136, 138, 147, 158, 172~73, 181, 203, 217, 222, 230~31, 233, 237, 255, 261, 285~86, 302, 353, 369~70, 375~76, 399, 401, 434, 444~45, 475, 511, 526, 532

이론문화 12, 15~16, 19, 21~22, 24, 28~29, 158, 419~24, 434, 439,

502, 513

『이론, 문화, 사회』(학술지) 407

이론주의 57, 60, 96, 139, 196, 249, 400, 405, 407~408

이르쉬온, 모니크 116

이리가레, 뤼스 78

이매진(출판사) 455, 463

이영준 466

『이익의 분배』(다라스) 54, 57

이해관계/이해관심 17~19, 22~23, 73, 76, 84, 88~89, 94, 111, 128, 141~42, 147~49, 151, 153~54, 171, 173, 175~76, 179~81, 195, 208~209, 212~13, 218, 220, 222, 228~31, 237, 239, 240, 243, 246, 262, 277~79, 281, 295~97, 302~303, 305~15, 317~18, 320~25, 328, 332, 336~41, 366~67, 370, 376, 411, 429, 431, 433, 437, 446, 450, 478, 493, 507, 524

「이해하기」(부르디외) 75

이현우(로쟈) 497~98

『인과성의 경험적 분석』(라자스펠드·부동) 58

『인도·유럽사회의 제도·문화 어휘 연구』(벤베니스트) 157

인류학 10, 16~17, 22, 39, 46, 50~52, 67, 70, 78~80, 101, 107, 110~11,

156, 191, 238, 292, 321, 323, 325~26, 355~56, 369, 419, 441, 443, 453, 456, 462, 489, 498, 500, 514, 539, 543

일루지오illusio 174~75, 209, 261, 312~13, 315~17, 338, 445, 491, 493

『일반 사회학 1』(부르디외) 193

『일반 사회학 2』(부르디외) 193

『일반언어학 강의』(소쉬르) 192, 347~48

『일상생활의 사회학』(일상성·일상생활연구회 편역) 470

임우기 466

인정(→오인) 12, 20, 46, 68, 75, 81, 90, 101, 106, 122, 141, 144, 147~49, 159, 178, 186, 199, 207, 209, 212~13, 215, 221~22, 229, 234~35, 239, 245, 262~63, 265, 267, 273, 278, 282, 286, 289, 297, 303~305, 311~12, 321~22, 327~28, 332, 339, 350, 357, 359, 361, 366, 371, 377~81, 403, 429, 438, 475~76, 494, 503~504, 519~20, 526, 543

ㅈ

「자기분석에 대한 초고」(부르디외) 79

『자기분석에 대한 초고』(부르디외) 34~36, 40~41, 79~80, 100~101, 413, 457

자본 73, 142, 148, 174~75, 182, 191, 195, 198~202, 204, 206, 208~11, 213, 218~21, 223~24, 236~37, 248, 253~54, 259, 261~63, 279, 295~96, 300~302, 306~307, 311, 314, 325, 330, 332~36, 338~41, 357, 360, 362, 366, 379, 386~87, 411, 417, 435, 452, 468, 482, 484, 491, 513, 520, 533

과학자본 134, 175, 210, 212~13, 215, 218, 220, 311

경제자본 142, 148~49, 198~202, 209, 213~14, 219~21, 223, 235~37, 243, 248, 260, 270, 285, 300, 311, 332~34, 358

문화자본 12, 15, 55~56, 100, 117, 125, 142, 148, 181, 198~202, 209, 219, 236~37, 265, 272, 300, 331, 333~34, 338, 357~59, 377~79, 417, 419~21, 426, 434, 468, 482, 491, 502, 520~21, 533~34

사회관계자본 142, 199~200, 214, 237, 333, 468

상징자본 50, 67, 75, 106, 129, 142~43, 149, 176, 191, 199, 205, 209~14, 220~21, 234~35, 237~38, 255, 259, 263, 270, 275, 285, 301, 311, 319~21, 324~25, 330, 332, 340, 344, 351, 388, 417, 430, 432, 478, 482, 491, 524

언어자본 148, 331, 333, 346, 353~54, 358~59, 361, 365, 380, 382, 385~88

자본주의 48, 50, 76, 84, 100, 151, 200, 222~23, 229, 232, 236~37, 259, 273, 306, 308, 315, 324, 332~33, 335, 453, 457, 472~73, 498~500, 526, 533

『자유 교환』(부르디외·하케) 76

자율성/자율적(↔타율성/타율적) 18, 70, 73, 76, 124, 141~43, 145, 151, 153~55, 160, 165~66, 168~70, 172~76, 180, 184~86, 205, 213~15, 218, 220~22, 226, 229, 231, 235~37, 239, 242~44, 252~53, 256, 263~65, 282~89, 291, 308~10, 335, 366, 368, 372, 375, 435~37, 449~51, 483, 504, 511, 517, 532

자크몽, 리샤르 448~50, 473~74

장

경제 장 192, 207, 213, 223, 257~58, 260, 264, 266~67, 285~87, 308~10, 331~32, 386

과학 장 148~49, 153, 173~76, 207, 210, 212~13, 215, 218, 222, 253, 258, 263~65, 282~83, 310, 318,

366~67, 384, 386, 422, 424~25, 435

대학 장 70, 107, 159, 192, 206, 237, 263

사법 장 173, 192, 206

사회과학 장 119, 124, 145, 288~89, 421, 450

생산 장/대규모 생산 장/제한 생산 장 18, 35, 62, 71~72, 142~43, 165, 175~76, 180, 185, 213, 216, 219, 221, 230~31, 236~37, 240, 243~ 45, 251~52, 257, 259~60, 262, 265~66, 268~69, 277~78, 285~ 89, 319~20, 411, 434, 437, 446

수용 장 94, 411, 446~47, 460, 477, 479~80, 482, 485, 503, 542

저널리즘 장 70, 130, 137, 154, 257~ 59, 263, 287, 343

정치 장 78, 137, 143, 192, 206~207, 212, 220, 250, 254, 257~58, 261, 264~65, 282, 285~87, 364, 459

종교 장 192, 227, 230, 250, 257, 264~65, 286, 288, 386

지식 장 51, 80, 192, 215, 224~27, 261, 267, 395, 404, 442, 449~51, 464, 478, 483, 485, 487~88, 499~502, 504, 511, 521, 534, 543

철학 장 44, 66, 70, 280, 441

출판 장 219, 255, 267, 442, 445~46, 468

장이론 26~27, 40, 62~63, 72, 78, 116~17, 125, 130, 165, 184, 191~94, 206, 209, 222, 224~25, 238, 242, 244~45, 249~55, 259~64, 267, 271~72, 274~76, 278, 280, 282~83, 289~91, 294, 313, 328, 331, 335, 410, 424, 429, 509, 524

재생산 12, 20~21, 62, 65, 68~70, 92, 125, 129~30, 132, 152~53, 160, 209, 214, 219, 235~36, 243, 264, 298, 319, 334~38, 358, 360~61, 373, 379, 404, 417, 420, 436, 442, 453~54, 457~59, 461~62, 465, 476, 484, 502, 507, 533

계급 재생산 19, 71, 82, 97, 166, 238, 300, 337, 473, 510, 520, 534

구조 재생산 107, 206, 245, 335~36, 354, 363, 473

『재생산』(부르디외·파스롱) 10, 39, 54, 61, 107, 110, 116, 122, 192, 345, 396, 417, 454, 458, 501

전략 12, 20~21, 27~28, 34, 62, 67, 70, 80, 88, 92, 94, 96, 104, 106, 109, 112, 122~24, 129, 131, 136, 148, 152, 154, 160, 162, 166, 173~

77, 191, 208, 211, 214~15, 226~27, 236, 243, 254, 267, 269~70, 275~ 77, 287, 295~96, 298, 300, 307~ 308, 316~17, 319, 321~22, 325~26, 328~29, 335, 337, 340, 345, 353, 359, 365, 377, 395, 397, 424~25, 428, 430~38, 450, 464, 470, 476~ 79, 481, 489~90, 510, 520~21, 523~24, 539, 543

계승 전략 211

보존 전략 211

전복 전략 211~12, 475

전유 13, 17, 24, 96, 102, 125, 127, 198, 211, 235~36, 251~52, 267, 269~70, 272, 283, 291, 333~34, 357~58, 382, 391, 419, 424, 430~31, 436, 442, 444, 447, 467, 478, 485, 488, 497, 512, 529, 533, 540, 543

전前 자본주의 50, 52, 236

전 지구화 72, 93, 136, 161, 167, 177, 395, 412, 429, 436~37, 450, 458, 487, 534

정과리 466

정당성 25, 149, 186, 214, 221, 230~ 31, 252, 270, 273, 298, 332, 336, 378~79, 380, 384, 435, 447, 464, 491~92, 519

『정상적인 것과 병리적인 것』(캉길렘) 44

정수복 469~70

정신분석학 73, 103, 242, 283, 313~15, 469, 491, 494, 530, 543

정일준 344, 453

정진국 466

『정치 장에 대한 논고』(부르디외) 78

「제국주의적 이성의 간지에 관하여」(부르 디외) 407, 446

제국주의 48, 407, 429, 446, 467, 475, 489, 511, 542

제도, 제도화 19~22, 35, 39~40, 42~ 43, 52, 56, 59, 62, 64, 68~71, 73, 75~77, 81, 87, 102, 114, 120, 123, 129, 137~38, 145, 155~57, 160, 162~63, 165, 167, 169, 172~73, 183, 198~99, 216, 220~22, 224, 236, 245, 254~56, 263~64, 266, 275, 280~81, 287, 301, 309~10, 313, 315, 324, 327, 347~48, 351, 353, 362, 364, 366~67, 372, 374~ 75, 377, 394, 397, 417, 419~21, 432, 438~39, 441, 444, 448, 450, 462, 464~65, 472, 480, 483, 488, 495, 498, 501, 504, 506~10, 517, 520, 531, 536~37

젠더 77~78, 301, 303, 305, 319, 345, 362, 429, 455, 513

젠킨스, 리처드 397

조이스, 제임스 172

조형 470

조형준 467~68

존재론적 공모 174, 316, 491

『존재와 무』(사르트르) 44

『존재와 시간』(하이데거) 44

졸라, 에밀 139, 141~42, 185

「종교 장의 발생과 구조」(부르디외) 230

주관주의(↔ 객관주의) 67, 115~17, 139, 262, 317, 345, 400, 420, 423, 539

주체 28, 44, 69, 79, 84, 86, 93, 113, 117, 139, 144, 146, 174, 177, 181~ 83, 186, 196, 217~18, 229, 243, 246, 248, 262, 276, 280, 285, 289, 295, 303~304, 316~19, 324, 326, 335, 338, 344, 348, 361~62, 368, 372, 375, 378~79, 382, 404, 423, 430, 448, 466, 478, 485~86, 496, 498, 510, 512, 517

『중간 예술』(부르디외 외) 39, 53~54, 56, 123, 416~17, 452, 457, 496, 517

지드, 앙드레 104

지라르, 르네 465

「지배와 사랑에 관한 추신」(부르디외) 303

『지식과 국제정치』(홍성민 편저) 487

지식인 10, 17~19, 22~23, 25, 39~40, 43, 48, 50, 52, 61, 69, 71, 76~77,

82~83, 100, 102~103, 120, 122, 129~30, 131~33, 135, 136, 138~ 46, 151~52, 154~55, 162~63, 165, 167~69, 176~78, 180~87, 195, 220, 231, 241, 258, 270, 272, 306, 311, 369~70, 385, 393~94, 399~ 406, 419, 421, 433, 464, 466~67, 481, 486~88, 501, 511~12, 534, 539~40

공공 지식인 18~19, 26, 93, 105, 130, 134, 155, 185, 449, 487, 511

보편적 지식인 139, 185

유기적 지식인 151

집합적 지식인 73, 131, 138, 141~42, 151, 155, 162, 164, 167, 169, 171, 180, 184

참여 지식인 18~19, 40, 93, 139, 185, 450, 481, 483, 487

총체적 지식인 139, 481

특수한 지식인 139~42, 145, 151, 185

프롤레타리아 지식인 180

「지식 장과 창조적 기획」(부르디외) 51, 225~27

「지적 작업의 사회 발생적 이해를 위하여」(부르디외) 414

지젝, 슬라보이 342

짐멜, 게오르크 16

『집안의 천치』(사르트르) 73

ㅊ

「차이와 구별짓기」(부르디외) 57

창비(출판사) 455, 463

철학 10, 13, 15~17, 25~26, 35~36,
  39~40, 42~48, 51, 57, 59~60,
  65~66, 68, 70~71, 75, 77, 80~81,
  84~86, 88, 99, 103, 105, 110~116,
  119~20, 126, 136, 140, 143, 150,
  156~57, 166, 174, 179, 183, 185~
  86, 191~92, 198, 225, 250~51,
  270, 279~80, 282, 292, 295, 302,
  309, 311, 316, 315, 329, 336, 339~
  43, 357, 364, 367, 385, 391, 396,
  399~404, 407~409, 411~14, 417~
  18, 422~24, 426~27, 433, 441,
  443, 446, 449, 455, 458, 461~62,
  464~66, 468, 471~72, 478, 481~
  83, 485~87, 489, 491~93, 496~97,
  510~12, 514, 527~29, 532, 543
  정치철학 83, 85~87, 89, 114, 126,
  364, 399
  주체 철학 86, 113, 404, 496

체화 61, 125, 142, 182, 196, 198,
  204~205, 207, 217, 232, 311, 315,
  317~18, 324, 334, 356, 358, 363,
  380, 420, 424, 491, 495, 511, 517,
  525, 544

「출판에서의 보수 혁명」(부르디외) 446

촘스키, 놈 345~47, 349~51, 369,
  371~76

최종철 453~54, 462, 469~70

취향 44, 65~66, 73, 102~103, 125,
  185, 220, 270, 275, 327, 415, 454,
  461, 500, 520

『취향의 정치학: 피에르 부르디외의 『구
  별짓기』 읽기와 쓰기』(홍성민) 11

『친족의 기본구조』(레비-스트로스) 46

ㅋ

카를, 피에르 78

카바이예스, 장 44, 119

「카빌리 가옥 또는 뒤집어진 세계」(부르
  디외) 51

카사노바, 파스칼 17, 100, 161, 164

카스텔, 로베르 53, 55~56, 120, 529~
  32

카스토리아디스, 코넬리우스 102

카시러, 에른스트 34, 43~44, 58, 103,
  157, 189, 228, 235, 413

카예, 알랭 297, 329

카우피, 닐로 93

칼더, 알렉산더 195

칼롱, 미셸 17, 84

캉길렘, 조르주 17, 44, 46, 109, 119,
  399, 410, 421

케이지, 존 405

코나투스conatus 336~39, 491

코넬, 래원 539~40

코르퀴프, 필리프 182

코카, 위르겐 160

콜드리, 닉 259

콜레주드프랑스 28, 36, 40, 51, 61, 67~69, 71, 78~80, 99~100, 134, 145, 161, 163, 192, 307, 312, 399, 458, 469, 481

콜루슈 136

콜먼, 제임스 9, 533, 539

쾨글러, 한스-헤르베르트 344

쿠아레, 알렉상드르 44, 119

크뇌블, 볼프강 328~29

크로지에, 미셸 63, 105, 120, 470

크리스테바, 쥘리아 78, 463, 498

크리스틴, 로진 120

『크리티크』(서평지) 469

클라인, 이브 426

ㅌ

타르드, 가브리엘 139.

타율성/타율적(↔자율성/자율적) 213, 221, 263, 268~69

탈근대, 탈근대성 171, 185~87, 410, 514

『탈산업사회의 사회이론: 행위자의 복귀』(투렌) 470

테브노, 로랑 84

『텔레비전에 대하여』(부르디외) 38, 67, 168, 343, 449, 495, 501

톰슨, 에드워드 108, 467

톰슨, 존 344, 362, 379~80, 459

투렌, 알랭 17, 63, 68, 98, 105, 120, 178, 470

ㅍ

파노프스키, 에르빈 59, 157, 417

파농, 프란츠 50, 541, 543

파비아니, 장-루이 37, 423

파스롱, 장-클로드 37, 42, 53~57, 60~62, 66, 80, 85, 102, 116, 120, 123, 280, 334, 355, 361, 396, 407, 417, 519

파스칼, 블레즈 77, 182, 189, 312

『파스칼적 명상』(부르디외) 36, 40, 77, 111, 113, 251, 341, 403, 413, 455, 486

파슨스, 탤컷 63

팽토, 루이 469

페리, 뤽 88, 114, 399, 486, 528, 533

폐쇄성, 폐쇄 효과 105, 122, 136~37, 265, 286~87, 289, 304, 394, 407

포스트모더니즘 440, 471~72, 512

「폴 라자스펠드, 과학적 다국적기업의 창건자」(폴락) 446

폴락, 미카엘 446

푸코, 미셸 9~10, 16~17, 36, 42, 44, 68~69, 71, 78, 98, 102, 131, 139~41, 145~46, 151, 155~57, 169, 184~85, 277, 281, 376~77, 399, 406, 421, 423, 440~41, 443, 449, 463, 465, 467, 469, 471~73, 483, 486~87, 531~33

풀러, 스티브 336, 338

『프랑스 교육의 진화』(뒤르켐) 42

『프랑스사회학보』(학술지) 52, 64, 120

프랑스, 아나톨 139

프랑스 이론 16, 71, 395, 421, 432~33, 471, 512

『프랑스의 미술 시장』(물랭) 157

『프랑크푸르터 알게마이네 차이퉁』(신문) 162

프레이리, 파울루 519, 541

프로이트, 지크문트 314, 422

프로인트, 쥘리앵 105

『프로테스탄티즘의 윤리와 자본주의 정신』(베버) 52

프롤레타리아(↔부르주아지) 100, 180, 186, 246, 499 542

프루스트, 마르셀 139, 398

프리드만, 조르주 55, 105

프리치, 필리프 101

플로베르, 구스타브 73, 141, 185, 284

피아제, 장 17

『피에르 부르디외: 행복의 경제를 향하여』(레스쿠레) 36

『피에르 부르디외』(김동일) 11

『피에르 부르디외와 한국사회: 이론과 현실의 비교정치학』(홍성민) 11, 488

피터슨, 리처드 533

핀리, 모지스 158

ㅎ

하버마스, 위르겐 9, 106, 149, 161, 164, 169, 184, 329, 364~65, 367, 374, 440~41, 467, 478

하비투스habitus 15, 25~27, 41~42, 44, 51, 59, 62, 67, 70, 78, 80, 96~97, 99~102, 110~11, 115~17, 119, 121, 124~27, 175, 183, 191, 203~205, 207~208, 210~11, 214~15, 226~27, 238, 241~44, 252, 254, 261~63, 272, 279~80, 283, 293, 300, 306, 308, 314, 316~18, 324~26, 328~30, 337~38, 340, 345~46, 354~59, 363, 365, 372, 379~82, 384~88, 417, 424, 445~46, 461, 491, 493, 500, 510~11, 520~21, 533

하상복 488

하이데거, 마르틴 43~44, 70, 110, 312,

316, 399, 478, 496

「하이데거의 정치적 존재론」(부르디외) 497

『하이데거의 정치적 존재론[나는 철학자다]』(부르디외) 25, 70, 110, 367, 412, 455, 461, 496

하일브론, 요한 17, 105, 169, 429, 437

하케, 한스 76

『학생들과 그들의 학업』(부르디외) 54, 417

『한겨레신문』(신문) 466

『한국논단』(월간지) 466

해블록, 에릭 358

허시먼, 앨버트 63~64

헤게모니 58, 413, 430, 437, 444, 474, 482, 540

『현대 사회학』(학술지) 10

『현대 프랑스 사회학』(앙사르) 469

『현대』(학술지) 51

『현대를 생각한다』(마페졸리) 471

현대문화연구소 123~24, 472

『현대성 비판』(투렌)470

『현대세계의 일상성』(르페브르) 470

「현대 프랑스 사회학의 지성사」(정수복) 470

현상학 17, 43~45, 49, 111, 117, 139, 314, 316, 378, 380, 420

현실문화연구(출판사) 455, 463

현택수 454~455, 462, 469~70, 488

형식주의 14, 64, 159, 204, 231, 276~78, 355, 375, 377

호가트, 리처드 59, 123, 158

호네트, 악셀 35, 75, 193, 325~29, 413

『호모 아카데미쿠스』(부르디외) 25, 40, 70, 100, 123, 280, 397, 412, 427, 485

『혼돈을 일으키는 과학』(부르디외) 542, 457, 459~60, 484, 493

홀, 스튜어트 123~24

홀트, 칼 폰 541

홉스봄, 에릭 160, 164

홍성민 486, 488

황태연 298

후설, 에드문트 43~45, 77, 111, 380

흄, 데이비드 43